JN179552

叢書・ウニベルシタス　134

世の初めから隠されていること

ルネ・ジラール

討論参加者：
ジャン＝ミシェル・ウグルリヤン
ギ・ルフォール

小池健男 訳

法政大学出版局

René Girard:
DES CHOSES CACHÉES DEPUIS
LA FONDATION DU MONDE
recherches avec J.-M. Oughourlian et G. Lefort
© 1978 Editions Grasset & Fasquelle, Paris
Japanese translation rights arranged through
Bureau des Copyrights Français, Tokyo.

目次

はじめに

本書のテクストは、一九七五年と七六年のチークタワーガでの、また一九七七年のジョンズ・ホプキンズ大学での研究をまとめたものである。

後にルネ・ジラールが、既成の論文によって各所に修正と補完を行なったが、それらは主として一九七三年の《エスプリ》誌に収録されたディスカッション、ジュネーヴのプロテスタント研究センター会報所載のエッセー「パリサイ人への呪い」、ならびに一九七七年十二月、ジョンズ・ホプキンズ大学刊行の《近代言語ノート》(MLN)に発表された「神話のテクストにおける暴力と表象」〔《現代思想》昭五六年十一月十二月号に邦訳〕から抜粋されたものである。

これほど野心的な論文の発表にさいしては、読者の注意を喚起するような前文を付する配慮が望ましかろうし、またそれが常道でもあるが、われわれは意図的に前文を一切廃止した。それはテクストの調子を和らげたかったからであり、またそこにディスカッションの味わいを残しておきたかったからでもある。このことを頭に入れておかれるよう、読者にお願いする。

ニューヨーク州立大学バファロー校、ジョンズ・ホプキンズ大学、コーネル大学、またさまざまな形でわれわれに便宜を与えられた Cesareo Bandera, Jean-Marie Domenach, Marc Faessler, John Freccero, Eric Gans, Sandor Goodhart, Josué Harari, Joseph Oughourlian, Georges-Hubert de Radkowski, Oswald Rouquet,

Raymund Schwager, Michel Serres の諸氏に心から謝意を表する。

マルティーヌ・ベルの協力とわれわれわれの妻たちの忍耐に対しても、われわれはことさら感謝の気持ちをいだいている。

ルネ・ジラール
ジャン＝ミシェル・ウグルリヤン
ギ・ルフォール

第一編　基礎となる人類学

「人間が他の動物と異なるのは、模倣の能力に最も恵まれているという点である」

アリストテレス『詩学』第四章

ルネ・ジラールおよび討論参加者ジャン＝ミシェル・ウグルリヤン、ギ・ルフォールは、本書では次のように略記してある。

G　ルネ・ジラール（René Girard）

O　ジャン＝ミシェル・ウグルリヤン（Jean-Michel Oughourlian）

L　ギ・ルフォール（Guy Lefort）

第一章　犠牲のメカニズム、つまり宗教的なものの基礎

O　われわれは精神科医として、まず欲望の問題を検討してきましたが、あなたはそれを時機尚早としてしりぞけました。そして手を着けるなら人類学からでなければならないし、人間の秘密は宗教的なものによって初めて解明できると明言しておられます。

今日ではだれもが、真の人間科学は手つかずのままだと考えているのに、あなたは宗教的なものについての科学を話題にされています。こういう姿勢はどうして正当化されるのでしょうか？

G　かなり時間がかかるとは思いますが……。

近代精神は、その効能によって、科学なのです。科学は議論の余地なく勝利を収めてきましたが、勝利を収めるたびに、同一の過程がくりかえされています。人々はたいへん古い神秘、恐ろしいばかりでわけのわからぬ神秘をとりあげて、それを謎に変形するのです。

どんな複雑な謎でも、最後まで解けない謎はありません。数世紀来、宗教的なものはまず西欧の世界から後退し、次いで人類全体からも後退しています。宗教的なものが遠ざかり、必要な距離ができると、私がいま指摘した変容がひとりでに起こります。かつての計り知れぬ神秘、恐るべきタブーによって守られていた神秘が、次第に解決すべき問題として姿をあらわしてきます。なぜ神聖なものが信仰の対象になる

のでしょうか？　なぜ至る所に儀礼と禁忌があるのでしょうか？　またなぜわれわれの社会制度以前に、超自然的な本質の支配下にあるとはみなされないような社会制度が一度もなかったのでしょうか？

民族学は好んでそれらを比較対照しながら、これまでに、すべてが消滅寸前の、あるいはすでに消滅してしまった無数の宗教について、たいへんな量の証拠資料を集めてきました。そのために宗教的なものは、加速度的に科学の問題に変形され、それが明敏な民族学者たちの前に常に提示されています。

民族学者たちの思索のエネルギーの源泉は、長いこと、この問題に解答を出したいという願いのうちにあったのです。一八六〇年から一九二〇年ごろまでのある時期に、この目標はごく近くにあると思われたため、研究者たちは熱に浮かされたような状態を呈しました。すぐおわかりのように、だれもが『種の起源』に匹敵する民族学上の著作を最初に書きあげようと頭を悩ましていました。「宗教の起源」は、ダーウィンの偉大な著作が生命の科学の分野で果たしたのと同じ決定的な役割を、人間科学や社会科学の分野で演ずるはずでした。

何年たっても、それほどの価値を認められた著作は、一冊も生まれませんでした。「宗教的なものについての理論」は次から次へと発表されましたが、なかなか成功せず、徐々に、宗教的なものという問題の立て方がまちがっているのだろうという考え方がひろまりました。

ある人々は、あまりにも広範な問いかけ、こうした研究の全領域をカヴァーするような問いかけに取り組むのは科学的ではないと言っています。こうした議論に耳を貸したと思われる生物学は、現在どこまで進んでいるでしょうか？

L　ほかの人々は、たとえばジョルジュ・デュメジルのように、現在では成果を生む唯一の方法は、「構造的な」ものであって、すでに象徴化され記号化された形態つまり言語の構造にもとづいて初めて作用するのであり、神聖なものなどというあまりにも一般的な原則にもとづいて作用することはないという説を支持しています。

G　しかしそうしたひじょうに一般的な原則は、それが個々の特殊な文化のなかでわれわれに示されるとき、マナ〔非人格的超自然力。メラネシア伝来〕とかサケル〔ラテン語。神聖な〕といった語の形態を借りています。なぜ研究からこうした語を排除し、他の語を排除しないのでしょう？

五十年まえに問題になった意味での宗教的なものの排除は、現在の民族学の最も際立った現象です。この排除を決定的なものにしようと情熱を傾けている人たちがいることから考えると、排除の作用には何かひじょうに重要な意味があるのでしょう。たとえばE・E・エヴァンズ＝プリチャードによれば、宗教的なものについての理論には、これまでろくなものはなかったし、これからもろくなものはあるまいということです。このすぐれた民族学者はそうした理論を例外なくひどく軽蔑しているのですから、どうしてそうした問題に『原始宗教の諸理論』[1]と題する著作を捧げたのかふしぎです。この著者はその壮大な追放の作業のうちに、遠慮なく未来の諸理論までも巻きこんでいます。まだ日の目を見ていない考え方を決定的に断罪しています。学者たる者が科学についての基本的な慎重さを軽視するに至っては、情念にとりつかれたのだというほかはありません。

O　ひどく断定的な予言が経験によってすぐに否定されてしまう例が何と多いことでしょう！　事実この種のネガティヴな予言は、研究過程であまりにたびたびくりかえされるので、それは誤りがすぐに見つかるようなときになされるのではないかと思いたくもなります。もっともそんなことは絶対にない、と宣言はされるのですが。どんな時代にも知識の組織化が行なわれます。何か重要な発見があるとそれによって必ず脅威を与えられるような組織化が行なわれます。

G　たしかに、長いこと解答の得られない問いであれば、問いとして疑問視されるのは当然です。科学上の進歩は、消滅する問い、つまり結局はその無意味さがわかってしまうような問い、の形をとることもあります。宗教的なものの場合も同じだと思いこもうとしている人がありますが、私は少しもそうだとは思いません。マリノフスキー以来、特にイギリスの民族学者によって集積された個々の文化についての、多くのすばらしい専攻論文を比較検討すれば、宗教問題では一貫した用語が使われていないことに気づきます。叙述にくりかえしが多いのはそのためです。真の科学においては、すでに記述されたもの、証明ずみのものは、ラベルや記号や参考目録などによって置き換えることができます。民族学ではそれは不可能です。というのは、儀礼、犠牲、神話などのような基本的な用語の定義について、だれひとり共通の理解を持っていないのですから。

われわれが取り組もうとしている計画に立ち入るまえに、また現代の信仰に対して取ろうとしている自由な態度を正当化するためにも、おそらく人間科学の現状について少しお話しておくのがよいでしょう。まもなく終わろうとしているこの時代は、構造主義によって支配されてきました。構造主義を理解するためには、私が指摘してきた状況を頭に入れておかなければならないと思います。

二十世紀の半ばには、いろいろな壮大な理論の失墜は、だれの目にも疑いのない事実でした。デュルケムの星は色あせ、『トーテムとタブー』を真《ま》にうける者は、ひとりもいなくなりました。

こんな状況のなかで、民族学上の構造主義が、戦時中のニューヨークでのクロード・レヴィ＝ストロースと、ロマーン・ヤーコブソンの構造言語学との出会いから生まれたのです〔後者の『音と意味についての六章』序参照〕。レヴィ＝ストロースが明言しているように、言語と同じく文化の所与も、互いに切り離されていては何の意味もないような記号群から成り立っています。記号は相互に意味を与えあうものです。記号は内的な一貫性を持つさまざまな体系を形成し、その内的な一貫性がそれぞれの文化それぞれの制度に、特有の個性を与えるのです。それこそ民族学者が明らかにしなければならないものです。民族学者にとって必要なことは、内部の記号形態を解読することであり、昔から言い伝えられた大問題などは忘れてしまうことです。そうした大問題は、われわれ自身の文化につきものの錯覚の反映にほかならないでしょうし、われわれがそのなかにはいりこんで他に作用を及ぼしている体系との関連で意味を持つにすぎないでしょう。記号形態を読みとることに的をしぼらなければいけない、とレヴィ＝ストロースは言っています。意味を求めなければならないのは、意味の在る所であって、それ以外の所ではありません。「民族学的な」諸文化は、そのままの形での宗教的なものにもとづいて調査されるということはありません。

要するにレヴィ＝ストロースは、民族学やすべての人間科学に、広範な戦略的撤退をうながしているのです。われわれのように自分自身の記号形態のとりこになっている者にできることは、われわれ自身のためのみならず他の文化のために、意味の作用を再構成する程度のことでしかありません。われわれには、個々の意味を超越して人間それ自体について、また人間の運命について、自己に問いただすようなことはできません。われわれにできるのは、せいぜい人間の内部で意味が記号形態や記号体系を分泌するのを認めること、意味が記号を分泌したあとに、記号と「現実」そのものを混同する——現実に意味を持たせるために、この現実と意味とのあいだに、常に個別的な体系を介在させているのを忘れて——のを認めることです。

O　いくつかの点で構造主義人類学は、めざましい成果をあげました。それはそれを敵視する人々が非難するほど非人間的でもなければ、無味乾燥でもありません。それどころかその厳密さによって、形態を解読するさいに、並はずれたポエジーを生み出しています。そのポエジーのなかでわれわれは、これまで味わったこともないさまざまな文化形態の特殊性を味わっています。

G　レヴィ＝ストロース以前に印象主義的な人間中心主義の枠内で提示されていたような「いろいろな大問題」を、構造主義者たちが放棄したために、民族学にとって唯一の進路が確立されたのだと思います。それはちょうどレヴィ＝ストロースが民族学に取り組んでそれを根本的に変革した時でもありました。民族学にとっては、意味をただそれが在る所でとらえ、人間について昔からなされているある種の考察の空しさを明らかにすることほど大切なことはありません。十九世紀来のある大問題などは、構造人類学によって完全に決定的に見捨てられています。

L　だからこそポスト構造主義者たちは、神のあとに今度は人間が死につつある、あるいはすでに死んでしまった、と宣言したのです。人間はほんのわずかしか問題にされるにすぎません。

G　しかし私はいまではもうその考え方に賛成ではありません。あいかわらず人間は問題となっていますし、これからも年を追ってますます問題となるでしょう。

人間とか人類という概念は、いつまでもあらゆる質疑応答の中心でありつづけるでしょうし、その場合「人間科学」という呼称を捨てる理由もありません。しかし変動は起こりつつあります。それは一つには動物行動学《エトロジー》のような新しい学問のため、また一つには、やがて人間の問題にかかわるはずの領域、いや実を言えばもうすでにひじょうに明確に人間にかかわっている領域を、消極的にではあるが正確に指示してくれる構造主義そのもののためです。その領域は深い意味を持ついろいろな体系の起源と発生の領域です。それは生命の科学の方面では、具体的な問題としてすでに認められています。もちろん問題の立て方はかなり違っていて、人間化の過程と呼ばれています。だれもこの問題が解決からほど遠いものであることを十分に知っています。しかし科学がいつかは解決に到達するであろうことを疑う者はありません。今日では、人間の問題を除けば、どんな問題にも将来性はありません。

A　横取りの模倣と模倣による敵対

O　人間化の過程を具体的に理解するためには、構造民族学と、動物行動学のような生命の科学の、相互の無理解を乗り越えなければならないでしょう。

G　私はそれが可能だと思いたいのです。でもそれがうまくいくためには、いまはもう流行していないたいへん古い問題、根本的に考えなおさなければならない問題から出発する必要があります。無意識の《ミメティ》模倣《スム》とか、真似《イミタシヨン》とか、模倣《ミメシス》とか名づけうるものすべてについて、今日では人間科学、文化の科学の領域で、一方的な見解が支配しています。人間の行動には習得されたのではないものは何もありません。あるいはほとんどありません。そして習得はすべて真似《イミタシヨン》に帰着します。もしも人間が急に真似ることをやめたとしたら、あらゆる文化形態は消滅してしまうでしょう。人間の頭脳がおどろくべき真似る機械であることは、神経科医がよくわれわれに教えてくれることです。人間科学を精密なものとするためには、人間の真似と動物の無意識の模倣とを比較し、模倣の行動に人間固有の様式があれば、それを明確にすることが必要です。

現代の諸学派はこれについて口を閉ざしていますが、それが近代初期にまでさかのぼる傾向の帰結であることを示すのは――この傾向は十九世紀にはロマン主義や個人主義とともに強まり、また二十世紀になっては研究者たちがいだく恐怖心とともに、つまり彼らの共同体の政治や社会の至上命令に従順だとみなされはしないかという恐怖心とともに強まりました——わけのないことだと私は考えます。

真似の役割を強調するとよくひとから、われわれが人類の群生の様相に、つまりわれわれを群れに変えるあらゆる要素に、アクセントを置こうとしているのだと思われます。分割や疎外や闘争の傾向がすべて軽視されることを、ひどく心配する人があります。真似に大きな役割を与えると、われわれはわれわれを隷従させ画一化させるあらゆるものと、たしかに共犯関係になるかもしれません。

たしかに十九世紀末に精密化された真似の心理学と社会学とには、得意満面のプチブル階級の楽観主義と順応主義の色彩が濃厚です。たとえばきわめて興味ある著作、真似を社会の調和と「進歩」の唯一の基礎と見るガブリエル・タルドの著作も、そのとおりです(2)。

真似に対する現代人の無関心と疑惑は、自分勝手な真似の概念にもとづいていて、その概念は結局プラトンにまでさかのぼる伝統に根ざしています。真似についてのプラトンの問題提起からは、すでに本質的な次元が削られてしまっています。プラトンが真似を話題にするとき、その文体は後世の西欧思想のすべてを予告しています。プラトンの示す例は、ある型の行動、方法、個人または集団の慣習、ことば、話し方、要するにいつでも「表現」に関するものに限られているのです。

プラトンの問題提起では、横取《アプロプリアシヨン》りの行動はけっして問題にされません。でもそれは、人間を初めとするあらゆる生物において、おどろくべき役割を果たしていて、そっくりそのまま真似されやすい行動です。横取りの行動を考慮の対象からはずす理由はまったくありません。しかしプラトンはそれについて、ひと言も言っていません。そしてこの欠落は、アリストテレスをはじめ後継者がすべてプラトンにならったために、見落とされています。真似を文化の問題としてはっきりと提示したのはプラトンだったのですが、そこでは本質的な次元が、つまり闘争の次元でもあり獲得の次元でもあるものが、削られ除かれていたわけです。ある種の高等哺乳類、特にサルの行動が、人間の行動を思わせるようにみえても、それはおそらくたいていの場合、ただ無意識の横取りの模倣の演じた役割のためにそうみえるのであって、それはそれとして重要な役割ですが、まだ人間の場合ほど重要なものではありません。サルは仲間の一匹がある品物に手を出すのを見ると、すぐそのしぐさを真似しようとします。動物が明らかにそういう気持ちに逆らうこともあります。ちょっとしたしぐさが人間を思わせるときにはほほえましいものですが、それをやろうとしないとき、つまりもうほとんど欲望と言い切ってもよいものを抑圧するときには、われわれは一段と興味をひかれます。そうなると動物も人間の兄弟分みたいなものです。なぜならそれによって、動物も人間と同じ基本的な拘束を受けていることがわかるからです。つまり二本あるいはそれ以上の同じように貪欲な手が一つしかない同じものに一斉に集束するときに起こらずにはすまない争いが、この拘束によって未然に防がれているからです。

この型の行動は、プラトンから現代に至るあらゆる真似の問題提起から完全にはずされてはいましたが、それを思い浮かべれば必ず、そしてすぐに、そうした「能力」についていつも人がいだく概念の不正確さが明らかになります。そしてそれはおそらく偶然ではありません。この「能力」は、まさしく神話的な性格のもの、つまりどんな集団にも等しく見られる効果、緩和の効果を持つ神話的な性格のものです。そしてこの効果は、この「能力」につきものだと考えられています。もしも人間の模倣行為が、どこから見ても人間にぴったりな基本的な役割なのだとすれば、必ずや獲得の真似《イミタシヨン》が、あるいはこう言ったほうがよければ横取りの模倣《ミメシス》が実際にあるはずで、その効果を研究しその結果を吟味することは重要なことです。

あなたがたは、子どもの場合には動物の場合と同じように、研究者たちがこの獲得の真似の存在を認めているとおっしゃるでしょう。それは事実です。そうした模倣は実験的に確かめやすいものです。からっぽの部屋にいくつかのみんな同じおもちゃと、それと同数の子どもをいっしょに入れるのです。たいていはおもちゃを分けるときにけんかが起こります。

同じ場面を大人の場合に当てはめて考えると、けんかはまず起こりません、それは大人にはもう模倣による敵対はない、という意味ではありません。昔よりもそれはひどくなっているかもしれません。しかし大人はサルと同じように、そうした敵対には注意をはらっていて、その様式をぜんぶではないまでも、少なくともいちばん粗野なあらわなもの、まわりの者にすぐそれとわかるようなものを、抑えるすべを学んでいるのです。

L　だれでもそうですが、礼儀正しさと呼ばれるものの大部分は、模倣による敵対の機会を避けるために他人の前で控えめにすることなのです。しかし模倣による敵対はひねくれた現象であって、それに打ち勝ったと思うとまた姿をあらわすこともあります。その証拠に、自己放棄さえもが競争となることもあるのです。これはよく知られたおかしな過程ですが……。

G　ある種の文化では、そうした型の現象がかなり重要な意味を持つことがあります。有名な「ポトラッチ」の場合がそれです。ポトラッチでは横取りの模倣を自己放棄の模倣に転換しています。ポトラッチはまた、反対の横取りの場合と同じように、それに身をゆだねる人々にとって、悲惨と言ってもいいほどの強烈さに達してしまうこともあります(3)。

以上のようないくつかのことに注目しただけで、すぐに何となくわかってくることは、人間の社会にとっては、また動物の社会の段階でさえも、横取りの模倣の抑圧は重大な気苦労を生むであろうということです。それはまた、それを解決できれば、われわれの想像をはるかに上まわる量の文化的特徴を明確にできるような問題でもあります。

ここで言っているのは、ごく単純なこと、あたりまえなこと、現代人の注意をひくのには向いていないことばかりです。単純明快なことは流行してはいません。

現代思想の定説《ドグマ》のなかには、闘争性の模倣とその抑圧の発見によって、おどろくにあたらないほどの発見によって、すぐに脅威を感ずるものがあります。精神分析は、欲望の抑圧が特に人間的な現象であり、エディプス・コンプレクスにそうした抑圧がありうると明言しています。ところが、さきほども述べたように、ある種の動物は欲望をほとんど即座に抑圧します。そして他の動物つまり人間は、欲望が起こると同時に自分を何かほかの対象に向けることによって、未発のうちにそれを抑えてしまうのです。精神分析学者があるひとりの人間にそれと同じ行動を観察したとすると、彼はそれを自動的に「エディプス・アンビヴァレンス」に結びつけてしまうでしょう。しかし動物行動学者は、そうした行動をサルの「エディプス・コンプレクス」に帰するようなことはしません。実験的に再現可能な彼らの証拠資料は、「無意識」の問題について、何の思索も要求しません。

B　禁忌の機能、模倣の禁止

G　横取りの模倣によって起こる争いは、ただちに民族学の基本的問題つまり禁忌の問題を解明できるものだ、と私は考えます。

O　原始社会の禁忌をすべて共通分母とみなすことができるとお思いですか？　現代の民族学は明らかにその考え方を放棄しています。私の知るかぎりではもうだれも、そうした雑然とした堆積のなかに手がかりを求めようとはしていません。精神分析学者たちはもちろん共通分母が認められると思っているのですが、多くの人はもうそんなことでは納得しません。

G　過去に失敗があったのですから、そうした態度をとられてもやむをえません。研究者たちまで、宗教的なものは不条理であり根拠のないものである、と確信してしまいました。事実、宗教的なものはこれからも、「野生の思考」の直接的ではないにしても宗教的な形式に対していだく敬意と同じ敬意をそれに対していだく人でなければ、理解はできないでしょう。宗教はあらゆるものに混じりこんでいますから、こうした考え方の「復権」は、宗教的なものの存在が、したがってまたいろいろな禁忌の存在が根拠を認められないかぎり、起こりえないでしょう。

まず、ある種の禁忌には明らかに存在理由があることを認めましょう。共同生活の内部での暴力を禁じていないような文化はありません。そして実際の暴力とともに、暴力の機会までが禁止されています。たとえばあまりにも激しい敵対や、いろいろな形の競争がそうです。もっともわれわれの社会では、それはたいていは大目に見られているのですが。

L　動機が一目瞭然のそうした禁忌と並んで、不条理と思われるものもほかにありますね。

G　一見して不条理な禁忌の好例は、多くの社会に見られる、真似する行為の禁止です。共同体の他の一員のしぐさをそっくりそのまま真似したり、そのことばをくりかえしたりすることは、慎まなければなりません。固有名詞の使用禁止も、おそらく同じ型の懸念に通じるものです。同じように伝説の社会では、鏡などもよく悪魔に結びつけられて恐れられています。

真似は、真似されるものを二重化します。魔術の種になるような幻影を生み出します。この種の現象に関心を示す民族学者は、そうした現象を、いわゆる「真似の」魔力に対する自己防衛の願望にもとづくものと考えています。彼らはまさにそうした説明を、禁止の存在理由を調査するときに受けているのです。

L　だとすると、どう見ても、原始社会の人々は模倣と暴力の関係を見きわめていたように思われてきます。彼らはわれわれ以上に、そうした自己防衛の願望について知っていた、ということになります。そしてわれわれは無知であるために、いろいろな禁忌が一つにまとめて考えられるものであることを、なかなか理解できないでいる、というわけです。

G　私もそう考えます。しかしあまり先を急いではいけません。というのはここでわれわれは、心理学者や民族学者の無理解に突きあたるのですが、両者とも闘争が横取りの模倣に結びつくものだということを、認めていないからです。

まず初めに、禁忌とはどんなものかを、はっきりさせておくことは可能です。真似の現象に関する禁忌は、暴力や激しい敵対に対する自己防衛の禁忌とはまったく別物だ、とわれわれはどうしても思ってしまいます。ところがまったくそうではありません。

そうした行為でいつもおどろかされるのは、行為に熱中する者がたいていは同じしぐさをし、絶えず互いに真似しあい、相手の幻影に姿を変えるという事実です。特に争いの結果つまり勝ち負け、争いによって明らかになる両者の差異を見ると、伝説の社会や原始の社会では、過程の相互性に、つまり敵対者どうしの真似に重点の置かれていることがわかります。たとえば競争者どうしが互いに似ていたり、目的や手段が同じであったり、しぐさが対称的だったりするのです。

われわれ自身が使っている競争、敵対、対抗心などの用語をよく考えてみると、こうした基本的な見方がことばのなかに書きこまれて残っている、ということが確かめられます。たとえば競争者(concurrents)はいっしょに走る(courent ensemble)者ですし、敵対者(rivaux)は同じ流れの両岸に向かいあって住む沿岸住民（riverains）です。

ここでは二通りの見方のうち、近代の見方のほうが異常です。われわれの無理解のほうが、原始社会の禁忌以上に、おそらく問題を含んでいます。原始社会では暴力は、われわれが自分勝手に考えているようなものではまったくありません。われわれにとって暴力とは概念的な自律性を、つまり特異性を持つものですが、原始社会にはそうした考え方はありません。われわれは個人の行為に特に目をとめますが、原始社会は個人の行為には、限られた重要性を認めるだけです。原始社会はまた、まったく実用的な理由で、個人の行為を周囲の状況から孤立させることを拒みます。周囲の状況はそれ自体が暴力的なものです。われわれに暴力行為の知的な抽象化を許すもの、暴力行為を他から遊離した犯罪とみなすことを許すものは、あらゆる敵対者を超える法的な制度の効能です。この法的な超越性がまだ存在しないうちは、あるいはその効能がうすれてありがたみがなくなるときには、すぐにまた、暴力の真似されくりかえされる性格が見いだされるのです。暴力が明らかにそれとわかるようなときでさえも、この真似されやすい性格はきわめて顕著です。それからこの真似されやすい性格は、以前にはなかった絶対的な完成度に達します。事実、流血をともなう復讐の段階では、いつも同じ行為にぶつかります。つまり同じやり方、同じ理由で、殺人が行なわれるのです。復讐のために、殺人の先例が真似されるのです。この真似は次から次へと伝播します。それは遠縁の者にまで、最初の行為に無縁な者にまで、その行為を同じ目で見ることができる者でさえあれば、義務として課されるのです。それは空間と時間の壁を越え、至る所に破壊のあとを残しながらひろがっていきます。それは世代から世代へと継承されます。こうした連鎖的な復讐は、模倣《ミメシス》の極致であり完成であるように思われます。人間はそれによって殺人という同じしぐさの単調なくりかえしに追いこまれていくのです。(4) 復讐が人間を「分身」どうしにしてしまうのです。

O　するとあなたの考えでは、禁忌はわれわれ人間に知恵の欠けている証拠だというわけですね。人間は禁忌という共通分母に気づいていませんが、それは人間の闘争が何よりもまず模倣行為に根ざしていることに気づいていないからです。相互的な暴力行為は、模倣による敵対のエスカレイトしたものです。対立が激しければ激しいほど、無意識の模倣《ミメティスム》は「同じもの」を生み出します。

G　もちろんそうです。禁忌の解釈は、われわれが先ほど獲得の真似について述べたことから可能になります。

たしかに、禁忌のほうが社会科学よりも人間の闘争の本質をよく捉えていると断定するのは、何か逆説的です。ある種の禁忌、たとえば多くの社会に見られる双子に対する禁忌とか、鏡に対する恐怖などがまったくばかげたものであるだけに、ますます逆説的です。

禁忌の矛盾は、われわれの主張の弱点を突くどころか、それを確証してくれるものです。というのは模倣の干渉に光をあてることによって、なぜそうしたばかげた禁忌がありうるのか、つまりなぜ原始社会が鏡や双子を復讐と同じほど恐るべきものと判断しうるのかが、たいへんよくわかるからです。鏡の場合でも双子の場合でも、まるで二人の人間が相手の真似をしているみたいにそっくりなものが二つあらわれるというところが問題なのでしょう。そしてどんな場合でも模倣によって同じものが生まれると、すぐに暴力が喚起されるのです。それはまるで暴力と隣りあった原因のようにみえます。宗教的なもののこうした考え方は、双子が模倣によって伝播するのを妨げるためにどんな配慮がなされるかによって証拠立てられます。双子は厄介ばらいされますが、それにはできるだけ非暴力的な方法がとられます。それはこの瓜二つの人間から発散する模倣の誘惑に引きこまれないようにするためです。双子の両親、ときには隣人に対しても、いろいろな処置がとられますが、このことによっても激しい汚染が恐れられている理由がよくわ

かります。(5)

L　では自然の災害、たとえば洪水や旱魃など、それは明らかに原初の宗教体系の懸念の対象なのですが、これについてはどうお考えですか？　こうしたものを模倣の欲望に結びつけることはできませんが。

G　禁忌のねらいは、共同体をおびやかすものをすべて遠ざけることです。旱魃や洪水や伝染病などのような最も外在的で偶発的な脅威は、ひろがり方が似ているという間接的な理由で、よく、共同体内の人間関係に内在する堕落、つまり相互的な暴力への地すべりと混同されます。たとえば増水、あるいは旱魃の影響の波及、そして特に病理学で言う伝染は、模倣の伝播に似ています。

わかっていただきたいのは、これまではいつも宗教体系の重心が、外在的な脅威つまり自然の災害あるいは天界の現象の説明に置かれていたということです。私の考えでは、宗教体系の中心にあるのは模倣性の暴力です。宗教体系の中心に模倣性の暴力を置くとどんな結果が得られるかを検討する努力が必要です。その試みはこれまでまったくなされていませんが、その結果はまばゆいばかりのものです。

私はこの道はあらゆる謎を一つ一つ解明するに至ると考えています。ですから私は、自然の災害に対する恐れが宗教的なもののなかで何の役割も演じていない、とは断言しません。大洪水や悪疫が模倣性の暴力に隠喩として役だつということは事実ですが、だからといって現実の洪水や伝染病が宗教上の解釈の対象にならないというわけではまったくありません。そうではなくて、そうしたものは何よりもまず、模倣にかかわりのある禁忌の違反と認められます。それは人間による違反でもあり、また神自身による違反でもあります。神もまた、人間が初めに違反をすると、それを罰するために違反をすることがよくあるのですから。

私が言っているのは、禁忌を全体的に理解する、つまり共同体の構成員相互の関係とはまったくかかわりのない脅威の扱い方までを含めて理解するためには、あらゆるものの根底に模倣と暴力とを置かなくてはならないということなのです。

O　いまあなたは禁忌の明確な一貫性、たとえば対称的なものや同一のものが生み出される構造、区別のつかないものがこわがられることなどを強調されました。双子というのは要するに、ひじょうによく似た人間の関係を寓喩的に言いかえたものです(6)。しかしなぜよく似た人間がほかならぬ双子の資格で代表されるのでしょうか？　あなたがいま明言されたように、禁忌の根源にわれわれには欠けている模倣の欲望の認識があるとすれば、なぜ現実のよく似た人間のままで示されることがけっしてないのでしょうか？

G　禁忌についての認識は、いまのわれわれの認識を上回っていますが、やはりひじょうに不完全なものです。それは理論的に表明されることはありえませんし、特に、神聖な表象によって様相が変えられています。模倣性の闘争がまさにそこにあり、それは禁忌の真の共通分母なのですが、たいていはそうはみえません。それはいつも神聖なものの不吉な公現と解釈されています。それはまた神の復讐の怒りでもあるのです。その理由はまもなくわかるはずです。

模倣のこうした宗教的性格を、旧来の人類学は、「真似の魔力」を論ずるときに、自己流に認めてはいました。なかにはひじょうによく観察されていたものもあります。事実、多くの原始人は、爪の切りくずや髪の毛が、敵になるおそれのある者の手に渡らないように注意しています。からだの一部は、どんなに小さな部分でも、もとのからだから離れたものは潜在的な分身であり、したがって暴力的にひとを脅かします。ここで大切なのは、むしろ「分身」そのものの存在であって、それが敵の手に奪われてどんなひどい扱いをうけるかではありません。たとえば小さな人形が身代わりとしてピンを刺されることもあるわけですが、そういうことは二の次です。おそらく、あまり重要でもない、そして長いあいだかかって起こるはずの積み重なりが問題なのです。積み重なりが進んである時期までくると、もう分身の、分身としての不吉な性格はうすれてしまっていますし、魔術師も宗教的なものについては、だいたい現在の民族学と同じ程度の無知に達しているでしょう。魔術とは模倣《ミメシス》の不吉な特性をへたに使ったものにほかなりません。

もしもこれまでと同じように、そしてまたこれからもそれは可能だろうと思いますが、観察の視野をひろげるならば、いわゆる真似の魔力は、模倣性の現象を対象にした禁忌のあまりにも狭い一つの解釈であることが、よくわかります。ここで、「あらゆる偶像」を禁止する宗教と、まだだれも原始時代の禁忌と関係があるとは思っていませんが明らかにひじょうにそれに近い他の多くの現象、つまりたとえば多くの伝説の社会で芝居や役者たちから吹きこまれる身もすくむような恐怖などを、くわしく調べる必要があるでしょう。

O　そうしたすべての現象をいっしょにとりあげると、それを残らずまとめた哲学の著作を思い浮かべないわけにはいきません。それはもちろんプラトンの著作〔『国家』第三巻〕です。

G　模倣《ミメシス》に対するプラトンの敵意は、その著作の重要な一面です。それを、よくあるように、芸術活動に対する批判に結びつけたりしないように気をつけなければいけません。プラトンが芸術活動を恐れるとすれば、それは芸術活動が模倣の一形態だからであって、その逆ではありません。プラトンは原始時代の人々と模倣の恐怖を共有していますが、その真の説明がなされるのは、まだこれから先のことです。

プラトンが、模倣から受ける恐怖のために哲学の方面で特異な存在であるとすれば、プラトンはこうした理由で他のだれよりも本質的な問題に近づいていますし、原始時代の宗教的なものそのものと同じ程度に本質的な問題に近づいています。しかしプラトンにはまた、かなりわけのわからないところもあります。なぜならプラトンはこの恐怖の説明に成功していませんし、その体験にもとづいた存在理由もけっして明らかにしてはいませんから。プラトンは、闘争が横取りの模倣から起こる、とは言っていません。つまり二人の互いに模倣する敵対者が、相手がそれを欲していることがわかったために相手からそれを奪おうとする、とはけっして言っていません。

プラトンが『国家』のなかで模倣《ミメシス》の、非差異的で暴力的である効果を叙述するさいに、双子のテーマや鏡のテーマのあらわれるのが見うけられます。そこにはたしかに注目すべき何かがあるのですが、これまでだれひとりプラトンに民族学の光をあてて読もうとはしなかったことを認めなければなりません。ところがそれこそ、あらゆる「形而上学」をほんとうに「脱＝構築《デコンストリュイール》」するために、必要なことなのです。ハイデガーと当代のハイデガー信奉者たちが遡っている前ソクラテス派の哲学者たち以前には、宗教的なものしかありません。そして哲学を理解するためには、宗教的なものこそ理解しなければならないのです。哲学の側から宗教的なものを理解することがうまくいかなかったのですから、方法を逆にして、宗教的なものに照らして哲学を読まなければならないのです。

L　フィリップ・ラクー＝ラバルトはあるエッセーのなかで、『暴力と神聖なもの』〔ルネ・ジラール、一九七二〕を引用して、あなたを非難しています。あなたはプラトンを、あなた自身がわかっていることもわからないようなプラトンにしてしまった、と非難しているのです。実際にはプラトンは、この批評家によると、何でもよくわかっていて、セルバンテスやシェイクスピアのような、あなたが最高度の知恵を認めている作家も、「プラトンの枠」のなかに書きこまれているのだそうです[7]。

G　その論文は欲望についての模倣の理論を、ヘーゲルの考え方と、不当にも同一視しています。ラクー＝ラバルトが模倣による敵対の面でのプラトンの欠落に目を止めていないとしても、おどろくにはあたりません。プラトンの欠落は、実はラクー＝ラバルト自身の欠落でもあるのです。そしてそこが大事な点です。それは横取りの模倣における、模倣による敵対の、根源なのです。それはわれわれがいくら主張しても十分とは言えない問題の出発点なのです。そしてそれは、だれにも理解されないかもしれませんが、われわれがいま取り組んでいるのが哲学ではないということを見てとるためにも、ぜひわかっていただかなければならない点なのです。

『ドン・キホーテ』のなかで、主人公が模倣による敵対からマンブリーノのかぶと〔人を不死身にするかぶと〕に変えてしまったひげそり用の皿のエピソードを読めばすぐにわかることですが、セルバンテスには、プラトンやヘーゲルとはまったく異質な直観があります。セルバンテスの直観とは、文学を軽蔑させるものです。なぜなら文学は、われわれ人間の争いの空しさを、おもしろおかしく際立たせてみせるものなのですから。同じように十八世紀イギリスの合理主義的批評つまりライマーの批評は、フランス人たちの影響を受けて、シェイクスピアが無意味なあるいはまったく無価値なくだらないものをめぐって悲劇的な争いを構成したと非難しました[8]。この批評は、私がシェイクスピアの天分をほとんどの劇作家、すべての哲学者と比べてはるかにすぐれたものとみなすところで、シェイクスピアの価値を低く見ているわけです。

私はセルバンテスやシェイクスピアが模倣性の闘争を徹底的に究明し、解明すべきものを何も残していない、とまで断言するつもりはありません。私はただ、彼らが両方とも横取りの模倣を前面に押し出しているのだから、プラトン以上にそのことを知っているとだけ言っておきたいのです。彼らは、模倣については、プラトンが感じている、神聖なものから直接受けついだ、あの「非理性的な」恐怖を感じてはいません（それを過小評価もしませんが）。神聖なものの場合にも、もちろんわれわれは、横取りの模倣やその果てしなく及ぶ影響を深く考察しているわけでもありません。

しかしわれわれは、横取りの模倣があらゆるものの根底にあることを、苦もなく理解します。というのは、まだ話してはいませんが、いくつかの主要な禁忌、たとえば品物の禁忌、性的な禁忌、そしてまた同じように食物の禁忌は、常にいちばん身近なもの、近づきやすいもの、つまりいっしょに生活しているグループの持ち物に、このグループから生まれた女性たちに、あるいはこのグループが収穫した食物について定められているからです。こうした品物が禁忌の対象になるのは、それがいつでもグループ全員の使用するものだからです。したがってそれは、破壊をともなう対立が起こったときには、グループの平和にとって、さらにはその存続にとって、いちばん争点となりやすいものです。

模倣性の闘争に帰されないような禁忌はありませんし、われわれはこの対談を始めるとすぐその原則を定義したのです。

L　あなたのように模倣《ミメシス》という用語に頼ると、おそらくある種の誤解を招くと思いますが……。

G　たしかにそのとおりです。ただ単に真似《イミタシヨン》と言ったほうがいいのかもしれません。しかし真似をとりあげる近代の理論家は、たとえばジャン＝ミシェルも言っているように、その範囲を「外見」に依存する行動、つまりしぐさとか、ふるまいとか、話し方とか、要するに社会のしきたりによって認められた典型に限っています。近代ではこの用語の使用は、結局、争いを引き起こすおそれのない真似《イミタシヨン》の様式に、つまり単に代わりをするものに、そしておそらくは幻影の代わりをするものに限られているのです。

それは単なる「誤り」や「忘れ」なのではなく、一種の抑圧なのです。模倣性の闘争そのものの抑圧なのです。この抑圧のなかには、何か基本的なもの、人間のあらゆる文化にとって基本的な、もちろん現代のわれわれの文化にとっても基本的な何ものかがあります。原始社会は模倣性の闘争を抑圧します。それを引き起こすようなものを一切禁止することによって抑圧するのはもちろんですが、また一方、それを神聖なもののいろいろな大がかりな象徴のかげに隠すことによっても抑圧します。それはたとえば汚染とか汚濁とか呼ばれるものです。この抑圧はいまでは恒久化されています。ただし、逆説的な形態のもとで恒久化されています。

つまりわれわれは真似《イミタシヨン》のなかに、社会の団結に対する脅威や共同体に対する危険などではなく、順応主義や群生の精神の原因を認めます。真似を恐れる代わりに、それを無視しています。われわれは常に真似には「反対」なのですが、プラトンとはたいへんちがったやり方で反対しています。われわれはそれをいろいろなところから、われわれの審美観からさえも、追放しました。心理学も、精神分析も、社会学さえも、真似にはなかなか席を与えようとはしません。芸術や文学は、何とかして、何ものにも似るまい、だれにも似るまい、そっくりにはなるまいとしています。

われわれは真似には闘争の可能性が隠されているなどとは絶対に思いませんし、禁忌もそうした可能性の恐怖について何の直接的な説明も与えてはくれません。プラトンでさえもそうです。

プラトンの言う恐怖について、ほんとうに不安を感じている者はありません。模倣性の敵対とはどんなものだろう、「それはほんとうに実在するものだろうか、どんな所にあるのだろうか」などと不審に思う者もけっしてありません。模倣《ミメシス》とは近代人が認めるとおりのものです。すぐれた統合の力ですが、単にそれだけのものでもありません。プラトンがそれに統合の力と解体の力とを同時に認めているのは、理由のあることです。理由があるとすれば、どうして理由があるのでしょうか？　どうして単一で同一の力のこの互いに相反する効果を説明しようとしないのでしょうか？　この問いが誤りではないとすれば、それにどう答えるべきでしょうか？

O　それは根本的な問いです。人間の知恵にも文化的な訓練にも、模倣《ミメシス》のないものはありません。模倣は文化の統合の基本的な力です。それが一方では、禁忌の暗示するあの破壊と解体の力でもあるのでしょうか？

G　そうしたまさしく科学的な問いには、現代の思想は残念ながら興味を示しません。フランスの批判的な理論的な思想は、おどろくべき精密さ、まばゆいばかりの妙技をもって、テクストに即して模倣作用のパラドクスを追求しています。しかしまさにそこでフランスの思想は限界にぶつかっています。自分自身に幻惑されています。ことばのアクロバットに酔っています。そしてほんとうに興味のある問題は、一度も提示されていません。純粋に形而上学的な原則の名において、蔑視さえされています。今日では際限なくパラドクスに興ずるよりもましなことがいろいろあります。パラドクスに対しては、大作家たちの手によって、文学の面で与えることのできるものは、すでに残らず与えられてしまっています。模倣をきらびやかに目だたせること自体は、おもしろいことではありません。私にとって興味のある唯一のことは、そうしたものすべてに合理主義の光をあてて、それを真の知識に変貌させることなのです。思想のほんとうの使命はそうした点にありますし、この使命はいつも最後には、それが古びてだめになったとみえる時期を超えた段階で、再び確認されるのです。この合理的な使命は、その権限にゆだねられつつある材料があまりにも多いことから考えても、結局は追い越され「乗り越えられる」運命にあります。真似《イミタシヨン》という用語が近代的な意味で使われるとき、それは以前の宗教的形態についての逆転し悪化した認識不足を含んでいます。真似《イミタシヨン》といういじけた用語の代わりに、私は「模倣《ミメシス》」というギリシア語を使っていますが、だからといって模倣による敵対についてのプラトンのある種の理論を採用する、というわけではありません。第一そんなものは実在しないのです。ギリシア語の用語の唯一の利点は、それが真似に起因する争いの面を、理解しやすくしてくれることです。ただしその原因が明らかにされることは、けっしてなかったのですが。

この原因は、くりかえして言っておきますが、対象をめぐっての敵対です。いつもそれを起点としてそこから考えを進めなければならない横取りの模倣です。まもなくわかるはずですが、禁忌ばかりか儀礼や宗教組織全体までも、このメカニズムに帰することができます。人類の文化の完全な理論が、この唯一のそして独自の原則を起点として描き出されるのです。

O　要するに原始社会は、双子がいたり、固有名詞を口にしたりすると、共同体に暴力的な分身があらわれると考えるのですが、その考えは誤りです。しかし彼らの誤りは理解しやすいものです。その誤りはまったくの現実の何ものかに、きわめて素朴なメカニズムに、結びついています。このメカニズムの存在は確実ですし、それがいかにおどろくべく入り組んでいても、容易に見きわめがつくものです。個人対個人の場、民族学の場で論理的に見きわめがつけられるのと同じように。現実の禁忌が、人々が共同体に期待する禁忌と一致するということはよくわかります。共同体は模倣の効果を、いちばん穏やかなものからいちばん恐ろしいものまで、引きつづき見守ってきたはずですし、まるで悪疫から身を守るように、それに注意をはらってきたはずですから。

G　まったくそのとおりです。

O　しかしさまざまな文化のあいだには、あまりにも大きな偏差があって、そのためにあなたの統一的な理論も、ほんとうとは思えないこともあるのではないでしょうか？　他の社会が禁じているものを、必要とする社会もあるのではないでしょうか？　また同じように、まったく同一の社会で、平常時には禁止されている行為が、例外的な状況のもとでは容認され、必要とさえされることが起こらないものでしょうか？

G　なるほどそうですね。われわれのこれまでの発言が、他の事実によって否定されるようにみえるわけですね。しかし忍耐強く研究を続ければ、やがてそうした矛盾もりっぱに説明がつくことになるでしょう。いまのところは、われわれは、あらゆる禁忌を模倣とは矛盾するような形で含む基礎的な原則をつかんでいるだけなのです。

もしも模倣と矛盾する形の禁忌を、いちばん軽度なものからいちばん恐ろしいものまで（たとえば流血の復讐など）通して考えてみると、そうした禁忌が「エスカレイション」の各段階を目だたぬ形で描き出しているのがわかります。エスカレイションは常に共同体のより多くの構成員を模倣性の感染によって巻きこむおそれがありますし、またそれはいろいろなものについて絶えず悪化しつづける敵対の形をとるでしょう。そしてついにはこの同じ共同体が、女性も食糧も武器も最良の土地も、仲よく分けあうということができなくなるでしょう。

ここにもまた過程の連続があるのですが、民族学者はそこにそれぞれ互いに無関係な、それぞれ独立した禁止を見ています。それは避けるべき模倣の危険性の単一性が彼らの目にうつらないからです。禁止されるのは、要するに、まず模倣による敵対の口実となるすべてのものであり、その各段階に特有なますます激しさを加えるすべての動きであり、強い伝染性の「兆候」を示すようにみえる個々の人間のすべてです。たとえば双子、成人式のときの青年たち、生理期間中の女たち、共同体から永久にあるいは一時的に排除される病人や死者たちです。

L　しかしそうした危険の可能性は、儀礼のしきたりのほうが、はるかに直接的に証明することができるのではないでしょうか？

C　儀礼の機能、模倣の要求

G　そこでこんどは儀礼を話題にしなければなりません。話題を禁忌から宗教的なものの第二の大きな柱である儀礼に移すと、われわれが示した模倣の危険性の典型が、宗教的な社会の精神のうちに生き続けているということが確かめられます。なぜなら宗教的な社会は、こんどはもうそうした典型を妨害するのではなく、逆にその再現に努めているのですから。禁忌がこの危険性を目だたぬ形で描き出すとすれば、儀礼はそれを浮き彫りにして描き出すのです。この危険性が宗教思想全体にとりついていることは疑いありません。事実、まずどんな神話でも、あとになってわかるはずですが、この危険性を儀礼よりも完全に記述しているということはないにしても、少なくとも何らかの形でそれを暗示はしているのです。訓練を積んでさえいれば、わけなくそれに気がつきます。なぜなら模倣の危険性の過程は、完全に文化の差異——逆転し、それから不明確になり、消えてしまう差異——なのですから。差異に代わって、相互的な暴力が生じてきます。

L　そこで、ここでもまた、一切を横取りの模倣に帰さなければならなくなるわけですね。

G　ためらう余地はありません。民族学者は役割の逆転を話題にしています。ときには乱闘にまでなりさがるパロディー合戦や、ののしりあいをともなう逆転を、問題にしています。そのとき彼らは、それと知らずに、模倣の危険性について述べているのです。

L　民族学者は、「禁忌を破る」儀礼を話題にしますね。

G　もちろんです。もしも禁忌が模倣と矛盾する形のものであれば、模倣の危険性は必然的に禁忌を破るような形をとるでしょう。文化の組織が闘争によって崩壊するはめに陥るのはまちがいありません。この危険性が最高度に達すれば、人々は平常は禁じられているものを乱暴に奪いあうようになります。そんなわけでよく儀礼による近親相姦が起こるのです。つまりそうしたとき以外には触れる権利のない女たちとの姦淫が行なわれるのです。

L　あなたは儀礼を模倣の危険性の再現とお読みになるわけですが、しかしそれとは逆に非暴力的な儀礼、たいへんよく調和のとれた、まるで美的な意志に従っているような性格の儀礼もあります。

G　おっしゃるとおりですが、民族学の記述にもとづいて両方を比較してみると、儀礼の展望の一端には極度の暴虐と名状しがたい混乱があり、他の一端にはきわめて安定した技巧があって、そのあいだに断絶のないことが認められるでしょう。一端から他の一端に断絶なく移るのに必要な中継の形態が、わけなく見つかるでしょう。暴虐と混乱の儀礼から安定した技巧の儀礼へと、次第に激しさがうすれていくのは、正常な進化だと言ってよいでしょう。そしてこの進化は、闘争による共同体の崩壊を、逆説的ながら儀礼が社会の協調の行為に変える、という事実にもとづいています。

民族学者たちが好んで使う各種の表現が、この連続性を明らかにしてくれます。彼らは連鎖の一端で、「乱闘」とか無秩序な喧騒とか熱狂的な攻撃などのことばで語り、次に「模擬的な戦い」という表現が使われ、「鬨《とき》の声」をともなったリズミカルな足音ということばが使われ、それがいつのまにか「軍歌」に変わり、それから「好戦的な踊り」となり、最後にただの歌と踊りになってしまいます。きわめてデリケートな踊り方、パートナーどうしが顔を向けあったまま交わされる足の位置、鏡のような効果、そのすべてが過去の敵対関係の、図式化され純化された痕跡として読みとれるのです。

社会的な融和の精神のなかに常に模倣の典型を再現させるためには、行為から徐々に現実の暴力をすべて取りさって、「純粋な」形態だけが生き残るようにしなければなりません。この形態をよく見れば、それだけで、問題は常に「分身」であること、つまりお互いに真似しあうパートナーであることを確かめることができますし、またきわめて抽象的な儀礼用の踊りの典型は常に「分身」の、ただし完全に「審美化」された分身の、敵対関係だということを確かめることもできます。

ということはまた、儀礼の最も非暴力的な形態などには、闘争の唯一の典型という考えは含まれない、ということでもあります。儀礼を十分に理解するためには、いちばん平和な形態から研究を始めたのではだめで、だれが見ても明らかに闘争の形態だとわかる形態から始めなくてはなりません。たとえばアフリカの空位期間などの研究から始めなくてはなりません。その期間中に社会は完全に解体され、闘争に明け暮れる無政府状態に陥ってしまいます。だから民族学者はこの現象の定義をためらっています。彼らにはその現象を儀礼のくりかえしと見るべきか、ある種の規則的な変調と見るべきか、あるいはまた予見不可能な結果を生むまぎれもない歴史的事件と見るべきかが、どうしてもわからないのです。

O　要するにあなたは、禁忌と儀礼とがすべて模倣性の闘争に帰されうるとおっしゃるわけですね。共通分母は同じですが、それこそたいへん逆説的なことではないでしょうか。なぜなら一方では義務であることが、他の一方では禁止されるのですから。模倣の危険性は、禁忌の読みとり方がわれわれを考えこませるのと同じ程度に恐ろしいものですが、だとすれば、儀礼がやっきになって、ときにはひどくなまなましいやり方で、社会が正常時にいちばん恐れているもの、恐れても当然だと思われるもの、を再現しようとするのが理解できません。

無害な模倣、危険をともなわない模倣はありません。現実の暴力に訴える危険をおかさずに、儀礼のように分身たちの危機を形だけまねるようなことはできません。

G　あなたは、禁忌と儀礼との併存によってすべての宗教的社会のなかに生ずる途方もないパラドクスに、申し分のない定義を下しています。民族学がこれまで、宗教的なものの謎を前にして挫折してきたのは、このパラドクスを一掃しなかったからですし、それを一掃しなかったのは、宗教的なもの自体のなかに、いつもそれを回避できるような手だて、あるいはそれを和らげるような手だてが見つかるからです。と言ってもそれは、そうしたパラドクスが実在しないという意味ではなく、宗教的意識そのものが、われわれと同じように、そうしたパラドクスをこれ以上は耐えられないもの、考えることもできぬものとみなす段階にまで達しうる、という意味なのです。宗教的意識はそれから「事態の調整」に努めます。つまり禁忌をゆるめたり、儀礼にともなう危険性を弱めたり、あるいはそれを両方同時に行なったりしながら、矛盾するものの角を取る努力をします。とは言ってもそれは、禁忌と儀礼との対立を少なくするということではありません。あるいはよくあるように、宗教的なもの自体にならってそれを弱める――たとえば祭りのときなどには、禁忌にちょっとした休止期間を設けて、いっとき、楽しく遊ぶことがあるように――ということでもありません。それどころか、それを際立たせねばならないのです。神秘的なものを強調しなければならないのです。事態がどうしてこんなふうに経過するのかわれわれには絶対に理解できないのだということとは、よく理解しなければなりません。

原始社会の人々は、儀礼のときには、それ以外のときなら何よりも恐れるものに、つまり共同体の解体に、模倣性を持つ解体に、進んで身をまかせます。

O　もしも模倣《ミメシス》が、個々の人間を対象とする精神病理学や、冒瀆に対する宗教的配慮などの暗示する抗いがたい力であり、同時に油断のならぬ力でもあるとすれば、儀礼は破滅への招待のようなものです。

ある場合には模倣の理論を捨てねばなりませんし、またある場合には、宗教的な体系に一段と高度な前進の理由があることを認めねばなりません。それはどんな理由でしょうか？

G　われわれがいま指摘したパラドクスは、日取りは決まらぬまでも、さし迫った危機の脅威を避けるため実行が決定される儀礼の場合には、ますます異常なものになります。

あのまぬけな男グリブイユが川のなかに雨宿りの場所を探しにいくみたいに、共同体にも、被害を恐れながら、それを避けるつもりで、わざわざ被害をこうむってしまうようなときがあります。ふだんはたいへん控えめにみえる宗教組織が、儀礼のときになるとまるで信じられないような無謀ぶりを発揮するのです。いつもの注意深さを捨てるだけでなく、ヒステリックな無意識の模倣《ミメティスム》によって、丹念にそれ自体の解体をまねてみせるのです。まるで見せかけの崩壊が現実の崩壊を遠ざけることができると考えてでもいるかのように、すべてが進行します。しかしこうした説明にも、無理な点がないとは言えません。事実、それこそはまさにオリジナルと、模倣《ミメシス》の宗教的な概念に巻きこまれたコピーとの、区別そのものです。

L　儀礼の機能性を認めている理論もいろいろあります。儀礼のテクニックとは、不和から生まれる結果をそっくりまねすることにあるのですから、儀礼の参加者から恐ろしい行動に実際にとびこもうとする欲望を取り除くことによって、不和の危険を遠ざけることにうまく役だつ可能性があります。

G　私自身も儀礼にはある種の機能性があると思っています。しかしその機能性は必ずしも確実なものではありません。儀礼のなかにはほんとうの不和に転じてしまうものもあります。ある制度に効能が認められるというだけではその制度の存在の十分な説明にはならないことを理解しなければなりません。機能主義の素朴さに陥ってはなりません。

どうしてなのかわかりませんが、社会はよく、ある型の危険に対応してそれを避けようと努めていながら、急に向きをかえてしまいます。特に危険が迫っているようなときに、逆の対策に訴えるのです。社会に最も脅威を与えるような対策に訴えるのです。でもやはりそうした文化の揺籃期の周辺に、伝説のすばらしい妖精のような、学識豊かな一連の民族＝精神医学者とも呼ぶべき人たち、つまり限りない予見の能力によってそうした文化に儀礼の制度を与える学者たちを想像することはできません。

どんなにすぐれた学問も思想も、儀礼をまるごとつくりあげるような芸当はできませんし、いろいろな儀礼に明らかに差異が見られるのに、その背後で、人類の宗教体系と同じように一貫性のある体系にひとりでに到達するなどということもありえません。

問題を解決するためには、明らかに、われわれが理解に努めている制度を何一つ除外しないようにすることが必要です。われわれは儀礼についての研究を模倣の危険性に限ったので、儀礼にふつうに見られる大切なものを除外してしまいました。つまり儀礼の帰結を除外してしまったのです。この帰結とは、動物や人間をいけにえにするときの一般的な規則です。

D　供犠と犠牲のメカニズム

L　供犠という帰結を持たない儀礼もあるのではないでしょうか？

G　あります。儀礼の帰結は、儀礼による手足の切断に限られることも、あるいはいつでも供犠に相当する悪魔祓いに限られることもあるし、また供犠の帰結を何もともなわない、象徴的な帰結さえともなわない儀礼の形式、あるいは儀礼のあとにつづく形式もあります。この問題はこれからも忘れないようにしておく必要があると思います。それがなければわれわれは限りなくわき道に迷いこんで、証明の脈絡を見失ってしまうでしょうから。証明は、最後までそれを続けようとするのでなければ、拘束力を持ちません。そして私は、わき道が見えたときにあなたの頭に浮かぶかもしれない反論に、すべてお答えしようとは思いません。あなたがいま提起した反論はきわめて重要です。というのは、それは供犠から発し、供犠によって初めて存在する文化の制度内での、供犠の消滅という大問題に結びついているからです。この問題は、またあとでとりあげることにしましょう。

O 話題をもとに、供犠の問題にもどしましょう。

G 儀礼の帰結が供犠であるとすると、供犠は宗教社会には、こうした儀礼によって演出された模倣の危険性の帰結と見えるにちがいありません。多くの儀礼において、参加者は全員が、まるで一種のリンチと言っていいような供犠の行事に加わる義務があります。祭司だけがその役を務める場合でも、ふつうは参加者全員の名において役を務めます。共同体の統一が、供犠という行為によって確立されるのです。統一は分裂が極度に進んだときに、つまり模倣性の不和が高まって報復行為が際限なくくりかえされ、共同体がみずから解体を目ざすに至ったときに起こります。個人対個人の対立のあとに、急にひとり対全員の対立が起こります。個々の人間どうしのてんでんばらばらな争いのあとに、とつぜん、一つにまとまった形の敵対関係が生じます。つまり一方は共同体の全員、他方は犠牲者という形に分かれます。こうした供犠による解決が何にもとづくのか、それを理解しようと思えばわけはありません。共同体は、ひとりの人間を犠牲にすることによって、全体の連帯性をとりもどすのです。しかし犠牲者のほうは、自分を守ることができないばかりか、復讐を企てることもまったくできません。犠牲者の不運が新たに混乱を引き起こすことも、再び危機を生じさせることもありえません。全員がまとまって犠牲者に反対しているのですから。供犠はやはり一つの暴力行為、他の暴力行為に加えられる暴力行為にほかなりません。しかしそれは最後の、究極の暴力行為です。

いくつかの供犠をとりあげて、犠牲者に向けられた敵意を検討してみると、模倣の危険性の責任は犠牲者ひとりに負わされると考えてよいようになります。犠牲者は殺されるまえに、侮辱と虐待を受けることもあります。ほんとうの問題はこうです。まずこんなにいろいろな儀礼があるのに、どうして犠牲者に対する、このような統一的な形態の敵対が可能なのか？　そして集団を犠牲者に対抗させる力は何なのか？

L　『トーテムとタブー』のフロイトは、そのような犠牲者は原始遊牧民の父だと答えています。フロイトによれば、あらゆる儀礼に、人類を生み出した一度だけの殺害の記憶が残されているのだそうです。

G　この問題についてのフロイトの発言は、すべて慎重に検討される価値があります。というのは、フロイトだけが、ひとが言うほど流行おくれではない民族学的な考察から出発して、供犠のモデルとしての、現実の集団による殺害の必然性を理解したのですから。しかしフロイトの解答は承認はできません。たった一度だけの殺害から議論を進めたのでは、儀礼が反復されることは理解できません。

それにフロイトはその殺害を、相次ぐ儀礼の冒頭に置いているのですから、それはうまい位置づけだとは言えませせん。殺害を正当と認める儀礼はまれですし、それはふつうの順序とは逆な形の儀礼なのです。ふつうの順序とは、われわれがいま述べている順序のことです。模倣の危険性が初めにあって、集団による殺害が、その頂点となり、また同時に結末ともなるような順序です。

人々が寄り集まって、有史以前の、いまもなお忘れることのできない殺害の「罪過」を記念するために、ありとあらゆる犠牲を捧げるという考え方は、まったく神話的です。それに反して、神話的ではない考え方は、自然に起こった最初の殺害が、共同体の人々を実際に結束させ、現実の模倣の危険性にけりをつけたために、人々はそうした犠牲を捧げるのだという考え方です。こう考えれば、人間は現実の危機の脅威を遠ざけるため儀礼にたよるのだということが理解されるでしょう。危機はそれ自体のために再現されるのではなくて、その解決のために再現されることになるでしょう。過去の、現在の、そして未来のあらゆる危機の唯一の満足すべき解決と思われる解決に到達することが問題になるでしょう。われわれに対決を迫るパラドクスが解消されるでしょう。禁忌と儀礼とのあいだに意図の矛盾はなくなるでしょう。禁忌は、危機を招く行動を禁ずることによって、危機を遠ざける努力をつづけていたわけですが、それでもまた危機が起これば、あるいは起こる気配が見えれば、儀礼がそれを安全な方に向け、解決にみちびくように努めるのです。つまり共同体の和解へとみちびくのです。そしてそのために、ひとりの人間を犠牲に供するのです。それは気まぐれだと思われるにちがいありません。事実、個々の犠牲者はだれひとり、模倣の危険性に責任があるはずはありません。

犠牲者ひとりだけで危機は解決されます。犠牲者はだれでもかまいません。なぜなら暴力の現象はすべて、模倣性のものなので、共同体の内部ではどこでも同一であり、同じように配分されているのですから。危機の原因を一つにしぼることは、だれにもできませんし、危機の責任を分担させるようなことも、だれにもできません。そして最後に、あの「身代わりの犠牲者」が必然的に姿をあらわして、共同体を和解させることになるのです。というのは、危機の高まり自体が、常に増大する無意識の模倣《ミメティスム》に結びついているために、必然的に危機を招くことになるのですから。

O　いまのお話は、私には、ついていきにくいように思われます。あなたは模倣の危険性が、つまり共同体内部の闘争による無政府状態が、そうした種類の気まぐれな解決に到達する可能性があるばかりか、到達するにちがいないと断言しています。したがってそこには、何かしら解決の自然なメカニズムのようなものがあることになるでしょう。私はそれがあなたの理論のひじょうな難点だと思います。この難点を解明しなければなりません。

G　模倣性の闘争の理論と、この闘争の結果である暴力の理論とを最後まで筋を追って理解していただくことが大切です。敵対関係が高まるほど、敵対者どうしは、もともとその原因であったものを忘れ、お互いに相手に魅了されるものです。敵対関係は外的な一切の得失をはなれて浄化されます。要するに敵対関係は純粋なもの、あるいはふしぎな魅力を持つものになってしまいます。敵対者はだれでも、相手から見ると、賛嘆すべきそして憎悪すべき邪魔者《モデル・オブスタクル》であるモデルとなるのです。打ち倒さなければならないが、同時に吸収することも必要なものになるのです。

模倣《ミメシス》の度は一段と高まりますが、その後はもう対象のレベルで作用することはありえません。なぜならもう対象はなくなってしまうのですから。あるのはただ敵対者のみで、それをわれわれは分身どうしと呼ぶのです。なぜなら敵対関係でありながら、もう何ものも両者を分かつことはなくなっているのですから。対象がもうないとすれば、われわれが定義した意味での横取りの模倣も、もうなくなります。模倣にとっては、もう敵対者自身のほかに適応の場はありえません。そこで、危機の最中に生み出されるものは、敵対者という模倣性のある代用物だということになります。

「横取りの模倣」が、二人あるいは数名を、みんなが自分のものにしたいと望む唯一の同一の対象に集束させつつ分割するものであるとすれば、「敵対者の模倣」は、二人あるいは数名を、みんなが打ち倒したいと望む同一の敵に集束させつつ結束させるのです。

横取りの模倣には伝染性があります。対象が一つの極に集中し、それを目ざす人の数が多くなればなるほど、共同体のメンバーでまだそれに巻きこまれていない人はますます前例にならおうとする傾向を示します。敵対者の模倣も、必然的にこれと同じ経過をたどります。何しろそこには同じ力がはたらいているのですから。したがって予測できることは、この模倣は、その作用が始まるとすぐに、つまり対象が見えなくなって、模倣性の狂気の強度が高まったときから、雪だるま式にふくれあがるということです。模倣の牽引力は同じ極に集中する人々の数とともに増大するのですから、最後にはどうしても、共同体全体が一つにまとまって、たったひとりの人間に対立するということになります。だからこそ敵対者の模倣は、共通の敵に対する事実上の一致団結をもたらすのです。そして危機の終結とは、また共同体の和解とは、それ以外の何ものでもありません。

われわれには、模倣性の敵意がどんな理由で何の意味もなくある犠牲者に集束され、他の者には集束されないのか、わかりません。少なくともある場合には、それはわかりません。しかしこの犠牲者というものは、やはりきわめて独特な、特異なものです。犠牲者に集中される熱狂的な憎悪の念と、犠牲者にそのときから体現される危機感のためにそうであるばかりではなく、またそして特に、一つの極への全員一致の集中作用の結果である和解という効果から見てもそうなのです。

共同体は、犠牲者を勝手に選び出したのに、犠牲者が自分の不運の特異な原因を理解しているものと信じて疑わず、犠牲者に対する怒りを満喫します。共同体にはそれからは敵はいなくなってしまいます。少しまえまでは敵に対して猛烈な怒りを示していたのに、敵意がすっかり浄化されてしまうのです。

平和がもどってくることから見て、共同体を揺り動かした模倣性の混乱の責任がこの犠牲者にあったことは明らかなようにみえます。共同体のほうが自分たちの犠牲者に対して完全に受け身の姿勢をとっているることがわかります。それに反して犠牲者のほうは、この事態の唯一の責任ある立場にいるようにみえます。犠牲者と共同体との実際の関係は逆転しているのですが、それが危機の解決によって永続的なものになることを理解するには、この犠牲者が「神聖視」される理由を理解するだけで十分です。平和を取りもどすのも犠牲者の責任なら、それに先立つ混乱の責任もまた犠牲者に負わされるのです。犠牲者は、自分自身の死さえも、みずからの手で準備するということになります。

O　あなたの言われたことを要約してみましょう。対象についての横取りの模倣は、ひとたびその分割と闘争の作業を完了してしまうと、敵対者の模倣に変貌し、それまでとは逆に、共同体を結束させ統一させる傾向を示します。世界中のどんな儀礼の構造も、問題は偶発的な進展ではなくて必然的な進展であること、つまり危機と模倣の本質そのものに結びついた進展であることを暗示しています。こうした危機の解決は、いつもまちがいなく生み出されるものなのでしょうか？

G　よくはわかりませんが、そうではないと考えることも可能です。人間の無数の共同社会が、私がいま述べたようなメカニズムにはけっして至らない暴力の影響下に崩壊すると考えることも可能です。しかしいろいろな宗教体系を観察すると、次のように考えざるをえません。まず、模倣の危険性はいつでも生ずるということ。第二、全員が合同してただひとりの犠牲者に反対するということは、文化の面では当然な解決であり、まさに規準的な解決であるということです。なぜなら、すべての文化の規準はそこから発しているのですから。

O　すべての、でしょうか？

G　禁忌と儀礼という原初の規準を、そしてまたこれらの規準のおどろくべき力を理解するためには、たったひとりの犠牲者を血祭りにあげることによって突然の解決が奇跡的な解放の効果をもたらすほどの、かなり長くて恐ろしい模倣の危険性を想定する必要があります。その出現と消滅が集団による殺害によって強調されるようなひどく不吉なもの——そしてあとになってみれば幸運なもの——を体験すれば、人々は文字どおり「心を捉えられ」てしまうにちがいありません。恐ろしい試練を受けた共同体から敵対が一掃され、完全な解放がもたらされるのですから。

この共同体がその後平和への意欲によって全面的に鼓舞され、敵対のこの奇跡的な休止期間の維持に努めるようになるのは、だれにでもすぐわかります。この休止期間は、いわばこの共同体を訪れた恐ろしくて同時に好意的なものから与えられたようにみえます。そこで共同体は、それから先のすべての行動を、このものの支配下に置こうとします。まるで、このものによって残された教訓を守りつづけることが大切な問題でもあるかのように。

危機とその解決のなまなましい体験にもとづいて、共同体は進路を定めます。要するに自分たちは犠牲者そのものによっていつもみちびかれるのだと思いこみます。いま味わいつつある不確かな休息が確固たるものになるように進路を定めるのです。すぐわかることですが、二つの主要な至上命令があらわれます。その一つは、危機を暗示するような行動を二度と取らないこと、あらゆる無意識の模倣《ミメティスム》をつつしむこと、最近まで敵対していた者との接触を避けること、対立の原因や口実となったものについてどんな横取りの行動もしないこと、などです。それがつまり禁忌という至上命令です。第二は、それとは逆に、危機を終息させた奇跡的な事件を再現させること、最初の体験の状況にできるだけ似た状況のなかで、最初の犠牲者の代用として新しい犠牲者を捧げることです。そしてそれが儀礼という至上命令です。

人々は自分たちの和解のメカニズムを理解していません。そこにすばらしい効能が隠されていることにも気づいていません。そこで人々はできるだけ正確に、すべてを再現しようと努めます。救済のメカニズムは、同胞殺害の争いが頂点に達したときでなければ発動されないことは、だれにもよくわかっています。全員一致の決意とこの争いの頂点とは一体をなしていて、それは宗教的な考え方によれば、まず別々ではありえないものです。それは不可分なものと理解されています。この狂熱の闘争の理由は何なのか、多くの儀礼の冒頭の局面、つまり犠牲を供えようとするときの文化の非差異状態の理由は何なのか、それこそ探求しなければならないことです。

レヴィ＝ストロースは非差異的なものそれ自体のために非差異的なものに注目しているようですが、それどころか儀礼は、危機を、まさに差異化を保証する手段と見るのです。レヴィ＝ストロースのように儀礼を狂気に捧げる理由は何もありません、人間の文化のなかに秩序があらわれるのは、たしかに極度の無秩序からです。なぜなら無秩序が極度に進めば、闘争の対象はすべて見えなくなってしまいますし、そのときこそ横取りの模倣と闘争性の模倣が、敵対者の模倣とこの敵対者への再統一の模倣に変容するのですから。レヴィ＝ストロースは儀礼を構造主義の教室の入口に置いていますが、それは誤りです。この教室の劣等生でも、秩序と無秩序についてなら、教師よりはるかに多くのことを知っています[9]。

たとえば通過儀礼において、非差異化された者がすることは、それまでの「自己同一性《アイデンティティー》」を失うということにほかなりません。もう解体してしまっている特殊性を失うということにほかなりません。そして儀礼が強調し、まず重味を与えるのは、この消失なのです。儀礼はこの消失をできるだけ完全なものにしますが、それはレヴィ＝ストロースが言うように、儀礼に「直接的なものへのノスタルジー」があるからではなく、新しい自己同一性の獲得を、最終的な差異化を、それを望む者に容易にしてやるためなのです。たとえば洗礼という儀礼が、非差異化された者の水浴だということは明らかです。人々はこの儀礼を通過したあとでは別人のようになります。現世のあらゆる宗教のうちでいちばんつつましい信者たちは、いつでもそのことを知っていました。洗礼を受ける者は水に溺れるようなことがあるかもしれませんが、しかし洗礼という儀礼を受けさせるのは、溺れさせたりするためではありません。

O　あなたは儀礼に神秘的な定義を与える危険を冒してはいないでしょうか？

G　絶対にそういう危険はありません。というのは私には、入信の「試練」とは、ある種の特殊な目的に対する模倣の危険性に特殊な照明をあてたものにほかならないことが、よくわかっているからです。それは「供犠の救済の効果が有利に発動するように」、志望者にできるだけ恐ろしい危機を通過させることです。まさにそのために、入信の儀礼では、それが真剣なものであればこそ、ときには志望者が死に至ることもあるのです。そして儀礼にそれほどの力がなくなってしまったときでさえも、人々は志望者たちがほんとうに死ぬこともありうるだろうと信じているふりをするほどです。

L　あなたの定義は、疑いもなく、模倣を禁ずる禁忌と、儀礼のとき模倣の危険性に身をゆだねることとの、一見まったくの対立ともみえるものを解決してくれます。危機は、あなたの定義では、それ自体としてあるのではなく、供犠による解決を発動させるためにあります。そこで、もしも模倣の理論が正しければ、儀礼には次のように考えてよい理由――この解決の発動には混乱の度が最高に高まることが必要だと考えてよい理由――があることになります。したがって儀礼と禁忌の狙いは同じですし、秩序と平和は集団のメカニズムから生まれることになります。そして儀礼も禁忌もともにこの平和を確保しようと努めるのですが、努力の仕方が異なっています。

G　禁忌のほうは、危機に関係のある、または関係がありそうにみえるものをすべて禁止することによって直接、目的を達しようとしますが、儀礼のほうは、集団のメカニズムを介して、またそれを新たに発動させようと努めることによって、同じ目的を達しようとします。だからわれわれには、なぜ人間が現実に危機におびえると、儀礼をたよりにするのかが理解できます。病気が病気をなおすのに役だつというパラドクスは、何もこの例だけとはかぎりません。問題は有害な無意識《ミメティスム》の模倣の力を強めて、その力を供儀による解決へと向かわせることです。したがっていわゆる通過儀礼と、その他の儀礼には、何の差異もありません。「現状のまま」を恒久化するのに役だつモデルが、また変化のモデル、いずれにしても同じものを回復するはずのモデルでもあるわけです。結局、平和と秩序をもたらす解決を新たに生み出すためには、いつでも危機を再演しなければなりません。現代の考え方ではこうしたメカニズムを同化することができないとしても、それがこの世の初めから実在するという事実を否定することはできません。しかしある意味では、このメカニズムを同化することができないという事実は、現代の考え方にとって実に名誉なことであり、構造主義がいまなお理解できないでいる問題に、理性的な解明の手がかりを与えるものです。この同化拒否は、何となく神秘的な感じのする諸説混合主義などよりも、好ましいものです。諸説混合主義は「人間性」の名において、あるいは暴力をふるう神々の直系の子孫である漠然とした汎神論の名において、あまりにも安易に、神聖なもののメカニズムに従属してしまいます。私はこの種の態度に対するレヴィ＝ストロースの恐れを理解していますし、その恐れはまた私の恐れでもあります。

E　宗教的なものの理論

O　宗教的なものの領域で一つの問題を解決しようとすると、必ずすぐにそれと対立する問題に直面することになるような気がします。ある種の宗教体系のなかでは、禁忌の反模倣的性格はきわめて明らかですし、儀礼によって再現される模倣の危険性も同じように明らかです。このような矛盾のかげには、あなたがそれを示しておられるように、意図の共通性があります。われわれにはいまそれがわかっています。

しかしこの矛盾が当然なものとされると、われわれにはもうある種の宗教体系のなかで、なぜ矛盾が弱まったり、まったく消えてしまったりするのかがわからなくなります。

G　それはあなたがすでにさきほど私に提示していた反対意見です。ようやくいまそれにお答えすることができるようになりました。根源的な体験の記憶が生きているかぎり、模倣の危険性の再現と模倣の禁止とに見うけられる客観的な矛盾は、宗教的な考え方にとっては何の問題にもなりません。おそらくこの矛盾は、気づかれることさえないでしょう。ところが逆に、いったん儀礼の存在理由がよくわからなくなり始めると、この矛盾は問題になります。

宗教を完全なものにしようとする入念な努力は、けっして止むことはありません。それは、われわれ自身が感じているように、あとになって論理的に矛盾と感じられるもの――儀礼のなかに、身代わりの犠牲者のメカニズムをそれに固有な状況のなかで再現しようとする意図が認められないという理由で、論理的に矛盾と感じられるもの――を次第に少なくし、できれば抹消しようとするにちがいありません。要するに、民族学者の到来のはるか昔から、彼らの集中的な思考の対象である無知の状態は実際にあって、それは遅ればせの宗教完成化の努力に、ある意味で、つまりそれに先立つものよりも理解可能で論理的で「自然」でさえあるような意味で、影響を与えているのです。

宗教体系の中心には、やがていろいろなひずみが生ずるものですが、それは実際に行なわれることを「合理化」しようという狙いから起こるのです。そのためには禁忌をゆるめたり、儀礼をおだやかなものにしたりします。その両方をすることもあります。体系が、その起源にも存在理由にも一致しない論理の庇護のもとに、統一されようとする傾向を示します。そしてこうした進展は一見合理的な方向で起こるために、民族学者の目をくらますことにもなりますし、また私の提唱する起源を否定するような議論を彼らにさせたり、そしてまた事態をいちばん明らかにするはずの儀礼を、宗教的なものがつくりあげるあの大きな錯誤のうちの極端なものとみなすような議論をさせたりすることにもなるのです。しかし少ししんぼう強く観察をつづけるなら、いつでも暴力の起源に至る道を見いだすことができます。

O　話をつづけるまえに、おそらくこのへんで『暴力と神聖なもの』に対してなされたいくつかの反論を想起してもよいでしょう。たとえば「身代わりのヤギ」のメカニズムは、いろいろな宗教形態のあれほどのおどろくべき効果を正当化するには、あまりにもはかなく、そして無意味だと言われています。(10)

G　その反論が考慮に入れなかったこともいくらかあります。それはまず、闘争の模倣的な性格であり、つまりその対象の究極的な虚無性です。人間の闘争の根本的なくだらなさを認めることほどむずかしいことはありません。われわれ以外のものの闘争についてならまだしも、われわれ自身の闘争については、認めることはまず不可能です。近代の「すべての」イデオロギーは巨大な機構であり、それはいまにも人類の生存に終止符を打つことになりかねない闘争をさえ――そしてまた特にそうした闘争を――正当化し合法化しています。人間の狂気の一切がそこにあります。人間の闘争のこの狂気をいま認めないとすれば、いつになってもそれを認めるときはきません。闘争には模倣性がありますが、同じように模倣性のあるその解決には、残りかすのようなものはまったくなく、共同体は完全に浄化されます。それはまさに「対象がない」からなのです。(だからといって、人間の「すべての」闘争には必然的に現実の対象はない、と考えねばならないということはありません。)

身代わりの犠牲者による和解の効果は一時的なものでしかありえない、と言う人があります。なるほどそうかもしれません。しかし私もあらゆるものをこの効果に結びつけようとしているわけでは少しもありません。文化は犠牲者を通じての和解からじかに発生するのではなく、禁忌と儀礼という二重の至上命令から発生します。つまり二度と危機に陥ることのないようにモデルにならって進路を定めながら統一を行なってきた共同体全体から発生するのです。文化にとってはこのモデルは、それからは、危機とその解決というまねしてはならないモデル、アンティモデルになります。人類の文化を理解するためには、模倣性の力を禁忌によってせきとめさえすれば、また儀礼の方へ転向させることによってせきとめさえすれば身代わりの犠牲者による和解の効果の拡大化、恒久化が可能になる、ということを認める必要があります。宗教的なものとは、平和を維持するためのこの大がかりな努力にほかなりません。「神聖なものとは暴力なのです。」しかし宗教的なものが暴力を礼賛するとしても、それは常に暴力が平和をもたらすものと考えられるからこそなのです。宗教的なものは全面的に平和を目ざしています。しかし平和に至る手段が、供犠の暴力をともなわないことはまずありません。そこに一種の「暴力の崇拝」を、供犠に対する賛意を、あるいはまたまったく正反対に、人類の文化に対するにべもない告発を見るのでは、私の見解を完全に無視していることになります。

宗教的なものが崩れるときに常に問題を引き起こすのは、その構成にかかわりのある暴力が、そのときなまの形であらわれ、和解の能力を失うからです。人間はすぐに宗教的なものそのものを新たに身代わりのヤギに仕立てようとします。それは、ここでもまた同じように、この暴力が自分たち自身のものであることを認めたくはないからです。人間はまさにそういうときに、神聖なものを犠牲にして、それまでより以上に暴力を厄介払いしてしまいます。今日のように人間が暴力を嫌っているときにも、また昔のように暴力を礼賛しているときにも、それは同じことです。基礎づくりの犠牲者の意味がわかっていない態度はすべて、互いに対立する誤解にほかなりません。同じボールをいつまでも投げ返しあっているのに一向に「命中」もせず、認識不足の構造を崩壊させることもない分身どうしの態度にほかなりません。

L　あなたが指摘される誤解には、もう一つの理由があります。基礎づくりの犠牲者のたどる過程を明らかにするためには、われわれの周囲でそれと似た現象を探求することがぜひとも必要ですし、そうした現象はそれについて明確な考え方をわれわれに……。

G　もしもそうした現象が、宗教的なものの生み出す現象と一致するなら、そうした現象は宗教的なものを生み出すということにもなるでしょうが、われわれはそれを客観的に認めることはできないでしょう。それは原初の宗教的なもののなかに生きている人間たちもそうした現象を認めないのと同じことです。近代社会は、もう宗教的なものを、われわれがいま研究しているような体系の意味で生み出すことはありません。基礎づくりのメカニズムの機能は、完全に停止はしていないまでも、以前よりもはるかに低下しています。その理由をわれわれはまだ知らずにいますが、しかしまもなくそれを話題にするはずです。われわれは「身代わりのヤギ」ということばを使いますが、それは『レビの書』の儀礼やそれと似た儀礼の意味で使っているばかりではありません。(11) 自発的な心理学的なメカニズムの意味でも使っています。ほかのどんな社会も、このような区別はできなかった、と私は考えています。このふしぎな能力については、深く考えてみる必要があるでしょう。それこそ私の考えでは、民族学の本質的な務めですし、またそれは民族学がうまく避けて通ってきたものでもあります。私はただ自発的なメカニズムだけのために、「身代わりの犠牲者」という表現を使っています。

O　つまりわれわれの理解の度は深まりはしますが、その理解は、いまわれわれが論議中の現象については、常に不運な常に論争の的となるような理解だというわけですね。いまの論議も、こうした特に近代的な状況を抜きにしては不可能でしょう。

G　神聖なものを生み出す犠牲のメカニズムの能力は、もう申しあげたように、全面的に、このメカニズムに対する無知にもとづいています。だれもが「身代わりのヤギ」とは何かを少なくとも漠然とは知っているような社会では——というのはだれもが絶えず何らかの国家の敵、イデオロギーの敵、あるいは家族の敵に対して、「身代わりのヤギを求めている」と非難を浴びせているからですが——そうした社会では問題のメカニズムは、常に目の前に見えているわけです。しかしそのメカニズムは、あまりにも本来の活力を失っていますので、人類の文化がメカニズムに割り振る義務、あるいはむしろこのメカニズムが人類の文化に割り振る義務を、昔と同じように遂行することはできません。

O　要するにあなたがおっしゃりたいのは、われわれ人間のなかにはいろいろな現象が見いだされるが、それは宗教的な形態の背後に公準として仮定しなければならないような現象と「かなり似ていて」、われわれのカンテラをちょっと明るくするのには十分ですが、両者を同一視してよいほど「似てはいない」ということなのですね。われわれの社会では、いろいろな現象が常に、その現象自体の知識と入りまじっていて、その知識が、そうした現象の徹底的な進行や、真の宗教体系の再創造を妨げています。したがって、「身代わりのヤギのメカニズムは人類の文化を創始するのに適していない」と断言することは、理論のとりちがえになります。身代わりのヤギのメカニズムも、いわゆる氷山の一角と同じだと言ってよいでしょう。これはフロイトの理論について、後には諺のようによく言われているものです。つまり海面上の部分は海面下の部分に比べると無意味にも等しいのです。しかしこの海面下に沈んでいる部分を、個人の、あるいは集団の無意識のなかに位置づけねばならないというわけではありません。それはまさに人類の記憶を超越するほど古い歴史のなかに、また現代的な考え方では到達不可能な通時的なディメンションのなかに、位置づけねばならないのです。

G　それ以上の巧みな説明はありません。神聖なものの生成は、生成のメカニズムに対する理解と、必然的に逆比例しています。そしてそれとは正反対に、身代わりの犠牲者というこみいった仕組みが少しわかったからといって、それで犠牲者の数が少なくなるものではないということを、よく見ておかなければなりません。われわれはおめでたい楽観主義に陥っているのではありません。供犠のシステムの危機が根本的なものであればあるほど、人間は犠牲者を倍加して、やはり同じ結果に到達したい気持ちに誘われるのです。

『暴力と神聖なもの』では、私は漠然とした類推の危険性をそれほど強調はしませんでした。ここでわれわれの言っていることの利点は、それをわれわれの社会に応用して強い印象を与え、それによってしかじかの不愉快な様相を告発するといったものではありません。その利点は、暴力的な全員一致というメカニズムを明るみに出すことによってこれから可能になるはずの、儀礼と禁忌との厳密な読みのうちにあります。なにしろこのメカニズムは、人類の歴史の大部分を通じて最高度に正常な機能を果たしてきながら、いまでも調子が狂ってはいないのですから。奇妙なのは、この正常な動きを直接見てとることができないことです。

そしてこの動きが直接見てとれないために、どうしてもこうした主張は仮説として定義されてしまいますが、だからといって、それはあの《タイムズ・リテラリー・サプルメント》の某氏がほのめかした、「私自身はそんなことは信じていない」という意味ではまったくありません。この某氏は科学上の理論で仮説と呼ばれるもののことを一度も耳にしたことがなかったのでしょう。

この仮説は根拠のないものではありません。なぜならメカニズムの機能は完全に理性のはたらきによって支配されているのですから。したがってわれわれは、あらゆる宗教制度と、宗教的なものがもたらすあらゆる概念、つまり神聖なものとか神性等々は、認識不足を生み出すそうしたメカニズムから人々が権利として期待するものに一致するということを、わけなく確かめることができます。

ここで仮説の必要性を理解するため、またそれを正当化するために、われわれの社会における沈黙の意味、激しい模倣性の現象を取り巻く沈黙の意味を考察しなければなりません。この社会への統合が部分的でしかない場合、あるいは後退中の場合には、人間の集団の内部に忘我ないしは憑依の状態が、日常的に、規則的と言ってよいほどに、出現するようになります。人間の集団が、その出現を見たいという期待を持ってさえいれば。

O　われわれはそうした現象の存在を否定はしないまでも、それを矮小化して「催眠状態」という近代的な概念に還元してしまう傾向があります。われわれはそれを医学的な診断とか治療法とかの、あるいは単に興味本位のせまい枠のなかで記載しています。この枠は個人主義とか合理主義と呼ばれるものによって、つまり模倣に対するわれわれの認識不足によって、明確に決定されているのです。この問題については、あとでまた話すことにしましょう。

G　儀礼による、または儀礼以外のものによる忘我と、宗教についてのその他の諸現象の比較研究の示唆するところでは、人間の集団内部の模倣性の反応によって加速される相互性は、集団の構成員どうしの関係、「分割不可能な個人どうしの」というよりは、われわれの言う「分割可能な人間どうしの」ものとなっていく関係を変質させるばかりではありません――われわれにはもう何が自己で何が他者なのかまったくわからなくなっていますから――そればかりでなく、神話の生物たちの怪物性と同じように儀礼の「仮面」のちぐはぐな性質を決定する混合や混交などという結果を引き起こすことによって、人間の集団全体の認識までも変質させてしまいます。いわゆる憑依状態での礼拝は、模倣性の忘我の状態と供犠によるその終結を再現しようとする努力なのです。というのはそうした礼拝はそこに、基本的な宗教体験を見るからです。そしてそれはもっともなことだと思います。怪物の幻覚や知覚の混交は、闘争性の模倣（つまり横取り）がたったひとりの敵（つまり身代わりのヤギ）の和解性の模倣へと変わっていくのを容易にしているはずです。犠牲者はあらゆる幻覚現象を一つの極に集中させ「固定させ」ます。だからこそ原初の神は、とことんまで「怪物的」なのです。

L　そうしたいろいろな証拠を組織的に関連づけるような人は、ひとりもいません。そうした証拠は同時にあまりにも多くの学問に、たとえば民族学や精神病理学や群衆心理などに、依存していると言われるかもしれません。こうした現象のすべてを同時に研究対象にするような特別な学問はありません。ですからわれわれは、そうした学問にほんとうに注意を向けようとはしませんし、注意を向けることもできません。

G　われわれの仲間の多くの者が、疑いもなく、何とも言いようのない困った問題を引き起こしています。彼らは全員であの「非差異状態」をこしらえあげ、この用語がそのすべての意味において構造主義の学者たちをいらだたせています。それなのに彼らには、それがなくてはすまないのですし、それをいつも差異化による発展の必然的な舞台背景として使っています。

しかし私はそれをすべて「抑制する」思想上のある種の大がかりなたくらみを信じてはいませんし、また有名な「無意識」の人目につかぬ抜け目のない用心深さを信じているわけでもありません。マルクス主義やフロイト流のお目付役とは、すべて縁を切らなければいけません。彼らは、神話学と同じようにかなり虫に食われていますし、縁を切らねばならぬそもそもの理由は、彼らが儀礼の怪物性を理性的に読むよりも、その怪物性を、まずたいていの場合、現代ふうに頼りにしているにすぎないからです。われわれの世界の特色は、個々の人間に対する、また集団の人間に対する模倣性の影響力の、歴史的に見て特異な時間的隔たりにあると私は考えています。まだ解明されてはいませんがわれわれを捉えて放さぬいろいろな理由のためにそう考えています。時間的に隔たっているとは言っていますが、消滅したと言っているわけではありません。

たいへん重要なこの時間的隔たりは、それがひとりでに獲得することのできる「知」の関係を初めとして、あらゆる関係のもとで、必然的にあいまいなまま残されています。先例のないその広大さにもかかわらず、特に過去三世紀にわたって、それはほとんど捉えることのできない性格を保ちつづけてきました。時間的隔たりは、実際には、模倣性の現象をそれに「汚染」されずに明敏に観察する能力、つまりそれを科学的に研究するわれわれの能力、を増大させるのだとしても、初めのうちは、そうした現象を消滅させ、あるいはそれを変貌させてしまいます。われわれは時間的隔たりのおかげで観察が可能になるのですが、それは必然的に観察から本質的なものを抜きとってしまいます。

かつては儀礼の忘我状態が支配していた領域での、いわゆる「精神病理学的なトラブル」の現在の優位性を、われわれはこの時間的隔たりのおかげだとするのです（とは言っても、かつてはトラブルは何もなかったという意味ではありません）。おそらく同じ型の初期の時間的隔たりのおかげで、ギリシア人たちも供犠の忘我状態、ディオニュソス的な忘我状態を、演劇性の世界に移すことができたのでしょう。今日では儀礼のさいの憑依の状態は、演劇的な現象と解釈される傾向があることを、私は確信しています。それはミシェル・レリスのエティオピア人についての研究の傾向です。しかし逆方向のはるかにまれな根本的な直観もあります。たとえばシェイクスピアの直観がそうです。シェイクスピアは演劇のあらゆる効果、あらゆる「自己同一性の危機」を、いかなる神話いかなる集団による殺害にも見られる——歴史上最も有名な殺害にも、特にローマ帝国の創設者ユリウス・カイサルの殺害にも見られる——模倣性の激しい乱闘のうちに深く植えつけています。

暴力的な集団の無意識の模倣《ミメティスム》のいろいろな現象については、おそらく『夏の夜の夢』ほど決定的な作品はありません。しかしまだ、このテクストに隠されているおどろくべき教訓をほんとうに利用できた人は、ひとりもいません。

くりかえして言いますが、宗教的なものの基礎づくりのメカニズムを、「身代わりのヤギ」の現象についてわれわれが知っていること、または知っていると思いこんでいることから理解することのないように気をつけねばなりません。逆の態度をとらねばなりません。ほんとうに神聖なものに到達するためには、集団の暴力と暗示作用という目にもとまらぬほどかすかな現象のうちに、暴力の面でのまさに恐るべき残存物、弱まっているだけになおのこと恐るべき残存物を認めねばならないのです。

宗教的な現象の本質的な特徴は、二重の転移です。一つは攻撃の転移であり、もう一つは和解の転移です。犠牲者を神聖化するのは和解の転移で、それは最初に消えていきます。なぜならそれは、明らかに、メカニズムが「完全に」作用した場合にしか生み出されないものなのですから。要するにわれわれは、いまでもわれわれの犠牲者を憎むことはできます。しかし犠牲者をもう礼賛することはできません。

こうしたことにも、やがてまさしく科学的な照明が当てられることになるでしょう。私は必ずそうなると思います。われわれのまわりにほんとうの神聖化がもう見あたらないとしても、われわれはその遺物やかすかな輪廓を認めることはできます。それはたしかにかなり色あせたものでしょうが、その過程の構造的な実態を確かめるのには十分です。

政治家、人気俳優、大犯罪者など、共同社会の注目を集める人物たちについては、精神分析でアンビヴァレンスの要素と呼ぶものを容易に確かめることができます。

有名なアンビヴァレンスの役割はまず、前景に出て脚光を浴びすぎている人々に、共同体全体の大勢的な――したがって個人的にはだれもその責任を負うことがありえないような――風潮や動静と比較して過大な責任を押しつけることにあります。集団の反応は、そうした象徴的な個々の人間の性格と関連して、また集団的なものと個別的なもの、つまり能動的な要素と受動的な主体との関係における役割のある種の逆転によって、初めてそれ自体に明確化され、固定化されうるようになります。

民衆には、自分たちの恐怖や苦悩を、そしてまた自分たち自身の喜びや希望を、想像力によって特定化した個人に集中させようとする傾向があって、そのために当の個人の力は、よきにつけあしきにつけ限りなく倍加されるように思われます。この個人は集団を、集団自体に象徴的な形で描き出します。抽象的にではなく、熱狂や不安の状態で、あるいはそのときたまたまそうした状態であれば至福の状態で、描き出します。

しかし好都合な転移が現代ではますます弱まり、散発的になり、一時的なものになっていることは明らかです。そのうえ不吉な転移はおどろくべき力を持つものであるのに、そして選別によって初めて明らかにされるものであるのに、知識人からはばかにされています。不吉な転移にも、いつでも、好都合なものがあります。それを批判するのは論外ですし、背徳でさえあるでしょう。そんなことをするのは思想上の敵であり、階級の敵であり、老いぼれの世代であり、われわれを統治する下司どもであり、民族のなかの少数者であり、反体制派です。

今日では、いろいろな不吉な転移のあいだの差異は、目に見えて消失しつつあります。ついきのうまで極度の一致団結が見られたイデオロギーどうしのなかに、たとえばロシア人と中国人とのまっただなかに、分身どうしの対立があらわれてきたという事実は、これらの途方もなく巨大な群衆から、それまでのいろいろな確信を完全に奪い取っています。そうした確信は、敵を見定めていたための安堵感や、憎むべき差異、その代わり完全性を保証してくれていた差異や、好都合な差異の特殊性、不吉なものにますます依存し、それに比べて二次的なものになっていた特殊性などによって得られていたものです。

O　ほんとうに神聖なものの場合には、それに反して、幸運な、和解をもたらす要素がより重要な役割を演じます。攻撃の転移は和解の転移によってほぼ完全に覆い隠されていますが、それでも完全に消滅するほどではありません。だからこそわれわれには、儀礼とは現実には何なのかがわからないのです。あなたのお考えでは神話の場合でも事情は同じだと思いますが。

G　まったく事情は同じです。神話の場合には、神聖化の根底に犠牲者に向けられた告発がわけなく認められます。この告発は犠牲者を、共同体の悩みの種である混乱や異変の、つまり危機の、責任者とするのです。こうしたことすべてを、多くの儀礼で犠牲者が犠牲に供されるまえに受けるひどい扱いと結びつけて考えねばなりません。このひどい扱いこそ、供犠が究極の原理ではあっても、そのなかに含まれる純粋に象徴的な行為などではけっしてないことを示しています。それは犠牲者に対する攻撃的な反応であって、犠牲者は模倣の危険性について責任があるとみなされなかったら、殺されることなどないはずです。

要するに神話でも儀礼でも犠牲者——つまりヒーロー——は、共同体の崩壊につながる種々の犯罪に責任があるものとして殺されるのです。儀礼の主要な行為が、しばしば集団による犠牲者の殺害であるのと同じように、神話の主要な場面は、しばしば集団による神話化されたヒーローの殺害です。神話学者は、これほど決定的な証拠があっては、どうしてそれを避けられるでしょうか。また民族学のあらゆる伝統に逆らって、またそれよりも宗教上のあらゆる伝統に逆らって、神話と儀礼が互いに何の関係もないと断言するのには、神話学者はどうしたらよいのでしょうか。(12)

L　しかし個人による殺害を舞台に載せている神話もあります。

G　たしかにそうです。しかしそのときでもまずほとんどが、カインとアベルとかロムルスとレムスなどの、兄弟どうしか、敵対する双子のあいだの問題なのです〔ともに前者が後者を殺す〕。彼らは危機の頂点における分身どうしの普遍的な関係を、覆い隠すと同時に明らかにもしています。二人の兄弟のうちひとりは分身の関係を消滅させるために、つまり差異がまた生ずるように、死なければなりません。そしてそれは都市の基礎が築かれるために必要なことなのです。殺害者はたったひとりでも、共同体全体を代表しています。なぜなら共同体はそれによって「分身」の関係を免れるのですから。

L　神話のなかには、たとえばノアの神話のように人殺しがまったくないものもありますが。

G　なるほどそうですね。しかしノアの神話でも、集団全体が死に捧げられ、生存者はたったのひとりです。そこにもまた「ひとり対全員」の構造が見られます。それに次のような事実を指摘するのは、わけはありません。つまりここでは、ごくあたりまえな形態が逆になっているだけです。それはいつも起こりうる逆の形態なのです。なぜなら犠牲者はここでもやはり生への復帰の、つまり新しい共同体の基礎づくりの体現であり、それこそが大洪水の神話の意味なのですから。しかし神話の問題は、いまはこれまでにしておきましょう。いずれより完全なやり方でこの問題に立ち戻らなければならないでしょうから[13]。

L　つまり禁忌も儀礼も神話も神聖な力も、基礎づくりの暴力によって入念に仕立てあげられて発生した、というわけですね。でも、このように宗教的なもののすべてを唯一のメカニズムに還元することは、今日では不可能とみなされていますが。

G　民族学者は神聖なものをめぐって仕事をしてきましたが、決定的な成果をあげたことは一度もありません。宗教的なものだけが謎を生み出すのではないときめつけることは、もうこれからは、これまで民族学がすべて挫折してきた所ではだれにも成功はおぼつかないと、あっさり断言することでもあります。実際、宗教的なもののなかでは、反復性の特徴と非反復性の特徴とが混じりあっていますが、両者は常に相関関係にあって、科学的な精神の持ち主に、還元の可能性を暗示しています。

L　あなたの論文のこの還元性を遺憾に思う人々もいます。

G　そういう人々には答える必要は少しもありません。この点については、私はレヴィ＝ストロースと完全に同意見です。科学的な研究は還元性のものであるか、さもなくば無です。そういう人々は、供犠の形態の多様性を、三百種にものぼるフランスチーズの種類の多さと同じ程度の貴重さだと判断しているのでしょう。それはそういう人々の問題です。われわれはそれと同じ知的企図には加わりません。ある種の文学批評の精神に侵食されることは、人間科学にとって退廃だと私は考えます。それに文学批評においてさえ、せんじつめれば、作品の限りない多様性についての、またそのえも言われぬ、汲めども尽きぬ性格についての、そしてまた同一の解釈を二度とくりかえすことができぬという点についての、さらにまた要するに決定的なことばは使わないという点についての、執念深い主張以上に退屈なもの、まやかし的なものはないように思われます。そこには巨大な挫折のサンディカリズム以外のものは見あたりません。われわれの生命である論証の作業は、何としてでも限りなくつづけていかねばなりません。

L　手きびしいですね。

G　たしかに手きびしすぎるかもしれませんが、われわれが生きているのは知的な世界であり、それは一種の反画一主義の特権を手中に収めていると信じているだけになおのこと画一主義的な世界なのです。そのためにこの世界では実際の自己批判が行なわれることはまったくありません。人々は何百年もまえから完全に開かれていた門をわざわざ壊してなかにはいろうと、むだに時を費やしています。それが「禁忌」に対する近代の戦いのやり方であって、シュールレアリスムの時期にすでに滑稽なものになっていたのに、全戦線でいまでも猛威をふるいつづけています。ギリシア人たちの「牛殺しの儀礼《ブーフォニア》」のように、汚れた供犠用の古い皮袋にわらを詰めて、それを千回も血祭りにあげるようなことを、人々はやっているのです。

O　それは例によって、古い時代の神聖なものが退化した形です。それにとどめの一撃を与えるためには、そこに「隠されている」身代わりのヤギの意味を捉えなければなりません。

G　基礎づくりのリンチでは犠牲者が危機の責任者とみなされることは、すでに見たとおりです。犠牲者は共同体を分裂させる交錯した無意識の模倣《ミメティスム》を一つの極に集中させ、暴力の悪循環を断ち切り、犠牲になったあとでは儀礼的な統合的な無意識の模倣の唯一の極になります。

こうした犠牲者によって共同体は、混乱のさいのあまりにも不寛容な体験から、また秩序回復のさいのあまりにも理解を超えた体験から解放され、理性的な理解の可能なものとなります。共同体がこうした体験を通じて得る教訓はすべて、犠牲者そのものによって教えられたものとみなされるようになっていきます。この犠牲者はまず最悪の混乱を引き起こしておいて、それから秩序を回復させたり、新しい秩序を樹立したりすることができるようにみえるわけですから、人々はこれからは、しなければならないこと、してはならないことを決めるのに、つまり儀礼と禁忌とを決めるのに、そして解決をもたらし危機を消滅させるのに、この犠牲者を頼りにしようと思うのです。

それからはこうした「知恵」が関心の的になります。犠牲者が姿をあらわしたのは共同体にこの「知恵」をもたらすためにほかならないと考えることは理屈にあっています。主の御公現の恐ろしい顔こそ、神がひろめたいと望むおきてを人々の心や精神に焼きつける運命を荷った顔だと考えることも、理屈にあっています。この神はあるときは自分に捧げられる特殊な礼拝の創始者として、またあるときは社会そのものの創始者として、姿をあらわします。われわれには、多くの神話において犠牲者の死体そのものから文化のあらゆる規準の湧き出る理由が、それからは一段とよくわかるようになります。

もしもこの犠牲者が共同体のなかに姿をあらわして生きていて共同体に死をもたらしたとすれば、またもしもこの犠牲者が死んで生をもたらしたとすれば、人々はどうしても、この犠牲者のよきにつけ悪しきにつけ並みの人間の限界を超えた能力が、生にも死にも及んでいる、と結論せざるをえないでしょう。犠牲者にとって死である生があり、生である死があるとすれば、それは人間の条件である不可避的な運命が、もう神聖なものに対して支配力を持っていないからです。それはわれわれの前にようやく姿を見せ始めた宗教的な超越性のすべての特色です。

われわれの仮説は、なぜ至る所に儀礼と禁忌があるかを説明するばかりか、なぜあらゆる文化がその起源を超自然の力に求めるのか――「自分が守りもしないおきて」を人間に押しつけ、人間の違反行為にはきわめて恐ろしい懲罰を加えるように思われる超自然の力に求めるのか――をも説明するのです。

この懲罰は完全に現実のものです。事実、もし人間が宗教上のおきてに背いたとすれば、人間はまたしても模倣による敵対と連鎖的な復讐という悪循環に落ちこむ危険をほんとうに冒すことになります。いろいろな宗教体系はすべて一体をなしていて、客観的には不条理であるおきてでもそれに違反すれば、共同体全体に対する挑戦となり、暴力を引き起こすに足る「傲慢《ヒュブリス》」の行為となるのです。なぜなら他の人々も、それに対抗する気持ちを高めずにはいないでしょうし、場合によってはおきてを犯して平気でいる大胆不敵な者にあやかろうともするでしょうから。いずれの場合でも、模倣による敵対が共同体にまたやってきます。模倣性の暴力という悪循環を未然に防ぐ罰則を持たぬ社会では、宗教体系が実際的な機能を持っているのです。

O　要するに神の懲罰としての復讐の再来ですね。宗教的なものが敬意をはらわれなくなると、人間関係の堕落が宗教の表象のうちで席を占めるようになります。神は「こらしめるもの」であるというのは、こうした意味にほかなりません。

G　模倣の危険性や基礎づくりのリンチは実際に起こるものですし、人間の共同体が模倣性の暴力によって周期的に解体される可能性があり、また解体されて、最後の瞬間に身代わりの犠牲者によって難局から脱するということもまた事実です。だとすれば、宗教的体系は、神聖な解釈によっていろいろに変容してはいますが、実際には、人間を暴力に引きずりこむ行為と、それに終結をもたらすふしぎな過程との、鋭い観察に根拠を置いていることになります。共同体が禁止するのは、おおよそこうした行為です。また共同体は儀礼において、おおよそこうした過程を再現するのです。

超自然的な仮装の背後には、禁忌という知恵、経験によって得られた知恵が、容易に認められるでしょう。もしも違反という近代のありきたりのデマゴギーが、最良の精神の持ち主にまではたらきかけ、宗教的なもののきわめて不条理な様相を、前後の事情からむりやり引き離して際立たせるようなことがないかぎりは。超自然的な仮装は、それ自体が、人間を彼ら自身の暴力から守ることに役だっています。違反が内部の敵対よりもむしろ神の復讐に通じると断定することによって、宗教的なものは二重に敵対を弱める努力をするのです。つまり一つには、人間をおびえさせる神秘の力で敵対を包み隠すことによって。また一つには、脅迫というあまり神話的ではない意図が必然的に強めるはずの不信や疑惑から共同体を解放することによって。

O　あなたの読みがすぐれているのは、それが宗教的なものの結果やその予示するものの追究に成功しているからです。またそれが、宗教的なものの創始するおきての効果を、神聖なものの形而上学との何らの妥協のあともなく示すことに成功しているからです。それどころか、ここで初めて、この形而上学は完全に純粋に人間的な関係に「還元され」ています。

G　暴力に裏付けられた宗教的なものは、それが人類の歴史の大部分にわたって人類に及ぼしてきたおどろくべき影響力を、近ごろではもう守りつづけてはいないのかもしれません。もしも宗教的なものについて人がもう駄弁を弄することしかしなくなったのだとすれば。またそこに合理主義哲学者たちの精神分析に対する駄弁以外に何も見あたらないのだとすれば。宗教的なものの力は、それが人間になすべきことなすべからざることを実際に命じ、共同体の内部で人間関係が、ある種の文化的状況のもとでは、耐えうるものであるようにしたことからきています。

神聖なものとは、いろいろな公準の総体——人間の精神が、和解をもたらす犠牲者への集団的な転移によって、模倣の危険性の最終段階で、そこへみちびかれていく——いろいろな公準の総体なのです。神聖なものとは、非理性的なものへの信頼であるどころか、そうした転移がそっくりそのまま存続するかぎり、人間にとって唯一の可能な仮説です。

神聖なものという仮説は、人間の精神が、外在するようにみえるある力によって追い抜かれた、乗り越えられた、と自認することです。なぜならこの仮説は、共同体全体をいつでも共同体の望みどおりのものにしているように思われるからです。その理由はいろいろあるでしょうが、結局は不可解です。しかしそれはやはり敵意というよりは好意を感じさせる理由であるように思われます。

だから神聖なものを、はっきりとした限界、言語の支配下にある限界を持つ概念でもあるかのように規定しようとしてはならないのです。たとえばデュルケムは、世俗的なものと神聖なものとの対立を、あまりにも絶対化しすぎました[14]。また窮余の一策として民族学者に神聖なものを話題にすることを禁じたりするのもいけません。今日ではある人々がそうしたがってはいますが、そうすれば宗教的なものの研究を自分自身に禁じてしまうことになります。

L　あなたに向けられている反論に、つまりあなたがあらゆるものを統一しようとしているのだという反論に、話をもどしたいと思います。問題はいまや、あなたのおどろくべく巧妙な立論が根拠不十分なものなのか、それともあなたが人間科学を新しい時代にまでみちびいて、決定的な段階を乗り越えさせたのか、ということなのです。研究者は、もしも科学的な試みの意味を完全に見失ってしまったのでなければ、すぐに反証をあげてあなたを論破するか、さもなくばあなたの論文を受け入れるか、そのいずれかを自分の義務と感じなければならないはずです。

G　だれかが、「それはあまりうまくできすぎているからほんとうであるはずがない」と書いているのを目にすると、またこの種の警句で問題が完全に解決すると考えている人に会ったりすると、心配になります。そんなことから、われわれの周囲の支配的な考え方はあまりひどすぎるからまったくのうそであるはずはない、と結論を下すべきでしょうか？　いまや問題は断絶や不統一や混乱ばかりなのです。対立するいろいろな理論をどう選択すればよいのでしょうか？　所与を統合するのにいちばん非能率的な、いちばん断片的な、いちばん無力なやり方をほんとうに採用すべきなのでしょうか？　理論とは、その不統一がいったいどの程度以上なら、専門家たちの賛同を得られるようになるのでしょうか？

これは冗談です。さしあたり、われわれはすべて過去数世紀にわたる西洋の科学の成果を保証してきた原則に忠実である、と考えたほうがいいし、また私に向けられた反論はこうした原則に照らしてみれば現実的ではない、ということを示したほうがいいのです。

たとえばこんな人たちがいます。彼らは具体的な分析にはほんとうに足を止めることをしません。なぜなら彼らはあらかじめ、宗教のいかなる体系も「唯一の概念」には還元できないものであり、あるいは「努力によって」「唯一の型」にはめることのできないものであると決めてかかっているからです。アプリオリな決定からは、次のような考え方、つまり宗教の現象はあまりにも多様であり、それらの矛盾はあまりにも明らかなので、単一な図式は不可能だという考えが生まれます。

私がいま話題にしているのは、いつでもおおむねそれ自体と一体化している出来事のことなのですが、それは概念とも、何かの型や入れ物などとも、まったく何のかかわりもありません。実際には、問題は、あらゆる宗教現象にとって、たしかにある種の拘束としてはたらく一つの「モデル」なのです。その拘束は実際の現象の観察可能な定数と一致しています。しかしこのモデルは、それがけっして正確には観察されることがないという事実、それがまさに基礎づくりについての認識不足の対象であるという事実そのものによって、無限のヴァリエイションに道を開くことにもなるのです。この認識不足はそれ自体が差異に通じ、宗教的文化的な差異化に通じるばかりでなく、具体的な宗教形態間の無限の多様性にも通じるのです。理論というものはすべて、基礎づくりに役だった出来事に関するさまざまな宗教現象に「何でも解釈を与えておこうとする」性格に根ざしています。こうした解釈の原則、どうしても誤りを――ただしそれからは標識として役だちうる誤りを――避けられない解釈の原則を、批評家たちはなおざりにして、私が宗教現象のおどろくべき多様性に、狂人用の拘束衣を着せてしまったと非難しているのです。

O 『暴力と神聖なもの』の読者は、あなたが何を論じているのか、結局はそれがわかっていないのだと思います。たとえあなたがわれわれの落ちこむ気の抜けた折衷主義に反対して「還元」というレッテルを取り戻そうとするのが誤ってはいないとしても、あなたは誤解をつのらせる危険を冒しています。身代わりの犠牲者についての論文は、文化を論ずるあらゆるテクストによって常に解釈を与えられている出来事、身代わりの犠牲者の存在を否定するテクストによってさえ解釈を与えられている出来事——というのは否定とは言ってもそれは、解釈の特に幻惑的な形態にほかならないからですが——そうした出来事を真に読みとっている唯一のものという面を持っています。つまりあなたの論文は何よりもまず、宗教的なものについての理論ではなくて人間関係についての理論であり、人間関係において犠牲のメカニズムが演ずる役割についての理論であるということです。宗教的なものについての理論とは、模倣性を持つ関係についての基本的なこの理論の、手がかりとして特に役だつ一面にほかなりません。宗教的なものとは、模倣性を持つ関係を認めない一つの方法なのです。でも近代の心理学も、そのもう一つのケースですし、民族学も哲学などもまたそうなのです。どんな文化論、どんな文化の解釈も、人間関係をあなたと同じように読みとって、結局はひとりでに模倣の形態をとる解釈に帰着するのですが、そうした文化論はいつまでも模倣の形態にとらわれていて、それを認めることができません。あなたと宗教の諸形態の関係は、あなたとフロイトの著作との関係と、本質的に異なるわけではありません。模倣の根本的な読みと、それが引き起こす結果を除いては、すべてが神話なのです。

G だいたいはそのとおりです。人間関係を模倣という観点から読みとることが思いのままにできる解釈者の立場は、学問の歴史を語る者の立場です。この歴史家はある問題に対して科学的な解答を手中におさめておき、歴史の流れに沿い、学者たちの努力に立ち戻ってこの問題を解こうとします。この歴史家は、真の解決の先駆者たちが、どんな点で、またどんな理由で、その研究において道を誤ったかを、正確に述べることができます。

でもちがっているところもあります。そしてそれはもうまえに指摘しました。われわれが取り組んでいる問題においては、真の解決に向かって進もうとすると、必ず問題の所与が変形してしまうのです。それは神聖化のメカニズムを問題にするときには特に重大です。神聖化のメカニズムは、人々が身代わりのヤギの現象を、無意味な儀礼とは見ずに、人間が何かを犠牲に供して自分たちの暴力からまぬかれようとする基本的な傾向だと認めることができるようになるにつれて、うまく作用しなくなっていくものなのです。したがってこうした研究者の立場は、ある点で、何かの理由で燃焼の現象が起こらなくなってしまった世界で昔からの燃焼の理論を研究している科学史家の立場に比較することができます。それは後者の努力とふしぎにも相通ずるところがあるように思われます。

プリーストリやラヴォワジエ以前に、「燃素」の有名な理論があります。この理論によれば、燃素とは燃焼における燃焼性の要素であり、可燃性の物体とは、可燃性の燃素と不燃性の灰との混成物とみなされます。

われわれのまわりに燃焼の現象がなくなってしまったら、科学史家たちは、燃素とは実際の現象の誤った解釈だとは考えずに、燃素はどんな些細な事実とも無関係で、錬金術師のような一風変わった精神の持ち主の熱狂的な想像から生まれたものだと考えたい強い誘惑にかられるでしょう。

しかしそう考えるのはまちがいだと思います。神聖なものと同様に、燃素は実在しません。しかし燃素の理論も、ある点では、燃焼という実際の現象をかなり正確に説明できるのです。神聖なものについても同様であることを理解していただくことができるためには、神聖なものによって変形される実際の現象を見つけ出して、そうした現象が実在することを示さなくてはなりませんし、そこから神聖なものの理論よりも正確な理論を生み出さなくてはなりません。それは、この理論と宗教的なもの自体との関係が、酸素の発見にもとづく燃焼の理論と燃素との関係に等しくなるような理論でなければなりません。われわれの手にした酸素こそは模倣《ミメシス》であり、それにともなうすべてなのです。

L　初めはそういう努力は不可能だと思われるかもしれません。宗教的なものによってうまく解釈できない現象が存在しなくなってしまえば、それがかつて存在していたことを科学的にどう証明したらよいでしょう？　それが不可能ではないことを示すためには、われわれの隠喩をさらに洗練されたものにする必要があります。燃焼はわれわれの世界では完全に消滅しているのではないと言わねばなりません。燃焼はゆるやかな形で、しかしまだ燃焼として認められる形で、存在しつづけています。

O　この理論がこの場合に説得力のあるものであるためには、燃焼というはなばなしい形体がどうして起こらなくなってしまったのかをも示さなければなりません。そして私は、あなたの理論のなかで、それが、犠牲のメカニズムについて聖書から「学ぶということ」に課された役割だと考えます。

G　そのとおりです。反論が出るたびにそれに答えるためには、まえにも言ったように、あらゆる問題を同時にあつかう、つまり全部を混ぜ合わせることが必要でしょう。われわれは思考の筋道を見失うかもしれませんし、理解しあうことも、理解されることもできなくなるかもしれません。だからこそわれわれは聖書についての問題は他日にまわすことに決めたわけです。読者にしばらくがまんしていただくよう、判断はわれわれのこの討論の最後まで保留していただくよう、お願いしなければなりません。仮説に判断を下すということは、本を最初から最後まで読み通したうえでなければできないはずです。

それはわれわれの時代のような忙しい時代では過大なお願いかもしれませんが、致し方ありません。問題が実にあまりにも複雑なのですから。たとえばそのうちおわかりになるはずですが、いまわれわれがやっている分析で何かの変更を余儀なくされることはないにしても、ユダヤ・キリスト教のもたらす光は、新しくまったく思いがけないディメンションをこの分析に与えるでしょう。いまのところは、このディメンションは完全に隠されたままです。われわれはその片鱗をほのめかすことさえできません。

L　ではこの主題はあとまわしにして、「神聖なものというこのおどろくべき燃素」に話をもどすことにしましょう。私の理解がまちがっていないとすれば、あなたは次のようにおっしゃったはずです。つまり初めは模倣の危険性、次には和解を、犠牲者に二重に転移させると、禁忌や儀礼が生まれるばかりか、神話も生まれる。そして神話とは、基礎をきずいた祖先たちの、そして同じようにこの転移から生まれる守護神たちの創世の書にほかならない。危機の終末に突如として和解をもたらす偶発的な手段である犠牲者は、危機をかわるがわる、それからまた同時に、押さえこんだりかき立てたりする集団の暗示的な行為のおかげで、まるで危機と解決の全過程を通じての唯一の行動の原則のようにみえます。だからこそ、宗教的秩序の創設あるいは復活が犠牲者に帰されるのです。

G　まったくそのとおりです。真の「身代わりのヤギ」は、そのままの形では人々がそれを見定めることができないもの、その罪状を人々が固く信じているもの、なのです。

われわれはこれまでたいへん図式的に基本的な仮説を提示してきました。やむをえずそうしたこともあれば、意図的にそうしたこともあります。これからはいろいろなことを少しずつ詳しく具体的に論ずることにしましょう。

第二章　文化と諸制度の発生

A　儀礼のヴァリヤント

O　一見まったく正反対と思われるような実際のいろいろな儀礼も、あなたは身代わりの犠牲者というメカニズムに還元できると主張されていますが、その実例を示すことは可能でしょうか？

G　儀礼のなかには供犠の場への全員の参加を求めるものがありますが、一方ではそれを禁じている儀礼もあり、また犠牲者との一切の接触を禁ずる儀礼さえあります。そうした供犠は専門の当事者に、つまり祭司とか僧侶とかにまかされていて、それは共同体の他の宗教面とは根本的にちがっています。

供犠に対する処置が正反対なら、両者の起源をどうして唯一の同一のメカニズムに帰することができるのだろう、と思う方があるはずです。そして特に、両者が互いに矛盾しあうものなのに、どうしてこのメカニズムについて何かの真理を明らかにすることができるのだろうと。

犠牲者の死によって共同体内部の諸関係には変化が生じます。不和から和合への移行は真の原因に帰されることなく、つまり集団の暴力を統一化する無意識の模倣《ミメティイスム》に帰されることなく、犠牲者自体に帰されるのです。平和回復の真の原則が理解されることがまったくないままに、宗教的な考え方も、あらゆるものをこの犠牲者との関連で考えるようになります。そしてこの犠牲者はあらゆる意味づけの温床になります。この宗教的な考え方が想定するのは、ある魔術的な実体に近いもの、つまり神聖なものです。神聖なものは、犠牲者という一つの極に集中され、供犠の行事を媒介として、また犠牲者を共同体の外部へ追放することによって、幸運をもたらすものとなるように思われます。

宗教的な考え方には、したがって、犠牲者をある神聖なものの媒介者、変換器にしてしまう傾向があり──ここに模倣《ミメシス》が作用しています──神聖なものは、それが共同体内部に広まっている限りにおいて、闘争をもたらすもの、非差異化されたもの、であるにすぎません。神聖なものが犠牲者に磁化作用を及ぼすと、犠牲者は平和と秩序をもたらす力となります。つまりそれはよい意味での、儀礼による模倣の作用です。

宗教的な考え方は、あるときは供犠の行事の、不幸をもたらす面に、つまり犠牲者に対する悪しき神聖なものの磁化作用に重点を置くこともあるでしょうし、またあるときは、幸運をもたらす面に、つまり共同体の和解に重点を置くこともあるでしょう。前者の場合には、このシステムが犠牲者との接触に何かひじょうに危険なものを見てとって、それを絶対的に禁ずるときがあります。そういうとき供犠は、汚染の危険に対して特にしっかりと武装した僧侶にまかされることになるでしょう。そしてこの僧侶自身がおそらく、その役目を果たしたあとでは、きわめて執念深い「汚染除去」の儀礼に従うことになるでしょう。これとは逆に、幸運をもたらす変形が重視される後者においては、全員の参加が論理的に導き出されます。

両者ともそれぞれ基礎づくりのメカニズムについてあることを明らかにしているのですが、民族学者たちはそれを理解していません。なぜなら彼らは身代わりの犠牲者の効用も認めなければ、宗教的なものがそれについて与えている「二重の」転移という解釈も認めていないからです。

L　ほかにも実例を示すことができるでしょうか？

G　もう一つの例をあげましょう。ある種の儀礼は入念にいろいろな処置を講ずるのですが、そうした処置は射倖的なものでありながらたいていはひじょうに巧妙でもあって、犠牲者を選ぶ配慮を人間の手にゆだねないように仕組まれています。つまり争いの機会を与えないようになっています。

しかしまた別な儀礼もあって、そちらの方は犠牲者の選択に偶然を介入させるかわりに、同じ犠牲者でありながら何とかしてそれに最高度の特殊性を持たせようとします。したがってここでもまたわれわれは、共通の起源を排除するような対立に出会います。共通の起源の存在を信ずるためには、ジラールは差異に目をつぶらなければならないとか、差異を巧みに隠さなければならない、などと考える人もあります。

基礎づくりのメカニズムがどのようなものか、またそれがどう解釈されているかを、その受益者たちが必然的にそれに与える神聖なものを通じて一度理解してしまうと、両方の解釈が同じように可能であることが認められます。模倣の危険性の渦中にあるときは、犠牲者は他者のなかでのひとりの敵対者にすぎません。犠牲者は他のすべての人々の分身であり、敵となった双子の片われです。しかし一つの極への模倣性の集中作用によって、犠牲者には、危機と和解とのあらゆる意味が集中されます。そこで犠牲者は並外れて意味深く特殊なものとなるのです。犠牲者のなかに、射倖的なものから特殊なものへの移行と、さまざまな分身の究極の目的と、差異化されたものへの回帰とが実現されるのです。

宗教的な考え方が上記の二つの契機を同時に考慮に入れ、それを同じように重視することはまずありません。宗教的な考え方は、ときには一方を、またときには他方を重視しようとします。したがってある場合には射倖的な処置がとられるのに、他の場合には逆に特殊性の配慮が力を持つことになるでしょう。ここでもまた対立する二つの実際的な問題が、暴力的な起源を否定するどころか、それを確証しています。なぜなら両者から、それぞれ基礎づくりの作用の――転移によって生ずる予測のうちにあらわれるような作用の――本質的な面が引き出されるからです。

しかしここでわれわれはある新しい問題、ひじょうに重要な問題に到達します。それは宗教的な考え方が、反対意見ではあっても深い意味を持つもののすべての面を切りすてようとする傾向であり、転移によって構成される全体のなかから逆の諸相の一つだけを考慮しようとする傾向であり、目の前に認められる数限りないきらめきを持つ対象の一面だけを見ようとする傾向です。

二つの転移があるという事実によって、犠牲者は、実際には数えきれないほどの意味づけの根源となります。この大はばな多義性は、考察によって把握することはできません。宗教的なものによっても、その全体を視野におさめることはできません。したがって全体のなかから選択が行なわれることになります。そしてその選択によって、いくつかの宗教体系が、さまざまな方向に放射されます。私はそこにいろいろな制度の主要な根源を認めています。

宗教的な考え方は、差異をともなった安定性を手に入れようとします。そこで全体的な作用のうちの共時的な時期にこだわるようになり、ほかのものを犠牲にしてまでもこの時期に重点を置こうとします。この時期が現代と比べてどれほど「総合的」なものにみえようと、宗教的な精神とは、この時期が再現しようと努め、あるいは想起しようと努める神秘的現象に比べれば、やはりその起源からして分析的なものです。これから検討するようにこの時期は、一連の継起的な分断や分割を通じて作用していきますが、この分断や分割は、ふしぎなことに、供犠の行事そのもの、参加者による犠牲者の四肢の分断つまり切断に似ていますし、それはまた四肢の切断の知的な対価でもあります。なぜならそれは常に何らかの「排除の作用」なのですから。宗教的なものとは要するに、それだけでも常に差異を明確にするものであり、「構造主義的な」ものなのです。それは自分がどこからくるのかを理解していませんし、いつも根源から遠く離れていきます。

われわれはあらゆる継起的な分岐をたどることによって、あらゆる宗教的な制度——非宗教的な制度でさえ——の発生をたどることができるでしょう。私は人間の文化のなかには、身代わりの犠牲者のメカニズムに還元できないようなものは何もない、ということを示すことができると思っています。

私はこの過程全体が禁忌の記号のもとに置かれるはずだと思っています。禁忌の精神は、民族学的思考の一切を支配している、そして今日ではこれまでよりもいっそう構造主義を支配している、差異化の精神と同じものなのです。この精神が、実際の儀礼の行為と禁忌の要求とのあいだに、いろいろな矛盾を生じさせているのです。

宗教的なものを「解決不可能な矛盾」として自覚すること自体が、必然的に起源の喪失に関連します。逆に考えてもさしつかえありません。これがとりもなおさず、人間の文化のなかで常に他のものより重視される合理化と差異化が、一方では強化された欺瞞であり、血みどろな痕跡の除去であり、排除そのものの排除である理由なのです。

B 神聖な王位と権力

L あなたの発言は、『暴力と神聖なもの』のなかであなたが分析しておられるあの君主たち、神聖であり、近親相姦を犯し、そして犠牲に供されるあの君主たちに、特にあてはまるように思われます。[15] 君主制度を徹底的に究明するためには、私の捉え方に誤りがなければ、供犠という点から、その点だけから考察を始めなければなりません。

G　初めは王位もなければ、制度なども何一つありません。ただ、ひとりの犠牲者と引きかえに自然に成立した和解があるだけです。この犠牲者が「ほんとうの身代わりのヤギ」なのです。なぜならまさしくどこのだれでも、犠牲者とはこういうものでそれとは別なものだ、とは言えないからです。人間のつくったどんな制度とも同じように、王位とは初めは、和解のメカニズムを再現したいという意欲のあらわれにほかなりません。最初の犠牲者とそっくりそのままの犠牲者を求めるのではなくて、最初の犠牲者についていだいた観念とできるだけ似た新しい犠牲者を手に入れようとするのです。犠牲者についてのこの観念は、犠牲のメカニズムの「効果」によって決定されます。秩序と平和をもたらすためには犠牲者を殺しさえすればよかったのですから、どうしても人々はこの犠牲者が現実に罪を犯したのだと考え、その罪をなじることになります。それがたいへん罪深いとされる犠牲者の持つ作用なのです。なぜなら犠牲者はまず一切を破壊することができるのですから。しかし犠牲者はあとではおのれの死によって一切を再構成することもできます。そして共同体はこの犠牲者の死を再演しようと努めることになるわけです。これよりも簡単なことはありませんから、この作用の規則は着実に守りつづけられますし、代わりの者が犠牲者の地位にのぼってその役割を果たすまえに、代わりの者に最初の犠牲者が犯したとされる罪をすべて犯すことを求める以上に効果的なことはありません。

われわれには神聖な君主制度というものは理解できません。なぜなら基礎づくりのメカニズムの効果から見ると、構造的に犠牲者の役割について誤解があるとは思えないからです。この犠牲者が有罪であるという動かしがたい確信のあらわれとして、儀礼は近親相姦やその他の違反行為を犯すように要求します。われわれは原始人たちが何度も再現させようとしたメカニズムについて、原始人と同じように無知です。しかし原始人たちは少なくとも、このメカニズムが実在することを知っています。だからこそ彼らはそれを再現しようとするのです。要するにわれわれは、原始時代の無知に近代の無知を積み重ねているのです。

「王の即位」と名づけられるものの規則は、犠牲の規則です。この規則のねらいは、王を、模倣による敵対をもたらすのにふさわしい犠牲者にしようとすることにあります。まさにそのとおりである証拠に、多くの社会において王が犯罪者に仕立てられると、そのあとに、王に反対する群衆の動きが起こり、敵意の表明がなされます。王に対する礼賛から生まれた服従とまったく同じように、儀礼がそれを要求するのです。この二つの態度は、二つの転移、つまり危機の転移と和解の転移に一致します。つまり神聖なものに一致します。

王とはまず、執行を猶予されている犠牲者にほかなりません。そしてここで次のことがよくわかります。つまり共同社会を模倣性の暴力から儀礼にもとづく秩序へ移行させる変容は、犠牲者の力によるものとされるのです。この犠牲者は実際には受身なわけですが、集団の転移は、犠牲者の幻影を極度に活気にみちた全能の力をもったものにしてしまいます。それは集団の転移とは、共同体をあらゆる責任から解除するものだからです。王位とは、身代わりの犠牲者とそのメカニズムについての、このまさに哲学的で宗教的な幻影を舞台にのせたものなのです。

O　あなたのおっしゃることは、供犠のどんな制度についても、原則として事実です。でも本質的な社会学的な差異はあります。君主制度の場合には、犠牲者の至上権は、理論だけのものではありません。王は規則を定め、また自分の定めた規則を無理にも守らせます。違反者をきびしく罰します。王の権力は完全に実際的なものです。それなのに、その供犠はたいていは喜劇にすぎません。あるいはむしろ喜劇のなかの喜劇にすぎません。ところがほかの犠牲者の場合には、それが逆になります。彼らの力は理論的なものであり、せいぜい社会的な重みを持たぬいくつかの特権が与えられるにすぎません。それなのに供犠はまさに現実に行なわれ、犠牲者は実際に殺されるのです。

L　あなたの仮説が教えてくれることは、あらゆる制度にいろいろな類似性があるということです。しかし現代の観察者は、ことばだけによる説明は拒否しますから、王と犠牲者の類似よりも差異のほうがはるかに重大だと言うでしょうし、またあなたが「制度の特殊性をなおざりにしている」とも言うでしょう。

ある場合には、対象は全能の人間つまり王であり、王が現実に社会を支配しています。しかしほかの場合には、それはあまり重みのない人間たちであり、思いのままに殺してしまえるような人間たちです。社会学者にとっては、たしかにこの差異は本質的なものであり、そのためにこそ彼らは王の供犠を——そして犠牲者の力を——きわめて限られた範囲の関心が舞台にのせられたものと考えざるをえなくなるのです。そのねらいは、権力が常に宗教的な外見という仮面をかぶろうとするものであること、われわれがそうした外見にだまされやすい犠牲者であることを教えようとすることにあります。

G　犠牲に供された王、それこそは人々の上に重くのしかかる専制君主制の専断について誤った判断をいだかせようとする権力それ自体の一つの観念ではないでしょうか？　供犠の喜劇性あるいは喜劇的な供犠こそ、君主制の問題点ではないでしょうか？

われわれの問題を出発点にもどって考えなおしてみようではありませんか。人間のつくり出した制度で、例外なくまず問題となるのは、そしてまた常に問題となるのは、新手の犠牲を供することによって、和解をもたらすリンチを再現するということなのです。最初の犠牲者はあらゆる不和と和合との明確な根源という資格で、超人的な威力、恐怖を与える威力を持っています。最初の犠牲者に代わって登場する犠牲者たちは、この威力を受けついでいきます。この威力のうちに、宗教的であると同時に政治的でもあるあらゆる至上権の原則を求めなければなりません。

儀礼が、供犠の正常の形態、つまり「厳密な意味での」形態よりも、むしろ政治制度を生み出し君主の権力を生み出すためには、何が必要でしょうか？　犠牲者が犠牲に供されるまでの猶予期間——犠牲者にその信者たちが捧げる恐ろしい崇敬を効果的にするために与えられる猶予期間——を利用することが必要です。また利用すればそれで十分です。そうすれば、犠牲者の選択と供犠との期間がすぐに引きのばされることが予想されます。期間がのびれば、その代わりとして、犠牲に供されようとする者の共同体に対する一段と現実的な影響力が保証されることになります。この影響力がきわめて効果的に具現化される時期は必ず来ます。そのとき共同体の服従は隷従にまで至りますから、君主の現実の供犠は考えられぬとは言わぬまでも、具体的には不可能になります。供犠と君主制との関係はきわめて緊密ですから、それが一挙に崩壊することはありえませんが、その形は変わります。供犠とは常に代用物的なものなのですから、新たな代用物を仕立てること、代用物のまた代用物だけを犠牲に供することも常に可能です。フレイザーの述べているチベットのジャルノの場合のように、代用物の代用物が現実にあまりにも強力になりすぎて犠牲に供することができなくなること、さらにその代用物が必要になるようなことさえ起こるように思われます。[16] 供犠は、とにもかくにも、ますます制度の枠外に遠ざけられていきます。ついには消えてしまいます。近代の君主制への進化が起こり、「厳密な意味での」君主制が完成されるのです。

これとは逆に、犠牲者の至上権が実際の権力にうまく結晶化されないような場合にはいつでも、逆の進化、「厳密な意味での」供犠への進化が起こります。犠牲に供されるまでの猶予期間は引きのばされるところか短縮されます。犠牲者の宗教的な力は少しずつあまり意味のない特権だけにしぼられていきます。ついには、死ぬべき者に許されたこの種の特権が単純な人間的配慮を招くこともあるように思われます。たとえばフランスの死刑の儀礼では、死刑囚に煙草やラム酒が与えられています。

O　したがっていついかなるときでも、あなたの分析では、「真の」王の「真の」供犠がどこかで現実に起こることを確認することを確認すること、あるいは逆に、「真の」犠牲者が現実の政治的至上権を手に入れることを確認したりすること、は不必要なわけです。したがってあなたの分析には、政治的な素朴さの痕跡はありませんし、ほんとうとは思えないようなものの痕跡もありません。ほんとうとは思えないものは、自分たちの構造的な勝負の場をあらゆる現実社会のコンテクストの外部に置く人々の側にあり、また同様に、現実社会のコンテクストの名において象徴的な類似に何の考慮も払わない人々の側にあります。

G　特に言っておきたいことですが、社会学の論文というものは、儀礼とはいつも結局は儀礼なしですましてしまういろいろな制度に比べれば、また儀礼を少しも必要とせずに存在してきた制度に比べれば、二次的な付加的な補足的なものにすぎないという考え方の、一つのヴァリエイションにほかなりません。

こうした見解はごく自然に本能的にわれわれにそなわっていて、われわれの使用する専門用語にもそれは含まれています。たとえば「神聖な君主制」という用語は、初めに君主制があって神聖なものはあとから来たものであること、また前から存在していて生み出される必要のまったくなかった君主制に神聖なものが付加されたことを意味しています。

王権を、というよりはむしろ現に機能しているような最も非儀礼化の進んだ近代国家のいわゆる中央権力を観察すれば、次のことがわかるはずです。つまり中央権力は最も強力なものですが、それはただ強力だというだけではありません。それは単なる圧制とはまったく別な種類の作用を及ぼすものなのです。

王権は社会のまんなかに位置しています。それは最も基本的な規則を守らせるものです。それは人間の存在の最も奥深い営み、性生活や家庭生活をも監視します。王権はわれわれの内奥にまでしみこんでいて、一方では多くの点で、王権自体の具現化であるいろいろな規則をまぬかれています。聖アウグスティヌスの神のように、それはわれわれの内奥よりも内的なものであり、また同時に最も外在的なものより外的なものです。

この観念はきわめて複雑であって、権力を渇望する人間の単なる発明などではありえません。あるいは、だからこそ、そうした人間には、まったく計り知れぬ知性と力がそなわっているのだと考えるしかありません。そこでまた、そうした人間が神聖化されることにもなるわけです。王とは、あがめられ、豪奢に装われながら、その起源を「神の権利」にもとづく巧みなプロパガンダのかげに隠しているような首長ではありません。

人間がたとえ自己の内部を見つめているうちに、あるいは目を外に向けていろいろな事物を調べているうちに、神聖な権力の内在的でもあり超越的でもある集中性を見いだしたとしても、また神聖な権力をそっくりそのままつくりあげることができたとしても、人間には、どうしてそれを自分たちの中心にすえるようなことが起こりえたのか、どうしてそれを社会全体に押しつけることができたのか、どうしてそれを実際の制度に変え、政府というメカニズムに変えることができたのか、は常に理解できないはずです。

L　別な言い方をすれば、あなたは暴虐きわまる専制主義も、「社会契約」という抽象的な善意も、王制を説明できないと考えておられます。明らかに、宗教だけがそれを説明できるというわけですが、それは中央権力のパラドクスが生み出す儀礼のパラドクスです。

G　この権力が自立するものではない証拠に、多くの社会、いわゆる双分社会では、この権力は存在したこともなければ、いかなる個人もそれをそっくりそのままつくり出したこともありません。権力が宗教的な仮面で身を隠しうることを否定することはできません。それどころか、一度権力が真の権力として成立すると、宗教的形態はいつでもすでにそこにあって、それに役だつものであるだけに、ますますそのかげに隠れようとするものです。純粋な社会学の論文が絶対に説明できないもの、それは王制の喜劇とは――いつでも喜劇が問題なのであると仮定すれば――いつでも「供犠の」喜劇であるということなのです。同様にこの社会学は、なぜ儀礼としての殺害が犠牲者に常に至上権のシンボルを与えるのかを説明することもけっしてできないでしょう。

トゥピ族の捕虜は、食われるのを待っているあいだに、ときには神聖な王をとりまく敬意と似た形の敬意を受けることがあるのですが、それはどうしてでしょう？　だれがこのふしぎな事実を説明してくれるでしょう？　いかなる場合にも、至上権と供犠とのあいだには象徴的なつながりがあります。王位とは、この両者の並置の一形態にほかなりません。現在の社会学はそこで至上権の方に全重量をかけていますが。人を煙にまく政治的権力の理論と同様に、王位だけの説明として価値を持つような説明は、ほんとうとは思えません。多くの制度に共通な特徴を説明するためには、できればどれにも通用する説明を採用する必要があります。

O　あなたは、別な言い方をすれば、構造主義が社会学的現実を消滅させようとしているのと同様に、社会学主義が象徴的な構造を消滅させているとお考えなのですね。この両者の現実削除のどちらかを選ぶ必要はもうありません。あなたの身代わりの犠牲者の仮説は両者の和解を可能にしています。

G　私もそれは確かだと思います。神聖な君主制と他の宗教形態との相同は、あまりにも際立っていて、偶然の結果と考えるわけにも、また表面的な借用に帰することもできません。

L　君主制に対して、神による統治は、どう考えるべきでしょうか？

G　私には、基本的な差異は明らかだと思われます。君主制においては、犠牲者の選択から供犠までの期間をどう解釈するかが特に問題であり、したがってこの場合、犠牲者はまだ犠牲に供されてはいませんし、まだ生きています。神による統治の場合には、これに反して、すでに犠牲に供された犠牲者をどう解釈するかが特に問題となりますから、したがって犠牲者はすでに共同体の枠外に置かれた神聖な犠牲者ということになります。

前者では、神聖な力が、特に王という人格にあらわされ、生きて活動しています。後者では、神聖な力が、神という「位格」にあらわれることはないでしょう。

この神聖な原則の不在が、神による統治においては、事態をすぐにより抽象的なものにし、より進んだ分離と分割に導くのです。たとえば供犠も、神による統治が外在的なものである以上、最初の供犠の正確な再現ではありえません。それにもかかわらず供犠が初期の形態と同じままであるときには、供犠は一般に次第に弱まった形でくりかえされる傾向を示します。神聖なものを生み出す役割に変わりはありませんが、量的にも減少しますし、供犠そのものが排除されて、神による統治を「拡大」し「豊か」にするようになります。神聖な権力への奉献としての供犠の観念はそこからくるのです。

これに反して、君主制においては、最初の供犠は各時代にくりかえされ、原則として最初と同じ形態で再現されます。したがって、このくりかえし以外は、考慮する必要はありません。究極的には、君主制にかかわる事件と切り離して考えられるような起源の神話さえもなくなります。王位とは動きつつある神話です。王が現にくりかえしつつある動作以外に記憶にとどめるべきものは何もなく、この王自身のほかに恐れるべきもの敬うべきものは何もありません。したがって君主制は、それが供犠と結びついているかぎり、事態を特に明らかにしてくれる制度だということになります。即位とは王を身代わりのヤギにするものだと認めている民族学者さえあります。たとえばリュック・ド・ウーシュは、神聖な近親相姦を論じた著書のなかで、ルアンダでの即位の儀礼に言及していますが、そこでは王とその母親は二人の死刑囚として結び合わされているようにみえますし、祭司は次のようなことばを吐くのです。「私はおまえに投槍と剣と回転矢と銃と棍棒と鉈鎌による傷を与える。もしもある男ある女が矢と槍の傷によって非業の死をとげたなら（……）私はおまえにその傷を与える。[17]」

この例によって、神聖な王とは「身代わりのヤギ」であること、それが現実の暴力による「身代わりのヤギ」であって、多かれ少なかれ伝説的なそしてフロイト的な違反による「身代わりのヤギ」ではないことがよくわかります。多くの民族学者が、王とはまさに身代わりのヤギであることを率直に認めていますが、彼らはまた至上権の極致と過度の重荷とのこの奇妙な結合を認めるのにも躊躇はしません。彼らは、ある場合にはそれを「まったく自然な」ものだと考え、つまりフランスの大統領のレジョン・ドヌール勲章の授与者としての職務のような、君主の補助的な職務だと考え、またある場合には、あらゆる問題を想像もつかないもの、真実とは思われないもの、として遠ざけてしまいます。もっともこうした両極端の結合は、程度に多少の差はあっても、神聖な君主制のなかには例外なく見つかりますし、結局はあらゆる供犠の制度のなかにも見つかるのですが。われわれ自身の概念と矛盾する所与の考察を拒否するという態度には、まさにおどろくべき力がそなわっています。

王の原則と神の原則は少なくとも根源的には互いに排除しあうものなのですが、それは王の統治と神の統治が危機を暴力によって解決する際に、それをどう再現するかという基本的な儀礼の問題に対してやや異なる解答を示すからです。王の統治においては、供犠「以前に」到来するものが支配力を持ちますが、神の統治においては、支配力を持つのは供犠「以後に」到来するものです。両者の解答が共に可能であることを理解するためには、われわれが先に話題にしたことばの多義性と多値性に立ち戻ることが常に必要です。供犠とは絶対的な中心です。それをもとどおりに再現することは不可能で、実際の儀礼は任意の共時的瞬間を常に強調しますから、その他の瞬間は犠牲になるわけで、その結果は容易に予見のできるものですし、その結果が実在の制度に一致することもわけなく確かめられます。

O　一度この一致を認めれば、身代わりの犠牲者の理論を空想視することはもう許されません。それがほんとうだとみなされるのは当然のことです。しかし民族学者はそれに気づいていません。なぜなら彼らは自分たちがどれほど、自分たちが放棄したと思っている考え方の影響を受けているかを知らないからです。彼らはいつも神の統治が「自然な」概念だと想像しています。神聖な王とは、神の統治が、儀礼の形態とは無関係に存在する政治的権力に有利なように、一種の方向転換を行なったものだろうと想像しています。

G　王とは一種の「生きている神」だとは、だれもがくりかえし言うことですが、神とは一種の死んだ王だとは、あるいは少なくとも「不在の」王だとは、だれもけっして言いません。でもこれもまた、まったくの真理なのです。要するに、いつでも人々は、王の供犠のうちに、王の聖性のうちに、さらに一つの観念をつけ加えたいと思うのですが、それはわれわれのちっぽけな概念を乱さないためです。われわれの解釈においてわれわれを導いているもの、それは神の統治という観念に支配されている特殊な神学です。いかなる点においても宗教的な懐疑がこの神学を変えることはありません。われわれは身代わりの犠牲者を目にすることがないのですから、あらゆる宗教的な図式を神の統治という用語で再解釈することを余儀なくされているわけです。もしも精神分析やマルクス主義を子細に検討してみれば、この神学がそうしたものに不可欠なものであることが確認されるはずです。この神学は現代のあらゆる考え方にとって不可欠なものです。なぜならわれわれがいま王と神とについて述べたことが理解される日には、あらゆる考え方が崩れ去ってしまうでしょうから。

C 儀礼の多値性と制度の特殊化の作用

O 社会学的な面ではひじょうにちがっていても構造の点ではひじょうに似ているいろいろな制度が同一の起源を持つものだとすれば、人類の文化のなかでは、そうした諸制度がまだ区別されていない時期があるはずです。そしておそらく民族学的な所与のなかには常に、こうしたあいまいな時期の痕跡や、王というレッテルや供犠というレッテルが無差別にはりつけられている現象などが、つまり制度ではあってもあまりにも漠然としていて硬直した用語――文化についてのわれわれのプラトン哲学からはあまりにも差異化されてしまった用語――では捉えられないような制度があります。

G 私はそうした制度は実在する、あるいはむしろ実在したことがあった、と思います。そして少なくともそのうちのいくつかについては、われわれは、いろいろな謎を解き明かしてくれる記述を――不完全なものかもしれませんが――所有しています。あなたは現在の民族学の考え方では、そうした制度が、民族学者からたいへん悪く見られているとお考えのようです。そうした制度は、差異を明確にする考え方の規準には合いません。事実、そうした制度に言及している書物は、身代わりのヤギの役をあてがわれ、多かれ少なかれいいかげんなものときめつけられています。

フレイザーのような人々の書物では、ときどき、われわれの論文が必要とするものにかなりうまく一致する指摘に出あいます。とりたててその一部を引用するよりは、総合的な要約を御紹介するほうがよいと思います。著者はこんなことを言っているのです。問題はかなり奇妙な一種の王位であって、その後継者を決めるのに、原則として、一種の選挙あるいはくじ引きが行なわれる。村の若者はひとり残らず被選挙資格があるが、君主は性的な特権やその他の特権を享受するのだから、激しいせりあいが予想されるのに、せりあうどころか候補者たちは、君主の特権などは無視して、全速力でやぶのなかに逃げこんでしまう。新しく選ばれる者は、結局いちばん足の遅かった者、村中総出の大がかりな追跡の結果いちばん最初につかまってしまった者、にほかならない。君主の絶大な権力がつづくのはほんの一時で、その権力にともなう魅力も、ついには自分の臣下の手にかかって殺されるという確信を打ち消すに足るほどではない。とまあ、以上のようなわけなのです。

現代の民族学はこの種の記述を拒否していますが、それはそこに民族学の差異化と分類の欲求にとって興味のあることが何も見あたらないからです。たしかにこの問題を「王位」という表現で記述することは可能です。それはその記述が、年配の著作家たちがコミックと判断するようなものだからです。もしも王位ということばを供犠ということばに置きかえたなら、問題はすぐに笑うべき問題ではなくなります。しかしだからといってそれだけでは、まえの用語をやめてこの用語を採用する理由にはなりません。この問題を少しくわしく検討すれば、制度は様相を変え、常に新しい様相を呈します。性的な特権に物好きな一瞥を投げるかわりに、この問題を違反として捉えるならば、君主は容易に一種の死刑囚に姿を変え、共同体の罪を償うことになります。われわれが確認している意味での「身代わりのヤギ」に姿を変えるわけです。そしてもしも王が、これは実際に起こることなのですが、食われてしまうようなことにでもなれば、王はまるで飼育場の家畜に近いものになります。また王を一種の僧侶、あるいは最高の奥義に通じた者、と見ることも可能です。この場合、王は原則として共同体のために進んでわが身を犠牲にするわけですが、実際問題としては多少説得が必要なこともあります。

O　一切の分類に抵抗を示す形態は、民族学上のいろいろな物語から予想される数よりも、おそらくはるかに多いのです。事実、この点での最も興味深い観察は、あなたが話題にされるプラトンの文化哲学によって、無意識のうちに再検討され訂正されています。文化に関するプラトン哲学とは、人間の持つさまざまな制度が大昔からそのままのものであるという軽率な確信、と理解しなければなりません。つまり制度には進化の必要はほとんどないし、生み出される必要に至ってはまったくないというわけです。人間の文化とは、全体が一定不変の観念であり、人間が思考に目覚めればすぐに人間に役だつもの、というわけです。人間の文化を手中に収めようと思えば、人間は自己の内部に目を注ぎさえすれば、そこに人間の文化が本来的に内在しているし、または外部に目を注ぐならば、つまり英知によってのみ理解しうる天に目を注ぐならば、そこに人間の文化が書きこまれている、プラトン自身の内部に書きこまれているのと同じように書きこまれている、というわけです。

G　そういうプラトン哲学こそ、粉砕すべきものです。それは大多数の人々を強く支配して、いまここで儀礼という唯一の母体を通じて示される起源が、精神にとって忌むべきもの、受け入れがたいものに見えてくるまでにしてしまいます。私がいろいろな制度に見られる特殊性を無視しているという人があれば、それは私がそうした特殊性を犠牲のメカニズムとの関連で生み出しているということがわかっていないからです。共通部分と同時に、相次いで起こる分岐をも見いだすことが必要で、それこそがいろいろな文化形態の根源から、外見上の還元不可能な多様性へと、われわれを移行させるものなのです。

世界中にひろまっているプラトン哲学が、それと矛盾する現象を覆い隠すために、いかにみずからをとりつくろっているかは、だれもがよく知っていることです。われわれも、意味のあいまいな儀礼を王位という用語で取り扱おうとすると、すぐに、既成の概念と一致しない様相を過小評価し、供犠から手をつけようとする傾向があります。考慮の必要のないような、奇妙な変則的様相、おそらくは誤った観察にもとづく様相、をとりあげたりもするでしょう。これに反して、儀礼を供犠という用語で定義するならば、われわれはこの制度の他の様相を背景の方に押しやり、遠ざけてしまうでしょう。逆の決定がなされたときには最前面に出るはずの様相をさえも遠ざけてしまうでしょう。

こうしたまだ定義のできないような儀礼においては、王座と供犠の祭台とのあいだに、何の差異もありません。問題はただこの祭台の上に最高の犠牲者をすえることだけ、全員の一致した意見であるだけに犠牲者の死によって和解がもたらされることを期待しながらそうすることだけ、なのです。その際、最高の権力と集団による犠牲者とをはっきりと結びつけることがわれわれには奇怪なものとみえるかもしれませんし、またわれわれはこうしたおどろくべきことがらを定義することばを持っていないのかもしれませんが、それはまだわれわれがこうした問題を徹底的に考えようとはしていないからです。したがってわれわれは、この犠牲者を奇怪だと判断する人々から——というのは彼らもまた犠牲者を人間の規準の枠外に位置づけていますし、犠牲者を殺すまえにその前で深く頭を下げるのですから——それほどへだたってはいません。

L　要するに、そんな奇妙な形態は考慮する必要がないときめつけたり、そんなものは理論的に重要性のない錯誤だ、ひどい「欲求不満」に陥った民族学者のでっちあげだ、と思いこんだりすることは、自分自身が少しばかり祭司として行動していることなのです。それは名づけようのないものを、たいへん穏やかで差異化されている民族学の外部に――今日ではわれわれに信じこませることが可能だと思われている民族学の外部に――追放してしまうことです。

G　そういうたぐいのことは、実際にはまだわれわれ人間の考え方をおびやかすには至らず、そうした追放の効果は嘲笑によって高められます。かつて人々は笑劇の役者たちをだしにして笑ったものでした。それがフレイザーの報告にある粗野な未開人たちです。われわれはその後は、そうした作り話をまきちらすほど素朴だったと判断される民族学の先駆者たちをだしにして笑っています。われわれは彼らの「民族中心主義」からは解放されていると思いこんでいるのですが、じつはこれまでになくそこに落ちこんでいます。なぜならわれわれは、宗教的なものの考え方、つまりいわゆる未開の思考全体に含まれる心情そのもの、を正当化することができないのですから。嘲笑は儀礼を追放しますが、儀礼とはそれ自体が追放のより根源的な形態にほかなりません。人々は怪物を、初めはきまってその身がらを供犠の儀礼で追放し、のちには純粋に知的な操作で追放します。思考の法則に反するものを考慮しようとすることは時間の浪費だ、と言っている人もいます。(18)

O　儀礼がわれわれの通常のカテゴリーから離れれば離れるほど、儀礼はますます定義しがたいもの捉えがたいものになり、ますます最初の儀礼のもくろみに近づき、ますますここに提示されたような表現での読みを要求します。

G　制度にわれわれの要求する特殊性がない場合にはいつも、われわれの視線は容易にその制度を特殊化しようとします。意志の介入は必要がありません。機械的な習慣に身をゆだねれば、それで十分です。機械的な習慣は、あとから起こる宗教的インスピレイションの直接の延長線上にあるだけに、批判の余地が少ないようにみえます。要するにプラトン哲学は、自発的に制度の完成化に努めるものですが、その作業が未完な場合にはいつも、民族学的な思考によって自らを強化し、リレー式の方法で進化の仕上げをします。このプラトン哲学は、抵抗しがたい伝統を受け継いでいるために、それからの離脱は困難です。至る所でますます細かな差異を求めるまなざし、制度を既成の仕切りで分類しようとするまなざし、そうしたまなざしは「どうしても正しく行動していると思っています。」それは一つの過程を完遂するのですが、この過程はそっくりそのまま文化的な進化の過程です。したがってわれわれは、われわれの目のとどかぬほど遠く根をはった知的なメカニズムの犠牲者だということになりますし、また民族学的なまなざしによる真の転換が必要にもなります。

未確定な制度に構造を与える無自覚的な決定は、われわれの気づかぬうちに割りこんでくる決定、しばらくまえゲシュタルト心理学がその理屈を明らかにしてくれた形態を前にして割りこんでくる決定、にどこか似ています。黒板に一つの立体の稜を描けばその構造は、つまりその立体の形がくぼんでいるのか浮き出ているのかは、われわれの知覚能力によって判断できますが、ぱっと見てわかったと思うと、それにとらわれてしまって、われわれの知覚能力は容易にその構造化の作用を変えることはありません。民族学においても、もう一つの読み方が、あるいはほかにもいろいろな読み方があるかもしれないのに、一つの制度を一定の意味で読むことに決めてしまうと、いま言ったことと同じようなことが起こります。

一つの構造化の作用が他の作用に変わることさえむずかしいのですから、まして二つある解決策をどちらもすてて、それを二つのうちのどちらにも同時にあてはまるようなものにしていくなどということは、つまりどれをとっても精神にとって比較的満足のいくいろいろな構造化——とは言っても結局はそれらが互いに相容れないものである以上そのいずれもが偽りである構造化——の母体を、形あるものとしてとらえるなどということは、なおさらむずかしいことです。

L　ひたすら分類をめざす民族学、郵便物を仕分ける郵便配達夫のように個々の制度をその制度のためにあるはずの仕切りのなかに並べようとする民族学、差異の厳密さこそ学問の極致と考える民族学は、まともな思考の名において、共通の構造を持つ母体の可能性を直視しないようにしています。こうした民族学は自分の考え方と合わない制度を避けて通ります。それはその制度が民族学の固有の厳密さを崩壊させるおそれがあるからです。こうした民族学は、あらゆるものを分類しようとする意欲のさまたげとなるものを、無意識のうちに忘れよう軽視しようと努めるのです。ほかにもすぐれた方法があることを見ようとはしないのです。分類にいちばん適さない制度こそ、いちばんおもしろいはずなのに。なぜならそれはわれわれに特殊化の作用が完成してしまう以前の状態を教えてくれるのですから。

G　だからといっていまここで何もかもごちゃごちゃにして、神秘的なエクスタシーを求めようとか、暴力を礼賛しようとか考えているわけではまったくありません。特殊性を破壊することが問題なのではなく、デリダも言っているように、特殊性を「脱＝構築《デコンストリュイール》」することが問題なのです。身代わりの犠牲者のメカニズムがわかってからは、われわれは連鎖の両端をおさえているわけで、「脱＝構築」は、というのは結局はうまくそうなるからですが、共通の母体から生まれる「再構築」でもあります。発生の予測と構成の予測とは、既存のすべての方法の限界を超えた分析の一タイプに統合されます。

文化的な特殊性への進化はいつでも完成の域にまで達するわけではなく、進化が未完成のままとどまることもありうること、それはまたわれわれがいま言及した記述に見られるようにようやく記述に手がつけられたばかりであること、を確認するのは最も大切なことです。われわれがそうした話はほんとうとは思えぬと判断するのは、そうした記述が本質的に不可能なものだからではありません。それはわれわれの知的タブーがそうさせるのです。そうした記述はあらゆる幸運にめぐまれていて、かなり正確です。というのもそれはそうしたタブーに打ち勝って、われわれにいろいろな場面を――その場面が多くの場合に人類の文化のある発展段階に一致するはずだということを、純粋に理論的で図式的な方法によって身代わりの犠牲者のメカニズムの点から示すことのできるような場面を――提示しているのですから。

ほとんど至る所に、儀礼の多価性の痕跡があります。観察者なら、痕跡の消滅に手を貸す代わりに、念入りにそれを集めようとするはずです。こうした消滅しつつある要素を、余分なもの付加的なものと思ってはいけません。それどころか、そうした要素が諸制度の主要な要素といつでも緊密な関係にある、常に同一の全体を再構成するようなぐあいに結合している、と見なければなりません。まだ完全に非儀礼化されていない制度と、まだ完全に制度化されていない儀礼を比較すると、いちばん辱しめられている地位が最高の地位に結びついている例は、至る所で見いだされるのです。予駁論法が教えるように、あらかじめ相手を屈服させるのが支配の常道ですが、その逆の場合もあるわけです。

フレイザーとかレヴィ＝ブリュルなどのように、この種の現象を前にして、未開人は自分たちのカテゴリーを混同していると非難すべきではありません。最近のレヴィ＝ストロースに同調して、儀礼は思考と言語に決然と背を向けるなどと言ってはなりません。やっかいな問題でも、それをやっかいばらいせずに、とりあげねばなりません。とは言っても、宗教思想、哲学思想がそれをとりあげたようなやり方でとりあげてはいけません。あらゆる神秘的な解釈とその哲学的な置き換えを、たとえば「反対の一致」〔クサヌスによる神の属性の表現〕を、陰画《ネガ》の魔力を、ディオニュソス的なものの力を、拒否しなければなりません。ヘーゲルを拒否しなければなりませんし、ニーチェを拒否しなければなりません。

理性の正反対のある種の合理主義の、時代おくれの戦いによって、本質的なパラドクスから目をそらされてはなりません。ほとんどの儀礼の制度において、互いに「矛盾」しあう構成要素間の、混合の程度の差、アクセントの差、実際問題としての重要度の差などは、たいていは、多少の無理をすれば、そんなパラドクスや矛盾はないと言いきることができる程度のものです。矛盾をでっちあげたのは神学者と哲学者であると、まずたいていは断言してかまいません。われわれはあらゆる構造をならして平らにしてしまうことができますが、人間科学が存在するようになって以来この科学を支配しているそうした誘惑には抵抗しなければなりません。いくらかのまれな例外は別としても。

人類の諸制度を前にしたときの「ほんとうに自然なもの」と、それにいまなお結びついている儀礼の残存物に対するからかい好きの懐疑主義とは、神学の直系の子孫です。信仰が消滅する瞬間から、制度の考察を最後まで進めまいとする態度は、必然的にこうした形をとることになるでしょう。なぜならほかに道がないのですから。これこそまさに、われわれをいまなお支配しているヴォルテール流の解釈を考慮に入れなければならない理由です。ヴォルテールの解釈によれば、宗教的なものとは、「自然の」制度に寄生しようとするカトリックの司祭たちの大陰謀です。司祭たちは宗教的なもの自体の後継者として、つまり自分たちこそ、起源を認めまいとする唯一の同一の意志の結果であるとして――供犠の礼拝やひどく粗野な神話が決定的に崩壊してから宗教的なものについてどうしても懐疑的な形態をとろうとする意志の結果であるとして――「自然の」制度に寄生しようとするのです。

デュルケムは宗教的なものに対するこうしたごまかしに抵抗した最初の人です。だからこそ最も偏狭な経験論者は、デュルケムを神秘主義者だと非難するのです。そして彼らは必ずや、この私をもまたはるかに神秘的であると断言するでしょう。われわれがいまその粗描を進めているいろいろな発生の起源についての厳密に合理主義的な性格にもかかわらず。

O　「脱＝構築《デコンストリユクシヨン》」を完遂するためには、発生の起源に到達しなければなりませんが、われわれはうまいぐあいに連鎖の両端をしっかりおさえています。つまりわれわれが身代わりの犠牲者を模倣の過程の結果として読むときの、人類の文化のアルファとオメガをおさえています。

G　象徴性そのもののメカニズムとして身代わりの犠牲者の意味を見いだすならば、身代わりの犠牲者の脱＝構築が完遂されると同時に、脱＝構築の説明も正当化されます。そして身代わりの犠牲者は同時に、この現代的な説明の特徴を明らかにします。この現代的な説明は、まだ身代わりの犠牲者の人類学的考察のなかに根をはるに至っていませんから、それは結局は不毛なことばのアクロバットに身を捧げたままになっています。重要なことばがそれに欠けているわけではありません。ことばの点ではありあまるほどだと言ってよいでしょうが、ことばの背後にあるメカニズムが落ちています。デリダの最上の分析の軸として役だっている用語を検討すればおわかりになるように、問題は常に、脱＝構築された哲学の概念を超えて、脱＝構築など問題にもならぬ神聖なもののパラドクス、読者の目にさらに美しくきらめくパラドクスなのです。(19)

ハイデガーについても、もう事情は同じです。ハイデガーが存在について語ることもまたすべて神聖なものに還元されます。しかし哲学者たちはそれを認めようとしません。その理由は、彼らがプラトンや前ソクラテス派の哲学者たちからギリシアの宗教的なものにまで遡ることを欲しないからです。

このまだ部分的な脱＝構築は、あらゆる文化の記号の危機と、知と言語の根本的な無力とを混同しています。それは、哲学を信じないのに、哲学の内部にとどまっています。それは、現実の危機を超えたところに、文化についての理性的な知の可能性、もはや哲学的なものではない可能性のあることに気づいていません。それは、神聖なものの純粋なきらめき——この段階では純粋な文学的効果と一体である——のなかに楽しみを見いだしています。それは、まったくの字句へのこだわりに堕する危険を持っています。批評文学の信奉者や大学出の研究者たちは気がついていませんが、文学的な感動は、人がもうそれだけしか求めなくなると、そのとたんに消えてしまいます。デリダのなかにほんとうに「何か」があるとすれば、それはほかのものがあるから、つまりこの種のまさに神聖なもののメカニズムに結びつく、しかしまた身代わりの犠牲者の手前にとどまっている、脱゠構築があるからです。

O　要するに身代わりの犠牲者の点から見れば、これでようやく真の構造主義の基礎もかたまりうるわけです。共時的であるばかりでなく各時代を貫いて通時的でもある構造主義の基礎がかたまりうるわけです。なぜならこの構造主義は構造を組み立てたり分解したりするのですから。

G　たしかに現代の構造主義は、そうした可能性を想像することさえできないのですから、こういう場合には、誤った歴史上の起源への落ちこみにばかり目をつける危険があります。われわれが論じているのは、けっして特異なことではなく、また年代学でもないことを強調しておかなければなりません。われわれは組み立てと分解のメカニズムを作用させているのですが、組み立てと分解は各瞬間にその妥当性が明らかになっていきます。なぜなら両者とも、儀礼の制度と非儀礼の制度とのあいだの、ある合理性を持ったきわめてわかりやすい経路を保証しているのですから。

いろいろな制度を検討しても、ある分岐がどのような時点で起こったかを言いあてることはむずかしいですが、われわれにはあらゆることが現実の歴史として時の流れのなかに実際にひろがっているということはよくわかります。そしてこの歴史は、われわれの周囲で、たとえば民族学のテクストのなかで、続行しています。西欧的な考え方はいろいろな痕跡を消すような形で機能しつづけています。基礎づくりの暴力の直接的な痕跡を排除しようとする者はもういませんが、最初の、二番めの、あるいは三番め、四番めの排除の痕跡を排除しようとする者はいます。別な言い方をすれば、問題となるのは痕跡の痕跡のそのまた痕跡なのです。デリダがハイデガーの「存在」を、痕跡と名づけるもので置き換えたことに注目しなければなりません。問題をさらに明らかにしてくれるのは、サンディ・グッドハートが、フロイトの『モーセ』〔『モーセという男と一神教』〕のなかで私に指摘してみせた一文です。それはおおよそ次のように言っています。むずかしいのは殺人を犯すことではなくて、その痕跡を消すことである、と。(20)

このような継起的な消去の作用、この大がかりな文化的な作業の全貌を提示したあとでさえ、大部分の人がわれわれの言っていることを理解できないとしても、おどろいてはいけません。一切はおそらく数年間は役にたたぬままでありつづけるはずです。しかしまた同時に、のちにまた話題にする奇妙なパラドクスによって、われわれの言っていることはすべて、隠喩の形で、あるいは明白に、現代の言説のなかにすでに書きこまれています。こんなわけで、私はときには、ふつう言われていること、また言うべきこと、と何の関係もないくだらない話をするといって攻撃されたり、ときにはまた逆に、みんなが言っていることをくりかえしている、もうどこにでも見つかるような話題を少しばかり持ち上げているだけだ、といって非難されたりしています。この奇妙なパラドクスとは、痕跡の消去が基礎づくりの殺害をよみがえらせるということです。ピラトやマクベスが手を洗ってもむだなことです。殺害の痕跡はいつでもまた現われてきます。その痕跡の現われる機会はますます多くさえなります。基礎づくりの殺害はわれわれの頭上にあります。

L　われわれの未来の読者は、あなたがここで形而上学者として話していると思うでしょうが、まったくそうではないということをあなたは示すことができる、と私は確信しています。あなたは民族学のテクストのなかの痕跡の消去の、まごうかたなき実例を示すことができるのですから。

G　そうありたいものです。基礎づくりの暴力が神聖な王位から、シルーク族〔アフリカのナイル系の部族〕の王位から、どのようにして消されていくかを示すことにしましょう。E・E・エヴァンズ＝プリチャードは、この問題についてのある労作のなかで即位の手続きについて詳述しています。この手続きは神聖な君主制の全体の枠のなかに完全にはめこまれてはいるものの、そこに独創性が見られないわけではありません。

まず一切が、王国を二分する内乱のような形で展開します。二分された王国は、一方が他の一方のそれぞれ「分身」に変形されます。政治的、社会学的に考えると、王は勝利者の側に属することが予想されますが、まったくそうではなくて敗者の側に属するのです。王にとどめの一撃を与えるために集まった敵の手に落ちるまさにその瞬間に、要するに王が押しつぶされ侮辱される犠牲者の姿をとる瞬間に、君主制の「精神」は王の身内いっぱいにひろがり、王はほんとうに全人民の王になるのです。(21)

王位の精神とは、その昔ひとりの犠牲者を敵視することによって自然に実現された全員一致の和解のことです。その犠牲者に代わる者として、王が求められるのです。即位とは基礎づくりのメカニズムのくりかえし以外の何ものでもありません。王の支配とは、いつものことながら、和解をもたらす犠牲者の資格での支配なのです。このことを明確に見きわめさえすれば、それはどこにでもあることであって、シルーク族のシナリオが同類の一つのヴァリヤントにすぎないということがわかるはずです。このシナリオは神聖な君主制の一般的な形態とあまりにもぴったりですし、また細部に至るまであまりにも独創性に富んでいるので、きわめて意味深いものとして、この制度の象徴的な機能を把握した観察者をおどろかさずにはいません。

エヴァンズ＝プリチャードはこうした事実を、彼が真面目にとろうとはしないもう一つの所与、つまり王のなかには首をしめられ、窒息させられ、生きたまま密室に閉じこめられて死ぬ者があるという多くの報告、と比較するようなことはけっしてしません。彼にとっては、そうしたことは不確かな噂にすぎず、それを考慮する必要はありません。エヴァンズ＝プリチャードは、王の殺害のテーマが、共同体各部の統一不統一に密接な関係のある象徴的な価値を持っているはずだということを十分認めていますが、彼はフレイザーとその「植物崇拝」にまた落ちこむことをひどく恐れるあまり、この象徴の重要性を過小評価していますし、またいわゆる神聖な王位の持つ犠牲者としての性格から——とは言っても即位の様式を、絞殺された王というあのどこにでもありどこでも「不確かなもの」として拒否されている有名な噂、と比較してみれば明々白々な性格から——統一性をつかみとろうとはしません。まるで犠牲に供された王の象徴が、純粋な象徴としてさえ、何ら特別な関心を呼ぶものではないかのように。象徴が王の供犠を意味しない場合にはいつでも象徴にかなりな重要性を認める民族学者さえもが、こうした象徴が問題になるときには、それにもう少しも関心を示しません。そうした場合に重要視されるのは、ただ、いつも引き合いに出されながら十分に証明されたことのない殺害の現実あるいは非現実なのです。

フレイザーはすでに同じ偏見にとらわれていたために、同じように「身代わりのヤギ」である王あるいは神に行きあたったとき、土着民がもとははっきりと別々なものであった二つの制度を結局は混同してしまったにちがいない、と結論せざるをえませんでした。くりかえして言いますが、同じ偏見によってレヴィ＝ストロースもまた、不名誉なことに『裸のヒト』の最終章で、儀礼をその構造主義的民族学の外に追放せざるをえなくなっています。もう一度言いますが、儀礼は、それが選り分けるべきものを、混ぜ合わせているといって非難されているのです。

L　この最高位の犠牲者というパラドクスを認めまいとする傾向はすべて、あなたの説によれば常に、これと同じものの、つまり基礎づくりの暴力という事実の、消去を目ざしているのです。しかしこのパラドクスを容認する民族学者も、たしかに何人かはいるはずです。

G　たしかに何人かはいます。たとえばドイツの学派の民族学者、アードルフ・イェンゼンとかルードルフ・オットーのような人々がそうです。しかし彼らはこのパラドクスをほとんど宗教的な従順さで、ときには熱狂的な気分で、容認しています。まるでこのパラドクスの不動の性格がこのパラドクスに一種の効力とわかりやすさを与えているかのように。暴力と神聖なものの神秘性、最高位の犠牲者と犠牲にされた主権者の神秘性を容認できるものとするために、オットーは彼の有名な「ヌミノーゼ」の概念を前面に押し出しています。くりかえして言いますが、私はこの種の態度には、私に批判的な人々の主張とは逆に、何らの共感をいだいていません。しかし私はエヴァンズ＝プリチャードやレヴィ＝ストロースのような理性的な人々の盲目ぶりと同類とみなされるのもおことわりです。こうした原初の宗教的なものの現象について徹底的な考察を進めながらも、それに巻きこまれてしまわないようにすることが必要だと思います。私はアテネの街路を引きまわされるファルマコス〔ギリシア語で身代わりのヤギ〕についてのヴァルター・オットーの叙情的なページを、かなり醜悪なものと思います。『悲劇の誕生』によってこのディオニュソス的なものの様式をまるごと世間に押し出したのは、狂気にとらわれていたころのニーチェです。

L　しかしエヴァンズ＝プリチャードのような人が、彼の目にも明々白々なはずの事実に目をつぶってすませるのには、どうすればよいでしょう？

G　やっかいな所与をやっかいばらいするために、理性的である民族学は、キュリヤス三兄弟に対するオラースの策略に頼ります〔コルネイユの『オラース』参照〕。まず敵どもをばらばらに引き離さなければなりません。そうすればうまく敵をやっつけることができます。たとえわれわれのささやかな考え方に反するような事実に出くわしても、それが疑わしいという確信に達するのに骨は折れません。ほかの点では信ずるに足る全体のなかに、誤りが一つすべりこんだにちがいないと思うようになります。次々に消去された事実を互いに比較するために、来た道を出発点まで引き返してみれば、「そうした事実はすべて互いに似かよったものである」ということに気がつくでしょう。個々にとりあげればどれほど疑わしいものにみえても、その数があまりにも多いためそれを信じないわけにはいかないということがわかるでしょう。民族学者は、自分が批判精神と考えているものが、多くの場合に世界と民族学とに対する自分のヴィジョンを脅かすものを遠ざけようとする気持ちなのではないか、と自問する必要があります。

O　あなたのおっしゃることは、あなたの『ロマン的なうそとロマネスクな真実』〔邦訳『欲望の現象学』〕に引用されているマルセル・プルーストの一節を思い起こさせます。マルセルの大叔母はスワンのうちにつつましい株式仲買人の息子、何の気がねもなく招くことのできる隣人だけしか認めまいと、かたく心に決めています。そして彼女はこの人物が実際に享受している上流社会の例外的な地位を思わせるようなものはすべて拒否しようとします〔「スワン家のほうへ」冒頭参照〕。経験にもとづく所与は人間を裏切るはずのないものですが、それでもその所与を受け入れようとする精神は必要です。事実だけで精神の構造を一変させるに足るということは、めったにありません。

G　しかしエヴァンズ＝プリチャードには敬意を表さなくてはなりません。彼はその典拠が含むものすべてを、それを信ずる気にはなれなくても、報告だけはすべきだと考えているからです。エヴァンズ＝プリチャードのテクストは、あまり重要視する必要はなさそうだと思われるようなときでさえ、彼自身も気づかぬうちに、アフリカの君主制の基本的な原則を再現しています。彼はそのうえわれわれにこの原則の復元をも可能にしてくれます。宗教的なものを過小評価する現在の傾向がつづけば、われわれは最後の意味深いいろいろな痕跡がやがて消滅することを覚悟すべきでしょう。このことは、社会自体がそれなりに民族学と同じ方向に進化しているだけに、ますます確実視されることです。伝統によって守られてきた宗教的なものは、ますます消滅していく傾向にあります。

したがって、近い将来に、こう考えることができるようになるでしょう。つまり昔の民族学者たちは夢を描いていたのだ、彼らは気まぐれな情報提供者たちのお国自慢の帝国主義的な偏見をあざ笑おうとしながら、逆にその人たちにかつがれてしまったのだ、と。こんなわけで人々は、批判を厳しくするという口実のもとに、二倍もの軽率さに陥っていますし、民族学的な知識は、豊かになるどころか貧しくなりつつあります。

民族学の理論の進化は、くりかえす傾向があります。理論に先立ついろいろな知的形態の進化、つまり儀礼や「理想化された」宗教や哲学などの形態の進化、を完成させる傾向があります。デュルケムやフロイトまでは、宗教的なものが研究を刺激し、その方向を定めたものでした。いまではもうそれはほとんど問題になっていません。それは他のあらゆる領域から追放されたあと、民族学というこの新しい学問のなかに大がかりな急激な復帰を行なったのですが、そこでもまた宗教的なものは、もう一度徐々に中性化され追放されつつあります。

D　動物の家畜化と儀礼としての狩り

O　したがって、あなたのおっしゃることを信ずるならば、人間の制度のうちで儀礼にまで、つまり身代わりの犠牲者にまで遡らない制度はないだろうということになります。あなたは『暴力と神聖なもの』のなかで、祭りや通過儀礼のような制度は同一の図式のヴァリヤントにほかならないこと、また余暇や教育についてのわれわれの考え方はすべてこうした儀礼に由来するはずだということ、を示そうと努めています。[22] 要するに身代わりの犠牲者のメカニズムが、デュルケムのプログラムを実行可能なものにしているのです。あなたはこのまま話をつづけて、まだ話題にのぼっていないいろいろな文化形態に取り組むことがおできになれますか？

G　動物の家畜化の問題から話をつづけることにしましょう。だれもが考えるのは、家畜化の存在理由は、経済上の開拓の意欲だということです。じつはこの主張は、ほんとうとは思えません。たとえ家畜化が、ふつうの進化に必要な時間に比べてひじょうに急速であるとしても、この作業に手をつけた人々が功利的な動機を意識するまでには、おそらくたいへんな時間を要しています。われわれが出発点だとみなす所が、到達点であるかもしれません。動物を家畜にするのには、明らかに、人間が動物を身近に住まわせ、もうその動物が野生動物ではなくなったものとして、また人間のそばで人間なみの暮らしをする素質を持つものとして、めんどうをみてやらなくてはなりません。

動物に対するこうした行動の動機は、いったい何でしょうか？　家畜化の作業が最終的にどんな結果を生むものかは、初めから予見できるものではありません。どんな時代にも、人間が、「牛や馬の祖先をもう家畜としてめんどうをみてやろう、そうすれば、いつかは子孫がそれによって利益をうけるだろう」などと考えたはずはありません。動物をいつかは必ず家畜になるものとしてめんどうをみるのには、直接的な、強力な、永続的な動機が必要です。ただ供犠だけが、この動機を示すことができます。

身代わりの犠牲者の恐ろしいありさまを思いうかべれば、犠牲者を人間だけに限らずに動物からも選ぶようになるだろうということは、理解しやすいはずです。犠牲に供されるものは、共同体と神聖なものの仲立ちとして、内部と外部の仲立ちとして、役だつことになります。

宗教的な精神の持ち主なら、社会生活の不吉な様相を効果的に一つの極に集中させるためには、犠牲に供されるものが共同体のメンバーとは別なものでなければならず、しかしまたそのメンバーに似てもいなければならないということを知っています。したがって犠牲に供されるものは人間たちのなかで暮らし、人間の風習や生き方になじんでいる必要があります。だからこそ大部分の儀礼の行事において、犠牲に供されるものを選ぶ時とそれを犠牲に供する時とのあいだに一定の猶予期間があるわけです。この猶予期間は、王の実例がわれわれにそれを示しているように、人類の文化の発展において大きな役割を演ずることがあります。おそらくこの猶予期間のおかげで家畜がこの世に存在するようになったのでしょう。いわゆる「政治的」な権力とまったく同じように。

あらゆる種類の家畜動物が、供犠のための犠牲として役だってきましたし、いまでも役だっています。人間と動物との共同生活は、多くの世代を経てひろがっていき、犠牲に供された動物の種がこうした変化に適していた場合には、いつでもその結果としていろいろな形態の家畜化が起こったにちがいありません。

供犠の行事の結果がきわめて好都合なものであることが明らかになると、予想外の結果を得た人々の考え方が、それによって変わっていきます。初めは供犠のための生きものは人間であったのに、それが経済的な生きものに変えられていきます。家畜化は経済的な問題から考えうるということではなくて、供犠の結果として経済的な問題が急に浮かびあがるというわけです。そして経済的な問題は、王位の場合と同じように、徐々にその原因をはじの方に押しやってしまいます。しかし、だからといって、供犠を廃止するようなことはありません。この制度のまだ儀礼化されていない機能に反対するどころか、供犠がこんどこそ必要とされるようになるのです。何しろ犠牲にするものを食べようとすれば、そのまえにどうしてもそれを殺さなければならないのですから。

近代の観察者は、家畜化は供犠への利用のまえに起こっているはずだ、と考えています。その逆の順序だけが考えうるものであるのに。至る所で近代の観察者は宗教的なものの役割を見誤っています。

L　実際には、文化的な制度で、宗教的なものがまじりこんでいないようなものはありません。もしもヴォルテールの「悪賢い貪欲な」僧侶どもが人類全体に寄生しているという主張を本気で否定するならば、唯一のまともと思える主張はデュルケムの主張だということになります。宗教的なものは、あらゆるものの根底にあるはずです。

G　動物の家畜化が供犠に根ざしているということについて確信を深めるためには、われわれがいま述べたことと、まだ家畜化されていない動物を家畜動物として取り扱った、あるいはいまも取り扱いつづけている供犠の行事を比較してみなければなりません。

たとえば有名なアイヌ人のクマ祭りをとりあげてみましょう。母グマから奪った子グマは、共同体の子どもたちといっしょに育てられます。子グマは子どもたちといっしょに遊びます。ひとりの女性が乳母の役をつとめます。定められた期日がくると、いつも最高の敬意をこめて養われていたこの動物は、儀礼によって犠牲に供され、この動物を神とみなしている部族全員によって食べられてしまいます(23)。

このしきたりはわれわれに奇異な印象を与えますが、それは家畜が犠牲に供される場合とちがっているからではなくて、似ているからです。ある種の牧畜民の社会では、家畜は人間とほとんど同列に置かれています。家畜の血族関係もはっきりしていて、敬意をこめて扱われています。この家畜は、クマ祭りに似た儀式での供犠という理由によるのでなければ、食べられることはけっしてありません。この儀式はクマ祭りに似てはいますが、われわれはそれを別なものと読みとっています。なぜならわれわれの目には、たとえ明らかに認められるものではないにしても、供犠と家畜化とは併立しているものであり、相互に正当性を認めあっているもののように映るからです。

クマ祭りでわれわれが当惑を感ずるのは、クマ祭りがまさに家畜化の秘密を解明しようとするものでありながら、一方では人類の文化における供犠の創始者の役割に重くのしかかっている恐ろしいタブーに対する違反を暗示していることです。

クマの場合、家畜化が成功しなかったのは、この動物が家畜にできるようなものではないという、ただそれだけの理由によります。そこで、こう考えることができるでしょう、つまり家畜化とは、どこでもほとんど同じである儀礼の行事の、二次的な結果であり副産物にほかならない、と。供犠の行事は、人間をも含めてきわめて多種多様な生きものを使って催されてきました。そして使われた動物の偶然の適不適が、つまり自然の適性が、ある場合には供犠の行事に成功をもたらし、またある場合には不成功を招いたのです。ここでわれわれは、供犠というものが人間世界の探究の手段であることに気がつきます。供犠には、現代の世界の科学の研究と、ちょうど同じようなところがあります。幸運にめぐまれて実り多い方向に突き進む人々があるかと思えば、そのかたわらでは思いもかけず泥沼に落ちこんでしまう人々もあります。多くの文化の運命も、この種の偶然に左右されずにはいませんでした。

O　あなたはたったいま、クマ祭りがわれわれに与える奇異な印象をお話しになりました。この印象は、昔の旅行者たちが報告しているようなトゥピ族の人食いの儀礼形式を思いうかべれば、さらに強烈なものとなるでしょう。(24) そこでもまたわれわれをおどろかすのは、構造の特異さではなくて、むしろ人食いの風習のなかに、またしてもきわめてなじみ深い構造が見つかるという事実なのです。われわれはこの構造そのものについて話をつづけていきたいと思います。

将来犠牲に供される者、たとえば戦争の捕虜などが、共同体に同化されると、彼らはそこで働き、結婚し、子どもをこしらえます。彼らは二重の取り扱いを受けます。つまり罪を浄化するものであり神聖なものでもある身代わりのヤギとして扱われるのです。人々は彼らが何らかの違反を犯すように仕向けます。彼らは迫害を受けると同時に尊敬されます。侮辱されると同時に崇拝もされるのです。結局は儀礼を通じて処刑され、アイヌ人のクマや牧畜民の家畜とまったく同じように食われてしまいます。

G　トゥピ族の人食いの風習は、きわめて広範な供犠の形態の、たいへん目だつ一つのヴァリヤントにほかなりません。たとえば中央アメリカでは、将来何かの儀礼で犠牲に供される者は、犠牲者に選ばれた時から犠牲に供されるまでの期間に、何らかの性的な違反や、その他の違反を犯す特権あるいは義務を持っています。

L　儀礼を生み出した力をそのあらゆる面で探求すればするほど、儀礼というテーマで流布している論文、宗教的なものをそれ自体とは別なものに従属させているような論文は、いずれも不十分なものであることがよくわかります。そうしたまやかしの解釈をしりぞければ、最後にはあらゆる儀礼の構造が、われわれの命名した制度つまり「神聖な王位」の構造と、ぴったり一致していることに気づくはずです。

G　ここでもまた、供犠までの猶予期間が重大な役割を演じます。もしも犠牲に供されるものが人間であれば、この猶予期間は政治的な力を生み出すこともありえます。ちょうど、犠牲に供されるものが家畜となりうる動物であれば、家畜化が起こりうるのと、まったく同じように。目ざましい進化が少しも起こらないこともあります。われわれはアイヌ人の場合がそうであることを確かめています。儀礼の形態が不動だからといって、それが進化の形態よりも事態を解明するものでないとは言えません。それは仮説を吟味するのに必要な「検査の手段」を与えてくれます。

O　供犠はわれわれを、供犠に由来する諸制度の背景にある構造上の特徴に直面させます。この特徴は、きわめて一貫性があり永続的なものであるだけに、それがいまなお中心的なものであっても、あるいは痕跡のようなものに縮小されていても、いつでもとりあげられるだけの価値があります。解釈の統一への試みはこれまで一度も達成されなかったことかもしれませんが、それはその試みが達成不可能なものだからではなくて、統一のメカニズムが見きわめられていなかったからです。

もしもわれわれが、あらゆる差異化された制度、つまり君主制、人間の供犠、動物の供犠、動物の飼育、人食いの風習などに由来するこの性格を認めるならば、構造上の特徴は、くっきりと浮かびあがりますし、人々は結局そうした特徴が、一つの意志、至る所にあらわれていて供犠による和解を生み出そうとする意志、至る所で最後には人類の文化的な諸制度を生み出している意志にのみ属するものであることを理解するでしょう。

動物の家畜化の問題を追究していると、ひじょうに古い時代の制度にまで遡ることになりますが、われわれはさらに一段と古い時代に、つまり人類の起源にまでも遡ることができるものでしょうか？

G　家畜化が起こる以前の、おそらくまだ人間が人間ではなかった時代に、すでに狩りが行なわれています。原始社会においては、狩りはいつでも儀礼の性格をそなえています。ここでもまたほとんどの研究者は、それとなくあるいははっきりと、この儀礼の性格をたいした意味のない芝居だと取りちがえています。そしてこの儀礼の性格が、数えきれないほど多種多様な技術の唯一の不変式であるということには目をつぶっています。多種多様だとは言っても、それはやはり儀礼の様相とは、宗教的要素の介入を許さぬほど密接な関係が――内輪に見ないようにしているからだとはいえ、いつでも目につくその侵害を許さぬほど密接な関係が――あるものなのです。

専門家の説によれば、人間の消化器官は、いまでもあいかわらず、種の進化で人間に先行した草食主体の雑食動物の消化器官のままなのです。人間はもともと肉食だったわけではありません。人間の狩りを考えるときには、動物の行なう狩りにもとづいて考える必要はありません。

人間に、いちばん大型のいちばん恐ろしい動物を追うように仕向けた衝動を理解するためには、また先史時代の狩りに必要だった協力組織の型が生まれるためには、狩りもまた初めは供犠のための活動であることを認めねばなりません。そして認めればそれで十分です。狩りの獲物は本来の、恐ろしい、神聖な犠牲者に代わるものだと考えられます。和解をもたらす犠牲の動物を追って、人間は狩りに飛び出していくのです。狩りの、儀礼としての性格を知れば、すぐに複雑な技術による、大勢の人間をうまく調整することが必要な、狩猟活動が考えられるようになります。[25]

今日でもなお、狩りの宗教的な性質、儀礼による役割の分担、犠牲になる動物の供犠的な性格などが、こうした狩りの起源を暗示しています。われわれが所有している先史時代の証拠もまた、こうした起源を暗示しています。たとえばいくつかの場所で見つかる、動物や人間の骨格や頭蓋骨を幾何学的に並べた後期旧石器時代《マグダレニヤン》の大がかりな絵など。狩りの神話もまた同じように、こうした儀礼の起源を証明しています。こうした物語のなかでは、獲物と狩人の役割の入れかわることがよくありますが、一切は集団による殺害を軸にして回転するのです。共通分母は狩りの技術や狩りたてられる動物の種類なのではなくて、人間や動物の特性と考えられる、集団による殺害です。そしてそこから、こうした狩りの技術は浮かび出てくるのです。

E　性の禁忌と交換の原則

O　こうした文化の過程の原動力は、何か本質的なものです。この原動力を他の例にもとづいて、もう一度明確にする必要があると思われます。

G　この段階で示すことのできる唯一の例は、どうしてもひじょうに古くからある他の習俗、人間と動物を本質的に区別する習俗、つまりわれわれが至る所で耳にする近親相姦の禁忌です。

人間の性的習俗を考えねばならないのは、核家族との関連からでもなければ、「われわれ自身が思い描いているような」近親相姦の禁忌との関連からでもない、ということをわれわれはもう知っています。しかしそれはまた、レヴィ＝ストロースが『親族の基本構造』で認めているような、交換という実際的な規則の点からでもありません[26]。動物の雄がいちばん身近ないちばん相手にしやすい雌を完全にあきらめるのには、明らかに、規則を求める気持ちとは、つまり構造主義に熱中するような意志とは別な何ものかが必要だったのです。民族学者たちに好都合なものも、人間への進化の過程にある霊長類にとっては、どうしても十分とは言えません。

原始社会の禁忌の真の領域を定めたのはフロイトですが、これは彼のいつもの天才的な観察能力から考えると奇妙なことです。彼はグループのなかで生まれた女性を妻にすることが禁じられていることを確認しています。つまりそういう女性たちは、いちばん近づきやすく、いわばいつでも「手のとどく所」にいて、グループのあらゆる男性たちの相手になりうる女性なのに、妻にはできません[27]。

もしもフロイトがこの観察の結果を最後までたどっていったなら、彼はこの観察が、これまで人類の性的習俗を説明するために出されたすべての仮説を、精神分析の仮説をも含めて、くつがえすものだということがわかったはずです。

この観察に正確な解釈を下すためには、この観察と、たとえばオーストラリアのいわゆる「トーテム信仰」の社会に見られる食物の禁忌とを比較してみる必要があります。共同生活をしているいくつかのグループのなかには、ある種の儀礼の場合以外には互いに食べることを禁じている特別な食物があります[28]。このトーテム信仰にもとづく食物は、多かれ少なかれ何かの「神」に、あるいは何かの神聖な原則に一致しています。

O　あなたが原始時代の習俗を引用なさると、すぐにあなたにそれとは逆な習俗を引用してみせる人人があらわれるはずです。そういう人々はトーテム信仰にもとづく食物の禁忌は疑わしいと言うでしょう。ある食物を避けるとはいっても、多くの場合に、それは絶対的なものではないように思われます。なぜならトーテムを食べることもあるのですから。トーテムが習慣的に食べられている例、といっても量はわずかで、「適度に」食べられるのですが、そんな例を出す人もいるでしょう。結局われわれの前には大量の異質な情報がありますから、そこからほんの少しでも結論を引き出そうとすれば、すぐに矛盾に陥ってしまいます。

G　われわれの主張は、そうした状況を十分なっとくしたうえでの主張です。完全な禁止も、トーテムが神聖なものに結びついている以上、もちろん考えうるものです。しかしゆるやかな禁止も、これまた別にわれわれをおどろかすほどのものではまったくありません。特にこんな考え方、つまり神聖な食物でも食べることはできるがやたらに食べるのはいけないという考え方は、たしかに、民族学者たちの考える禁止よりも巧妙な禁止であり、それは一種の知恵によるものでしょう。適度にとどめようとする配慮は、トーテムをめぐって、またトーテムのためにも、あまり貪欲で攻撃的で、そのために模倣性の闘争を引き起こすような行動は避けなければならないという、ただそれだけの意味なのです。もしもあなたが、「トーテム信仰」型の食物の禁止を、儀礼のときのその違反をも含めて、実地に調査した民族学者たちの報告するすべての生活態度を一つ一つとりあげるならば、あなたはそうした態度がすべてわれわれの仮説から解釈されるばかりか——もちろん完全な消去をも含めて——この仮説だけがその本質を説明できる構造形態を個々の生活態度のすべてに与えていることを確認なさるでしょう。

この問題のパラドクスは、ふつうはトーテム信仰にもとづく食物を控えている、あるいはほかの人々よりも遠慮しながら食べている下位区分の人々が、そうした食物と、他のすべての下位区分の人々よりも親密な変わらぬ関係を保っている、ということです。それぞれの下位区分は固有のトーテムの生産と取り扱いを、いわば「専門にして」います。狩りだの、ときによっては食糧採集だのが、彼らにまかされていま す。でもそうした活動は、ふつうは他のグループのために行なわれるのです。各グループはその労働の生産物を各グループの集合体に差し出し、それと引きかえに、その他のグループが食べるのを控えている食糧を——それを生産し取り扱っているために控えている食糧を——受け取るのです。

こうした食物の禁忌と近親相姦の禁忌とを比較すると、両方がまったく同じぐあいに機能していることに気がつきます。実際にはどちらの場合も禁忌の対象は、珍らしくて遠くにあって近づきにくいものではなくて、いちばん近くにあるもの、そしてグループがそうしたものの生産を独占しているわけですから、いちばん豊富にあるもの、なのです。

こうした食物と性の禁忌では、すべてがぴったり一致しています。ちがうのはその対象だけです。したがって規則を考察すべきなのは性という対象あるいは食物という対象からではない、と考えるのはもっともなことです。対象から出発する解釈、性あるいは経済という対象から人間を定義するような解釈はすべて、たとえば精神分析やマルクス主義などは、正しいはずがありません。そうした解釈はどう見ても、文化的な事実のへたな切り抜き方に根拠を置いています。そうした解釈はそれが本質的なものとして勝手に選び出す現象とまったく同質の現象を、本質的ではないものとして見落としています。

レヴィ＝ストロースの構造主義は、このように対象から考察を進める誤った優先順位を一掃しています。この構造主義は謎の解明に、手がかりを与えてはくれるのですが、自分がその謎を解くことはできません。この構造主義は自分の発見に、また自分が認める構造上の相同性に魅了されすぎていて、相同性はそれ自体で充足するものでありそれ自体がその説明になっている、と思いこんでいます。

構造主義は、官僚主義とどれほど異なるものであっても、結局は同じ型の誤りに陥ります。問題の提示を解決と取りちがえるのです。交換の構造が自動的に説明されるようなものではないことを理解するためには、この構造を最も基本的な状況に、つまりわれわれがこれから取り組もうとしているような状況に、位置づけてみる必要があります。そしてその状況とは動物の状況です。

動物は性欲や食欲を、自分たちの群れの「内部で」みたすことを、けっしてやめません。弱いものは強いものが見捨てた雌でがまんするか、あるいはそれがだめなら性活動をやめてしまわねばなりません。欲求不満の雄がほかの群れにむりにはいりこむことはありますが、外婚制が打ち立てられるということは、けっしてありません。動物は自分の欲望や欲求を「できるだけ身近な所で」みたすことを、けっしてやめようとしません。その場であるいはすぐ隣りで見つかるものを、遠くへ探しにいくことは、けっしてありません。すぐ手にはいるはずのものを、けっしてあきらめません。

人間のこうした手近なものに対するあきらめが普遍性を持つためには、文字どおりの驚異的な力が作用したはずです。そしてそれは、規則を前提とする近親相姦へのフロイト流の激しい嫌悪感であるはずはないし、同じく規則を前提とする構造主義へのレヴィ＝ストロース的な熱意であるはずもありません。レヴィ＝ストロースも、説明すべき事がらを説明の原則に変形させてはいますが、彼以前のモースとともに、そしてまたホカートとともに、交換の原則が、単に性や経済の領域ばかりでなく、あらゆる領域で作用していることを認めています。

O　何が人間化への方向にある動物を、実際にこの動物がそうしているように、その欲望の充足を先へのばすように、つまりいちばん身近な対象から、より遠くの明らかにより近づきにくい対象へ移すように、仕向けたのでしょうか？

それは恐怖以外のものではありません。模倣による敵対への恐怖、際限のない暴力行為に落ちこむという恐怖以外のものではありえません。

G　よくわかります。しかしもしもグループのメンバーたちが互いにひたすら相手を恐れていたなら、彼らはみんな、いつかはまた殺しあいをするはめに陥るでしょう。過去の暴力は、和解をもたらす犠牲者のうちに、いわば体現されているにちがいありません。すでに一種の集団的な転移が必要になっているのです。この犠牲者の死にもの狂いの反撃や、お礼参りなどをこわいと思わせるような転移、そしてまたあの恐ろしい体験を未然に防ごうとする共通の意志にグループ全体を統合するような転移、が必要になっているのです。

禁忌の対象が常にいちばん身近なもの、いちばん近づきやすいものであるのは、そうしたものがグループのメンバーどうしの模倣による敵対をいちばん引き起こしやすいものだからです。トーテム信仰の対象となる食物、女性の神格化などのような神聖化されたものは、たしかに、すでに過去において現実の模倣による敵対の原因となったものです。そしてそうしたものは、そのために神聖なものという刻印を守りつづけているのです。だからこそ、そうしたものはいちばん厳しい禁忌の対象なのです。トーテム信仰においては、そうしたものの一部は完全に身代わりの犠牲者に同化されています。

ホカートは、グループのメンバーどうしのあいだでは、グループ内部で充足されうるような欲求や欲望がついにはなくなってしまうということを確認しています。グループ内部で作用しうるような生体機能がなくなってしまうのです。同一グループのメンバーは、模倣による敵対のためにたえず脅かされているように感じていますから、お互いに相手に対しては何もすることができません。このことは葬式の儀礼についても事実です。ある種の社会では、半数の人々は、けっして自分たちの死者を埋葬しません。自分の属する半数のうちのあるメンバーの葬儀に参加することはかたく禁止されています。ところが他の半数のメンバーである、いわば関係のあるよそ者たちの葬儀を行なうことは、禁じられていません。ですから、半数ずつの両者は、どちらも自分自身に対しては行ないえない奉仕を、お互いに相手側に対して行なうのです(29)。

そのうえ、モースやレヴィ＝ストロースのように、贈与や交換にのみアクセントを置く理論の弱点は、死者に対する処置の場合に明らかになります。半数ずつの両者がそれぞれの側の死者を交換しあうのは、女性や食物の交換のように、交換ゲームをやるようなものだと言うべきなのでしょうか？　そんなことはありません。明らかに男たちは、自分たちの側の死者を、相手側の死者よりもずっと恐れているのです。そしてこの恐れの根底には、形而上学的なものは何もありません。それぞれのグループからは、そのグループの死者が「生じ」ます。そしてそれは、女が生まれたりおいしい食物がつくられたりすることよりも、はるかに危険な作用なのです。だからこそ、多くの社会で、人々は死者を葬る責任を、いつでも他のグループに、または他のグループのひとりのメンバーに、転嫁するのです。この責任転嫁は、これもまた、葬儀交換の実在の説明になります。そしてこの問題は、もちろん、葬儀や人間のすべての制度の儀礼的性格の問題と一体をなしています。

禁忌というものは、共同生活をするグループを麻痺させます。だからもしこうしたグループだけしかないのだとすると、こうしたグループは衰弱して死滅してしまうでしょう。しかしこの同じグループにまた、グループの外に出て犠牲者を求めよ、という儀礼のための至上命令も下されるのです。そして供犠の儀礼を通じて、人間の文化の根底が構成されるのです。特に交換結婚のいろいろな型や、初期の経済的な各種の交換が構成されるのです。

O　ちょっとお待ちください。身代わりの犠牲者は共同体の一員である場合があります、だとすれば犠牲者の殺害を再現しようとする意志が、どうしてグループを外部に向かわせ、他のグループと関係を結ぶように仕向けるのでしょうか？　あらゆることをそれが最初に起こったとおりにまたやってみたいのだとすれば、どうしてグループの内部で代わりの犠牲者を探さないのでしょうか？

G　人間の行動は、実際に起こったことによって決定されるのではなくて、起こったことの解釈によって決定されます。そしてこの解釈を規定するのは、二重の転移です。二重の転移が、犠牲者を、共同体とは根本的に別なもの、それを超越したもの、として出現させるのです。共同体は犠牲者に属していますが、犠牲者のほうは共同体に属していません。そこでふつう犠牲者は、内部のものよりは外部のものとしてあらわれるのです。多くの神話のなかで、犠牲者は未知の世界からの「来訪者」であるという考え方の示しているのは、このことなのです(30)。犠牲者は、よそ者とは思えないような場合でも、やはり外部からやってきたように、あるいはもどってきたようにして姿をあらわすのです。そして特に共同体から追いはらわれるその瞬間にそこに引き返してきたようにして姿をあらわすのです。

供犠のために犠牲にされるものが、それが人間のときでさえも、共同体の外部から選ばれるという事実は、犠牲者を共同体に対して非中心的なもの、外在的なものとする解釈——一方では犠牲者をこの共同体の中心とし根源としていながら——が人類の歴史を通じて優勢であったにちがいないということ、犠牲者を象徴化する基本的な段階における場合も含めて、そうであったにちがいないということを暗示しています。したがって儀礼への衝動つまり犠牲者を選び出そうとする気持ちが、各グループを、禁忌の衝動がグループのメンバーの生活に不可欠な相互作用を一切不可能にするちょうどその瞬間に外部に向けさせる、と考えることはもっともなことです。だからわれわれは、こうした二つの衝動、両者ともに（これはけっして忘れてはなりませんが）唯一で同一のメカニズムの影響下に、つまり犠牲者提示のメカニズムから放散する二つの衝動の影響下に、新しい型の社会的な相互作用が、もともと別々だったグループのあいだに、あるいは最近模倣の危険性そのものによって別々になったグループのあいだに、生ずるだろうと想像することができます。そしてこの新しい型の相互作用、これは供犠の作用つまり模倣の危険性と犠牲者の作用によってくりのべられ象徴化される一連の交換のようにみえるかもしれませんが、この相互作用は、動物の生活に見られるような直接的な相互作用に置き換えられていきます。

そこで原始的な文化のなかでは常に、葬式、結婚、狩猟、飼育、通過儀礼などのようなすべての制度が、「模倣の危険性を持つもの」として——最後には犠牲者が供犠の対象となるような——構造的に姿をあらわすということがなっとくされるのです。

一見すると、人間の制度がすべてひじょうに否定的で破壊的な慣習から生まれるなどということは、考えられないことのように思えますが、いつでも最後には犠牲者が血祭りにあげられています。しかし結局は犠牲者は少数でしかありません。そしてその供犠を前にして、大勢の参加者たち、危機の再演を許された参加者たちが集まります。グループのメンバーに対して禁じられている性や食物や葬儀に関するあらゆる行動に身をゆだねることが、そうした参加者たちに許されます。

多くの原始的な文化のなかでは、基本的な交換には単に供犠がともなっているばかりではなくて、そこには模倣の危険性に対する儀礼的な憎しみの痕も明らかです。これはまた、モースがその『贈与論』のなかで述べていることです。ただしモースは、その解釈には成功していません。[31] 多くの南アメリカの文化のなかでは、義理の兄弟をあらわすことばは、同じように儀礼上の敵、敵である兄弟、そして食人種の食事の供犠のための犠牲者を意味しています。[32]

ほとんどの場合、一度交換のシステムが確立すると、この制度の功利的な様相が決定的な影響力を持つようになり、儀礼としての敵対行為や供犠はさらに一段とすみの方に押しやられ、消滅することさえあります。それはわれわれがこれまでの分析で、あらゆる場合に観察した過程です。しかしときには根源の暴力がそのまま手つかずで生き残っていることもありますし、またそれが儀礼としての戦いとか、首狩り族の儀礼とか、人食いのしきたりなどのような制度にまで至ることもあります。こうした制度は、いつまでも多かれ少なかれ両方でつかまえておく捕虜の数の釣合いをとるためのものであり、それは交換にもたいへんよく似ています。

このタイプの制度を検討すると、それが結局は結婚とか犠牲をともなう商業的な交換の場合と同じ構造であることに気がつきます。ただしいまの場合は、少なくともわれわれの目には、破壊的で暴力的な次元のほうが優勢であるようには見えますが。いつでも同じように民族学者は、「有用な」制度という合理主義的な概念にあまりにも強くしばられていますので、明らかに構造上の同質性が促す根本的な結論を、その同質性から引き出すことができないでいます。

交互に相手側から殺される戦士たち、つかまった捕虜たち、あるいは「交換された」女たちを考えてみると、二つの制度のあいだには、つまりよりよく戦うために仲よくし儀礼上の敵を絶やさないためにいたわりあう制度と、より仲よくするために戦う制度つまり自分たちではかかえきれない女たちや品物を交換するために戦う制度とのあいだには、ほとんど差はありません。前者を支配しているのは「浄化の」機能であり、後者を支配しているのは「経済の」機能ですが、この二つの機能はまったく別なものではありません。別なものと見るのは、あらゆる制度の共通な起源を基礎づくりの暴力の再現のうちに見ることをしない観察者たちによる、アポステリオリな合理化以外のものではけっしてありません。

F　死と葬儀

G　どのような深い意味を持つ敵対関係でも、犠牲者のたどる過程との関連から、探求を進めうるものだということ、また常に犠牲者が中心テーマであるこの過程そのものの説明としてもそれが可能だということは、初めは信じられないように思われるかもしれません。しかし分析の結果、それは可能であるばかりか唯一の真実と思われる考え方であること、つまり今日までまったくの謎とされてきた、いくつかの典型的なと言ってよいほど人間的な行動、たとえば死者に対する特別な扱い、人間性らしきものが存在するようになるとすぐに死者に対して葬儀と呼びうるようなふしぎなふるまいが見られるという事実、自然主義が死に認めるものつまり生命の終結を、死のうちに見まいとする気持ち、死体を決定的に破壊され役にたたなくなった物つまりただの廃物とは見まいとする気持ち、などを理解可能にする唯一の考え方であるということまでが確認されるのです。死についてのこうした自然主義的な考え方は、「生得のもの」であるどころか、比較的最近になってつくりあげられたもので、人類の大部分には知られていなかったものです。

近代の思想にとって死の宗教的概念とは、それだけが「自然」であるような死、言うまでもなくわれわれの死のような死を前にしたときの、ある態度を純化したもの、理想化したものです。それは他のすべての概念に先立って存在するようなもの、つまり生と死との自然主義的な生理機能的な概念です。この概念は葬儀の普遍性と儀礼的な性質を説明してはくれません。その説明のためには、死とはいつでも犠牲者のたどる過程から解釈される、ということを認める必要がありますし、また認めればそれで十分です。緊密に生と一体化していないような死はありません。

服喪期間についての論文でフロイトは、いつものように、真理のすぐそばを通りながら真理を完全に見落としています。フロイトはどんな死にも和解をもたらす効力のあることを認めていますが、この和解がある水準では社会にとって生と一体であることに気づいていません。フロイトは、自分の直観には死の自然主義的な概念を「前提とする」必要がある、と思いこんでいますし、またその概念を他のすべての概念に先立って実在するものととる必要がある、とも思いこんでいます。服喪期間という機構のもとに隠れているこうした前提、この根拠のない公準、を除去しさえすれば、つまりフロイトの直観を極度に押し進めさえすれば、和解をもたらす服喪期間、あらゆるものを蘇生させ、あらゆる文化活動に活力を与える服喪期間こそ人類の文化の本質的なものであることが理解できます。身代わりの犠牲者に反対してそのまわりに集まる模倣性の和解のメカニズムは、フロイトがそのおどろくべき観察力で自分の周囲にときとしてその精妙きわまる表出を認めている一つの過程の、つまり彼がその最も内的な反響を捉えている一つの過程の、最も基本的で効果的な形態にほかなりません。ただしフロイトは、こうした本質的な直観をめぐってその思想をほんとうに再組織するような「コペルニクス的」転回を実現するに至ってはいません。

人間が死者という死者をすべて、和解をもたらす犠牲者と一致させ、神聖な権力と一致させている証拠は、「死者信仰」と呼ばれるものです。それは自然主義的な死の概念とは逆に、宗教的なものの他のすべての形態のもとに、ほんとうに隠れているようにみえます。

人間は人間のあらゆる制度を犠牲のメカニズムから生み出すばかりか、制度の「理念」もすべてその点から見いだすのだとしても、死を前にしての人間の態度が、死についての自然主義的な認識を拒否しようとする無意識的な意図にもとづくものではまったくないということは、きわめて明らかです。原始人は「心の底では」おそらく死を知っていても、死を直視する勇気や大胆さは持たないでしょう。それを持っているのはわれわれだけです。ただ自民族中心主義《エスノセントリズム》だけは、あるいはおそらく最も素朴な近代中心主義《モデルノセントリズム》だけは、こうしたことをそんなふうに捉えることがあるかもしれません。

実際には、人間にとって、われわれが死と呼ぶものの発見と生と呼ぶものの発見とは、唯一で同一のものの発見を意味しているはずです。なぜならこうした「概念」が人間に明らかになるのは、重ねて言いますが、犠牲者のたどる過程を通じてなのですから。こうした過程の所与と、過程に対する必然的な無知とを考慮に入れれば、究極の死と生のこうした結合が、ある種の絶対的な精神から生まれた天才的な直観でもなければ、二つの観念の「混同」でもない、ということが理解されるでしょう。

暴力が中止され、平和が確立されるとすぐに、共同体は殺したばかりの犠牲者に注意を向けます。要するに初めて死者を死者として見いだすわけです。しかし共同体はこの死者を、われわれが使っていることばの意味と比べて、つまり自然主義的な死という意味と比べて、いったいどのように考えるでしょうか。というのもこの死者は、この共同体全体にとって、平和の回復と、文化への全面的な可能性の到来を意味しているのですから。つまり人間のための生への全面的な可能性を意味しているのですから。人間は身代わりの犠牲者の、和解をもたらす効力を通じて、同一の死者のうちに、死と呼ばれるかもしれぬものと生と呼ばれるかもしれぬものがすべて結合されているのを見いだすのです。死は最初は生の一つの恐ろしい反応としてあらわれます。死に対する宗教的な考え方を理解するためには、それが共同体全員に、彼らがいろいろな理由で死ぬときに、ひろがっていくものだということ、身代わりの犠牲者を通じて構成される力強く意味深い集合体の全員にひろがっていくものだということ、を認めれば十分です。

人間はたしかに、マルローが断言するように、死ぬことを知っている唯一の動物です。しかしこの知識は、人間がよくわれわれに見せる救いがたい唯物論的な形で人間に意識されることはありえません。したがって懐胎期における人類は、この知識の持つ風化力には、けっして逆らうことはなかったはずです。耐えがたい事実は、ただそれだけの理由で、それを隠蔽する文化の構築をうながすのに十分だという考え方は、きわめて疑わしいものです。あるいはむしろこの考え方は哲学です。つまり神聖なものの代用物であって、それはまたもう一度死を、それがまるで生を生み出すものでもあるかのように扱い始める、別なことばで言えば、もう一度こっそりそれを神格化し始めるのです。

宗教的なものを、われわれ自身の意識と常に一致する基礎的な所与への、あとからの単なる付加的な上積み的なものとみなすような考え方、また宗教的なものを、論理的にも年代的にも、近代の概念に従属させることによって純化し理想化しようとするような考え方、こうした考え方は一切捨ててしまわねばなりません。われわれの主張のすぐれている点は、まさに、それが宗教的なもののこうした粗雑なまがいものに見切りをつけることを可能にするという点にあります。それは具体的な事実を提示し、現代の最もすぐれた人類学的直観、社会的なものと宗教的なものの一致についてのデュルケムの直観、要するにあらゆる社会学的概念に対する宗教的表現の年代的な先行性を明示するはずの直観、をきわめて詳細に報告しています。創造的な点、文化的に豊かな点は、死についての自然主義的な意識ではなく、またもう私の頭にこびりついているこの自然主義的な死への信仰を免れたいという私の願いでもなく、（この信仰はわれわれをとりまく死のカリカチュアしか生み出しません）死を神聖なものとして明らかにしていること、つまり計り知れぬ力を持つものとして、恐ろしいというよりは要するに好意的な力、恐怖を与えるというよりは崇められるべき力、を持つものとして、明らかにしていることです。

死の観念が、神聖化された犠牲者という観点から十分に理解できれば、つまり背後に究極的に死者のいないような神はないのだとすれば、神ではない死者はいないような社会のあることも理解できます。フロイトはわれわれに、こうした永続的な変身の基礎が、われわれのあいだにいまでも見られることを示しています。人の心を一つにまとめさせる服喪期間をもたらさないような死はありませんし、社会のなかで生の主要な源泉とならないような死はありません。

葬儀のさいには、たしかに、恐ろしい瞬間もあって、それは肉体の腐敗の過程に一致しています。しかしそれは物理化学の過程と関連のあるものではなくて、模倣の危険性と関連のあるものです。したがってこの瞬間は、供犠による和解と生への復帰を目ざす、ある種の準備以外のものではけっしてありません。だからこそ、こうした瞬間は、言うまでもなく他のすべての儀礼の図式の再現である葬儀のなかにあらわれるのでしょう。

L　死んだものと生きているものは、互いに際限なく相手を捉えて離しませんが、ここでは両者の差異化に先だつものを、動物性という根拠にもとづいて考えることができます。

G　生と豊かさをもたらすこうした魔除けの死体を捨てるなどということは、論外です。文化とは常に「墓場」として徐々に仕上げられていくものです。墓場とは、身代わりの犠牲者のまわりに立てられる人間の最初の記念碑、意味を持ったものの最初の安住の場、最も基本的な最も基礎的な安住の場以外のものでなくて何でしょう。墓場を持たない文化はありませんし、文化を持たない墓場もありません。極端な場合には、墓場は最初のそして唯一の文化の象徴です(33)。

O　葬儀をそのすぐあとにつづく文化の下図や手本とみなす考え方は、よくわかります。すべてが、同時に変容され神聖化され隠蔽された死の上に築き上げられます。身代わりのメカニズムを通じて、また共同体のすべての死者にひろがっていく傾向のある神聖化の最初の下図を通じて、死体に対する動物的な無関心が、どのようにして何ものかにとりつかれたような配慮にかわるのかが、理解できます。人間はこうなると、死体を生きているものとして扱うどころか、生死を超越したものとして、よきにつけあしきにつけ自分たちに対して全能の力を持つものとして、扱うようになります。したがってある場合には、死体の持つ力を吸収するために儀礼にもとづいて死体を食べてしまいますし、ある場合には死者をまるで生きてでもいるかのように、死者がもう一つの生を持ってでもいるかのように扱い、死者についての自分たちなりの考えに合った住居を、死者に与えさえもするのです。

われわれには、あの寺院や城砦や宮殿など、その土台に犠牲者を埋めて、こうした建物の長い生命の保証としたようなものが、形を変えた墓場にほかならないことは、よくわかります。しかしあなたは、人間の文化のすべてが神聖化された犠牲者から生まれるということを、ほんとうに説明することがおできになるでしょうか？　それは際限のない、不可能な努力なのではないでしょうか？

第三章　人間化の過程

A　問題の設定

O　われわれはいま、身代わりの犠牲者のメカニズムを、人類の歴史の、あるいは人類以前の過去の、どの時代まで遡らせるべきかを考えねばならない段階にきています。もしもこのメカニズムが、人間の内部の人間的なもののすべての基礎であるとするならば、つまりたとえば狩りとか近親相姦の禁忌のような人類の最古の制度さえも、このメカニズムに関係があるのだとすれば、もうそのときからすでに人間化の過程が、つまり動物から人間への移行が問題になっているわけです。(34)

G　事実われわれはその問題を目ざして進んでいます。問題をそれにふさわしいやり方で提示するためには、まず今日それがどう扱われているかに触れておかなければなりません。あるときは、われわれは問題を、あまりにも深い意味を持つために結局もう何の意味も持たなくなっていることば、たとえば「文化」とか、それからもちろん「進化」などのことばを絶えず援用しながら、純粋に言語の問題として解いたり、あるときはまた動物から人間への移行を具体的な方法で考察しようとして、一連の解決不可能な矛盾に突き当たったりしています。すべての問題が袋小路にはいりこんでいます。

人間の子どもの脳は、生まれるときからもう大きいので、人間の女性がお産をするときには、必ず骨盤がひろがりますが、これはほかの霊長類には見られないことです。人間の脳は、そのうえ、出産の後にも最も注目すべき質と量の増加を示します。この増加が可能であるためには、子どもの頭蓋骨は、生まれてからかなりあとになって完全にすき間がなくなるのでなければなりません。人間の子どもは、ほかの哺乳類の子よりも虚弱で、手足も自由ではありません。しかもきわめて長期間そのままです。その期間は、動物界に見られるどんな場合と比べても、人間の場合のほうが長いのです。

L　人間の子どもがこのように早く生まれてしまうのは、つまりこの「幼態成熟《ネオテニー》」は、一つの適応の要素です。おそらくそのおかげで、誕生後の脳の増大が可能になり、人間の知性に強さばかりか、おどろくべき柔軟性までが保証されるのです。われわれはいつまでも本能に従った成長を余儀なくされるのではなく、きわめて多種多様な文化的な修練を受けるのに都合よくできています。こうしたことだけでも、人間が他の動物よりすぐれていることは明らかです。

G　たしかにそのとおりです。この優越性は、一度そうしたシステムが確立されると、疑う余地のないものとみなされますが、確立されたシステムがどのような経過で実現可能だったのかということには、人々は少しも目をとめようとしません。人間の子どものように長いあいだ虚弱なものを保護するためには、女性はときには何年ものあいだ保育に努めねばなりませんし、居場所を変えるときには子どもを連れていかなければなりませんが、そうした女性ばかりでなく、男性のほうも同じように、行動を保育に合わせなければなりません。このことは先史時代の男女の、ある種の牧歌的な、われわれの目をくらませるようなイメージを問題にするときでも、同じようにほんとうです。子どもが長いあいだ女性のそばで暮らすために、子どもはどうしても男親と女親のあいだの障害になります。それはそれほどわずらわしい問題ではないかもしれませんが、現実にある問題です。

多くの動物の場合には、雄と子のあいだに争いが起こると、子は追いはらわれてしまいます。動物の世界では、子の依存期間はたいていひじょうに短く、雌の発情期もある時期に限られているので、母親の仕事と性行為との干渉は、無いかあるいは最小限にとどまっています。

L　類人猿の場合は、すでに子の依存期間がずっと長くなっていますが。

G　それは事実ですが、その期間はやはり人間の子どもの場合より長くはありませんし、性的興奮も一年じゅう休みなくつづくわけではありません。そうした動物は、また一方では、多くの点で、進化の歴史においてわれわれ人間に先だつ雑食動物と同類のおとなしい雑食動物です。それに反してわれわれの祖先は、人間化の過程のあいだに、たいへん急速に肉食性になり、狩りをするようになってしまいました。狩りに熱中しているときには、必ず多量のアドレナリンが排出されますが、この排出はまたほかのときにも、たとえば親しいグループのなかでも、何かの不満の結果として起こることがあります。

暴力の抑制から起こるこうした問題を見きわめるためには、われわれが戦争と呼ぶあのふしぎな活動を、同じように考えてみなければなりません。この活動もまた、人食いの風習とともに、人類のグループのなかに、あるいは人類以前のグループのなかに、かなり早めにあらわれたはずです。原始時代の戦争は、明らかに、たいへん近いグループどうしのあいだで起こります。種族の面でも言語の面でも文化的な慣習の面でも、客観的にまったく見分けのつかないような人間どうしのあいだで起こります。敵である外部と味方である内部とのあいだには、実際的な差異はありません。そして本能による進化が、行動にあらわれる差異をどう説明することができるかは、よくわかっていません。

O　この差異が本能にもとづくものではない証拠に、この差異はなくなる可能性があります。殺人は家族の内部でも起こります。それは家族制度を危うくするほど頻繁ではありませんが、人間の群居グループの内部には暴力はない、それは人間の本能によってそうなのだ、と論じうるほど少なくもありません。

G　重要なことなので確認しておきましょう。激しい怒りは、一度人間がそれにとらわれると、自然に遠心的になるどころか、求心的になっていきます。それはひどくなればなるほど、いちばん身近な者、いちばん親しい者、ふつうは非暴力のおきてによっていちばん大切に守られている者、に向けられる傾向があります。この求心的な傾向は、軽々しく論じうるようなものではありません。何人かの研究者は、ここに提示されている問題の並外れた重大さに、十分に注目しています。たとえばシャーウッド・L・ウォシュバーンは、怒りをおさえる必要があったことに注目しています。しかし彼はどうして、またどのようにしてその怒りが効果的におさえられたのかを報告していません。

共同社会の人間の組織化にとって基本的な条件の一つは、怒りの抑止と、支配階級の第一の地位を目ざす無制限な追求の抑止とであった。(35)

O　要するにあなたが確認しておられるのは、人間化についての最良の諸研究も、問題に注目してはいるが、解決手段を見いだしてはいない、ということですね。民族学者たちは、それぞれがまったく逆ないろいろな事がらについて、それは本能にもとづくと論じあっているため、本能ということばがもう何の意味もなくなってしまっています。彼らは禁忌を、説明の必要のない所与としてとりあげています。それはフロイト自身が、禁忌を抑圧された欲望に、つまりもうすでに禁忌であるものに結びつけるときにやっていることです。問題を動物性という根拠に位置づけてみるとすぐに、フロイトの天才的な直観が浮かびあがってきますが、精神分析の理論はみすぼらしくみえます。

G　フロイトは性的関係の抑制が、暴力というさらに一段と基本的な問題のなかに書きこまれていることに気づいていません。この問題がどれほど基本的なものかということを理解するためには、この問題の一面、つまり石や武器の使用という初歩的ですが疑うことのできない一面、を思い起こせば十分です。ホモ・サピエンスの出現のはるか以前に、犬歯が現在の大きさにまで縮小したということは、犬歯の代わりに、グループ内部に限られた戦いも含めて、たいていは石が使われるようになったということを暗示しています。(36)

動物は敵と戦っても死ぬまで戦いはしませんが、それは本能的な抑止のはたらきによって、爪や歯のような「生まれながらに持っている」武器の使用制限が保証されているからです。この種の制限が、ヒトが石やその他の人工的な武器を使いはじめると同時に、自動的にそうしたものの使用にも及ぶとは考えられません。武器を持たないものどうしなら、危険がないために抑止のフィルターにもかからないような暴力も、一度双方が石で武装するようになると、死を招くものになっていきます。

チンパンジーはときどき木の枝を投げあいますが、木の枝のかわりに石を投げることをおぼえたとすれば、チンパンジーの社会生活は一変するでしょう。チンパンジーという種は消滅するかもしれませんし、あるいは人類のように禁忌を定めることが必要になるかもしれません。しかしどうやって禁忌を定めるのでしょう？

L　ある者は休止期間のない性欲を、人類の秩序の鍵と見ています。それは男性をさそっていつでも女性のそばに引きとめておくもの、「男女の結合を強固にする」ものです。

G　性欲をそれ自体としてとりあげてみれば、それにそんな力があるとは、どうしても思えません。

哺乳類の性的興奮の時期は、雄どうしの敵対によって見分けがつきます。動物のグループは、そうした時期には、特に外部からの脅威に対しては弱いのです。休みなくつづく性欲を無秩序よりも秩序の一要素と見る理由はありません。

O　人類の文化の起源に見られる所与を一つ一つ再検討すると、それらが常にそれ以前にあった体系を確実に打破するのに向いていて、新しいものを創造するのにはまったく向いていないことに気づきます。石や武器の場合がそうですし、狩りや戦争によって必然的に高まる暴力的な行為の能力の場合もそうです。常に引きのばされ脆弱化される幼年期の場合がそうです。人間化の過程は、それを分析可能な要素に分解してみれば、いろいろな現象から成り立っていることが明らかになりますが、その現象の一つ一つは、それだけでこの過程を挫折させるのに十分であると思われるようなものです。こうした不可能性は何らかの形で可能性に転化したにちがいありません。そしてこの可能性が、「神秘の錬金術」によって、いろいろな文化形態を生み、ますます人間らしくなっていく生物学的過程を生んだのです。

怒りの傾向が、石や道具で武装する一個の動物によって組織的に高められ、外にひろがっていくちょうどそのときに、この同じ怒りは内部で、この同じ動物によって、つまりますますデリケートになり仕事も忙しくなっていく家族的で社会的な任務に直面した動物によって、次第にしっかりとおさえられてしまうにちがいありません。本能的な抑止というだけでは、この逆方向の二重の進化の説明にはなりえません。怒りが外に向けられるためには、われわれの周囲にいまでも見られるような組織とすでに似ている文化的な組織がすっかりできあがっているのでなければなりません。

G　そのことは、たしかに研究者にはわかっています。そして彼らはだれでも、この目ざましい転化を説明するために、「文化」を引き合いに出します。「文化」があらゆる問題を解決したということが確認できれば、まちがいをおかすおそれはほとんどなくなります。文化ということばは、たしかにこのさい避けることのできないことばにちがいありませんが、それはまた解決をはるかに上まわる問題を提起することばです。

研究者たちは、「文化的な」過程とは何であるのか、それが「自然の」過程とどう結びつき、それにどう反応してますます人間化された形態を生むに至っているのかが、まったくわかっていません。生物学的な進化の段階がきわめて急速なため、どうしても文化的な諸要素をそれにかかわらせたくなる、ということはよくわかりますが、われわれは、この相互的なかかわりあいとはいったい何なのかが、まったくわかっていません。脳の総量が生物学的な進化の正常の過程とは言えないほど急速にふえていることは、今日ではだれもが一致して認めている、と私は思います。

現代の科学はこうした問題を前にしてまったくなすすべを知らず、問題点の提示そのものをまるで一つの解決ででもあるかのように論ずることに慣れています。ですから科学的であることを目ざす多くの記述が、非現実的な様相を呈し、仙女物語みたいな文体になってしまうのです。進化論にくみする確信派は、天地創造や宗教にくみする確信派と対立していますが、その知的なメカニズムはほとんどかわっていません。こんなありさまには、とうとう民族学者たちも嫌気がさしてしまいました。つまりこうした事態は、文化の研究と、生物学に向けられていた研究との嘆かわしい断絶に、大いに貢献したわけです。

伝説のすばらしい妖精のように、「進化の女王」はあらゆる障害をやすやすと、先の先まで見通してでもいるかのように、乗り越えてしまいますので、われわれの興味も弱まってしまうほどです。進化の女王がほんのちょっとその魔法の杖で合図をすれば、動物の生活からいちばん遠い文化形態さえも、つまり象徴的な制度さえも、お召しに応じて姿をあらわし、われわれの面前に、みごとなこびとの鉛の兵隊よろしく列をつくって進むありさまです。カニにはさみが必要で、コウモリに翼が必要だとすれば、いつも親切な「進化の女王」がそれを彼らにさずけるように、人間には「文化」が必要だとあれば、人間はこの新しい万能の「偉大な母」から、銀のおぼんにのせてさし出されたものを頂戴するわけです。

進化論的な研究の枠のなかでも、もう以前から、研究者はこうした安易さに抵抗して、より具体的な問題をみずからに課そうと努めています。たとえばウェストン・ラ・バルは、人間の子どもの脆弱さそのものが、子どもを保護できる家族というグループを形成させるにちがいないという、よく言われてきた考え方に対して抗議を行なっています。しかし残念ながらそれは、彼が非難したばかりのものと大差のないフロイトの理論の一変形に、また落ちこむことなのです。

最近の二人の著述家が主張しているように、「人間の子どもの長期間の無力状態が家族というグループの形成をうながす」などということは、口にするのもおろかなことである。なぜならそれは、到達した結果を強力な原因と想定することなのだから。そのうえいったいどのようにして無力状態が何かをうながすのだろう？ それとは逆に、一体化を可能にする心理的動因にもとづいた家族グループの存在は、発育中の子どもを長期間無力なままでおくことを可能にする隠れた要素なのである。(37)

B 動物行動学と民族学

O あなたは、あなたの分析の基本的な所与である横取りの模倣について、ここしばらくお話しになっていません。

G　忘れているわけではけっしてありません。これまで以上にそれは基本的な役割を演ずるはずです。なぜならそれは動物が人間と共有しているものなのですから。この仮説には、人間の偽りの特殊性をすべて消去するすぐれた点、精神分析やマルクス主義よりもすぐれた点があります。近親相姦の禁忌や経済的な動機、あるいは社会的政治的な圧迫から手を着けたのでは、人間化の問題や象徴的起源の問題を、ほんとうに動物性という根拠にもとづいて考えることはできません。説明すべきものをすべてあらかじめ与えられているものととる考え方と実際に縁を切るためにも、これからは動物性という根拠を忘れてはなりません。父という概念はサルの世界にはありません。強いものに支配されている動物は、支配する強い動物と食物を争うよりは、むしろ飢えて死んでしまいます。われわれが人間化を、横取りの模倣とそれにともなう争いから考えることに成功すれば、われわれは起源を決定するさいの循環論法に対するもっともな反論、レヴィ＝ストロースが『トーテムとタブー』に対して行なっているような反論をしないですみます。そして同時にわれわれは、進化論者の仙女物語を乗り越えて、初めて具体的な問題へと進むのです。

L　民族学者や人間の文化の専門家たちとはちがって、動物行動学者たちは無意識《ミメティスム》の模倣に関心を持っています。たとえば彼らは特殊な行動における真似の役割を研究しています。今日では、小鳥のひなが、一定の見習いの段階で同種の成鳥の正しい鳴き方をきいていないと、けっして正確には歌えないことがわかっています。

G　模倣は人間や動物のあらゆる生活形態のうちにあらわれているように思われますが、いわゆる程度の高い哺乳類、特に人間にいちばん近い哺乳類、つまり類人猿には、特に注目すべき形であらわれています。ある種の類人猿においては、真似の傾向と、われわれがけんか好き、けんか早い気質と呼ぶものとは、明らかに唯一の同一のもので、それが問題の横取りの模倣です。

しかし動物行動学者は、動物の無意識の模倣《ミメティスム》と、いわゆる威勢を求めての敵対とそこから生ずる従属関係とを、比較しようとは考えません。この従属関係、英語圏の研究者たちの言う「支配《ドミナンス》パタン」は、動物の社会の形態においては、重大な役割を演じます。

威勢という概念は、この場合には、批判をうけるかもしれません。この概念はそっくりそのまま、敵対のうちにある模倣性の内容に還元されるものです。なぜならこの威勢という理由は、後者つまり敵対の激しさを十分に説明することはできませんから。威勢という理由は消去できるかもしれませんが、敵対は持続するでしょう。

われわれにきわめて直接的な関心をいだかせるものは、動物の社会が形成されるさいの模倣性の闘争です。最初に負けたものは、それからはいつも負けることになります。戦わずに、勝利者に、優先的な地位と、食べもののいちばんいい部分と、自分が選んでおいた雌を、ゆずり渡すでしょう。両者の関係にはその後また問題が起こることもありますが、たいていは両者は安定した状態を保ちつづけます。だからこそこうした関係について、動物の社会を論ずることができるわけです。

O　動物行動学者と、構造主義民族学者・文化主義民族学者とのあいだには、いま大げんかが起こっています。前者は動物の社会性と人間の社会性との類似を主張しますが、後者は動物の話を聞きたがりません。あなたはどちらの側にお立ちになりますか？

G　両方の側に重要な直観があると思っています。そしてそれと同時に欠陥もあると思っています。私は無意識の模倣《ミメティスム》を通じてのわれわれの研究方法が、両者の直観を和解させ、欠陥を消去していくだろうと考えています。

まず動物行動学の貢献について話しましょう。それはもちろん模倣に関する見方のなかで、私に理解できたことです。「支配《ドミナンス》パタン」が安定すれば、動物のグループでは内輪もめが起こらないようになります。それは模倣による敵対が次から次と際限なくつづくのを阻止します。動物行動学者が、「支配パタン」は、ある種の差異化と、ときには位階制による、しかし人間の社会では必ずしもそうではない、下位区分の役割とに類似した役割を演じていると断言するのは、むりもありません。その作用は欲望を分散の方向へ導き、横取りの模倣を不可能にすることにあるのですから。

ある種の哺乳類では、たった一匹があるいは数匹が、群れの残りのものを支配して、たいていは中央に陣取っています。彼らは絶えず周辺のほかの雌から見守られ、真似されます。つまり真似は、支配者である動物のあらゆる態度と行動に向けられているのです。「ただし横取りの行動だけは別にして」。これが私には基本的な重要性を持つように思われる事実なのです。そして人々が十分に強調しているとは思われない事実なのです。

敵対を引き起こす領域からはしめ出されていますが、真似は他のすべての領域でその力を強め、いちばん強い動物、個体としてだけではなく、他のすべてのもののボスとして模範として群れを守る能力がいちばん確かな動物に向けられます。群れの態度を決め、攻撃や退却などの合図をするのは、この動物です。多くの研究者が、こうした構成が群れに、たとえばヒヒの場合に、団結と効率とを保証しているのだと考えています。こうした団結や効率的な行動は、不測の敵と出あったときにも、また群れの内部においても、「支配パタン」がなければ保証されることはないでしょう。

O　動物界のこの種の組織と、人間界の儀礼から生ずるいろいろな活動——それぞれが互いに社会の目的に一致する模範となるような、そしてまたもしもそれに正しく従えば社会の永続を保証してくれる模範となるような活動——とのあいだには、類似性があります。

G　そのとおりです。動物の社会性と人間の社会性のこの疑いのない類似は、動物行動学から引き出されます。動物行動学が文化主義・構造主義民族学のおどろくべき島国根性に抗議し、人間の文化を絶対に自然のなかにもどすまいとするやり方に抗議し、象徴性というまさしく形而上学的な概念に抗議するのはもっともなことです[38]。

民族学者は動物行動学者が事態を単純化すると非難しますが、無理はありません。動物の社会には、支配するものとされるものの関係のほかには、何もありません。しかし全体の体系的な性格は、そうしたものとして理解されてはいません。地位は、それを占めている個々の動物の外部には、存在しません。動物の観察によって、またその観察を「言語化」することによって、体系を引き出しているのは動物行動学者たちなのです。

動物行動学者たちにこうしたことができるのは、この体系を体系として象徴的に表現すると、それが本質的に人間の社会の特徴を描き出すからです。王や共和国の大統領や会社の社長などの権威に従属している人間の行動は、支配する動物に対する支配されている動物のとる行動といささか似たところがありますが、人間は動物とちがって、君主制や共和制やそれと同類の概念を論ずることができます。動物の場合に漠然と認められていた体系が、人間の場合には明確なものとなっています。それはまた、はるかに複雑です。体系の象徴的表現と、この象徴的表現の記憶とによって、それはかなり広範に拡大し、目だった変化もなく何世代にもわたって恒常化されます。あるいは逆に変化が起こった場合にも、われわれはそれを観察し記録することができます。われわれが「歴史」を持つのはそのためです。

人間のあいだで、空席となった地位が、一般に、候補者どうしの模倣性の闘争によって埋められることがないという事実は、明らかにこの体系の象徴的な表現が人間にとって可能だということと深い関係があります。選択の手続をとりまくいろいろな「儀礼の」形態のなかには、模倣性の闘争の名残りの見つかることがよくありますが、この手続そのものは、動物の場合のように、けっして実際の模倣による敵対にもとづいているわけではありません。それは縁故とか選挙とかくじ引きなどと同じぐらい多種多様な原則にもとづいています。

O　しかしわれわれの社会でも、競争は恐ろしい役割を演じていますし、それは疑いもなくいつでも模倣性の性格を持っていますが。

G　なるほど、私がいまお話ししたことは、少し言い方を変えたほうがよいでしょう。そしてそのために、原始的な社会と、さらには全般的な人間社会とを、われわれが現在われわれの周囲で目にするものと区別することにしましょう。原始的な社会、伝説の社会においては、個人の社会における地位や個人が果たす役割は、ほとんど個人の生まれるまえに決まっています。そうした事実は近代の社会ではずっと少なくなっていますし、これからもますます少なくなっていくでしょう。芸術の創造から科学研究や企業に至るまでの多くの領域で、競争は激烈です。死にまでは至らぬいろいろな敵対関係を通じて、「有能」な人間、「成功」した人間の、かなり不安定な位階制度ができあがります。

こうした事態が優勢になったのは、原始社会の特徴である象徴的な仕切り、敵対を弱める仕切りが局部的に消滅したからです。その結果、近代社会は、個人どうしの実際の競争がはるかに微弱な原始社会よりも、少しばかりよけいに動物の社会に、少なくともいくつかの面では、似ているのです。

こうした最近の進化が、民族学という新しい学問の創始に役だち、この学問が提示せざるをえなくなっているような解釈に役だったことは、きわめて明らかです。動物の社会性と人間の社会性の近似を擁護するために、たいていはわれわれ自身の社会の例を拠り所にしますが、それとは逆に、文化主義民族学は、そしてまた象徴的な考えとそれ以外のすべてのものとの差異を絶対化しようとするあらゆる学問は、好んで原始社会を拠り所にします。原始社会のひじょうに厳しい、ひじょうに進んだ身分体系をも含めて。民族学の主張にもとづいて、次のことに注目すべきでしょう。つまり現代社会においては、人間どうしの敵対は高度に象徴化された対象について起こるばかりでなく、この敵対そのものが象徴的な制度によって起こる可能性があります。別な言い方をすれば、われわれの社会で模倣性の抗争がふつう死を賭しての戦いにまで悪化しないのは、動物の社会と同じ理由によるものではありません。本能的にブレーキがかかるのではなくて、逆に、きわめて強力な象徴的基盤が「非象徴化」を可能にし、抗争する各部の相対的な非差異状態を可能にしているのです。二つの部分の均衡が絶えず脅かされているようにみえるということは事実ですが、それで私のいま言っていることが弱まるわけではありません。そのまったく逆なのです。

C 犠牲のメカニズムと人間化

L あなたのおっしゃることを正しく理解しているとすれば、要するにわれわれの社会は、象徴的な面で極度に洗練化され進展したために、ふつうは人間に禁じられている模倣による敵対を、みずからの考えによってみずからに許し、みずからを豊かなものにしているというわけですね。

G まさにそのとおりです。模倣による敵対は、ふつうは人間には禁じられています。原始時代の禁忌は、これまでにも見てきたように、本質的にこうした敵対を対象にしています。つまり人間の社会の形態は、動物のそれとは逆に、模倣による敵対から「直接」生まれることはありえません。それはそこから間接的に、身代わりの犠牲者を介して生まれるのです。これはもうわれわれにもわかっていることです。しかしわれわれはまだこれまで人間の社会を、動物の社会に連節する試みをしていません。もしわれわれがいま行なった分析を検討するならば、またもし動物には人間化が不可能だったことを考えなおしてみるならば、そしてまたもしそうした問題をすべて模倣の過程、身代わりの犠牲者のメカニズムとつきあわせてみるならば、われわれはすでに究極の冒険にはいりこんでいるのだ、ということが確かめられるでしょう。

O　この冒険はすでに実際に始まっています。なぜならわれわれは狩りとか近親相姦の禁忌のような、人間の最も基本的な制度を、基礎づくりの犠牲者と関連させて考えようと努めているのですから。動物と人間との差異は、すでに始まっているというわけです。

G　これまでの分析の結果にもとづいて、人間化の過程を、まさに根本的に、動物性そのものから――人間性についてのまやかしの特殊性をいろいろと引き合いに出すまでもなく――考えることができるはずです。霊長類のレベルではすでに至る所で見られる模倣による敵対の強まりが、「支配パタン《ドミナンス》」を打破し、身代わりの犠牲者を介してのますます高度化され人間化された形態をもたらす、ということを示さなければなりません。模倣性の闘争が次第に強まって、直接的な解決――社会的な本能が動物的形態を取るに至るほどの直接的な解決――が不可能になるまさにそのときに、最初の「危機」あるいは一連の危機が訪れ、そこで文化の「遅まきの」象徴的な人間的な形態を生むメカニズムが始動するはずです。

事態がこのとおりに進んだと想定するためには、模倣の強さが、人間化の過程のあいだばかりでなく、この過程の始動する以前にも、この始動を保証するに足るような形で、増大しているはずだということを示さなければなりませんし、また示せばそれで十分です。

ところでこのことは、もしも人間の脳について、また同様に人間化の途中の脳について、ジャック・モノが『偶然と必然』のなかで提示している考察を採用するならば、すでに証明されているようなものです。

> 人間の脳だけに見られる独特な性格は、その強度の発達と、偽装《シミュラシオン》の機能の徹底的な行使であるように思われる。それも認識の機能の最も深いレベルで、つまり言語がそこに根拠を置きながらそれを部分的にしか明らかにしていないようなレベルで、そうであるように思われる。[39]

ホモ・サピエンスに至るまでの系統の全体にわたって、真似の力と激しさとが、脳の容積とともに増大するということは、そう考えてもおかしくはないことです。人間にいちばん近い霊長類も、脳は他のすべての動物より、すでに相対的に大きいのです。この増大する能力こそ、人間化の過程を始動させるものであるにちがいありません。その逆ではありません。たとえのちには、人間化の過程が、この増大する能力を加速し、人間の脳の比類のない力に、異常なまでの貢献をするにしても。

人間の性欲における模倣による教唆の大きな役割、つまり実例を見ての興奮、のぞき趣味の役割などは、動物型の周期的な性欲から人間の休みなくつづく性欲への移行が、たしかに模倣《ミメシス》の強化に根ざしているであろうことを暗示しています。われわれにはまもなく、人間の欲望とは、本能的な成長に付加されてそれをふつう以上に高め、刺激を与え、混乱させるような模倣《ミメシス》であることがわかるでしょう。こうした無意識《ミメテ》の模倣《イスム》との本質的な関係が、人間の性欲に動物の性欲よりもなおいっそう闘争的な性格を与えます。そしてそれを、それ自体では、人間関係の平和にも性欲の相手の安定性にとっても不都合なものにしてしまいます。

われわれは人間の社会が、「支配《ドミナンス》パタン」に根拠を置いてはいないと見ています。なぜそうなのかもわかっています。なぜなら人間の場合、模倣による敵対は、容易に狂気や殺人にまで至るのですから。しかし人間のこうした暴力の増大、それを不明瞭な無言の本能に帰することは、暴力の本質を見誤ることですし、またきわめて興味深い解釈からわき道にそれてしまうことでもあります。暴力の増大は、脳の容積の増加と密接に結びついた無意識《ミメティスム》の模倣の増大と同じものなのです。

模倣によるおさえがたい敵対は、だれでも知っているように、本質的に、一切の損得を忘れさせるものです。またそれは、共同体のメンバーどうしの対立を生む横取りの模倣から、最後には彼らの敵意をひとりの犠牲者に集中させ、彼らを和解させる敵対者の模倣へと移行させるものです。模倣の強さがある限界を越えると、動物の社会は成り立たなくなります。この限界は、したがって、犠牲のメカニズムが初めて出現する段階に一致します。それが人間化の出発点です。

O　身代わりの犠牲者のメカニズムが始動し、このメカニズムにもとづく文化的形態、このメカニズムに従属するような文化的形態が、動物的形態にとって代わります。いろいろな問題が、同じように、あらゆるレベルに姿をあらわします。そして同一のメカニズムのさまざまなヴァリヤント、動物性にまで遡って考えればおそらくさらに一段と基本的なヴァリヤントが、そうした問題に解決をもたらしうるはずです。

G　犠牲のメカニズムは、初めはひどく粗雑で初歩的な形だと思わなければなりません。そのためかろうじて想像できるような形でしかありませんが、それは決定的な重要な問題ではありません。このメカニズムを可能にする所与、統計的に見てもそれを必要なものにする所与は、おそらくそのすべてが姿をあらわしています。そしてこのメカニズムは、あらゆるレベルで、敵対関係に治療と予防の効果を——いろいろな差異を考慮に入れても、このメカニズムが完全に人間的な禁忌と儀礼とを介して及ぼす効果に類似した効果を——及ぼすでしょう。これまでにも、脳の急速な増大やその他のすべての現象には、生物学的なものと文化的なものとの相互作用が必要だということは、よくわかっていました。しかしこのふしぎな機械を始動させ回転させることのできる原動力は、つかめませんでした。身代わりの犠牲者は、この原動力をわれわれに教えてくれます。われわれは人間化を、常に増大する模倣性の激しさを馴化できるような一連の安定段階として考えることができます。これら一連の安定段階は、破局的ではあるが豊かでもある危機によって、それぞれが仕切られています。豊かな、と言うのは、これらの危機が基礎づくりのメカニズムを新たに始動させ、各段階で、内部でのますます厳しさをつのらせる禁忌と、外部への儀礼によるより効果的な連絡路を保証しているからです。そこでわれわれはこう考えます。つまり人間の幼年期は、脳の増大にしたがって「脆弱化」し、ますます長期化したのかもしれない、そして変化の過程でまだまったくの種の絶滅には至っていないのかもしれない、と。そしてまた、こうも考えるのです。つまり各安定段階で、より高度化された制度が、新しい模倣による前進に有利に作用したのだ、と。そしてこの新しい前進が新しい危機を招き、次々にこうしたことがくりかえされて、やがて類人猿をますます人類化していったらせん状の動きが起こるようになったのだ、と。

L　身代わりの犠牲者のメカニズムのおかげでわれわれは、共同生活をするグループがどのようにして、外部では暴力的な動きがどこまでもひろがろうとしている時期に、相対的な非暴力の聖域となりえたのかを、理解することができます。人間化の過程にある霊長類、高度な性的能力を持ち、石で武装し、狩りや戦いにかけては常に訓練のゆきとどいた霊長類が、その生物学的な文化的な進化のさまざまな決定的な時期に、どのようにして、いつもおのれの上に重くのしかかる自壊作用の極度の脅威を、文化を完成する力に変えることができたのかを、かいま見ることができます。

G　したがって『トーテムとタブー』には、一部に真の直観が見られます。そしてその直観とは、人類を集団による殺害にまで遡らせていることです。もっとも、それと同じようなことをしない基礎づくりの神話はありませんが、フロイトはその固有の天分によって、その当時の、そしてまたわれわれの時代の大方の浅薄さに逆らって、これらすべてのメッセージを、部分的には空想的な、しかし本質的な点では一致しているメッセージを、人類学がその当時までになしえた以上にまじめに受けとるべきだということを理解したのです。しかしフロイトは、その理論につめこみすぎた神話の要素から身をふりほどくすべを知りませんでした。彼の言う粗暴な父親は暴力の究極の神であり、今日ではこの神が、この神に根拠を置く精神分析という宗教とともに死につつあるために、われわれにもこんなことが言えるのです。

O　あなたはフロイトの野心的な意図を思い起こしています。そして『トーテムとタブー』に、この著作にふさわしい敬意を――彼の主張の真実らしからぬ所には落ちこまずに――捧げているわけです。統一化の暴力は宗教の起源であるばかりではなく、人類そのものの起源でもあります。フロイトの独特な信じがたいドラマは、必要に応じて何百万年も、つまり有史以前の人類の歴史に対するわれわれの経験的な知識がすでにそれを要求している、あるいは明日にも要求するだけ長く、くりかえされるかもしれない過程の、デフォルメされた寓話です。

G　それはまた、動物行動学者と民族学者との争いを解決するものでもあります。初めは動物的で、次に前人類的になり、最後に完全に人類的なものとなるあらゆる社会形態のなかには、同時にいつでも断絶と連続とがあります。無意識の模倣《ミメティスム》と身代わりの犠牲者という問題提起のおかげで、われわれには動物にさえすでに、いつでも模倣《ミメシス》にもとづく社会形態があることがわかっています。そしてまたそうした社会形態は、身代わりの犠牲者にもとづく新しいより複雑な形態の出現のために、模倣の危険にさらされて崩壊することが、はやくも必要になっています。いわゆる動物界と、変転をつづける人類とのあいだには、どう見ても明らかな断絶があります。そしてそれは集団による殺害という断絶で、それはたとえどれほど萌芽的なものであろうと、禁忌と儀礼にもとづく組織化を保証できる唯一のものです。したがって人類の文化の発生を自然のなかに書きこむこと、つまり人類特有の性格を取り除くことなくそれを自然のメカニズムに結びつけること、は可能です。

もちろんここで問題になっているような現象を、現象そのものまで遡って検討することはできません。われわれが儀礼の面で直接間接に理解できるものはすべて、完全に人間化された世界に属しています。したがってわれわれは文字どおり何百万年という巨大な空隙を持っているわけです。私が身代わりの犠牲者のメカニズムを人間化の起源に位置づけると、可能性の限界を超えているといって非難する人があるかもしれません。しかしこの議論の進め方には、いいかげんな所は何もありません。われわれは人間の儀礼に向かって集束するおどろくべき量の証拠を持っています。動物行動学者が動物の儀礼と呼ぶものにいま視線を向けてみると、そこにもまたこの議論の進め方のしっかりした根拠を暗示する所与がいくつか見つかるでしょう。

ある種の動物には、たしかに型にはまった行動があって、それは性の誘惑を試みるときだけではなく、同性や異性の相手と特権的な関係を結ぶときにも、一つの役割を演じます。(40)

こうした仲よくなるための儀礼は、奇妙なことに、攻撃的な行動にいちばんよく似ています。この儀礼は模倣によってそうした行動を再現します。招きは、自分が仲よくしたいと思うものに対する攻撃の形をとります。しかし最後の瞬間に、この攻撃者は狙いを変えて、代わりに第三者を、あるいは生命のない対象をさえ選ぶのです。

仲よくしてくれと頼まれたものは、やむをえず模倣によってそれに応ずることになるでしょう。頼まれたもの自体が、攻撃性を示すことになるでしょう。しかしこの攻撃性を、ある場合には、頼まれたものが、招き寄せる力、あらゆる事態に対処する力に逆らって、回避することもあるでしょうし、またある場合には、敵として仮りに選ばれて攻撃される第三者に逆らう形で攻撃性と結びついてしまうこともあります。要するに、仲よくしてくれと頼まれたものが、こうした想像上の敵に対して、相手と共通の利害関係を持つことがありえます。こんなふうに仲よくしてくれと頼まれることは、こうした意味での「共通の利害関係」を持つことなのです。

動物のこうした行動が人間の儀礼を思い起こさせるのは、前者の特徴が反復されるものだからというばかりではありません。動物の行動は、宗教の儀礼の基本的な二つの時期、一つは「模倣の危険性」による内部の混乱の時期、もう一つは身代わりの犠牲者に逆らって得られる和解の時期の、下書きにもなっているのです。しかしそこには供犠はありません。犠牲者の立場はすでに明らかであり、犠牲の「機能」の概略もわかっているのですが、動物の儀礼はけっして血なまぐさい供犠にまでは至りません。

こうした動物の儀礼のうちにわれわれは、動物の社会から、供犠のさいの宗教的なものにもとづく人間の社会への、移行を理解するために必要なものすべてを見いだしています。ここにもすでにその概略が示されている本来の意味での犠牲のメカニズムを始動させるためには、無意識の模倣《ミメティスム》とその結果として起こる敵対との、より高度な激しさを、公準として提起すれば十分です。闘争が激化して破局的な段階を迎えると、つまり闘争の過程が終末に近づくと、まさにその時期に、その立場がすでに明らかな「身代わりのヤギ」のメカニズムが強化されます。あらゆるものがそれを暗示しています。初めの時期が極度にふくれあがると、それにぴったりと対応して次の時期が激化します。死にまでも突き進む暴力が、局外者に対して加えられるのです。

私がいまお話しした人類の儀礼と動物の儀礼との本質的な差異は、後者では、私の知るかぎり、人類の基本的な儀礼と似ていると言えるほど多数の仲間の動物がそれに加わることはけっしてないということです。人類の儀礼には常にその社会の全員が集まります。そしてまたそれは、われわれが動物の行動について話すときの、儀礼という呼び方に難癖をつけられる、ある程度有効な唯一の理由です。

メカニズムが強化されればされるほど、それによって起こる闘争とそれにつづく解決は、ますます「感染力の強い」ものとなります。そこで次のように考えなければなりません。模倣による敵対は、その度がひどくなると、ますます多くの者がそれに加わるようになり、彼らは神聖化された犠牲者のまわりに集まって、禁忌と儀礼との二重の命令に従うのだ、と。人間の共同体とは、明らかにこの集合した参加者と同じものですし、それはただこうした参加者との関連で存在するのです。

L　したがって、人間の儀礼のうちに、そうした動物の儀礼の変形を見なければなりませんし、両者には常に同一の要素が見られるのですが、人間の場合その要素は常に死を賭しての戦いの方向へ、供犠のための殺害の方向へ、ねじまげられています。容易に認められる原因——あらゆる理由からそれがまさに人間化の過程に割りこんでくるはずだと考えられるような原因——のために、ねじまげられています。

D　超越的記号表現《シニフィヤン》

O　あなたの理論のほんとうの狙いは、動物行動学の問題と民族学の問題との対立を乗り越えるということです。そして両陣営の敵対によって人類学の研究を弱めている分裂に終止符を打つことです。この狙いを成功させるためには、あなたの仮説がこうした障壁のどちらの側でも問題を解決するものだということを示す必要があります。つまり身代わりの犠牲者に、暴力と儀礼との問題——模倣《ミメシス》を人類の文化の制度へ向かわせる問題——ばかりではなく、記号とコミュニケイションの問題も、結びつける必要があります。

G　暴力の問題を身代わりの犠牲者という考え方によって解決しようとすると、それと同時に記号と意味作用の理論を入念に研究しておく必要がある、ということを言っておかなければなりません。記号の問題に手をつけるまえに、どうしても私は、最も基本的な形態のもとでの犠牲のメカニズムのうちに、新しい秩序への注目を喚起するおどろくべき仕組み、最初の非本能的な注目を喚起する仕組み、を認めるべきだと思います。熱狂的なある段階から、一つの極への模倣性の集中作用が始まって、それがったひとりの犠牲者に及びます。思う存分この犠牲者をさいなんだあと、暴力は必然的に中止され、喧騒のあとに沈黙がつづきます。この狂乱と鎮静の、動揺と静穏の、最大限のコントラストが、新たな注目への覚醒に、考えうるかぎり好都合な状況を生み出します。犠牲者はすべての人々のための犠牲者なのですから、供犠のさいには犠牲者に、共同体全員のまなざしが注がれます。したがって純粋に本能的なものである食物や異性を超えた所に、あるいは同族のなかの支配者を超えた所に、集団による犠牲者の死体は位置し、この死体が新しい型の注目を喚起する最初のものとなるのです。

O　その犠牲者はすでに神聖なものになっているでしょうか？

G　私がいまお話ししている注目の喚起の度合いに応じて、犠牲者に、危機とその解決によって起こる感情が浸透していきます。犠牲者の上におどろくべき体験が結晶します。犠牲者がどんなに弱いものであろうと、供犠の参加者たちが犠牲者に対していだく「意識」は、生から死への移行にともなうおどろくべき効果に——つまり供犠の瞬間に実現される目ざましい解放者への突然の変化に——構造的に結びついています。意味づけが起こるとすれば、それはただ二重の転移の意味づけであり、神聖なものの意味づけであり、犠牲者にあらゆる問題について強い責任を与える意味づけです。しかし人間の歴史全体を通じて、おそらくいちばん長期間のいろいろな段階、そこではまだ意味づけがほんとうは存在していないような段階、を考えてみなければなりません。したがって身代わりの犠牲者の呼びかけが聞かれるようになるとすぐに、たとえその声がどんなにかすかであっても、人間はやはり神聖なものへ向かって歩み始めたのだ、とお答えしなければなりません。しかしそれはまだ概念や象徴的表現などにはなっていません。

注目を喚起する仕組みがすぐに効果をあらわしたと考える必要はありません。かなりな「むだ」があったと想像することはできますし、「効果的なものはほとんどなかった」と想像することもできます。しかしそうした効果がいかに初歩的な段階のものであっても、それらはいつもすでに、多くなりすぎた無意識《ミメテ》の模倣《イスム》を制御するために、必要とされるものだったでしょう。人間がすでに文化の人間的な形態に向かって歩み始めていたことを認めるためには、こうした効果が、われわれの期待するような、かすかながら累積的なものであることを認めれば十分です。

O　しかしここであなたに必要なのは、記号の理論です。そして私が理解していると思うところによれば、現在の理論家たちの考えでは、記号はある体系のうちにしか存在しません。したがって、初めに、最小限二つの、それぞれ意味を持つ記号が必要です。私には、あなたの図式から考えると、どうしてあなたが構造言語学の二項対立を生み出すことができるのかがわかりません。

G　そんな対立を生み出すことが必要なわけではありません。この対立には純粋に共時的で静的な性格があります。互いに差異化されていながら同程度の意味作用を持つ二つの要素を含んだ構造体系から出発することはできません。しかしいっそう簡単で、それ一つだけで力強く、それ一つだけでほんとうに発生に関与する、だれも夢にも思わぬようなモデルが一つあります。それは、あらわれてくる途中の例外のモデル、じつはある単一性のモデル、それ一つだけで漠然とした集団やその数もまだ定かでない多様性を背景にくっきりと浮きあがる単一性のモデルです。それはくじ引きのモデル、たとえば麦わらだの、公現節のケーキのそら豆でのくじ引きのモデルです。そら豆のはいっている一片だけが、ほんとうに際立っているのであり、いちばん短い――あるいは長い――わらだけがはっきりとした意味を持っています。そのほかはあいまいなままです。

最も単純な象徴体系は、こうしたものですが、だれもそんなもののことは考えもせず、話題にする者もまずありません。「でもそれはたいていは、儀礼と関連のあるものです」。私がいまほのめかした、運による選択には、どれにも一つの儀礼の起源があります。こうした選択は、先にも見たとおり、ときには、供犠のための犠牲者を選ぶのに役だつ射倖的な方法と同じものです。こうしたモデルが儀礼のなかに見つかるのは、ほかのあらゆる儀礼の制度とともに、このモデルが身代わりの犠牲者に対する処置に透写されているからです。したがってこのモデルは、われわれにとって特別な教訓的な価値を持っています。それは最も基本的な象徴性のモデルなのです。

人間が運まかせの勝負事と呼ぶものを発明したのは、明らかにこのモデルからです。「厳密な意味での」運まかせの勝負事があるためには、射倖的な方法が儀礼を目的とするものであることを忘れ、射倖的な方法をそれ自体の目的とすることが必要ですし、またそれだけで十分です。それは要するに、われわれが分析したすべての例の場合と、まったく同じ起源なのです。制度という制度がわれわれにはごく自然に文化的なものに見え、あるいは文化的にごく自然なものに見えるものですから、われわれは、そうした制度が儀礼と本質的に近いものであることを理解するまでは、そうした制度の検討を考えてみようともしません。

O　あなたの説が正しいとしても、運まかせの勝負事には、ほかの型の勝負事よりも、どこか特に人間的な所がありますが。

G　それはまさにロジェ・カイヨワが『遊びと人間』という題の注目すべきエッセーのなかで言っていることです。カイヨワは遊びを四つのカテゴリーに分け、その四つは儀礼のサイクルの四つの主要な時に一致しています。(41) それを基礎づくりの過程の展開と同じ順序で並べてみます。カイヨワの順序には従いません。

まず真似《イミタシヨン》、人まね、仮装、演劇などの遊びがあります。（カイヨワは人まねに英語の mimicry を使っています。）

競争の、あるいは戦い（ラテン語の agon）の遊びがあります。たとえば競走とかボクシングなど。こうした遊びは分身どうしの戦いに一致します。

カイヨワがギリシア語の ilinx で示している目まい遊びもあります。これはすごい勢いでぐるぐる回る遊びや、とんぼ返りなどの遊びをさしています。こうした遊びは、模倣の危険性につきものの幻覚的な熱中に一致します。

最後に、供犠による解決に一致する運の遊びがあります。そしてカイヨワは、ホイジンハがその著書に、この遊びのことに何も触れていないのに、『ホモ・ルーデンス』という題をつけたことにおどろいていますが、それは当然です。それこそ人間だけのほんとうに特別な遊びなのですから。ほかの形の遊びはどんなものでも、動物の生活のなかにその下地が見られます。これは先に動物の儀礼と人間の儀礼とのあいだに認めた差異に完全に一致します。動物の儀礼に「欠けている」唯一のものは、血なまぐさい供犠であり、動物が人間となるために欠けている唯一のものは、身代わりの犠牲者です。

いちばんおとなしい形のくじ引きの場合でさえわれわれは、神聖なものに対するさまざまな意味づけが、当選者という一つの極に集中されるのを目にします。公現節のケーキでそら豆の当たった者は、あらゆる種類の大げさな儀礼的対立が自分の上に結晶するのが、すぐにわかります。この人はからかいの種にされます。それは一種の身代わりのヤギですが、でも一方で自分は自分を除外したグループを代表しているのだ、との自覚も持ちます。したがって、ある意味でこの人は、自分自身に君臨するわけです。それはまさに王です。この冗談半分のミニ神話化は、一種の超越的な記号表現《シニフィヤン》の下書です。ですから、儀礼の多値性は考えられないとか、またそれは思考と人類の文化の真の構造とは無縁な「直接的なもの」のノスタルジーにすぎないなどとは、言わないでほしいものです！

L　要するに、見る目がありさえすれば、いつでも基礎づくりのメカニズムの下地はわかるわけですね。

G　そのとおりです。基礎づくりのメカニズムの枠内で、犠牲者に逆らい、犠牲者のまわりに集まることによって、和解が実現されるのです。われわれが、先に、犠牲者は共同体に起こったばかりのあらゆる問題の起源として、原因として、示されるようにみえると言ったことは、不正確ではありませんが、この段階までくると不十分であり、徹底を欠いているように思われます。いっそう原始的なレベルで、すでに身代わりの犠牲者のメカニズムが意味作用の最も基本的な層に作用しそれを生成していることを理解するためには、既成の意味作用のコンテクストをすべて消去するように努めなければなりません。

犠牲者のおかげで初めて――犠牲者が共同体から生まれるようにみえ、また共同体が犠牲者から生まれるようにみえるかぎり――内部と外部とか、以前と以後とか、共同体と神聖なものとか、何かそのようなものの存在が可能になります。われわれはすでにこの犠牲者が、悪いものであると同時によいものとして、平和的であると同時に暴力的なものとして、死をもたらす生であると同時に生を保証する死として、姿をあらわすのだと言いました。犠牲者によって下地をととのえられないような意味作用はありませんし、同時に犠牲者によって超越されないようにみえる意味作用もありません。犠牲者はたしかに、普遍的な記号《シニフ》表現《イャン》でつくられているようにみえます。

O　それこそは現代の思想全体から強く拒否されている超越的な記号表現の考え方ではないでしょうか？

G　私は「真の」超越的な記号表現を見いだしたと言っているわけではありません。われわれが見いだしたのは、まだ、人間に超越的な記号表現として役だつものだけにすぎません。

O　あなたは超越的な記号表現と言っていますが、むしろ記号内容《シニフィエ》と言うべきではないでしょうか？

G　記号表現とは、犠牲者のことです。記号内容とは、共同体がこの犠牲者に与える、そしてまた犠牲者を介してあらゆるものに与える、現実の潜在的な意味のすべてです。

記号とは、和解をもたらす犠牲者のことです。人間が危機を脱したときの、そのまま和解の状態を保ちたいという願いは、わけなく理解できることですから、人間がこの記号の再現に執着するのも、つまり儀礼において最初の犠牲者の代わりに、この奇跡的な平和の維持を保証する新しい犠牲者を持ち出し、実際に、神聖なものをあらわす言語活動《ランガージュ》に訴えようとするのも、同じように理解できます。したがって儀礼の至上命令は、記号を操作すること、増加させることにほかなりません。そこで、差異化や文化的向上の新しい可能性が絶えず生ずるのです。われわれがこれまで狩りや家畜や性の禁忌などについて述べてきた過程はすべて、犠牲という記号の操作や差異化として叙述されることが可能でしょう。

儀礼による再現の意志が、めんどうな問題を引き起こすことはありません。神聖な恐怖に突き動かされ、和解をもたらす犠牲者という記号のもとで生きつづけるために、人間はこの記号を再現しよう、それを表象しようと努めます。そしてその努力は、まず、最初の公現を生じさせる最も直接的な犠牲者の探索に向けられるように思われます。いつでもすでに定義可能なものとなっている初期の意味づけの作用を、お望みとあれば、言語活動《ランガージュ》あるいは文字表現《エクリチュール》の用語に位置づけるべきであるのは、まさにそのときです。そして根源の犠牲者が、新しい犠牲者たちによって一定の意味を与えられる代わりに、犠牲者以外の物、いつでもこの犠牲者に意味を与えるあらゆる物によって――そうした物が犠牲者を覆い隠したり、偽装させたり、無視したりすることがますます多くなるにもかかわらず――一定の意味を与えられるような時がやってきます。

われわれには分節言語が、つまり他のすべての交換と同じような言《パロル》の交換が、これもまた儀礼から構成されているにちがいないということは、ひじょうによくわかっています。言の交換は、模倣の危険性につきものの、そして儀礼によって再現されるはずの、うなり声や叫び声そのものから構成されているにちがいありません。なぜならそうしたものは救済の供犠に先行するものであり、おそらくはそれを方向づけるものだからです。犠牲者のまわりに集まって儀礼の行事をつづけるうちに、初めは分節されていないこの叫び声が次第にリズムを持つようになること、また供犠の行為をめぐるダンスのしぐさのように一定の順序ができてくることを、われわれは容易に想像することができます。なぜなら相互の協力と理解のうちにこそ、危機のあらゆる様相が再現されるのですから。この世の文化で、神聖なものをあらわすことばを、言語活動《ランガージュ》の秩序の最初のもの、基本的なものとして認めていないような文化はありません。

第四章　神話、偽装された基礎づくりのリンチ

A　徹底的な消去

G　私には次のことが証明できるように思われます。つまり基礎づくりのリンチという命題は、いまの時代にもそれについて絶対的な沈黙が守られているため、一見そうしたものはなかったようにみえますが、至る所にあらわれています。私の分析も含めて分析に対しては最も反抗的だと思っている人々のうちにさえあらわれています。私はあなたがたに証明することができます。レヴィ＝ストロースの著作のなかには、基礎づくりのリンチそのものを対象にした分析、そこから構造主義の主要な特徴が引き出されるような分析があります。ただしレヴィ＝ストロースはその分析の対象がこの基礎づくりのリンチであることにまったく気づいていませんし、自分の分析によって分解されつつあるのが神話全体の発生のメカニズムであることを、まったく理解していません。

O　あなたはようやく神話をとりあげたわけですし、また神話は原則として、構造主義の理論をいちばん適用しやすい領域、つまり宗教上の邪悪さに対する反言語学的な策略を免れた純粋な言語活動《ランガージュ》の領域なのですから、私には細部にまで立ち入ってレヴィ＝ストロースのテクストをできるだけ念入りに分析す

るのがよかろうと思われます。

G　そうした証明のおもしろさは、それが何から何までレヴィ＝ストロース自身の分析に、彼自身の議論の進め方に――これから特にわれわれが話題にするはずの二つの神話のレジュメから手を着けるとすれば――根拠を置くということです。

レヴィ＝ストロースは『今日のトーテム信仰』のなかで、互いにひじょうに遠くへだたった二つの社会の二つの神話を比較しています。一方はアメリカの五大湖地方の北部のインディヤン、オジブウェー族の社会であり、他方は太平洋のティコピア族の社会です。[42] まずオジブウェー族の神話を御紹介しましょう。

「原初の」五つの部族の源流は、大洋から出てきて人間の仲間に加わろうとした六体の人間の姿をした超自然的なものにまで遡る。そのうちの一つのものは、インディヤンたちをたいへん見たがっているようだったが、目隠しをしていたので、あえて見ようとはしなかった。とうとうがまんができなくなり、ベールをはずした。そしてひとりの男に目を向けたが、その男はたちまち、雷にでも打たれたように、死んでしまった。なぜなら、この訪問者は友好的な気持ちでいたのだが、そのまなざしがあまりにも強すぎたからだ。そこで仲間たちはやむをえず、彼を深い海の底に送り返さねばならなかった。ほかの五体のものはインディヤンのなかにとどまった。そしてインディヤンたちに多くの祝福をもたらした。彼らは大部族の起源であり、またトーテムの起源である。（二七ページ）〔邦訳三四―三五ページ参照〕

次のものは、同じくレヴィ＝ストロースのテクストのなかの、ティコピア族の神話です。

はるか昔、神々は人間たちと区別されてはいなかった。そして神々は、地上で、部族の直接の代表者だった。さてあるとき、ティカラウという一人の神がティコピア族を訪れたので、この地方の神々はティカラウのためにすばらしい祝宴の用意をしたが、祝宴に先だって来客と腕くらべをするために、力わざとスピードの試合を計画した。しかしティカラウは走っている最中に、つまずいてよろめいたふりをし、大声で、けがをしたと言った。しかしティカラウは、びっこをひくふうをよそおいながら、盛りあげられた食べ物の方にとんで行って、それを丘の方に持って行ってしまった。一群の神々がそのあとを追ってとび出して行った。こんどはティカラウがほんとうに転んだので、部族の神々は彼から、ひとりは椰子の実を、もうひとりはタロいもを、三人めはパンの木の実を、その他の者はやまのいもを、とりもどすことができた。（……）ティカラウは祝宴のごちそうを山ほど持って天にもどることができたが、四種類の食用の植物は人間たちのために救い出された。（三六ページ）〔邦訳四四―四五ページ参照〕

われわれの考えでは、この二つの神話の分析ほど容易なことはありません。どちらの神話にも、模倣の危険性と、身代わりの犠牲者のメカニズムを始動させる暴力による無構造化《デストリユクチユラシヨン》との、図式が認められます。神と人間の最初の混同がはっきりと示されています。この混同が闘争をもたらすと明言されているわけではありませんが、危機のいまわしい結果は、すぐに、いつものことながら、そうした結果に責任があるとみなされる犠牲者に帰されています。最初の神話では、ひとりのインディヤンが急死しますが、その死はいずれ犠牲になるはずの者に一目見られただけで引き起こされたものでしょうし、二番めの神話では、文化体系がまるごと盗まれるわけですが、その責任は、まもなく犠牲になるティカラウにあるとみなされています。見る目のある者なら、神人合同で計画されるいろいろな「力わざとスピードの試合」にも同じように、闘争をもたらす状況《コノタシヨン》――やがてそれは神話のドラマによって解決される――の兆候を認めるでしょう。そこに儀礼の暗示的な意味があるという事実は――主として計画された「試合」の場合ですが――

おどろくにあたりません。神話はわれわれに、危機をすでに儀礼化されたものとして提示しますが、また非儀礼的なものとしても提示します。なぜならスポーツの競技は、自然発生的な集団の暴力に通じるものだからです。

『バッコスの信女たち』のなかでは、乱痴気騒ぎがすでに原則として儀礼化されていて、それがすぐにペンテウスのリンチに通じるのと同じように、ここでも力わざと機敏さの試合が、最後には明らかにリンチに終わる神狩りに通じています。やがて神になるはずの者が、初めは転んだふりやびっこを引くふりをするにしても、追いかけられたあげくに、「ほんとうに転んだ」のです。この文には何か不吉なものがあります。あなたがたは私がリンチという考え方にとりつかれて混乱に陥っている、ティカラウは天空に逃げたのだから難関を切り抜けたわけだ、とおっしゃるかもしれません。しかしそれなら私はあなたがたの目を、レヴィ＝ストロースが『今日のトーテム信仰』のなかで使っているレイモンド・ファースの研究ではなくて、同じ著者が数年後の一九六七年に出した二冊めの本『ティコピア、儀礼と信仰』[43]の方に向けることにしましょう。

この本によると、ティカラウは丘をよじのぼって、追う者から逃げようとしています。丘のはしは、急な断崖になっています。レイモンド・ファースは、こう書いています。「ティカラウは断崖のふちまで走って逃げた。彼はアトゥーア（精霊、神）だったから、空中に身をおどらせ、不当に手に入れたものをたずさえて、遠くの国へ飛び去った。」

ティカラウがアトゥーアでなかったら、だれでもわかるように、断崖の下に墜落しておそらく二度と立ち上がれなかったでしょう。このことはおそらく、墜落を現実のものとして示そうとする、こんどこそ見せかけではないものとして示そうとする、神話の強い希望を説明するものです。しかしティカラウはアトゥーアです。空中に飛び立ちます。和解と秩序をもたらす犠牲者を不滅の神に仕立てあげる神聖化の作用のもとに、致命的な墜落のひそんでいるのが透視できます。そしてこの神話の逐語訳は、この点については、きわめて暗示的であるように私には思えるのです。

司法制度を持たない多くの社会では、完全に記述されているのではないにしても、疑いもなくティカラウの墜落によって暗示されているこうした出来事が、処刑として好まれる型なのです。もちろん少しは変形されていることもあります。犠牲者として選ばれた者は断崖に至る坂道に放され、共同体のメンバーは弓形に弧を描いて並び、ゆっくりと前進します。もちろん空いている側から安全に脱出する可能性はまったくありません。十回のうち九回までは、不幸な者は恐怖がつのって、空いている側の方に自分で身を投げてしまいます。手を下し暴力に訴える必要はありません。要するに不幸な者は、実際には落ちるわけですが、空中に身をおどらせると言ってもいいでしょう。有名なタルペアの岩〔古代ローマの処刑場〕は、ほかにもあるこういう慣習の一例にすぎません。宗教的な面から見たときのこの慣習の利点は、共同体の全員が実際の行事に加わることです。犠牲者との「けがらわしい」接触にさらされる者はひとりもいません。これと同様な利点は、古代社会の、ほかの種類の処刑のなかにも、見いだされます。

こうした儀礼による処刑の型は、そのままの形で創出されたものではなく、明らかに一つの見本があってそれをコピーしたものです。見本は細部はかなり変えられていますが、構造そのものは常に変わりません。もちろんそうした出来事を、ティカラウの神話は、つまり最初の犠牲者の殺害は――自然に全員の考えが一致して、和解がもたらされることになったこの殺害は――描き出してくれるのです。そして他のすべての制度――トーテム信仰の制度であろうとなかろうと――を生み出すメカニズムも、儀礼による処刑を生み出すメカニズムもまた、そうした出来事をわれわれに描き出してくれるのです。

オジブウェー族の神話にも、同じように、集団による殺害が出てきますが、それはティカラウの神話よりも、ずっと急速なテンポで描かれています。つまり六体の超自然的なもののうちのあるものが、目隠しのはしを上げてひとりのインディヤンを見たためにそのインディヤンを殺してしまったあと、すぐにほかの五体の仲間は、「殺したものを深い海の底に送り返さねばなりませんでした」。一方の場合では犠牲者は岩の上でからだをくだいて死にますが、もう一方の場合は溺れて死にます。

O　要するに、どちらの神話のなかでも、犠牲者は神なのです。犠牲者を敵視し全員が同じ気持ちで集まったときの極度の混乱について責任があるとみなされるために神であり、またこの同じ気持ちそのものによって保証される秩序の回復についても責任があるとみなされるために神なのです。共同体は、犠牲者を、単にその変貌のその場かぎりの受け身の媒介物とみなすことはありませんし、集団ヒステリーから平穏状態への即時の移行のただの触媒とみなすこともありえません。共同体は、初め悪人と思った者が、悪事のために陥ったひどい状況のもとでほんとうに身をほろぼすはずはないと考えています。なぜなら悪人は突如として全能の善人に変身するものだからです。悪人が共同体にいわゆる「トーテム信仰」という秩序と生命を与えるのだとすれば、どうして悪人が死んだりするでしょうか？

L　二つの神話のそのような読み方は、それを提案しているのはもちろんわれわれであって、レヴィ＝ストロースではありません。このへんで話題をレヴィ＝ストロースの注釈に移してみましょうか。

G　まずレヴィ＝ストロースの考え方は、われわれの考え方と一致している、あるいはむしろわれわれのほうがレヴィ＝ストロースと一致している、ということに注意しましょう。というのは、神話のなかに「非差異状態」から差異化へと進む動きを認めようとするならば、レヴィ＝ストロースに帰される発見が問題となるわけですから。

O　しかし彼の言語学的アプリオリは、われわれが神話のなかに認められると思うものを――つまり実際に文化的な差異をなくしてしまうような、そしてテクストのなかだけに存在するのではないような、模倣性で暴力的な相互性を――そこに認めることを禁じています。

G　レヴィ＝ストロースの言語学上の見解においては、「非差異化されたもの」つまり「連続的なもの」は、言語活動によってすでに成しとげられている区分の「つぎはぎ」にすぎません。つまりこの民族学者が特に儀礼のなかにそれが見られることを嘆いている偽りの外見にすぎません。というのは彼はそのときそこに、差異を生み出す考え方に対する悪質な拒否を見るからです。このことは、われわれがすでに言ったとおりです。『今日のトーテム信仰』の分析のなかでは、この同じ「非差異化された」ものの存在が、レヴィ＝ストロースにとっては神話研究の基本的なもくろみによって正当化されているようにみえます。レヴィ＝ストロースによれば神話研究とは、特に彼自身に興味を起こさせるものの生誕と展開、つまり差異を明確にする思想を、不正確なのはやむをえないが暗示的ではあるやり方で表象するものなのです。差異を差異として、非連続を非連続として提示することは、連続と非差異化に根拠を置くのでなければ不可能です。

L　要するにレヴィ＝ストロースによれば神話とは、文化の発生を想像力によって表象したものにほかならないのに、あなたのお考えでは、事実の発生を変形した報告だというわけです。

神話という考え方には、純粋に知的な過程、つまり差異を明確にする過程と、事実の過程、つまり「この世の初めに」完全に伝説上の人物たちのあいだでくりひろげられたと思われる一種のドラマとの混同があるようです。

G　つまり構造主義にとっては、神話のまさしくドラマ的な要素は、そのままでは興味の対象になりません。レヴィ＝ストロースは、そうしたものを重要視する研究者を、ひどく軽蔑しています。ところが彼はあまりにも有能な観察者であるために、解釈されることを求めているある種の回帰性に目をとめないわけにはいきません。

そこでレヴィ＝ストロースは、オジブウェー族とティコピア族の神話のあいだに、「強調すべきいくつかの共通点」を認めるわけです。（三六ページ）〔『今日のトーテム信仰』邦訳四五ページ参照〕

レヴィ＝ストロースは、これらの共通点をどう定義するでしょうか？ 神話のドラマは彼の目にどう映るでしょうか？ もちろんその定義は、純粋に論理的な方法によります。しかしわれわれにとって興味がないとは言えないのは、排除と消去が問題となりそうだからです。彼の記述から、いくつかの実例をお目にかけましょう。

どちらの場合にも、トーテム信仰は、体系として、弱体化した全体の遺物のように導入される。（三七ページ）〔同、邦訳四五ページ参照〕

それぞれの場合に、非連続性は、連続のいくつかの部分を徹底的に消去することによって獲得される。後者は弱体化し、それからは数の減った各要素が同一の空間に思いのままひろがる。一方、各要素間の隔たりは十分大きくなって、それからはもう相互の侵食あるいは混同をさけることができるようになる。

（……………）

オジブウェー族の人々が自分たちの社会の源流と信じている五つの大部族が構成されるためには、六体の超自然的なものが五体だけになること、つまり六体のうちの一体が追いはらわれることが必要だった。ティコピア族の「トーテム信仰」の対象である四つの大切な植物は、よその国の神が、この国の神々が祝宴のために用意してお いた料理を盗んだときに、それだけを祖先たちがうまく確保しておいたものである。

したがって、あらゆる場合に、不連続な体系は、いくつかの要素の破壊の結果として生ずる。あるいは最初の完全な形からのいくつかの要素の除去の結果として生ずる(44)

いまあなたがたに読んでお聞かせしている文章は、『今日のトーテム信仰』のものだけではなく、『生のものと煮たもの』からの文章もならべてあります。そこでは同じ型の分析が、くりかえされ、増幅されています。

レヴィ＝ストロースの見解には、ごらんのとおり、「除去」、「破壊」、「徹底的な消去」などの用語が絶えずくりかえされますが、こうした用語は現実の個人に対する現実の暴力にはけっして適用されていません。問題となっているのは、いつでも物、トポロギー的な領域で一定の空間を占めている物、です。消去される要素は、オジブウェー族の神話では、人間の形をした「狩り」たてられる神であり、また「ティカラウ自身よりもむしろ」ティカラウによって持ちさられたトーテム信仰の植物です。二つめの神話の場合にも、同じく「人間の形をした」神の消去があるという事実は、レヴィ＝ストロースも言うように、二つの神話のあいだのもう一つの共通点なのですが、レヴィ＝ストロースはこの点については、それ以上は口を閉じています。

要するにレヴィ＝ストロースの見解では、一個所ないし数個所の徹底的な消去、ひとりの神の追放、生きているものや食べられるものの破棄などは、「連続量から不連続量への移行の問題を解決するための」さまざまな解答以外のものではけっしてないのでしょう。神話の冒頭で猛威をふるう非差異化された状態は、ある領域の極度の過剰のあらわれと解釈されます。いろいろな物事を識別するためには、物事と物事のあいだに思考がすべりこむことができるようなすき間が必要です。そしてこのすき間は、レヴィ＝ストロースによれば、神話ができたばかりの時には、まだ十分ではないようです。要するに生まれたばかりの思考を舞台に乗せるためには、「場所をあけてやる」こと、物事どうしを引き離して、それを差異化することが問題になるでしょう。レヴィ＝ストロースが言うように、ただの一個所の消去でさえも、それが完全に行なわれるためには、こうした経過をたどるのです。

差異という考え方。構造主義は物事を見るのに、必然的に間隔という用語を使います。そしてレヴィ＝ストロースによれば、神話の思考が空想的なドラマの創出によって何を求めているかといえば、それはまさに差異を空間化すること、差異化の過程を隠喩を使って表象すること、なのです。要するに野生の思考は、すでに構造主義に属しています。しかしそれは、差異化の過程と実際の出来事とを混同している野生の構造主義です。なぜならこの構造主義は、差異化の過程を十分に抽象的な方法で考えるに至っていないからです。神話にはまだこれからも学ぶべき問題が残されていますが、その研究は順調に進んでいます。それはまさにレヴィ＝ストロースの道をたどっています。

この解釈が弁護の余地のないものであることを示すのは、わけはありません。ドラマが、神話の領域から邪魔なものを取り除く方法にほかならぬとすれば、この原則が立てられるとすぐに、ひとつないしいくつかのものが、この領域の一部から消去されるはずです。もしもたまたまそれがこの領域に属していないものであると仮定すれば、またもしもそれがこの領域にあとからはいってきた異質なものであると仮定すれば、そうしたものを消去したとしても、最初の状況と比べて、少しも空間が補足されたことにはならないでしょう。

ところで私の意見によれば、それこそ上記の二つの神話からわかることなのです。なぜなら、どちらの場合でも、消去されたものとは、神なのですから。オジブウェー族のテクストのなかでも、ティコピア族のテクストのなかでも、この神は根源的な神話の領域に属してはいません。それは「訪問者」として紹介されています。レヴィ＝ストロースのトポロギー的な図式は崩壊します。

O　しかしあなたの考えによれば、身代わりの犠牲者は、たしかに共同体に属するものです。

G　その犠牲者が現実の犠牲者であれば、たしかにそのとおりです。しかしその犠牲者が神話のなかに表象されているのであれば、そうではありません。この表象は暴力を通じての和解と、その結果として起こる神聖化によって制御されます。したがって犠牲者は、神聖なもののあらゆる属性と資格とをもって表象されるのです。したがって基本的には、犠牲者は共同体に従属しているのではなくて、共同体が犠牲者に従属しているのです。神話は犠牲者を、あるときは外部から来た者として、またあるときは内部に所属する者として表象します。なぜなら、もう一度言っておきますが、神話はあまりにも豊富な意味作用のなかから選択を行なうものなのですから。犠牲者は、外部の者にみえたり、内部の者にみえたりしますが、それは犠牲者が常に救済者、再建者としての役割を果たすあいだに、絶えず外部から内部へ、内部から外部へと移行するように思われるからです(45)。

私の批判者たちの何人かが断言していることとは逆に、私は宗教に関する表象をその「指向対象」と混同することは絶対にありません。問題はここでもまた、ただ表象だけなのです。

たとえ『今日のトーテム信仰』の二つの例が、レヴィ＝ストロースの理論にとって本質的であるこの点について論議を呼んだとしても——私にはそんなことはとても認めるわけにはいきませんが——われわれはこの二つの例のように正確に構造化された数えきれないほどの神話を援用することができるでしょう。そしてそうした神話は、「消去されたもの」の最初の外在性について、絶対的な明白さを持っているのです。たとえばここでその一例をお見せしましょう。これはヤフーナ・インディヤンにある例で、テーオドール・コッホ＝グリューンベルクが収録したものです。

水に囲まれた大きな家から、太陽に恵まれた地方へ、何年もまえに、ひとりの少年がやってきた。少年はたいへん歌が上手だったから、人々は少年のまわりに集まってはその歌に耳を傾けた。少年の名はミロマキ。しかし彼の歌を聞いてから家に帰った人が魚を食べると、死んでしまう。何年かたってミロマキは背の高い若者になったが、すでに多くの人々に死をもたらしていた。彼は危険な男だった。犠牲者たちの身内の者は、みんなで彼をつかまえ、大きな火刑台の上で焼き殺した。炎に包まれてもミロマキは、すばらしい声で歌いつづけていたが、とうとう死んでしまった。彼の遺骸からは、パシューバというしゅろの木が生えた。その木は大型の横笛をつくるのに役だっている。それはミロマキの歌を再現してくれる。しゅろの実が熟すると、人々はこの笛を吹き、ミロマキをたたえて踊る。ミロマキはこの地方の人々に、こんな贈り物をしたのである。(46)

ここにもまた一つの「徹底的な消去」がありますが、この「消去されたもの」は、「最初からこの地方の全員」に属しているのではありません。ミロマキは共同体の一員ではありません。このリンチの、トポロギー的な解釈は不可能です。

トポロギー的な図式が、一つの表象——じつは常に集団による暴力の表象——の真の意味としてわれわれに与えられるならば、リンチの記述は明白なものとなります。このことを確かめるためには、神話についてのこのレヴィ＝ストロース的な図式を、オジブウェー族とティコピア族の二つの神話よりも、そしてさらにヤフーナ族の神話よりもリンチの表象を明らかにしてくれるような神話に、あるいは神話を脚色したものに、あてはめてテストしてみれば十分です。

エウリピデスの『バッコスの信女たち』の乱痴気騒ぎは、思考のはたらきを邪魔するその場の過剰状態、つまり人間たちの過密、と解釈されるかもしれません。さいわいなことに、バッコスの信女たちは、不幸なペンテウスを消去するために、その場にいます。消去のやり方は、ひじょうに慎み深いとは言えないでしょうが、きわめて効果的で「徹底的」です。ディオニュソス的な考え方がはたらき始め、神の秩序が樹立されます。

リンチの表象だけでは、たしかに、その現実性を推量することはできません。そして私のやっていることは、けっしてそんなことではありません。ところが、レヴィ＝ストロースのトポロギー的図式がリンチの表象の置き換えにすぎないということを確かめようとすると、またレヴィ＝ストロース自身が明らかにこの表象を認めていなかったということを確かめようとすると、早くもめんどうなことが起こるのです。

この置き換えは、どう見てもまちがいらしいのです。それは単にこの置き換えが、ある場合には神話の所与に正確には一致していないから、というばかりではありません。それはまた神話研究が組織的に、リンチのように強い印象を与える気味の悪い表象に頼って、構造主義が取り組んでいる人間の思考の純粋無垢な概念のようなりっぱで学問的なもの――しかも結局はあまり精彩のないもの――を隠すというのが、どうも正しいようには思えないからでもあります。神話は、集団による暴力とは無縁なものを表現するためなら、どうしてこんなにまで集団の暴力に訴えるのでしょうか？　リンチの表象は、いずれはその存在理由が問われねばならないほど、数が多いのです。ひじょうに多くの神話のなかに、いつも、ひとり対全員の集団による暴力が見られるのですが、それはどうしてでしょうか？

B　「消極的な暗示的意味《コノタション》」、「積極的な暗示的意味」

G　ふしぎなのは、この「ひとり対全員」を、レヴィ＝ストロースが少しも見落としていないということです。彼はそこに二つの神話のもう一つの共通点を認めています。ただしそれはそこから、彼の分析のうちでも最も明快なあのいろいろな二元的差異化の一つを導き出すためなのです。その過程の決定的な要素は、彼によってやはり申し分のない明快さで確認されています。彼はこう書いています。「（この二つの神話のいずれにも）個人の行為と集団の行為との、同じ形の対立が認められよう。トーテム信仰については、前者には消極性が認められ、後者には積極性が認められる。どちらの神話でも個人的な加害者的な行為は、貪欲で不謹慎な神の役割である（この神はまた、G・デュメジルの見事な研究による、スカンジナビアのロキと似ていないこともない）。」（三六―三七ページ）〔『今日のトーテム信仰』邦訳四五ページ参照〕

消極性の認められる個人の行為とは、オジブウェー族の神話のなかでは、目隠しを上げて一目見ただけでひとりのインディヤンを殺す超自然的なものの軽率さです。ティコピア族の神話のなかでは、ティカラウによるトーテム信仰の植物の盗みです。ミロマキの神話のなかでは、インディヤンたちが食べる魚の、神話の主人公による毒性化です。

積極性の認められる集団の行為とは、オジブウェー族の神話のなかでは、違反者を海の底まで追いやる他の五体の神の干渉です。ティコピアの神話のなかでは、共同体全員によるティカラウの追跡です。ミロマキの神話のなかでは、有罪とみなされた者を大きな火刑台で焼き殺す犠牲者の身内の者たちです。要するに、積極性の認められている集団の行為とは、いつも集団の暴力なのです。いつも犠牲者に対するリンチなのです。

われわれの考えによると、消極性とは、犠牲者に向けられた「告発」にほかなりません。だれもこの告発の正しさを疑おうとはしないのですし、共同体の全員がこの告発を認めているのですから、共同体は、この告発には、犠牲者を殺す正当で緊急な動機があると見ているわけです。オジブウェー族のあの身代りのヤギがインディヤンをひとりしか殺すひまがなかったのは、他の五体の神があいだに割ってはいって、「あまりにも強すぎた」まなざしによる被害が拡大するのを防いだからです。同じように、ティカラウは大切なトーテム信仰の対象を盗んだのですから、暴力によって追放されたのは当然です。ミロマキの場合にも、もちろん状況は同じです。もしもミロマキという身代わりの犠牲者を片づけてしまわなかったら、共同体の全員が中毒で死んでしまうでしょうから。

「消極性」を注意深く検討すると、それがすべて共同体全体に対する潜在的なあるいは実際的な脅威であることがわかります。オイディプス王の父殺しと近親相姦は、テバイの人々すべてに悪疫をもたらしたのですから、私事であるとは言えません。ペンテウスの不謹慎は、個人的な問題だとも、まったく家族内部の問題だとも言えません。そしてなぜそうなのかは、神話が実際に生じた出来事、実際に起こったリンチの、表象であることを認めるならば、すぐにわかることです。とは言うものの、レヴィ゠ストロースも他の神話研究者たちも、リンチは、それに加わる人たち自身の考え方のなかに表象されているものであるだけに、一度もそれを確認するに至ってはいないのですが。リンチに加わる人たちの考え方は、根拠の不十分な告発を、共同体の目から見て疑うことのできない真実に変えます。したがって神話の問題点は、他の場合と同じように一つの表象なのです。しかし神話研究者たちはこの表象を他の表象と区別していません。彼らは共同体全員の意見の一致によって、つまり身代わりの犠牲者に対する復讐を通じての和解によって、確実なものに変貌した告発を、認めることができないのです。

レヴィ＝ストロースは、彼の二つの神話の「ひとり対全員」を、ぞんざいに扱いましたが、それももっともであると思われるのは、このパタンの持つ重要性にもかかわらず、この関係もまた、逆になったり、位置がずれたり、いろいろに変形したり、そのうえある種の神話の場合には完全に消滅してしまったりする可能性があるからなのです。われわれの目にした神話のなかには、たったひとりの犠牲者が、たったひとりの生存者となって、共同体の全員を滅ぼしたあと(これもまたまさしく身代わりの犠牲者ですが)、選択と差異化によって共同体を蘇生させるようなものも、実際にはあります。『生のものと煮たもの』のなかでレヴィ＝ストロースは、そうした神話の一つを引用し（ボロロ族の）それをオジブウェー族とティコピア族の二つの神話に比較しています。(五九ページ以下)

L　レヴィ＝ストロースは、神話の表象のすべてを、同じように研究対象にしていますし、そのすべてを同じように疑わしいものと判断しているのですから、その懐疑主義は、逆説的に、基礎づくりの暴力の本質的な点について、宗教上の信仰にほかならぬような結果を導き出していることになります。それによれば、ほんとうに徹底的な批判、こうした暴力の秘密を明らかにするような批判は、不可能になります。近代的な研究態度が、奇妙なことに、宗教上の信仰と同じ結果を持つことになります。そしてそれは、おどろくにも値しないことです。なぜならいずれにしても、あらゆる表象をいつも同じ方法で扱うほうが、すぐれているのですから。あらゆる表象を信ずること、あるいはそのいずれをも信じないこと、それは結局は同じことになります。ほんとうに神話を批判するためには、そしてまた神話の偽りの外観を打ちくだき、われわれにその発生の秘密を明らかにしてくれるような分析の道具を作り出すためには、あなたがなさっているように、表象のあらゆるアプリオリな理論を拒否しなければなりません。

O　神話にあらわれる無数のリンチのなかで、単なる差別についても——つまりそうした暴力を何ら必要とせずに存在するような人間の考え方の基本的な過程である単なる差別についても——不必要にドラマティックな表象を見る必要があるでしょうか？　あるいはまた、それとは逆に、どんな差別のうちにも、集団によるリンチの結果を見なければならないのでしょうか？　ほんとうの問題点はそこにあります。要するにあなたは、ある本質的なものについて、レヴィ＝ストロースと意見が一致しています。人間の思考の発生と神話（あなたのお考えではあらゆる宗教形態）とのあいだには、一つの関係があります。しかしレヴィ＝ストロースにおいては、この関係はまったく象徴的なものであり、神話は人間の思考の、罪悪とは関わりのない発生を——この方法はどうしても空想的になりますが——舞台にのせるのです。

G　あの二つの、そしていままでは三つのと言ってもいい神話に共通な特徴は、レヴィ＝ストロースが、それを見事に引き出しています。それはふつうは集団による追放という形であらわれる、消去されたものの消極的な暗示的意味《コノタシヨン》であり、消去そのものの積極的な暗示的意味です。しかしレヴィ＝ストロースは、こうした特徴がすべて互いに関連のあるものであることを説明できません。それもそのはずです。彼はそれを説明しようとさえしていないのですから。理由はわかりませんが、彼が示す論理的でトポロギー的な図式の全体的な状況のなかでは、事実、消去されたものは、単に消極的な暗示的意味の対象となるばかりでなく、のちには、神の特性であるあのきわめて積極的な暗示的意味の対象にもなるでしょう。これがレヴィ＝ストロースには、他のすべての問題よりもなおさら説明のつかないものであり、彼はこの問題をジョルジュ・デュメジルにゆだねることで満足していますが、デュメジルもまたそれを説明してはいません。ほかの研究者と同じように、レヴィ＝ストロースは、自分自身が引き出したあらゆる特徴の相互の関連

――偶然の結果というにはあまりにもしばしば見受けられる関連――の暗示するおどろくべき可能性に気づいていません。われわれは、文字どおり何千という例を引用することができるでしょう。徹底的な消去とは、集団による暴力のことであるとすれば、そしてまたこの暴力が、犠牲者が犯したとされるある種のひどい悪事や悪行によって正当化されているのだとすれば、レヴィ＝ストロースが確認はしているものの、その全般的な並存を説明していない二つのグループの特徴を、まったく同じように理解の可能なものとしまたそれらを相互に連節することは、困難ではありません。リンチを肯定できる行為とみなしうる一つの、ただ一つの考え方があります。というのは、その考え方は、犠牲者のうちに、あらゆる手段によって払いのけねばならぬ実際の脅威を見ているからです。そしてそれは、リンチに加わる人たち自身の考え方、その人たちが自分たち自身のリンチについていだいている考え方なのです。

こうした主張は、ひとりでに生まれてきます。というのは、それはあらゆる共通の意味作用が提起する問題を、すべて解決してくれるからです。それは、神話の初めには混乱があってそれが優位を占めている理由を、理解させてくれます。それはまた犠牲者が、集団によって追放されるその瞬間に、共同体全体にすぐさま、あるいはいつかは脅威を与えるような罪を犯したとみなされる理由を理解させてくれます。それは、この犠牲者に対するリンチが正しいもの都合のよいものに見えてくる理由を理解させてくれます。それは、リンチの参加者たちの考え方、そして長い年代にわたるその後継者たちの考え方だけが、つまり宗教的な共同体だけが、犠牲者は不幸に対して実際に全能の力を持つという確信、犠牲者は殺されなければならぬという確信、別な角度から見ればリンチにはしかるべき根拠があるという確信、に説明を与えることができます。犠牲者へのこうした転移を通じてまさに全員一致で和解できたリンチの参加者たちの考え方――和解はしてもその模倣性のメカニズムはわかっていない参加者たちの考え方――によってのみ、犠牲者は供犠の行事のあいだ憎悪されるばかりか神格化もされるということに――なぜなら和解の責任は犠牲者にあるのであってリンチの参加者にあるのではないから――説明を与えることができます。この神格化の作用こそ、リンチの効果を明らかにしてくれるものです。なぜならリンチの効果とは、犠牲者を対象とする転移などということをまったく知らないために生まれるものなのですから。そしてもちろん、この全員一致の転移によって、共同体は和解させられなければなりませんし、まただからこそ平和と秩序への回帰は、犠牲者によるものとみなされるのです。

われわれの仮説に照らしてみれば、逆説的な構造が明らかになるばかりか、多くの細部も理解できるようになりますから、いやでも確信を強めないわけにはいきません。たとえば、犠牲者に重くのしかかる告発の、いくつかのふしぎな様相を思いうかべてみましょう。オジブウェー族の神は目隠しを上げ、見られたインディヤンは倒れて死にます。ミロマキはインディヤンたちの食物を、それに手も触れずに、有毒なものに変えます。おそらくミロマキがいるだけで、食物は有毒なものに変わったのでしょう。多くの社会で、ミロマキやオジブウェー族の神のようなものは、あれは目つきが悪い、「シチリアの凶眼《マロツキオ》だ」と言われていると思います。神話の空想は、言われているほど自由奔放な予測不可能なものではありません。それは一定の型に属しています。この型を確定するために、さまざまな努力がなされてきましたが、これまでに出された精神分析的な、美学的な、神秘的な解答は、いずれも本質を明らかにしてはいません。われわれはいま、社会的な、集団的なものと取り組んでいますが、われわれの目を開いてくれるのは、バラ香水のように甘ったるい原型をもったユングではありません。

悪い目つきとは、通俗的な文化のテーマです。それは最近まで、あえて「後進の」と呼ばれてきた多くの共同体のなかに見うけられます。なぜなら、この種のテーマは、たしかにそうした共同体のなかにひろまっているばかりか、あまねく信仰の対象にもなっているからです。われわれはこのことをそれほど重視しているわけではありませんが、そこに、人間関係に重大な結果を及ぼすことのなくなった「魔術的なものの残存」を見てはいます。しかし、この種の告発が、まずたいていは、事実上の陶片追放《オストラキスモス》を、ときには迫害や死を、こうしたことに身をさらす人々にもたらす、ということを無視するわけにはいきません。[47]

だれもが悪い目つきの存在を信ずるようになると、共同体の内部に起こる不都合の原因はすべて、だれにでもかまわず押しつけることができるようになります。悪い目つきは、レヴィ＝ストロースの言うように、その目の持ち主の知らぬ間に「友好的な意図」によって作用を及ぼすわけですから、そのことで恐ろしい告発を受ける犠牲者ミロマキは、自分の身を守るようなことは何も言うことができません。何か言えば、それは必ず自分の身にはね返ってきます。身の証しを立ててくれるようなものに救いを求めることも、まったくできません。無罪を証明することは絶対にできません。ほんのちょっとした不都合から、最悪の災害に至るまで、悪い目つきに罪を負わせることができないようなものは何もありません。それには、個人ではだれもその責任を負いかねるような、たとえば伝染病のような大災害まで含まれます。オイディプスの場合もそうです。

悪い目つきとは、特に神話にあらわれる告発のことです。そしてわれわれは、あらゆる種類のよく知られた文化のテーマを、この告発に帰することができます。そうしたテーマは悪い目つきに由来するものですが、われわれは両者を結びつけはしません。というのは、そうしたテーマは、われわれの前に、変形された状況のもとで姿を見せるからです。古典的な文化という、文字どおり神聖化されてしまった状況のもとで、姿を見せるからです。テバイの人々に悪疫をもたらすオイディプスのふしぎな力は、明らかに、悪い目つきの伝説的な一つのヴァリヤントにほかなりません。『バッコスの信女たち』のなかでは、ペンテウスの誤った好奇心、バッコスの信女たちの様子をさぐろうとする邪な欲望の発覚が、信女たちの怒りをいやがうえにもかきたてます。ペンテウスののぞき趣味の精神分析的な意義を求めるまえに、もう一度この現象を、その集団的な社会学的な真の状況に置きかえてみる必要があります。集団による暴力への傾向が発酵しつづけているすべての社会に、「悪い目つき」への恐怖がありますが、それはたいていは、じろじろ見られたときのいかにももっともな不安という形であらわれます。戦時中の「尾行妄想」も、もちろんこれと同類の不安です。合衆国の南部ではたしかに、リンチの恒常化と、ピーピング・トムつまりのぞき屋に対するよく知られた強迫観念とのあいだには、緊密な関係があります。それは最近まで外来者たちに対して何かひじょうに強い印象を与えるものを持っていました。

悪い目つきが、神話のなかのあらゆる告発のなかで、何か特権的なものを持っているとすれば、その理由は、無意識の模倣《ミメティスム》の闘争的な力が究極的に作用しているからです。そしてまなざしを受けて初めて発揮されるこの力は、悪い目つきをした身代わりの犠牲者に全面的に投影されます。現代では悪い目つきに対する告発は、微妙な形態をとることがありますが、そうした告発に誘惑されるのは、いつでも、あまりにも強い緊張や乗り越えがたい葛藤と戦っている一群の人々です。そしてこの誘惑とは、こうした緊張の、ことばではあらわしがたい解決しがたいものを、犠牲者に、もちろんそれをどうかわすこともできない犠牲者に、投影することなのです。要するに神話にあらわれる告発のふしぎさは、集団による暴力のいちばん初期の粗雑な形態を脱しきれずにいる人間たちのグループのなかに見いだされるのです。

たとえわれわれが、オジブウェー族の神話やティコピア族の神話などの場合のように、告発や暴力の表象がときには明瞭さを欠くことを認めるにしても、またそうした場合に観察者の盲目ぶりには情状酌量の余地があることを認めるにしても、こうした半ばしか目に見えないリンチの神話と、ミロマキの神話や

「バッコスの伝説のなかの例外なくすべてのエピソードにあるような」だれの目にも明らかなリンチとを比較してみるならば、絶対に何も見るまいと決めこんでいる観察者も、ついには目を開かれずにはいないでしょう。たしかに、この地球上のほとんどすべての神話のなかに、多少なりとも明らかなリンチが描き出されています。リンチは最もよく見うけられる神話的行為なのです。とりわけ特徴的な神話的な行為なのです。しかしそれを、レヴィ＝ストロースの『神話研究』や、その他の専門的な著作のインデックスで探してもむだです。たとえそれが根拠のない表象にすぎないとしても、いったいだれがこれほどおどろくべき反復作用に説明を与えてくれるでしょうか？

L　レヴィ＝ストロースが言っているように、学問とは反復されるものの研究なのですから、われわれは徹底的な消去の本質について、レヴィ＝ストロース自身も提起しようとしない問題を、われわれ自身に提起せざるをえません。

G　しかし、くりかえして言っておきますが、私がリンチは実在すると結論を下すのは、リンチの表象だけからなのではありません。それはまた、悪い目つきと同じほどはっきりとした意味を持つ告発が犠牲者に向けられるからでもありません。科学的な思考力をほんとうに持っている観察者が、リンチは実在しないはずはないと結論せざるをえないのは、この「二つの型の表象にいつも関連があるから」です。神話のなかの告発の特徴であるほんとうとは思えないようなものが、集団による暴力の表象をほんとうらしく見せるのに、大いに力をかしています。その逆の場合もあります。この二つの型の関連が生ずるための、満足すべき説明は一つしかありません。そしてそれがリンチの実在です。この二つの型を結びつけるのは、リンチに加わる者自身が、自分たちのリンチに説明を与えるときの考え方です。こうした考え方を生じさせるリンチがないのだとしたら、リンチに加わる者のこうした考え方が至る所にあるのは、どうしてでしょうか？　神話が、危機の兆候から和解の兆候に至るまで、犠牲者に逆らって、また犠牲者をめぐって、われわれに提供してくれる一種独特な組成を持ったテーマは、以上のような考え方によらなければ説明できません。でもこれからは、それが、神話の背後にどうみても本もののリンチがあるという、ただそれだけのことによって、十分に、完全に、説明されることになります。

O　不和に襲われたある共同体がリンチによって和解に至ったとしても、またリンチがこうした共同体自体とその後につづく代々の共同体によってわれわれにもたらされるのだとしても、リンチは和解を生み出す効果に必然的に含まれる、物事を変貌させるという考え方があって初めて、われわれにもたらされうるものです。神話と呼ばれるものはすべて、要するに、テクストの面でのこうした考え方の結果にほかなりません。それはちょうど、儀礼と名のつくものがすべて、リンチの参加者たちが現実の供犠の行為のうちに、和解という事実を思いうかべようとする意志ばかりではなくそれを再現しようとする意志——われわれにもよくわかる意志——の結果にほかならないのと同じことです。

G　われわれが検討した三つの例に共通な特徴は、二つのグループに分かれています。その一つは、徹底的な消去、積極的に認められた消去であり、他の一つは、消去されたものの消極的な暗示的意味《コノタション》（実際には、消極的でもあり積極的でもある二重の暗示的意味）です。この二つのグループは、レヴィ＝ストロースの考え方では、二つに分かれたままになっています。この二つは、基礎づくりのリンチという命題のなかでなければ、接合されること、連節されること、はありえません。

だからこそ、この命題は絶対に必要なものなのです。それだけが、神話がわれわれに示すほんとうらしいものとほんとうらしくないものとの組み合わせに、説明を与えることができます。

「構造主義はわれわれに表象とその指向対象とを混同しないように教えてくれた」ということを口実に

して私の命題をしりぞける人は、私が神話の背後にある実際のリンチを公準として提起せざるをえない理由を、完全にとりちがえています。神話にあらわれるリンチの表象は、いつでも、われわれがその実在を推定せざるをえないような状況のうちに見いだされます。なぜなら、こうした推論だけが、神話を全体的に、また細部まで明らかにすることができるのですから。

L　われわれの考え方を要約してみましょう。

1　暴力の非差異状態というテーマ、つまり集団による暴力を引き起こしやすいタイプの社会的状況。

2　ユダヤ人虐殺、リンチなどの、集団による暴力の特徴的な告発。

3　集団による暴力の表象。

4　リンチの鎮静的効果を暗示する文化の確立あるいは再確立のテーマ、そしてこのテーマが儀礼の行為のモデルとして選ばれること。

5　本質的な要素――すべての人々を誤った道に向かわせるが、いったんわかってしまえば事態をきわめて明らかにしてくれる要素――それは、神話の主人公に対する告発が単なる告発として与えられているのではなく、絶対確実な、議論の余地のない所与として与えられているということ。

O　このパラドクスは強調しておく必要があります。つまりいったんほんとうにわかってしまうと決定的な証拠に変わる特徴が、一方では、常にすべての人々を欺いてきた特徴であるということ、神話の主人公の「消極的な暗示的意味《コノタション》」であるということ。

G　この読み方は、いったんそれがわかってしまうと、すばらしい迫力を持つようになります。あえて断言しますが、それはいまや神話の究極的な説明になっています。なぜならそれによって一挙に不明確な所がまったくなくなって、一切が理解できるもの、首尾一貫したものになるばかりか、同時に、なぜまず信ずる者が、それにつづいて信じない者が、いつもあらゆる神話の秘密のそばを、しかもきわめて単純な秘密のそばを、通りすぎてしまったのかが理解できるからです。前者は神話のすべての表象を盲目的に信頼しているのですから盲目ですし、後者はこの信頼に、盲目的であると同時に抽象的な不信を置き換えています。なぜなら、念を押して言っておきますが、不信もまた同じように、あらゆる表象を対象にしているのですから。神話が何物かを意味するものだとすれば、それは常に、それが直接語るものとは別な何物かです。フロイトのコンプレクスです、レヴィ＝ストロースの思想の抽象的な起点です。

人々はレヴィ＝ストロースの概念の、ほんとうとは思えないような、まことにふしぎな性格を、あまり強調することはしません。生まれつつある思想、人間の考え方についての最初の概念、言うまでもなくしみ一つない概念を叙述するという『若いパルク』のポール・ヴァレリの計画が、神話全般から生まれたとすることは、理由のあることではありませんし、考えられないことでさえあります。

基礎づくりのリンチという命題は、初めはどんなに意外なものにみえても、レヴィ＝ストロースの命題よりは、はるかにほんとうであるように思われます。神話は、私から見ると、構造主義がそれに与えているような、信じがたい詩的哲学的意図を、まったく持っていません。神話のほんとうの意図は、さまざまな危機や基礎づくりのリンチを、つまり文化の秩序を構成あるいは再構成した事件を主体とする一連の場面を、想起することです。レヴィ＝ストロース的な観念のうちに正しく深い何かがあるとすれば、それは思想の生誕が神話のなかで起こるという観念です。思想の生誕は、構造主義があえてそう考える以上に、直接神話のなかで起こっています。なぜなら、人間の思想で、基礎づくりのリンチから生まれないような思想はないからです。しかし、レヴィ＝ストロースがポール・ヴァレリと同じようにまちがっている点、それはこの生誕を清浄無垢な概念と思っていることです。レヴィ＝ストロースは、至る所でくりかえされているリンチを、単なる「虚構の」隠喩――知的でありそれだけが現実的である活動の虚構の隠喩――と見ています。ほんとうは、リンチについては、すべてが具体的なものなのです。人々がそれに気づけば、その瞬間から、神話のすべての要素の緊密な関係は、一点の疑問をも残さぬほど完全なものになります。レヴィ＝ストロースが貴重な存在であるのは、ほんとうの起源の要素をすべて教えてくれるからです。ただし彼は自分が取り組んでいる問題を――「徹底的な消去」つまり「積極的に認められた行為」とか「消極的に認められたもの」などを――まったく理解していません。そこではもちろん、人間関係の――共同体の構造を暴力的に分解したあとそれをまた確実に組み立てる「身代わりのヤギ」のメカニズムを始動させる人間関係の――無意識の模倣《ミメティスム》に関して、本質的なものが一つ残らず排除されています。

C　身代わりの犠牲者の身体的な諸特徴

O　ティカラウはオイディプスと同じように、みせかけにもせよびっこをひきます。神話の主人公が、ひじょうに多くの場合に、身体的な特殊性を、特に身体障害を持っているのにはおどろきます。それについての解釈はたくさんありますが、互いに矛盾しあっています。あなたはこうした顕著な特徴を、どう読むべきだとお考えですか？

G　有名なびっこの例としては、ほかにも『創世の書』のヤコブだとか〔三二の三一〕、ギリシア神話のヘパイストス、その他の例があります。レヴィ＝ストロースも、こうした正常ではない主人公、ハンディキャップを持つ主人公たちについて、彼なりの解釈を下しています。彼にとっては、もちろんのこと、この問題を彼のトポロギー的なモデルに、有名な「連続量から不連続量への移行」の問題に、関連させなければなりません。

こうした（神話では）いつでも（……）いくつかの要素の破壊の結果、あるいは最初の総体からのそうした要素の除去の結果、不連続な体系が生ずる。どんな場合にも、こうした低減化を引き起こす者は、それ自体が減らされる者である。オジブウェー族の六体の神々は、みずからの意志で、その目を隠す。そして、目隠しを上げた仲間を、罪を犯した者として追放する。ティコピア族の盗人である神ティカラウは、祝宴の料理をできるだけうまく奪うため、びっこをよそおう。（……）めくら、びっこ、片目、手なし腕なしなどは、世界中のどこの神話にもよく見うけられるが、そうした姿はわれわれから見れば欠如であるために、とまどいを感じさせられる。しかしいくつかの要素の除去によって不連続になった体系が、数量的にはより貧しくなるとしても、論理的にはより豊かになるのと同じようなわけで、神話はよく不具者や病人に積極的な意義を与える。彼らは調停の様式を体現しているからである。われわれは不具と病気を欠如として、したがって一つの害悪として想像する。しかし、死が生と同じように現実のものだとすれば、またしたがって実在するものとは現にあるものだけなのだとすれば、あらゆる条件は、病理学的なものさえも、それなりに積極的な意義を持つものである。(48)

レヴィ＝ストロースが「低減化を引き起こす者」と名づけるものは、これは注意しなければならないことですが、それによって全体が低減化するもの、共同体から切除されるもの、別なことばで言えば犠牲者でもあります。しかしレヴィ＝ストロースは、こうした事態を、われわれがやるような文学批評的な目で見て、この問題をトポロギー的な寓意の「入れ子構造」として扱うほうが好きなのです。そこでもまた彼のまちがいを指摘することは、むずかしくはありません。神話についてごく表面的な知識がありさえすれば、よけいについている器官あるいはあとから加わった器官が、足りなくなったあるいは減ってしまった器官と、まったく同じ役割を演ずることは、明らかになります。せむしもまたよく知られた神話の主人公です。せなかのこぶは、もちろん付加物であって、除去されたものではありません。びっこを引くこと自体も、それが短くなった足としてではなく、ライオス王の息子オイディプスの有名な「腫れた足」〔オイディプスの語源〕として定義されるならば、この型に属するはずです。

レヴィ＝ストロースの読みは、明らかにまちがっています。フロイト説の支持者たちの読みには、少なくとも、減少によるのと同じように増加による不具がありうることを認める利点があります。要するにわれわれはいつでも、去勢と結びつけることができないものは何でも、昔からある好都合な男根というシンボルに結びつけることができます。そしてそれが逆のこともあります。一方、神話のあるテーマが、精神分析をつまずかせることもあります。それは明らかに性的なテーマです。シンボルについての精神分析の理論によれば、性的な要素は、転換されるためには、抑圧されることが必要です。アーネスト・ジョーンズの研究による笑劇の道化役ポリシネルがいつもつけている背中のこぶは、それにまったくおあつらえ向きの例です。ところが、多くの神話のなかでは、隠されるべきものがあまりにもはっきりと示されているので、抑圧という説明だけでいつも十分だなどということはありえません。たとえばあの北アメリカの、とほうもなく長い性器を持つぺてん師の神話などは、どう扱ったらよいでしょう。このぺてん師は、それを切ってもらうか自分で切るかして決定的に処理するまで、もちろん、首のまわりに巻きつけて持ち歩かねばなりませんが、その手術はどちらにしても、去勢の「コンプレクス」にかかわりのある気の毒なほど明白な手術です。そこには去勢それ自体ではなく、ただコンプレクスのみがちらりと姿を見せているはずだ、ということに留意しましょう。

もちろんパリのフロイト説支持者たちは、たいへん皮肉な連中ですから、こうした反論に応じないはずはありません。彼らは男根と興奮時の男根を分け隔てるおどろくべき深淵や、ほかのぐあいのよいものを——彼らを考えうるかぎりの批判から守り、絶対に何を言っても心配がないようにしてくれるぐあいのよいものを——いろいろ見つけ出しました。だからこそ、究極的には、きわめて才気にみちた知的遊戯が、何かがわかるという点ではほんのわずかなおもしろ味しか持たない、ということになるのです。大がかりな理論がいろいろありますが、それも次第に涸渇していきます。衰退の途中で大ざっぱな修理がなされますが、修理はますます軽業的に精密なものになるものの、結局は、ほかのものへの変換の時期が来ているということ以外に大したことがわかるわけでもありませんし、この修理自体がそうした理論の涸渇の特徴を明らかにすることになります。シンボルについてのラカンの諸理論は、この点について、レヴィ＝ストロースの理論に——トポロギー的なモデルである「入れ子構造」としての神話のなかの不具についての理論に——似ています。そうした気取った言いまわしはどんなものでも、長いあいだには、必ず人をうんざりさせますし、それはまたまちがいなくわれわれを、われわれのまわりで花盛りである懐疑主義へと導いていくことになります。

O　こういうからだによくない知的風土のなかで成長する人々にとっていちばん重大なことは、そうしたものを一掃できるような、いつかは必ずその価値が認められるような、真に革命的な直観が、あまり「単純」すぎて注目に値しないようにみえるということです。

G　解釈の仕方の研究はますます精密の度を加えつつありますが、そのために研究者は、自分の目にはっきり映っているものが見えなくなっています。事態を理解するためには、いつものとおり、最も未開な、最も近づきにくい人間のグループの方をふり向かなければなりません。多数派を一つの極にまとめようにも、種族としての少数派のまとまりも、宗教上の少数派のまとまりもないような所では、当然なことですが、犠牲者がまったくあてずっぽうに選ばれるということは、まだありません。無意識の模倣《ミメティスム》の方向を定めることができる要素は、ほかにもまだあります。それは身体的な要素、つまりある個人を他の者よりも社会生活に不向きにするすべてのもの、だれにも気づかれずにはすまないようにするすべてのものです。そしてこれこそ、神話のなかの不具の役割が、器官の除去とか付加を越えて——われわれはこれまでそこにとどまっていましたが——はるかに先へ進む理由なのです。モーセの重い口、重い舌は、オイディプスの腫れた足と同じ役割を演じています。そしてレヴィ＝ストロースが分析した神話の主人公たちのまき散らす、あのむかつくようなにおいもまたそうなのです。

O　私の考えでは、不具はそれ自体で一つの差異をあらわしています。そして、そうしたものとして、不具は無意識の模倣《ミメティスム》に磁力を与えます。たとえば私は次のようなことを観察しました。子どもたちのグループのなかに、どもりやびっこの子どもがひとりいると、ほかの子どもたちはどうしてもその子の真似を始めます。そして二次的にでしかありませんが、また不具の子どもの反応によってですが、この真似はからかいとして、やがては迫害として、ほんものになっていきます。

G　子どもについてのあなたの話は、私にはひじょうに暗示的に思えます。神話を理解するためには、子どもたちのようなグループの行動を観察すれば十分なのだ、と私は考えています。彼らが好んでいじめるのは、よその子どもであり、いちばんあとにきた子どもであり、そういう子どもがいないときは、グループのなかの、どこかが不具だったり目だった身体的特徴があったりして、それがほかの子どもたち全部の目にとまるような子どもなのです。それは大人のグループの場合でも同じで、大人のほうがいっそう目につきます。いろいろな人間がいちばんまざりあっているようなグループのなかで、いつもなぶり者にされる者がどんな特徴を持っているかを、ちょっとよく考えてみれば、そうした特徴がすべてこの地球全体の神話のなかに例外なく見つかるということが、容易にわかるはずです。物事を正面から直視し、それを率直に考察すればそれだけで、われわれがいっしょに話を始めてから絶えず証明してきたことのもう一つの証拠を、神話にあらわれる不具のなかでわれわれがつかんでいる、ということがわかるはずです。神話が迫害というわかりやすい様式から切り離されているのは、ただ、大昔から神話を解読する力がなかったからです。つまり暴力という事実と、それがいろいろなものを生み出す力とを、それがまったく臆面もなくむしろ無邪気にと言いたくなるほど平気で姿を見せている所でさえ、最後までかたくなに認めまいとしていたからなのです。

新フロイト主義や構造主義のまちがった精密さを、われわれの精神のなかから一掃するため、論争の興奮をしずめるためには、身体的特徴の問題がふつう考えられているよりもはるかに「深く」根をはっている、ということを認めねばなりません。その根はじつに深くて、動物の生活のなかにその前提が見いだされるほどです。神話のなかで不具や奇形の演ずる役割がどんなものかを理解するためには、たしかに、動物のやり方も考えてみなければなりません。それをまっさきに考えてみなければなりません。同一種の猛獣が多数集まって大きな群れをつくっているときに、そのなかで犠牲になるものがどんなやり方で選ばれるかを、考えてみなければなりません。選ばれるのは、きまって、群れの一律性からずれている動物です。このはっきりした差異は、あまり若いために生ずることも、逆に年老いているために生ずることもありまず。あるいはその動物が何かの障害のために、ほかの動物と同じように規律正しく動き回ることができなかったり、いつでも正しく行動することができなかったりするために生ずることもあります。動物行動学者が主張するように、この選び方が、生態学《エコロジー》の方面に満足すべき結果を及ぼしているということが事実だとすると、われわれは、人間の社会のまったく自然のままの均衡と、供犠を通じての均衡とのどちらにも相互に関係のある、もう一つの解釈を持つことになります。

L　あなたが言っておられることは、レヴィ＝ストロースもたしかに少し予感しているはずです。なぜなら、事実彼は読者に、「とまどう」ことのないように忠告しているのですから。

G　近ごろの考え方の大きな弱点は、科学的であるとは生きた関係を消してしまうことだというまちがった考え方です。つまり生きた関係をまったくの客観性にまで切り下げてしまうことです。レヴィ＝ストロースは、集団のなかの断片である犠牲者、当然の結果として起こる消去というその殺害、連続から非連続への移行としてのこうした死の効果、などを論ずるとき、それまで以上にこうした錯覚に陥っています。彼は並外れて科学的であると思いこんでいますが、実際には彼以前の神話とまったく同じように、リンチを変貌させるための一つの隠語をつくり出したにすぎません。

しかし十分に誠実であろうとするなら、われわれがいま分析した構造主義の発言が、それに先立つさまざまな発言よりすぐれていることは認めなければなりません。それは問題を「進展」させています。なぜならそれは、たしかにその問題のなかのある種の論理的な骨組みを引き出しているのですから。同じように、『トーテムとタブー』の四番めの論文は、神話の核心に集団による殺害が構造として存在することを明らかにして、問題を進展させています。

O　レヴィ＝ストロースは、したがって、自分が思っているよりもフロイトに近いのです。殺害についてのフロイトの考え方の論理の型を読みとりさえすれば、あるいはレヴィ＝ストロースの論理的な考え方からフロイトの言う殺害を読みとりさえすれば、われわれがいま明確な表現を与えようと努めている仮説に到達することができると思います。

G　われわれがやっているのは、まさにそれ以外の何ものでもありません。そしてわれわれはもう一度、次のことを確かめることができます。つまり、たとえわれわれの仮説が、多くの点で、それに先立つもの全体とのおどろくべき断絶を生み出すとしても、この仮説は、それに先立つあらゆる種類のすぐれた民族学上の直観の、直接の延長線上にあるのです。ただしそれは、単にいくつかの仮説の延長線上にあるのではありません。この仮説を一種の風変わりな発見として現代風のセンセイショナルな文体、「商売上手な」理論家の文体で紹介したり、またその民族学上の古典的な性格を認めなかったりすれば、この仮説をたいへん不当に扱うことになります。

そこでこの仮説と、レヴィ＝ストロースが神話について詳説している模範的な型との関係を示すことが必要だったのだ、と私は考えています。この関係を把握すると、そのときわれわれの口には、ついに、たとえば『バッコスの信女たち』のある種の構造主義的な解釈を読んでいるときなどに、モリエールのあの汲めども尽きぬ味わいを持った一文、「ああ！　そのことは、ほんとうに優雅なことばで言われていますね！」〔『人間ぎらい』第一幕第二場、オロントの詩へのフィラントのお世辞〕が浮かんできます。

L　皮肉な微笑を浮かべることは禁じられていないと思いますが、あなたのレヴィ＝ストロースの読みは、否定的であり論戦的ではあっても、せいぜい二次的にそうであるにすぎません。問題の「こと」が、本質的なものを理解するためというにはあまりにも優雅なことばで示されているのは、きわめて明らかなことなのですが、大切なのは、そうしたことがほんとうにそこにあるということですし、またリンチをレヴィ＝ストロースの記述そのもののなかで明らかにすることができるということ、つまり真に科学的な要素を、トポロギー的構造主義の隠喩的科学性のなかから引き出すことができるということです。要するにレヴィ＝ストロースの場合は、フロイトの場合と同じように、そうしたことがほんとうに示されていて、モリエールのせりふも肯定的な意味を持っています。ところがエピゴーネンたちのなかでは、しゃれたことばだけが、いっそうわざとらしく使われ、単なるおしゃべりになりさがっています。最も実質的なものが消え失せてしまって、一切がニヒリズムを――われわれがそこに溺れつつある、認識のニヒリズムを――助長しています。

G　この問題を終えるにあたって、構造主義者たちが言うような、レヴィ＝ストロースの発見したトポロギー的なモデルの真の「暗示的意味《コノタション》」を考察するのは、興味深いことですが、少し不安でもあります。このモデルは、過剰のモデルです。この過剰状態を緩和するにはどうしたらよいでしょうか？　ある地域をより気楽に歩き回れるためには、多すぎる人間をどうやって減らしたらよいのでしょうか？　これが、いつになっても出されつづけている問題です。事実、きわめて冷静な論理の外観のかげに、過密人口に対する強迫観念が透視できます。たしかにこの強迫観念には、社会心理学の論理的結果が数多く含まれています。現在では、それは至る所で見いだされます。それはいわゆる「発展した」国々にとって重大な意味を持つ強迫観念になっています。

今日では、人類の悲劇的状況を示すのに、全面的な破壊は避けなければならぬという言い方がなされるばかりか、一方では、選択的破壊を進めなければならぬという言い方もなされています。選択的破壊は、それが全面的破壊に向かって地すべりを起こすおそれのある時代には、認めることのできないものとなります。要するにこの問題は、人類を滅亡させることなく人口を減らすのにはどうしたらよいか、という問題です。それこそまさに、レヴィ＝ストロースの「トポロギー的な」モデルにまごうかたなく反映されている供犠の問題なのです。このモデルはまたわれわれに、ありとあらゆる都市の過密状態を思い起こさせます。たとえば交通渋滞とか超満員のバスのように、ひとりでもしめ出すことができればおそらくすぐにみんながより楽になれるような状態を思わせます。要するにわれわれの時代では、身代わりのヤギの問題は、いろいろな統計のかげに好んで身を隠しています。そしてまたそうした統計が示す膨大な量から起こる特に近代的な不安のかげに身を隠しています。

第五章　迫害のテクスト

A　神話のテクストと指向対象

O　あなたの言われることは、要するに、個々に考察された神話のなかにも、基礎づくりのリンチという命題が幅をきかせている、ということです。神話の全般的な表象は、この二重に人の目をくらますリンチとの関連で考えるのでなければ、説明されることはありません。なぜなら、身代わりのヤギというどう見ても好ましくない行為に、どう見ても好ましい結果がつづき、重ね合わされるからです。この二つのことはいずれも、犠牲者への二重の転移——初めのうちは不和と混乱との、あとになっては和合と秩序との二重の転移——にほかなりません。

禁忌と儀礼の比較によって分析を行なうときに公準としなければならないものはすべて、つまり模倣の危険性と犠牲のメカニズム、文化的な秩序の解体と再構成などは、神話の研究を行なうときにもまた公準としなければならないものです。儀礼が再現しようと努めるものを、神話は想起しようと努めます。いつでも、同じ一連の出来事を——仮説がその正しさを主張するような出来事、たとえ考察の対象となった宗教形態がどのようなものであれ、そうした一連の出来事を——想起しようと努めます。

G　あなたの主張はもっともです。というのは、現代のこうした雰囲気のなかでは、われわれの仮説が結局は、実際の集団による暴力を、それが神話によくあらわれているというただそれだけのことから推論しているにすぎない、自分でも気づかずに表象から「指向対象」へとすべりこんでいるにすぎない、と考える人があいかわらずいるらしいからです。「レヴィ＝ストロースとその後継者たちが教えてくれたことをすべて」考慮に入れていないと非難する人もあるでしょう。また、われわれが表象に素朴な信頼を寄せているということがこれで明らかになった、と想像する人もいるでしょう。

O　どんな時にもあなたの仮説は、内在分析と呼ばれるものの原則に違反していません。つまり考察すべき全体のうちで、テクストによる所与を特に対象とする分析に、違反していません。あなたの仮説は、まったく内的な、そうした分析の結果です。くりかえして言っておきますが、それは完全に意味づけの操作に限られた分析です。この意味づけのために、分析者は最終的には、余儀なく内在性という規準に反するようになります。しかしこの場合もまたそれは、軽率な横すべりのうちに起こる気軽な反則ではありません。熟考のあげくの、そしてそれを常にはっきりと意識したうえでの違反です。和解をもたらすリンチがなければ、いろいろな意味づけの操作は、ばらばらでわけのわからないものにとどまります。ところが、この意味づけの操作のうちに、リンチの参加者たちが考えているような、和解をもたらすリンチの説明を見ることを認めれば、ばらばらな意味づけは一つにまとまって、そのすべてが完全に明らかになるのです。

指向対象を明確に示すことは、もうこの段階では、いいかげんな批判の落としだねなどではありません。逆に、それは最も根本的な批判の最終段階です。それは、これまでだれにも解決できなかった、ある解釈の問題に適する唯一の解答なのです。

G　私の出した解答は、ここでもほかの場合と同じように、一つの仮説なのですが、それはまさにリンチがその正当性を、そのいろいろな表象の全体から主張しているためであって、単にリンチそのものの表象から主張しているためではありません。私は私のこの解答を仮説と言います。くりかえして言っておきますが、それはこの解答が特に疑わしいものだからではありません。疑わしいどころか、まったく確実です。仮説と言っているのは、私の解答には何一つ直接的なものがないからなのです。私の解答は、当然のことながら、表象と現実をいいかげんに同一視してしまうようなことがないからなのです。

O　いまわれわれは、あなたの仮説にとって都合の悪い知的状況のうちにいます。内在分析の原則は、完全に正当であり、事実上の進歩でもありますが、それは構造主義とともに、そしてその後の特にエピゴーネンたちのなかでは——彼らはそれを認めはしませんが——一種の形而上学的な独断へと硬化していく傾向を示しています。

テクストの内的秩序、差異のシステムは、ある文学作品のなかで、われわれが直接近づくことのできる唯一のものです。ときには研究の苦労に値する唯一のものです。なぜなら、ある種の芸術家たちを支配しているのは、意味の創出なのですから。あるいは、こう言ったほうがよければ、意味の産出とか製作なのですから。

G　テクストの秩序を、またときにはその無秩序を、つまりテクストをそれ自体で閉ざされた本質、あるいは他のテクストに対してのみ開かれた本質とするすべてのものを、認め、明らかにするために、いろいろな方法が開発されてきました。そうした方法は研究者たちのあいだにたいへんな熱狂を引き起こしましたから、この熱狂ぶりには、逆向きの変化が起こりました。現代の理論は、逆向きの誤り、古い実証主義の誤りと並行する誤りに落ちこもうとしています。解釈は、テクストの重視やテクストどうしの相関性の重視に、ひどくとりつかれてしまって、ついには解釈自体は非関与的なものであると宣言するようになります。あるいは、テクスト外の定着のあらゆる可能性、特にテクスト自体がそれとの関連を主張しているような定着のあらゆる可能性を、正式に排除するようにさえなります。

テクストそのもの以外のあらゆる指向性に対する激しい排除には、例外もあります。しかしこうした例外は常に、問題のテクストにはけっしてあらわれない指向対象を目ざしています。テクストが指向対象を隠すためのものである以上、定義からしてもテクストのなかにはいかなる形でもあらわれるはずのない指向対象を目ざしています。現代では、そのうえ、われわれのなかの精神分析やマルクス主義の残存物は、ますます「テクスト化」されていますから、こうした例外もますます重要性を失っていますし、信用を落としてさえいます。

何はともあれ私の、神話を実在の指向対象――そのうえ神話そのもののなかに、おそらくどう見ても不向きな形で、それなのに暗示的な形で、表象されているらしい指向対象――とする私の仮説は、内在分析という正当な原則に違反しているのではなくて、この原則の不当な絶対視から導かれるすべてのものに違反しているのだ、ということを、くりかえし言っておきましょう。現代の理論にとって私の仮説は、理論上の一つのスキャンダルなのです。

L　あなたは逆説的な状況のなかにはいりこんでいます。あなたの態度のなかで最も新しく最も効果的なものも、現在の方法の最も有効で実り豊かなものを一つの新しい独断に――つまり単なる逆の姿勢に、放棄すべきものに、結局は彼らの好敵手に――変えつつある人々には、単に「流行おくれ」「退行的」とみなされるおそれがあります。盲目で不毛だとみなされるおそれがあります。

そうしたことは、あなたの仮説が現代のさまざまな方法論のある種の限界を超えたものであるため、多くの事がらを――そうした方法論がその排除を余儀なくされていると自認した多くの事がらを――討論の場に引き戻しているだけに、ますます避けがたいように思われます。方法論が多くの事がらを排除せざるをえなくなったのは、おのれの非存在や非関与性を証明できたからなのではなく、その方法論が自己を語る方法を持たなかったからですし、またその相対的な効果を、共時態というひじょうに限られた領域で組織的にそうした方法を消去することによってのみ、また時間の次元全体をたとえば通時態という、貧困と空虚のためにおかしなものとなった——とはいえ一時的にはやむをえぬものであった——概念に引き戻すことによってのみ、かち得ることができたからなのです。

G　人々はそうしたものすべてを、とうとう新しい福音書に変えてしまいましたし、またそれを昔からあるすべてのニヒリズムよりも専横で圧制的な、テクスト重視のニヒリズムにしてしまいました。こんどは、人間の領域における真実の可能性が、われわれに対して拒否されています。人間とか人類とかの観念までも、解体しつつあると言われています。何ごとであれ決定的なものを見つけ出す可能性が、決然と否定されています。いまやあるのはただ言語活動《ランガージュ》のみです。そして結局は言語活動も、いつでも空回りをしています。なぜならそれは、それ自体以外のものには、けっして関わることができないからです。

あらゆる問題のこうした言語活動への還元、言語活動の際限のない流通などは、ある種の懐疑主義哲学の勝利を示すものです。そうした精髄的な理論主義と論争を始めることは、この大切な時点では、無用であるどころかむしろ悪いことであろう、と私は考えています。

さいわいなことに、われわれは討論に深入りする必要を感じていません。討論はむだなものであるだけに、むしろ論争相手のほうにふさわしいものでしょうから。最高度のものであると同時に無価値なものである言語活動のこうしたテロリズム以上に、ひねくれたもの、誤りの現場をおさえるのがむずかしいものはありません。しかし少しでも打つ手を心得ていれば、これ以上弱い相手もいませんし、テクストそれ自体の面で反論をするのに、これ以上やさしいこともありません。論争のなかに、いろいろなテクストのまだわれわれが言及していない領分を持ちこめば、それだけで十分なのです。

B　迫害のテクスト

G　テクストの、これまでに私が見てきた領分を、他のすべてのテクストと、特に文学的な、哲学的な、神学的なテクストと、比較しない理由は何もありません。人々はいろいろな口調で、テクストとはすべて同一のものだ、ジャンルの区別は勝手になされたものだ、とくりかえしています。私はこうした断言を文字どおりに受けとることにしましょう。

問題のテクストを援用しさえすれば、私の仮説に反論する人々の態度が、まともにとれるものでないことを立証するのには十分です。そうした態度に共鳴している人々でさえ、そんなことができるのは、ただ彼らが問題のテクストを、彼らの分析から組織的に除外しているからこそなのです。私がそうした領分に訴えればすぐに、テクスト外の指向対象に対する最も粗暴な敵どもが、ただ自分たちの持ち場を放棄するだけでなく、私のほうに味方するようになるのが、おわかりになるはずです。彼ら自身も、手あたり次第の指向対象の実在ではなくて、私が神話にはつきものだと力説している指向対象そのもの、つまり恣意的に選ばれた犠牲者に対する集団による暴力を、声を大にして主張するようになるでしょう。

O　私はあなたが示される確信をひじょうに好ましく思います。そしてわれわれは、判断のために、あなたが袖のなかからそうしたふしぎなテクストを出して見せてくださるのを待ちうけています。なぜならあなたがおっしゃるように、そうしたテクストは、ことばに逆らって話すことをやめない人々を沈黙させることによって、ことばにその重みを返すことができるのですから。いったいその、援用すれば十分とおっしゃったテクストは、どんなものなのでしょうか？　ヘブライ人のただなかで打ち砕かれた青銅のへビのように〔列王の書、下、一八の四参照〕、反指向的なニヒリズムという無数の頭を持つヒドラを一撃で打ち倒すのに、援用すれば十分とおっしゃったそのテクストとは？

G　私の確信が場ちがいなものでないことは、まもなくおわかりになるはずです。もうこれ以上お待たせしないで、私が関心を寄せているテクストの一例を、お見せしましょう。われわれには、中世の、もともとキリスト教関係の、いろいろな資料が残されていますが、そのなかには十五世紀半ばの恐ろしい黒死病の時期の、集団による暴力を伝えているものがあります[49]。犠牲者は他国者のこともあれば、病人のこともあり、特にレプラ患者のこともあります。そしてもちろん、これこそ特に言っておかなければなりませんが、ユダヤ人のこともあります。問題をこの最後の場合に限ることにしましょう。こうしたテクストのなかでは、集団による暴力の意義は、およそ次のように分かれています。

1　共同体が危機に陥る。悪疫が猛威をふるい、階級差が消失し、伝統的な価値が踏みにじられ、至る所に混乱と暴力と死の勝利が見られる。

2　ユダヤ人が、まことの神に反逆する。彼らは嬰児殺しとか近親相姦とか儀礼のさいの瀆神など、自然に反する罪を犯す。ユダヤ人は悪い目つきの持ち主となる。たまたまひとりのユダヤ人に出会えば、もうそれだけで不幸に見舞われる。ユダヤ人は悪疫について責任があるはずだ。ユダヤ人が泉に毒を投げこんだのを見た者がある。あるいは彼らは、レプラ患者を買収して、自分たちの代わりに毒を投げこませたのかもしれない。

3　ユダヤ人に対する、集団による暴力。
4　集団の暴力のような手段に訴えることは、共同体を浄化することである。なぜならそれは、特別にいまわしい腐敗形態を除去することなのだから。

こうした四段階の意味づけは、多少の差はあるにしても、ユダヤ人迫害のテクストと類似のテクストのなかには、どこにでも見うけられます。合衆国南部の黒人に対するリンチの背後にも、同じ種類のテクストを、何の苦もなく認めることができます。そのテクストが、書かれたものとしてはほとんど見つかっていなくても、われわれは、そのテクストがかつて存在したし、いまでも口で伝えられるものとして存在することを知っています。

この四段階のいつでも同じ型の意味づけは、神話と無縁ではありません。われわれがこれまでに言及した神話のどの一つにも、つまりオジブウェー族の神話にも、ティコピア族の神話にも、ミロマキの神話にも、あるいはまたオイディプスの神話やペンテウス殺害の神話などのようにきわめてよく知られている神話にも、こうした四段階の意味づけが認められないようなものはありません。

神話のなかにも疫病が、非差異状態が、集団内部の暴力が、犠牲者の悪い目つきが、神を恐れぬ傲慢《ヒュブリス》が、自然に反する罪が、食べ物や飲み物の毒性化が、追放、殺害、そして身代わりのヤギが、共同体の浄化が、見られます。唯一の差異は、迫害のテクストのなかでは、犠牲者の神聖化はまったくないか、あるいはあってもわずかなものだということです。「消極的な暗示的意味《コノタシヨン》」のほうが優勢です。この差異は、レヴィ＝ストロースの提起した神話のドラマの読み方のなかでは、何の役割も演じていないことに注意してください。彼は、ほんとうに神聖な意味づけについては、絶対に何も言うべき必要を感じていないのです。

つまりここでもまたレヴィ＝ストロースのトポロギー的なモデルは、迫害のテクストにも、彼にこのモデルを思いつかせた神話に適用されたのとまったく同じように、よくも悪くも適用されるでしょう。中世の迫害には、オジブウェー族やティコピア族のうちに見られるのと同じような、「徹底的な消去」がありますし、ひとつないしいくつかの「消去されたもの」は、「消極的に認められた行為」について罪あるものとみなされています。消去そのものは「積極的に認められ」ていて、集団的な行為、少なくとも多数派の行為が、あらゆる犠牲者の、個々の、あるいは少数派としての、本質と対立しています。

したがって迫害のテクストのなかには、レヴィ＝ストロースの分析した神話に共通するすべての特徴が見いだされます。ところがだれひとり、当のレヴィ＝ストロースさえも、迫害のテクストについて、まったくトポロギー的な読み方をしようとは考えません。迫害の行為のうちに、純粋に論理的な問題を解決する、隠喩による方法を、つまり「不連続量」への移行を、見る者はひとりもありません。

もしも歴史家が自分は迫害のテクストとの対決を迫られているのだと自覚し、われわれに、「指向対象などはお払いばこ」にして、おじいさん時代の解釈にきっぱりと見切りをつけ、真のラディカリズムを創始するように促したとすれば、この歴史家は愚か者か挑発者として扱われるでしょう。このあわれな歴史家はそんな扱いをうけるいわれはないはずなのに。数年来ますますさかんな反指向的な独断論をそっくりそのまま応用しただけのことなのに。愚か者が特にきびしい訓練を受けたというにすぎないのに、神話のテクストや原始宗教全体のなかに示されている恐ろしい謎――これからは解読可能になる謎――に対して、じつは「純粋に理論的な」ままに、つまりまったく無関心なままにとどまるためになされてきたいろいろな誇張した表現を、まともにとるからいけないのだとされるでしょう。

ユダヤ人迫害のテクストの神話的ないろいろなテーマ、悪い目つき、近親相姦、泉への毒の投入などを、ほんとうに効果的なやり方で批判するためには、そこにある種の集団の暴力による典型的な告発を認めうるのでなければなりません。ところでテクストは、この集団の暴力そのものを拠り所にしています。テクストは、この集団の暴力が実際に起こったこと、起こりやすい状況のもとで起こったことを、われわれに教えてくれます。ユダヤ人は中世の社会では恰好の身代わりのヤギだったわけですが、その激しい迫害の時期はほとんど、共同体が何らかの理由で危機に陥っているときにあたっています。群衆は自分たち自身の混乱の責任を、無力な犠牲者たちに転嫁します。ひとりの人間では背負いきれないほどの、特定のグループでも背負いきれないほどの責任を転嫁します。集団はこうして、おのれの運命に対して一種の支配権を取り戻したような幻想をいだくのです。

たとえば、ユダヤ人迫害のテクストの奇怪な表象、悪い目つきなどが、現実のものではないことを理解するためには、読者にとって、学問などたいして必要ではありません。しかしそのことから、テクストのあらゆる意義が同じように非現実的なものだ、と決めてかからないことです。犠牲者に向けられた告発が真実らしからぬものにみえても、それで一切の表象が同じように真実らしからぬものにみえるということはありませんし、そのことによってかえって集団による暴力は、真実らしきものになっています。要するに、神話の場合と同様に、真実らしからぬものと真実らしきものとは、互いに組み合わされて、完全に現実のものである迫害を、それとなくわれわれに教えているのです。多少は誤りもあり書き換えられたところもありますが、それはこの迫害が迫害者のほうの考え方を通じて伝えられているからです。

われわれの資料には、明らかに人を煙にまくようなところもありますが、この資料の拠り所である集団による暴力が現実のものではないと決めてしまうわけにはいきません。このテクストのなかには、父親殺しや近親相姦が描かれているかもしれませんが、それだけでは、このテクストのなかには「幻覚」や「無意識の産物」に属さないものは何もない、と断定する十分な理由にはなりません。
良識のある観察者なら、真実らしからぬ表象を、真実らしき表象によって暗示された、事件を主とする枠のなかに置いて見ることは、わけのないことでしょう。何よりもまずテクスト重視という理由から、良識のある観察者なら、現実の危機を、つまり病理学的なあるいは社会的な悪疫を、公準として示します。危険なユダヤ人迫害の炎を燃え上がらせ、中世社会のおきまりの身代わりのヤギであるユダヤ人への依存を引き起こした現実の危機を、公準として示します。

実際に生きていた人々が迫害を受けたのですとか、迫害のテクストの背後には実際の暴力がありますとか、こんな話し方をする歴史家は、実際に起こったことを「正確に」言いあらわすことはできません。こうした歴史家の頭にある確実さは、広範な不確実さと両立しうるものです。なぜなら、この歴史家が自由に処理している主要な情報源は、信頼に値しないもの、ときにはそれだけが信頼に値しないものなのですから。とは言うものの、この歴史家が迫害の事実を肯定するとき、彼の言い分がもっともであることに変わりはありません。

文学や哲学の読み方が無数にあるように、迫害のテクストの読み方も、無数にあるのかもしれません。そうした読み方がすべて同じ価値を持つというのは、正しくありません。迫害の事実を肯定する読み方、それだけが、われわれの目には価値のあるものに見えます。われわれの選択は、まったく主観的でしょうか、それは遅れて開花した西洋の文化に属するわれわれの主観的な決め方なのでしょうか？ 他のすべてを差し置いてこの読み方を選ぶとき、われわれはそれと知らずに、オジブウェー族やティコピア族の神話と類似の神話、つまり近代の人間中心主義《ヒューマニズム》という神話によって動機を与えられているのでしょうか？ われわれは自民族中心主義《エスノセントリズム》の犠牲者なのでしょうか？

そうだと答えることは、いやしむべきこと、笑うべきことでしょう。たしかにわれわれは、迫害に関するわれわれの態度に倫理的なひびきがあることを、否定することはできません。しかしそうしたひびきは、われわれの迫害の読み方に対する確信の、主要な要素ではありません。われわれは、迫害を見落としているすべての人々、あるいは迫害を認めていながらそこにテクスト重視の副次的な様相しか見ていないようなすべての人々に比べれば、客観的な態度でそれを読みとろうとしているのですから。

われわれだけがまちがいのない解釈を下しているというこの確信は、この問題に対する幻想にもとづいているわけでも、近代西欧の特徴である文化の面での尊大さにもとづいているわけでも、まったくありません。この確信は明確な確認された事実にもとづいています。ユダヤ人を中世社会の実際の「身代わりのヤギ」と仮定することだけが、ユダヤ人迫害のあらゆるテクストについて、一つのほんとうに首尾一貫した合理的な読みを与えるものです。この仮説は、真実らしき意義にも、真実らしからぬ意義と同様に説明を与え、前者と後者の関係を説明します。それはまた全体の説明もしてくれれば、細部の説明もしてくれます。その説明は完璧なものであるために、この仮説は迫害者たちのほうの読み方を自動的に消去するばかりか、迫害について無関心なために無意識のうちに迫害の共犯者になってしまうような考えうるかぎりすべての読み方も、自動的に消去してしまうほどです。

理論の面では、このほんとうの読み方には、原始時代の宗教的なものに対する私の読み方とまったく同じように、「仮説的な」性格があります。ユダヤ人迫害の暴力は、われわれ自身の目で「見る」ことも、信用に値する目撃者の目で「見る」こともできません。われわれは、それを実際にあったことだと言うとき、完全に結論の出ている点にもとづいて、完全に結論の出ている理由によって、テクストのある部分の表象を、それがほかの点ではきわめて疑わしいものであっても、正確だと判断しているのです。歴史家は、こうした点についてテクストが事実を語っている、と断言してはばかりません。そしてユダヤ人迫害のテクストに対する見方が甘いと言って、歴史家を非難しようと考える者はいません。歴史家を、テクストの記号内容《シニフィエ》をテクスト外の指向対象に「素朴に」同化させているとして非難する者は、ひとりもいません。だれひとり、「表象の理論」について、歴史家にけんかを売る者はいません。だれひとり、「話の拠り所」をきびしく歴史家に問いません。歴史家が身代わりのヤギを拠り所にするとき、そこに宗教的なものが隠されているのではないかなどと疑ったりしません。だれひとり、歴史家を、「暴力の信心家」だとは思いません。

この仮説は、もうあなたがたがお認めになっているように、私が神話について考えている仮説です。私がそれを生み出したわけではありません。それは以前から、われわれのあいだに見うけられたものです。要するに私が提起するのは、迫害のテクストだけについて広く容認されている解釈の型を、本来の意味での神話にまで拡大することなのです。

こうした解釈がだれからも、きわめて熱心なテクスト重視論者たちからさえも、異議をさしはさまれていないという事実から見て、私に反対するいろいろな議論が無意味なものであることは、まったく明らかです。あるときは、われわれ全員の迫害のテクストの読み方にも、構造主義者やその後継者たちの「それ《ノン》は許《リ》さ《セ》れず《ト》」が適用されるかと思えば、またあるときは、テクスト外の指向対象が本来の意味での神話の場合にも同じように重要視されうる、と認められたりもするのです。私の仮説は、それを徹底的に検討したうえのことでなければ、またそれを迫害のテクストの場合にも拒否するというのでなければ、頭から拒否されうるものではありません。

L　現在優位を誇っている指向的なニヒリズムが皮相的な流行にすぎないという証拠に、このニヒリズムは自分を大げさに考えすぎるとどういうことになるのか、体系的に適用されたらどういうことになるのか、そうしたことを本気で考察したことがありません。ただ文学批評の世界、哲学の世界を泳ぎ回っている人々だけが、それに空想的な重要性を与えているのかもしれません。

G　われわれが手中に収めていると思っている批評の力、それを誇りにしているこの批評の力も、最もいやしむべき推測と結びついたまったくの盲目ぶりを隠し持っているかもしれないのです。このことを理解するためには、私と同時代の学者研究者の態度が、二、三千年の後までもそのままでありつづけるとしたら、いまでこそ議論の余地がないとされている事実にどんなことが起こるだろうと、自問してみなければなりません。

たとえば南北戦争から公民権法紛争までの合衆国南部について研究をする五千年後の歴史家を想像してみましょう。警察のおびただしい記録、審問報告書、その他の行政上の書類の山に加えて、この歴史家は、ウィリアム・フォークナーという個人名の署名がある何冊かの作品、それ自体は虚構のものとして示されている作品までも、自由に使うことができるのです。

この時期に起こったリンチについては、公的な資料はほとんど何も語ってはくれないでしょう。この歴史家が多分に力量のある観察者だとしても、まったくと言っていいほど目立たないいくつかの兆候から、この社会の秘密を見抜くことはないでしょう。ところがウィリアム・フォークナーの小説を読めば、秘密の意義が明らかになるかもしれないのです。

そこでこの歴史家は真理を手に入れることになりますが、彼がほら吹きととられることはまちがいありません。彼はその論文が、問題の時期の西欧文明について知られている事実とまるで一致しない、という説明を受けるでしょう。たいへんな量のどれもみな同じようなありきたりの資料には限られた価値しか認めず、わずかばかりの本、それ自体が「想像力の産物」として示されている本に、むしろ価値を認めているとして、辱めを受けるでしょう。

知的な考え方は現代よりも開けているかもしれませんが、この歴史家の意見は傾聴されることはない、と見たほうがいいでしょう。彼としては、その愚行がうまく人から忘れられればまったく幸いである、というべきです。もしも彼が、フォークナーの作品全体をトポロギー的なモデルとすることにその余生を捧げるならば、おそらく大目に見てもらえるでしょう(……)

L あなたの比較は十分に正確であるとは言えません。なぜなら、神話や儀礼はリンチを平気でとりあげているのに、南部諸州の公職者たちはリンチを隠そうとしているからです。あなたの言われる集団による暴力の妥当性を信ずるならば、彼らがそれを隠す理由はまったくなくなります。彼らは公明正大だと思いこんでいるのですから。そして神話学者の仕事も、あなたの仮定上の歴史家の仕事より楽になるはずです。

G ある種の神話については、あなたのおっしゃることはもっともです。でも私は、文化という意識が近代的な形をとるずっと以前に、すでにリンチの痕跡を消去するような、ちょうど南部諸州の当局がやったのと同じような、いろいろな形の宗教的意識があることを示すことができるように思うのです。文化の進歩全体が、こうした消去によって支配されています。

しかし多くの神話や儀礼が、リンチを平気でとりあげていることは事実です。平気でとりあげているだけになおさら、そうした表象に対する不倶戴天の敵たちは、そんなものを考慮すまいとやっきになるでしょう。構造化のメカニズムが、このメカニズムが構造化するテクストのなかに提示されているであろうという考え方は、神話や儀礼がフロイトやラカンなどが言う無意識からつくられるという概念と矛盾します。

ここでは同一の場合が問題であるのに、人々はいつも「もう一つの場面」「もう一つの場所」を話題にしています。同一の場面は彼らのつまらない役割には含まれていません。彼らはそんな話題は耳にしたくないと思っています。

C 迷妄を打破された迫害、近代西欧世界の特権

O 迫害のテクストについては全般的に容認されている読みが、なぜ神話についてはまだ、重要視されるに至らないのでしょうか?

G 仮説を十分に正当化するためには、そうしたとりあげられ方の差異を説明する必要がありますね。

O 神話と、あなたが選んだ迫害の実例とのあいだには、きわめて見分けやすい差異があります。犠牲者はユダヤ人です。ところでユダヤ人は、われわれの世界で、しばらくまえまではまだ、ありとあらゆる差別にさらされていました。あるいは今日でさえもなお、事情は同じでしょう。近代の迫害と中世の迫害とのあいだには、一種の連続性があり、そのために、犠牲者を犠牲者と認めることは容易です。

G 犠牲者が民族上のあるいは人種上の少数派に属すると、そのことによってこの犠牲者は、身代わりのヤギの役割をつとめさせられます。したがって犠牲者は、迫害のテクストのなかで、文化的な特徴によって犠牲者と認められます。だからと言って、犠牲者はけっして恣意的に選ばれるのではない、ということにはなりません。犠牲者は、まったく恣意的に、いろいろな形の告発を受けています。一方、犠牲者が一度犠牲者として選ばれると、この決定は信じられないほど強硬なものになります。正しい判断をする

観察者なら、それを知らないはずはありません。そしてもちろんそれは、ユダヤ人迫害のテクストが容易に解読される理由の一つです。テクストのなかにすでに明確な身代わりのヤギのあらわれていることから見てもわれわれは、それがまさに集団による暴力への暗示であると、まじめに考えなければなりません。

神話のテクストのなかには、これと同じようなものは何一つ見あたりません。文化的な特徴というものもありません。おそらく、少なくともある場合には、それがあるのでしょうが、われわれにはそれを識別することができません。識別のコードをわれわれは手にしていません。おそらく多くの場合に、文化的な特徴はまったくないのでしょう。神話を生み出す共同体は、そのほとんどがあまりにも小さく、あまりにも同質であるために、少数派を——より大きな社会でなら集団の犠牲者の溜まり場となったかもしれないような少数派を——容れる余地がないのです。

L　神話の主人公たちの不具や奇形という、文化を超越する特徴のあることも、忘れないでいただきたいものです。

G　たしかにそうですね。私は、神話は解読不可能なものだ、などと言っているわけではまったくありません。そうではなくて、神話がなぜ迫害のテクストと同じように解読しやすくないのだろうか、とふしぎに思っているのです。あるいはおそらく、より正確に言うならば、迫害のテクストを解読するわれわれの能力は、なぜわれわれだけに属する世界のテクストから手を着けたのか、そしてなぜまだこの世界の境界を越えてひろがっていくことができないのか、とふしぎに思っているのです。

O　あなたは、すでに解読ずみの迫害のテクストはすべて西欧の世界に属している、とおっしゃるつもりなのではないでしょうね？

G　まさにそう言おうとしているのですよ。われわれにはもちろん、全力をあげて余すところなく調べつくすなどということはできません。それは必要なことでもありません。迫害のどんな例をあげても、それは必ずわれわれの世界に、われわれが直接そこから生まれた世界に、つまりギリシアとユダヤの世界に、属するものなのです。

O　最初のテクストの一つ、最もよく知られているテクストの一つは、ソクラテスの死についてのプラトンの見方だと私は思いますが。

G　まもなく、ギリシアのものではない、それよりも昔の、より決定的なテクストのあることが、わかるはずです。しかしわれわれのほかには、直接われわれに先行するもののほかには、私が定義した意味での迫害のテクストはありません。次のようなことを自問してみる必要があります。迫害のテクストがないというのは、そうした世界に迫害が存在しないという事実、迫害とはわれわれの独占的な行動だという事実にもとづくものなのか、あるいはまた、迫害のテクストがないというのは、そうみえるだけで、ほかの世界では迫害は迫害としてけっして明るみに出されることがないという事実にわれわれが欺かれているのではないか、こうしたことを自問してみる必要があるでしょう。迫害は、ある場合には、いかなるテクストにも記載されませんし、またある場合には、変形されて記載されています。

L　あなたのおっしゃりたいことはわかります。迫害のテクストを持つ社会は、本来の意味での神話を持っていません。神話を持つ社会は、迫害のテクストを持っていません。原始社会には、迫害という観念さえ不在です。暴力という観念はいつでも、神聖な雰囲気に包まれています。われわれの世界で、おそかれ早かれ迫害として明らかにされるものはすべて、未解読の宗教上のテクストという形で、われわれに伝えられているものばかりです。

G——現在の新しい原始社会研究はすべてわからないものに——基礎づくりのメカニズムがわれわれに

わからないのと同じように——根拠を置いています。そうした研究は、こんなことを言っています。迫害を持たぬこの賛嘆すべき社会、われわれの世界ではまったく枯渇してしまった神話というあの自然に生まれた詩を豊富に持っている社会に注目せよ、と。この種のノスタルジーは、神話の背後にあるものが研究者にわかっていないのだということさえわかれば、十分に理解できます。だからこそノスタルジーは非神話化の結果が——はるか以前に起源を持ちその進み方がますます速くなっている非神話化の結果が——悪い方に向かうにつれて、われわれのあいだで高まっていくのです。

L　新しい原始社会研究が、現在、まさにきちがいじみた徹底的な段階にまで達しているとすれば、それはおそらく、もう先が長くはないからでしょう。火はまさに燃えつきようとする瞬間に勢よく燃えあがるものですから。

G　われわれがこうした話を始めてから言っていることは、すべて、この近代の世界の——人間の暴力についての理解力がますます深まりつつある近代の世界の——状況のもとでのみ理解されうることです。原始の世界では、われわれの話していることなどは、考えも及ばないものです。こうしたことを口にする人々がいたにしても、それはまったくわけのわからぬものだったでしょう。われわれが話題にした迫害という現象も、そのままの形でわれわれに伝えられているわけではないでしょうし、それがわれわれの目の前に姿をあらわすときは、神話という見誤られやすい形をとっていて、犠牲者の神聖化というフィルターをかけられているでしょう。

われわれの議論は、すでに申しあげたように、民族学全体と、疑惑から生まれるいろいろな思想を包括するこれまでの一切の知的な進展のあとに、書き加えられるものです。すべての人間科学を通じて——たとえその科学がどれほど不完全なものであっても——われわれがすでに解決を求めているのは、そして研究に活気を与えているのは、結局はいつもそうした問題です。疑惑はすでに身代わりの犠牲者のメカニズムに向けられています。たとえそうした知的形態が本来の目的に達することができず、したがって独断的な、供犠という考えを捨てきれないいろいろな体系に、変形してしまうとしても。

われわれの研究態度は、近代的な研究のより進んだ新しい一段階にすぎないのかもしれませんが、この研究自体は、それを全体的に見ると、はるかに広範なダイナミズムの――つまり過去の全人類、地球上のこれまでのすべての社会のなかに、神話という形以外ではけっしてあらわれることのない一連の事件を、初めて恣意的な暴力として解読できるようになる社会のダイナミズムの――中心に据えられるはずのものです。

今日、人間を人間として研究対象とする問題が提起されているのは、常に増大するこうした能力、われわれに集団による暴力の現象を解読し、それを神話よりはむしろ迫害のテクストとする特質を与える能力、のおかげです。人間の問題と、解明されていないものとしての暴力の問題とは、相互に関係を保ちながら、正しい方向をたどっています。基礎づくりのメカニズムが、宗教的なもののメカニズムや文化のメカニズムとしてばかりか、人間化そのもののメカニズムとして明らかにされたということは、一つの決定的な前進です。この三つの問題が、今日、ついに結合されるに至ったということは、単に近代思想や人間科学によって準備されたのではありません。そうしたものはすべて、社会の権限の及ぶ所ならどこでも、ひいては地球上の至る所で、神話や儀礼の産出、暴力という現象の神聖なものへの変貌などを、何世紀もまえから抑止し次には完全に阻止することのできた社会の、より広範な状況のなかに含まれているのです。

迫害のテクストを生み出す社会は、非神聖化の道を歩んでいる社会です。こうした現象がすべて併存することを、われわれが最初に確認したわけではありません。でもこうした現象が併存するはずだということと、またなぜ併存するのかということを、最初に理解したのはわれわれです。

いまわれわれが話していることはすべて、犠牲者による和解のメカニズムに還元されうるもので、このメカニズムはますます理解されるようになりつつあります。われわれはここで、われわれの真価について幻想をいだかずにさらに理解を深めていただくため、空間的な隠喩を使うことができます。このメカニズムは、われわれの社会以外では見ることができない、なぜならそれは隠れているものだから、つまり人間の「背後に」あるものだから、と言うことができます。これに反して西欧のユダヤ人社会においては、このメカニズムは徐々に隠れ場から姿をあらわして、次第に目につくようになっていきます。それはますます目だったものになり、多くの結果を生み出すわけですが、いまは特に、その宗教的な認識論的な結果を強調することにします。犠牲のメカニズムが明らかになるにしたがって、暴力とか不正な迫害のようないろいろな概念も、考察に値するものとなり、また次第に大きな役割を演ずるようになります。同時に神話や儀礼の産出は弱まって、最後には完全に消滅するに至ります。

隠れた事実が明らかになるこうした過程には、激しい瞬間が、つまり急激な加速の時期が、特にわれわれが問題としている時期が含まれていますし、またそうした時期が、集合的なものであるか個別的なものであるかによって、進みぐあいにも差があります。それなのに、それを瞬間的に「自覚されたもの」と、あるいはある種のエリートの特権と、決めてかからないように気をつけねばなりません。物事をあまり「知的に」解釈しないように気をつけねばなりません。

たとえば中世の迫害のテクストは、ユダヤ人迫害のテクストや、厳しい訊問の記録、あるいは魔法についての訴訟などのように、神話にひじょうに近い要素を、いまなお隠し持っています。なぜなら、そうしたテクストは、いまなお神話的な性格を残す告発によって迫害を正当化しているからですし、またそうしたテクストにあらわれている考え方は、神話に対する認識不足に近いある型の認識不足によって、いままでも定義されうるものなのですから。しかしそうだとしても中世の迫害のテクストは、すでに、中世という中継的な帯域で、本来の意味での神話と、われわれ自身にもそれが可能な、より根本的な非神話化とのあいだに位置づけられるはずのものだ、ということを見とどけておかなければなりません。もしもそうしたテクストが、神話よりも容易に解読されるのだとすれば、それは犠牲者に対する変形が、すでに神話の場合よりもはるかに程度が弱まり不完全になっているからです。このことは、さきほどあなたがたが、私に、すでに解読された迫害のテクストのなかでは犠牲者は神聖化されていない、あるいは神聖化されかかっている程度にしかすぎない、ということを確認させたために、私が注意を促された問題です。それこそまさに、犠牲者をいっそう解読しやすくするものです。したがって次のように考えねばなりません。われわれに可能な型の解読への道は、ひじょうに遠くまで遡るものである、またその道は、実際の暴力行為と両立しないことはない、それどころかおそらく、暴力の実態がいっそうよく知られるようになれば、その「無意識的な」一つの極への模倣性の集中作用の力と、和解をもたらす力とは、減少するが、その減少に応じてかなりな程度まで増大し倍加するようなある種の暴力とさえも、両立しないどころではない、と。

それはつまり、犠牲のメカニズムが明らかになる過程は、まったく安全確実な過程ではありえないだろう、ということです。われわれにはもう、暴力に対抗する文化的な救済手段の逆説的で激烈な性格が十分にわかっているのですから、次のことは理解できるはずです。供犠のメカニズムに関する知識の進歩は、つまり暴力をその隠れ場から追い出すものはすべて、おそらく人間にとっては、少なくとも潜在的な形で、知的な倫理的な点での恐るべき進歩をあらわしています。しかしさしあたりは、そうしたことはまた、すべて、歴史のなかのこの同じ暴力の恐ろしい再燃という形で、きわめていまわしい残虐な形をとって、あらわれてくるでしょう。なぜなら供犠のメカニズムは、次第に効果のうすれていくものであり、くりかえしがきかなくなっていくものなのですから。こうした状況との対決を迫られた人間は、たいていは失われた効果を伝統的な救済手段にもどしたいという気持ちにかられるだろう、と考えることができます。そしてそのために人間は、ますます量をふやしていくのです。つまりますます多くの犠牲者を燔祭《ホロコースト》で血祭りにあげるのです。そしてこの燔祭は、常に供犠的なものでありつづけることを目ざしても、実際にはますますそうではなくなっていくのです。正当な暴力と不当な暴力との常に恣意的な差異、しかし文化的には現実のものである差異は、ますます小さくなっていきます。その非現実のものとしての力は弱まり、もうそれからは敵対する兄弟ばかりが存在することになり、その兄弟たちは差異の名において対立をつづけ、実際にはもう差異などはなくなっていても、みんながこの差異を体現しているのだ、と主張するようになります。この差異は、それが落ちこむ模倣の危険性と、ますます分かちがたくなります。合法性はすべて消滅してしまいます。

L　あなたは、暴力に対抗するための文化的な防衛の、供犠的な暴力的な性格を重視なさいますが、この重視は、一部の批評家があなたを非難するほど、供犠的な社会の承認とかそうした社会へ向かっての後退の意向にまで根をはってはいません。あなたの著作をそんなふうに読む人々は、あなたがまた儀礼の、そして一般的には文化の、浄化作用の理論を、たぶんきわめてありきたりなやり方でとりあげているのだ、としか思いません。犠牲のメカニズムのなかでの無知の段階の重要性、これはこのメカニズムがほんとうに神話的儀礼的形態を創始するもの生み出すものであるためには不可欠なものですが、そうした重要性が彼らからは欠落しています。

おそらく一つには、彼らがいぜんとして『暴力と神聖なもの』の第一章〔供犠についての概説〕にとどまっているからでしょうし、またおそらくは、それがあなたの理論のうちで最も重大な点であってまた最もデリケートな点だからでしょう。

G　これまでのわれわれの討論の主要な利点は、このメカニズムをより明確にしたということ、誤解を不可能ではないにしても——それが不可能になることはけっしてありませんから——少なくとも困難にしたということ、だと私は思います。

このメカニズムに対する認識が広まると、そのときから後戻りはなくなります。供犠のメカニズムを風化の途中でもとにもどすことは不可能です。なぜならこのメカニズムは、その理解が深まることによって風化されるのですから。この過程を中断させたり逆行させたりしようとする努力は、広まりつつある知識を犠牲にするのでなければ、まず実を結びません。この知識を暴力によって押し殺そうとする試みは、いつでも見うけられるようです。うまくいったためしはありませんが、人間の共同体をそれ自体に対して閉鎖してしまうような努力がなされるのです。こうした企ては、あらゆる全体主義的な運動の、また二十世紀に相次いで起こり互いに対抗しあったあらゆる危険なイデオロギーの——常に犠牲のメカニズムという一種の奇怪な合理化、そして結局は望ましい結果を生むことのない合理化、にもとづくイデオロギーの——特徴であるように思われます。ある部類に属する人々はすべて、人類の他の部分とは区別され、根絶やしされるように仕向けられています。たとえばユダヤ人、貴族、ブルジョワ、ある種の宗教の信者、あらゆる種類の反対制的な考えの持ち主などがそうです。安全な国家の創造や地上の天国への接近は、有罪とみなされる部類の人々をまず消去し、あるいは強制的に転換させたあとで、初めて可能になるものとして、常にわれわれに示されています。

O　要するにそのメカニズムは、その機能を妨げるに足るほど批判精神が発達するような所でしか認められなくなります。犠牲者の勝手な行動が暴露され、和解をもたらす全員一致などはもうなくなります。

神話的儀礼的形態は、もう花開くことはできません。仲介的な折衷的な現象しか見あたりません。そしてのです。それは批評家にとってますますよく見通しのきく現象であり、そうした現象が迫害と読まれるようになるのです。

「自然発生的な」集団による暴力は、もうほんとうに基礎をつくるようなものではなくなり、社会で中心的な役割を演ずることも、もうなくなります。わずかに最も未開な人間の集団のなかで、周辺的な現象という形で残存するにすぎなくなります。われわれ近代人は、集団による暴力を、そうした場合に観察できるのですが、それはすでに退化した状態であって、重要な点は欠落しています。だからこそ批評家のなかには、あなたが自分の人類学全体を、二次的な現象にもとづいて構築していると反論したり、そんな現象はあなたが持ち出すおどろくべき機構を支えることはできない、などと言ったりするのです。

L　結局われわれは、基礎づくりのリンチを直視することは、けっしてできません。それはたまたま、あるいは思いもかけず、ぶつかった難しい問題というようなものとは別なものです。それは一種の議論の余地なく不可能な問題です。真の身代わりのヤギとは、すでにわれわれが言っているように、身代わりのヤギと認めることができないようなものなのです。

G　要するにメカニズムは、わかればわかるほどわかるに値しないものになっていきます。研究の熱意がメカニズムに限られていくにつれて、把握できる対象は小さくなり、その結果われわれは、この研究対象そのものではなく人間がそれを捉える以前にそれがどんなものであったかを、どの程度まで決定的に理解できるものかが、どうしてもわからなくなります。

O　そこにはあなたの理論にとって何かひじょうに重大な、ひじょうに精妙なものがあります。なぜなら現代のいろいろな思想は、われわれに何らそれに類似したものを提示していないからです。近代の世界に、基礎づくりのメカニズムと同類のものが絶対に何もないとすれば、あなたの仮説はいくらかの点で理解しにくいものになるかもしれませんが、フロイトの理論を身につけた人々や、隠れたメカニズムをすべて、より深く隠れている何ものかに対する個人あるいは集団の無意識、という形で捉える人々にとっては、よりたやすく容認されるでしょう。

G　基礎づくりのメカニズムは、目に見えるものであり、また同時に、目に見えないものです。近代の世界で同類の現象がいろいろ見つかるという意味では、それは目に見えるものです。直接観察できる現象は完全に退化したあとのつまらぬ残りかすにすぎないという意味では、それは目に見えないものです。たとえそうした現象が昔の形をとどめているとしても、それはかなり限られたものであって、それを実例にしたりすると、われわれの手助けになると同時にわれわれを迷わす危険があります。

O　われわれの現在の状況は、原始社会を神聖視しようとする認識不足と、もうすでにだれにでも理解できる認識形態、つまりあなたの仮説が推進の努力をしている認識形態との、中間の状態をあらわしています。この中間の段階は、犠牲のメカニズムと供犠のメカニズムの、限られた範囲での再確認、つまりこのメカニズムが人間の文化全体に対して持っている基礎づくりの役割を理解するまでにはけっして至らない再確認、から成っています。

G　メカニズムの効率と儀礼の生み出すものの豊かさが、このメカニズム自体の機能を見定める共同体の能力と逆比例の関係にあるとすれば、迫害のテクストの貧しさそのもの、犠牲者がほとんど神聖化されていないという事実は、すでに基礎づくりのメカニズムがある程度明らかにされていたということをあらわしています。たとえ常に迫害が存在し、加害者たちの考え方がわれわれの持っているテクストのとおりであるとしても。ユダヤ人を迫害する中世の共同体が、どれほどそれ以前の共同体――ほかの時代にほかの場所で犠牲者たちのまわりに集まって和解し、偉大なギリシア神話、オジブウェー神話、ティコピア神話、そして地球全体のさまざまな宗教形態などを生み出した共同体——に近かろうと、それはまた、すでにそこから遠くへだたってもいるのです。なぜならそれは彼らの犠牲者たちを神聖化することはありませんし、またそれは集団による暴力から直接生まれた神話的儀礼的産物の助けを借りて自らを再構築するには至っていないからです。

迫害のテクストには、西欧の近代の世界を全体的に象徴するような真の神話を生み出す「力はありません」。しかしわれわれの近代的な能力は、ときにはひじょうに巧妙な迫害のさまざまな様態——われわれがこれまでに述べた明々白々な実例のかげにも、また一見たわいもなくみえるテクストのかげにも隠されている迫害の様態——を追求し、その神話的な迷妄を覚醒させますが、このわれわれの能力は、文化のメカニズムを風化させる方向をたどる進化の、より進んだ一面とまちがいなく一致します。風化の方向をたどるというのは、進化がこのメカニズムの解読を確実にするからですし、また解読によって進化が確実になるからです。

D 「身代わりのヤギ」という表現の意味論上の二重の役目

O そのより進んだ一面について、あなたはすでにもう一つの特徴に言及しています。それは「身代わりのヤギ」という用語の使用にあらわれている特徴で……

G 身代わりのヤギという表現はラテン語聖書の表現から借りたのですが、これは「神の懲罰を退ける」という意味のギリシア語アポポンパイオスを自由に解釈したものです。アポポンパイオスという用語自体も、いわゆる七十人訳ギリシア語旧約聖書のなかで、ヘブライ語のテクストを自由に解釈したもので、それを正確に翻訳するならば、「アザゼルに運命づけられた」となるでしょう〔レビの書、一六の五―一〇参照〕。アザゼルとは、一般に、荒れ野に住むとみなされる昔の悪魔の名と考えられています。『レビの書』の第十六章には、ヤギを対象とする儀礼の行為が次のように記されています。

アロンはヤギの頭に両手を置き、イスラエルの子らのすべてのあやまち、すべての違反、すべての罪をその上に告白する。こうしてヤギの頭にそれらのものを載せたあと、まえもって決めておいた人の手引きでヤギを荒れ野に送る。するとヤギは彼らのすべてのあやまちを、頭に載せて不毛の地に運びさるであろう。〔レビの書、一六の二一―二二〕

十八世紀以来、研究者や好事家たちは、身代わりのヤギを犠牲に捧げるユダヤの儀礼と、明らかにそれと似通ったほかのいろいろな儀礼との比較を試みてきました。たとえばアベ・レナールは、その『哲学史』のなかで、ヒンズー教徒について、次のように書いています。「彼らは身代わりのウマを持っている。それはユダヤ人の身代わりのヤギと対をなすものである。」(50)

O　私の知るところでは、「身代わりのヤギ」ということばが、儀礼の制度と、心理学的社会学的なメカニズム――無意識的な自然発生的なメカニズム――という二重の意味を持つようになったのは、そしてそれがその後たえずその二重の意味を保ちつづけてきたのは、ただ、文化の解読の大がかりな動きに加わっているいろいろな社会の言語において――つまり中世末期以来の西欧の言語、その後のほかの多くの言語において――です。この意味論的結合が構成するパラドクスには注目の必要があります。一般に認められている考え方によれば、儀礼と自然発生的なものは、互いに対立しています。どうしてそれが身代わりのヤギという表現のなかで結合されるのでしょうか?

G　この結合のおもしろみは、民族学やすべての人間科学がけっして正式には認めなかったものに対する、きわめて広範な直観を明らかにしている点にあります。つまり儀礼の形態と、人間の普遍的な傾向、自分たちの苦悩や争いを、恣意的に選ばれた犠牲者に転移しようとする傾向とのあいだには、一つの関係があるのです。

フランス語のこの「身代わりのヤギ」という表現の意味論的な二重性は、英語の「スケイプゴート」にも、ドイツ語の「ズュンデンボック」にも、また近代のどんな言語のなかにも見いだされます。このことを少しよく考えてみれば、だれでも、この身代わりのヤギという二重の意味のなかにすでに含まれていないようなことはわれわれは究極的に何も言っていない、ということに気がつくでしょう。われわれの仮説は、とんでもないものでも、思いもよらぬものでもありません。それどころか、合理主義と呼ばれるものが到来して以来ふつうに使われている言語のなかに、静かにその全容をあらわしています。われわれが解釈を試みているのは、この二重の意味が持つ「意味論的なめずらしさ」なのです。

私の知るところでは、われわれ以前には、だれもこの「めずらしさ」を問題にしていません。これは実はふしぎなことです。民族学の歴史を検討してみれば、宗教的なものについての無数の理論が提出されていることに気づきます。一度も提出されたことのないものは、ただ一つです。しかもそれは、少なくとも二、三世紀まえから、西欧の言語のなかに書きこまれていたものなのです。

フレイザー以来「身代わりのヤギ」の儀礼と呼ばれているものを、民族学が考慮に入れるとき——これはますますめずらしいことになりつつありますが——民族学は、たいていは、この問題を説明しようとしいるのではありません。それを話題にするときには、定義の必要もないほど「よく知られた現象」という表現を使ったり、または、実際的な社会学的な影響力を持たないために定義の必要もないほど「くだらない行為」、という表現を使ったりしています。いつでもそうですが、行き過ぎのおそれのある研究は、敬遠されます。ほんとうに定義を求めたただひとりの民族学者、それはフレイザーです。そして彼はこの問題について、現代の狂信的言語学者たちがただの一行も変えることなくとりあげることができるような定義を与えました。つまり彼はそこに、あまりにもまじめにとられた隠喩だけを見たのです！　彼が言っているように、「粗野な未開人たち」は、「精神的な重荷」という考えから出発したのかもしれません。そして彼らはそこから、自分たちの精神的な重荷を何らかの犠牲者に転嫁することができるという、たしかに滑稽な観念を導き出したのでしょう。要するに一切のことが、アングリカン教会の説教から始まったのでしょう。あの愚かな人間たちが、その隠喩をあまり文字どおりにとったことから始まったのでしょう。おそらく彼らは、身代わりのヤギを介在させることによって罪の償いをするという、うまい方法を思いついたのでしょう(51)。

身代わりのヤギという表現の心理学的社会学的意味、つまりこの表現が自然発生的なメカニズムを暗示しているなどということは考慮のほかだとかたく決意している民族学は、こうした副次的な意味に訴えようとはまったくしないと思うかたがあるかもしれません。また科学としての自負を持った学問は、理論の面で存在がまったく認められないとみなす考え方には頼ろうとしない、と思うかたがあるかもしれません。

二十世紀の民族学の文献を表面的に検討しただけでも、そんなことはまったくないということが、すぐにわかります。民族学者たちは、儀礼のカテゴリーを、とは言っても他のすべてのカテゴリーと同様に非実在のカテゴリー、彼らが不吉な転移の動作がそこでは特に目だつという理由で「身代わりのヤギの儀礼」と名づけたカテゴリーをとりあげるときにかぎって、慎重に、「わかりきっていること」や「妙な勘ちがい」や、フレイザー流の記号体系の文体によるいたずらに象徴的な定義に問題をしぼるのです。

身代わりのヤギがもうまともには問題にされないようになるとすぐ、同じ民族学者たちが何の懸念もなくこの表現を、自然発生的な集団のカタルシスという意味で使うようになります。

そして彼らは、いまでもなお感動的な儀礼の成果に立ち会う機会、今日ではますます少なくなりつつあるそうした機会に恵まれでもすると、またあるいは純粋に知的な態度から、大がかりな儀礼が喚起する恐ろしい力を予感したりすると――とは言っても結果的にはただその力を中立的な犠牲者、中立化された犠牲者の方に向かわせて弱めてしまうことになるのですが――どうしても身代わりのヤギという表現を使いたくなってしまうのだと思います。

「身代わりのヤギ」という表現は、フレイザーの定義したカテゴリーには属さないある種の供犠形態を前にした民族学者の口に、自然に浮かんでくるのです。このことは、研究者と研究対象である宗教上の現実とのあいだに、ほんとうに接触ができ、「交流が生ずる」たびごとに起こります。それは、集団による自然発生的な暴力と、儀礼による――単にわれわれが「身代わりのヤギの犠礼」と名づけることができると思っているようなものとはちがった儀礼による――組織的な暴力とのあいだに、きわめて緊密な基本的な関係があって、それが観察者の直観に強く訴えるからであるにちがいありません。

しかしこうしたことは、すべて内密に進行します。この用語の副次的な意味に訴えることには、隠喩的な文学的な性格が含まれています。なぜなら副次的な意味は、くりかえして言っておきますが、民族学の理論のなかで何ら正式な地位を得てはいないのですから。

日本の民族学者山口昌男は、ある注目すべき論文、まばゆいばかりの論文のなかに、日本の大規模な犠礼の制度、つまり天皇制や芸者・演劇・人形芝居などの制度を集録し、その首長を身代わりのヤギと名づけています。ある種の巡業芝居では、主演のヒーロー、つまりもちろん身代わりのヤギの役を演ずる者は、上演の終わるときには、「汚染」の度がひどくなるために、共同体のだれとも接触がなくなり、共同体を離れなければならなくなります。われわれはこの種の芝居のなかに、儀礼による追放と、演劇技法とのあいだの中間的な形態を見いだします。つまりわれわれ自身の演劇の意味、その儀礼との関係、そしてまた有名なアリストテレスの「カタルシス」などについて、たとえ文学批評家がそうしたものを考慮するのを軽蔑しても、十分にわれわれに教えてくれる中間的な形態を見いだします。

しかしこの論文で山口昌男は、身代わりのヤギという表現の正確な意義についても、その意義の範囲についても、彼がこの表現に重大な役割を演じさせているにもかかわらず、自問していません。[52]民族学も辞典も、身代わりのヤギの、儀礼としての、そして自然発生的な、二重の意味論的な重みを深く考えてみようとはしません。後者については、辞典は予想どおり、われわれにそれが「比喩的な」意味で使われているということ——『レビの書』では「固有の」意味で使われているのに——を教えてくれます。われわれもずいぶん進歩したものです！

ある学問が、たとえば民族学のように、確立されると、それは「新しい」仮説に対して、たとえば私の仮説などに対して、説明を求める権利を持ちます。それは疑う余地のないことであって、われわれが実行していることです。しかしある点までは、逆もまた真なりです。何世紀もまえから言語のなかに書きこまれていた仮説にも、民族学に対して説明を求める権利があります。なぜなら民族学は、五十年まえにはまだ実際に行なわれていたのにいまではもうだれも口にしなくなった、儀礼のあのばかばかしい種類別分類をまぬかれるためには、その仮説を原則化しさえすればよいのでしょうから。あの種類別分類は、まるで食料品店の店先のにんじんやかぶを思い起こさせるほどですが、しかしまだだれも、それに代わるべきものを提示してはいません。

E　犠牲のメカニズムの歴史上の明確化

L　あなたはこれまでいろいろな問題について、はっきりと自分の考えを述べてこられましたが、そうした考えについていま言われたことを、西欧の近代の世界に全体的に位置づける必要があります。この世界は、あなたがわれわれに保証なさるように、供犠の効果の後退によって、あるいは結局は同じことになりますが、犠牲のメカニズムの一段と輝きを増した明確化によって、全面的に支配され制御されています。そしてニーチェやハイデガーのような人々、哲学のエリートたちのすべてが暗示することとは逆に、人々はこの大きな動きのなかで、学者の意見に属するものと、大衆に属するものとを識別することができなくなっています。身代わりのヤギの二重の意味論的な重みから判断するならば、民衆の知恵はたいていは、学者たちの思索よりも進んでいます。学者たちは、結局は、日常の言語さえもが彼らの鼻先に突きつけるいろいろな可能性を、なんとかうまくかわそうとばかりしているのですから。

こうした「いろいろな抵抗」にもかかわらず、あなたはこの過程がひたすら、容赦なく、続行されると暗示しておられます。そしてあなたはすでに二つの局面を区別なさいました。その一つは迫害のテクストを迫害者の見方で書いてきた世界の局面であり、それは残念ながらいまでも消滅するどころではありません。しかしもう一つはそれよりも本質的に遅れているもので、そうしたテクストを全面的に解読しようとする局面、テクストの透明度を一段と高いものにしようとする局面です。

この第二の局面は、恐ろしいほど進んではいますが、一方では、あなたがいま言っておられることすべてに、きわめて頑強な新たな抵抗が生じています。迫害のテクストの、いまでは広く認められている読みを、あらゆる神話に、あらゆる宗教に、地球上のあらゆる文化に拡大することは、われわれの多くの者をおびえさせるような新しい段階、新しい断絶につながるのでしょうか、またたとえどんなに誘われても多くの人々は、まだそうした段階そうした断絶を、克服するのを拒むのでしょうか？

G 私はまさにそのとおりだと考えています。われわれはまさに前代未聞の変化、かつて人類が受けた最も根本的な変化を体験しているのだと思います。とは言っても私が、一般的には知識人たちの、また特に私自身の演じている役割の重要さについて、幻想をいだいているというわけではありません。

この変化については、またあとで論じあうつもりですが、それは書いても書かなくてもいいような書物に属する問題ではありません。この変化は、われわれの時代の恐ろしくてすばらしい歴史と一体をなしていますが、それはわれわれの書くもののなかでしか、具体的に表現されることはありません。

そこでわれわれの討論も、つづける必然性があるのだと思います。しかしたとえわれわれがやらなくとも、ほかの人たちが代わってそれをつづけるでしょう。いずれにしても、やがてほかの人たちが、われわれがいま論じていることを、より巧みに論ずるようになるでしょう。そして事態はさらに先へ進むことになるでしょう。しかしこうした書物自体の重要性は、わずかなものになるでしょう。そうした書物を生み出すいろいろな出来事のほうが、書かれたものよりもはるかに雄弁になっていくでしょうし、単純で月並みな事がらの真相を、われわれがそれを暗示するのにたいへんな苦労をしてしかもうまくいかない真相を、手早く説明できるようになるでしょう。そうした事がらはいまでもすでに単純ですし、くだくだしい論議をする気にもなれないほどですが、それが一段と単純化されるようになるでしょう。そしてだれにでもすぐにわかるようになるでしょう。

O　あなたは、犠牲のメカニズムの漸進的な明確化は、すでに昔からわれわれの歴史の支配的現象だ、とおっしゃりたいのだろうと思います。この明確化はこれからもつづくでしょうし、加速もされるでしょう。またあなたはいま、われわれがすべてこうした歴史を共同で研究しているとしても、たいていは自分の意志に逆らってそうしている、また自分でもそれに気づかずにそうしているのだ、という印象を与えています。したがってあなたは、ちょっとハイデガーみたいに、この歴史は人間によって、人間だけによってつくられるのだとしても、何から何まで人間的なものとはかぎらない、単純に人間的なものとはかぎらない、と考える材料を与えてくれます。これはどういう意味なのでしょうか？　あなたが西欧の近代社会について言われたことをうかがうと、われわれはどうしてもこう質問したくなります。文化のメカニズムの完全な崩壊や近代社会の世界的な変転は、あなたの考えによれば、この社会の唯一の本質的な傾向と一致しますし、すべての人間がますます参加するようになっている前例のないほどの歴史的努力と一致します。

この点についてあなたは、またしても、現代のあらゆるありふれた考えに、きっぱりと反対の立場をとっています。あなたは、至る所で勝ち誇っている認識のニヒリズムに、また普遍的な歴史はないという信仰に、意味はほとんど存在しない、あるいはそれは競合し対立する意味の存在によって至る所で分散化され相対化された形でのみ存在するという信仰に、何の永続的な価値も与えません。あらゆる普遍的な思考に脅威を与える自民族中心主義《エスノセントリズム》について、また現代文化の還元不可能な多中心主義《ポリセントリズム》について、人々が夢中で証明を試みているようなことはすべて、あなたに何の印象も与えていません。

G　私は哲学を、また人間科学を一掃することは、すばらしいことだと思っています。墓掘り人夫の仕事はすべて、必要なものです。葬られるものは、ほんとうに死んでしまったものなのですから。とは言っても、それにはたいへんな儀式がともないます。この努力を絶対化してはいけませんし、葬儀屋をこれからのすべての文化的生活の原型としてもいけません。死者は死者に葬らせるべきです。そしてほかの問題に移るべきです。

危険なのは、じつは今日では、人々が意味のこの際限のない葬儀に、またたいぶまえからやたらにのみこもうとしている葬儀の形而上学に、ついにうんざりして、否定と批判に徹している近代思想が現実に手に入れたものを、見失いはすまいかということです。私は私なりの批判をやっていますし、私はどうしてもそれをやらないではいられないほどなのです。私はただ単に、あらゆる哲学の挫折を、えせ哲学のしみこんだすべての人間科学の挫折を、際限なく反芻する以外にもう手がないという態度を、容認すまいと思っているだけです。

おめでたい楽天主義や敬虔な祈願などに頼っている場合では絶対にありません。現実の批判を徹底的に、行き過ぎぐらいに行ない、宗教的文化的な欺瞞を最終的に一つ残らず脱＝構築してしまえば、必ず供犠という手段をどこまでも根こそぎにすることができます。人類は知については同一であるべきですが、少しも同一化されていません。人類という集合体の中心的な暴力の偶像を生み出すことができません。したがってわれわれは至る所で、常に「分身どうし」の争いに身をまかせています。それに「複数形」の、「多中心主義」の神話はすべて、常に分身どうしの神話であって、分身たちは自分たちが確信を持とうとして神話を売り歩き吹聴しています。分身たちは広く知れわたった差異の絶望的な「市場活動《マーケティング》」に身をまかせています。

われわれの社会が、あらゆる文化の真相を目ざして常に加速度的な前進をするとしても、それがオメー氏〔『ボヴァリ夫人』のなかの俗物合理主義者の典型〕の考えていたような、実証主義的な知の完成に似ているということはありえません。

私は、私の仮説の科学的性格について述べたことは、強く主張します。しかし人間科学の性格は、いまでも人間が、いろいろな形の科学が到来したときにそれについて思い描くような性格とは、まったく一致していません。それどころか、最近の二世紀にわたる科学の飛躍的な発展の初期に見られた最後の幻想の崩壊と一致しています。科学は、われわれにはますます、近代の人間が自分でも気づかずに自分自身に仕掛けた一種の罠とみえるようになってきました。人類にはこれからは、いついかなる時にも人類を絶滅させうるほど強大な武力の——あるいはいまそれが不可能でも、あすにはそれが可能になるほどの強大な武力の——絶えざる脅威が重くのしかかってきます。科学と技術の飛躍的な発展は、明らかに、犠牲のメカニズムが次第にうまく機能しなくなっていく世界での自然の非神聖化に結びついています。

しかし自然の非神聖化は、第一段階にすぎません。今後ほんとうに人間科学の名に値するようになると思われるあらゆる学問が、科学の領域にはいりこむということは、これまでよりはるかに困難な問題ですし、それは同じ非神聖化の過程の、より進んだ段階に近づくことです。それと同時に、われわれが自分でそのばねを鍛えた罠にわれわれ自身が落ちこむという印象が、明確になっていくでしょう。すでに全人類が不可避的なディレンマに直面しています。つまり人間は供犠を介することなしに永遠に和解しあわなければならないのです。さもなくば、人類の近い将来における絶滅を甘受しなければならないのです。

われわれを生み出すいろいろな文化的システムと、いろいろなメカニズムについての、われわれのこのますますとぎすまされていく知性は、無償で得られたものではありません。代償なしのものではありません。いまや問題は、おぼろげな「非暴力という理想」に向かって、ていねいにではなくとも、それとなく身をかがめて敬意を表しておく段階にきています。信心深い念願や偽善的な解決法にいくら頼っても意味はありません。これからは抵抗しがたい必然がますますわれわれの問題となることでしょう。暴力の放棄、決定的な放棄、下心のない放棄が、人類そのものの存続の、そしてまたわれわれひとりひとりの存続の、必要不可欠な条件として、われわれに課されることになるでしょう。

L　あなたが言われることの論理は、よくわかります。真の人間科学の急激な進展は、われわれを長いあいだ欺きつづけてきた科学万能主義のイデオロギー的な雰囲気とはまったくちがう、また十九世紀の人間をたぶらかしつづけた素朴なユートピアの実現の予告ともまったくちがう、根本的に別な雰囲気のなかにわれわれを導き入れます。それどころかこの真の科学の急激な進展は、絶対的な責任の要求される世界を準備しつつあります。それはドストエフスキーの虚無的な主人公の「すべては許される」〔『悪霊』のキリーロフや『カラマーゾフの兄弟』のイワンなど〕とも、あるいはニーチェの力への意志とも、何の関係もありません。もしも人間が自暴自棄に陥れば——過去に模倣性の伝染が起こったときに常にそうであったように自暴自棄に陥れば——もう救済のための犠牲のメカニズムなどは、なくなってしまうでしょう！

G　われわれはそれが一面的な見解ではないことを知っています。われわれは毎日、新聞紙上で、事態がまさにそうなっているのだということを読んでいます。非神聖化された人間が、暴力の計り知れぬ潜在力を現実化するために見いだそうとしている、あるいはすでに見いだしているいろいろな手段がどんな性質のものかを論じても、じつはあまり意味はありません。なぜならわれわれは、人間の破壊能力に対する制限がますます後退しつつあるということを知っていますし、人間がその制限を解除したいという誘惑に負ければ、自らを永遠に無に帰する危険を冒すことになる、ということも知っているのですから。

O　しかし私は、中断したままになっている問題に話を移したいと思います。私には、あなたがいまここで話されたことのすべてが、数世紀来、ひょっとすると数千年来人間が追究してきた、そして現在では決定的な段階に近づきつつある、あの漸進的な問題解明の作業の結果であることが、よくわかっています。西欧の近代の人間が自ら開拓し、結果のことなど考えずに、生来のねばり強さによって追究してきたのは、単なる知的冒険のためでも、何かの「研究プロジェクト」などのためでもありません。

われわれだけがこのプロジェクトのすぐれた研究者だと考えたり、またこのプロジェクトが、われわれの社会以前のいかなる社会にも不可能だったある種の決定にもとづいている、と考えたりすることは、たとえこの決定がわれわれにとってぐあいの悪いものになるだろうということを認めるにしても、またしても西欧流の傲慢《ヒュブリス》に屈することにはならないでしょうか？　それはプロメテウスのような〔神に逆らって人間を助ける〕ロマン主義に――たしかにひどく悲惨なめにあいながら、おそらくそれだけに自信に満ちたロマン主義に――落ちこむことにはならないでしょうか？　自民族中心主義《エスノセントリズム》に対するきわめて強い疑惑に身をさらすことにはならないでしょうか？

G　あなたの言われることは、もしも否応なく事態を明らかにしてくれる過程、潜在的に運命を決定する力を持っている過程が、西欧の人間のある種の自発的な決定に帰されるのならば、疑いようもなく正確だということになるでしょう。そしてまたわれわれは、たしかにその仮説に立ち戻ることになったでしょう、もしもわれわれが西欧文明そのものの成立以前にまで遡ることができなかったのだとすれば、そして事態を解明すると同時に脅威を与えもするダイナミズムの真の原動力に、西欧文明全体に活気を与えている原動力に、手を触れることができなかったのだとすれば。

われわれはここで、現在なされている証明全体のなかで最も決定的な点に、最もおどろくべき点に到達しました。私の仮説の論理は、私があのダイナミズムの――あらゆる状況から見て排除されるのが当然な場で、つまり単に超越しなければならぬ近代思想の視野ばかりか、現実にそれを超越している視野、解明しつくされた身代わりの犠牲者の視野で、われわれを鼓舞するあのダイナミズムの——唯一のとは言わぬまでも根本的な原因を探究し発見するように強制しています。われわれがやっている非神話化の作業のいちばん「それらしくない」根源は、宗教的なものそのものです。そしてより特殊な場合としてわれわれの世界について言えば、それはその宗教的伝統であるように思われます。われわれの世界が盲目的に執着している宗教的伝統、批判などはとてもできない宗教的伝統だと思われます。

しかしそれにもかかわらず私はこう言います。われわれが今日、文化のメカニズムの分析と解体に成功しているとすれば、それは旧約・新約聖書がわれわれに及ぼしている間接的で目だちはしないがおそろしく拘束力のある影響によるものだ、と。

事情を承知したうえで、私は自分の論文を紹介しています。私には、私が挑発者、あるいはジャン＝ミシェルが言うような「ひどい弱虫」とみなされるはめに陥ることは、わかりきっています。知的な領域で認めてもらうためには、「仲間であることを示す」ためには、旧約・新約聖書の記述などにはすべて、パーヴロフの条件反射のように、儀礼的で自動的なロバの足蹴り〔恐れる必要のない者に加える侮辱〕を加える必要があることも知っています。それをやらないと、だれでもいつまでも疑惑の目を向けられるでしょうし、いつまでも近代性のグーラグ〔ラーゲリの本局〕だと思われるでしょう。私が何を言おうとも、もうこれからはだれも、私の話を理解するのに必要な最小限の寛容さえも与えようとはしないでしょう。事態がどのようであるかは、私にはよくわかっているのです。しかしそれでも、ためらわずに先へ進まなければなりません。その理由はまもなくおわかりいただけるでしょう。

あなたがたは同時に、われわれの討論の独創性について、また新奇さについてさえも、私が何の幻想もいだいているのではないことをごらんになるでしょう。あらゆる宗教あらゆる文化の創始者としての身代わりの犠牲者の解明は、われわれの領域の者が総がかりでやれば見つけ出せるというようなものでもなければ、特定の「有資格者」だけにそれができるというようなものでもありません。一切がすでに明らかにされているのです。それはまさに福音書が、キリスト受難劇で明確にしていることです。身代わりの犠牲者のメカニズムがこの解明の本質的な次元であることを理解するためには、われわれが暴力から生まれたさまざまな宗教を論じたさいに必要としたような、比較による分析や不断の情報検証の必要はないでしょう。テクストに忠実に準拠しさえすればよいでしょう。テクストはいつでも、このわれわれが話題にしているすべてのことを語ってくれています。テクストは集団による犠牲者たちを発掘してその無実を明らかにするようなことばかりしているのではけっしてありません。隠されているものなど何もありはしません。研究者が骨折って見つけ出さなければならないような隠された次元は何もありません。一切が完全に透明なのです。われわれがこれから提示するような読みよりも問題点の少ないもの、それよりも容易なものは一つもありません。したがってこの読みに関するかぎり、ほんとうにふしぎなことというのは、われわれのあいだにそうした読みが欠けていたということです。何千年ものあいだ、あらゆる信者たちを初めとして後には無信仰者たちに至るまで、一切のテクストの読み、ほかには考えられないほど明らかな読みが、不可能だったということです。

第二編　旧約・新約聖書のエクリチュール

初めに言《ことば》があった。

（『ヨハネによる福音書』第一章一）

第一章　世の初めから隠されていること

A　聖書の神話と世界の神話との類似

G　われわれは、まさに科学的な、もっぱら科学的な仮説としての身代わりの犠牲者の問題には、けりをつけました。われわれの議論はおそらくテンポが速すぎたでしょう。その議論の唯一の特徴は、図式的だということです。しかしやがてこの討論を本の形で読むかたがたは、本質的な点については、もうこのへんで議論をやめてもよいということを知っています。ほかのテーマがわれわれを差し招いています――と言うよりはむしろ、ほかの同じように真実の、一段と劇的な問題が明らかになっているのです。

もうこれからは、犠牲のメカニズムの実在と、宗教や文化や人類そのものの発生におけるこのメカニズムの役割を、既定のもの、完全に証明ずみのものとして、話を進めることにしましょう。実際には私は、私の提示しているのが仮説であることを、忘れたりはしません。まだ残されているすべての研究対象が、これからも新しい証拠、ますますおどろくべき証拠をもたらすでしょうから、仮説であることを忘れるおそれはますます少なくなります。

これからは旧約・新約聖書のほうに目を向けることにします。そのあとで精神病理学に集中的に取り組みたいと思います。最終的には、この精神病理学がわれわれを現代の考察へと導いてくれることになるでしょう。ピコ・デラ・ミランドラ〔イタリアの哲学者一四六三—一九四〕、あの普遍的な知識の持ち主のまねをしていると非難する人があるかもしれませんが、そんなまねは時代遅れの誘惑というもので、人から正しく見てもらいたかったら、そんな誘惑には抵抗しなければなりません。実際には私の狙いは、まったく別な所にあります。人間化のレベルや原始宗教のレベルで興味があるとわかっているこの仮説が、それだけの領域——と言っても広大で、われわれがすでに踏査ずみ（あまり大またで歩きすぎましたが）の領域——に極限されているはずはありません。この仮説は、やがて明らかになるように、われわれに一段と対象の地平をひろげざるをえないように仕向けるでしょう。なぜならこの広範な地平から、仮説はそのすべての意義を取り入れるのですから。そのときこそ仮説は批判の余地のないものになる、と私は思っています。

たとえば旧約聖書に、特にその最も古い部分に、つまり最も古い素材を含む部分に目を向けると、われわれはすぐに自分がおなじみの領域にはいりこんでいることに気がつきますし、何も変わってはいないではないかという印象を必ず受けるのです。そしてすぐに、われわれが区別した三つの大きな契機を見いだすのです。

1　闘争による崩壊、共同体全体の構成要素である差異と階級の消滅。
2　集団による暴力の「ひとり対全員」。
3　禁忌と儀礼の制度の完成化。

第一の契機に属するのは、世界の創造に関するテクストの最初の部分です。つまりバベルの塔の混乱、ソドムとゴモラの腐敗などです。同じようにすぐにわかることは、『脱出の書』のエジプトの十の災いが、ソポクレス劇のテバイにおけるペストの流行に当たるものだということです。ノアの洪水も、同じように、危機の隠喩に属するものです。そしてまたこの第一の契機には、カインとアベル、ヤコブとエサウ、ヨゼフと十一人の兄弟などの、きわめて頻繁に見られる仇敵どうしの兄弟、仇敵どうしの双子のテーマも結びつけて考えねばなりません。

第二の契機も、見つけるのに骨は折れません。いつまでも二人の兄弟のうちの片方が暴力によって追放され、実際に危機が解決され、差異状態への復帰が実現しています。『創世の書』や『脱出の書』の重大な場面には、きまって創世期における追放や基礎づくりの殺人のテーマが、あるいはほぼテーマとみなしてよいものがあります。それはもちろんエデンの園からの追放の場合に、特に顕著に見られるものです。神が暴力によってアダムとエバを自分から遠く離れた所に追いやって人類を創始したのですから。

イサクが、双子の息子たちの兄のほうのエサウより、弟のほうのヤコブを祝福した場合でも、仇敵どうしの兄弟の争いが、暴力によって解決されています〔創世の書、二五―二七参照〕。そして兄と弟の内緒の取り替えがわかってしまっても、だからといってこの解決が危くなるということはありません。こうした特徴は、この解決の性格が恣意的なものであることを暗示しています。結局、犠牲者がいさえすれば、それがだれであるかは、あまり重要な問題ではないのです。

「ヤコブと天使との組打ち」の場面では、問題は「分身たち」どうしの争い、両者が完全に互角で長いこと勝ち負けが決まらなかった争いが問題となっています。ヤコブの相手は、初めは「人」と呼ばれていますが、ヤコブに負けて立ち去るときに神となり、ヤコブはその神に祝福を求めて、それをかちえます。要するに「分身たち」どうしの戦いから、その片方の追放が起こるのですが、それは秩序と平和への復帰

にほかならないわけです。〔創世の書三二参照〕

こうした場面では常に、「兄弟どうし」あるいは「分身どうし」の関係が、初めのうちはその性格があやふやであり、やがて暴力による追放によって終わりをつげます。ヤコブとエサウの場合から判断すると、その終わり方はいいかげんと言えないこともありません。

たったひとりの犠牲者が和解と救済をもたらし、共同体の生命をよみがえらせるのですから、次のことを理解するのは、わけはありません。つまりすべての人が死滅する世界でひとりだけが生き残るというテーマは、集団のなかからひとりの犠牲者が選ばれて、その犠牲者以外にはだれも死なないというテーマと、結局は同じものだということです。ノアの箱舟だけが、世界の再建のために洪水の難をまぬかれます。ロトとその家族だけがソドムとゴモラの破壊から逃れます。塩の柱に姿を変えたロトの妻は、この物語のなかに、たったひとりの犠牲者というモティーフを再導入しています。〔創世の書、六―九、一九参照〕

次に第二の契機に由来する第三の契機に、つまり禁忌と供犠の創始に、あるいは結局は同じことになりますが割礼の創始に、話を移していきましょう。この面への暗示的な言及は、基礎づくりのメカニズムへのそれと混同されるかもしれません。たとえばアブラハムがひとり息子のイサクを神に捧げようとする場面では、供犠のために求められているのはいちばん大切なものです。結果的には、いままさに息子のいのちを断とうとするときに、神が送った雄ヒツジを代わりに犠牲に供して満足することになるのですが。〔創世の書、二二の一―一三参照〕

イサクがヤコブを祝福する場面での、父親に子ヤギが贖罪の食事として出されるテーマは、供犠の創始をあらわしています。そして一つのささいな事がらが――それはこの話の他のいくつかのテーマに結びついてはいますが――供犠の機能をはっきりと示しています。子ヤギの毛皮で腕と首を覆ったために、イサ

クはヤコブを兄のほうのエサウだと思い、ヤコブは父の呪いをまぬかれます。〔創世の書二七参照〕

あらゆる神話に、同じように社会の、そしてさらには自然全体の、秩序の確立あるいは回復が見いだされます。それはふつうは物語の最後に、別な言い方をすれば仮説の論理がそれを招き寄せるところに、置かれています。ただし例外的に世界創造の物語の冒頭に置かれていることもあります。ノアの場合には、この最終的な再組織は、大洪水後の神の契約にあらわれているだけでなく、箱舟のなかにあらゆる種類の生物の原型が閉じこもったことにも——つまり真の流動的な分類のシステム、そこから世界が神の望みどおりの正しい姿をとって再びふえ始めるような、分類のシステムのうちにも——あらわれています。アブラハムがイサクの代わりに雄ヒツジを犠牲に供したあと、主《ヤハウエ》がアブラハムにした約束を例にあげることもできますし、同じように、ヤコブが神に姿を変えた自分の分身を追いやったあとにヤコブに命じられた規則を例にあげることもできます。あとの二つの場合には、名まえの変わることが、この過程の基礎づくりの性格を明示しています。

O　あなたは聖書の神話と、これまであなたが話題にされた神話との類似点だけを、いままで指摘されました。でもあなたが主張なさりたいのは、聖書とそうした神話との差異なのではないでしょうか？

G　その差異については、これからお話しするつもりです。初めに類似のほうを主張したのは、それが私に何の障害にもならないこと、それを私が回避するつもりがないことを、十分に明らかにしておきたかったからです。聖書の冒頭の部分が、世界中の至る所に見られる神話とよく似た神話にもとづいていることは確実です。でもこれからは、似た所しかないわけではないということを、お見せすることにしましょう。こうした神話の聖書ふうの処理のうちには、まったく独特なものがあり、それを私は明確にしようと思います。

B　聖書の神話の特異性

1　カイン

初めにカインの物語をとりあげましょう。テクストはエルサレムの聖書からのものです。

G　男は妻エバを知った。エバは身ごもってカインを生み、こう言った、「私は主のおかげでひとりの子をもうけた。」それにアベルという弟も生んだ。アベルは羊飼いになり、カインは土を耕す者になった。時を経てカインは、主への供え物として、土からの産物を持ってきた。アベルも家畜の初子《ういご》とその脂《あぶら》をささげた。主は喜んでアベルを迎えその供え物を受けられたが、カインとその供え物とは顧られなかったので、カインはたいへん腹を立て、くやしさを顔に出した。主はカインに言われた、「なぜ腹を立て、くやしそうな顔をするのか。おまえの行ないが正しいのなら、顔をあげたらよい。もし正しくないのなら、罪が門口まできていて、物欲しげにおまえを見つめていることになる。うずくまって隠れているそのけものに、おまえは勝たねばならない。」ところがカインは弟のアベルに言った、「さあ、野原へ行こう。」野原まできたとき、カインは弟のアベルにとびかかって、アベルを殺してしまった。主はカインに言われた、「弟のアベルはどこにいるのか。」カインは答えた、「知りません。私は弟の番人でしょうか。」主はことばをつづけて、「おまえは何をしたのか。おまえの弟の血の声が土の下から私に叫んでいるのを聞くがよい。さあ、おまえは呪われて、この豊かな土地を離れるのだ。この土地が口をあけて、おまえの手から弟の血を飲みこんだのだから。おまえが土地を耕しても、土地はもうおまえに実りを与えてはくれない。おまえは地上を渡り歩く流れ者となるだろう。」カインは主に言った、「私の罰は重くて背負いきれません。ごらんください。

あなたはきょう私を豊かな土地から追放されました。私はあなたの目のとどかぬ遠い所に身を隠さなければならないでしょう。地上を渡り歩く流れ者となるでしょう。でも私はだれかに見つかれば、すぐに殺されてしまうでしょう。」主はカインに言われた、「いずれにせよ、だれかがカインを殺せば、七倍の復讐を受けるだろう。」そして主は、カインがだれにでも打ち殺されてしまうことのないように、彼に一つのしるしをつけられた。カインは主の前を去ってエデンの東、ノドの地に住みついた。

カインはその妻を知った。妻は身ごもってエノクを生んだ。カインはある町をつくり、息子の名をとってそれをエノクと名づけた。エノクにはイラドが生まれ、イラドにはメフヤエルが生まれ、メフヤエルはメトゥシャエルを生み、メトゥシャエルはレメクを生んだ。レメクは二人の妻をめとった。ひとりの名はアダ、もうひとりはシッラといった。アダはヤバルを生んだ。ヤバルはテントに暮らして家畜を飼う人々の先祖となった。その弟の名はユバルといい、ユバルは琴や笛をかなでるすべての人々の先祖となった。シッラもトバルカインを生んだ。トバルカインは青銅や鉄の刃物を鍛えるすべての人々の先祖となった。トバルカインの妹はナハマといった。

レメクは妻たちに言った、

「アダとシッラよ、私の言うことを聞け、
レメクの妻たちよ、私のことばに耳を傾けよ。
私は傷つけられて、その男を殺し、
なぐられて、相手の若者を殺した。
カインのための復讐が七倍なら、
レメクのための復讐は七十七倍。」〔創世の書、四の一—二四〕

地の面《おもて》に人間がふえ始め、娘たちが生まれてくると、神の子らは人間の娘たちを見て気にいり、好きな娘をみんな妻にめとった。そこで主は言われた、「私の霊はいつまでもぐずぐずと人間のなかで恥をかかされていることはない。人間は肉にすぎないのだから。人間のいのちは百二十年にすぎないだろう。」神の子らが人間の娘たちに近づいて娘たちが子を生んでいたころ、またそのあとにも、地上にはネピリムたちがいた。それは昔の英雄たちであり、有名な人々であった。

主は、人間の罪悪が地にはびこり、人間が一日じゅう悪い事ばかりくわだてているのを見た。主は地上に人間をつくったことを後悔し、心を痛め、そして言われた、「私は自分がつくった人間を地の面《おもて》から消してしまおう。人間も家畜も、はうものも空の鳥も。それをつくったことを後悔しているのだから。」〔創世の書、六の一—七〕

カインの神話はごらんのように、古典的な形であらわれています。二人の兄弟のひとりが他のひとりを殺し、カインを祖とする共同体の基礎が築かれます。

主《ヤハウエ》が殺人の罪を罰しながら、殺人者の訴えに答えているのはなぜか、とはよく問題にされることです。カインが、「でも私はだれかに見つかれば、すぐに殺されてしまうでしょう」と言うと、主は、「いずれにせよ、だれかがカインを殺せば、七倍の復讐を受けるだろう」と答えます。神自身が介入して、基礎づくりの殺人に答え、殺人に対するおきてを示しています。決定的な要素である殺人が、ここでもほかの場合と同じように、基礎づくりの性格を持つことを、神のこの介入は明らかにしているように私には思われます。基礎づくりに役だつということは、差異を明らかにするという意味ですし、だからこそすぐあとに、「主は、カインがだれにでも打ち殺されてしまうことのないように、彼に一つのしるしをつけられた」という説明がついているのです。私はそこに、例によって模倣による敵対をおさえ、争いの拡大を防ごうとする差異のシステムの確立を見るわけです。

L　何千という共同体も、これと類似の殺人に結びついています。たとえばローマがそうです。ロムルスがレムスを殺し、ローマの基礎が築かれます。この二つの神話の、兄弟のひとりによる他のひとりの殺害には、基礎を築き差異を明確にする同一の効果があります。分身どうしの不和に代わって、新しい共同体の秩序がもたらされるのです。

G　しかしこの二つの神話には、一つの差異があります。この差異は、相次いで出されるありきたりの神話研究の論文のなかでは、よく見落とされていますが、われわれの一連の議論のなかでは――つまり完全に犠牲のメカニズムにもとづいて構成された、したがっていま触れたような論文がいいかげんなものであるかぎり、その論文の認識不足にもとづいて構成された人類学の一連の議論のなかでは――その恐るべき性格が明らかにされるでしょう。

ローマ神話のレムス殺しは、遺憾なことにはちがいありませんが、この犠牲者が犯した違反行為のために、われわれには正当化されているようにみえます。レムスは、ロムスがローマの内と外とのあいだに設けた観念的な境界を、重んじなかったのですから。同時に、レムス殺しの動機は、つまらない動機でもあります。何しろまだローマは実在していないのですから。しかしこの動機は、威圧的であり、まさに基礎的なものです。一つの都市が実在するためには、その都市の規定を無視する者が必ず罰を受けるようにする必要があります。だとすればロムルスによるレムスの殺害は正当だ、ということになります。ロムルスは供犠の執行者として、偉大な祭司として、重要な役割を果たしています。それはつまりロムルスがローマの権力を、あらゆる形で同時に体現しているということでもあります。立法と司法と軍事は、まだ宗教的なものと区別されてはいません。しかし一切のものがすでにそこにあります。

これに反してカインの神話では、私が先ほど指摘したようにカインが結局はロムルスと同じ権力を手に入れるにしても、また神から信頼されるにしても、彼はけがらわしい殺害者として示されています。最初の殺害が人類の最初の文化の発展の始動力であるという事実も、聖書のテクストによって見るかぎり、殺人者あるいは殺人者たちの罪のつぐないには少しもなっていません。殺人の持つ、基礎づくりの性格は、聖書以外の神話でも同じように明らかに、あるいはむしろいっそう明らかに、示されています。しかしほかにもまだ注目すべきことがあります。それは道徳的判断です。殺人に対する断罪は、他のいかなる配慮よりも先行します。それが、「弟のアベルはどこにいるのか」という問い詰めになります。

聖書の倫理的次元の重要さは、周知のことです。しかしその重要性を厳密に追究しようとした解説はめったにありません。最古のとはかぎりませんが古代の所与を扱っているテクストのレベルでは、それは特にまれです。私の考えでは、この問題をだれよりもうまく処理しているのは、マックス・ヴェーバーです。彼はその未完の大著『古代ユダヤ教』のなかで、くりかえし、聖書の記述者たちに認められる疑う余地のない一つの傾向を確認しています——ありとあらゆる断片からなるテクストのなかにも、明らかに改作されているテクストのなかにも、あるいは精神的に犠牲者のがわに立ち犠牲者に味方し犠牲者を守ろうとして改作された可能性のあるテクストのなかにも——確認しています。(53)

マックス・ヴェーバーは、こうした観察に、純粋に社会学的で文化的な重要性を付与しています。彼は犠牲者に対する好意的な傾向を、ユダヤ教に固有なある種の文化的雰囲気の特質と判断し、その原因をユダヤの歴史の無数の災厄のうちに求めています。またユダヤ民族が、その周囲の諸帝国の創始者たち、エジプト、アッシリア、バビロニア、ペルシア、ギリシア、ローマなどに比べて歴史的な偉業を持たなかったことのうちに求めています。

したがってヴェーバーは、他の多くの偏見と同じように結局彼にとって偏見とみえるもの、つまり犠牲者に好意的であるという偏見が、神話や宗教のテクストの面に及ぼすかもしれない結果には、まったく関心を示しません。

われわれがその概要を示した犠牲の人類学に関する一連の議論のなかでは、こうした無関心はもう不可能です。神話のテクストとは、共同体の基礎を築く集団による暴力の、忠実であると同時にまやかしでもある反映なのですが、そしてまたそれは何らかの暴力行為の報告書、うそではないまでも、犠牲のメカニズムの効果そのものによって曲げられゆがめられた形でわれわれにもたらされる報告書なのですが——要するに神話とは迫害者たちによる彼ら自身の迫害行為の回顧的なヴィジョンなのですが——だとすればわれわれは、犠牲者のがわに立って犠牲者の無罪と殺害者たちの罪状を述べたてるような考え方の変化を、無意味なものとみなすわけにはいきません。

もしも神話が、虚心坦懐な創作ではなくて、それどころか、犠牲者の神格化に対する、また同じようにその罪状に対する、死刑執行者たちの信念によってゆがめられたものだとすれば、別な言い方をすると、神話が、集団による殺害のために和解が成立した共同体の見地を——これこそ神御自身の望まれた正当で神聖な行為だ、信念を棄てたり批判をしたり分析をしたりすることは当面の問題ではない、と全員が確信している共同体の見地を——体現したものだとすれば、犠牲者を復権させ迫害者たちを告発する態度は、あたりまえなものでも、無神経な醒めきった解釈ばかりをひきつけるようなものでもなくなります。こうした態度は必ず、神話研究ばかりか、集団による殺害の隠された基盤や、儀礼や、禁忌や、宗教的超越などにともなうすべてのものに、徐々に反響を起こすでしょう。一見神話から最も遠く離れた文化形態、文化的価値が、徐々に影響を受けることになるでしょう。

O　カインの神話でも、すでにそうなのではないでしょうか？　それがいかに原始的な形であるにしても。

G　この物語を注意深く検討すれば、聖書の教訓は、暴力から生まれた文化は必ず暴力にもどる、ということであるのに気がつきます。初め、文化は華やかに発展します。技術が開発されます。砂漠から町が生まれます。しかしやがて暴力が、基礎づくりのための殺害によっても、またそこから生まれる法という柵によってもおさえきれずに、あたりに伝わり、エスカレイトしていきます。カインのための七倍の復讐が、レメクの手にかかって七十七倍の復讐となったときに、それさえも法的な制裁だ、供犠だ、懲罰だと言えるものでしょうか?

L　たしかにそれは、明らかに、非差異化された暴力の、伝染性のひろがりで……

G　洪水は、いつものことながら、あらゆる差異の奇怪な解消を含むエスカレイションの、つまり神の息子たちと人間の娘たちとの気ままな結婚による巨人たち〔ネピリム。二四二ページ参照。異説あり〕の誕生を含むエスカレイションの、延長線上にあります。危機が訪れると文化はことごとく水没し、神の懲罰にひとしい文化破壊は、基礎づくりの殺害の一時的な効果によって暴力から生まれまた暴力へもどる過程の、宿命的な最終点として姿をあらわします。

基礎づくりの暴力、対立解消の暴力という点から見ると、カインの物語には、疑う余地のない神話的意味のほかに、非ユダヤ的な神話をはるかに上回る事態解明の効果があります。聖書の物語の背後には、たしかに、世界中の神話の標準に一致すると見てよいような神話があります。たしかに、ユダヤの聖書編集者たちは最初に、批判的な目で手なおしを行なっているうちに、次のことを認めたのです。つまり、犠牲者は罪を犯していないということ、殺人の上に築かれた文化は初めから終わりまで人殺し的性格を保ちつづけるということ、そしてこの性格は、ひとたび暴力起源の支配の効果、供犠の効果が尽きてしまうと、文化に逆らってもとにもどり、文化を破壊するに至るということ、を認めたのです。

これは空想ではありません。アベルこそはまさに、聖書によって発掘された大勢の犠牲者たち、たいていは集団全体から押しつけられていた罪状を聖書によって解除してもらった犠牲者たちのうちで、最初の人です。「おまえの弟の血の声が土の下から私に叫んでいる!」

2 ヨゼフ

G 集団による迫害の性格は、カインの神話のなかでは見えないか、または隠されていますが、ヨゼフの例ではきわめて明らかです。

われわれの分析にとって重要なヨゼフの物語を読んでみましょう。

イスラエルは、ほかのどの子よりもヨゼフを愛していた。年とってから生まれた子だったからである。父はヨゼフに、そでの長い服をつくった。兄たちは、父がヨゼフをほかのどの子よりも愛していると知って、ヨゼフを憎むようになり、ヨゼフと親しく話し合わなくなった。

あるときヨゼフは夢を見て、それを兄たちに話した。彼はこう言った、「私が見た夢の話を聞いてください。私たちが野原で麦をたばねていると、私のたばが急に立ちあがって、そのまま立っていました。するとあなたがたのたばがそのまわりに集まってきて、私の前でひれ伏しました。」兄たちはヨゼフに答えて言った、「それではおまえは、王としてわれわれの上に立ち、主人としてわれわれを治めるというのか。」そして兄たちは、ヨゼフの夢とそのことばのために、ますます彼を憎んだ。ヨゼフはまた別な夢を見て、それを父と兄たちに話した、「私はまた夢を見ました。太陽と月と十一の星が、私の前にひれ伏しているみたいでした。」この夢の話は父と兄たちにしたのだが、父はヨゼフを叱って、「おまえは何という夢を見たのだ。私やおまえの母や兄たちが、おまえの前でひれ伏すというのか」と言った。兄たちはヨゼフをねたんだが、父はこのことを胸のうちにとどめておいた。

兄たちは、父の家畜の群れを、草を食わせるために、シケムに連れて行った。父のイスラエルはヨゼフに言った、

「おまえの兄たちはシケムで家畜に草を食わせているではないか。さあ、おまえも兄さんたちのところに行くんだ。」ヨゼフは、「そうします」と答えた。

……………………………………………

（……）ヨゼフはあとを追い、ドタンで兄たちを見つけた。兄たちは、ヨゼフがやってくるのを遠くから見て、近づくまえに、殺してしまおうとたくらんだ。そして互いに、「そら、あの夢を見るやつがやってくる。いまのうちにあいつを殺し、どこかの雨水だめに投げこんでしまおう。あとで、〈野獣に食われたのだ〉と言えばいい。それではあいつの夢がどうなるか見ようではないか」と言った。

ところがルベンはこれを聞いて、彼らの手からヨゼフを救ってやった。彼は言った、「いや、あいつのいのちを取るのはやめよう。」そしてまたルベンはこうも言った、「血を流してはいけない。荒れ野にある雨水だめに投げこむのはいいが、彼に手をくだしてはいけない。」ルベンは彼らの手から弟を救い出して、父のところに連れもどそうと思ったのだ。そこで、ヨゼフが兄たちのそばに着くと、彼らはヨゼフの着ていたたけの長い、そでの長い服をはぎ取り、つかまえて雨水だめに投げこんだ。それはからで、なかに水はなかった。そうしてから彼らは、食事のために腰をおろした。

ふと目をあげると、ガラアドの方からくるイスマエル人の隊商が見えた。そのラクダは、エジプトまで届けるトラガントゴム、バルサム香、ラダン香をいっぱい背にのせていた。そのときユダが兄弟たちに言った、「弟を殺してその血を隠しても、何のとくにもなるまい。どうだ、あいつをイスマエル人に売ろうじゃないか。でも、われわれが手をくだすのはやめよう。あいつは弟で肉親なのだから。」兄弟たちは聞きいれた。

ところでそこを通りかかったのは、マディアンの商人たちだった。兄弟たちはヨゼフを雨水だめから引き上げ、銀二十枚でイスマエル人に売った。こうしてヨゼフは、エジプトに連れて行かれた。ルベンが雨水だめにもどってみると、ヨゼフがもういなくなっていた。ルベンは自分の服を裂き、兄弟たちのところにもどって言った、「あの子はもうあそこにいない。私にはどうしていいかわからない。」

兄弟たちは、ヨゼフのそでの長い服をとりあげ、雄ヤギののどを切って、服をその血にひたした。それからそでの長い服を父のところに届けさせ、こう言わせた、「この服を見つけました。あなたの息子の服かどうか、確かめてください。」父はその服を認めて言った、「息子の服だ。息子は野獣に食われたのだ。ヨゼフはえじきになって食い裂かれたのだ。」ヤコブ〔父イスラエルの別名〕は自分の服を裂き、腰に荒布を巻き、長いあいだ息子のために喪に服した。息子たち娘たちはみな父を慰めにきたが、彼は慰められるのを拒み、「いや、私は喪に服して、わが子のいる黄泉まで下りて行きたい」と言って、息子のために泣いた。

そのあいだにマディアンの人たちは、エジプトのファラオの宦官であり侍衛長でもあったポティファルに、ヨゼフを売り渡した。〔創世の書、三七の三一三六〕

………………………………

それからまもなく、主人の妻がヨゼフに目をつけて、「私といっしょに寝ておくれ」と言った。しかしヨゼフはそれをことわって言った、「御主人は私には、この家のことについて何もとやかく言いませんし、全財産を私にゆだねています。この家では、御主人より私のほうが力を持っているくらいです。御主人は私に何も禁じていません。でもあなただけは別です。あなたは御主人の妻なのですから。どうしてそんな大それた、神に対して罪を犯すようなことができるでしょう。」彼女は毎日ヨゼフに言い寄ったが、ヨゼフは聞きいれず、女のそばに寝ることも、女に身をまかせることもしなかった。

ある日ヨゼフが仕事をしようとして家にはいると、家の者がひとりもいない。彼女はヨゼフの服にすがって、「私といっしょに寝ておくれ」と言ったが、ヨゼフは服を彼女の手に残したまま、家から逃げ出した。彼女はヨゼフが自分の手に服を残して逃げ出したのを見て、家の者たちを呼び集めて言った、「ごらん、うちの人がヘブライ人めを家に連れてきたのは、私たちに悪ふざけをするためだったのよ。あの男は私と寝ようともちかけたが、私は大声をあげたの。するとあの男は、私が大声で人を呼ぶのを聞いて、服を私のところに残して家から逃げ出しました。」

それから彼女はその服をそばに置いたまま、主人の帰りを待った。そして主人に対しても同じようなことを言った。「あなたが家に連れてきたヘブライ人のあの奴隷は、私にたわむれようとして近づいてきましたけれど、私が大声をあげて人を呼んだので、服を私のそばに残して家から逃げ出しました。」「あなたの奴隷が私にこんなことをしたんですよ」と言う妻のことばを聞いて、主人はかんかんに怒った。ヨゼフの主人は彼を捕えて、王の囚人をつなぐ牢に投げこんだ。

こうしてヨゼフは牢に入れられていたが（……）〔創世の書、三九の七―二〇〕

聖書のテクストの構造を解明するのに最も適した仮説は、この場合にもまた、同時に最もありふれた仮説です。『創世の書』の編集者たちは、彼らに固有な気持ちのなかにすでに存在していた神話を採用し、それを手なおししたのです。この気持ちは、明らかに、犠牲者と犠牲者に迫害を加える共同体の関係を逆転させようとするものです。この神話の全体を通じて十一人の兄弟は、多少とも神格化されたひとりの主人公から、初めは虐待を受ける者として、次には恩恵を受ける者〔やがてエジプトでヨゼフに助けられる。二五一ページ参照〕として姿を見せているように思われます。ヨゼフはまず最初に混乱を起こす原因になっているでしょうし、彼がどんな口調で夢の話をするにしても、それが十一人の兄弟の嫉妬を招くような、支配者としての夢であることは予想されます。もとの神話は傲慢《ヒュブリス》に対する告発を正当と認めるような形だったはずです。父親のヤコブにヨゼフがほんとうに死んだのだと証明するために、ヨゼフの服は雄ヤギの血にひたされましたが、雄ヤギは聖書以前に、より直接的な供犠の役割を演じていたにちがいありません。

この物語の前半では、二つのもとの話が結び合わされているのがわかります。どちらの話も、兄弟たちのほうはそっちのけで、犠牲者の名誉を回復しています。たとえばどちらの話でも部分的には兄弟たちのひとりの、つまり前者はエロヒストである〔＝神をエロヒムと呼ぶ〕ルベンの、後者はヤハウィストである〔＝神をヤハウェと呼ぶ〕ユダの、無罪を証明しようとしているにしても。こんなふうに、二つの別々な物語が、唯一同一の集団による暴力を示すために並置されているのです。

エジプトでのヨゼフの主人は、彼に対して父親のようにふるまったわけですから、主人の妻がヨゼフを告発したのは、近親相姦の告発と言ってもいいような形になっています。告発を正当とは認めずに、ヨゼフの物語は、多くの神話と同じように、そしてもちろん何よりもまずオイディプスの神話と同じように、この告発が偽りの告発であることを宣言しています！

O　おそらくそうでしょうが、オイディプスの神話よりはむしろ、パイドラとヒッポリュトスの神話のようなものに、そうした点では、ヨゼフの物語を結びつけるべきではないでしょうか？

G　たしかにそうですが、次のことに注意してください。つまりギリシア神話では、後のラシーヌの解釈とはちがって、ヒッポリュトスは少なくとも正当に罰を受けています——それが近代的な意味での有罪ではないにしても。彼の並外れた純潔には、どこかウェヌスの癇にさわるような傲慢《ヒュブリス》さがあります。それに反してヨゼフの物語のなかでは、犠牲者は偽りの告発を受けた無実の男にすぎません。

この物語のあとのほうには、偽りの告発を受けながら最後には救われる二番めの物語が出てきます。そこではヨゼフ自身が、父親ヤコブのもうひとりの愛し子でありヨゼフと同じように年下の弟であったベニヤミンを、巧みに罪におとしいれます。しかしこんどはほかの兄弟たち全員が犠牲者ベニヤミンを見殺しにはしません。ユダが身代わりに立ち、ヨゼフはあわれみの気持ちに動かされて自分の身の上を明かし、兄弟たちを許してやります。〔創世の書、四三—四五参照〕

L　犠牲者の名誉回復は、非神聖化の効果をともなっています。ヨゼフの顔つきがそれを明らかにしています。その顔はもう悪魔のようでも神のようでもなくなって、ただの人間の顔になっています。

O　神話の文化と、それに関連のあるさまざまな文化形態は、たとえば哲学でも、あるいは近ごろでは民族学でさえも、いくらかの例外は別として、まず基礎づくりの殺害を正当化しよう、次にこの殺害の痕跡を抹消しよう、基礎づくりの殺害などはないと人間になっとくさせようとする傾向があります。こうした文化形態は、人間に人間がこうした殺害にかかわっていないと信じこませるのに完全に成功しています。ところが聖書のなかでは、逆の動きがあらわれかけています。起源に遡る努力、組織化のための転移を再検討する努力、つまり転移の信用度を落とし転移を無効にする努力、いわば神話を否定しその迷妄をさますための努力が見うけられます。

G　われわれがそうした考え方をまんざら知らないわけではないという証拠に、聖書は何百年もまえから、人類に――もちろん哲学者たちが保証するように、人類の資格ではハエ一匹にも悪をはたらいたことのない人類に――「罪悪感をいだかせる」と非難されています。カインの物語は、たしかに、カインのやった文化的な仕事のすべてを、それが不当なアベル殺しにもとづくものだと教えることによって、罪悪のにおいの強いものにしています。ロムルスとレムスの物語は、ローマに罪悪のにおいを与えていません。それはレムス殺しは、正当化された形で示されているからです。しかしだれも、聖書が罪悪感をいだかせるのは正しくはないのではないか、人間の町々はほんとうは隠れた犠牲者たちの上に築かれているのではないのではないか、とまで疑ってみようとする者はありません。

L　しかしあなたの分析は、いままでのところ『創世の書』に限られています。聖書のそのほかの大きなテクストにも、それは同じように有効であることを示すことは可能でしょうか？

O　『脱出の書』でも、明らかに、選ばれた民全体が、エジプトの社会と対決して身代わりの犠牲者になりきっていますね。

G　そのとおりです。エジプト人がヘブライ人を国外に出そうとしないのをモーセが嘆くと、ヤハウェはそれに答えて、まもなくエジプト人はヘブライ人を出発させるだけではなく、「追放するだろう」と言っています。

エジプトを荒廃させる供犠の危機を自分の手で引き起こすことによって（十の災い）、モーセはたしかに身代わりの犠牲者の姿をとり、彼とともに、彼をとりまくユダヤの共同体もまた身代わりの犠牲者の姿をとります。したがってユダヤ教の創始は、じつにおどろくべき事情によるものなのです。

この神話がこれまで話してきたような神話の意味で正常に「機能する」ためには、『脱出の書』はエジプトの神話であることが必要でしょう。この神話は混乱の扇動者の追放、つまりモーセとその仲間たちの追放によって解決された供犠の危機を示すものだと言ってよいでしょう。モーセによって乱されたエジプトの社会の秩序は、彼らを追放することによってもとどおりに回復したと言ってよいでしょう。われわれはまさにこうしたモデルを対象にしているのです。ただしそれは、人間的なものにされているばかりか、新しいタイプの共同体を組織しようとする身代わりの犠牲者のほうへ中心がずれてはいますが。

L　そこに、宗教的なものの基礎づくりのメカニズムを再検討しその正当性を問題にしようとする傾向があるのはよくわかりますが、『創世の書』や『脱出の書』のような壮大な物語は、やはり神話の枠のなかに書きこまれていますし、神話の性格も保っています。あなたはもう神話を対象にしているのではないとまで、おっしゃるつもりなのでしょうか？

G　いや、そういうつもりはありません。私の考えでは、くつがえされてはいても、あなたの言うように多くの神話的性格をとどめているような、神話形態を対象にするつもりです。もしも『創世の書』や『脱出の書』のようなテクストしかなかったならば、われわれは地球全体の神話と比べたときの聖書の根本的な特異性を認めることはできなかったでしょう。

3　律法と預言者

G　『創世の書』と『脱出の書』は、序の口にすぎません。律法を説いた他の書、特に預言者たちの書いたもののなかには、もしも身代わりの犠牲者の役割に注意を向けるならば、必ずこの犠牲者の、白日のもとにさらされてますます明確な形をとる傾向が、確認できるはずです。そしてそれにともなってあらゆる原始宗教の大きな支えは、どんどんくつがえされていきます。つまり供犠の礼拝は、追放以前の預言者たちのうちで、公然と放棄されていますし、人間につきまとう差異化への執念、異種なものの混交への拒否、非差異状態への恐怖などの、律法の原始的概念についても同じことです。

聖書の各巻に、あらゆる原始的な律法の教訓を思い起こさせるような教訓を見つけるのは、わけのないことです。メアリ・ダグラス夫人は『清浄性と危険性』のなかで、聖書の恐ろしい記述が特殊性を解消させることについて詳述しました。夫人はまちがっていると私は思います。なぜなら禁止されている異種なものの混交に対する恐怖のうちで暴力に対する恐怖が演じている役割を、夫人は認めないのですから。(54)

とにかく聖書のなかでは、律法によるあのいろいろな古めかしい命令は、そのあとにつづくものに比べると、はるかに重要性は低いのです。預言者たちの霊感は、共同体の中心の調和のある関係の維持というその真の存在理由によりふさわしいように、わずらわしい命令はすべて遠ざけようとする傾向を示しています。預言者たちの言っていることは、結局は、いつものことながら次のようなことなのです。つまり聖書のどの巻の命令も、人間が互いに戦い、兄弟が仇敵どうしになるようなことが起こらないのなら、どうでもいいようなことなのです。こうした新しい霊感は、『レビの書』のような律法の書のなかでも、たとえば、「自分自身のように隣人を愛せよ」〔一九の一八〕のような決定的な形態に達しています。

O　要するに原始宗教の三つの大きな支えは、禁忌と供犠と神話ですが、それが預言者たちの考えによって、くつがえされているわけですね。この全面的なくつがえしは、宗教的なものの基礎を築くメカニズムの、つまり身代わりの犠牲者に対する全員一致の暴力の大っぴらな出現によって、組織的に起こっています。

G　預言者たちの著作のなかでは、もう対象は神話とか伝説ではなくて、選ばれた民の未来に対する勧告であり、威嚇であり、また預言です。ここで提示されている仮説は、預言者の文学とモーセの五書の壮大な神話とのあいだに、共通な次元を現出させるものです。預言はヘブライ社会の大きな危機への一種独特な回答です。危機はたしかに、アッシリアやバビロニアの大帝国が、イスラエルやユダの小王国を威圧し打ち倒そうとすることによって重大化しました。しかし預言者たちからは、それは常に宗教的文化的危機、つまり供犠のシステムの枯渇、闘争による伝統的秩序の崩壊と解されていました。預言者からこういう危機の定義が示されている以上、われわれはそれを、ここで提示されている仮説が公準として示すものと比較しなければなりません。この危機が、選ばれた民の神話の遺産から借りたテーマと隠喩を使って叙述されうるのは、もちろん体験に類似性があるからです。

神話のテクストの原点にあると想定すべき危機が、預言者たちのうちに直接あらわれているとすれば、また危機を宗教的な現実、文化的で社会的でさえある現実とみなすならば、次のように想像しても当然でしょう。このタイプの危機に特有な解決もまた、つまり集団による転移現象も、宗教的なものを生み出す機構の中心もまた、聖書という例外的な宗教的作品のなかに、ほかのどんな所よりも直接的に、あらわれているのではないか、と。

そしてそのとおりのことが起こっているわけです。聖書の初めのほうの巻には、基礎づくりのメカニズムが、あちこちに、テクストをおおい隠しているほこりを通して、すけて見えます。それはときにはすでに稲妻のように鋭い光を放ちますが、いつもすばやく姿を隠し、まだはっきりとした形で捉えることはできません。このメカニズムは、けっしてほんとうにテーマ化されていることはありません。これに反して、預言者の文学的表現のなかには、一群のふしぎなテクストがあり、そのすべてが互いによく似ていて、おどろくほど明快です。それはすべての預言書のなかでおそらく最大の『イザヤの書』の後半の、「イスラエルの慰めの書」と呼ばれる部分に挿入されている「ヤハウェのしもべの歌」四編です。この四編をほかのものと区別し、その単一性、その周辺の歌と比べての独立性を認めたのは、近代の歴史的批評です。この批評は、それまではこの特異性がどの点にあるかを言いあてることができなかっただけに、それだけ多くの価値を持っています。キュロス王の許しを得てバビロニアからもどる話についてこの慰めの書は、謎めいた副次的主題で二重のテーマを——ここでは解放者である王にほかならぬ勝ち誇るメシアと、ヤハウェのしもべである苦しむメシアとの二重のテーマを——発展させています。

ヤハウェのしもべについてのわれわれの仮説の妥当性を認めるためには、鍵となる個所を引用すれば十分です。しもべは預言された危機の文脈のなかで、危機を解決するために、まず姿をあらわします。彼は神自身のはからいで、あらゆる暴力の受容者となります。彼は共同体全員の代理者なのです。

私たちはみな、ヒツジのようにさまよい、
おのおの、自分の道を歩んでいた。
そして主はみなの罪を、
彼に負わせた。〔イザヤの書 五三の六〕

ヤハウェのしもべに帰されるすべての特徴を見れば、彼が人間による真の身代わりのヤギの役割を、あらかじめ振り当てられていることがわかります。

彼は私たちの前で育ったが、まるで
ひこばえか、荒れ地の根っこのようだった。
見たところ、美しくも輝かしくもなく、
愛すべきようすでもなかった。
彼はひとから笑いものにされ、捨てられた、
苦しみの人、苦しみを知った人だった。
その前では顔を覆いたくなるような人だった。
見くだされ、無視されていた。〔イザヤの書、五三の二―三〕

たとえこうした特徴のためにヤハウェのしもべが、異教徒の世界のある型の供儀の犠牲者に、たとえばギリシアのファルマコス〔身代わりのヤギ〕に似ているとしても、たとえ彼の耐え忍んだ運命、激しい非難を浴びた運命が、ファルマコスのそれに似ているとしても、われわれの研究対象は儀礼の供儀ではなくて、歴史的自然発生的な事実なのです。集団的で律法的な二重の性格を持ち、確実に存在を認められている事実なのです。

強制とさばきによって、彼は捕えられた。
その立場に心を痛める者がいるだろうか。

そうだ、彼は生きている人々の土地から切り離され、
私たちの罪のために打ち殺された。
その墓は不信心者のなかに定められ、
死んでも悪人どもと〔異文、金持ちと〕いっしょにされている。
ひとに害を加えたことも、
うそをついたことも、一度もなかったのに。 〔イザヤの書、五三の八―九〕

したがってこの事実は、儀礼の性格を持っているのではなく、私の仮説がそこから儀礼と一切の宗教的なものを引き出すような型の出来事の性格を持っています。ここで最も際立っているもの、まさしくユニークな特徴は、ヤハウェのしもべの潔白さ、彼が暴力とは何のかかわりもない、何の近づきもない、ということです。多くの個所が、人間救済のための彼の死の主要な責任を、人間に負わせています。こうした個所のあるものは、ただひたすら、この死の責任を人間に帰しているようにさえ思われます。

そして私たちは、彼を神に罰せられ、打たれ、さげすまれた者と考えた。 〔イザヤの書五三の四〕

したがって彼は、実際に神に打たれたり、苦しめられたりしたのではありません。神は打ってはいません。神の責任は暗に否定されています。

旧約聖書全体にわたって、聖書注釈の作業は、通常の神話や文化の原動力の方向とは逆の方向で行なわれています。しかしこの作業も完成の域に達していると言うことはできません。たとえばヤハウェのしもべの第四の歌のように、最も進んだテクストでさえも、ヤハウェの役割となると、あいまいな所が残っています。犠牲者の死の責任は人間の共同体にあると、何度もくりかえして言われていますが、神自身が主

要な加害者とされているところも、ほかにいろいろあるからです。

だが主は、彼を苦しみで押しつぶそうと望まれた。〔イザヤの書五三の一〇〕

ヤハウェの役割のこのあいまいさは、旧約聖書の神の概念と一致しています。預言者の文学的表現のなかでは、この概念は、原始時代の神の特徴である暴力から、ますます浄化されていく傾向を持っています。復讐をヤハウェのしたことだとする一方では、多くの表現が次のことを、つまり古い文化形態が消滅するにつれてますます猛威をふるう模倣性の暴力、相互性の暴力が問題であることを示しています。とは言うものの旧約聖書のなかでは、暴力とはまったく縁のない神の概念に出会うことは、けっしてありません。

O　したがってあなたのお考えでは、原始時代の宗教的なもののすべての様相にほぼ相等しい影響を与えているはずの、一種の未完成なものが、旧約聖書にはあることになります。神話は、それとは逆方向の考え方によって研究されていますが、それでも生き残っています。供犠も批判を受けながら生き残っています。律法も単純化されて、隣人愛と同じことだと言われながら生き残っています。そしてヤハウェは、ますます非暴力的な、ますます好意的な形で示されながら、いまでも復讐を忘れない神としてとどまっています。神は報酬を求めるという考え方も生き残っています。

G　まったくそのとおりです。私は、旧約聖書が未完成のままに残したものを、福音書のテクストだけが完成する、ということを証明することができると思います。つまり福音書のテクストは、ユダヤの聖書の延長線上にあるわけで、それはユダヤの聖書が意図して果たさなかったものを、完全な形でつくりあげていると言ってよいでしょう。キリスト教の伝統は、いつもこのことを主張してきました。以上の真理はすべて、身代わりの犠牲者をどう読み取るかによって、わかってきたことです。そしてこの真理は、テクストそのものの検討によって直接確かめられる形で姿を見せています。ただしキリスト教をも含めていかなる伝統にとっても、これまでとうてい考えることもできなかった形で、まったく意外な形で姿を見せています。そのキリスト教は、人類学と関連のある決定的に重要な問題を、私が身代わりのヤギと呼ぶものの重要性を、これまで一度も認めたことがありません。

C　福音書による、基礎づくりの殺害の解明

1　パリサイ人に対する呪い

L　あなたは、身代わりの犠牲者という真理があらゆる文字で書きこまれていると、そしてこんどはそれが福音書のテクストに書きこまれていると、おっしゃるわけですが、それをどのようにして証明するおつもりですか？

G　『マタイによる福音書』と『ルカによる福音書』のなかに、しばらくまえまで「律法学者とパリサイ人に対する呪い」という見出しでまとめられていた一群のテクストがあります。この見出しの廃棄は、この一節の一般化していた読みが引き起こすやっかいな問題と関係があります。文字どおりの意味では、たしかにこの見出しはまちがってはいませんが、イエスがその直接の対話者に言われた非難のことばの及ぶ範囲が、これではすぐに限られたものになってしまいます。直接的には対話者が非難の対象であることは確実ですが、注意深く検討してみると、パリサイ人を介して、はるかに広範な問題、まさに世界的とも言うべき問題が、これにかかっているということがわかります。それに、それはいつでも福音書全体の問

題なのです。テクストをその特殊性によって他と区別するような読みでは、結局その読みが歴史的な面にもとづくことは明らかにされても、やはりそれによってテクストの意図がわかるということはないでしょう。

いちばん恐ろしい「呪い」、いちばん意味のはっきりした「呪い」は、『マタイによる福音書』の場合でも『ルカによる福音書』の場合でも、テクストの終わりに来ています。まず『マタイによる福音書』のテクストを引用しましょう。

（……）私は預言者、知者、律法学者たちをあなたがたに送るが、あなたがたはそのうちのある者を殺し、十字架につけ、ある者を会堂でむち打ち、町から町へと追いたてるであろう。義人アベルの血から、あなたがたが聖所と祭壇のあいだで殺したバラキアの子ザカリアの血に至るまで、地上で流された義人たちの血はすべて、あなたがたの上にふりかかるであろう。よく言っておく。これらはすべて、まさしく、いまの時代にふりかかるであろう。〔マタイ、二三の三四―三六〕

このテクストは、多くの殺害が行なわれたことを、われわれに教えてくれます。二つの例が引かれているだけで、その一つはアベルの殺害です。聖書で最初に殺害が問題となる場合です。もう一つのザカリアという人の殺害については、あまりはっきりしてはいませんが、『歴代の書下』のなかに記載されています。つまりイエスが読んだはずの聖書全体のなかで、殺された最後の人です。

この最初の殺害と最後の殺害の記載は、明らかに、より完全な列挙の代わりをつとめています。中間の犠牲者たちはすべて、言外に暗示されています。このテクストは、要約的性格を持っています。そしてアベルの殺害とともにわれわれは人類の起源にまで、最初の文化の秩序の基礎にまで遡るわけですから、このテクストはユダヤの宗教のことだけを言っているのだとはかぎらないことになります。カインの文化はユダヤの文化ではありません。このテクストはまた、きわめて明確に、「地上で流された義人たちの血」と言っているのです。したがってアベルによってその原型が示されているこの種の殺害は、この世の一つの地域だけに、歴史上の一つの時期だけに、限られているものとは思えません。この問題は世界的な現象であって、その結果はパリサイ人のみならず、「いまの時代」にも、つまり福音書の時代と福音書が伝えられたすべての時代の人々にも、伝えられた話を聞いても耳にはいらず見ても目にはいらなかったような人々にまでも、及んでいるはずです。

『ルカによる福音書』もこれと似ていますが、そこではアベルの記載よりもまえに、やがて重要性が明らかになる一つの補足的な事実が付け加えられています。そこでは、「アベルの血からザカリアの血に至るまで、世の初めから流されてきたすべての預言者の血」〔ルカ、一一の五〇〕が問題とされています。ギリシア語のテクストでは apò katabolês kósmou〔世の初めから〕となっています。同じ表現は、すでに『マタイによる福音書』のなかにも、『詩篇』の第七八篇から引用されています。イエスはそれを自分自身にあてはめて引用しているのです。

「私は口を開いてたとえを話し、
世の初めから隠されていることを、声を上げて言おう。」〔マタイ、一三の三五〕

カトリックのラテン語訳聖書では、いつも「世界の制定《コンスティトゥティオ》から」と訳されています。katabolê とはまさに、暴力による危機を通じて明確化されるような基礎、無秩序から生ずるような秩序、を指しているように思われます。病気の発作も、それを医学的にうまく生かせば、解決をもたらす端緒となることがあるのです。

もちろんユダヤ文化にとっては、聖書が信頼に値し理解可能でさえある、唯一の民族学の百科辞典であることを忘れてはなりません。聖書全体についてそうであるように、イエスが自分自身を引き合いに出して語るとき、イエスはパリサイ人の偽善的態度のみを問題にしているのではなく、人類全体を問題にしているのです。なるほど、イエスの啓示の恐ろしい結果は、イエスのことばを聞く機会にめぐまれた人々に、特に強い影響を及ぼしたでしょう、たとえそうした人々がその結果の及ぶ範囲をつかもうとせず、この啓示が自分たち以外の人々と同じように自分たち自身に関わるものだ、ということに気づかなかったとしても。イエスが語りかけるパリサイ人たちは、最初にこうしたまずい立場に立たされたのです。しかし彼らが最後だったのではありません。福音書のテクストから察すれば、パリサイ人たちの無数の後継者たちが、自分たちはもう同類ではないと言いわけをしても、断罪を免れるということはありえません。

イエスは、パリサイ人たちが預言者たちを自分たちの手で殺したのではないこと――自分を殺したのがキリスト教徒たち自身ではないのと同様に――をよく知っています。パリサイ人とは、殺した人々の「子孫」だと言われています〔マタイ、二三の三一参照〕。問題は、世襲による伝達なのではなくて、精神的知的連帯が――注目すべきことですが――「キリスト教徒」によるユダヤ教の拒否と似た明白な拒否を介してできあがっていることです。「子孫たち」は「先祖たち」を断罪することによって、先祖たちと縁を切ろうと思います。殺害を自分たちから遠くへ押しやることによって、縁を切ろうと思います。まさにそうすることによって彼らは、知らぬ間に先祖の真似をし、先祖のくりかえしをやっているのですが、先祖たちによる預言者殺害のときにも、すでに問題は自分の暴力を自分から遠くへ押しやることであったのに、彼らにはそれがわかっていません。したがって子孫たちは、やはり基礎づくりの殺害から生まれた精神構造に支配されているのです、実際には彼らはいつでもこう言っています。

『われわれがもし先祖たちの時代に生きていたら、預言者の血を流すことでその仲間になることはなかっただろう。』〔マタイ、二三の三〇〕

先祖から子孫への連続は、いつもこのような断絶の意欲のうちに、逆説的に達成されています。

これまで読んできた新約聖書の初めの三つの福音書のテクストの、決定的な性格を理解するためには、このテクストを、『ヨハネによる福音書』の該当個所につきあわせてみる必要があります。

どうしてあなたがたは私の話すことがわからないか。あなたがたが私のことばを聞くことができないからである。あなたがたは悪魔を父に持ち、その父の望みをかなえてやろうと思っている。彼は初めから人殺しだった。彼は真理について確固とした者ではなかった。彼のうちには真理がないからである。彼はうそをつくとき、心底からうそをつく。うそつきで、うその父だからである。〔ヨハネ、八の四三―四四〕

ここで大切なことは、サタンと根源の殺人とうそのあいだに、三重の一致点があることです。サタンの子であるということは、うそを継承しているということです。それはどんなうそでしょうか？ 人殺しそのもののうそです。このうそは、二重に人殺し的なうそです。なぜならそれは人殺しを隠すために、いつも新たな人殺しに行き着くからです。サタンの子であるということは、「世の初めから」預言者たちを殺してきた人々の子であるというのと同じことです。

N・A・ダールは、長い論文を書いて、サタンの人殺し的性格と、カインのアベル殺しには、隠れた関係があることを証明しました。(55) たしかに、『創世の書』のアベル殺しが例外的な価値を持つということは、ほんとうです。しかしこの価値は、それが最初の基礎づくりの殺害であるという事実によるものです。人間の共同体が初めてつくられたときの殺人の恐ろしい役割をいつも覆っていたベールのはしを持ち上げて、のぞいて見るべき最初の聖書の物語だから、価値があるのです。すでに見てきたように、この殺害は、それを七倍の復讐によって処罰する掟の根源として、またカインの築いた文化の内部での人殺しに対する戒律の根源として、そしてまたこの文化そのものの根源として、われわれに示されています。

したがってアベルの殺害は例外的な意味を持っていて、だからこそ共観福音書にこの殺害が記載されているのです。しかしヨハネのテクストを、何とかして共観福音書のテクストの記述そのものに還元しようとすることは、つまりアベルと呼ばれる個人への、あるいはさらに「預言者」となる一団の犠牲者たちへの言及に還元しようとすることは、ヨハネのテクストの持つ固有の力を見誤ることになるでしょう。「彼は初めから人殺しだった」と書かれているヨハネのテクストは、ほかのすべての預言者よりも、基礎づくりのメカニズムの発掘において先へ進んでいます。ヨハネは神話解釈を引きずりまわしがちなあらゆる種類の限定化、特定化を除去しています。旧約聖書の読みを徹底的に深めることによって、基礎づくりの暴力という仮定にまで達しています。

この点についての聖書注釈学者の誤りは、民族学者やあらゆる人文科学専門家の誤りに――つまり、いつも神話から神話へ、制度から制度へ、要するに記号表現《シニフィヤン》から記号表現へ、あるいはまた記号内容《シニフィエ》から記号内容へと渡り歩いていながら、あらゆる記号表現、あらゆる記号内容の象徴的な母体である身代わりの犠牲者にはけっして到達することのない民族学者や人文科学専門家の誤りに――比較しうるものです。

L　それは同じ誤りですね、ほんとうに。しかし聖書注釈学者たちの盲目ぶりよりも、いっそう逆説的であり、全面的です。なぜなら彼らは、解読しようとしているテクストのなかに、正確な解釈の鍵、あらゆる解釈の鍵を見ていながら、それを手に取ろうとしないのですから。目の前にさし出されている前代未聞のいろいろな可能性に、気がつきさえもしないのですから。

G　ヨハネのテクストを前にしても、もしもサタンとは基礎づくりのメカニズムそのものであること、人間の共同体全体の原理であることがわからないと、神話の読みにもたしかに危険がともないます。新約聖書のどんなテクストも、以上のような読みが可能であることを、はっきりと示しています。特に、サタンをこの世の王、この世の原理としている「荒れ野の試み」のテクストがそうです。サタンはイエスの真の敵とされますが、それは形而上的な抽象的な帰謬法によるものでも、程度の低い論争への傾斜のためでも、迷信からでもありません。サタンとは暴力の循環的なメカニズムにほかなりません。暴力との妥協策を保証する文化的または哲学的体系のなかに人間を閉じこめることにほかなりません。だからこそサタンは、イエスがサタンを拝むという条件で、支配者の地位を約束しようと言うのです。しかしサタンはまた、「罪の誘惑《スカンダロン》」です。人間がそれにつまずく生きた障害です。競争相手となってわれわれの行くてをはばむ者であるかぎり、それはまた模倣のモデルでもあります。「罪の誘惑」のことは、あとで欲望の話をするときに、また話しましょう。〔第三編第五章E参照〕

サタンとは模倣の全過程に与えられた名です。だからこそサタンは、敵対と無秩序の根源であるばかりでなく、人間の生活をとりまくあらゆる偽りの秩序の根源でもあります。だからサタンは、「初めから人殺しだった」のです。サタンの秩序の根源は、殺害以外にはありませんし、それも偽りの殺害です。人間はサタンの子孫です。なぜならあの殺害の子孫なのですから。したがって殺害は、その結果が明るみに出ることも人間からほんとうに拒否されることもなく消滅してしまうような行為などではありません。それは掘り尽くすことのできない「鉱脈」です。虚偽の超越的な源です。それはあらゆる領域に反響し、あらゆるものをおのれの姿にあわせてつくりあげますから、真理がはいりこむ余地もありませんし、イエスの聴衆たちにも、イエスの声が聞こえることさえありません。人間は根源の殺害からいつも新しい虚偽の解釈を引き出し、そのために福音書のことばは、人間の耳に届きにくくなります。最も明瞭な啓示さえ、死文化したままになってしまいます。

O　あなたが証明されたことは、要するに、文体や口調はちがっていても、『ヨハネの福音書』が共観福音書とまったく同じことを述べている、ということです。近代の聖書解釈学者たちの多くは、ただひたすらテクストどうしの「差異」を探し求めています。あなたが求めておられるのは、それとは逆に、一致点です。なぜならあなたは、この四つの福音書が、唯一で同一の考え方の、わずかに差異のある四つの版だと考えておられるのですから。こうした考えは、もしわれわれが、考え方の不一致のみが興味の対象であるという原則から出発すると、どうしても見落としてしまうものです。

G　不一致もたしかにありますが、それはわずかなものです。しかしそちらのほうも、興味の対象ではないどころではありません。多くの場合におそらくそれによってある種の気のゆるみが——教え全体に比べれば、これもまたわずかな気のゆるみ、転写のさいの責任を負わされている気のゆるみが——少しは明らかにされるのですから。

2　墓の隠喩

G　こんどは「呪い」に話をもどすことにします。「呪い」は基礎づくりの殺害に関する隠された因果関係を、また過去の各世代の暴力と、こうした暴力に対する現代からの告発との逆説的な連続性を、物語ってくれます。われわれはこうした点で問題の核心に迫っています。そしてこの対話の初めからわれわれを捉えているメカニズムを手がかりとして、福音書のテクストの一つの大きな「隠喩」が明らかにされつつあります。それは「墓」の隠喩です。墓は死者をたたえるためのものですが、一方では、そしてまた特に、それは死者を死者として隠すことに、つまり死がありのままの形で人目にさらされることのないように死体を偽装するのにも、役だっています。この偽装は重要な意味を持っています。殺害そのもの、先祖たちが直接手を下した殺害そのものが、すでに次の点で墓に似ています。つまり特に集団による基礎づくりの殺害においては、しかしまた個人的な殺害においても、人間は他の人間をだますために殺し、暴力と死について自分自身をもだますために殺しています。ふしぎなことですが人間は、人間が殺すものだということを知らないでいられるためにも、殺さなければなりません。常に殺さなければなりません。

このことからすぐに、なぜイエスが律法学者やパリサイ人を非難するのか、彼らが彼らの先祖たちの殺した預言者たちの墓を建てるのをなぜ非難するのかがわかります。先祖たちが殺したのを否定したり、罪を犯した者たちを断罪しながらその行為自体には罪はないと証明したりして、殺害の持つ基礎づくりの性格を認めなければ、また基礎づくりの行為をやりなおすことになりますし、真実の隠蔽である基礎づくりを永続化することになります。人類全体の基礎が、人類自体の暴力の神話的なごまかしの上に置かれていること、新しい犠牲者たちの上に常に投影されていることを、パリサイ人は知ろうともしません。あらゆる文化、あらゆる宗教は、文化と宗教そのものによって偽装されたこの基礎のまわりに打ち立てられています。それはちょうど、墓が墓の隠す死者のそばに建てられるのと同じようなものです。殺害が墓を招きよせます。墓は殺害の延長、恒久化にほかなりません。墓を持つ宗教は、それ自体の基礎の、つまりその独自の存在理由の、目に見えない生成以外の何ものでもありません。

> 預言者たちの墓を建てるあなたがたに呪いあれ。彼らを殺したのは、あなたがたの先祖なのだ。だからあなたがたは、自分たちの先祖のしわざに同意する証人なのだ。先祖が預言者たちを殺し、あなたがたはその墓を建てている。〔ルカ、一一の四七—四八〕

「先祖が殺し、あなたがたは建てる」とは、人間のあらゆる文化の歴史です。イエスはそれを明らかにし、決定的な形でそれをとりあげています。だからこそイエスは、『詩篇』第七八篇のことばを自分のことばとすることができるのです。「私は（……）世の初めから隠されていることを声にあげて言おう。」〔マタイ、一三の三五〕

墓の隠喩は、総括的に見た人間の秩序全体に適用されるものですが、それはまた、この秩序から生まれた個人にも適用されます。パリサイ人は、個々の人間として考えた場合にも、認識不足のシステム、そのために彼らが共同体として閉鎖的になるような、認識不足のシステムに一致しています。

人々は、墓ということばがこの場合これほど問題の核心を突く使われ方をしているのに、それを隠喩的であると言おうとしません。隠喩とは具体的なことばによる置き換えですが、ここには隠喩的な置き換えはありません。逆に墓を通じて、文化という組織化のためのあらゆる置き換えが行なわれるのです。多くの頭のいい人たちが、人間の歴史を全体的に見るとまったくそのとおりである、と考えています。まえにも言ったように、葬儀の儀礼は、まさしく文化的な最初の動きであると言ってよいでしょう(56)。葬儀の儀礼は、和解をもたらした初期の犠牲者たちをめぐって、また最初の共同体の創造のための転移を通じて、完成されていったにちがいありません。そう信ずるだけの理由があります。また、こんなことも想像されます。つまり、よく見うけられる供犠用の石は、古代の都市の発祥の地を示すものなのだ、それはいつでも何かのリンチの歴史に、かなり粗雑に偽装された歴史に、結びついているのだ、と。

O　このへんで、先日われわれがこうした主題について述べたことを、まとめてふりかえってみる必要があるでしょう。仮説の単純さとその応用の限りない豊富さを同時に捉えるためには、いつでも全体を頭に入れておく必要があるでしょう。一つの理論が、「他のものと同じように」問題となるときには、その理論によって可能となる他の理論との比較対照と、その理論によって明らかにされる「相似性」は、必ず専門家の注意を引くはずです。

G　エルサレムの聖書によると、考古学的な発見のおかげで、パレスティナに実際に、イエスのころの預言者たちの墓が建てられたということがわかってきたようです。これはたいへん興味のあることですし、こうした実際的な行為が、「隠喩」のことを思いつかせてくれたのかもしれません。ところが一方、われわれのテクストのなかでは、墓ということばはいろいろな形で使われているためにいろいろな意味づけが生じますが、それをこうした実際的な行為の想起に限定するのは残念なことです。隠喩が集合体にも個人にも適用されているという事実は、ここには既定の墓に対する引喩《アリュジョン》をはるかに上まわるものがあるということを——次に引用する一節には単なる「道徳的な」評価をはるかに上まわるものがあるのと同じように——立証しています。

偽善的な律法学者、パリサイ人たちよ、呪われよ。あなたがたは白く塗った墓のようだ。外側は美しくみえるが、内側は死人の骨や腐敗したもので満たされている。〔マタイ、二三の二七〕

宗教のシステム、文化のシステムの内奥には、隠された何物かがありますが、こうしたシステムによって形成される個々の人間の内奥にも、同じように隠された何物かがあります。それは単に近代の宗教の示す抽象的な「罪」ではありませんし、単に精神分析で言う「コンプレクス」でもありません。それはいつでも何かの死体なのです。それが腐りつつあるのです。それが至る所に腐敗をひろげていくのです。

ルカはパリサイ人をただの墓にたとえているばかりではなく、地下の墓にたとえています。つまりそれは目に見えない墓です。完全な二重の墓と言ってもいいでしょう。なぜならこの墓は、死体を隠しているだけではなく、それ自体をも隠しているのですから。

呪われよ。あなたがたは、まったく人目につかぬ墓のようなものだ。上を歩いてもそれとわからぬ墓のようなものだ。〔ルカ、一一の四四〕

O　要するに、この二重の隠蔽から、基礎づくりの殺害を通じて、文化の差異化の動きが生ずるのです。この殺害は、まさに供犠にほかならぬ儀礼のかげに、消えてゆく傾向がありますが、この十二分に事態を解明してくれる儀礼そのものもまた、たとえば司法のシステムや政治のシステムのような、または文化の形態のような、儀礼に後続する制度のかげに、消えていく傾向があります。そしてこうした派生的な形態が根源の殺害に根をおろしているということは、もうまったく疑う余地がありません。

G　したがって、ここでもまた問題は、すでに見失われて、まだ見つからずにいるものを「知ること」なのです。それはたしかに聖書という大がかりなテクストのなかに、特に預言者たちのテクストのなかに見うけられます。しかし宗教組織、法組織は、それを受けつけまいと身構えています。パリサイ人たちは、自分たちの目に宗教上の成功と映るものに満足しているために、本質的なものが見えなくなっています。彼らは自分たちが導いているつもりの人たちの目まで見えなくしています。

あなたがた律法学者に呪いあれ。あなたがたは知識の鍵を奪い取った。自分たちもはいらなかったし、はいろうとする人たちの邪魔をした。〔ルカ、一一の五二〕

ミシェル・セルが私に最初に、「知識の鍵」を参照することの重要性を教えてくれました。イエスは人間にこの鍵を手渡すために、来られたのです。福音書全体を通じて、受難とはまず、聴衆たちにとって容認しがたい事実解明の結果起こったものですが、またそれは、この事実解明そのものによる現実確認のあらわれでもあり、それをはるかに上まわるものでさえあります。イエスの声が耳にはいらぬようにするため、聴衆たちはまずイエスを見捨てます。そしてそのために、「パリサイ人に対する呪い」の預言としての正確さが確認されます。

暴力についての事実を排除するために、人々は暴力に頼るのです。

イエスがそこから出ていかれると、律法学者やパリサイ人はひどく恨みをいだき、いろいろなことについてイエスに話をさせ、その口から何か言いがかりを得ようとわなをかけた。〔ルカ、一一の五三—五四〕

人間とは必ず、おのれの暴力を、多かれ少なかれ強く否定するものです。人間に由来する宗教は、神に由来する宗教とは逆に、暴力の否定に帰着します。イエスはそれをほんのわずかな疑念さえいだかずに肯定することによって、人間の秩序全体のなかの最高の禁忌に違反します。だからイエスを沈黙させることが必要になったのです。イエスに逆らう人々は互いに手を結び、自分たちの思いあがった推測にもとづいて、イエスを沈黙させます。そして彼らはこう言うのです。「私たちがもし先祖の時代に生きていたら、預言者の血を流すようなことには加わらなかっただろう」〔マタイ、二三の三〇〕と。

基礎づくりの殺害の事実は、まずイエスのことばのなかに――人間の現在の行動を遠い過去に、そしてまた近い未来に結びつけることばのなかに――書きこまれています。なぜならイエスのことばは、受難を予告し、また同時に受難を人間の歴史全体にかかわるものとして位置づけているのですから。したがってこの殺害の事実はまた、預言を成就し、預言に重みを与える受難自体のなかにも、なおいっそう力強く書きこまれています。この事実が再び生き生きと姿をあらわすまでに、何百年、何千年の歳月が必要だとしても、結局そんなことはあまり重要なことではありません。書きこまれたことはそのままの形で残っていますし、いつかはその使命を果たすことになるでしょう。隠されていることも、そのすべてが明らかにされるでしょう。

3　受　難

G　イエスはわれわれに、危機に置かれた集団の無実の犠牲者として姿を見せています。この集団はこの犠牲者への敵対によって、少なくとも一時的には再び結束を固めます。イエスの生き方とその裁判とにかかわったどんなグループも、そして個々の人々さえも、最後にはイエスの死に明白な、あるいは暗黙の同意を示します。つまりエルサレムの群衆も、ユダヤの宗教関係の当局者たちも、ローマの政界の当局者たちも、さらにはイエスの弟子たちさえも、同意を与えるのです。なぜなら、イエスを裏切らない人々、あるいは積極的に否認はしない人々も、逃げ出すか、おとなしくしているだけなのですから。

そしてこの群衆は、注意していただきたいのは、二、三日まえまでは、イエスを熱烈に迎え入れた群衆でもある、ということです。群衆はひとりの人間と同じように、あっさり向きを変えてしまいます。そしてイエスの死を強く主張します。こうした態度は、少なくとも部分的には、非理性的な付和雷同のたぐいです。なぜなら、この二、三日のあいだに、こうした態度を正当化してくれるようなことは、何一つ起こらなかったのですから。

法制度が実在するある世界で、全員一致による死刑がとり行なわれるためには、それなりの法的手続が必要ですが、イエスを死に至らしめた決定は、そうした手続を無視して、最初から群衆によってなされました。それははりつけの刑を、儀礼的な供犠と似たものにするのではなく、神のしもべの場合と同じように、私があらゆる儀礼、あらゆる宗教的なものの根源に位置づける過程、つまり基礎づくりの過程と似たものにしています。したがってこの仮説そのものが、ヤハウェのしもべの四つの歌のなかと同じように、いやむしろ直接的に、受難についての福音書の四つの物語のなかで、われわれを出迎えてくれるのです。

受難があらゆる儀礼の基礎づくりの出来事を生み出すものであればこそ、受難はこの世のあらゆる儀礼と類縁関係があるのです。無数の実例のなかで、二度とお目にかからないような事件は一つもありません。たとえば、群衆の嘲弄によって前もって行なわれる裁判から、奇々怪々な栄誉に至るまで、すべてそうです。ある種の偶然の役割も、ここでは同じように考えてよいでしょう。私は犠牲者の選び方を問題にしているのではなくて、犠牲者の服装の決め方などのことを言っているのです。それはもうくじ引きみたいなものです。結局それは、神聖な都市を汚すことのないように、都市の外で行なわれる不名誉な拷問の形をとります。

きわめて多くの儀礼とのこうした比較対照に注目して、何人かの民族学者は、もちろん敵意をこめた懐疑精神から、しかし奇妙なことにゆらぐことのない懐疑精神から、福音書のテクストの歴史性への絶対的な信仰を、儀礼の動機から受難の当事者たちの行動に至るまで、検討しました。彼らの説によると、イエスは、何かのお祭りさわぎをやっていたピラトの部下たちに、「身代わりのヤギ」として使われたにちがいない、ということになります。フレイザーは、問題視されるべき正しい意味での儀礼について、ドイツの研究者たちと論争までしました。

一八九八年にパウル・ヴェントラントは、「ローマの兵士たちからキリストが受けた仕打ちと、他のローマの兵士たちがドゥロストルムでのサトゥルナリア祭の仮の王に与えた扱い(57)」とのあいだの、おどろくべき類似に注目しました。ヴェントラントは、兵士たちが、神の国についてのイエスの考えをあざ笑うために、イエスにサトゥルナリア祭の王の伝統的な飾りをまとわせた、と想定しています。フレイザーは『金枝編』の第二版に付した長い注釈のなかで、自分もそうした類似におどろいたが、第一版ではそれに説明を与えることができなかったので、引き合いにだすことはしなかったと明言しています。ヴェントラントの論文は、まず日付の理由で、フレイザーには十分なものとは思われません。サトゥルナリア祭は十二月に行なわれていましたし、はりつけの刑は復活祭のころに起こったはずなのですから。しかしそれはまた特に、フレイザーがこの後にぜひとも次のような提案をしたいと思っているからなのです。

キリストの受難とサトゥルナリア祭の仮の王に与えられた扱いがどれほど類似していようと、それはサセー祭〔古代ペルシアの祭〕の仮の王に与えられた扱いとの類似ほどではない。キリストが嘲弄されたありさまを、だれよりも申し分なく描き出したのは、聖マタイである。マタイの伝えるところによると、「そこでピラトはバラバをゆるしてやり、イエスをむち打たせたあとで、十字架につけるために引きわたした。それから総督の兵士たちは、イエスを総督官邸に連れて行って、部隊の全員をイエスのまわりに集めた。そしてその服をぬがせて、赤いマントを着せ、また、いばらで冠を編んでその頭にかぶらせ、右の手には一本の葦を持たせ、それからその前にひざまずき、からかって、『ユダヤ人の王よ、ごあいさつ申しあげる』と言った。また、イエスにつばを吐きかけ、葦を取りあげてその頭をたたいた。こうしてイエスをからかったあげく、マントをはぎとってもとの服を着せ、それから十字架につけるために引き出した」〔マタイ、二七の二六—三一〕。これと、ディオン＝クリュソストモスが述べているような、サセー祭の仮の王が受けた仕打ちを比較していただきたい。「彼らは死刑を宣告された者をひとりつかまえ、王座にすわらせ、主権者の衣服を着せ、暴君のようにふるまうのを許す。酒を飲ませ、やりたいことを存分にやらせる。そのあいだは、王の愛妾たちを自由にしてかまわない。だれも彼がやりたいほうだいのことをやるのを邪魔しない。しかしそのあとで、人々は彼の衣服をはぎ、むちで打ち、十字架にかける。(58)」

この種の仮説は、いくらかの点でどれほど暗示的であっても、そこに含まれている福音書のテクストについての考え方のために、われわれには受けいれがたいように思われます。フレイザーはこうした仮説から、ひたすら、歴史的に見た報告書、あるいはさらに実地のルポルタージュ、そうしたものばかりを、次々に生み出します。フレイザーには、自分が話題にしている儀礼と福音書との関係が、出来事のレベルで何かの偶然の一致以外のものにもとづいているなどということは、またテクストそのものに関するはるかに本質的なあるもの——この宗教的であり文化的であるテクストの構成の内的法則であるようなもの——にもとづいているなどということは、思いもよらぬことなのです。こうした可能性を考えないで、いったい、超自然的なものと「サセー祭の仮の王」とのあいだのおどろくべき一致を、どう解釈することができるでしょうか？

つまりわれわれは、またしても、実証主義全盛時代の典型的な偏見を前にしている、というわけです。

われわれは、実証主義とは逆向きの現在優勢である偏見は拒否しますが、テクストの内的構成には関心をいだかねばなりませんし、初期の、ほかとの関係の可能性のまったくなかったテクストにも考察を加えねばなりません。

とは言うものの、フレイザーの論文は、やはり正確な観察を糧としています。それは素朴であると同時に創意工夫に富んでいます。宗教的形態からの類推は、民族学者たちが自分たちの見方に一致する説明を与えることができると思って引き合いに出すような類推には、少しもとどまっていません。類推は、ほかの多くの宗教現象にも、たとえば「ヤハウェのしもべ」にも、旧約聖書のほかの無数のテクストにも、ひろがっていきます。ただし旧約聖書のテクストへの類推は、福音書自体がそれを当然の権利として行なっているというまさにそのことによって、容認しがたいと言い立てられています。それはまた、宗教的な原因が欲しくなったための、でっちあげだとまで言い立てられています。実際には、フレイザーが自分の目を信じて恐れげもなく書きとめた対照とひじょうによく似た対照が問題なのに。フレイザーはただ単に、自分の実証主義が危険にさらされることもなく、福音書のほうが有利になる恐れもないと思われる説明が偶然手にはいったというだけで、自分の目を信じたのに。

神聖化の転移が起こるためには、犠牲者が暴力をそっくり受け継いで、共同体から暴力を取り除くことが必要です。転移が転移のようにみえないのは、犠牲者が現実に罪ある者とみなされるからです。転移が隠されているため、うまいぐあいに、リンチ参加者のおどろくべき認識が生まれるのです。つまり犠牲者の上に、「神聖なもの」を決定するあの両立不可能な反対命題が並置されるのです。福音書のテクストが、さきに定義した意味で神話的であるためには、イエスに対して加えられた暴力の勝手な不正な性格を、無視する必要があるでしょう。ところがそれと反対に、受難が言語道断な不正として示されていることは、明らかです。あらゆる重要な事実と同じように、この事実は、旧約聖書からのイエスにあてられた引用、「彼らは理由なく私を憎んだ」〔詩篇三五の一九、ヨハネ一五の二五参照〕によって、目だっています。集団による暴力の責任を取るどころか、このテクストはそれを真に責任のある者たちに投げ返しています。あるいは「呪い」そのものの表現を使うならば、この暴力を、暴力を行使する人々の頭上にふりかけています。

　よく言っておく。こうしたことはすべていまの世代にふりかかる。〔マタイ二三の三六〕

L　あなたは、このことばが昔の呪い――呪われたひとりの人間に暴力的な神の復讐が加えられるのがお決まりだった原始時代の呪い――とは何の関係もないことを、はっきりと示しています。いまは正確にその逆のことが起こっています。原始的な全体系が完全に「脱＝構築」されて、基礎づくりのメカニズムは解明されましたが、人間は供犠によって自らを守ることのできない状態に置かれています。人間は、これから典型的にキリスト教的な近代的な形態をとろうとする古い模倣性の反目の、餌食になってしまうでしょう。だれもが迫害と不正の責任――だれもがその役割に気づき始めている、しかしまだ自分でそれを引き受ける心がまえができていない――を隣人に転嫁しようとします。

G　基礎づくりの殺害の、ことばによる解明を、行動の解明に、結びつけて考えねばなりません。基礎づくりの殺害を解明する者、その教えをだれも聞こうともしない者、に対するこうした殺害のくりかえしに、緊密に結びつけて考えねばなりません。福音書全体を通じて、ことばによる解明はただちに、「それを黙らせようとする」集団の意志をかき立てています。それは集団による殺害という形をとって具体化され、別な言い方をすれば基礎づくりのメカニズムを生み出し、この事実によって、この意志が圧殺しようとすることばのあることが確認されることになります。解明とは、すでに解明されているすべてのものと激しく対立するものです。なぜなら解明されるべきものは、まず、そうした偽りの激しさ、あらゆる偽りの源泉であった激しさなのですから。

4　ステパノの殉教

G　「呪い」から直接「受難」に至る過程は、あるテクストのなかに簡潔な形で、そしてまたおどろくべき形で、見いだされます。このテクストは厳密には福音書ではありませんが、少なくとも、「呪い」が示されている福音書の一つである『ルカによる福音書』に最も近いテクストです。それはどなたにもおわかりのように、ルカ自身によるものとみなされている『使徒行伝』のテクストです。

私の頭にあるテクストは、その全体が「呪い」ときわめて簡潔な形の受難から成っています。このテクストはそれによって、きわめて明白な連節を作動させていますから、このテクストのなかに福音書のテクストの真の解釈を見ることができるほどです。私はステパノの発言とその結果のことを言っているのです。衆議所でのこの発言の結論は、聴衆たちにはひどく不快なものだったので、発言者は即座に殺されてしまいました。

ステパノの発言の最後のところで、聴衆は怒りをおさえきれずに彼を殺したのですが、彼のことばは徹頭徹尾パリサイ人に対する呪いのくりかえしです。イエスがすでに予告していたいろいろな殺害に、もちろん、いまや預言の成就にほかならぬイエス自身の殺害が加えられたのです。そしてそれは考えうるいかなる発言にもまして、基礎づくりの殺害が現実のものであることを端的に示しています。

ですからステパノのことばは、預言とその成就の全体を、そこだけをあらためて抜き出して強調しているのです。それは暴力による基礎づくりを危うくする事態解明と、この事態解明を遠ざけて、同じ基礎をもう一度確立しなおそうとする新たな暴力とのあいだの、因果関係なのです。

「(……)強情で、心にも耳にも割礼を受けていない人たちよ。あなたがたはいつも聖霊に逆らっている。あなたがたは先祖たちと同じである。いったい、あなたがたの先祖が迫害しなかった預言者が、ひとりでもいただろうか。彼らは正しいかたの来ることを予告した人たちを殺し、いまやあなたがたは、その正しいかたを裏切って殺してしまった。あなたがたは、天使たちから律法を受けたのに、それを守らなかった。」

人々はこれを聞いて、心の底から激しく怒り、ステパノにむかって、歯ぎしりをした。

ステパノは胸いっぱいに聖霊を感じて天を見つめると、神の栄光と、神の右手に立つイエスの姿が目にはいった。ステパノは、「ああ、天が開かれて、神の右手に立つ人の子が見える」と言った。人々は大声で叫びながら、耳をおおい、一丸となってステパノにとびかかり、彼を町の外に押し出して、石を投げつけた。〔使徒行伝、七の五一―五八〕

ほんとうに罪のある人々の頭上に彼ら自身の暴力を浴びせかけるこのことばは、とても耐えがたいものだったので、結局は、そのことばを発する者の口を封じなければなりませんでしたし、話すことができるあいだはそれが聞こえないように、聴衆は自分たちの「耳をおおった」のです。人々がステパノを殺したのは、ステパノが口にする許しがたい知識を拒否するためであったことは、疑う余地がありません。そしてこの知識は、奇妙なことに、殺害者たち自身の知っていたことなのです。十字架上のはりつけについての、福音書における事態解明の過程は、すべてここに、まれに見るほど明確に再現されています。

ステパノの処刑方法、つまり石打ちに、注目しなければなりません。石打ちは、ほかの民族同様ユダヤ民族のあいだでも、最もけがらわしいものに、最も重い罪を犯した者に対して行なわれたのです。それはギリシアの「追放《アナテマ》」に当たるものです。

どんな供犠の場合でもそうですが、問題はまず基礎づくりの殺害を再現して、それによって好都合な結果を更新していくことです。たとえば冒瀆者の手にかかって破滅に瀕した共同体を破滅から救い出すことです。〔原注、第二法の書（申命）一七の七参照〕

この殺害のくりかえしは、危険な行為であり、場合によっては避けたいと思った危機を招きよせるようなことにもなりかねません。激しい汚染を防ぐ第一の配慮は、共同体の内部でのあらゆる儀礼の実施を禁止することです。だからこそステパノの石打ちは、はりつけと同じように、エルサレムの町の外で起こっているのです。

しかしこの第一の配慮だけでは、十分ではありません。この慎重な配慮は、汚染されているためにひとを汚染する犠牲者との、一切の接触を避けるように暗示しています。この第一の要請を、根源の殺害の考えうるかぎり正確な再現であるもう一つの重大な要請と、どう結びつけるべきでしょうか？　正確な再現には、共同体の、あるいは少なくとも出席者たちの、全員一致の参加が前提とされます。この全員一致の参加は、『第二法の書（申命）』のテクストによれば、明らかに必要なものとされています〔原注、一七の七参照〕。だれもが犠牲者を打って、しかもだれひとり接触による汚染を受けないようにするのには、どうしたらよいでしょうか？　この微妙な問題の解決策として、石打ちの刑が行なわれることは明らかです。離れた所にいて処刑するどんな方法とも同じように、たとえば近代の銃殺班と同じように、あるいは大勢で組織的に行なわれる崖の上からの突き落としの刑、たとえばティコピア族の神話の、身代わりの神であるティカラウの突き落とし〔一五九ページ参照〕と同じように、石打ちの刑は、儀礼上のこの二重の要請を満たしています。

参加者のうちで、テクストにひとりだけ名まえの出ている者は、タルソ人のサウロです。後の聖パウロです。それはまた石を投げなかった唯一の人間であるように思われます。しかしテクストによれば、彼が殺害者たちと同じ気持だったことは確かです。「サウロは、ステパノを殺すことに賛成していた」〔使徒行伝八の一〕。ですから、サウロのような人間が参加していても、全員一致には変わりありません。テクストには、参加者たちがステパノに、「一丸となって」とびかかった、と明記されているのですから。ここで、儀礼と関係のないものを一切排除して考えるならば、この全員一致という明示は、儀礼の面でのほとんど技術的な価値を持つものになるでしょう。ステパノに対しては、ひとりでに全員の考えが一致するのですが、それが儀礼となると、全員の一致は強制的な計画的な性格を持つようになるのですから。

この石打ちの刑の性急さと、『第二法の書』のテクストに列挙されている手続がすべて守られているわけではないという事実から、多くの注釈者がこの刑の執行は多かれ少なかれ違法なものであると判断し、それを一種のリンチと定義するに至りました。たとえばヨハネス・ムンクは、その『使徒行伝』のなかで、次のように書いています。

衆議所でのこの審問と、そのあとの石打ちの刑は、真に裁判の名に値するものであったのか？　法に準拠した刑の執行であったのか？　われわれには不明である。記述されているような事態の唐突な情熱的な性格は、それが違法なものであったこと、リンチであったことを暗示しているのかもしれない。(59)

ムンクはステパノの最後のことばを、「飛び散る火花」にたとえています〔原注、同書六九ページ〕。一つには儀礼化された刑の執行方法と、一つには集団の怒りの抑えきれぬ爆発とが、ここで同時に問題になるという事実は、きわめて意味深いものです。こうした二面性を持つ規定が存在しうるためには、刑の執行についての儀礼上の型と、自然発生的な暴力を可能とする形態とが、一致しなければなりません。もしも儀礼の際の人間の行動が、いわば非儀礼化されうるものならば、そしてまったく形を変えずに自然発生的なものとなりうるならば、われわれも、すでに別な方向への変化が起こったのだ、と想定することができます。法の執行の方式とは、自然発生的な暴力を儀礼化したものにほかなりません。ステパノの殉教の場面を注意深く観察するならば、われわれはどうしても、基礎づくりの暴力という仮説に到達せざるをえません。

『使徒行伝』のこの場面は、「呪い」と受難の関係を解明し、強調する、一つの再現です。そしてこの場面と、すでに注釈を加えた福音書のいろいろなテクストとの関係は、そうしたテクストそのものと受難との関係に等しいのです。ステパノは、すでに見てきたように、「呪い」について、まっさきに問題にすべき人物です。われわれはすでに『マタイによる福音書』から、第二三章、三四—三六を引用しましたが、いまここでは、『ルカによる福音書』のテクストを引用することにしましょう。ルカのテクストもまた、この「殉教者」の役割を、「証拠」としての役割を、伝えています。イエスが死んだようにして死に、イエスと同じ理由で死にながら、殉教者たちは基礎づくりの暴力の解明の度を、ますます進めていきます。

だからこそ「神の知恵」は言っている、「私は預言者と使徒を彼らのところに送るが、彼らはそのうちのある者を殺したり、迫害したりするであろう。それで世の初めから（……）流されてきたすべての預言者の血について、この世代が釈明を求められるであろう（……）」〔ルカ、一一の四九—五〇〕

このテクストをかたくるしく解釈してはいけません。これからの問題は、無実の犠牲者だけが、歴史の面から見たキリスト教の教義的神学的意味での「信仰告白者」だ、と言明することなのではありません。これからは、犠牲者であって、その不正な迫害の実態が結局解明されないで終わるような犠牲者はなくなるだろう、ということを理解しなければなりません。なぜなら、いかなる神聖化も、これからはもうありえないでしょうから。いかなる神話的再現も、迫害を変貌させることはないでしょう。福音書は「神話化」をすべて不可能にします。なぜなら福音書は、基礎づくりのメカニズムを明らかにすることによって、このメカニズムの機能を妨げるからです。そこでわれわれは、われわれの目で見た福音書の世界で、いつも、いわゆる神話らしい神話をあまり持たず、いつも迫害のテクストのほうをよけいに持っているわけです。

5 身代わりのテクスト

O 私の理解が正しいとすれば、テクストによって明確化される認識不足の過程は、これまでいつでもテクストについて与えられてきた限定的な解釈のなかに、そしてまたもちろんのことですが、何よりもまず、テクストの応用を限定的な解釈の直接的な目標に限る解釈のなかに、いまでも再現されているはずです。

こうした読みが、他に影響を及ぼさないはずはありません。こうした読みによって、さまざまな歴史的観念的状況のなかでの、しかし構造的には不変な状況のなかでの、身代わりの犠牲者への暴力による転移が再現されます。人類の黎明期から絶え間なくくりかえされている転移が再現されます。したがってそれは、偶然的な、あるいは単純な読みではありません。それは基礎づくりの殺害の大はばな解明を、ユダヤ教に対する論争調の告発に変形させます。われわれは、聖書の教えがわれわれに関わるものであることを認めようとせずに、この教えはユダヤ人にのみ関わるものだと断定しています。

G そうした限定的な解釈は、「キリスト教」に原則的に好意的な考え方でありつづけるための唯一の逃げ道——しかし必然的に新たな暴力に身をさらしてまで、またユダヤ人以外にはありえない新たな身代わりのヤギを使ってでも、もう一度暴力を免れようと決意したうえでの唯一の逃げ道——なのです。要するに人々は、イエスが非難するパリサイ人の行動を、くりかえすことになりますが、イエスによりどころを求めているからには、直接イエスに逆らうような形でのそうした行動はもうできません。つまり人々はもう一度、テクストによって解明されている過程の真実性と普遍性を——自分たちがどうにでもできる最近の犠牲者たちのほうにテクストをあてはめることによって——証明することになります。こんどはキリスト教徒たちが、「私たちがもしユダヤの先祖の時代に生きていたら、イエスの血を流すようなことには加わらなかっただろう」と言うことになります〔二七三ページ参照〕。イエスが語りかけてもそれが耳にはいらなかった人々が、先祖たちのしたことをあくまで押し進めたのでしたが、こうした人々を告発する権利があると思いこんでいるキリスト教徒たちもまた、非難を免れるために、すでに徹底的に押し進められていたものを、さらに押し進めることになります。彼らは自分たちが、認識不足の過程を解明するテクストに支配されていると主張し、認識不足ということをくりかえし口にします。彼らはテクストに目をこらしつつ、テクストが告発していることをくりかえしています。テクストによって解明されていながらテクストのかげで逆説的に生きつづけている過程を放棄するのではなくて、今日行なわれているように、テクストそのものを放棄すること、またテクストの名において犯された暴力行為についてテクストに責任があると宣言すること、そしてまたテクストがこれまでほとんど、古来の暴力行為を新たな犠牲者に向けることばかり強制してきたとしてテクストそのものを非難すること、こうしたことはまさに、ひたすら盲目的な前進をつづけることにほかなりません。今日では、キリスト教徒のなかに、このテクストを放棄しようとする、あるいは少なくともそれを絶対に考慮に入れまいとする、または少しばかり恥ずかしいものとして隠しておこうとする一般的な傾向があります。最後の策が一つ残されています。最後の犠牲者がひとり残されています。そしてそれはテクストそのものです。人々はテクストを、いつもテクストのまちがった読みにしばりつけています。テクストを、大衆の意見という法廷に引き出します。大衆は頭からばかにしてかかり、おなさけと称して、福音書のテクストを断罪します。今日では、だれでも知っているように、善意にあふれた人々の目には、このテクストは痛ましくも厳しい状況を耐え忍んでいるようにみえます。

福音書によって再確認されるユダヤの選民意識と、「呪い」のようなテクストとのあいだには、何の矛盾もありません。もしも地上のどこかに、パリサイ人に対する非難とは無縁な、宗教的あるいは文化的形態——イエスが引き合いに出されているような場合も含めて——があるとすれば、福音書はもう人間の文化についての真実とは言えなくなるでしょう。福音書に、キリスト教徒が喜んで認めるような、しかし具体的には表現することができないような、普遍的意義があるためには、言うまでもないことですが、この地上にユダヤ教とパリサイ派を超えるものは、何もあってはなりません。この絶対的な代表者としての意識は、新約聖書によってもけっして否認されることのなかった、ユダヤの選民意識にほかなりません。

聖書のテクストを通じてなされる暴力の解明と、新約聖書が旧約聖書に対して示すこのうえない敬意とのあいだにも、矛盾はありません。『創世の書』と『脱出の書』のなかでは、これまですでに見てきたように、基礎づくりの殺害の存在と、神話的な意味でのそれが生み出す力は、ますます明らかになっていきます。つまり聖書の影響力、預言の影響力は、すでに神話にまで及んで、完全にそれを解体し、それによって真理を明らかにしています。集団による殺害の責任をいつも犠牲者に転嫁する代わりに、この影響力は逆方的に動き、神話の転嫁作用にまで遡って、それを無効にするはたらきを見せ、暴力の責任をほんとうに責任のある者に、つまり共同体の構成員に取らせようとし、全面的な究極的な解明への手がかりを与えます。

O　福音書がほんとうにこの暴力を完全に解明しているということを理解するためには、この暴力が神話的な意味を生み出すということをまず理解しなければなりません。私には、あなたがなぜ人類学の基礎的な研究の終わりの所から、ユダヤ・キリスト教についてのわれわれの最初の討論を始めることにしたのかが、いまわかりました。あなたは、われわれはこれからは、純粋に仮説的な科学的な方法によって、非キリスト教的なあらゆる宗教的なものの実態に迫ることができるということを、示したかったのです。この仮説は、人類学について、研究者を満足させうる唯一のものです。それは研究者を申し分なく満足させてくれます。

G　私の考えでは、われわれは行く道を示してはいるのですが、やることはまだたくさん残されています。

O　おそらく、そのとおりです。しかし本質的な問題は解決されています。情報の検証は、ひじょうに正確で、何度も回を重ね、申し分のないものですから、もう疑いをさしはさむ余地はありません。福音書に目を移せば、われわれの主張のすべてがすでに望みうるかぎりの明白な形でそこにあります。なぜならわれわれの主張は常に理論的な方法で形成されているのですから。しかし福音書に目を移してそのことを示すまえに、また、いわばわれわれの主張が現実化されるまえに、われわれはまずこうした証明に身をゆだねてみなければなりませんでした。われわれの主張は、常にこうした二重の形で、福音書のテクストのなかに書きこまれています。それこそじつにおどろくべきことです。

G　あなたのおっしゃることは正しいと思います。というのは、私に『暴力と神聖なもの』〔一九七二年刊〕をあのような形で書かせたのは、理性そのものなのですから。この本が、いまここでわれわれが言っていることが不完全なものであるように不完全なものだということは、自分にもわかっています。

身代わりのヤギという主張には、文学的な印象主義的な大胆な推論のようなところはまったくありません。私はそれが人類学のテクストを通じて完全に証明されていると考えています。だからこそ私は、私の科学的な主張をひとりよがりだと非難する人々には耳を貸さずに、論文の至る所で、この論文の組織的な性格、例外なくあらゆる文化的なテーマを生み出しうる力、を強化し明確化しようと努めたのです。『暴力と神聖なもの』のなかでは、キリスト教のテクストの話はしませんでしたが、それは、私がそれに触れただけで、大部分の読者は、私が特に偽善的な護教論に熱中していると思いこんでしまうからです。でも私は、どんな場合でも、必ずそのように言われることでしょう。いまの時代では、どんな考えでも、多かれ少なかれ、口にするのも恥ずかしいような観念的な、あるいは宗教的な目的に従属しているということは、だれでも知っています。そしてあらゆるもののなかでいちばん口にしにくいことは、もちろん、福音書のテクストに関心を持っているということ、それがわれわれの世界に及ぼしている恐るべき支配力を確認しているということです。

実際は、『暴力と神聖なもの』のなかには、あらゆる種類のためらいがこめられています。ためらいながら私はただ、私自身の知的行動を再現したにすぎません。結局そのために私は、旧約・新約聖書の研究にまで手をのばすことになりましたが、犠牲のメカニズムの重要性については、そのずっとまえから気がついていました。私のこの行動は、カトリックの近代主義の正統派が必要とする旧約・新約のテクストに対しては、長いこと激しい敵対関係をとりつづけました。私は、読者の理解をうる最善の方法は、自分自身の体験に対してごまかしをしないこと、その体験の継起する瞬間を二つの別々な作品——一つは聖別された暴力の世界にかかわり、他の一つはユダヤ・キリスト教的なもののにかかわる——のなかで再現することだ、と思っていました。

L　その結果、あなたの見込みはまちがっていたということが明らかになったわけです。読者のなかには、あなたの本のなかに、広範な偽善的なたくらみが見つかると思っている人がありますし、一方には、ふしぎなことに、あなたが十分に大胆ではないと非難するような人、あなたがキリスト教のテクストについて率直に立場を明らかにしようとしないと非難するような人があるのですから。つまり彼らは、あなたが、キリスト教のテクストについて、われわれをとりまいている味気ない「進歩主義」の文体で、「人間中心主義」的な新しい読み方を教えている、と言って非難しているのです。

G　あらゆる非難のうちの、最後の非難は、私にはたしかにいちばんふしぎな非難にみえます。そういう誤解は避けられないものですが、予想もできないものでもないような気がします。でも私はやはり、そういう誤解をうけてびっくりしました。これはわれわれがいつも単純素朴な人間である証拠です。そういう誤解があるだけに、まちがいのないコミュニケイションというものは、それがうまく成立したときには、きわめて貴重なものとなります。私はいま、そのことに無関心ではいられません。まちがいのないコミュニケイション、それがなかったら、われわれのやっているような作業の遂行は、おそらく不可能になるでしょう。

L　あなたの作業は、いろいろな道にはいりこんでいきます。その道は、現代思想の、ある種の流れではなくてすべての流れに反しています。キリスト教徒にも反キリスト教徒にも反し、進歩派にも反動派にも反しています。また同時に、あなたに対する人騒がせな非難は、まったく明らかにばかげたものです。というのは、ほとんどの問題点であなたは、現代のあらゆるにせの過激主義者たち、お互いにもたれかかっている連中より、はるかに具体的でまた含みのある主張に到達しているのですから。彼らにとっていちばん「頭にはいりにくい」のは、もちろん、いまあなたが立証したばかりのことです。つまり、福音書のまっただなかに、われわれが証明にかなりの時間をかけてきた――それが福音書のテクストだということは露ほどもほのめかさずに――例の仮説が明らかに姿を見せている、ということです。

G　それはつまりこういうことだと私は思います。われわれの一切の哲学的考察と「人間科学」とは、近代と呼ばれる何世紀かのあいだに、旧約・新約聖書からますます離れていって、いまでは、オジブウェー族やティコピア族の神話よりも聖書とは無縁だ、と思いこむに至っています。そしてそれはある意味では、まったくのまちがいというわけでもありません。しかしわれわれの哲学的考察と人間科学とは、それが軽蔑し嫌悪しているつもりの聖書のテクストから、ますます遠ざかる――自分でそう思いこんでいるように――どころか、実際にはこのテクストに近づく――ぐるりと回ってもとにもどろうとしていることにはまだ気がつかずに――ある「作業」の場なのです。

いま確かめたことから考えて、もしもわれわれが、また出発点のほうにもどるのだとすれば、もうわれわれが福音書を、民族学的な近代的な解明のもたらす知識の光、まさに初めてもたらされた知識の光に照らして、読んでいるのだと思うわけにはいきません。この順序を逆にしなければいけません。読んでいるのは、いつでもユダヤ・キリスト教の強い衝動なのです。民族学のなかにあらわれる可能性のあるものはすべて、進行中の解明の作業から生まれる知識の光によってあらわれるのです。すでに明白になっているテクスト――と言っても実際には、われわれのように「見る目も持たず聞く耳も持たない」ような人間にとっては、明白とは言えませんが――を少しずつ「捉えなおす」ことを可能にするような、広範な歴史的研究のもたらす知識の光によってあらわれるのです。

似たところがどんどん見つかり、またそれが確実視されていくことから、民族学はそれを信用して、何百年もまえから、キリスト教がほかの宗教と同じような宗教にほかならないことを証明する努力をつづけてきました。キリスト教は絶対的な特異性を自負していますが、それはキリスト教徒たちが誕生の偶然によって信じている宗教への、非理性的な執着にのみもとづくものかもしれません。われわれは一見して次のように考えることができます。宗教的なものを生み出すメカニズムの発見は、つまり初めは嫌悪され、後には神聖化される犠牲者に対する集団の転移は、「迷妄からの覚醒」の努力――この努力の続行のうちに、明らかにこうした読みが位置づけられる――にいちばん大切なもの、最後の石をもたらすだろう、と。こうした発見がわれわれにもたらすものは、単につけたしの類似ではありません。それはあらゆる類似の根源です。神話の背後に位置し、その下部構造のなかにひそみ、受難の物語のなかで結局は解明され、完全に明白なものとなる根源です。

前代未聞の急転回によって、二十ないし二十五世紀前の古いテクスト、最初は盲目的にあがめられ今日では軽視され拒否されているテクストが、近代の反キリスト教的研究に含まれる――つまり暴力のうちにある神聖なものをまだ永久に打ちくだくことができずにいる意志に含まれる――一切のすぐれたもの、ほんとうのものを完成させうる唯一のテクストであることが、明らかになろうとしています。このテクストは、この種の研究に、われわれに欠けていたものをもたらして、超越的なもののあらゆる歴史的形態の、根本的に社会学的な読みを与えてくれます。と同時にこうしたテクストは、同時にそれ自体の超越性を、いかなる批判をも寄せつけぬ場に位置づけます。なぜならあらゆる批判がとび出すのもまた、その場からなのですから。

福音書は一方において、うむことなく、いかなる解釈にもこうした急転回のあることを伝えています。ぶどう畑の小作人たちが「残らず集まって」、主人がよこした人々を「追いはらい」、ついには自分たちだけが持ち主になるために主人の息子を殺す、という寓話があります。それを語り終えたあと、キリストは聴衆に向かって、旧約聖書解釈の問題を出します。

そこで、イエスは彼らを見つめて、言われた、
「『家づくりたちの捨てた石、それがいしずえの石になった』
と書いてあるのは、どんな意味か。(……)」〔ルカ、二〇の一七〕

この引用は『詩篇』第一一八篇二二からのものです。この質問の答えは、「神秘的である」と、つまり重大な知恵についての不誠実な答えでしかありえない、といつも考えられてきました。反宗教的な人々もこの点については、他の多くの点と同様に、近代の宗教的な人々の見方と一致しています。

もしも人類のすべての宗教が、そして結局は人類の文化全体が、人殺しをしたぶどう小作人たちの寓話に、つまり集団による犠牲者の追放に、還元されるのであれば、またこうした基礎が顕在化しない段階で基礎づくりの性格を保ちつづけるのであれば、明らかに、こうした基礎が顕在化しているテクストだけがその基礎の上に築かれているのではもうない、ということになるでしょうし、そうしたテクストだけが真に事態を解明することにもならないでしょう。したがって『詩篇』第一一八篇のこの一節は、おどろくべき認識論的価値を持っているわけです。それはキリストが皮肉にも要求する――彼自身が人から捨てられること捨てられた石となることによって与えることができることをよく知っていながら要求する――一つの解釈を思い起こさせます。彼自身が捨てられた石となるのは、いつでもそういう石があったということ、それが隠れた形で基礎を築いてきたということを立証するためです。そしていまやそうした石の意味が解

明されたとしても、それはもう何かの基礎を築くためではありません。いやむしろそれは、まったく別な何ものかの基礎を築くためなのです。

キリストの示した旧約聖書解釈の問題は、キリストが引用する一節のうちに、私が提唱するような、目には見えないが明白な急転回の定式そのものを見るのでなければ、結局解決できません。徹底的に暴力を身に受けることによってキリストは、あらゆる宗教の構造的な母型を解明し、根こそぎにしてみせます。たとえ眼識不足の批評家から見れば、福音書のなかで問題になっているのが、こうした母型のやきなおしにすぎないのだとしても。

テクストはわれわれに、結局は、その固有の機能を教えてくれます。普通のあらゆるテクスト重視の法則を免れているような機能を教えてくれます。そして、教えてくれるとは言っても、こんなわけですから、それがキリストの聴衆たちから見落とされているのと同じように、われわれからも見落とされるのです。もしもテクストの仕組みがまさにそうしたものであるとするならば、キリストを普遍的な解明者とするキリスト教の主張は、その擁護者たち自身が考える以上に、つまりキリスト教護教論にいつもありきたりな神聖化の要素をまじえる人々以上に、はるかにしっかりした根拠を持っていることになります。彼らは、そうやって、いつでも、ありきたりなテクスト重視のなかに落ちこんでしまうのです。聖書のなかのほんとうの起源、とは言っても明瞭に書きこまれている起源を、彼らはいつでも消してしまいます。彼らはいつでも、キリストにほかならぬこの石を、ふしぎなことに完全に投げ捨ててかえりみません。そしてこの同じ石が、投げ捨てられてもなお、隠れたいしずえの石として役だっているということに目をつぶりつづけます。

常にこの種の寓話を対象としている解釈を、あなたがたがキリスト教徒として、またいわゆる「科学的な」聖書解釈学者としてお読みになるならば、あなたがたは、われわれにとってはすでに明白であるために解明の推論をくりかえすのをはばかるような意味が、一般には認められないものとされていることに、おどろかれることでしょう。

聖書解釈学者たちは、もちろん、キリストが家づくりたちの捨てた石に一致するものだということを理解しています。しかし彼らには、この一文の恐ろしい人間学的な反響がわかっていません。それがすでに旧約聖書のなかにある理由がわかっていません。

福音書の光に照らして神話を読むのではなくて、いつも神話の光に照らして福音書は読まれてきました。福音書が行なうおどろくべき迷妄打破に比べれば、われわれのやっているような迷妄打破はとるに足らないいとぐちにすぎませんし、それはまた、われわれの精神が福音書の解明に対して、やむをえず出している巧妙な対抗手段にすぎません。しかしこの対抗手段は、いまではもう遅まきの方策というほかはありません。この対抗手段自体が、この同じ解明の、いまなお目には見えないがそれでいて抵抗しがたい進展に、寄与しているしまつですから。

第二章　福音書のテクストの非供犠的な読み

A　キリストと供犠

G　福音書が「供犠」を話題にするとすれば、それはきまって供犠を退けるため、供犠の効力をすべて否定するためです。イエスはパリサイ人の儀礼重視に、ホゼアの反供犠的文章を対比させます。「『私が望むのは、あわれみであって、供犠ではない』〔ホゼアの書六の六参照〕とはどんな意味かを学びにいきなさい。」〔マタイ、九の一三〕次のテクストは、単なる道徳上の教訓をはるかに上まわるものです。つまりそれは供犠の礼拝を退けているのですが、また同時にその機能を、いまでは過去のものとなったその機能を明らかにしてもいます。

だから、祭壇に供え物をささげようとするとき、そこで兄弟が自分に何かうらみをいだいていることを思い出したら、供え物をそこに、祭壇の前に置き、まず兄弟のところに行って仲なおりをし、それからもどってきて、供え物をささげよ。〔マタイ、五の二三—二四〕

L　でも磔刑は、やはりキリストの供犠なのではないでしょうか？

G　福音書のなかには、イエスの死が供犠であることを暗示するようなものは、何一つありません。供犠に与えられるいかなる意味においても、贖罪とか身代わりとかの意味においても、それを暗示するものはありません。福音書のなかではイエスの死は、一度も供犠として定義されてはいません。受難という供犠的な概念を正当化するために引き合いに出されている個所も、供犠とは別途に解釈されうるものですし、また別途に解釈されねばならないものです。

福音書のなかでは受難は、人類に救いをもたらす行為としては、われわれに十分に示されていますが、供犠としては少しも示されていません。

もしもあなたがたが、これまでわれわれのたどってきた道を、ほんとうに私と共に歩んできたのだとすれば、あなたがたにはもうおわかりのはずです。つまり、こんなふうに受難を供犠と読むようなことは、われわれの見方によれば、歴史全体のなかでもっとも逆説的な、もっとも大規模な誤解として批判され解明されなければならないものですし、また同時にそれは、人類には人類特有の暴力を、それがきわめて明らかに示されているときでさえ、理解する能力が根本的に欠如しているのだということをもっとも端的に教えてくれる誤解としても、批判され解明されなければならないものです。

われわれの対談のなかでは、必然的にいろいろな価値の逆転が生じましたが、これ以上に重大な逆転はこれまでありませんでした。それは、われわれが採用した文化人類学的な見方の、唯一の結果というわけではまったくありません。実際には、供犠的なものをくつがえす福音書がこうした見方をとらせているのですし、またテクストの根本的な正しさを明らかにすることによって、この仮説を身代わりの犠牲者の状態から解放し、人間科学への移行を可能にしているのです。

もちろんここではもう、逆の道をたどった私の個人的体験などを話そうとは思いません。話そうとするのは、より広範な問題です。そしてその問題のなかにわれわれは、できるかぎりわれわれの知的体験を書きこまねばなりません。供犠として読まれたおかげで、十五ないし二十世紀のあいだ、一口にキリスト教徒と呼ばれる集団が存在できました。あらゆる文化と同じように――少なくともある点までは――基礎づくりのメカニズムによって生み出された神話的形態にもとづく文化が、存在できました。供犠として読まれる場合には、キリスト教のテクスト自体が、逆説的に、基礎として役だちます。基礎づくりのメカニズムを明快に解明しているテクストに対する認識不足のために、人間はなおさら供犠的な文化形態をつくり出します。また認識不足であるということ自体によって、いぜんとして、福音書が敵視する供犠的な見方を反映しながら、人間のあらゆる文化の延長線上に位置するような社会を生み出します。

O　いかなる供犠的な読みも、あなたが指摘された福音書におけるこうした基礎づくりの殺害の解明とは、両立しません。基礎づくりの殺害をこうした形で明るみに出すと、供犠と福音書との結合は、またイエスの死を一つの供犠とするようなあらゆる概念と福音書との結合は、明らかに、まったく考えられないものとなります。イエスの死を供犠とするそうした概念は、これまた受難の真の意義を、そして福音書が受難に与える機能を、隠蔽するはたらきしかありません。つまり基礎づくりのメカニズムをその隠れ場から引き出すことによって、またそれをすべての福音書のテクストのなかに書きこむことによって、そしてまた犠牲のメカニズムを白日のもとにさらすことによって、供犠をくつがえしその作用を永久に止めてしまう受難の真の意義と機能とを、隠蔽するはたらきしかありません。

L　私には非供犠的な読みが必要なことはよくわかります。しかしこのことはまずひどい反論にぶつかるように思われます。つまりイエスの死の贖罪的な性格を初めとして、黙示録のようなテーマによってこれまでになく必要になったようにみえる神の暴力的な概念に至るまで、ひどい反論にぶつかるように思われます。これからあなたが何を言われようと、人々はそれに対して、福音書がためらうことなくイエスに言わせている有名なことば、「私は平和ではなく、つるぎを持ってきたのである」〔マタイ、一〇の三四〕を対立させるでしょう。そしてこうも言うでしょう。キリスト教のテクストは、明らかに不和と軋轢の原因とみなされるものである、と。

G　そうしたことは何一つ、私が提示する非供犠的な読みと両立しないものはありません。私には、こうした読みを手がかりにすれば、それだけで結局は、各福音書がそれぞれの歴史的な筋書によって構成されているという考え方も、またわれわれに「福音書の精神」に反するようにみえる要素なども、説明可能になるということを、証明できるようにさえ思われます。またしてもわれわれは、形をととのえつつある読みを、結果から判断することになるでしょう。受難を供犠と定義するのを拒否することによって、われわれは最も直接的な、最も簡潔な、最も平明な読みに、そしてまた真に首尾一貫した唯一の読みに、つまり福音書のあらゆるテーマを飛躍のない総体として統一できるものに、到達できるのです。まもなくわかるはずですが、人々の考えとは逆に、福音書に書かれていることとその精神のあいだには、けっして矛盾はありません。その精神に到達するためには、個人的な先入観をほんとうに捨てるだけでいいのです。テクストを、それに何ものをも付け加えず、そこから何ものをも切り捨てずに、虚心に読むだけで十分なのです。

B　供犠的な読みの不可能

G　福音書が神について直接われわれに語っていることのなかには、『ヘブライ人への手紙』を供犠として読んだ場合に不可避的に到達する公準を正当化するようなものは何もない、ということを確認しなければなりません。この公準は、中世神学がそれに明確な表現を与えていますが、それは父である神の側からの供犠の要求を示す公準です。こうした供犠の契約を説明しようとする努力の行きつくところは、不条理にきまっています。たとえば、神は人間の罪によって傷つけられた名誉の復讐をする必要がある、など。神は新しい犠牲者を要求するばかりでなく、いちばん大事な者、いちばん愛している者を犠牲者として要求します。この公準はおそらく、近代の誠実な人々に対してキリスト教の信用を失墜させるのに、何ものにもまさるはたらきをしたのです。中世の人々の気持ちではまだ許容できたこの公準は、現代人の気持ちからすれば許しがたいものとなりました。それは挙げて供犠的なものに反抗している世界にとっては、特に、つまずきの石となっています。そしてこの反抗は正しくないとは言えません。たとえこうした反抗そのものに、これまでだれにも根絶することができなかった供犠的要素がしみこんでいるにしても。

もしもイエスの父である神に直接かかわりのある個所を参照すれば、そこにはほんのわずかな暴力をも神に帰することのできるようなものが何もないことを、わけなく確かめることができるでしょう。そこには、まったく逆に、いかなる暴力とも無縁な神が示されています。共観福音書のこうした個所のなかで最も重要なものは、明らかに、復讐の概念や報いの概念を否定しています。その痕跡は旧約聖書では最後まで残っていますが。『ヨハネによる福音書』のなかに、そして特に同じヨハネに帰される手紙のなかに見られる神と愛との暗黙の、あるいは明白な、同一視を引き合いに出すまでもなく、われわれは各福音書がこの点についても、旧約聖書の仕事を成就しているのだということを、懸念なく断言することができます。次にお見せするテクストは、私の見るところでは基本的なものであり、神をいかなる復讐とも無縁なものとして、したがって人間が復讐をやめることを望むものとして、示しているものです。

『隣人を愛し、敵を憎め』と言われてきたことは、あなたがたの知っているとおりである。だが私はあなたがたに言う。敵を愛し、迫害する者のために祈れ。こうすればあなたがたは、天にましますあなたがたの父の子となるであろう。天の父は、悪い者の上にもよい者の上にも、太陽をのぼらせ、正しい者にも正しくない者にも、雨を降らしてくださるからである。〔マタイ、五の四三―四五〕

このテクストと次のようなテクストとを――つまり身障者や病人や、何の罪もない人たちが犠牲になるさまざまな災難、そして言うまでもなく、特に戦争のような災難についての神の責任を全面的に否定するようなテクストとを――並べて考える必要があるでしょう。いかなる神も、そうしたことに責任はありません。それは遠い遠い昔にあったこと、無意識でなされたこととして、ここでは明らかに拒否されています。人間に起こりうるあらゆる不幸の責任を神に負わせるようなことは、拒否されています。各福音書は神から、原始宗教におけるその最も本質的な機能を、つまり人間が対世間関係において、また特に個人対個人の関係において自分で処理できないものをすべて引き受けるような能力を、奪い去っています。

そうした機能が消去されているからこそ、福音書は一種の現実的な無神論を創始するもの、とみなすこともできるのです。供犠の概念に抗議をする人々が、一方ではまた、ときにはこの一節を引用して、福音書のテクストが神について、結局は旧約の概念よりも遠い昔の、より抽象的な概念を提示していると言って告発しています。昔のヤハウェ自身は、人間たちの邪悪に腹をたてるぐらいですから、人間たちには十分関心を持っていました。それとは逆に、私がいま引用した一節は、このことについてまったく平然としている神を示しているように思われます。

実際には、福音書的な考え方においては、人間は無関心な神を相手にするようなことはありません。神は人間に自分を知ってもらおうとしています。それなのに神は人間たちから次のようなものを手に入れた場合しか——つまりイエスが彼らに示すもの、本質的であり何度も何度も預言のなかでくりかえされたテーマであるようなもの、つまり少しまえに検討したような下心のない和解、供犠などの仲介手段を必要としない和解、人類の歴史において初めて神にありのままの姿をあらわすことを可能にさせるような和解を手に入れた場合しか——人間たちから知ってもらうことはできません。でもそういう場合には、人間どうしの調和を保つための血みどろの供犠は、もう必要がなくなるでしょう。暴力的な神という不条理な寓話も、そしてまた人間にそれまではなくてはかなわなかった一切の神話的文化の形成さえも、必要がなくなるでしょう。

L　われわれには、なぜ供犠が、また供犠的な精神状態が、そうした神の解明にとって越えがたい障害となるのかが、わかっています。あなたの言われるような、福音書のテクストが示しているような、供犠を求めることのない神と、あなたがこれまで話してこられた供犠を求める神々とのあいだには、人生を全体的に考察した場合の宗教的概念と、近代社会の無神論とのあいだにあるのと同じほど根本的な両立不可能性があるように思われます。

G　私の考えでは、これまでにも指摘したことですが、近代の無神論が犠牲のメカニズムを解明することができないだけに、両者はますます両立不可能なものとなっているのです。宗教的なものをまったく理解できない無神論の懐疑主義は、犠牲のメカニズムをそれを永続させるのに好都合な闇のなかにとどめておくのにも手を貸しています。それとは逆に、福音書のテクストにおいては、あらゆる宗教に共通な犠牲による基礎づくりの明快な解明が、非暴力的な神のおかげでなされています。またそうした神がなくては、解明は不可能です。この解明については、非暴力的な神、イエスの父である神が、最も重要な役割を果たしています。それこそ父である神とその子イエスとの緊密な結合が、そして両者の共通の本質が、そしてまたあの、ヨハネが何度もくりかえしている、イエスは父である神に達する唯一の道であるという考え、イエス自身が父である神と同一だという考えが意味するものです。イエスは「道」であるばかりではありません。イエスは「真理」であり、「生命」です。だからこそイエスを見た者は神を見た者ということになるのです。

O　福音書のなかで一度も問題にされていない供犠的な読みを正当化するためには、父である神とその子イエスとのあいだに、一種の相互理解を――いつまでも秘められたままでいるような相互理解、問題の供犠についての相互理解を――公準として示さなければなりません。父である神は、われわれにはよくわからない理由で、その子イエスに自己犠牲を求めているようですし、イエスもわれわれにはよくわからない理由で、アズテック族〔十五世紀メキシコのインディヤン〕の神々にふさわしいような命令に従っているようにみえます。要するに問題は、暴力とかかわりのあるものとのひそかな一致でしょう。今日でもときにはそれぞれの国民に諮らずに、どうしても協定を結ばざるをえなくなる、最高主権者たちどうしのあいだにありうる一致のようなものでしょう。

G　それこそまさに、キリスト教徒ならだれでもその決定的な重要性を認めるのにやぶさかではない『ヨハネによる福音書』のテクストによって、明らかに否定されている契約の、信じがたく支持しがたい考えです。

私はもう、あなたがたをしもべとは呼ばない。
しもべは主人のしていることを
知らないからである。
私はあなたがたを友と呼ぶ。
父から聞いたことをみな、
あなたがたに知らせたからである。
〔ヨハネ、一五の一五〕

O　ここでは、非供犠の構造が問題なのでしょうか。だとすればそれは、かつて人間の世界で日の目を見た最初の唯一の非供犠の構造ですが。それともこのテクストを支配しているのは供犠の構造でしょうか。だとすれば、福音書のテクストの主題にもとづいてあなたが肯定なさる一切のものが、無に帰することになります。福音書のテクストの絶対的な独創性は、うわべだけのものにすぎなくなるでしょう。すでに多くの場合にそうであったように、一切はあなたの能力に——あなたがわれわれに示した読み、つまり非供犠的な読みが、教会派や反教会派によって示されてきた供犠的な読みを上まわるものだということを立証してみせるあなたの能力に——かかることになるでしょう。ここにおいて、そのいずれがまさっているかを考えると、目まいを覚えるほどです。証明が先へ進むとあなたは、これまでにすでに言ったことについて、あなたの考えだけが真に決定的なものだと宣言するほどになります。あなたが文化人類学を大幅にくつがえすのが、福音書のテクストそのものの研究の進展によるものだとすれば、またこれまでその秩序破壊の力がわれわれのあいだで行使されるのを——あるいは少なくとも十分に行使されるのを——妨げてきた供犠的な読みの減退によるものだとすれば、非供犠的な読みは、これまでに与えられてきた供犠的な一切の読みに、決定的に打ち勝つにちがいありません。

この優越性の輝かしい兆候を、われわれはすでにつかんでいます。「パリサイ人に対する呪い」についてのあなたの読みや、身代わりの犠牲者の問題を解明するほかのテクストは、じつを言えば、一つの「解釈」を示すものではありません。解釈をしているのはあなたではけっしてなくて、テクストそのものです。当面の問題は、ほかのあらゆるテーマが基礎づくりの殺害という考え方によって整理され解明されるということを立証することですし、またそうしたテーマ全体が、まさに旧約聖書の力学の非供犠的達成であるということを立証することです。

C 『黙示録』と寓話的な語り方

O それは一見むずかしいこと不可能なことのようにさえみえます。なぜなら、あなたがいま明確にしなければならないテーマと、暴力からなる一切の壮大な神話の構造とのあいだに、類似性があるからです。『黙示録』のテーマであるあの広範な凶兆を、どう処理したものでしょうか？ そこに神の暴力的な概念への後退を見ないためには、どうしたらよいでしょうか？ どうしたらあの凶兆と、福音書のテクストの平和なにこやかな様相とを、つまり「神の国」の預言とを、整合させることができるでしょうか？

こうした矛盾は、人間の精神にとってたいへんわずらわしいものなので、十九世紀を通じて、たとえばルナンのような人々は、福音書を基本的に二つに区分しようと努めました。一つは根源的な預言であり、それは多かれ少なかれ恣意的に公準化された「歴史的」なイエスにのみ帰せられるようなものです。また他の一つはこの預言を変貌させ変形させるような捉え方で、そのために預言は信仰の力に裏付けられた恐ろしい意志、しかしまた平凡でもある意志、もちろん使徒パウロがその典型であるような意志によって、神学にまで高められるでしょう。あなたはこうした読みに立ち戻ることを余儀なくされているのではないでしょうか？　つまり福音書のテクストを均等ではない二つの部分に暗々裡に、またはあからさまに区分することを、一方は反供犠的な人間的な好ましいテクストに、他方は神学的な供犠的な好ましくないテクストに、区分することを余儀なくされているのではないでしょうか？　この好ましくないテクストを福音書から排除する、つまり古典的な一切の供犠の行事とは打ってかわった態度で排除することを、余儀なくされているのではないでしょうか？

G　まったくそうではありません。あらゆるものが非供犠的な読みにわけなく同化されるということを、私はあなたに証明することにしましょう。

大切なのは、福音書によって預言された『黙示録』の暴力が神の暴力ではないということを、見きわめることです。この暴力は、福音書のなかでは、常に人間の暴力であって、けっして神の暴力ではありません。『黙示録』の読者が、いまでもこれは神の昔の怒りなのだ、旧約聖書のなかに生きつづけている神の怒りなのだと思いこんでしまうのは、『黙示録』の大部分の表現が、つまりその場景の壮大な描写が、旧約聖書のテクストからの借り物だからです。

そうした描写は、いぜんとして妥当性を持ちつづけていますが、それはそうした描写がすでに模倣の危険性、供犠の危険性を描き出しているからです。福音書でもやはり同じ構造の危険性が問題となっていますが、福音書のほうには暴力を遮る神はもうありませんし、それを罰する神もありません。したがってわれわれは『黙示録』で、地上の都市が長期にわたって崩壊するありさまを目にするわけです。途方にくれた人間たちが自分勝手に神と対決するありさまを目にするわけです。

旧約聖書を参照する個所はすべて、「同じように」という語が使われていて、それが神話からの借用の隠喩的性格をあらわしています。

ノアの日々に起こったのと同じように、人の子の日々にも同じことが起こるだろう。ノアが方舟にはいる日まで、人々は食べたり飲んだり、妻をめとったり夫をむかえたりしていたが、そこへ洪水が襲ってきて、彼らをことごとく滅ぼしてしまった。ロトの日々にもまったく同じようなことが起こるだろう。人々は食べたり飲んだり、買ったり売ったり、植えたり建てたりしていたが、ロトがソドムから出た日に、神は天から火と硫黄を降らせて、彼らをことごとく滅ぼしてしまった。人の子があらわれる日も、それと同じようであろう。〔ルカ、一七の二六―三〇〕

ここでは明らかに、単なる比較が問題なのではありません。「同じように」という語の唯一の狙いは、人間たちを待ちうけている事件の性格が奇跡的なものではないということを立証することなのです。最もふしぎな現象のただなかにあっても、日常的な配慮のほうが優先的に扱われるでしょうし、無気力や無関心なども目だつはずです。最近では、「多くの人々の愛情が冷却化するだろう」ということが言われています。その結果として、分身どうしの争いが至る所で起こるかもしれません。分身どうしの戦いが地球全体をおおうかもしれません。

また、戦争のことやそのうわさを聞くだろう。おどろきあわててはいけない。それは起こるべくして起こるのだ

から。だがまだ世の終わりではない。民は民に、国は国に対抗して立ち上がるであろう。〔マタイ、二四の六―七〕

L　要するに『黙示録』の暴力はいつでも、福音書に登場する人間に対して加えられるもので、神に対して加えられることはけっしてありません。聖書注釈者がそう思わないとすれば、それは彼らがテクストを旧約聖書的な解釈による『黙示録』——そこには神の観念が実際にまじっていますが、彼らに基盤として役だっているのは、それがただ模倣の危険性を描いているかぎりにおいてであるような——の知識に照らして読んでいるからです。

G　だれも、このテクストは福音書固有の意図、テクストを完全に非神聖化しようとする意図でとりあげられているのではない、などとは思いません。そうしたことはまったく現代の読者の関心を引きません。現代の読者には、はっきり自分は信者だと言う者も、そうではないと言う者もありますが、後者はいぜんとして中世的な読み、実際にはあらゆるものを何度も神聖化してきた読みに、いぜんとして忠実なのです。ある人々は、暴力的な神が、罪を犯しやすい人類への嫌悪にみずから終止符を打つのであろうという考えを守りつづけていることによって。またほかの人々は、実際にテクストを批判するよりも、前者の考えを告発することだけに関心をいだいていることによって。そしてこうした人々は、このテクスト——常に軽視されつづけ、ほんとうに解読されたためしのないテクスト——が、供犠的なキリスト教の精神とはまったく異なる精神に依存することもありうるということに、思い至らないのです。

O　でもやはりあなたは、イエスが昔のヤハウェの破壊的な暴力を自分なりにとりあげているある種のテクストがあることを否定することはできません。たとえば私は、『ルカによる福音書』のあの人殺しのぶどう小作人たちのたとえを思い浮かべます。これはまえにあなたも解説なさっています。手短に要約してみましょう。

ぶどう園の持主が小作人たちに畑を貸して、ほかの土地にいって暮らしています。ぶどうの収穫のために持主は何人かの代理の者を送ります。この人たちは預言者なのですが、小作人たちから打たれ、追いはらわれ、手ぶらでもどってきます。とうとう持主は、跡継ぎの息子を送り出しますが、息子は小作人たちによって殺されます。そこでイエスは聴衆にこう問いかけます。ぶどう畑の持主はどうするだろうか？イエスは自分でその問いに答えます。持主は不実なぶどう小作人たちを殺し、ほかの人たちに畑をまかせるだろう。〔ルカ、二〇、マルコ、一二参照〕

G　『マタイによる福音書』のテクストと、マルコとルカによるテクストとのあいだには相異点があります。それは普通の考え方では無意味ともみえるものですが、われわれの考え方では明らかに重大な相異です。質問の内容はマルコのテクストと同じであり、質問をするのもやはりイエスですが、マタイのテクストでは「答えるのはイエスではなくて」聴衆なのです。

「（……）ぶどう園の主人が帰ってきたら、この農夫たちをどうするだろうか？」彼らはイエスに言った、「悪人どもをひどいめにあわせて殺し、季節ごとに収穫を納めるほかの農夫たちに、そのぶどう園を貸し与えるでしょう。」〔マタイ、二一の四〇―四一〕

イエスは暴力を神の手に帰するようなことはしません。イエスは自分自身のことばではなく、聴衆が彼ら自身のことばで、つまり神の暴力の存在を暗示するようなことばで結論を出すことを、聴衆にゆだねています。私にはこのマタイのテクストのほうが好ましいように思われます。イエスが盲目的な聴衆に結論について責任をゆだねているのは、理由のないことではありません。この結論はどの福音書でも同じなのですが、神聖な見方に捉われている聴衆だけがそれを神に帰することになります。『マタイによる福音書』の編集者は、イエスに神は暴力を振るうこともできるなどと言わせたくはなかったのです。それは旧約聖書と比べたときの福音書の独自の意味を、きわめて正しく捉えたことにもとづいています。

『マルコによる福音書』と『ルカによる福音書』では、質問の口調がとられていますが、そんな口調は少しも必要のないものです。なぜならイエス自身が質問をし、その質問に答えているからです。それは単なるレトリックの問題にすぎないでしょう。

『マタイによる福音書』のより複雑で深い意味を持つテクストとの比較を行なえば、問題はまったく別な点にあるということがわかります。『マルコ』や『ルカ』の福音書の編集者たち、あるいはそれらの福音書を筆写したユダヤの律法学者たちは、明らかにテクストを単純化しています。『マタイによる福音書』のテクストの完璧な深い意味を持つ形態を単純化しています。問いと答えの形は残したものの、聴衆たちに自分たちで暴力的な結論を選ばせるという初めの意図にはもう一致していません。

編集者たちがこの意図をつかんでいなかったばかりに、彼らには深い意味はないとみえたもののよく考えてみるとその根本的な重要性が明らかになる対話の一要素が、『マルコ』や『ルカ』の福音書からは欠落してしまいました。

全体的に見れば、福音書の考え方のようにやっかいな考え方に対する編集者たちの忠実な態度には、何かおどろくべきものがあります。ところが一方では、たとえばいまとりあげた例やその他の例についても、細かな点ではすでに注意力の欠如がいろいろな版のなかに見られるのを、確かめることができます。

こうした最初の注意力の欠如は、キリスト教徒である無数の注釈者や、そうではない無数の注釈者たちによって、拡大され倍増されてきました。後世の人々は、旧約聖書的な神聖化に再び落ちこむ傾きのあるテクストのほうへ——ただそうしたテクストが彼らの考える宗教的精神の最も「特徴的な」テクストにみえるからでしょうが——目を向けています。黙示録的なテーマの普通の概念は、その表現の多くを、たとえば『聖ヨハネの黙示録』から借りていますが、このテクストは、福音書のインスピレイションを表現することにかけては、たしかに、『マタイ』二四章、『マルコ』一三章、『ルカ』一七章二二―三七、二一章五―三七などの、福音書中の黙示録的な章に及ばないのです。

私が人殺しのぶどう小作人たちのたとえのなかで、『マタイによる福音書』にあらわれていると思う意図は、たしかに福音書の精神と異質なものではありません。それを確認するためには、このたとえが、もう一つのたとえ、あのお金のたとえのなかに歴然とあらわれていることを確かめれば十分です。

渡されたお金を土に埋めておくだけでそれを有利に動かそうとしないしもべは、主人からいちばんいやな顔をされます。このしもべは主人を、種をまかない土地から収穫を得ようとする人だと見ていますが、結局このしもべには心配していたとおりのことが起こります。主人は思っていたとおりの人のようにみえます。と言ってもそれは、主人が実際にこのしもべが思っているとおりの人だからではありません。『ルカ』のテクストはこの点についていちばん暗示的です。そうではなくて、しもべたちは自分で自分の運命をつくりあげているのです。そして彼らは、模倣性の障害にとらわれればとらわれるほど、そこから逃れることができなくなっていくのです。〔ルカ、一九の一一―二七参照〕

主人は出発のときに渡した一ムナのお金をこの気のきかないしもべから取りあげたときに、「私はまさにおまえが考えていたような男だ」とは言わずに、「おまえは私を種をまきもしないで収穫を得ようとする男だと見ていたのに、なぜ私がおまえに渡した一ムナをふやさなかったのだ」と言います。このたとえは、復讐の神に対する信仰を、それが確認されるようにみえる場合なのに、問題にしていません。暴力の操作はやはり純粋に人間的なメカニズムに依存しています。「気のきかない奴め、私はおまえをおまえ自身のことばにもとづいて裁く。」〔ルカ、一九の二二〕

ここには、われわれのささやかな分析から引き出されるべき主要な教訓があります。神の暴力という考えは、福音書のインスピレイションのどこにも見あたりません。しかし教訓は、こればかりではありません。われわれの読みは、しばらく前からひたすら、たとえによる物語を対象にしています。そしてこのたとえによる物語は、福音書の事実以前に、明らかに隠喩的なものとして示されているのですが、福音書に耳を傾けるほとんどの者にとっては、いまでもそれだけがわかりやすいものです。〔原注、マタイ、一三の一〇―二三参照〕

福音書のテクストは、この種をまく人のたとえでイエスが何を教えたいのかが十分に示されていない理由を、明らかにしようと努めています。この努力はまったく成功していませんが、われわれのほうは、いまでは、それがどんな点で不十分なのかを察知することができます。つまりこの不十分さは、神は暴力的なものだと考えるからなのであり、復讐という報いがあると信ずるからなのです。

イエスは聴衆にわからせるために、ある程度まで彼らのことばを話さなければなりません。彼らがいまだに抜けきれないでいるいろいろな錯覚を考慮に入れなければなりません。彼らは彼らなりに神を捉えていても、真理を神話に包まれた形でしか吸収できません。そしてわれわれが引用した二つのたとえのなかで、イエスがやっているのはそういうことなのです。イエスはそうした形で、暴力の作用とは人間にはね返ってくるものだということを教え、そしてこの作用を神聖化するような解釈については、聞いている相手に責任を負わせているのです。しかしこの警告はいまなお有効です。なぜなら暴力の作用は、現実のものですし、それを神聖化しようとする錯覚のただなかで正確に述べられているのですから。

D　権力と支配

L　しかし『黙示録』の壮大な叙述が超自然的な要素を含んでいないと考えることは困難です。

G　この問題はたしかに宇宙的な大きさを持っています。地球全体に影響の及ぶものです。人間の存在の基礎がすべて崩壊するのです。しかし神の支配はいささかもこの作用にかかわってはいません。裁きが下されるまえに神がまったく姿を見せていないということが、このテクストに特殊な味わいを、氷のようにひややかな怪奇的な味わいを与えています。まるで人類がともづなを解かれ、一団となって洪水に押し流されていくといったような味わいを。

> そして日と月と星には前兆があらわれるだろう。地上では海と波のどよめきに、諸国の民は不安をいだき、苦悩に陥り、世界を脅そうとしているものを待つうちに、恐ろしさのあまり死ぬ者も出るだろう。それは天の力が揺り動かされるからである。〔ルカ、二一の二五―二六〕

いま読んだ一節は、「天の力」ということばへの言及のために、誤解されるおそれがあります。天の力が揺り動かされるという事実によって、問題は、ほんとうの神、完全に不動なものである神であるはずはないということがわかります。この天の力はイエスとも、その父とも、何の関係もありません。この何の関係もないものが、世界が世界として生まれてこのかた、人間を支配し命令してきました。もしもこの一節を、福音書やパウロの手紙のなかのほかのいろいろなテクストと比べてみれば、世界を形成するこうした力が、きわめて多様な名で呼ばれていることがわかります。それはあるときには人間の名であらわされ、あるときには悪魔の名であらわされ、そしてまたあるときには、天使の名であらわされるかもしれません。パウロが、ユダヤの法を公布したのは神御自身ではなくて神に仕える天使たちのひとりだと断言するとき、パウロはこの法が、こうした力、ときには意味深いやり方で神と人間の仲立ちとしてあらわされる力、に似ていると考えているのです。人間がそうした力に立ち向かうやり方に応じて、また現世の問題にイエスが介入する以前の、あるいは以後の歴史上の時期に応じて、こうした「天の力」は、ときには真の神の到来を期待しながら秩序を維持する積極的な力として、人間どうしの殺し合いを防止する積極的な力として、またときにはそれとは逆に、十分な解明を遅らせる覆いや障害物として、姿をあらわすでしょう。

私がいま要約しつつある解釈は、どこでもたいていは受け入れられるようなものです。この問題のより完全な説明は、マーカス・バースがその『エフェゾ人への手紙』の校訂本につけた、すぐれた注釈を参照していただきましょう。(60)

L　この「天の力」の問題は、ひじょうに重要です。私はこう考えています。つまりあなたのごらんになるところでは、こうした天の力はみな同じように基礎づくりの殺害に根ざしています。そしてまたこの力についてわれわれに語りかけているテクストと、「初めから殺害者であるサタン」についての、つまり人間の世界が基礎づくりの殺害に根拠を置いていることについての、ヨハネのテクストとを、比較してみなければなりません。

G　私はたしかにそう考えています。各福音書はわれわれに絶えず、キリストがそうした天の力に打ち勝つはずだということ、ことばをかえれば天の力を非神聖化するだろうということを告げています。しかし各福音書、新約聖書は、だいたいが第一ないし第二世紀に書き始められています。つまり明らかにこの時期には、非神聖化の作業は完成からはほど遠いものです。だからこそ福音書の編集者たちは、この天の力を示すために、暴力の象徴化がまだその特徴であるような表現に――編集者たちが告げているのはその完全な徹底的な脱＝構築であるにもかかわらず――つまりわれわれ自身がその後継者であり、今日でもわれわれにそうした天の力のメカニズムを確認できるようにしている経過がまだその特徴であるような表現に、頼らざるをえないのです。

福音書によれば、イエスは問題の天の力と決定的に対立します。そして天の力が勝利を収めたと思う瞬間に――つまり天の力の正体を明らかにしその力を本質的に人を殺す暴力だとして告発することばが、はりつけというもう一つの殺害もう一つの暴力によって沈黙させられる瞬間に――そうした天の力、またしても勝利を収めたと思いこんでいる天の力は、実際にはもう敗北しているのです。事実、天の力の作用の、それまでに明らかにされた秘密は、それから福音書のテクストに、はっきりとした形で書きこまれることになります。

近代思想はそこに、想像上の報復のみを見ています。イエスの弟子たちによる、キリスト教挫折の一種の昇華作用だとばかり思っています。近代思想は、それが近代思想そのものと深いかかわりを持つ知的メカニズム――近代思想がほかからはいかなる援助も、特に福音書に由来するような援助は何一つ受けずに独自に見いだしたと考えている知的メカニズム――の究極的な原型であるかもしれないなどとは、これまで気づいたことがありません。こうした「認識不足」を「認識」すること、われわれはそれこそわれわれのお手のものだと思っていますが、実際にはわれわれのいちばんしっかりした考え方でさえ、こうした場合には、いつでも、いつのまにか、福音書のテクストに準拠しているものです。おそらくわれわれの考え方は、手探りや戸惑いをつづけるうちに、やがてもつれていたものもほどけてきて、基礎づくりの殺害のメカニズムと、福音書の解明によって文字どおり「打ちくだかれてしまう」こうした認識不足のメカニズムに、ようやく気づくことになるでしょう。

パウロは輝かしい勝利を、しかし隠されていた勝利を、まさに理論的に解明しました。イエスの挫折とみえたものは、そうした勝利の象徴でもあったのです。つまり供犠とはまったく無関係な十字架の効果を、パウロは理論的に解明したのです。後にパウロの理論は、供犠的な読みによって、完全に息の根を止められました。そして聖書の注釈者たちがまれにこの理論を考慮に入れるとしても、彼らはこの理論には魔術の要素が含まれていると非難する傾きがあります。つまり魔術の要素がこの理論をキリスト教の伝統的見解から見て怪しげなものにしている、伝統的見解の効力が落ちこんでいるのはまさにそのためだ、と彼らは非難するのです。

これもまた、われわれの分析のあちこちでとりあげたあの恐るべきパラドクスの、一例です。実際には、十字架の効果についてのパウロのこの理論は、どう見ても決定的な重要性を持っています。それは十字架についての、基礎づくりのメカニズムを解明するものとしてのわれわれの読みを、つまり供犠の概念が必然的に隠している読みを確認するために、ぜひともたどらなければならない道すじです。パウロのこの理論は、それまでのパウロの厳密に供犠的な読みと言ってよさそうなもののどれよりも、はるかに重要な役割を演じているということを私は立証できるように思います。後に『ヘブライ人への手紙』と、そこから着想を得たほかのテクストが書かれ、あるいはそれと類似の着想——とは言ってもこちらのほうはまことに退行的な——にもとづいたほかのテクストが書かれ、キリスト教神学がいまだにそこから脱却しきれずにいる供犠的な解釈が勝利をおさめることになります。

この事情をいちばん明らかにしてくれるテクストは、『コロサイ人への手紙』第二章一四—一五です。パウロは次のように書いています。

キリストはわれわれをわが身とともに生かされた。(……)われわれを苦しめていた負債の証書を、規定もろとも帳消しにし、それを取り除いて十字架に釘づけにされた。支配と権力の、ころもをはぎとり、キリストの力によってそれに打ち勝ち、世間の目にさらされた。

私たちを苦しめていた負債の証書とは、われわれの暴力の恐ろしい反映である人間の文化です。この証書はわれわれを不利にする証拠、われわれが気づきもしないでいる証拠を提出します。支配と権力を王座につけているのはわれわれの無知です。十字架はこの無知を吹きとばし、権力に打ち勝ち、権力をあざわらい、神聖化のメカニズムのどこがばかげているのかを教えてくれます。十字架はその解体の効果を、十字架の後にはもう悪でしかないようなものの作用を明らかにするという事実そのものから引き出していきます。パウロがこんなことを話すことができるためには、「この世界の権力の作用が、磔刑の作用と同一である必要があります。」したがってまさに十字架は、福音書のテクストに書きこまれて、キリストによってそのまちがった意味を正されるのです。人間の精神に対する構造化の力を永久に奪い取られて。

何人かのギリシアの聖書注釈学者は、磔刑についてのこのパウロの理論をたいへん重視しました。オリゲネスもパウロと同じように、キリスト以前の人類が悪い権力に隷従していると考えています。異教の神神と神聖なものとが、いまなお諸国の民を支配している悪い天使の同類とみなされています。キリストはこうした「権力」、こうした「支配」と戦いを交えるため、地上に姿を見せるのです。キリストの生誕そのものがすでに、こうした権力による人間の社会の支配にとっては、不吉なものなのです。

　イエスが生まれたとき（……）もろもろの権力は弱体化した。その魔力が拒否され、その作用が破棄されたからである。(61)

　オリゲネスは絶えず『コロサイ人への手紙』の、「世間の目にさらされた」〔二の一五〕ものに、また「捕われたものをほんとうに捕われたものにする」十字架のはたらきに立ち戻ります。(Co. Jo. VI, 56—57)

　いま私が読んだばかりのテクストの、そしてまたそれに類似のほかのテクストの、ある種の知性が、明らかにダンテをせきたてて、『神曲』のなかで、十字架に釘づけにされた悪魔を一枚の絵として――磔刑についての習慣的な供犠的なヴィジョンを思い描く人々には妙だとも場ちがいだともみえる一枚の絵として――描かせることになったのです。

　パウロに関するテクストの記述によって、無知のメカニズムは永久に調子が狂ってしまいましたが、磔刑においてこれが問題なのであることを確かめようと思えば、ほかにもパウロに関する節はいろいろあります。それによると神の「知恵」は、皮肉にも権力の計算の裏をかいています。「この世の支配者たちはだれもこの知恵を知らなかった。もしそれを知っていたら、栄光の主を十字架にかけるようなことはしなかっただろう。」〔コリント人への第一の手紙、二の八〕

　この世の権力は、もう一度基礎づくりのメカニズムを、イエス自身に逆らって作用させながら――その力の秘密を、つまり基礎づくりの殺害を、解明しつつあるイエス自身に逆らって作用させながら――「真理のことば」を永久に押し殺すことができると思っていました。この世の権力は、過去においていつも勝利をもたらしてくれた方法によって、もう一度勝利を得られると思っていました。この世の権力が理解できなかったことは、最も忠実な弟子たちさえも加わっていた一時的な同意にもかかわらず、福音書に書きこまれたのが、ありきたりな神話のうそではなく、つまりこの地球全体のいろいろな宗教の持つうそではなく、構造的な母型そのものだ、ということです。弟子たちは落ち着きをとりもどし、この出来事を永久に記録にとどめました。神話という一段と高度なはずの形ではなく、殉教した正しいかたの無実を明らかにする形で、記録にとどめました。この形は犠牲者を罪ある者として、つまり死によって終わりを告げる人間界特有の混乱の責任者として神話化しようとするものではまったくありません。「権力」はこんなふうに行使されました。そしてそれがもしやりなおしのきくものだとしたら、イエスは十字架にかけられることはないでしょう……

しかしイエスの死は、人々の生活の面に何の効果も及ぼしませんでした。この死を許可した大祭司は、自分の意図した目標に到達していません。「ひとりの人間が人々のために死に、国全体の人々が滅びないですむ」〔ヨハネ、一一の五〇参照〕ようにするという目標に到達していません。

しかし『ルカによる福音書』のなかでは、イエスの受けた処置には、きわめて意図的な犯罪遂行者たちが期待したような効果が、まったく見られないわけではありません。

> ヘロデは兵卒といっしょになってイエスをあなどったり、あざわらったりしたあげく、はでな服を着せてピラトのもとへ送り返した。ヘロデとピラトは、それまでは互いに敵どうしだったが、その日からすぐ親しい仲になった。〔ルカ、二三の一一―一二〕

O　まるで福音書のテクストが、磔刑を科すのにふさわしい出来事のもたらす効果を知らないのではないということを十分に示すために、こうした細部までを記しているようにみえます。しかしこの効果は一時的な小さなものにすぎません。本質的に和解と秩序回復の効果が生まれるわけではありません。ここでもまた暴力をともなう神聖さが問題なのだとすれば、磔刑は社会的な面で効果を示すはずです。ところがキリストは絶えず磔刑とはそんなものではないと言っています。むしろそれとは逆に磔刑は、社会生活、宗教生活、さらには家庭生活さえも、全面的に揺り動かすことになるでしょう。キリストはだれに対しても「おどしをかける」ようなことはしません。それどころか、その逆の結果を述べることしかしていません。暴力を行使する神々は廃止処分を受けています。殺害の道具は調子が狂い、追放の機能はもう果たされそうにありません。キリストの殺害者たちの行為はむだだったのです。あるいはむしろキリストの手助けをして暴力の客観的な事実を福音書に書きこませることになったという意味では、キリストに豊かな実りをもたらしました。この事実は、いまは無視され笑われていても、やがて徐々に歩みを進めて、隠れた毒のようなものをすべて分解するに至るでしょう。

G　キリスト教の黙示録のテーマは人間の恐怖であって、神の恐怖ではありません。それは人文主義者《ユマニスト》たちが進んで粉砕しようと思っていたあの神聖さのこけおどしからも、またそれをあまり不朽なものとみなしすぎるとユダヤ・キリスト教を非難していたあのこけおどしからも人間が解放されているだけに、一段と人間を圧倒するおそれのある恐怖です。われわれはいまでは神聖さのこけおどしに束縛されてはいません。われわれは人間のこまごました営みを邪魔するようなむち打ちじいさんなどはいないことを知っています。ですからもう後をふりかえるのではなく、前方に目を注がなければなりません。人間には何が可能かを示さなければなりません。黙示録の決定的なことばが告げているのは、およそ歴史における人間の絶対的な責任という問題に限られています。つまり、あなたがたが自分たちの家が荒れたままであることを望むなら、「それは荒れたままであろう」〔マタイ、二三の三八〕というわけなのです。

神の懲罰という考え方の誤りを、福音書が正してくれます。神の懲罰はいまではもう神話的な想像の世界にしか存在しません。ふしぎなことに近代の懐疑主義は、いまだに神の懲罰を信じていますが。近代人は滑稽にもこのありもしないものに対して怒りをぶちまけています。要するにそうしなければ安心ができないからです。結局、暴力が神に由来するようにみえているかぎり、それはだれを脅かすこともありません。なぜなら神の暴力は救いをめざすものだからですし、また神の暴力は存在しないようにみえるものだからです。暴力の「究極の実証性」についての旧約聖書に対する信頼は、必然的に基礎づくりのメカニズムそのものに——その好都合な結果が、このメカニズムがまだほんとうに解明されてはいないというまさにそうした理由で、暗黙のうちに期待されているようなメカニズムそのものに——安住しています。ところがこうした暴力の実証性は、福音書のなかからは消滅してしまっています。脅威にほんとうに人を脅かす力があるとすれば、それはいまでは、脅威のあるところには救いがなく、いかなる種類の訴えも聞きとどけてはもらえないからです。いまではもう脅威は「神のもの」ではありません。

基礎づくりのメカニズムがなくなったために、人類を支配する暴力の原則は、まさに死滅するときにあたって、恐ろしいぶり返しを経験しようとしています。このことを理解するためには、無意識の模倣《ミメティスム》や暴力に似たあらゆるものの逆説的な性格を思い起こせば十分です。暴力は犠牲のメカニズムの仲介による以外に、それ自体の救済策とはなりえませんし、犠牲のメカニズムは、「危機」という狂的な高揚状態以外には始動しません。つまり暴力は致命的な打撃を受けて、その激しさを失っており、いまや下降線をたどっているわけですが、それはまだ無傷だったころの暴力よりも、逆説的にいっそう恐ろしいものになっていくでしょう。そうした暴力はおそらく預言者の時代と同じように犠牲を倍増させるでしょう。――人類全体が、暴力の、和解をもたらす効果、供犠としての効果を回復させようと、空しい努力をつづけるあいだに。

E 「神の国」の宣教

L しかし、集団による暴力のいろいろな結果のうちに、あの結局は本質的なテーマ――蘇って神格化されたイエスをめぐる弟子たちの団結というテーマ――を含めてはいけないでしょうか？ ここでは、ほかの宗教にも見うけられるものとたいへんよく似たものが問題なのではないでしょうか？

G その本質的な問題には、否定的に答えねばならないでしょうから、それを証明することにしましょう。しかしそのまえに、『黙示録』のテーマは供犠的なものではないとする私の解釈に、けりをつけることにします。そしてそれに第二の主要なテーマ、つまり神の国というテーマを付加します。このテーマは、ここで初めて、論理的に磔刑と『黙示録』につながることになると私は考えています。

過去二世紀の福音書研究にとって、この『黙示録』といわゆる「神の国」の宣教という二つのテーマの結合は、解決不可能な問題となっていました。十九世紀の半ばには、特に「神の国」が注目されました。自由思想は、ルナンの影響下に、人道主義的なイエス像、社会主義的傾向のイエス像を打ち出しました。『黙示録』のテーマのほうはずっと低く見られたのです。アルバート・シュヴァイツァーはある有名なエッセーのなかで、こうした努力が無意味なことを明らかにし、多かれ少なかれ人間には不可解なもの、現代生活とは無縁なものときめつけられていた『黙示録』のテーマに、再び注目しました。(62)それは二十世紀の初めのことです！

イエスの宣教の前半部では、調子がまるでちがいます。黙示録的な宣言の跡はありません。問題は人間どうしの和解のみです。つまりあらゆる人間が招き入れられる「神の国」のみです。

O　われわれはすでに「神の国」の定義を、ユダヤの律法と対決する福音書の態度を話題にしたときに、行なっています。「神の国」とは、禁忌や儀礼の代わりに、つまり供犠を行なう宗教の行事全体の代わりに持ち出された愛なのです。

G　「山上の説教」を読みなおしてみましょう。そうすれば「神の国」の意義と範囲とが明瞭そのものであることがわかるはずです。問題はいつでも仇敵どうしの兄敵を和解させること、あらゆる人間に暴力を思いとどまらせることによって、模倣の危険性に終止符を打つことなのです。集団による追放、全員一致によって和解をもたらす追放のほかには、無条件の暴力放棄だけが、また必要とあれば一方の側の暴力放棄だけが、分身たちの関係を終結させることができます。「神の国」とは、人間どうしの関係から、いかなる復讐をも、いかなる報復をも、徹底的に決定的に除去したものにほかなりません。

イエスは毎日の生活のなかで、このことだけは絶対的な義務、議論の余地のない義務、相対的なものをまったく必要としない義務とみなしています。

あなたがたは、「目には目、歯には歯」と言われたことを知っている。だが私はあなたがたに言う。悪人に逆らってはならない。だれかがあなたの右のほほを打てば、ほかのほほも向けよ。あなたを訴えて上着を取ろうとする者があれば、マントまで与えよ。〔マタイ、五の三八―四〇〕

「神の国」では一切が暴力からの人間の解放に帰されるということを、近代の注釈者たちはよく知っています。しかし彼らは暴力について誤った考えをいだいていますから、イエスのすすめる方法の厳密な客観性が理解できません。人々は暴力とは人間に寄生しているものにすぎないのだから、適切な予防措置を講ずればそれを免れるのは容易だと考えたり、また逆に、暴力とは人間の本性の拭いがたい特徴だ、本能だ、克服しようとしてもむだな宿命なのだと考えたりしています。

福音書については、事情はまったく異なります。暴力を捨てさるということは、イエスがあらゆる人間にすすめていることで、イエスはそれを暴力の真の本質、暴力が生み出すさまざまな思いちがい、暴力のひろがり方、そしてまたこの対談中に何回となく確かめる機会のあったあらゆる法則などとの関連で考えています。

暴力とは隷従を押しつけることです。暴力は人間に、神ばかりかあらゆるものの誤った見方を押しつけます。暴力が閉ざされた国であるのは、まさにこのためです。暴力を避けるということは、この国を避けて、たいていの人が思いも及ばぬようなほかの国に、つまり「愛の国」にはいることです。「愛の国」、それはまたイエスの父である真の「神の国」、暴力にとらわれていた人々がまったく考え及ばなかった「神の国」でもあります。

暴力から脱け出すためには、明らかに、報いという観念を捨てなければなりません。つまりこれまでいつでも当然であり正当であると思われていた行為を捨てなければなりません。たとえば、よい態度にはよい態度で応じ、悪い態度には悪い態度で応ずるのは、われわれには正しいように思われます。しかしそれはこの地上のあらゆる共同社会でこれまでやってきたことで、その結果はどなたも御承知のとおりです。人間は暴力を避けるためには、だれもが「最初に」暴力をふるうことをやめればそれで十分だと考えています。しかしだれも最初に暴力をふるうのは自分だとは思いませんし、またいかなる暴力にも模倣性があって、暴力は先に手を出したとされる相手側の最初の暴力の結果なのですし、あるいはそうだと思いこまれているのですから、暴力を捨てるとは言っても、それは見かけだけのことになりますし、それで事態は何一つ変わるわけではありません。暴力とは常にそれ自体を正当な報復だと認めているものです。したがって捨てなければならないのは、報復の権利であり、また多くの場合に正当防衛とみなされるものなのです。暴力が模倣性のものであり、またたれも最初の暴力行為は自分の責任ではないと思っているのですから、望ましい結果に到達するためには、残された可能性はただ一つ、無条件の暴力放棄あるのみです。

よくしてくれる人によくしても、どれほど感謝されるだろう。罪人でもそれくらいのことはしている。返してくれるあてのある人に貸しても、どれほど感謝されるだろう。罪人でも返してもらえるだけのものは仲間に貸している。そうではなくて、敵を愛し、人によくしてやり、何も当てにせずに貸してやることだ。〔ルカ、六の三三―三五〕

福音書の教義を、暴力についてのわれわれ独自の見方から解釈すると、この教義が最も簡単明瞭に、閉鎖社会――部族であれ国家であれ、哲学界であれ宗教界であれ――の囲いを断ち切るために人間のなすべき義務をすべて言いあらわしていることがわかるはずです。何一つ欠けたものもよけいなものもありません。この教義は絶対的なリアリズムにもとづいています。この教義は、「形而上的な囲い地」の外への脱出が意味するもののすべてを、余すところなく見ています。そしてこの教義は、近代のファナティズムの両面的なあやまち――暴力のあいまいさや普遍性を認めず、無秩序だけを攻撃するかと思えば、ときには逆に秩序を攻撃し、不規則だけを攻撃するかと思えば、ときには規則だけを攻撃するファナティズムのあやまち――に陥ることはけっしてありません。近代のファナティズムは、暴力に打ち勝つためには、そのどちらかを暴力によって避ければそれで十分だと思っています。たとえばときには、個人的な衝動をこれまで以上に抑えればそれで十分と思い、またときには逆に、個人的な衝動を、それを解放すればそれで人間どうしのあいだに平和を打ち立てることができるという愚かしい希望をいだいて解放し、それだけで十分だと思ったりしています。

人間は「暴力」の真の意味を知っていませんし、人生における暴力の役割も知りませんから、福音書の解説者たちは、ときにはこんなことを考えています。つまり各福音書が、人間は生まれつき善良なのだから、「悪人」がいてそれに邪魔されるようなことがなければ、ひとりでに人間自身を尊敬するようになるはずだという一種の自然道徳を説いているのだと考えています。また彼らは、ときにはこんなことも考えています。「神の国」というのは一種のユートピアだ、どこかのおとなしい夢想家が見た完全無欠な夢なのだ、人類がいつもいかなる基盤にもとづいて機能してきたか、これからもしつづけていくか、が理解できぬ夢想家の夢にほかならないのだ、と。

暴力の真の本質から、容赦のない論理によって、「神の国」の簡潔な唯一の規則が導き出されるということを見抜いている人は、ひとりもいません。この唯一の規則への不服従あるいは服従が、どうしてまことの深淵に隔てられて相互の交流もかなわぬ二つの「神の国」を生み出すのか、それがわかっている人はひとりもいません。人間はこの深淵を跳びこえることはできます。そのためには全員が力を合わせて「神の国」の唯一の規則を受け入れなければなりませんし、また受け入れればそれで十分です。全員が力を合わせるとは言っても、特に個々の人間の決意が大切です。なぜならひとりが跳びこえるときには、他の人人は含まれていないわけですし、他の人々が勝手に跳ぶ向きを変えたりしてもいけないはずですから。

O　あなたの推論をたどっていくと、人間の真の「主体」は「神の国」の規則以外のものによって明らかにされることはありえないということになります。「神の国」の規則以外には、無意識の模倣《ミメティスム》と「個人対個人の関係」によるものしか絶対にありません。「神の国」の規則が行なわれるまでは、模倣という構造のみが主体です。

G　そのとおりです……。「神の国」を十分に理解するためには、その宣教のコンテクストを正しくつかむ必要があります。各福音書それ自体は極度の危機に——洗礼者ヨハネが『第二イザヤの書』冒頭の、「すべての谷は埋め立てられ、すべての山や丘は低くなる。」〔イザヤの書四〇の四〕を自分なりにまたとりあげながら〔ルカ、三の五参照〕供犠的な預言的なものとして定義している極度の危機に——位置するものとして示されています。それは壮大な悲劇的な地ならしであり、相互的な暴力の克服です。だからこそ洗礼者ヨハネとキリストとが出会って互いに相手が何者かを認めたときには、つまりまぎれもなく預言者であり救世主であることが明らかになったときには、最初から両者に同じように敵対感情が起こったりはしません。それは暴力の幻惑に屈することのなかった単純ではあるが奇跡的な実例なのです。

　預言者の時代全体を通じて、預言者たちはいつも危機のさなかで、同じように、選ばれた民に語りかけています。預言者たちはいつも彼らに、分身どうしのむだな争いの代わりに、そしてまたいかなる供犠によっても癒やされる望みのない暴力の代わりに、平和と愛とをすすめています。状況が絶望的であればあるほど、相互の暴力の愚かしさが目だつようになり、人々が預言者の告げることばに耳を傾ける機会も多くなっていくように思われます。

　イエスの場合も結局は同じ危機に臨んでいます。福音書にあるように、その危機が極度に高まっていて、もうあとには耳を傾ける機会がないということを別にすれば、同じことばが預言として告げられています。

ジレンマのあらゆる様相がきわめて明瞭にあらわれています。つまり供犠の方策は決定的に種切れになっていますし、暴力はまさに解明されようとしているのですから、宙ぶらりんの状態にとどまる可能性は少しも残っていません。もう逃げ道はありません。

われわれには、イエスの資格の一つが、「預言者」の資格であることがわかっています。イエスは最高最大の預言者であり、預言者たちの代表であり、すべての預言者を超越しています。最高の機会、最良の機会にめぐまれた預言者です。イエスとともに、微細であると同時に大がかりな変位が生じます。この変位は旧約聖書の直接の延長線上に位置してはいますが、それはまた恐ろしい断絶でもあります。それは供犠的なものの初めての徹底的な除去です。神の暴力の終結です。先行のあらゆるものの真相であり、要するに明るみに出された事実です。この事実が全面的な物の見方の変更を求め、人類史に前例のない頭の切りかえを求めているわけです。それはまた、分身どうしの見かけのうえのすべての差異が破棄されるという意味で、人間関係の絶対的な単純化であり、代数学的な単純化と同じ意味での単純化です。

われわれはすでに、旧約聖書のどんなテクストのなかでも、神話や儀礼や律法の破壊はほんとうに達成されることはありえない、なぜなら基礎づくりの殺害の全面的な解明がなされていないのだから、ということを見てきました。神というものは、たとえどれほどその暴力的な要素をはぎ取られても、完全にはぎ取られてしまうことはないものです。まさにそれゆえに、未来はいつでも不確定な不明確なものなのであって、そこでは問題のまさしく人間的な解決が——つまり付加的な暴力行為が起こったとしても、お互いの暴力行為の愚劣さ無益さを人間にわからせれば、純粋に人間的で合理的なメカニズムによってもたらされるはずの個々の人間どうしの和解が——部分的には、いわゆる新しい暴力的な神の公現への期待と混同されているのです。つまり「ヤハウェの光」への——神の怒りの極みであり、また同時に、同じように神による和解でもあるような「ヤハウェの光」への——期待と混同されているのです。預言者たちの、宗教的文化的構造化の正確な理解へ向けての、おどろくべき進歩にもかかわらず、旧約聖書は完全な純理性のなかにあって——あの強烈な罪業消滅の期待を突き崩すような純理性、また神に黙示録的な解決を求めるのをやめ、選ばれた民の至福を保証するため「悪人たち」を一掃してほしいと求めるのをやめるような純理性のなかにあって——絶対にゆらぐことはないと言ってもいいでしょう。

O　要するに罪業消滅と神の暴力とが和らげられた形でこういうふうに恒久化されているところが、旧約聖書のいろいろな黙示録的場面と新約聖書の『黙示録』とのちがいでしょう。後者を前にすると、すべての注釈者たちは、自動的に旧約聖書的な考え方のほうへ後退してしまいます。

G　旧約聖書的なものから新約聖書的なものへの変化は、単に知的な操作なのではありません。それは危機そのものの成熟を意味しています。それはそれ以前には絶対にありえなかった歴史的瞬間です。つまり互いにきわめて近似していながらまた同時に根本的に対立もしている人間の相互関係の二形態からの、絶対的な意識的な選択の瞬間であり、また文化の解体と暴力の真相とが成熟点に達した瞬間です。そこではやがて一切のものが、ときには限りなく破壊的な暴力のうちで、またときには「神の国」の非暴力、いまでは共同体を永続させうる唯一のものである非暴力のうちで、大きく変化するはずの、成熟点に達した瞬間です。

この究極の瞬間には、いろいろな危険はこれまでになく大きかったのですが、物の見方や行動を変えることはこれまでになく容易でした。なぜなら暴力とその法則の虚しさ愚かさが、これまでになく目だっていたからです。「神の国」の申し出は、まさしくこの瞬間に——きわめて重要でありながらひどく誤解されている福音書的な概念と明らかに一致するこの瞬間に——つまりキリストの「時」に、なされたはずです。各福音書の冒頭で、特に『ヨハネによる福音書』の冒頭で、イエスは自分の「時」にしか話ができないことを、たいへん懸念しています。そしてまた、もちろんのこと、二度とは見いだされないこの「時」を、過ぎ去るままにしないようにと懸念しています。

「神の国」の申し出は、単なる形式的なものではありません。この申し出は、くりかえして言っておきますが、そしてこれこそ福音書の表現なのですが、旧約聖書によって「神の国」の大がかりな冒険に身を投ずる「用意のできている」ユダヤ人にとっては、何ものにもまして受け入れ可能なものでした。この可能性が錯覚にもとづくものではないからこそ、イエスの教えはそのままでこの現実の世界のものとなるのです。人間は人間の歴史が始まって以来人間を包みこんでいた無知と蒙昧から脱却することができるのです。成功の希望が残されているかぎり、「神の国」の宣教にはいかなる暗さも見られませんし、いかなる恐ろしい宣告がそれにともなうこともありません。

そしてそれと同時に、イエスの最初の宣教の特徴であるおどろくべき緊迫した口調が、はっきりしてきます。その激しい口調はイエスの切なる願いをあらわしています。いらだっているとさえ言ってよいでしょう。ほんのわずかなためらいも、イエスから見れば決定的な拒否にあたります。一度機会をのがしたら、もう二度と機会はないでしょう……。あとをふり向く者にわざわいあれ、自分でイエスの例にならう決意をするまえに、隣人たちのようすをうかがって彼らの決意を待つ者にわざわいあれ、というわけです。

O　要するに問題は、共同体に再び差異を持ちこむことではなくて、だれの利益にもならずだれにとっても有害な広範な悪い相互関係を、まことの神の愛と知恵にほかならぬよい相互関係にもどすことなのです。暴力が極度に強まり、共同体が解体の瀬戸ぎわに至ると、成功の機会はいちばん大きくなりますが、もしも人々が彼らの置かれた事態のおどろくべき緊迫性に気づかなければ、同じように失敗の危険性も高まります。

あなたの言われたことを手がかりにすれば、われわれはまた同時に、なぜ「神の国」が、常にあらゆる人々に対して開かれた永遠の現実として示されているのか、また前例のない歴史上の機会として示されているのかを、つかむことができます。なぜイエスがその「時」をあれほどの威厳をもって示すのか、目の前の聴衆に重大な責任をわからせようと努めるのか、しかしまた聴衆にとっては人間の歴史全体を通じてほんとうにただの一度のこの「時」を生きるという例外的な機会を、わからせようと努めているのかが理解できます。〔原注、ヨハネ、二の四、七の三〇、八の二〇、一二の二三―二七、一三の一、一七の一参照〕

F 「神の国」と『黙示録』

G 神の国の宣教のあとにつづいて起こったさまざまな出来事は、そのすべてが、イエスの聴衆が進んでイエスを受け入れなかったことから起こっています。彼らがイエスの招きをすなおに受け入れていたら、『黙示録』のような宣告も磔刑も絶対になかったでしょう。イエスの聴衆のほとんどは、無関心に、あるいは敵意をいだいて、顔をそむけてしまいます。イエスの弟子たちでさえ、当時のユダヤの世界で日の当たる場所を約束されている一種の政治宗教運動と彼らが考える領域で、最上の地位を求めて互いに争っています。もっともこの考え方は、近代の多くの注釈者たちに見うけられるものですが。

「神の国」が挫折したということが確認されれば、それだけ未来の見通しは暗くなります。十九世紀には歴史学派、心理学派の解釈者たちが、この暗さを、イエスが予期しなかったと思われる、そして不意を打たれたのだと思われる失敗の痛手に帰しました。イエスが神の怒りに訴えたのだとする当時のこの読みは、イエスあるいはイエスの弟子たちが典型的な恨みの念を——それ以前に彼らが見せてきた柔和な人間的な気持ちにはそぐわないあれほどの過剰なことばを吐かせるに至った恨みの念を——味わったにちがいないということを暗示しています。またそれによって、このまやかしの説は一見正しいもののように見られてきたのでした。

こうした読みはいまなお現代の解釈の大部分を支配していますが、これは明らかにばかげたことです。こうした読みは、まったく、基礎づくりの暴力と、人類の歴史全体を通じてのそれに対する認識不足、いまや恒久化されるに至った認識不足が演ずる重大な役割を認めるだけの力がわれわれにないことから起こっています。

たしかにこの事態を明らかにしなければ、テクストのほんとうの論理に近づくことはできません。暗さは、イエスの事業を助け、進んで好ましい相互関係をひろげていくことができるような人々の、特にそうした人々の、消極的な態度が明らかになるにつれて、生じています。このような雰囲気の変化を説明するのに、心理学的な動機に手助けを求めてもはじまりません。

われわれはいまでは、「神の国」の宣告を『黙示録』の宣告に変えていくこうした論理の糸をしっかりとつかんでいます。つまり、もしも人々がイエスのすすめる平和、暴力に由来しない平和、そしてそれゆえに「人間の理解を超える」平和を拒否するならば、福音書の啓示の効果は、まず暴力によって示されることになるでしょう。前代未聞の激動から生まれる供犠的危機、文化的危機によって示されることになるでしょう。なぜならそうした効果をさまたげるような神聖化された犠牲者は、もういないでしょうから。「神の国」の挫折は、福音書の見方によれば、イエスが熱中した仕事の挫折ではなくて、イエスが明示したすべての行動原則を通じてそれを受け入れるという容易で直接的な方途が、不可避的に放棄されたということです。そして間接的な方途が選ばれたということです。すべての人々の同意を得ないでもすむような、しかし磔刑と黙示録とを通るような方途が選ばれたということなのです。要するに福音書の啓示が、暴力に対する大多数の人々の執拗な執着によって中断されているということは、まったくありません。「なぜならいまやこの暴力は、福音書の啓示そのものの敵となっていて、結局はひとりでに崩壊するはずのものなのですから。」「サタンの国」は、サタンの意図に反して、これまでになく分割され、もう自立不可能になってしまうはずです。ただ一つそれとちがう場合は、人間たち自身が暴力に忠実でありつづけ、暴力の味方をしながら、気づかぬからとはいえ、またしても暴力を「引きのばし」たあと、福音書の啓示に強制的に暴力のとほうもなく恐ろしい道をとらせる場合です。人類がこれから味わおうとしている悲劇的な破局的な異変の責任は、そうした人々にかかっています。そうした人々だけにかかっています。

各福音書は、特に『マタイによる福音書』は、はっきりと二つの部分に分かれています。前半は「神の国」の宣教にあてられ、後半は『黙示録』と受難の宣告にあてられています。なぜならこの二つの部分の中間に、現実に、あの否定的な、しかし恐ろしい結果をもたらした出来事がはいりこんでいるからです。つまり福音書の宣教の直接的な圧殺がそれに実際に立ち会った人々の無関心と軽蔑として表現されているあの出来事が、はいりこんでいるからです。もちろん彼らの反応は、彼ら以外のすべての人々の反応とちがっていたわけではありません。この出来事はテクストの二つの傾向を決定しています。それは内容から見ても調子から見ても、明らかに正反対の傾向です。しかしそれでいて両立しないわけではまったくなく、いつでも一つのきずなによって論理的に連節されています。ただ、十九世紀の人文学的批判、歴史学的批判は、そうしたきずなに気づきませんでした。十九世紀の批判とそれを継承した批判のすべての錯誤は、このきずなに対する認識不足にもとづいています。つまり、いつでも、基礎づくりの殺害についての、はるか昔からの認識不足にもとづいています。

O　ここではあらゆることが、基礎づくりのメカニズムが明白に解明されているときに起こっているのですから、あなたの言われていることの論証性は、ますます拘束力を持つことになります。たとえ贖罪の効能が効果的に受難に帰されているとしても、この効能は暴力の上に打ち立てられた世界、イエスがそのために祈ることのない世界とは何の関係もない「他の面」に位置しているはずです。イエスが祈らないのは、それは自分がやってきた仕事を否定するために祈ることになるからですし、「神の国」の到来に反対して祈るようなものだからです。イエスが、「天地は過ぎさるであろう。しかし私のことばは消えさることはあるまい」〔マタイ、二四の三五ほか〕と言うとき、イエスは単にそのことばが永続的なものだということを言いたいのではありません。イエスのことばは、あなたがここでとりあげているような意味での世界に対しては、破壊的な効果を持っています。ヘロデやピラトの世界、カヤファやゼロテ党〔一世紀、ローマに反抗したユダヤ教徒〕の世界は、強化されるどころか、文字どおりこのことばにあおられて崩壊するでしょう。なぜならこのことばは、世界に、それを耳にすればこの世界が消滅するような唯一の真実、この世界そのものの真実の姿をもたらすからです。

イエスは神聖なものの暴力的な統一を自分のまわりで再確認しようとして来たのではありません。モーセのように命令し支配するために来たのではありません。自分のまわりに大衆を集めるために来たのでも、儀礼と禁忌のるつぼで大衆を一体化させるために来たのでもありません。そうではなくて、むしろ、人類の歴史のこの長いページをめくって決定的に新しいページにするために来たのです。

L　イエスがときに第二のモーセに擬せられるとしても、それはモーセの場合と同じように、イエスとともに歴史の決定的な段階が始まるからにすぎません。それに両方の段階は同じではありません。多くの点で、あなたも指摘されたように、イエスの使命は、裁定と立法を使命とするモーセの場合とは対立しています。〔原注、ルカ、一三の一三―一四参照〕

G　まず「神の国」を示されながらそれを拒否したために危機に瀕するのは、まだユダヤの共同体だけ、旧約聖書の「備え」の恩恵に浴したユダヤの共同体だけです。この「備え」ということばは福音書のもので、『ルカによる福音書』では、イエスに先だつすべての預言者の行為を集約する洗礼者ヨハネのものとされています。

彼（ヨハネ）こそ、エリヤの霊と力で主の前ぶれをし、父たちの心を子どもに向けさせ、逆らう者を義人の知恵に立ち返らせ、こうして整えられた民を主のために備えるのです。〔ルカ、一の一七〕

この「備え」の対極にあるのが、人間の相互関係のなかで――うまくいっている場合にも、そうではない場合にも――遅かれ早かれ動揺を起こすはずの非差異状態です。やがて宗教的文化的実体としてのユダヤ主義は、全面的な崩壊の危機に瀕します。『ルカによる福音書』は特に、「異教徒たちの時代のあとに」、つまり各福音書が世界中に宣告されたあとに、そしておそらく世界中から拒否されたあとに来るはずの全世界的な黙示録と、まもなく起こる特にユダヤ社会を対象とした黙示録とを、区別しようと努めています。

G　キリストの非供犠的な死

G　もしわれわれが、これまでの分析が正当だと認めるなら、またもしも不可避的にわれわれの頭脳の片隅を汚し暗くしている供犠的な考え方の遺物の一掃に努めるなら、これからはもう、イエスの死は供犠とはまったく無関係ないろいろな理由によるものだということを理解するあらゆる要素を手に入れたも同然です。これまで非供犠的な読みのなかに何かぼんやりした形で残っていたものは、これからすべて完全に解き明かされるでしょう。そのうえ福音書のテクスト全体が、すみずみまで、私の言うような論理に支配されていることもわかるでしょう。

イエスは、すでに見てきたように、心ならずもさまざまな分割や対立の直接の原因になっています。ほとんどすべての人がイエスのことばを理解しないために、どうしてもそういうことが起こるのです。しかしどこから見ても、イエスの行為全体が非暴力志向であること、イエスの行為より効果的ないかなる行為も考えられないということは明らかです。

イエスは、まえにも言ったように、『黙示録』の地平には——まずユダヤの歴史の背後に、そして後には人類の歴史全体の背後にひろがる『黙示録』の地平には——責任はありません。ユダヤの世界は、旧約聖書がいかなる神話よりも卓越したものであること自体によって、すでに後もどりの不可能な点にまで到達しています。「律法」や「預言者たち」は、これまで見てきたように、ほんとうに福音書の前触れであり「キリストの予兆」です。中世はそれを、論拠を示すことはできないながら、そのままの形で認めていました。なぜなら福音書もキリストも、供犠的な世界からの初めての脱出だったからですし、文化の力の漸進的な後退だったからです。思いもかけぬ危険な事態がともかく解決に至るそのときにイエスは、もちろんこれは福音書的な見方ですが——そして私はいつもそうした見方をしていますが——ユダヤ的な場面に姿をあらわします。

それからはもう、いかなる後退も不可能です。回帰的な歴史は、その原動力が見え始めたために、終わりを告げます。

L　私には、同じ原動力が、ソクラテス以前の哲学者たちの考え方のなかにもあらわれている——歴史ということばのすべての意味で正式にわれわれの歴史と呼ぶべきものの黎明期に、別な言い方をすれば、ニーチェがその狂気という天分を通じてそこに立ち戻るような永遠回帰の周期が、まだ完全に崩れてはしまわずに、決まったものが何もないようにみえる未来に向かって開かれる時期に、あらわれている——ように思われます。

たとえエンペドクレスが、あなたが『暴力と神聖なもの』[63]のなかで引用されたように、われわれに反供犠のおどろくべきテクストを提供しているにしても、ソクラテス以前の哲学者たちは、人間関係の面への自分たちの発言の倫理的な結果に注目してはいません。あるいは十分に注目してはいません。おそらくそれだからこそ、彼らは「いつでも」西欧の哲学界で流行しているのです。預言者たちが「絶対に」流行などはしないのに！

G　イエス自身の態度に話をもどすことにしましょう。非暴力の決定は、取消し可能な約束ではありえません。自分以外の契約加入者たちが自分と同じように契約条項を尊重する場合にのみ、その程度に応じてそれを尊重するように拘束されるような、契約ではありえません。もしもそんなふうだったら「神の国」のための約束は、儀礼上の復讐とか「統一された諸国家」などのスタイルの、付けたしの笑劇にすぎないことになるでしょう。そこでイエスは、多くの人々が離脱したにもかかわらず、自分自身を、「神の国」の約束に常に拘束されている者とみなそうとします。イエスにとって神から来ることば、一切の報復を捨てる神以外の何ものをも「真似」てはならぬ――「よい者」の上にも「悪い者」の上にも差別なく日の光を注ぎ雨を降らせる神以外の何ものをも「真似」てはならぬ――と教えることばは、イエスにとって常に絶対的に価値を持ちつづけ、死に至るまで常に価値を持ちつづけます。そして明らかに、それこそイエスをこの「ことば」の「化身」とするものです。要するにキリストは、この「ことば」がまったく述べられることのない世界や、ときにはそれどころか、このことばを無意味と考える人々によって、またこのことばに忠実だと言っていながら実際にはそうではない人々によって、嘲弄され軽視されるような世界に、とどまりつづけることはできません。この世界でのイエスの運命は、「神のことば」の運命と異なるところはありません。だからこそ、くりかえし言っておきますが、キリストとこの「ことば」は、ただ一つのそして同一のものにほかなりません。

　イエスはこの「愛のことば」に忠実であるばかりか、全力をつくして人々に、いままでの行き方にこだわりつづけるならば前途に何が待ちうけているかを明らかにしようとします。事態は切迫していますし、決断のいかんによっては重大な結果が生ずることを思えば、イエスが、「聞く耳を持たず見る目を持たぬ」人々に対して示す極度の熱意むしろ強引さは、当然なものです。だからこそイエス自身は、付けたしの逆説のようですが、じつを言うとおどろくべき不公平さについて、しかしわれわれが予期できたはずの不公平さについて――というのは、イエスのまわりのだれもが理解しようとはしないことを理解できる者でも、何一つ大目に見てはもらえないことがわかっているからですが――自分が不当な激しさ、挑発的なことば、過度な論争好き、話相手の「自由」に対する敬意の欠如などを攻撃されていることを知っているのです。何世紀もまえから、いやむしろ人類の歴史が始まったときからつづいている過程のなかで——これはくりかえして言っておきましょう——「神の国」の宣教はいつでも、まず初めはユダヤの世界のなかに位置づけられ、次には世界全体のなかに、まさしく成功の機会が最も大きなときに、したがって一切のものがとほうもない暴力のうちに崩壊しようとするまさにそのときに、位置づけられるでしょう。イエスは脅威と救済の可能性を、明敏に察知しています。だからイエスには、どうしても人々に知らせなければという義務感があるのです。すべての人々に「神の国」を説きながら、イエス自身は自分が教えている原則に従っているにすぎません。沈黙を守ったり、人間の共同体を運命の手に委ねて成り行きまかせにしたりすれば、それは同胞に対する愛の欠如ということになりかねません。イエスは自分を人の子と呼ばせますが、それはまず第一に『エゼキエルの書』のテクストによるものと思います。『エゼキエルの書』は「人の子」に、各福音書がイエスその人に委ねている使命ときわめて対照的な使命を与えています。

主のことばが私に下った、「人の子よ、民の子らに次のように言え、私はある国につるぎを送る。そのときこの国の人々は、自分たちのなかからひとりを選び、見張りの役につける。見張りの者は、つるぎの来るのを見れば、らっぱを吹き鳴らして民に警戒の合図をする。(……)

また、おまえ、人の子よ、私はおまえをイスラエルの家の見張りに立てた。おまえは私の口からことばを聞けば、私の名で彼らに告げねばならぬ。私が悪人に『おまえは死ぬぞ』と言っても、おまえが悪人に話してその行ないをやめさせなかったら、彼は自分の罪のために死ぬのだとしても、私はおまえに彼の血の説明を求めるだろう。もしも逆におまえが悪人にその行ないをやめるように言っても、その行ないが改まらないなら、彼は自分の罪のために死ぬが、おまえは自分のいのちを救うだろう。

そしてまた、おまえ、人の子よ、イスラエルの家に言え、『おまえたちは、われわれの罪とあやまちは、われわれの上にのしかかっている、われわれはそのために滅びてしまう、どうして生きていられよう？　とくりかえしている』。彼らにこう言え、『私のいのちにかけて言う。これは主のお告げだ。私は悪人の死ではなく、悪人が道を変えて立ち帰り生きることに、喜びをおぼえる。立ち戻れ、悪の道から立ち戻れ。なぜ死のうとするのか、イスラエルの家よ？』〔エゼキエルの書、三三の一一三、七一一一〕

そこでイエスは人々に告げ知らせるために、また人々をいまや致命的な事態に至る道からそらせるために、全力を尽くします――「パリサイ人への呪い」のような最も恐るべきテクストは、究極の危険きわまりない告知以外の何ものでもありません――それればかりではありません。人々が一度イエスに耳を傾けるのをやめ、これまでどおりの解決法に戻ることに決めると、イエスは彼らのために犠牲者に仕立てられます。イエスは彼らの攻撃に逆らいません。イエスを犠牲にして彼らは和解しあい、まだそれが可能であれば儀礼にもとづいた共同体の建てなおしをはかるでしょう。したがって考えうるすべての面で、イエスは常にあらゆる危険に身をさらす覚悟でいるのです。人々を待ちうける恐ろしい運命を免れさせるために、イエスは常にからだを張る覚悟をしているのです。

「神の国」を拒むということは、すでに見てきたように、まず第一に、イエスの教える知恵、暴力とその作用についての知恵を拒むということです。拒む人々から見れば、そんな知恵は有害なものです。つまりイエス自身が暴力の最悪のものというわけです。まさにこのように事態は、供犠にもとづいた共同体の偏狭な考え方のうちに示されるでしょう。イエスは単に秩序に対する破壊勢力、汚染のみなもと、共同体に対する脅威とみなされるようになります。イエスは、彼に対する認識不足のなかで、現実にそうしたものに変わっていきます。イエスは宣教をつづけるうちに、どうしても、最も神聖な制度に少しも敬意をいだかぬ者とみなされるようになります。神に対する傲慢《ヒュブリス》と冒瀆の罪を犯した者とされます。なぜならイエスは大胆にも、自分を、彼がみずから絶えずその証拠を示している「愛」の完全な形である神自身に、なぞらえるのですから。

そして「神の国」の宣教が、一見最も神聖な諸制度のむしろ暴力的な性格を、つまり教会の階級制度や、「寺院」の儀礼上の秩序や、宗派そのものの秘密を明らかにするものであることは事実です。

「神の国」の招きを拒んだばかりの人々は、りっぱな供犠の論理に従って、当然イエスに逆らうようになります。彼らはどうしてもイエスを不倶戴天の敵、再建の努力を徒労に終わらせた文化秩序の破壊者とみなすようになります。

つまりイエスは暴力に対して、考えうるかぎりの最も完全な犠牲者——暴力が犠牲者を選ぶときの考えうるすべての理由のうちで、いちばん理由の立つ犠牲者——になっていきます。そしてこの犠牲者は、同時にまた、いちばん罪のない犠牲者です。

O　あなたのいまのお話は、われわれがすでに手がけていたきわめて重要な考え方を明確にしてくれます。つまりイエスは、かつてこの世に存在したあらゆる犠牲者のうちで、暴力の本質を解明してくれる唯一の犠牲者、その本質をとことんまで解明してくれる唯一の犠牲者だという考え方を明確にしてくれます。イエスの死には、どこから見ても、何か典型的なところがあります。その死のなかには、人類がこれまでに熱中してきたあらゆる迫害や追放の意味、またそれによって生じたあらゆる認識不足の意味が、永遠に明示されています。

イエスは、要するに、とびぬけてすぐれた身代わりの犠牲者です。それは最も非暴力的であるがゆえに最も自由意志にもとづく犠牲者ですが、また同時に、最も非暴力的であるがゆえに最も自由意志にもとづかぬ最も意味深い犠牲者でもあります。別なことばで言えば、いつも同じ理由で、イエスはとびぬけてすぐれた犠牲者なのです。人類の前史がその犠牲者のうちに要約され、成就されているような、そしてまたその犠牲者のうちで超越されているような犠牲者なのです。

G　暴力は暴力の領域内に、まったく暴力に依存せず暴力に何の敬意もはらわぬもの、暴力の支配を脅かすおそれのある唯一のもの、の存在をゆるすことはできません。暴力が理解せず、理解することもできないのは、いつものやり方でイエスを追いはらったときに、イエスのような罪のない者だけが暴力に対して仕掛けることのできたわなに、暴力が落ちこんでしまうということです。なぜなら罪のない者が仕掛けるわなは、結局は、わなとさえ言えないようなものなのですから。つまりそのわなには隠されたところが少しもないのですから。暴力の固有な作用は明らかにされていますから、その特有な仕業を通じて、われわれはいつでもその実態をつかむことができます。暴力はいまではもう滑稽なその秘密を、何とかして隠しておこうとすればするほど、ますますその秘密を明らかにしてしまうでしょう。

したがってわれわれは、イエスの受難がどんな事情で、「神の国」の宣教と黙示とのあいだに——当時はるかに重大な問題をかかえていた歴史家たちからは無視された出来事である黙示とのあいだに——挿入されたのかがわかります。歴史家たちはまず、ティベリウスやカリギュラのような皇帝たちを料理しなければなりませんでしたから、それに比べるとイエスの受難は、世間的には重大な現象ではありませんでした。少なくとも原則的には、文化の秩序を築いたり回復させたりするのには不向きな現象でした。しかしそれは、秩序の破壊という面ではじつに効果的で、有能な歴史家たちも気づかぬうちに、とうとうあらゆる文化の秩序をゆるがせ、打ち倒すことができたのです。つまりそれは、そのすぐあとにつづく歴史の、秘密の原動力だったのです。

O　お話のとちゅうですが、二つの質問をお許しください。まず第一の質問。あなたは暴力をイエス・キリストのある種の対象、ある種の個人的な敵として扱いながら、暴力を位格化しているのではないでしょうか？　もう一つの質問は、こうです。あなたはどうして、歴史上のキリスト教徒たちの現実の歴史と、つまり福音書の啓示の実際の無効性と、それに先行する一切のものを結びつけることができるのですか？　あなたがいまお読みになっているような形で福音書を読んだ者は、これまでひとりもありません。あなたがテクストに則して展開される論理がどんなに輝かしいもの厳正なものでも、その論理には、人類の現実の歴史に及ぼす影響力が、特にキリスト教をよりどころにしてきた世界の歴史に及ぼす影響力が、一切欠けているように思われます。

G　あなたの初めの質問にお答えするために、暴力とは、あらゆる文化の秩序のなかで、常に、結局は、儀礼上制度上のあらゆる構造の真の「主体」である、ということを思い出していただきましょう。供犠によって保たれていた秩序が崩壊し始めるときから、この主体はもう「神の国」の設立のための、典型的な「敵対者」にほかならなくなります。それが昔から言われている悪魔です。神学がわれわれに、悪魔とは主体である、ところが実際にはそんなものはいない、とまさしく断言しているような悪魔です。

二つめの質問には、いまはまだ答えることができませんが、まもなくお答えすることになるでしょう。さしあたりは、われわれがテクストの一貫性を追究しているということを確認しておけば十分で、私はその一貫性は見いだされると思います。われわれはまだそれが、われわれの歴史といかにかかわりがあるものかを意に介していません。こうした論理がこの歴史にとってばかげたもの無縁なものにみえるという事実は、この論理を、われわれが読んでいるこのテクストの論理として——さしあたっては他の何もののでもなくただこのテクストだけの論理として——むしろ際立ったものにみせています。

まずキリストの死の非供犠的性格を強調しなければなりません。イエスはまさに、供犠のさなかに死ぬのではなくて、あらゆる種類の供犠に逆らって死ぬのです。もう二度と供犠が行なわれることがなくなるように願って死ぬのです。それはイエスのうちに「神のことば」そのものを、つまり「私が望むのはあわれみであって、いけにえではない」〔マタイ、九の一三、一二の七〕を認めることにほかなりません。このことばに従う者がいないところには、イエスはとどまることができません。イエスは意味なくこのことばを口にしているのではありません。このことばがしっかりと守られない場合、暴力がいつまでもはばをきかせている場合には、イエスはどうしても死ななければなりません。「神のことば」は、暴力のしもべとなるよりはむしろ——われわれ自身のことばは、いつもそうならざるをえませんが——この暴力に対して、否《ノン》と言うのです。

O　私があなたを十分に理解しているとすれば、それは、イエスの死が多かれ少なかれ偽装された自殺だ、という意味ではありません。あなたは、そんなことはまったくない、ということをわれわれに示されました。ある種のキリスト教の苦行礼賛的な病的な要素は、供犠的な読みと連帯関係を持っています。

G　そうです。人間の共同体が暴力に支配されていることに目をつぶれば、人間には次のようなこと、つまりいかなる暴力とも無縁な者、暴力といかなる共犯関係も持たない者は、必ず暴力の犠牲になる、ということが理解できません。人間はだれでも、この世界がよくない、暴力的だ、と言いますが、殺すと殺されるのあいだに中間的な状態などない、ということはわかっていません。すでに悲劇はこのジレンマを捉えてそれを強調していますが、ほとんどの人間はこのジレンマこそがほんとうに「人間の条件」の典型である、とは思っていません。こんな考え方をすると、「大げさだ」、「物ごとを悲劇的に考えている」とみなされます。こうしたジレンマを免れる道は、歴史上の最も暗い時代においても、無数にあるように思われます。おそらくあるでしょう。しかしこうした人々は、自分たちの享受している相対的な平和が、いつでも暴力のおかげでもたらされている、ということを理解していません。

非暴力はどうして致命的なものになるのでしょうか？　もちろん非暴力は、それ自体が致命的なものではありません。非暴力は全体的に生を志向するもので、死を志向するものではありません！　「神の国」のおきては、どうして死のおきてになりうるのでしょうか？　それは、他の人々が「神の国」のおきてを拒否するから、死のおきてが可能になり、また必然にさえもなるのです。暴力を破壊し尽くすためには、あらゆる人間が断乎としてこの「神の国」のおきてを選べば十分でしょう。もしもあらゆる人間が、他のほほをもさしのべるなら、ほほを打たれる人はひとりもいなくなるでしょう。しかしそのためには、ひとりひとりが別々に、そしてまた全員が一つにまとまって、永久に共同の事業に身を捧げることが必要です。もしもすべての人間が自分たちの敵を愛するとすれば、もう敵はいなくなるはずです。しかし人間たちが決定的な瞬間から身をかわせば、身をかわさぬただひとりの人間には、何が起こるでしょう？　その人間にとって、生のことばは、死のことばに変わっていくでしょう。イエスに帰される行為やことばは、一見きわめて厳しいものも含めて、また基礎づくりの殺害の解明や、いまや致命的となった道から人間を遠ざけるための最後の努力なども含めて、「神の国」のおきてに合致しないようなものは一つもないということを、私は証明することができるように思います。イエス自身の宣教のなかの明確な原則への絶対的な帰依は、イエスを死にみちびくことになります。イエスの死の原因は、隣人に対する愛――生きているあいだ最後までイエスの求めるものを十二分に理解していた隣人に対する愛――のほかにはありません。「友人のためにいのちを捨てる以上の大きな愛はない」〔ヨハネ、一五の一三〕のです。

もしも暴力がほんとうにすべての文化的秩序を支配するものだとすれば、またもしも福音書の宣教のときの状況が、テクストがわれわれに教えるとおりのものだとすれば、つまりそのときユダヤの社会のたった一度の広範な預言的危機が頂点に達したのだとすれば、イエスの聴衆たちによる「神の国」の拒否は、論理的にも彼らをイエスに敵対させるようなものであるはずです。そしてこの拒否は結局はイエスを身代わりの犠牲者のようなものにする選択にまで行き着いてしまいますし、またこの究極の犠牲者も、全員一致のうえで殺されたにもかかわらず、期待どおりの都合のよい効果をもたらすことはあるまいということから、黙示録的な暴力にまで行き着いてしまいます。

人々は一度暴力の作用とその実際的な効用の論理、あるいは暴力そのものの論理を前にしたときの暴力的な人々の論理と言ってもけっこうですが、それを見きわめると、次のことに気がつきます。つまりイエスは、この二つの論理の視野のなかですでに起こっていた出来事から類推されないようなことは、ぜったいに何も言っていません。「預言のたまもの」〔コリント人への第一の手紙、一四の一〕とは、ここでもまたほかのところでも、この二つの論理を見きわめることにほかなりません。

われわれはこうして初めて、なぜそれぞれの福音書が、「神の国」の挫折が確認されたときから、イエスの口を借りていろいろな宣告を言わせているのか、礫刑や黙示のようなことを言わせているのか、がわかります。たいていの観察者は、こうした宣告が、その意外性をカムフラージュしなければならぬほど絶望的な災禍のただなかでの、魔術的な装飾にすぎない、とばかり考えています。神学方面のいかさま師どもは、彼らのヒーローの無力さを糊塗するため、トランプ占師の能力のようなものを彼に与えようとしたと言ってもよいでしょう！

いまとりあげたばかりの二つの論理を、私がこうまでとりたてて問題にするのは、近ごろの聖書解釈学者たちが、こうした論理を見きわめることができないでいるからです。暴力の論理が一時は勝利を収めるにしても、非暴力の論理はそれを上回るものです。なぜなら非暴力の論理は暴力の論理を理解していますし、またそれ自体をも理解しているからです。暴力の論理には、それは不可能なことです。上位にあるこの非暴力の論理が、気ちがいじみたばかげた様相を呈することはあります。錯覚に陥ることもあります。しかし非暴力の論理の存在は明らかなので、要はそれを見きわめること、批評することでしょう。注釈者たちがそれができずに、福音書を現代の宣伝と同じようにばかげた意図、あるいは政治的プロパガンダの意図、にもとづくものとみなしたりするのは、彼らが問題の所在を理解できないからです。

そしてこの無理解は、テクストによってすでに激しく非難されている態度と同一のものです。こうした無理解があるばかりに、イエスの聴衆たちのなかにすでに見え始めていた反動が、そしてまた弟子たちの反動さえもが、生まれてひろがっていくのです。イエスはやがて自殺する、と思う者があり、またイエスには権力志向がある、と思う者もあります。近代批評のいろいろな立場のどの一つも、福音書のテクストそのものによってすでに手がけられていないようなものはありません。近代批評はこうしたものを考慮に入れている、と考える人があるかもしれませんが、近代批評にはそうしたものを見る目はありません。はっきりとそう結論を出しておく必要があります。聖書解釈学者たちはテクストを理解したつもりで得意げに説明していますが、そうしたもの自体が、どんなときにもすでにテクストによって理解され説明されている、ということを理解していません。

L　要するにイエスは、あくまでも愛の要求に、つまり明らかに神に由来し、すべての人間に与えられている愛の要求に、従っているにすぎません。神はいろいろな要求を自分について言っているのであって、すべての人間について言っているのではない、と考える必要はありません。「私はあなたがたに言う。自分の敵を愛し、迫害する者のために祈れ。そうすればあなたがたは、天におられるあなたがたの父の子となるであろう」〔マタイ、五の四四—四五〕。だれもが神の子となるように招かれています。唯一のちがいは、と言ってもそれがもちろん主要なちがいなのですが、この「子」には「父のことば」が聞こえるということ、この「子」がどこまでも「父のことば」に従うということです。ほかの者はそれを聞いてもそれに従うことができないのに、この「子」はこのことばに完全に自分を一致させます。

G　したがってイエスは、神が全人類に命じた目標に到達する唯一の人間です。この地上で、暴力とその実際の効用から何の恩恵も受けていない唯一の人間です。「人の子」という呼び方はまた明らかに、あらゆる人間の使命であるはずの使命の、ただひとりのイエスによる達成に一致します。

地上でのこの使命の達成にどうしてもイエスの死が必要なのだとしても、それは「父」が供犠的なふしぎな理由でそう決めたからなのではありません。この事件の原因は、「子」にも「父」にも求めるべきではありません。すべての人間に、つまり人類だけに求めるべきです。人類がこれまでこの事件の実態をほんとうに理解したことは一度もなかったという事実そのものが、基礎づくりの殺害についての、いつまでも相も変わらぬ認識不足を、つまりわれわれが「神のことば」を聞く能力を持たぬということを、もののみごとに明らかにしています。

だからこそ人間は、自分たちの責任をいくぶんでも解除してくれるような、あの気ちがいじみた供犠の要求を考え出さざるをえないのです。人間たちの言い分を信ずるなら、イエスの「父」は、イエスの明確な断言とはちがって、いつでも暴力の神ということになるでしょう。匹敵するもののない暴力を持った神ということにさえなるでしょう。なぜならこの神は、いちばん身近ないちばん大切ないちばん親しい犠牲者の血を要求するばかりか、そのあとでも、神自身が要求し計画した血なまぐさい供犠で人類全体に復讐することしか考えないでしょうから。

事実、あらゆる問題の責任は、人間にあります。イエスを殺したのは人間たちです。彼らは殺さずには自分たちの和解が成り立たないために、イエスを殺しました。しかしこれからはもう、イエスの殺害ぐらいでは、人間を和解させることはできません。人間はイエス殺害の事実によって、みずから生み出した際限のない暴力行為に身をさらす結果になりました。そしてこの暴力行為は、いかなる神の怒りとも、復讐とも、明らかに何のかかわりもありません。

イエスが、「私の願いではなく、みこころのままにしてください」〔ルカ、二二の四二〕と言うとき、イエスは自分が死ぬことを考えているのであって、供儀という自分には理解できない要求に従おうとしているのではありません。生きつづければ暴力に屈服することになりそうなので、死のうと考えているのです。「どちらにしても同じことだ」と言う人があるかもしれませんが、同じことでは絶対にありません。なぜなら、ふつうの読みでは、イエスの死は結局は人間たちによるものではなく、神によるものなのですから。そしてキリスト教の敵対者たちは、まさにこのことを論拠として、イエスの死があらゆる原始宗教の図式に還元されると証明しようとしているのですから。それはいろいろな勢力に従属している宗教と、そうした勢力そのものの破壊——絶対に暴力に訴えることがなく、いかなる暴力にも責任がなく、暴力とは根本的に無縁な超超越《スュルトランサンダンス》性による破壊——とのちがいです。

キリストの受難は、よく不条理な供儀のしきたりへの服従とみなされていますが、それは、こうした死のみがこうした充実した愛を実現しうることを教えることによって受難における隣人への愛の欲求を明らかにしているテクストを、無視するものです。

私たちは、自分たちが死からいのちに移ったことを知っています。それは、兄弟を愛しているからです。愛さない者は、死のうちにとどまっているのです。兄弟を憎む者はだれでも人殺しです。言うまでもなく、だれでも人を殺す者のうちには、永遠のいのちがとどまることはありません。キリストは、私たちのために、御自分のいのちをお捨てになりました。それによって私たちには愛がわかりました。ですから私たちも、兄弟のためには、いのちを捨てるべきです。〔ヨハネの第一の手紙、三の一四―一六〕

自分の兄弟を好きではないということと、その兄弟を殺すということは、まったく同じことです。他者の否定は、まえにも言ったように、いつでも追放と殺害の方向をたどります。ここではすべてが根源的な人間の立場――互いに敵である兄弟の対立が極度に高まった状態――に関連して考えられています。だからこそ、殺すことと死ぬことは、まったく同じことなのです。殺すことは死ぬことで、死ぬことは殺すことです。なぜならそれは、まずくなった相互関係の悪循環のなかにとどまること、つまり復讐という宿命のうちにとどまることなのですから。好きではないということは、したがって死ぬということになります。なぜならそれは、殺すということなのですから。カインは――『ヨハネの第一の手紙』のテクストの数行まえにもその名が出ていますが――かつてこんな意味のことを言っていました。「私は弟を殺したのだから、みんなが私を殺すかもしれない」〔創世の書、四の一四参照〕。われわれが読んでいるテクストのなかで断絶と思われているものはすべて、実際には、福音書の論理のなかでほかのすべての部分と関連があります。殺さないために自分のいのちを投げ出すこと、そうすることによって殺しと死との悪循環から抜け出すために自分のいのちを投げ出すことを、ためらってはいけません。分身どうしの対立のさなかでは、自分のいのちを救おうとする者がいのちを落とすというのは、まったくほんとうのことなのです。事実、自分のいのちを救おうとすれば、兄弟を殺さなければならないわけですが、それこそは相手のことも自分自身のことも絶対にわからぬまま、死んでしまうことなのです。進んで自分のいのちを捨てる者は、代わりに永遠のいのちを得ることになります。なぜならそうした者だけが、人を殺さず、愛というものを知りつくしたことになるのですから。

O　そうした読みには決定的な利点があります。それはこれまで一度も読み取れなかった新約聖書のテクストの読みを可能にしてくれます。これまでの読みでは、矛盾が目だつような場合でもそのままにされていましたが、こんどの読みによれば、どんなテクストどうしのあいだにも一致の見いだされることが明らかになります。たとえば受難を供犠と呼ぶことなどがそれにあたります。福音書そのものはこのことばを、一度も使っていないのに。福音書が供犠と言うときは、ただ供犠に反対するときだけであるのに。それはまた、父なる神との関係、いかなる暴力も隠蔽も含まぬ関係についてのイエスの発言と、父なる神が供犠を求め、子がそれに従おうとする、断固とした発言——人間の暴力ではなくて神の暴力、福音書ではどこでも問題にされていないだけに推測にもとづかざるをえない暴力の組織《エコノミー》を全面的に肯定する発言——との矛盾も解決してくれるでしょう。

H　キリストの神性

G　暴力を避けるためには何が必要か、福音書の教えによれば、それは自分の兄弟を限りなく愛すること、分身どうしのあいだがらで暴力の模倣をやめることです。それこそ父なる神のすることであり、父なる神の求めるすべては、人間が父なる神を見ならうということです。

だからこそ「子」は人間たちに、「父」の望むとおりに「父」のみこころのままに行なうことができれば、ひとり残らず「神の子」となるであろうと約束するのです。神と人間たちのあいだに障害を設けるのは神ではありません。人間たちです。

L　それは神と人間を隔てる一切の柵を実際にとりはらってしまうこと、人類をもう一度神にすることなのではないでしょうか、フォイエルバハのような哲学者たちとともに、そして十九世紀のヒューマニズム全体とともに？

G　そのように考えるためには、キリスト教的な意味での愛が、つまりニーグレンの言う「アガペ」(64)が、デカルトの言う良識のようなこの世でいちばん公平に分配されているものだと思わなければなりません。実際には、人間のうちでキリストだけが、こうした愛を最後まで守って生きたのです。したがってこの地上で、自分の愛を守り抜いて神に一致した者は、キリストをおいてほかにはありません。暴力における基礎づくりの殺害の意味が、また全員入獄の意味が、つまり全員による暴力との共犯の意味がわからないために、神学者たちは、福音書のことばを文字どおりに受けとって神の超越性を危険にさらすのを恐れています。そんな心配は不要です。福音書のことばには、一つとして、神性を人間たちにあまりにも近づきやすいものにしてしまう恐れのあるものはありません。

イエスは彼に答えた。「『心を尽くし、思いを尽くし、知力を尽くして、あなたの神である主を愛せよ。』これが最も大切な第一のおきてである。第二のおきても同じように大切である。『隣人を自分と同じように愛せよ。』

〔……〕」〔マタイ、二二の三七―三九。なおマルコ、一二の二八―三一、ルカ、一〇の二五―二八参照〕

この二つのおきてには、どこにもまったくちがいはありません。なぜならどちらの場合にも、愛は人々のあいだに何の差異も見ないのですから。イエス自身もそう言っています。そしてわれわれもイエスのあとにつづいて、キリスト教のテクストを「人間化」しすぎるという懸念なく、それをくりかえすことができます。「人の子」と「神の子」がまったく同一であるのは、イエスだけが人間としての完成を、つまり神性への到達を実現できるからです。

福音書のテクストは、特に『ヨハネによる福音書』のなかで、また共観福音書のなかでも、疑いもなくイエスの人間性とともに神性を肯定しています。化肉つまり神のキリストにおける顕現を論ずる神学は、気まぐれな拡大解釈をしているのではありません。それはテクストの論理に厳密に一致しています。しかしそれが理解可能なものとなるのは、供犠的な読みよりはむしろ、非供犠的な読みにおいてなのです。十分に人間的なものがまた十分に神的なものであるという考え方は、事実ここで初めて、まさしく宗教的な脈絡のなかで初めて、明らかになります。イエスだけが、基礎づくりの殺害と、人類へのその広範な影響を十分に明らかにすることができるのは、いかなる瞬間にもこの影響がイエスには及んでいないからです。イエスはわれわれに、この影響を避けるという、人類の真の役目を教えています。いつも福音書を口にする人々、その教えがわかったと思いこんでいる人々が、人間に課せられた任務を理解できずにいるということ、不信心家も信心家も二千年以上もそれを理解できずにいるということ、またその具体的なあらわれであるいつもながら供犠と取りちがえてしまう錯覚、こうしたことが、われわれが目下確認中のことの正当さを、余すところなく、まがうかたなく、証明してくれます。

非供犠的な読みは、「子」だけが十分に人間的なもの、十分に神的なものとして、「父なる神」に結ばれているということを、理解させてくれます。この結合についての閉鎖的な考え方に人間を引きずりこむこともなければ、人間の神格化の可能性を、「子」という仲介によって理解できないものにしてしまうこともありません。この神格化は「子」という仲介なしには達成されえないでしょう。なぜなら「子」だけが、「暴力の国」と「神の国」の、唯一の「中継点」であり、唯一のかけ橋なのですから。「父なる神のことば」への絶対的な服従によって「子」は、このことばが受け入れられていない地上に、それを浸透させることができました。暴力の支配下にある人間が彼を迎えるときに示すべくして示した態度を――それは彼の追放にほかなりませんが――福音書のテクストのなかに書きこませることができました。

非供犠的な読みは、福音書の本来の宗教的な様相を切り捨ててしまおうとする、人間的な読みなのではありません。福音書にそなわっている迷妄打破の力を明らかにする一方で、この非供犠的な読みは、やすやすとそうした宗教的な様相のすべてを見つけ出して、その必然性を示してくれます。そしてまたイエスの神性と、「父なる神」とイエスとの結びつきについての、宗規にかなった確固たる主張の必要性も示してくれます。

神の超越性を消滅させるどころか、非供犠的な読みは、それがわれわれ人間からはるかに遠い存在であること、そばまで近づいてもそれにまったく気づきさえしなかったほど遠い存在であることを明らかにしてくれます。神の超越性はいつも暴力の超越性によって覆い隠されてきました。われわれが愚かにも神の超越性と取りちがえていた、少なくとも部分的には取りちがえていたあらゆる種類の「権力」や「支配」などによって、覆い隠されていました。この混同をもとにもどし、暴力の超越性のかげに隠れて見えない愛の超越性を見きわめるためには、基礎づくりの殺害とそれに由来する認識不足のメカニズムを受け入れることが必要です。

L　われわれはいぜんとしてそうしたメカニズムに翻弄されていますから、そうしたメカニズムがすでに見きわめられ、福音書によって脱=構築されていること、また福音書の教える神が暴力とはまったく何の関係もない神であるということにも、気がついていません。

G　二つの超越性のこうした区別は、われわれを駆りたてる暴力的性向、いまでは福音書の過程とほかのすべての宗教の基礎づくりの操作とのあいだの、つまりわれわれが分析した操作とのあいだの構造的な相同性を見きわめている暴力的性向にとっては、無意味なように、実在しないと言ってもいいようにみえます。でもこうした類似は、暴力による悪い人間関係と愛によるよい人間関係のあいだの類似と同じように、実在します。両方とも互いに文化的な差異を排除するものである以上、相方の構造がきわめてよく似ているのは当然です。だからこそ人は一方から他方へ、ほとんど瞬間的な転向によって移ることができるのです。しかしこうした類似のあいだにはまた、根本的な底知れぬ深い対立、「いかなる構造分析も明らかにすることのできない」対立もあります。つまりわれわれは、鏡に映して「おぼろげに《イン・アエニグマテ》」見ている〔コリント人への第一の手紙一三の一二参照〕わけです。

O　暴力の解明についてのいつもながらの無理解は、あらゆる障害を乗り越えて暴力の解明に尽くしている人を、キリスト教のテクストがなぜ、非暴力の神からの直接の使者として、直接神に由来する者として紹介しているのかを、一段とよく把握させてくれます。

神話的な意味での暴力的で牢獄的な全員一致から生まれた従属的な人間の共同体の内部には、こうした真理が勝利を収めるような、あるいは浸透しうるような場はありません。

人間がいちばん真理を受け入れやすい瞬間とは、いわれのない差異が解消される瞬間ですが、それはまた人間がいちばん目をくらまされる瞬間でもあります。なぜならそれは暴力が強まる瞬間なのですから。暴力が基盤として姿を見せ始めるときにはいつでも、それにともなって、急激な危機にさいしてのあらゆる暴力的な公現から期待しうる効果と、人間からすっかり正気を奪ってしまう分身どうしの争いとが見うけられます。いつでも暴力はその真相を隠すことができるようです。あるときは転移のメカニズムを機能させ、神聖なものを復活させることによって、またあるときは破壊を徹底的に押し進めることによって。

G　人々は暴力に激しく対抗して無意識のうちに暴力に加担するかと思えば、またある場合には暴力に逆らわずに、暴力がすぐさま人々の口を封じてしまいます。別な言い方をすれば暴力の体制とは、そうしたものなので、その解明は不可能です。暴力という事実は共同体のなかにいつまでもとどまっていることのできないもの、そこから必ず排除されるはずのものなのですから、それは厳密に考えると、まさに排除されつつあるものとして、つまりそれが犠牲となる段階でのみ、またそれが粉砕される直前の一瞬に、理解されうるものかもしれません。この犠牲となる暴力は、暴力が人々の口を封ずる瞬間に、うまいぐあいにわれわれのもとに到達することが必要です。口は言いたいことを十分に言って、暴力がその口に対して怒りをぶちまけるほどであることが必要です。でもそれが、こんなわけでいぜんとして隠されたままにとどまっている一切の宗教的基盤の幻覚的な暗さのなかで、口にされるのであってはなりません。出来事を実際に起こったまま、手を加えず、加えるにしても最小限にとどめて、報告できる頭のいい目撃者が何人かいることが必要です。

こうしたことがすべて実際に起こるためには、目撃者がすでにこのおどろくべきものの影響を受けていることが必要です。目撃者が、集団による暴力の支配に屈したあと、立ちなおり、特に影響力の大きな出来事を、そのままの形で書物に書き残すことが必要です。

こうした前代未聞の役割を演ずるためには、暴力にまったく依存しない人間、暴力の規範に従って考えることのない人間、暴力とはまったく無縁なままでいながら、暴力に向かって思う存分言いたいことの言える人間が必要でしょう。

そういう人間が、暴力と暴力の神話に完全に支配されている世界にあらわれることは、不可能です。犠牲者の立場をとるのでなければ、真実を見たり見させたりすることはできませんが、それがわかるためには、自分自身がすでにその立場を占めているのでなければならないでしょうし、また必要な条件のなかでこの立場を引き受けるためには、すでに真実を手に入れている必要があるでしょう。人間は暴力の法則に逆らって行動するのでなければ、真実を理解することはできませんし、この真実をすでに理解しているのでなければ、暴力の法則に逆らって行動することはできません。人類全体がこうしたどうどうめぐりのなかに閉じこめられています。だからこそ各福音書は、新約聖書全体は、そして初期の宗教会議の神学は、キリストが神であるのは十字架にかけられたためではなくて、はるか昔から神から生まれた神であったためだと主張しているのです。

O　要するに、われわれが明るみに出そうとしているいろいろなテクストの論理と絶縁することは、つまり非暴力と愛という意味でのキリストの神性を主張することは、論理からの唐突な逸脱であるどころか、この論理の唯一の可能な帰結なのです。

G　暴力とその作用についての正しい知識は、実際に福音書のなかに隠されたままになっていますが、それは人間だけのせいであるはずはありません。われわれは、すでに二千年もまえからわれわれの自由に委ねられていた知識を、真に自分自身のものとすることができませんでした。しかしまもなくわれわれは、きわめて正確な神学的直観を確認するようになるでしょう、たとえその理由を明らかにすることはできなくとも。そうした理由は、供犠的なキリスト教を乗り越えたところで初めて、また結局は供犠的なキリスト教の崩壊によって可能となった非供犠的な読みによって初めて、理解可能なものとなりうるのです。

L　要するにこの神学は、イエスの神性を高らかに言い立ててはいますが、安易さに堕してはいません。こうした信仰は単にイエスをほめちぎる誇張した表現なのではありません。レトリックのせり上げではありません。絶対的な要求にふさわしい回答は、それだけしかありえなかったのです。

G　キリストを神と認めること、それはそれ以前に決定的に人間を超越していたこうした暴力を超越する力のあるのはキリストだけだ、と認めることです。暴力があらゆる神話や文化の構造の主体であるとすれば、キリストのほうは、そうした構造にとらわれず、われわれをその支配から解放してくれる唯一の主体です。なぜ身代わりの犠牲者という事実が福音書に出ているのか、なぜこの事実がまったく例外なくあらゆる文化のテクストを脱＝構築することができるのか、その理由はこうした仮説だけがなっとくのいく説明を与えてくれます。この仮説を取り入れなければならないのは、それがいつもキリスト教正統派の仮説だったからではありません。この仮説が正統であるとすれば、それは原始キリスト教の時代に、福音書的な論理にもとづく厳正な、ただし暗々裡の直観があったからです。

非暴力の神は、存在するとはいうものの、その存在を人間にさとらせるのには、暴力で排除されることによってさとらせる、また神が「暴力の国」にはとどまりえないことを人間に証明することによってさとらせる、しかありません。

しかしこの証明は長いことあいまいな、はっきりしない形をとりつづけるでしょう。というのは、この証明は、暴力のおきてに従って生きている人々の目には、無力と映るでしょうから。だからこそこの証明は、初めはただ、どこかまやかしの感じのある、甘味をつけた形態、つまり神性のなかにもう一度神聖な暴力を少しばかり導入する供犠的な読みという形態、のもとでわずかにその正当性を主張するのです。

I　処女懐胎

G　たとえば『マタイによる福音書』や『ルカによる福音書』の、処女によるイエスの懐胎のテーマのような、一見きわめて神話的な福音書のテーマに目を向けるならば、伝説的な外見のかげでいつも、神話のメッセージとは逆のメッセージを、そうしたテーマは、われわれにもたらしてくれます。つまり神聖なものの拘束がいろいろある公現とは無縁な、非暴力の神というメッセージをもたらしてくれます。

　この世界から生まれるすべてのもの、『ヨハネによる福音書』の冒頭のことばを借りるなら「肉」から生まれるすべてのもの〔三の六参照〕は、暴力を特徴としており、結局は暴力に立ち戻ります。人間は、こういう意味では、だれでもカインの、つまり最初にこの暴力の特徴を身につけた男の、弟です。

　神話のなかでは多くのものが生み出されますが、神も女と交わって英雄を生み出します。こうした話にはいつも暴力の刻印が押されています。ゼウスは、ちょうど猛獣が獲物を襲うように、ディオニュソスの母親のセメレに襲いかかり、実際に彼女を雷撃で打ち倒します。神の世界での懐胎は、いつでも強姦のようなものです。私があげたような構造上の特徴は、いつでも見つかります。なかでも奇怪な姿をしたものはすぐに見つかります。分身どうしの行為の結果、つまり差異の揺れ動き、一切のものと無との精神病的な交代などは、いつでも見つかります。こうした神と人間と動物の奇怪な交合は、相互的な暴力の激発に、またその暴力の解消に相当します。神をなだめるオルガスムとは、集団による暴力の隠喩です。

L　そしてその逆――精神分析が望むような――ではありません！

G　奇怪なものが次々に生まれますが、それは神話が、いつも神話につきまとってじつにさまざまな意味を与えているあの暴力を、特異なやり方で暗示しているのです。人間と神とのあいだに生まれた子どもは、相互的な暴力を、新しい文化的秩序を生み出すあの全員一致の暴力、和解をもたらす暴力に一挙に解消する、特に適切な隠喩です。

処女によるイエスの懐胎は、おそらく、われわれにそれを伝えるために、神話におけるいろいろなものの誕生のコードと同じコードを使っているのですが、このコードの平行性がまさにわれわれにメッセージの解読を可能にし、またこのメッセージのユニークな点、神話のメッセージとは根本的に異なる点の確認を可能にしてくれるでしょう。

処女懐胎にかかわっている「天使」と「処女マリア」と「全能の神」とのあいだには、暴力的な関係はありません。ここではだれひとり、敵対する兄弟という意味での他者ではありません。いつでも暴力的に遠ざけたくなるような、打ち倒したくなるような恐ろしい魅惑を持った邪魔者ではありません。性的要素のまったくの不在は、十九世紀末に考えられた、そしてじつはそれを生み出した後代にふさわしい、ピューリタニズムとか抑圧などとは、何の関係もありません。性的要素のまったくの不在とは、神話のなかの神の欲望や神による強姦などがわれわれに教えてくれる、あの暴力の模倣の不在です。それは、いつものことながら、邪魔者《モデル・オブスタクル》であるモデルというあの偶像の不在です。

処女懐胎のすべてのテーマ、すべてのことばがはっきりと教えているのは、福音書の神が非暴力的な意志に完全に従っていることです。それはまたキリスト自身が非暴力的な意志に完全に従っていることを予示するものでもあります。

御使いガブリエルはマリヤに言います。「ごあいさつ致します。恵まれたお方。主はあなたとともにおられます」〔ルカ、一の二八〕。前代未聞の処女懐胎は何の騒ぎも引き起こしません。マリヤは自分と「神のことば」とのあいだに、妨げになるようなものは何も置きません。

「私は主のはしためです。この身にあなたのおことばどおりのことが起こりますように。」〔ルカ、一の三八〕イエスの誕生の場面にはいつでもこの消え入るようなつぶやきが見うけられますが、それは人間の世界では神の啓示もあまり重みを持たなかったこと、軽んじられたこと、作りかえられたりしたことを物語っています。幼な子イエスは最初から除け者であり、仲間はずれであり、さすらい人です。頭をのせて休む石一つさえ、イエスは持っていません。宿屋でもイエスを泊めたがりません。ヘロデ王は国中を探しまわってイエスを殺そうとします。

こうした場面のどこにおいても福音書とキリスト教の伝統は、旧約聖書から着想を得て、すべての犠牲にされやすいもの、つまり子どもや女性や貧者や家畜などを前景に押し出しています。

処女懐胎やキリスト誕生の場面は、いつでもいいかげんなごまかしだとか「神秘的な素朴さ」だとか思われていますが、そう決めてしまわずに、神話学のコードを役だたせることも可能なのです。こうした短絡的な決めつけは、それが暴力を内包する神話には通用しなくなってしまっただけに、現代ではますます目だつようになっています。こうした変化はたしかに喜ぶべきことですが、またこの変化が非暴力の唯一の教え――一般にひろく軽視され拒否されているキリスト教の教え――を、変化の域外に打ち捨てたままにしているということも、忘れずに確認しておかなければなりません。

L　だれもが軽蔑し嘲笑してもいいと思っているただ一つの宗教、それだけが暴力とは別なものを表明している宗教であり、それだけがこうした暴力とは無縁であることを表明している宗教だというわけです。核武装をし、産業公害を引き起こしている世界のなかでの、そのような盲目ぶりにはどんな意義がありうるのか、それを問わずにはいられません。現代の知性は、それ自体がそう考えているほど、それが身を置く世界と無縁なものなのでしょうか？

G　それをわれわれに明らかにしてくれるのは、クリスマスのときのまぐさおけと神話のなかで生まれる恐ろしいけだものたちとの差異を捉えることができない近代世界のすぐれた頭脳の持ち主たちの無能ぶりにまさるものはありません。たとえばニーチェは『反キリスト者』のなかで、ヘーゲルのよき後継者として、ヘーゲルがキリスト教のテクストにあらわれる父と子の「時間を超えた象徴」と呼ぶものを想起したあとで、次のように書いています。

この象徴主義から教会がでっちあげたことを思い出すのはおぞましいことである。教会はキリスト教「信仰」の入口に、アムピトリュオンの物語を置いたではないか？　そしてさらにその上に「けがれのない受胎」というドグマを置いたではないか？……しかしそうすることによって教会は、受胎をけがしたのである。(65)

なぜニーチェは、福音書以外のところで見つければ熱烈にほめたたえるものを、福音書のなかで見つけると「おぞましい」と感ずるのでしょうか。結局、アムピトリュオンの神話以上にすばらしくディオニュソス的なものはありません。ヘラクレスの誕生は、私には力への意志とぴったり一致しているようにみえます。そしてそこには、ニーチェが『悲劇の誕生』やその他の著作のなかで絶賛しているものがすべて見いだされます。

このニーチェが「おぞましい」と言っているもの、あるいは正真正銘のおぞましさについては、注釈が必要でしょう。それは、ニーチェと彼に勝るとも劣らぬ者たちの教えにもとづいて、近代思想全体がキリスト教の「神話」の研究に自分勝手な判断を下していることを、くわしく物語ってくれます。近代性というテロリズムに、恐れおののきながらも屈服する近代の神学者たちは、たくさんいます。「詩」が——つまり衰弱した精神的直観の、われわれの宇宙における究極の痕跡さえもが——もうどこにも感じられなくなったようなものを、決定的に断罪する近代の神学者たちは、たくさんいます。たとえばパウル・ティリッヒは、処女懐胎のテーマを、彼が「その内的象徴体系の不足」(66)と呼ぶものを理由として、断固として拒否しました。この内的象徴体系をあらゆる角度から調べて、そこからまったく何の感動も受けなかった人は、何としあわせな人だったでしょう！

『ルカによる福音書』の処女懐胎のテーマは、結局のところ、キリストを第二のアダム、完全なアダムと定義するパウロの主張と、あまりちがいはありません。キリストは神である、神から生まれた神である、罪なくして懐胎されたものであると言うことは、キリストがこの暴力にもとづく世界——その成立のときから、つまりアダムのころから、人間がそのなかに閉じこめられている世界——とはまったく無縁なものであるということを、これまでと同じようにくりかえすことです。最初のアダムも罪なくして生まれています。なぜならアダムは自分が最初に罪を犯して、人類をもう二度とそこから外に出ることのなかった輪のなかにはいらせるのですから。だからキリストはアダムと同じ立場にいます。アダムと同じ誘惑にさらされています。実際にあらゆる人々と同じ誘惑にさらされています。しかしキリストのほうは暴力に反対し、人類全体に味方して、勝利を収めます。人間がアダム以来だれも負けなかったためしのない逆説的なたたかいに勝利を収めます。

もしもキリストが唯一の罪なき者であるとすれば、アダムだけが罪ある者とされるいわれもなくなります。人間はだれでもこの原型的な罪を分担しているのです。ただし人間にはそれを免除される可能性もあるのですが、その程度は人によってまちまちで、ある人はその可能性が手の届くところにあるのに、それを取り逃しています。したがって罪とは、まったく「根源的なもの」と言うことができますが、この罪は人間が暴力の知識を手中に収めるときから初めて「現実的なもの」となります。

第三章　供犠的な読みと歴史的なキリスト教

A　供犠的な読みの論理的な結果

G　非供犠的な読みは、宗規にかなったあらゆる重要な教義を見なおし、これまでだれにもできなかった一貫した方法でそれを連節することによって、理解可能なものにする、と私は確信しています。私の考えでは、受難と贖罪を供犠とみなす定義は、新約聖書のテクストから――もちろんきわめて特殊なものである『ヘブライ人への手紙』は別として――正当に引き出しうる原則のなかに入れるに値しません。

そうした定義を「正当化」するわけではぜったいにありませんが、われわれはこれから、この定義は予想されうるものだということが明らかになる過程を、また聞いても聞こえず見ても見えぬ人々のつんぼとめくらの状態を、補足的な一段と明白な証拠に組織的に変えてしまう解明の組織《エコノミー》のなかで、ある意味では必要なものであることが明らかになる過程を、目にすることになるでしょう。

L　私の理解に誤りがないとすれば、問題はやはりこの組織《エコノミー》のなかで、供犠説をとるキリスト教徒に、「神の国」の最初の宣教に直面したパリサイ人たちの役割に似た役割を演じさせるということであるにちがいありません。

G　そのとおりです。キリスト教の後継者たちが、彼らの祖父であるユダヤ人の誤りをすべて、拡大しながらくりかえしてきたことを証明するのが問題です。キリスト教徒がユダヤ人に浴びせてきた非難は、『ローマ人への手紙』のなかの次のようなパウロの文章、「他人を裁くことにより、あなたは自分自身を裁く。裁くあなたが同じことを行なっているからである」〔ローマ人への手紙、二の一〕によって罰を受けるべきです。

前代未聞の、しかしわれわれ人類の供犠のまっすぐな糸目に沿ったパラドクスによって、暴力のロゴスの論理は、つまり供犠的な読みは、解明されたメカニズムを――もしもこの解明がほんとうになされたのなら必然的に消滅したはずのメカニズムを――一種の供犠的文化的基盤につくり変えてしまいます。これまでキリスト教徒全体が、近代の世界が、安住してきたのはこの基盤の上です。

O　それは否定できません。キリスト教を歴史的に見ると、そこには人類のあらゆる文化的形態に共通ないくつかの構造的特徴が、そして特にユダヤ人というあの「身代わりのヤギ」の存在が、容易に認められます。われわれはこの追放のテクストにあらわれたメカニズムを指摘しましたが、それは単にテクストにだけあらわれているメカニズムではありません。このメカニズムには、恐ろしい歴史的結果がともなったのです。

G　私は、歴史的に見たキリスト教の迫害者的性格が、受難と贖罪を供犠とみなす定義に結びついていることを、証明できると思います。

供犠的な読みのすべての様相は、互いに関連しています。神にいくらか暴力を再注入するという事実は、組織全体に何の結果ももたらさないということはありえません。なぜならこの事実は、人類を、全員に平等で同一であるはずの責任から、部分的に解除するものだからです。

みんなの責任が軽くなると、キリスト教的な事象を際立たせること、その普遍性を減少させること、そしてその事象のために罪びとを求めること、自分たちの責任を免れさせてくれるような罪人を求めることが、可能になります。そしてその罪びとがユダヤ人なのです。それと並行して、こうした暴力は、これまで見てきたように、伝統的な読みが神に投影しつづけている黙示録的な破壊に、はねかえります。

キリスト教徒全体を一つの枠に入れ、それをそれ以外のものには敵意を示すという形で閉鎖的にしているものは、供犠的な読みにほかなりません。そうした読みは、「無実」ではありえません。供犠的な読みと、不可分なものです。再神聖化と、こうしたキリスト教徒全体の歴史――一方ではすべての文化的世界の歴史と構造的に同質であり、またこの世界のいろいろな構造のますます進む風化とも一致して供犠という手段を使い果たしていくという点で、すべての文化的世界と同じような特徴を持つキリスト教徒全体の歴史――との関係を立証するのは、わけのないことです。

キリスト教徒が『ヘブライ人への手紙』にならって供犠の語を採用したのは、キリストとその死の関係がよくわからなかったからです。彼らはただキリストの受難と古代律法による供犠との類似に、心を打たれたのです。彼らは構造的な類似だけに目をとめて、両者が両立不可能なものであることには目をとめませんでした。彼らはユダヤ教の供犠が、そしてあらゆる宗教の供犠が、キリストのことばの、そして後にはその死が「明らかにする」ものの「反映」にほかならないこと、つまり身代わりの犠牲者の基礎づくりの死の反映にほかならないこと、がわからなかったのです。

普遍性に対するキリスト教のテクストの自負に反論するためには、このような類似を明らかにするだけで十分だろうと信じて疑わない民族学者たちの迷妄もまた、この最初の誤解に根ざしています。近代の反キリスト教論は、供犠説をとるキリスト教の裏返しにすぎませんから、したがって、キリスト教の恒久化に尽くしていることになります。こんなことをしている反キリスト教論は、ほんとうにテクストに戻るということはありませんし、テクストを根本的に問題にすることもありません。それは供犠的な読みに敬虔な態度で忠誠をいだきつづけます。ほかの態度はとりえないのです。なぜならその批判は、供犠的な読みに根拠を置いているのですから。それはキリスト教のなかに供犠を見ようとしているのです。そしてそれを憎むべきものとして告発しているのです。供犠については、私もこれと同じ態度をとっていますが、私の考えでは反キリスト教論者の批判は、いぜんとして無力です。それは供犠とはどういうものかを十分に理解することはないでしょう。それは供犠について真剣に考えていません。もしも真剣に考えたとしたら、その批判は、供犠について嫌悪をいだいているのは自分だけではなく、それどころか、自分が誇示し自負を持っている感情は、すべてねじ曲げられゆがめられ部分的に中和されたキリスト教的感情——われわれがすでにそれを免れていると思いこんでいるもの、つまり供犠が、われわれの内部にあまりにも深く根をおろしているために、部分的に中和されたキリスト教的感情——にほかならないことを、認めざるをえなくなるでしょう。もしも現代が供犠の根本的な批判に取り組んだならば、われわれと同じように、この方面ではキリスト教がすでに先行していて、キリスト教だけがそれをとことんまで押し進めることができるのだということを、認めるようになるでしょう。

供犠（サクリフィス）、犠牲にする（サクリフィエ）などのことばは、神聖な（サクレ）ものにする、神聖なもの（ル・サクレ）を生み出すという正確な意味を持っています。犠牲者を神聖化するのは、祭司の与える一撃です。この犠牲者は暴力によって殺され、消され、また同時にあらゆるものの上に置かれ、いわば不滅な者にされるのです。供犠は、犠牲者が神聖化された暴力の手に引き渡されるときに生み出されます。供犠の行事にじかに継ぎ足されたすべての大がかりな神学的考察——つまりユダヤ・キリスト教の非神秘化からは何の恩恵も受けぬ神学的考察——に共通な永遠回帰の切れめのない円環のなかで、死が生を産み、同じように生が死を産みます。西欧哲学もまた、ソクラテス以前の哲学者たちやニーチェに共通な「永遠回帰」の「直観」のなかで始まり、ある点まで行って終わりますが、もちろんそれは偶然によるものではありません。そこに見られるのは特にすぐれた供犠的直観です。

供犠的な読みとは、結局は、旧約聖書的な考え方へのちょっとした、しかし決定的な後退にほかなりません。このことを確認するためには、これまでの討論で引用したことのある「第二イザヤ」書のテクストを参照すれば十分です。あの「ヤハウェのしもべの歌」を参照すれば十分です。そのなかに、まず福音書のテクストが、それにつづいてキリスト教全体が、旧約聖書全体を通じて最も印象的な「キリストの姿」を認めています。なぜならこの歌では、すでに部分的に解明されている身代わりの犠牲者が、まさに問題となっているからです。共同体全体が主のしもべに逆らって結束し、彼を迫害し殺すからといって、この犠牲者が無実であり、共同体が有罪だとはかぎりません。しもべの死には、いくらかヤハウェも責任がありますが、それを別にすれば、「第二イザヤ」書のテクストは、そのすべてがすでにキリスト教的です。ここで神の責任を、テクストを歪曲する後代の解釈のせいにしよう、というわけではありません。神の責任は、テクストそのものに、はっきりとあらわれています。たとえばそこには次のような文が含まれているのです。「民の罪のために打ち殺された。」〔イザヤの書 五三の八〕 あるいはまた、「主は彼を苦しみで押しつぶそうと望まれた。」〔イザヤの書 五三の一〇〕

ここには、われわれがレヴィ＝ストロースにならって解釈してきたような神話の文体での、いわゆる「原始」宗教の純粋に供犠的な形態と、福音書のテクストの非供犠的なラディカリズムとのあいだの、中継的な宗教形態が見いだされるように思われます。身代わりの犠牲者という事実がそこにあると言ってよいでしょうが、この事実は神を事件に介入させる解決法によって中和されています。したがって両者の連結は不安定ですが、そのいくらかの要素はすでに福音書の神と、われわれが愛の超超越《スュルトランサンダンス》性と名づけたもの〔三四八ページ参照〕のすべてを予告しています。一方、他の要素は、あいかわらず一般に宗教と呼ばれているものに属しています。宗教的なものの考え方は、福音書のテクストに通ずる道を歩んでいますが、それはまだ暴力の超越性によって構成された概念から、完全に離脱するに至っていません。

キリスト教を供犠的なものとみなす神学は、福音書のテクストには一致しませんが、「ヤハウェのしもべの歌」には、完全に一致します。中世ではいつでも、旧約と新約のあいだに本質的な差異があると考えられていましたが、その差異を定義することはできませんでした。それもそのはずです。われわれはすでに、中世でも近代でも聖書解釈学者たちが、旧約に照らして新約を読む傾向のあることを確認しました。たとえば『ヨハネによる福音書』の第八章四三―四四は、カインの神話に照らして読まれています……。新約に照らして旧約を読んでいると主張する人々は、自分では気づかずにその逆をやっています。なぜなら彼らには、すでにパリサイ人の持ち去った「知識のかぎ」〔ルカ、一一の五二参照〕を見つけることは、けっしてできないのですから。

B　『ヘブライ人への手紙』

O　しかし新約聖書のテクストのなかにも、受難を供犠と解釈しているものがあります。それが『ヘブライ人への手紙』です。この手紙が宗規にかなっているかどうかは、長いあいだ論議の的になってきたように思われます。

G　『ヘブライ人への手紙』の作者は、キリストの死を、「古代律法」の供犠の考え方によって解釈しています。「新しい契約」は「古い契約」と同じように血のなかで始められていますが、「新しい契約」は完全無欠な契約ですから、流される血は、もはや「罪を除き去ることができない」〔ヘブライ人への手紙、一〇の一一〕動物の血ではなくて、キリストの血です。ところがキリストは完全無欠なのですから、その血は「古代律法」の供犠が成しとげえなかったものを、ただ一度、成しとげることができます。

（……）律法によれば、ほとんどすべてのものは血で清められるのであって、血を流すことなしに罪がゆるされることはない。そこで、天にあるものの地上の写しがこうして清められるのなら、天にあるもの自体は、地上のものよりもすぐれたいけにえによって清められねばならない。キリストは真実のものにかたどって人間の手で作った聖所にはいられたのではなく、天そのものにはいられて、いま私たちのために神の御前に出てくださる。それも、年ごとに自分以外のものの血を携えて聖所にはいる大祭司とはちがって、キリストはくりかえし自分を捧げることはない。もしそうであったなら、世の初めからキリストは何度も苦しまなければならなかっただろうから。しかしいまキリストはただ一度、時の終わりに、自分をいけにえとして罪を取り除くために、姿をあらわされた。〔ヘブライ人への手紙、九の二二―二六〕

すべての祭司は毎日立って礼拝の務めをなし、同じいけにえをくりかえし捧げるが、そんなものではけっして罪を除き去ることはできない。しかしキリストは、罪のためにただ一つのいけにえを捧げて、永遠に神の右の座に着き、それからは、その敵が自分の足台として足の下に置かれるのを待っておられる。なぜならキリストは、ただ一つの捧げものによって、神聖なものとされた人々を、永遠に完全なものとされたのだから。〔ヘブライ人への手紙、一〇の一一―一四〕

『ヘブライ人への手紙』によれば、キリストの受難とそれ以前のさまざまな供犠とのあいだには、たしかに一つのちがいがあります。しかしそのちがいは犠牲に供されるものの内部にあって、その真の本質はまったく見きわめがつきません。この最初に供犠説をとった神学は、後続のすべての神学と同じように、受難とすべての供犠との形態上の明らかな類似を根拠にしていますが、本質的なものを見逃しています。キリスト教と「古代律法」の差異は、信者から見ればひじょうに大きなものですし、信者がそう思うのも無理はありません。しかし「あらゆるもの」を供犠ということばで定義しているかぎりは、この差異を正当化することはできません。キリストの供犠は他の供犠とちがって、独特なもの、完全無欠なもの、決定的なものだと言われることもよくあります。事実、人々は、もしも犠牲のメカニズムが解明されればすべてが変わるのに、そこまでは考えが及ばないものですから、だいたいキリスト教以前の供犠との一致点とか連続性とかばかりを見ているわけです。キリスト教と他の宗教との差異も、キリスト教以前のすべての宗教の差異と同じように供犠ということばで定義されているかぎりは、結局は影がうすくなって消えてしまうほかはありません。

そして事実、これまでの経過はそのとおりでした。犠牲に供されるもの自体の内奥で勝手に公準化されていた差異は、少しずつ、単に「古代律法」の供犠ばかりではなく、この地球全体の供犠との連続性と一致点とに席をゆずっていきました。キリスト教徒の「迷いを覚まし」、彼らの宗教には独創的なもの は何もないと立証して見せようとする近代の関心は、この供犠の磨滅の過程に依存しています。そしてこの関心は、したがってまた、いぜんとして『ヘブライ人への手紙』の提示する読みに根拠を置いていることになります。それは、あらゆる供犠——キリストの場合も含めて——のなかに見られる構造的な理解不可能な類似以外のものにはほとんど目をとめない『ヘブライ人への手紙』の動きを完遂するものです。

比較民族学からの批判は効果的ですが、それは『ヘブライ人への手紙』だけに反対するものです。そしてまたこの手紙に由来する無数の読みに反対するものです。キリスト教徒の迷いを覚まそうとする企ては、たとえば供犠説をとるキリスト教さえも、すべてこの手紙と福音書のテクストのあいだに見られる混乱に根拠を置いています。反キリスト教論者も、いわゆる伝統主義的キリスト教徒と同じように、こうした読みを捨てる気はありません。どちらの側の人々も、供犠の定義のなかに、キリスト教のテクストの究極の本質を見ています。あの「分身」どうしの争いはすべて、真に基礎的な所与についての事前の同意を求めるものなのに。

『ヘブライ人への手紙』は、その供犠的な読みを正当化するために、『詩篇』第四〇に頼っています。キリスト自身の口で唱される『詩篇』第四〇に頼っています。ここでは『ヘブライ人への手紙』がこの問題について与えている解釈のなかの『詩篇』をお目にかけることにしましょう。


「あなたは、いけにえも供え物も望まれず、ただ私のためにからだを作ってくださった。

あなたは燔祭と罪償のいけにえを喜ばれなかった。

そこで私は言った。『さあ、私は来ました。

聖書の巻物に私のことが記されているとおり、
神よ、あなたの御心を行なうために。』」〔ヘブライ人への手紙、一〇の五―七〕

『ヘブライ人への手紙』はこのテクストを、神とキリストとのあいだの供犠についての対話、人間がそこからしめ出されているような対話として解釈しています。この手紙のなかで、『詩篇』のこの一節はすべての信者に向けられたもの、と考えられているのは理由のあることです。神がもう供犠を認めないならば、礼拝がその効能を失ってしまったのならば、ヤハウェに従おうとする意志がある以上は、すべての信者は新しい義務に拘束されることになります。もう「律法」の要求には限界がなくなります。

ここでただひとりの人ではなく、すべての人に向けられた呼びかけを認めるのは正しいことです。しかしこの呼びかけのわかる「正しい人」がたったひとりしかいないのだとすれば、どういうことになるでしょうか？　このたったひとりの「正しい人」にとって、供儀の決定的な排除と、「律法」の根本的な解釈とは、致命的なものとなるおそれがあります。『詩篇』のこの一節につづく部分は明らかに次のことを教えています。つまり、もしもヤハウェとこの「正しい人」とのあいだにきわめて特殊な関係があるとしても、そしてまたこの関係が後者の死に通ずるものだとしても、それは、ヤハウェとこの「正しい人」とのあいだに、他の人間たちとは無縁な供儀の契約があるためではなく、他の人間たちが先験的に排除されているような協定のためでもありません。それは、人間たち自身が、神の呼びかけを聞くことを拒否することによって神から遠ざかっているからです。『詩篇』のこの一節につづく部分は、神の呼びかけに耳を貸さなかった結果がどうであったかを明らかにしています。彼らはヤハウェに従うことを拒否するのですから、「正しい人」に対しても陰謀を企てていることになります。つまり「正しい人」を集団による犠牲者にしてしまっているのです。

主よ、どうか御心によって、私を救ってください！
主よ、急いで私を助けてください！
私のいのちをねらい、殺そうとする者どもが、
みな恥をかき、辱めを受けますように。
私のわざわいを喜ぶ者どもが、

退き、卑しめられますように！
私を「はは！」と笑う者どもが、
恥じて色を失いますように。　〔詩篇、四〇の一三―一五〕

らです。

し、また特に旧約・新約聖書のすぐれたテクストと同じように、危機の絶頂で愛の命令に耳を貸す人、「律法」を厳しく解釈する人は、殺すか殺されるかの重大な選択を迫られるということを理解しているからです。

『詩篇』は実際には福音書に近いのです。なぜなら『詩篇』は「神の国」とそのおきてに近いからです

『詩篇』はキリスト研究にたいへん役にたちますが、『ヘブライ人への手紙』は、福音書のなかで初めて十分に展開される一つの場面、『詩篇』ではその概略が示されているにすぎない場面、つまり集団による「正しい人」の殺害の場面の、きわめて重要な当事者たちを消去しています。(67)

『ヘブライ人への手紙』の著者は、たしかに、キリストが不当に殺されたことを初めて認めたでしょう。しかしキリストの死を供犠と読むにあたって、当事者たちの責任は何の役割も演じていません。殺害者たちは神の意志にあやつられているだけです。彼らの責任はどうなっているのか、だれにもわかりません。このことは、供犠説をとる神学に対する最も日常的な反論であり、またそれは正当な反論でもあります。

ヤハウェがもうその話は聞きたくないと思っている供犠や燔祭を永続させるのは、そうした殺害者たちです。彼らの考え方では、受難がいまでもなお供犠なのですが、彼らとは逆に、神があらゆる供犠をいまわしいものとみなしていることがわかっている犠牲者のほうの考え方では、そうではありません。犠牲者が死ぬのは彼らとのいかなる共犯関係も拒否するからです。「あなたは、いけにえも供え物も望まれず

〔……〕燔祭と罪償のいけにえを喜ばれなかった。」〔三七三ページ参照〕

要するに『ヘブライ人への手紙』は、それ以前のすべての供犠が、明文化されるごとに形を変えているように、また明文化をやりなおしているのです。この手紙は人間から暴力の重荷を取り除いていますが、その度合いは、それ以前に明文化されている供犠の大部分よりも劣ります。この手紙は犠牲者の死に対する神の責任を再確認しながらも、人間の責任にも、その役割はあまりはっきりしませんが、席を与えています。つまりこの供犠説をとる神学は、「第二イザヤ」書に暗黙のうちに示されている神学とまったく同じ水準に位置しています。

旧約・新約聖書のテクストの周辺にいくらでも見られる反論と同じように、ユダヤ教と歴史的なキリスト教とは、結局は、基本的に一致しています。両方とも、人間の暴力の解明を見落としていますが、できるかぎりそれに近づいてはいます。ただしお互いに分身どうしであり、両者を同じ資格で結びつけるもののみが両者を引き離しているのだということは、理解するに至っていません。(68)

C　キリストの死と神聖なものの終結

O　供犠的な読みを批判すると、あなたは、イエスの死と復活に関するあらゆる問題において、暴力という意味での神聖なものの存在を否定せざるをえなくなるのではないでしょうか？

G　実際、私も神聖なものは消去しなければならないと考えています。なぜなら神聖なものは、イエスの死のさいには何の役割も演じていないのですから。福音書のテクストでは十字架上のキリストは、苦しみのあまり力尽き、絶望に陥って、「エリ、エリ、レマ、サバクタニ」と、つまり「神よ、神よ、なぜ私を見捨てられたのですか」〔マタイ、二七の四六〕と叫び、その死から復活までの象徴的な三日間はむなしく過ぎさるわけですが、このことは復活に対する、あるいは父なる神の全能の力に対する信仰を弱めることにはなりません。それはむしろ、ここでは神聖なものとはまったく別なものが問題なのだということ、つまり原始宗教の場合と同じように、暴力から直接生まれ出る生命が問題なのだということを立証することになります。キリストはフェニックスのように自分自身の灰のなかから蘇るのではありません。キリストはディオニュソスのやからのように、生と死をもてあそんだりはしません。それはまた空の墓のテーマ〔ルカ、二四の二―四、ヨハネ二〇の二参照〕が証明しているものでもあります。

死はここでは生と何の関係もありません。この死の自然主義的な性格が、そしてそれと同時に死を前にしたときのすべての人間の無力が、強調されています。死の意味は、ここでは群衆の敵意によって重大化され、またイエスが語る神を原初の「マナ」つまり暴力的な神聖さの力と混同している人々によって、皮肉なことに、強調されています。群衆は、イエスがその力の疑う余地のないしるしを、つまり十字架から下りて栄誉とは無縁な苦悩と屈辱を遠ざけるという明らかなしるしを、自分に与えることなどできるはずはないと考えるのです。

通りかかった人々は頭を振ってイエスをののしり、「神殿をこわして三日で建てなおす男だ、もしおまえが神の子なら自分で自分を救ってみろ。十字架から降りてこい」と言っていた。祭司長たちも律法学者や長老たちといっしょになって、あざけって言った。「彼はひとは救っても自分は救えないのか！ イスラエルの王なら、さあ、十字架から降りてもらおうか。そうすれば、われわれは信じるから。彼は神の力をあてにしてきた。もし神に気に入られているなら、いま助けてもらうがいい。『私は神の子だ』と言っていたのだから。」イエスといっしょに十字架

にけられていた強盗どもも、同じようにイエスをののしっていた。〔マタイ、二七の三九―四四〕

この「エリ、エリ、レマ、サバクタニ」が信者や非信者たちのあいだにまき起こした論争は、神聖なものと暴力を回避するのがどれほど難しいものであるかという何よりの証拠です。非信者たちはいつでもこのことばのうちに、「秘密を明らかにする」、そして神学のごまかしを否定する「小さな真実」を見てきました。信者たちは問題のことば、「神よ、神よ、なぜ私を見捨てられたのですか」は旧約聖書からの引用だ、『詩篇』第二二篇の冒頭からの引用だ、と答えています。そして彼らはこの引用にもっぱら装飾的な価値だけを、モンテーニュが引用するプルタルコスのような価値だけを、与えようとする傾向があります。ある人々は、聖書を引用するということ自体が、死に至るまでイエスが完全に自制力を持っていた証拠であるとまで言いたげです。この種の注釈で手間どったりしないほうがいいとは思いますが、信者も非信者もいぜんとして神について魔術的な、供犠的な、あるいはむしろ「コルネイユふうな、義務を第一とする」同じ考え方をいだきつづけているということをうまく説明しようとして、こうしたことを引き合いに出したわけです。

アルベール・カミュの『転落』の主人公は、「エリ、エリ、レマ、サバクタニ」が、四つの福音書のうちの二つから「削られ」ていることを指摘しています。(69) シモーヌ・ヴェイユは、二つの福音書にこの同じことばがあることを、両福音書の超自然的な起源の明らかなしるしだと考えていますが、そのときの彼女は、どれほどより深く彼女自身の考え方を表明していることでしょうか？ つまり死の自然主義的な性格を可能なかぎり根本的に受けとめるためには、福音書のテクストは、この死とは無関係な超越性の不動の確実性によりどころを求めなければならないのです。

O　あなたの読みの人間主義的な性格をなるほどとうなずかせる理由の一つは、あなたがすでに一九七三年の《エスプリ》誌の討論で、「エリ、エリ、レマ、サバクタニ」に付与していた重要性です。近代の考え方は、それがまだ完全に迷妄を覚醒させるに至っていない暴力の超越性と、あなたが愛の超超越《スュルトランサン》性《ダンス》と名づけているもの、暴力がわれわれに隠しつづけているものとの「あいだに」位置しています。こうした位置づけのなかにあって人々は、次のことに気づいていません。つまり、「エリ、エリ、レマ、サバクタニ」のような暴力の超越性という神話を否定するものはすべて、キリスト教や反キリスト教の聖書解釈学者たちが心配したり期待したりしているようにこうした超超越性を否定したり攻撃したりするものであるどころか、愛の超超越性をいっそう強化し賛美するものなのです。

G　混乱の原因は何かというと、いつものことながら、もちろん、あらゆる宗教に見られる受難と供犠との構造的な類似です。まず供犠的な読みにたよっていては、こうした類似以外のものは何一つ目にはいりません。そして構造だけに目をとめるこうした皮相的な読みを——こういうことはここではっきりとわかるのですが——すべての反キリスト教思想はいぜんとして認めつづけているのです。こういう類似の魅力から身をかわすため、また二つの超越性の対立を的確に肯定するような兆候を見きわめるためには、まず福音書のテクストの人類学的な研究の成果と、基礎づくりのメカニズムの解明とを理解しなければなりません。

もし仮りにイエスの死が供犧であったとすれば、復活は結局磔刑によって「作り出されたもの」ということになってしまうでしょう。ところがそんなことはありませんし、正統神学はいつでも受難を神格化の過程に変えようとする誘惑に逆らって成果をあげてきたのです。正統派にとってキリストの神性はもちろんその人間性の外にあるものではなく、生存中に起こった事件に依存するものでもありません。ある種の痛苦愛好型のキリスト教のように、磔刑を神性の「原因」と考えたりするよりは、それを神性の「結果」と考えたほうがいいのです。暴力の支配下にあるこの地上でほんとうに神としてふるまうということは、人間をおさえつけることではなく、人間を神の威光で圧倒することでもなく、人間に思いのまま苦悩と恩恵を与えてかわるがわる、おびえさせたり、おそれいらせたりすることでもありません。神としてふるまうということは、分身どうしのあいだに差異を生じさせないということ、分身どうしの争いのさいにはどちらにも味方をしないということなのです。「神はえこひいきをしません」〔ガラテヤ人への手紙、二の六他〕し、「ユダヤ人とかギリシア人とか（……）男とか女とか」〔同、三の二八〕の区別もしません。神の全能は、その超越性のためにわれわれ人間から限りなく離れているかぎり、またわれわれ人間の暴力的行為のかげに隠されているかぎり、そんなものはわれわれとはまったく無関係だ、そして結局はそんなものは存在しないのだ、といまでもみなされかねません。しかしこの同じ超越性がひとりの人間に肉体化され、人間たちのなかを歩きまわって、真の神とはどういうものか、どうすれば神に近づけるのかを教えるようになると、それまで無関係だ不在だとみなされてきたものが、たちまち、あれは英雄的な愛だったのだ、至上の愛だったのだ、とわかるようになります。

　われわれの第一歩は基礎づくりのメカニズムの解明でした。そのあとのすべてのことがこのメカニズムから発しています。それは、福音書のテクストが、まったく人間学的な内容に還元されるからなのではなくて、こうした人間学的な内容をわれわれが大昔からろくに知らないままでいるうちは、福音書のテクストの宗教的な内容の真の性質が理解できないからなのです。

L　しかし『ヨハネによる福音書』だけは、キリストの磔刑の場面から、奇跡のしるしを一掃しています。ところがあなたは四つの福音書に均等に重要性を付与しています。共観福音書の奇跡のしるしを、あなたはどう説明されますか？　奇跡のしるしは、あなたの推論に対する手ひどい攻撃にならないでしょうか？

G　『マルコによる福音書』と『ルカによる福音書』には奇跡のしるしは一つしかありません、そしてその一つが注目すべき象徴的な影響力を持っています。それは上から下まで真二つに裂ける「神殿」の幕です。「神殿」の幕、それは供犠の秘密から人間を隔てる幕であり、供犠の土台である認識不足の、具体的な物質的なあらわれです。ですから、幕が裂けるということは、イエスがその死によってこうした認識不足に打ち勝ったことを意味しています。〔原注、マルコ、一五の三八、ルカ、二三の四五参照〕

『マタイによる福音書』では、奇跡の効果は一段と目ざましいものですが、そのなかの主要なものは、その奇跡的な様相にもかかわらず、やはり、しかも何と力強く、われわれを受難の人間学的な非神話的な意味づけに立ち戻らせてくれるでしょうか。

（……）墓が開き、死んで眠っていた多くの聖徒たちのからだが生き返った。彼らはイエスの復活の後に墓から出て神聖な町にはいり、多くの人々に姿を見せた。〔マタイ、二七の五二—五三〕

このまさしく宗教的なテーマを、聖書の記述の本質的な作業——つまり人間たちが土のなかに埋めたすべての犠牲者を、死んだ者としてではなく生きている者として、光のもとに連れ戻すという作業——と同質のものと認めるということは、宗教的なテーマとしての復活を遠くに押しやることにはなりません。要するにここでは、この世の初めから殺されてきた犠牲者たちが、この地上に舞い戻ってその姿を見せようとしているのです。

D　他者の供犠と自己の供犠

G　供犠の定義の誤りと、それに誘発される無数の結果が、つまり定義の誤りが引き起こすテクストの読みちがいや、解明されたものを再度覆い隠してしまうベールなどが、見きわめられ定義された以上は、今度はこの定義の別な面を観察し、また特にこの定義が今日それに忠実であろうとする人々にとって何を意味するかを理解しなければなりません。

この定義は、必然的に、それ以前のすべての宗教にとって供犠の定義への依存が意味したものすべてを意味しています。人間は起こったことの真の意義がわからなくとも、わかろうという気持ちさえあれば、何かがほんとうに起こった、普通の人間の限度を超えることが起こった、ということはわかります。そうした前代未聞のことが起こったときには、彼らには、それ以前のあらゆる場合にいつも役だってきた用語に、つまり供犠という用語に頼るのが、自然であり、やむをえぬことでさえあるようにみえるのです。

ひじょうに多くの人々がいぜんとしてこの用語に執着していますが、それは彼らにとって、対立意見をおさえて福音書の啓示の超越的な性格を明確にするための、ほかの記号表現《シニフィヤン》が見あたらないからです。一方では、対立意見の持ち主たちはそれとは逆に、なおもキリスト教から供犠を供犠的な手段によって取り除こうと努めています。供犠的なというわけは、この手段とはキリスト教から超越的な次元を完全に切りすてることなのですから。

供犠を維持しつづければ超越性を守ることになると思っている人々は、完全に思いちがいをしています。

なぜなら反キリスト教批評家たちによっていつも注意深く守られてきた供犠の定義こそ、現代の無神論について、つまり神は決定的に死んだとみなしているすべてのものについて、責任があるのですから。いま、ついに死に果てようとしているもの、それは歴史的なキリスト教のいまなお供犠を求める神であって、イエスの父ではありません。たしかに供犠というつまずきの石のために、近づこうとしてもいつも妨げられていたし、いまでもまだ妨げられている福音書の神ではありません。福音書のテクストがわれわれの目に、われわれが発掘した死体としてではなくて、われわれがこれまでに見た最も新しいもの、最も美しいもの、最も生き生きとしたもの、最も真実なものとして再び立ちあらわれることができるためには、この供犠を求める神が、そしてそれとともに歴史的なキリスト教全体が、ほんとうに「死んでしまう」ことが必要です。

供犠ということば自体が、そのひじょうに長い歴史のあいだに、そして特に旧約聖書の影響のもとに、おそらくかなりな変化を受けて、そのためにこのことばは、どんな形の共同生活にも絶対に必要なある種の態度、ある種の行動を表現することができるようなことばになったのでしょう。大昔から、たしかに、供犠の罪ほろぼしの面ばかりか、供犠とは物質的な代償をあてにせずに、生き物をいけにえにしたり何かをこわしたり食べたりするのを断念することだという考え方を強調することによって、宗教は——ときにはきわめて「原始的な」宗教でさえ——供犠に、禁忌を上回る倫理的価値を与えてきました。禁忌を上回るというのは、供犠の倫理的価値は、禁忌とちがって、単なる回避や否定的行動に還元されることはもうありえないからです。捧げるという具体的な行為は、抽象的な捧献になりきってしまうのです。

実際に倫理的という呼び方にふさわしい行動の起源は、明らかに禁忌と儀礼の相互作用のうちに求めなければなりません。ですからこうした行動やそれに対する考察についても、またその他のいかなる文化的行動や人間の考え方などについても事情は同じです。人類全体が、宗教的なものから、つまり犠牲に対する全員の考え方がまとまったときに出されるいろいろな至上命令の相互作用から、生まれているのです。このことは、われわれが文化人類学上の討論のさいに証明しようと努めたことのくりかえしにほかなりません。

供犠のモラルは、たしかに、ユダヤ教とキリスト教によって極度の精妙さに達しました。自分以外のものを対象とする供犠の形態のすべては、「自分を対象とする」犠牲と対立しています。キリストがその例で、自分自身を犠牲に捧げるということは、最も気高い行為と言えるでしょう。たしかに、この供犠ということばであらわされるものをすべて断罪するのは、行き過ぎです。私はそんなことを考えているのではありません。しかしわれわれの分析によっていろいろなことが明らかになった以上、あらゆる供犠のやり方は、そのうえ特に自分自身にはねかえってくるようなものは、福音書のテクストのほんとうの精神に一致しないと結論せざるをえません。福音書の精神は、「神の国」のおきてを、「自己犠牲」という否定的な様相で示すことはけっしてありません。「自己犠牲」は、単にキリスト教的なものであるとか、また進んで他人を犠牲にする「利己主義」とは正反対な「愛他主義」の極致であるというだけではありません。それどころか「自己犠牲」は、多くの場合に、「キリスト教的」というアリバイのかげに、模倣性の欲望から生じた隷従の形を隠しているはずです。また、「マゾヒズム」という形の「自己犠牲」もあります。それは自分で意識する以上に、自分で望む以上に、自分について長々と語るものです。それは万が一の場合には「自分を」神聖化しよう、神格化しようという欲望を隠しているかもしれません。そしてこの欲望が、古くからの供犠という迷妄の直接の延長線上に、いつでも居すわっているのは、だれの目にも明らかです。

E「ソロモンの裁き」

G　受難を供犠と読むことに対する私の反論を要約するために、旧約聖書の最もすばらしいテクストの一つを、つまり「ソロモンの裁き」を援用することにしましょう。

聖書の言語は、哲学や近代批評の言語よりも、効果的に供犠を否定しているように私には思えるのです。聖書を愛する解釈学者ならだれでもまず聖書そのものを援用して、理解を深めようとします。われわれもその例に従いましょう。

そのころ、ふたりの娼婦が王のところにやってきて、王の前に並んだ。ひとりの女が言った。「王さま！ 私とこの女は同じ家に住んでいます。私はこの女が家にいるとき子どもを産みました。私が子どもを産んで三日たつと、この女も子どもを産みました。家には私たちのほか、だれもいっしょにいた者はなく、家にはただ私たちふたりだけでした。ところがある晩、この女の産んだ子が死んでしまいました。この女が自分の子の上に寝ていたからです。この女は夜なかに起きて、王さまのはしためであるこの私が眠っているあいだに、私のそばから私の子を取って自分の胸に抱き、自分の死んだ子を私の胸に抱かせました。私が子どもに乳を飲ませようとして起きてみると、どうでしょう、子どもは死んでいるではありませんか！ でも、朝、その子をよく見てみると、まあ、その子は私が産んだ子ではないのです！」 するともうひとりの女が言った。「そうではありません！ 生きているのが私の子で、死んだのはあなたの子です。」 先の女は言った。「そうではありません！ 死んだのがあなたの子で、生きているのは私の子です！」 こうして女たちは王の前で言い争った。そこで王は言った。「ひとりは『生きているのが私の子で、死んでいるのはあなたの子だ！』と言い、また、もうひとりは『そうではない、死んだのがあなたの子で、生きているのは私の子だ！』と言う。剣を持ってこい。」王はこう命じた。剣が王の前に持ってこられると、王は言った。「生きている子どもを二つに断ち切り、半分をこちらに、半分をそちらに与えよ。」すると、生きている子の母親は、自分の子を哀れに思って胸が熱くなり、王に言った。「王さま！　どうか、その生きている子をあの女にやってください。どうかその子を殺さないでください。」しかし、もうひとりの女は、「その子は私のものにも、あなたのものにもしないで、断ち切ってください」と言った。そこで王は裁きを下して言った。「生きている子を初めの女に与えよ。その子を殺してはならぬ。初めの女がその子の母親だ。」イスラエル人はみな、王が下した裁きを知って、王を敬った。神の知恵が王のうちにあって裁くのを見たからである。〔列王の書上、三の一六－二八〕

このテクストのなかに模倣の危険性と分身の世界を認めるのは、何のぞうさもないことです。二人の女がともに娼婦であるという条件は、非差異状態の特徴です。

王がすぐれた策を示すまでの女たちの口論のテクストでは、初めから終わりまでずっと、女たちのことばが区別されていません。ただ、「二人のうちのひとりは」、「もうひとりの女は」と言って話し手を示しているだけです。実際問題として、どちらの女が話をしているのかは、あまり問題ではありません。なぜなら両方ともまったく同じことを話しているのですから。「そうではありません！　生きているのが私の子で、死んだのはあなたの子です。」すると相手も、「そうではありません！　死んだのがあなたの子で、生きているのは私の子です」と、同じことばをつづけています。このだれの目にも明らかなシンメトリーは、人間どうしの争いの本質でさえあります。だからこそこのテクストも、「こうして、女たちは王の前で言い争った」と付け加えているのです。

王はこの言い争いを聞いて自分の考えを述べるのに、ただ、二人の女のことばをそっくりそのままくりかえしています。争っている二人の女の言うことがまったく同じでは、自分には、理屈から言って二人のうちのどちらかに有利な決定を下すことはできない、ということを強調しながら。

王は明らかな根拠にもとづいた決断によってこの問題をすっぱりと裁くことができないので、子どものほうをすっぱりやることに決めた、と言ってのけます。敵対する二人のどちらかひとりを選ぶことができないので、訴訟の対象を二人で分割するように決めます。決断するというラテン語（decidere）は、「剣で」断ち切るという意味です。

王のこの決定には論理性があり、正当さもあります。しかし、このまったく形式的な正当さのかげには、この上もなく恐ろしい不当さも隠されています。なぜなら子どもは分割されうるようなものではないし、分割するとは、殺すということなのですから。殺せば、ほんとうの母親は生きている子どもを返してはもらえなくなります。

「剣を持ってこい」と王は命じました。剣が持ってこられると、王はこう言いました。「生きている子どもを二つに断ち切り、半分をこちらに、半分をそちらに与えよ！」要するに王は最後まで、分身どうしのシンメトリーを重んじようというわけです。そしてこうした表現上のシンメトリーは、二人の女をまったく平等に扱うことでもあります。

あとの女は王の提案を受けいれますが、それによって、子どもにほんとうの愛情を持っていないことがわかってしまいます。この女にとって関心のあるのはただ、「ひとが持っているものを自分も持つということ」だけです。この女はやむをえず、相手も同じように子どもを亡くすという条件で、子供を亡くすことを受けいれるのです。彼女は明らかに、模倣性の欲望にもとづいて、ものを言い、行動しています。かっとなった女は、争いのもとの生きている子どものことなど、もうどうでもよくなってしまったのです。

頭にあるのはただ敵対者であるモデル《モデル・リヴァアル》に対する執念深い憎しみだけです。このモデルを打ち倒そうという怨念、勝つことができない場合でも相手を自分といっしょに破滅させようという怨念で頭がいっぱいになってしまっているのです。

ソロモン王の演出は、ディレンマの解決法であると同時に、二人の女のどちらかにほんとうの母親の情があるならそれをはっきりさせようとする策略でもあります。ソロモン王の演出を見ると、どうしても、歴史の書物や預言の書物のなかの一つの重要なテーマを思い起こさずにはいられません。それは子どものいけにえというテーマで、こうした形の子どもの殺害がくりかえし行なわれてきたことから判断すると、かなり後代までつづけられていたものです。もしも二人の女がたまたま王の決定を同じように受けいれたとしたら、どういうことになるでしょうか？　ここでは、「子どもを火にかける」〔列王の書下、一六の三他参照〕ほどではありませんが、このテクストからは、いつも「反宗教的嫌悪感」をもって見られている慣習の、何らかのこだまが聞こえてはこないでしょうか？

こうした慣習がひじょうに長いあいだつづいたのは、おそらく近隣の人々に影響されただけではなくて、時代はあまりはっきりしませんが、それがヘブライ人たち自身のあいだで、法定の供犠として認められていたからなのです。この慣習には長く生き残る性格があります。歴史的に見て『創世の書』と『脱出の書』の多くの場面で起こっているのは、人間のいけにえ、特に初めての子のいけにえが規則的に行なわれていた世界から、もう一つの世界への移行、つまりいまなお血なまぐさい儀礼で正当視されているのはただ割礼と犠牲動物の殺害だけであるような世界（ヤコブの祝福〔創世の書二七参照〕、アブラハムの供犠〔同二二参照〕、モーセの子らの割礼〔ヨハネ、七の二二参照〕など）への移行であるように思われます。

われわれのこの仮説にとって有利な証拠は、テクストのなかに少なからずあります。この仮説の利点は、私の考えでは、これによって、聖書がすみからすみまで唯一同一の反供犠的な原動力によって動かされている、とみなすことができるということです。そこには一連の段階を見分けることができます。その内容や結果はそれぞれずいぶんちがうのですが、全般的な方向や形態は同一です。その形態は、もちろんいつでもそれ以前の一つのシステムがまず崩壊するという形態です。それは破滅的な一つの危機でもあるわけですが、犠牲のメカニズムの仲介によって一回ごとに一段と人間化された供犠のシステムが確立されるというよい結果がもたらされます。第一の段階は、いわゆる族長時代の、人間の供犠から動物の供犠への移行の段階です。第二の段階は、『脱出の書』の段階で、その特徴は復活祭という制度です。復活祭は血なまぐさい供犠ではなく、仲間うちの食事にアクセントを置いています。そしてそこにはもう、厳密な意味での供犠はありません。第三の段階は、あらゆる供犠の放棄に対する預言的な意欲の段階です。そしてこの段階は、もちろん、福音書のなかで初めて達成されるのです。

ここではただ理屈でものを考えているだけです。こうした理屈にも何らかの価値はあるでしょうが、それはソロモンの裁きについての私の読みに不可欠なものではありません。たとえ王の頭に浮かんだ策略が子どもの供犠という問題とは何の関係もないものだったとしても、この策略の提示の仕方は、この策略に一つの供犠的機能を与えています。その機能は、と言ってもおそらく推定の域にとどまるのですが、はっきりと頭に浮かんでいたものであることに変わりはありません。別な言い方をすれば、問題は、王が二人の母を差異化することができないのを知って、この二人に、互いに分けあうことができるゆえに争いを終わらせることができるような犠牲者を示して、分身どうしを和解させようとしたのだ、ということになります。

王が提案し、死んだ子の母親が同意した「解決法」が広い意味で供犠的なものと定義されるはずだとしても、ほんとうの母親の態度の特徴を示すのに「同じ用語」を使うということは、たしかに正しいとは言えません。それはむしろ忌むべき混乱の原因でさえあるでしょう。なぜなら明らかにこの母親は、供犠的な解決を示されて恐ろしさのあまりそれを拒否し、母親らしい感情を見せたのですから。

あなたがたはおそらく、あとの女の場合には、供犠がそれ自体にはねかえっている、他動的なものから再帰的なものへ、目的格的なものから主格的なものへ移るときに、完全に形を変えてしまっている、と私におっしゃるでしょう。でも、それはほんとうではない、とお答えするつもりです。つまり、二人の女の行動のあいだにある深淵は、実際には、逆転という単純な操作では測られないものだ、とお答えするつもりです。それは根本的には未知のものです。

たしかに私は、ほんとうの母親について供犠の話はしても、近代の宗教倫理が、何かきわめて現実的なものを明らかにする努力をしていないと言っているのではありません。ほんとうの母親だけが子どもに対して権利を持っていて、彼女はその権利を「犠牲にし」ようとしているのです。彼女は、事態の成り行きを想像することができないという点で、自分を犠牲にしているとさえ言うことができます。彼女は、子どものことをあきらめるという突然の決意が、自分に「不利なように」受けとられる、つまり王の威厳を前にしてずうずうしくうそをついていることができなくなったのだと受けとられることはあるまいという確信は持ちえません。彼女は王の「神の知恵」など想像することもできません。ですから彼女は自分のいのちさえ危険にさらすわけです。

私にはなぜ聖書の解釈学者たちが、この問題で供犠という用語に頼りたがるのかが、よくわかります。ですが私は、この用語は、本質的な事実を見落とさせ、いちばん明確にしなければならない問題をあいまいにするものだと思っています。供犠という用語は、二人の女の行動の差異を縮少するばかりか、あとの女の場合に、実際には付随的であるものを、つまり子どもをあきらめるという行為とか、ほんとうの母親が自分の身をさらす危険とかを、前景に押し出します。供犠という定義は、ほんとうの母親にとっていちばん大切なこと、つまり子どもが生きるということを、背景に追いやってしまいます。

供犠という定義では、いつでもあきらめと死が、そして分離された主体性が、強調されます。つまり死んだ子の母親とその模倣性の願望——結局はフロイトが死の本能と呼ぶものとぴったり一致する願望——に特有な価値観が強調されます。

供犠ということばは、ただ、死んだ子の母親の価値観を明らかにすることができるだけです。この価値観は苦悩と死とには少しも向けられていませんし、模倣性で同時に唯我的でもある主観性に——両者はいつも並行しています——捕われてもいませんが、身近な者と生とには積極的に向けられています。供犠という説明のしかたでは、テクストの言語そのもののなかの生とか生者という最も重要なもの、つまり二人の女が奪いあう子どもがいつも「生きている子ども」として示されている事実の、正当性を明らかにすることはできません。

ほんとうの母親のほうには、「自分を犠牲にする」という願いは少しもありません。彼女は自分の子どものそばで生きたいと望んでいます。しかしその子を永久に敵の手に渡してしまう覚悟もできています。「子どもを死から救い出すために」、必要とあれば、自分が死ぬ覚悟さえできています。

このテクストが、受難に先立つ段階のキリストの立場に適用されうることは、すぐにわかります。供犠的な読みをする人々は、共同体の上にのしかかっている脅威も、彼ら自身の行動の必然的な結末も理解できないため、「神の国」の提示から受難に至るキリストのすべてのことば、すべての行為——基礎づくりの殺害の明らかな啓示をも含めて——が、供犠による古来の解決法全体のその後の失効、無用の長物化に気づかずにいる人類を救おうとする意図から出たものであること、を見てとることができません。

したがってキリストの行為は、あらゆる点で、善良な娼婦の行為と並行していますし、この娼婦のうちに考えうるかぎり完全な「キリストの姿」を認めなければなりません。キリストは人間を生かすために死を受け入れます。その行為を供犠と定義することは、たとえわれわれにその行為を意味することばやカテゴリーが欠けているにしても、避けなければなりません。ことばの欠如自体が、神話や哲学や実用主義の知恵ではその片鱗さえもつかめないような行為が問題になっているということを、よく暗示しています。善良な娼婦は自分が、供犠の犠牲者の身代わりになることを受け入れます。それは彼女がこの役割に多少なりとも病的な誘惑を感じているからではありません。殺すか殺されるかという悲劇的な二者択一に、殺される、で答えるからなのです。それも、「死の本能」であるマゾヒズムとか供犠志向からではなくて、「子どもを生かしたいから」なのです。人間の共同体の究極の基盤を明らかにするこうした局限状況のなかで、キリストもまた一つの態度をとることになりますが、そのためどうしても、あくまで供犠にこだわろうとする共同体全体の、つまり供犠に差し出されるものの根本的な意義を抑圧しようとする共同体全体の、暴力に身をさらすことになります。

ソロモンの裁きの持つキリスト研究上の意義を徹底的に究明するためには、この裁きがもっぱら考慮している親子関係の結末とか、ここで問題になっている愛情の母親的性格などが、実際には付随的なものであることを見定める必要がありますし、またそうした付随的なものから脱却する必要もあります。二人の女のうちのひとりは、「その生きている子をあの女にやってください。どうかその子を殺さないでください」と叫びます。この女はわれわれには肉体的な意味でほんとうの母親として示されています。そしてもちろん、そのために親子関係には何とか一つの解決がもたらされるわけですが、この親子関係は不可欠な要素ではありません。分身どうしの対立は、親子関係とは無縁なところでも生じますし、ソロモン王やその剣に頼らないでも、係争のもとになったものを死に至らしめるでしょう。最悪の場合にはおそらく、考えうるかぎりのものを死に至らしめるでしょう。そのためには、対立がいつまでも高まっていって、それが殺害に行き着くまで、それを止めるものが何も、だれも、あらわれなければ、それで十分なのです。

われわれは、このように視野を広げて、受難の動機は何であったのかと問い、そこに善良な娼婦の行為と同質の行為を認めなければなりません。イエスの「父」の態度を理解するためには、この訴訟事件を通じて王の気持ちをかき立てた母親の愛情を考察すれば、それでよいのです。王は子どもをいけにえにしようとしたのではありません。なぜなら、子どもは死んだりはしないでしょうから。また母親をいけにえにしようとしたのでもありません。なぜなら現に子どもは母親に渡され、親子は二人で平和に暮らすのですから。それと同じように、父なる神は、だれをいけにえにしようとも思いません。ただ、ソロモン王とはちがって、父なる神は、地上で分身どうしの争いにけりをつけるようなことはしません。この地上には、真の正義を行なうようなソロモン王もいません！　基本的な人間の状況とは、まさに次のようなことなのです。つまり、いつまでも子どものままの人類を正義によって支配するこのような父なる神も常に賢明な王もいないところで、真に人間的な行動をしようとすれば、また天上と同じように地上でも父なる神の意志を行なう方法を求めるとすれば、それはただ、この善良な娼婦のように行動するということ、彼女と同じ危険に立ち向かうということ、それも犠牲という薄暗い意志によるのではなく、死への病的な誘惑によるのでもなく、まったく逆に、ほんとうの生き方を愛し、生の勝利を確保するために、そうするということなのです。

私が提示している非供犠的な読みは、福音書のなかでキリストの死が、その信奉者たちへの、また人類全体への絶対的な献身として示されている個所の影を薄めようとしているのでは少しもありません。「友人のために自分のいのちを与える、これよりも大きな愛はない」〔ヨハネ、一五の一三〕。福音書のなかでは、こうした愛のあかしが供犠と定義されていることはまったくない、ということにもう一度注目しましょう。パウロのことばには、「愛の〔神の〕みわざ」「いつくしみのたまもの」のような表現が目だっています〔ローマ人への手紙などに数個所〕。パウロでは供犠ということばが使われているのは稀ですが、その稀な例も、『ヘブライ人への手紙』や後続のすべての理論のような、まさしく供犠的な理論とは無縁であることからみて、隠喩のようなものとみることができます。

ソロモンの裁きを手がかりにすれば、死に至るまでの献身についてのキリスト教的概念の迷妄を打破するという形で、仲介者たちが「マゾヒズム」として機械的に対立させているつまらぬ反論も、まさにつまらぬ反論だと言い切ることができます。

L　悲劇文学のなかには、ソロモンの裁きに近いと言っていいようなテクストがあると思いますし、また「善良な娼婦」に比較しうる登場人物もいます。それはアンティゴネです。

G　まず『アンティゴネ』の冒頭で、これは悲劇作品や預言などでは「毎度のこと」ですが、われわれは激烈な相互的な暴力に出会います。アンティゴネの二人の兄弟ポリュネイケスとエテオクレスの殺し合いによる同時の死、両者の最後まで差異化不可能なままでの死は、その象徴です。あるいはそれ以上のものかもしれません。この二人の兄弟について何かを言おうとすれば、あるいは何かを否定しようとすれば、どうしてもすぐに相手のほうについてもそれを言い、あるいはそれを否定しなければなりません。際限のない暴力の問題のすべてがそこにあります。だからこそクレオンは敵どうしの兄弟を差異化しようとするのですが、おどろいたことに、読めばおわかりのように、『アンティゴネ』のなかのクレオンの最初の話の出だしのところで、彼はアイスキュロスやエウリピデスにも見られる決まり文句と同類の決まり文句を使っています。そしてそれは、まさしく、いかなる差異も不可能であることを教えています。

二人の兄弟は二重の宿命によって、ただの一日のうちに非業の死をとげた。その不正な腕の一撃を相手に与え、またそれを相手から受けて。

エウリピデスのほうは、『フェニキアの女たち』で、戦いの叙述を、こんなふうにしめくくっています。

（……）彼らは互いに殺しあい、砂を嚙んで並んで横たわっている。彼らの力には優劣がない。

クレオンは一国のよき主として、『オデュッセイア』のオデュッセウスや福音書のカヤファと同じように、分身どうしの忌まわしい争いにけりをつけようと思ったのかもしれません。そしてそのためには、二人の兄弟のうちのひとりを呪い、他のひとりを祝福しなければならないことを、彼は知っていたのです。ちょうど、まったく同じ事情のもとで、年老いたイサクがヤコブを祝福したように。

クレオンがポリュネイケスに対するテバイの人々の全員一致の憎悪を求めるのは、全員の気持ちの一致のみが、身代わりの犠牲者に共同体再建の力を与えうるということを、よく知っているからです。

だからこそクレオンは、アンティゴネの行動を許すことができないのです。アンティゴネは神話のうそに反対して、分身というものはまったく相等しいものであり、どちらも同じように扱うべきだと言います。要するにアンティゴネはキリストと同じことを言い、キリストと同じように、共同体から排除されて死ななければなりません。
シモーヌ・ヴェイユは、そのおどろくべき直観によって、アンティゴネのうちに、古代世界全体のなかで最も完全な「キリストの姿」を認めました。シモーヌ・ヴェイユはソポクレスがそのヒロインに語らせる見事な詩句、人間社会の真実を言い当てている詩句に注目しました。この詩句はふつうは、「私は憎しみを分かちあうために生まれたのではなくて、愛を分かちあうために生まれたのです」と訳されていますが、逐語的には、「ともに憎みあうためではなく、ともに愛しあうために、私は生まれた」という意味になります。人間の社会がともに愛するものであるのは、ただそれがまたともに憎みあうものだからなのですが、この憎しみという基盤を、アンティゴネは、キリストと同じように、明るみに引き出して捨ててしまいます。(70)

アンティゴネに向かって、「だが味方も敵も同じように扱うわけにはいかぬ」と、どこの国にもある千篇一律の古めかしいうたい文句をくりかえすばかりのクレオンに(クレオンは少しまえまでは二人の兄弟には差異はないと認めていたのに)、アンティゴネはこう答えます。「神々があの世でほんとうにそんなことを(つまりあなたがよい人と悪い人とのあいだに設けようとしている差異などを)お望みだなどと、だれにわかるものですか?」

この詩句は、福音書によって完全に明らかにされるものを暗示しています。つまり、神が実在するとすれば、神は分身どうしの争いなどに関心をいだくはずはないのです。

私の考えでは、ソポクレスのテクストがどれほどすぐれたものでも、やはりそれをソロモンの裁きのテクストと、同日に論ずることはできません。アンティゴネは、クレオンがポリュネイケスの埋葬の儀を拒否したことから、抗議の声を高めます。アンティゴネが死を受け入れるのは、『列王の書』の娼婦のように、生きている子どものためではありません。すでに死んでいる者のためです。そしてそのために、アンティゴネのテクストは、『列王の書』よりも供犠という定義を押しつけられやすいのです。アンティゴネのテクストは、聖書と同じ解明力を持ってはいません。この悲劇作品のテクストと聖書のテクストとの差異を明らかにしようとするならば、もちろん福音書のテクストを参照すべきです。この悲劇作品のテクストだけが、ここでその意味が明らかになる一つの見方、「死者は死者に葬らせよ」〔マタイ、八の二二〕の意味を感じ取っているのですから。

シモーヌ・ヴェイユの注意力が、旧約聖書のすばらしいテクストに向けられることがなかったのは、たしかに惜しむべきことです。彼女は自分が加わっていた知的環境の、いちばんひどい迷妄の部分に忠実であったために、それができませんでした。哲学者アランも含めて彼女の先生たちは、すべてギリシア文化の研究者だったので、聖書のテクストについては、神聖な恐怖といったようなものを彼女に教えこんだのです。そしてこの神聖な恐怖は、だれからも信用されず何の影響力も持たぬ例外を除けば、近代思想全体を代表するものでもあります。

O　そうした問題はすべて、きわめて複雑な、微妙な分析を必要とするのではないでしょうか。今日では供犠という道徳律は「暴力的に」拒否されていますが、それはこの道徳律の一つの進歩なのではありません。それどころか、この拒否によってわれわれはおそらく、はるかに低い次元に引き下げられるでしょう。そしてまたわれわれは、ある種の人々が一切の供犠の定義を捨てるという考え方に恐怖感をいだいている、ということがよくわかるのです。この恐怖感は、この供犠の定義がキリスト教の場合にはその最も独自な面をその領域外に完全に捨てさるわけではないだけに、むしろもっともであると言えます。この恐怖感は、すでに非供犠的な定義に依存しているある種の価値を、たしかに弱められてはいるもののやはり効果的でもある形で透過させるはたらきをしています。

G　したがってわれわれとしては、供犠的なキリスト教に対して、断固たる有罪判決を下そうというつもりはありません。供犠的な読みと非供犠的な読みとの根本的な不調和を解決しようと思えば、そうすることがまずわれわれの義務であるという気はしますが。供犠的なキリスト教に対する有罪判決が正当であるといううぬぼれを持ったとすれば、われわれはキリスト教に対して、キリスト教自体がそれに屈服している態度、典型的でさえある態度を、くりかえすことになるでしょうし、福音書のテクストと、それに依拠する非供犠的な見方を鼻にかけ、キリスト教徒全体に対して、反ユダヤ主義的な歴史的な恐怖を、ふたたびいだきつづけることになるでしょう。もう一度、供犠的な機構、犠牲の機構を、テクストにもとづいて機能させることになるでしょう、テクストがほんとうに理解されたとしたら、そうした機構を決定的に無用なものにしてしまうはずのテクストにもとづいて。

F　新しい供犠的読み、つまり記号論的分析

L　近ごろは福音書の読みにもほかにいろいろあって、記号論の方法を引き合いに出すものもありますが、あなたの読みはそれらの読みとは対立しています。それらの読みでは「神の国」はいつでも、ユートピアとして定義されています。受難の物語のなかでルイ・マランは、「裏切者の記号論」つまりユダの記号論と呼ぶものを重要視しています。(71)

ロシアの民間伝承の形態論に関するプロップの労作には、またその派生的な研究には、受難の記号論が

結びついています。そうした伝承のなかでは、主人公はまず裏切者の犠牲になりますが、最後には勝利を収めます。主人公は復讐をとげ、裏切者は当然の罰を受けます。(72)

G　その図式が正確なものだとすれば、福音書にはほんとうに独創的なところは何もなくなってしまうでしょう。ほんとうの犠牲者は隠されてわからなくなってしまうでしょう。つまり犠牲者は究極的にはキリストではなくて、ユダになってしまうでしょう。記号論者が福音書のなかで見つけたと思っている図式はだれが見ても、大衆文学を含めてあらゆる文学のなかに、きわめて広範に認められるものです。福音書が実際にそうした図式に還元されるなら、ほんとうの犠牲者はだれもが考えているものではなくなって、テクストは究極的には、隠されて見えない犠牲者を効果的に構造化してみせる作業に安住することになります。そうなるとこのテクストはもう私がそこで発見したと考えたような、まったく独自な例外ではなくなってしまいます。われわれはわれわれの主張を捨てなければならなくなりますし、また一方、この記号論がテクストの真の意義に結びついていないということを証明しなければならなくなります。

まったく量的な面から見ただけでも、ユダのテーマは受難の物語のなかで、記号論の論文に必要なほどの場を占めていません。ユダの裏切り〔マタイ、二六の一四以下他〕は、ペテロのイエス否認〔マタイ、二六の七〇他〕と同じように、エピソード的な性格のもので、それに当てられた長さもだいたい同じです。(正確に測ったわけではありませんが。)とにかくこの裏切りは、よく言われてきたように、「全体の筋」から見て必要なものではありません。それは何ら具体的な効果を持っていません。アメリカのテレビ流の、だれの目にも明らかな、りっぱな裏切り行為が、ただ単に聖書編集者たちの文学上の不手際で仕上げがうまくいっていない、などということが考えられるでしょうか？　絶対にそんなことは考えられません。聖書のテクストはイエスに、あいまいさのないことばを語らせています。そのことばは、陰謀は不可欠であるという議論を中断させるようなことばです。なぜならそのことばは、陰謀がまったく自分とはかかわりのないものであると宣言しているのですから。

そのときイエスは群衆に言われた。「あなたがたが剣や棒をもって私を捕えにきたところを見ると、私は強盗なのか。私は毎日神殿にすわって教えていたのに、あなたがたは私を捕えなかった。」ところでこうなったのはすべて、預言者たちの書いたことが成就するためである。するとそのとき弟子たちはみなイエスを見捨て逃げさった。〔マタイ、二六の五五―五六〕

「裏切り」「陰謀」「襲撃」などの意義はテクストに出ていますが、それはただつまらぬもの、無意味なものとして遠ざけられるために出されているだけです。これらの意義は、犠牲者による秩序が集団によって示唆されるときにはつきものの、あの神話の結晶作用の一部になっています。記号論的な読みは、そうした意義をあまりにも重要視しすぎています。私の考えでは、そうした意義が見あたらないと不手際のためだと想定するのは、テクストをまじめに扱うことではありません。そうした意義はぜひテクストのなかに見つけようとしても実際には見つからないか、あるいは見つかってもすぐに捨てられるだけです。福音書がわれわれにはっきりと教えているのは、陰謀にまつわるあらゆる策略の空しさで、この点について福音書は、いまなお強力な「脱＝構築《デコンストリユクシヨン》」性を持っていることは明らかです。

なぜ福音書のテクストが、あんなふうにユダと聖職の権威者たちによる擬似的陰謀を扱わねばならなかったかは、わけなく理解できます。イエスは集合体全体にひろがる模倣性の感染の犠牲になったのです。イエスが、特に悪意のある個人によって、あるいは何人かの者によって犠牲にされたと考えるのは論外です。個々の人間の行為は、付随的な問題でしかありませんし、それはすべて結局は、反イエスの形をとった全員一致の結合体に統一されてしまうのです。たとえピラトがいっとき群衆の興奮に抵抗し、群衆がすぐに彼のことばに従ったとしても、最終的にはそんなことはほとんど問題になりません。いちばん問題なのは、だれも最後までは抵抗していないということです。ユダの嫉妬心は結局はピラトの政略に結びつき、また自分のことばのなまりを祭司長の家の庭でさとられないように気を配るペテロ〔マタイ、二六の七三〕の素朴な気取りの態度にも結びつきます。一見すると動機は個々別々であり行為は差異化されているようですが、その背後で、あらゆるものが結局は模倣性の示唆に還元されます。この示唆は例外なくあらゆるものにその力を及ぼします。——「弟子たちはみなイエスを見捨てて逃げさった。」——ただし、ある種の人々への効果は、特にペテロとほかの十人の使徒たちには、一時的なものであることが明らかになりますが。

福音書のなかで大切な問題は裏切者の古典的な構造などではないことを十分に証明するためには、この構造にはいちばん大事な要素さえもが欠けていることを示す必要があります。そしてそれは裏切者の懲罰ということです。ユダとペテロの唯一の差異は、裏切り方の差異ではなくて、ユダがイエスの方へもどることができなかったことにあります。ユダはだれからも有罪とされてはいませんが、彼は自殺してしまいます。彼が自分自身に対して絶望したために、断絶はどうしても決定的にならざるをえません。ここで作用しているのは、これこそ真に福音書的な考え方ですが、人間は一度も神から有罪とされてはいないという考え方です。つまり人間は、おのれの行動によっておのれを罰するのです。ユダは自分だけがイエスの死に責任があるのだと思いこんで、ペテロとは反対の、そして結局はペテロの誤りに等しい誤りを——たとえほかのすべての者がひとの怒りを買っても、自分だけはけっしてそうはなるまいと断言するペテロの誤りに等しい誤りを——犯します。要するにそれは、あらゆる人間の内部にある、いつでも変わることのない傲慢です。基礎づくりの殺害という点ではだれもが同価値であり、また基礎づくりの殺害への加担の程度も、外からは異なって見えても最終的にはほとんど等しいのですが、人間はそれを認めようとしません。ユダが記号論的にとりあげられるときに私がびっくりするのは、その型にはまった性格です。同じように型にはまっていて、また完全にまちがっているのは、私の考えでは、「神の国」を「ユートピア」とする定義です。こうしたものはすべて、十九世紀の古めかしい歴史的批評による意義であって、要するに、この意義が、記号論と歴史主義の明らかな対立にもかかわらず、またしても姿をあらわしているのです。

記号論的な研究はいまでも明らかに断片的です。全体的な見方は何一つ提示されていません。受難と「神の国」とのつながり、要するにきわめて短いテクストのなかでのつながりを説明するためには、何の努力もなされていません。私は、たとえ記号論がこうした作業に乗り出すとしても、アルバート・シュヴァイツァーの試みに要約されているような歴史的批評の昔からの行詰まりに、またしても陥るのではないかと、ひどく心配しています。記号論を取り巻く「専門性」というおどろくべき機構にもかかわらず、記号論はいろいろな問題を革新できないだろうと、ひどく心配しています。「科学性」のかおりが、またしてもそのふしぎな魅力を、いろいろな読みに——その直線的な伝統的な形のなかにそうしたものをもうほとんど持っていない読みに——しみこませています。

このように、同一のものが異なるものの外貌のもとに恒久化されるのは、実際はおどろくべきことではありません。本質的なものに対して、つまり基礎づくりの殺害に対していまでも盲目な福音書解釈のあらゆる試みを若返らせようと努めているのは、『ヘブライ人への手紙』の意味での供犠的な読みにほかなりません。われわれが正確さをわれわれの立場としているときに、民話と関係をつけたグループは、供犠的な読みという特に初歩的な形態に到達します。裏切者の記号論は、ほんとうは福音書のテクストには、歯が立ちません。福音書のテクストは、そのなかに神話的な構造を見つけようとしても、そんな構造を持ってはいないのですから。ところがこの裏切者の記号論は、このテクストの中世のある時期の解釈を、十分に解明してくれます。なぜなら問題はまさに、神話学と供犠的なものへの影響なのですから。このテクスト解釈は現代でも、オーバーアマガウ〔ドイツの町。住民が十年ごとに受難劇を上演する〕その他の地域で、伝承的な演劇上演として生きつづけています。この演劇上の解釈のなかでは、ユダは明らかに、「裏切者の記号論」が求めるのと同じ重要な役割を演じています。中世の民衆の生活環境が受難を民間伝承の次元に還元した過程を証明するのは、興味のないことではありません。しかしそれは供犠的な読みの研究には役だっても、福音書のテクストそのものの研究には役だちません。しかもそれは供犠的な読みのある一つの様式に役だつだけです。なぜなら中世の学問的な聖書解釈による読みは、供犠的であるとはいっても、一方では、裏切りの記号論の様式よりも複雑な様式にもとづいて供犠的なのですから。

　聖書解釈革新の試みは、最近でもこれまでと同じようになされていますが、そうした試みはいぜんとして供犠的な解釈です。それ以外の論理、つまり非供犠的な「ロゴス」の論理は、そうした試みにとっては、いまだに考えも及ばないものです。たとえこうした「ロゴス」が存在せず、福音書のテクストが、テクストのひだに身を隠すのにたけた主題にとっては、結局は隠された犠牲のメカニズムや自己正当化の過程に還元されるのだとしても、この主題の戦術的な過程は、記号論による分析から引き出されたかなり粗雑な手くだよりは、明らかにひねってもあるし巧妙でもあります。この戦術的な過程は、ルナン流の、そしてルナン以降の古めかしい非神秘化理論ばかりか、『反キリスト者』におけるニーチェの、また『古代ユダヤ教』におけるマックス・ヴェーバーの反権威主義的試みをも超えて位置づけられるべきものです。ヴェーバーの主張は、旧約聖書を正当化するための努力であるというよりも、むしろそれを「賤民」の自己正当化とみなしているもので、テクストに対する非好意的な精神によって仕上げられていますが、それでも犠牲者による事態回復の基本的な力学を認めて、それは全体的にきわめて強力な効果を持っているのだからこの力学と矛盾するようなこまごましたエピソードにはこの力学の再検討を迫るほどの力があるはずはないと言っています。（ヴェーバーの主張はもちろん旧約聖書だけにしかあてはまらないのですが、福音書にもあてはまる可能性はありますし、また事実、ニーチェの『反キリスト者』のなかですでにこの主張は、福音書のテクストにあてはめられています。）したがって記号論による分析は、私には、非供犠的な読みと比べて時代遅れであるように思われますし、それぱかりか、供犠的な読みのなかでいちばん進んだ解釈——つまりこれまたこの福音書のテクストをテクスト重視主義全体の一般的な規準に還元しようと望んでいる解釈——と比べてみても時代遅れであるようにみえるのです。

G　供犠的な読みと歴史

G　キリスト教は歴史的に見ると、テクストを供犠というベールでおおいかくしています。あるいはまた隠喩に変化を与えるために、テクストを西欧文化という多くは光輝にみちた墓のなかに閉じこめています。それに代わってこんどはこの読みが、キリスト教のテクストに、一つの文化の基礎を築くことを——原則としてキリスト教のテクストがけっしてするはずのなかったことを——可能にするのです。この文化はたしかに、他の文化とまったく同じわけではありません。なぜならそこに含まれているのは、そのあとにつづいてできた汎世界的な社会の萌芽なのですから。しかしまたこの文化は他の文化と似ている面もあって、そのなかにあらゆる文化の構成要素である法や神話や供犠の大原則を見いだすことも容易です。

L　あなたがいま言われたことで、もう、われわれが用意していた反論はもとより、われわれの読者がかなりまえから考えていたはずの反論に対しても、あなたがどんな答を用意しておられるのかがわかります。身代わりの犠牲者のメカニズムはたしかにあらゆる文化の基礎ですし、また福音書はその秘密を公にすることによってこのメカニズムの機能を妨害するはずですが、どうして、福音書のテクストが流布するまえにもあとにも、いろいろな文化形態がひきつづき生まれては生きながらえ、そしてまるで何事もなかったように死に絶えたのでしょうか？　あらゆる逆説のうちで最も逆説的なものは、もちろんキリスト教のテクストそのものにもとづいている逆説なのですから。お聞きしなければならないことは、いくらかのテクストから判断すると、イエス・キリストのあとの第一世紀のキリスト教徒をすでに悩ましていたことでもあります。なぜ世界はこれまでと同じように持続しているのでしょうか？　なぜ『黙示録』の預言は実現しなかったのでしょうか？

G　今日、歴史についてのキリスト教的ヴィジョンを語っても、それは結局根本的にキリスト教的な把握、つまり必ず黙示録的になる把握、とはまったく別な問題を語ることになります。歴史家たちは、たとえキリスト教徒であっても、そしてキリスト教徒であるならば特に、あのいろいろなあまり当てにならない話や、おもしろくもない老いのくりごとなどは、恥ずかしくてまともにとることはできないでしょう。今日、キリスト教的ヴィジョンとして通っているものは、歴史の「真剣であり」同時にまた「楽観的でもある」概念、社会の進展と普遍的善意に満ちた概念なのです。

O　キリスト教の見方が信用されなくなり、軽蔑までされるに至ったのは、要するに、予告されていた大変動が遅れていて、いつになるのかはっきりしないからです。

Ｇ　われわれはこれまで、テクストの意義だけに研究をしぼってきました。テクストがどのような形で歴史にあらわれるかという問題は、直接は論じてはきませんでした。多くの批評家がその問題はもうまともには考えられないとしています。われわれはそうは思いません。われわれの世界に神話のテクストよりはむしろ「迫害のテクスト」があること、そしてその結果世界に危機が訪れることなどは、福音書のテクストの直接間接の作用によると考えなければ理解できません。

多くの注釈者たちは、キリスト教徒の注釈者たちでさえ、福音書固有の歴史的作用に関してテクストにあらわれることばを、完全に神話的なものとみなしています。終末は間近だという迷妄に対しては、キリスト再臨の遅れの結果怪しくなった民衆の信仰を堅固にするために、警告が付加されることになるでしょう。

実際には、黙示録的な二つの大変動、一つはユダヤの、もう一つは世界的な大変動の区別、特に『ルカによる福音書』のなかの明らかな区別〔ルカ、一七、二一章参照〕は、福音書の論理を通じて理解されます。福音書のテクストは、信者たちのなかにさえ見うけられるテクストに対する認識不足を、知らないわけではありません。知っているのだということを考慮に入れれば、同じように次のこともわかります。つまりこの黙示録的な二重の構成は、テクストに書きこまれている解明の完全なもみ消しというよりはむしろ、新たな「遅れ」の、未来への投影にほかなりません。この遅れは、「地の果てまで」〔使徒、一三の四七〕の普及が、宗教上の秩序壊乱のためにどうしても遅れがちな国民のなかにあっては、供犧的な読みの可能性をいっそう強めるだけに、なおさら予見されうるものです。

真に超自然的であるような究極的な衝動への信仰のなかには、奇跡の操作などは何も含まれていません。もうここには、人間の歴史の流れを荒々しくかき乱すような、そしてこの流れの正規の法則を中断させるような、神の力ははいりこんでいません。そうではなくて実際には、まったくその反対のことが起こっています。つまりこうした法則を強くかき乱す一つのテクストがあるのです。もっともそれはただ、人間のはたらきを保証しているような認識不足を、人間たちに少しずつ明らかにしているからだけなのですが。したがって、歴史の福音書的な扱いとは、テクスト全体と同じ合理性に依存しているのであって、人々がテクストに与えている、あの素朴で同時に夢幻的な、そしてまた同時に粗野なまでに宣伝味を帯びた概念には、まったく依存していません。

福音書以降の歴史の実際の展開は、テクストの歴史的影響力の原則——テクスト自体が公準として示しているような原則——を弱めるどころか、この原則とりっぱに両立しています。両立以上の関係を保っています。だれでもそれを認めないわけにはいきません。「時は満ちた。神の国は近づいた」〔マルコ、一の一五〕を意味する「しるし」が、それを理解することを拒まぬ人々に対してあらわれていることを、だれでも認めないわけにはいきません。構造的に「時は満ち」ても、それは必ずしも歴史的な事実として直接目に触れる形であらわれるとはかぎりません。テクストもそう言っています。おそらくいつでも、われわれが思ってもみないような「遅れ」の可能性がいろいろとあるはずです。信者たちは彼ら自身の構造的な不安を、特にそれが急激に信者たちを襲うときにはどうしても強まる不安を、いますぐにも時が満ちるという約束、ないしはおどしと取りちがえがちなのですが、それに眉をひそめてはなりません。

くりかえして言いますが、われわれは現実の歴史との関係という問題を避けて通ることはできません。まもなくわかることですが、この現実の歴史との比較対照だけが、われわれの時代にあっては、福音書のテクストの論理のおどろくべき一貫性の徹底的な解明を可能にするのです。なぜなら福音書のテクストは、現実の歴史を支配しているのは福音書のテクストそのもの以外にはないと主張しているのですから。

福音書はパウロとその仲間たちを通じて、このことを高らかに主張しています。ユダヤ人はこの主張を拒否しましたが、ローマ帝国全体にわたって、その成功はめざましいものでした。それは福音書に出てくるユダヤの聴衆ほどにも宗教に対する関心の高まっていなかった人々にも、つまり「律法」も「預言者」も知らなかった人々にも、衝撃を与えたのです。初期の改宗者たちにつづいて、福音書の教えは民衆の広範な層にまで、急速にひろまっていきました。やや遅れて、それはいわゆる「蛮族の」世界にもひろまったのです。このおどろくべき普及は、供犠的な読みによってのみ、また供犠的な読みの恩恵によってのみ、可能であったと考えることができます。

したがって歴史的な面では、供犠的な読みは、単なる「誤謬」、偶然の結果ではありえませんし、苦心してそうした読みを編み出した人々の洞察力の不足の結果でもありえません。

犠牲のメカニズムとは何か、それは人類全体にどんな役割を演じたか、をほんとうに理解すれば、キリスト教のテクストそのものの供犠的な読みが、その原則から考えていかにおどろくべきもの、いかに逆説的なものであろうと、一方において確かなもの、むしろ不可避的なものとみえるはずだということに気がつきます。供犠的な読みは、各時代の根底に起因するものです。それには一つの宗教の歴史の重みがそなわっています。この歴史は、異教徒が大勢を占めたときにも、一度も中断されたことはなく、旧約聖書のようなものによってゆらいだこともありません。

身代わりの犠牲者とその解明について言えば、これまで見てきたように、旧約聖書と福音書のテクストとの関係は、供犠的なキリスト教とこの同じ福音書のテクストとの関係に、よく似ています。これを確認したうえで、このこととわれわれがいま思い起こした福音書の普及の具体的な歴史的条件とを比べてみると、また福音書の教えを信じた民衆が旧約聖書には感動しなかったという事実を考慮すると、歴史的なキリスト教の役割は、福音書のテクストの支配下にある終末論的な歴史のただなかで自然に理解されるようになります。この歴史は確実に人間の暴力という普遍的な事実を目標としていますが、それには限りない忍耐という手段を通じてそうしているのです。そしてこうした手段だけが、福音書のテクストに含まれている秩序破壊、秩序粉砕の事実に、普遍的とまではいかなくとも少なくとも可能なかぎり広範な普及と理解とを保証することができるのです。

共観福音書でイエスがまだイスラエルの子らにしか語りかけようとしないという事実は、福音を信ずる原初的な階層の存在、ユダヤ教だけを信じ地方自治主義に徹する傾向のある階層の存在、を証明するものではまったくありません。そのことばは解明の時間性に結びつく、イエスが「自分の時」〔ヨハネ、二-三の一他〕つまり最も好都合な最終的な「時」にしか姿をあらわすことができないという考え方に結びつく、と考えることができます。

他国の民衆の排除は、一時的なものでしかありえません。それは心構えの不十分なことから起こるはずのものです。彼らは、ユダヤ人のようには、旧約聖書全体がそうであるような供犠からのあの長期間の脱出という恩恵に浴してはいません。彼らはあの極度の感染性の状態にまでは、したがってまた緊急な状態にまでは、「神の国」を前にして選ばれた民の特徴であり、またこの民だけがまっさきに黙示録的な暴力におびやかされるという緊急な状態にまでは、至りませんでした。

他国の民衆にとっては、決定的な選択はさらに「先へ延ばされ」、彼らが「遅れを取り戻し」、「神の国」の宣教が理解もされ緊急なものとも考えられるような社会の究極点に到達する時期にまで延期されるはずです。

L　そうした数えきれぬほどの他国の民衆にとって、旧約聖書の代わりをつとめるものは何でしょうか？　彼らの場合には、旧約聖書だけがユダヤ国民のために果たしてきた予備教育的な役割を演ずるものは何でしょうか？

G　その二つの問題を比較すれば、両者が互いに解答を与えあうということがわかります。「異教徒」の教化に役だつのはキリスト教です。ただし供犠的に解釈されたキリスト教、宗教的に見て旧約聖書にきわめて類似したキリスト教です。キリスト教がこうした役割を演ずることができるとは言っても、それはただその教えの急進性を覆っている供犠というベールが、キリスト教にもう一度文化的な面で、基礎を築く力となることを可能にする限りにおいて、そうなのです。

H　科学と『黙示録』

G　福音書のテクストが、これまでのすべての文化に類似した新しい文化の基礎を築くことができるためには、根源的な教えの真実を明るみに出すほかはありません。このことはユダヤ教の解釈学者たちが、特にヨーゼフ・クラウスナーが見事に浮き彫りにして見せてくれた明らかな事実です。(73)

歴史的なキリスト教の歴史とは、すべての供犠の歴史と同じように、儀礼のメカニズムの効果が弱まるにつれて法的拘束が段階的にゆるんでいく過程の歴史です。言うまでもなく「保守主義者たち」はだれでも供犠の定義に執着して、こうした変遷を単に崩壊と退化という角度から見るのですが、われわれはそうした見方はできないと言ってきました。それとは逆に、この同じ変遷を単なる解放への変遷、限りない進歩の未来に通ずる変遷と見るような考え方も、まったく同じように誤りです。どちらの場合にも、キリスト教のテクストはすでにその決定的な考えを言ってしまっているということに注意していただきたいのです。キリスト教のテクストは、われわれの背後にあるのであって、前方にあるのではありません。キリスト教自体のこうした態度を確かめると、人類の大多数にとっては、キリスト教についても事情はそれに先立つすべての宗教と同じであり、現在の危機が終息するころにはキリスト教から残るものは何もないだろうということが、わけなく理解できます。現在の危機がキリスト教のテクストそのものの危機ではなくて、単にある特殊な読みによる危機であり、必然的にキリスト教の啓示の初期の段階を支配していたあの供犠的な読みによる危機であるという考え方は、供犠的な読みと非供犠的な読みとの区別がなされないうちは、また特に後者の卓越性が認められないうちは、長いこと人間の頭に思い浮かぶことはありませんでしたし、思い浮かぶはずもありません。供犠的な読みは、これからわれわれに関係の生ずる点から考えるならば、保護用のカヴァーのようなものにほかなりませんが、何世紀ものあいだにひびがはいったりはがれたりしたあげく、われわれの時代に落ちてこなごなにくだけてしまうこのカヴァーの下に、生きている人間がもぐりこんで身を隠しているというわけです。

O　そういう考え方は、いまはまだ、ほんとうとは思えないようにみえます。そしてあなたの説明を聞いていますと、キリスト教を、われわれの時代においてほとんどそれを忘れさられた教義にしてしまっているものから救い出すために、あなたがきわめて巧妙な論理を組み立てたのだ、キリスト教のテクストにそれ自体の固有な手段では取り戻すことができない「現実性」を回復させることだけを目ざした論理を組み立てたのだ、とついそのように考えてしまいます。

G　そうお考えになるのは、まったくごもっともです。だれでも私が精神分析やほかの無気力な学説に対して非難を浴びせている、あの一種の「応急処置」に、私自身が熱中しているのだ、と言ったり考えたりするでしょう。文化人類学の領域での福音書の論理の正当性を暗示する構造的集束がどれほどおどろくべきものであっても、われわれが期待できるような読者たちでさえ、たしかに近代の知的方法に対して、また可能不可能という考え方に対して、あまりにも決まりきった意見を持っているために、私がこれから御案内しようとしている領域では、私についてこられないかもしれません。

このまったく未踏査の領域に読者をお連れするためには、わかりきったことですが、われわれがこれまで集めてきたすべてのものよりもさらに一段とおどろくべき集束が、またさらに目ざましい明白な事実が、必要でしょう。

そうした集束、そうした明白な事実が、すぐ身近に、手のとどくところにあることが必要でしょう。福音書の語る「時のしるし」、それを読みとることができないのかと人々を責めているあの「時のしるし」〔マタイ、一六の三―四参照〕が、単にわれわれのあいだに姿を見せることが必要なばかりではなく、それがもうほんのわずかなあいまいさも持たないこと、目もくらむほど強烈であるために人間にはそれが認められないというほどであることが必要でしょう。

O　私はあなたがお話しになっているしるしが、われわれのまわりの至る所にあると思います。そしてそのしるしを認めることができないため、そのしるしから意味づけの力を取りさってしまうため、現代人の多くは、無神論者もキリスト教徒も、『黙示録』を神聖化する供犠的な読みに、そしてまた現代の情勢の客観的に見て黙示録的な性格、つまり事態を解明する性格をわれわれに認めさせまいとする供犠的な読みに、執拗にすがりついているのです。

G　――『黙示録』の暴力がまず解明するはずのもの、それが直接解明できる唯一のもの、それはもっぱら人間的な本性であり、暴力の破壊的でもあり同時に文化的でもある機能です。

われわれがすでにこうした解明を体験しているということを理解するためには、われわれがひとり残らず汎世界的な人類共同体の一員として相互に維持している関係を、つまり第二次世界大戦の終結以来、人類が自らに与えてきた恐るべき軍備を、考えてみれば十分です。

人々は新しい破壊手段のことを話すときには、「あの爆弾」と、まるでそれが一つしかないみたいな言い方をします。そしてそれがあらゆる人間に属していてまただれにも属していないと言ったり、あるいはむしろ全世界がそれに属しているみたいな言い方をします。そして事実この爆弾はまるでこの世界の「女王」のような姿を見せています。それはそれに奉仕するためにのみ生きているような僧侶や信者たちの大群に君臨しています。ある者はこのあこがれの毒卵をいくつも地中に埋め、ある者はそれを海中に沈め、またある者はそれを大空にまき散らし、倦まずたゆまず働きつづけるアリ塚の上方に、いつ果てるともなく死の星を循環させています。古代の超自然的な噴出はすべて科学的に整理され、その性質のいかなる小部分も、暴力という事実によって再投資されていないものはありません。人間はもうこうなった以上は、この破壊力がまったく人間によるものでありながらある点では神聖なものに類似した仕方で機能していることを、知らないとは言えません。

人々はいつでも平和を彼らのあこがれの的、つまり彼ら自身の神聖化された暴力、に守られた形で見いだしてきました。そして今日でもまだ彼らはこの平和を、極度の暴力の庇護の下に探し求めています。ますます非神聖化されていく世界のなかで、人間どうしの相互的な破壊行動が未然に防止されているのは、ただ全面的な瞬間的な破壊に人間がいつでも脅かされているからです。いつものことながら、要するに暴力が暴力の爆発を未然に防いでいるのです。

いまだかつて暴力がその「毒」と「薬」との二重の役割を、これ以上傲慢に演じたことはありません。

そう言っているのは、ファルマコスを殺す古代の死刑執行人でもなければ、羽毛で飾りたてた人食い人種でもありません。現代の政治学の専門家がそう言っているのです。彼らの言うことを信ずるならば、そしてわれわれは彼らを信ずることもありうるわけですが、核兵器のみが今日では世界平和を維持しているのです。彼らは眉一つ動かさずに、こうした暴力のみが「平和を守る」、と言ってのけるのです。彼らの発言はなるほどもっともですが、彼らは話の途中でそうした話題がかもし出す妙なひびきを理解していません――ほかのどんな場合でも、それがマルクスの話であれモンテスキュの話であれ、または他の人々の話であれ、それを掻き立てるヒューマニズムが昔と同様効果のあるものでもあるかのように、話は進行しつづけるのですが。彼らは人間の「自然の善性」を絶えず信じつづけながら、状況の反発力をひじょうにおとなしやかな、ひじょうに平凡な一種の見事さで証明しますから、人々はそうしたすべてのエクスパートたちのヴィジョンのうちで優位を占めているのはシニスムなのか、あるいは逆に無意識と素朴さなのかと自問するほどです。

現実の脅威は、どのような様相のもとで人々がそれに直面しようとも、神聖な恐怖と似ていますし、同じ型の注意を要求します。問題となっているのは、あいかわらず「公害」や「汚染」の形態です。それは科学的に認めうるものであり、測定可能なものですが、やはりその宗教的相対物を思い起こさせます。そして悪を排除するためには、悪そのもの以外にいかなる方法もありません。テクノロジーを無条件で全面的に放棄することは不可能でしょう。機械は動きつづけるよりも止まるほうが危険なように、きわめてうまく組立てられています。自分を安心させる方法は、恐怖のただなかで探し求めなければなりません。

あらゆる宗教、あらゆる文化の、隠れた下部構造は、いままさに解明されつつあります。われわれは神を凝視するために、われわれ自身の手で、人類のまことの神を作っています。いかなる宗教ももうこれからは偽装することができないような神を作っています。われわれはそうした神の到来を耳にしたことはありません。なぜなら神はもう夜の闇の天使たちの手のようにひろがった翼に乗って飛びまわることはないからですし、またこれからはだれもが予期していないようなところに、つまり学者たちによって列挙された統計とか、極度に非神聖化された領域などのうちに、姿をあらわすのですから。

最も恐ろしい武器の発明者に、そうした武器のために、すぐに暴力の極致を思い起こさせるような名まえを、つまりギリシア神話の最も恐ろしい神々を、ティタンやポセイドンやサトゥルヌスや自分の子どもたちをむさぼり食う神の名をほのめかすのは、臨機応変の才のあるすばらしい感覚の持ち主です。われわれはたいへんな量の資源を犠牲に供して、きわめて非人間的な暴力を、それがわれわれを守りつづけてくれるように増大させていますし、また死滅の危険にさらされている地球からのばかげたメッセージを、すでに死滅した惑星に伝えたりして時を過ごしていますが、だとすればわれわれは、あのわれわれ以前にすでに同じことをやっていた人々のことを、たとえばモレクなどという神のつかさどる猛火のなかに子どもたちのうちのひとりを、あるいは二人までを投げこんで他の者を救おうとした人々のこと〔レビ、一八の二一他参照〕を、まったく理解できないといつまでも主張しているのは、いったいいかなるけたはずれな偽善によるものでしょうか？

われわれがいま体験している奇妙な平和と、まさしく儀礼的であった宗教がかつてほとんどの社会に行きわたらせていた平和とを比較することは、もちろん必要です。それはわかっています。しかしただ単に二つの現象群を同列に置くことは避けなければなりません。ここでは類似よりも差異のほうがはるかに重要なのです。

われわれは、人間は人間自体の破壊力を「熱愛している」などと言いますが、それは隠喩的に言っているのです。隠喩には虚偽とはまったく無縁な解明力があります。類似とは言ってもそれは単に表現上の問題なのだと言ったり、今日言われているように「事実の効果」が問題なのだと言ったりすることは、おかしなことだと思います。こうした類似からは教訓が引き出されますが、現在至る所で優位を占めている認識のニヒリズムの幻惑にもしわれわれが負ければ、それを引き出すことはできなくなるでしょう。それは言うまでもありません！

しかしこの教訓は単純な教訓ではありません。われわれの現在の行為を宗教的な行為に類似したものにしているのは、ほんとうに神聖な恐怖ではなく、核戦争が人類を滅亡の危機にさらすだろうという完全に自覚的な懸念です。現在の平和は、蓄積された武器がいかなる敵に対してでも大量に使用された場合に起こりうる無差別的な悲惨な結末、そしておそらくは破滅的な結末、に対する冷厳な科学的評価に根拠を置いています。

こうした事態の実際的な結末は、すでにいろいろな事実から予見されています。恐ろしい武器の使用責任者たちは、注意深くこの武器への依存を避けています。「諸大国」は互いに相手を仮想敵国とみなしていますが、それでも大戦争を引き起こすような行動や状態を極力回避しようと真剣に望んでいます。こういう事態は諸大国の歴史のなかでは初めてのことです。「国家の栄誉」という概念は、外交用語から消え、好んで紛争を激化させる代わりに、それを静めようとする努力がなされています。「挑発だ」と非難する代わりに、古めかしい空いばりなどは、顔をそむけ、見て見ぬふりをし、聞いても聞かぬふりをします。そんなものはこれからは、民衆的な規模の恨みだとかイデオロギー上のファナティズムだけに限られたものになるでしょう。

L　もしあなたが、現状には、福音書のテクストが「神の国」と名づけているものに一致する最初の試みに似た何かがあるとおっしゃるなら、あなたはSF小説の素朴な愛好者と取られかねません。あなたがこの規則の厳しい容赦のない性格について何をおっしゃろうと、あなたの読者にはあなたの考えが理解できないでしょう。暴力がほんとうに解明され、犠牲のメカニズムが機能を停止した世界のなかでは、人間は恐ろしいがだれの目にもすぐわかるほど単純なディレンマに直面します。つまり人間はときには暴力を放棄しますが、またあるときには、人間から野放しにされたとてつもない暴力が、「ノアの日のように」人間を皆殺しにするおそれもあるのです。

G　まさにそのとおりです。今日でも最も強力な政治家でさえ、ますます非好戦的な態度をとるようになっていますが、それは福音書の精神にもとづいている、などと主張するつもりはまったくありません。むしろその逆です。現状に福音書的な何ものかが——われわれが今後この語に与える意味での何ものかが——あるとしても、それはまさに現状がこの偽善的な甘さ、嘆かわしい甘ったるさとは何の関係も持っていないからです。ところがキリスト教のテクストをこうした甘さで包めば、現代の無趣味な連中にもそれをより魅力的なものになしうると思いこんでいる人々が、何と多いことでしょう。

頭上をおおう暗雲におびえる国々の現実の行動のうちに、われわれは二つの暗示を認めることができます。その一つは暴力を偶像化するときに人間が常にとってきた行動への暗示であり、他の一つは、福音書のテクストがあらゆる人々に求めている行動、つまりあらゆる形の復讐の放棄への暗示です。

したがって現在の状況と「神の国」の到来とを混同してはいけません。私が現状のなかに認める二つの暗示は、それぞれ別なものであり、互いに矛盾しあってさえいます。二つの暗示が実際には同じ歴史上の事実の総体のうちに姿を見せているのは、諸国の現在の行動がどっちつかずのものだからです。諸国は互いに相手をおびやかすのをやめるほど賢明でもなければ、取り返しのつかぬ事態を招いてしまうほど愚かでもありません。そこでわれわれは中間的な複雑な状況に直面しているわけで、この状況からは人類の過去のあらゆる行動も、未来の行動も、同じように暗示として読みとることができます。事実人類は、あるときにはますます非暴力の方向をたどろうとし、またあるときには消滅の道をたどろうとしています。現状がいまなお中間的な性格を保ちつづけているために、人間はこの状況から生ずるとほうもなく大きな諸問題を回避することが許されています。[74]

ほんとうに新しい事実は、人間がもう暴力的な手段に訴えて危機を解決することはできないということ、暴力はもうあてにはできないということです。暴力のサイクルが終わって平和がよみがえるためには、暴力のもたらす荒廃を無効にするほどひろいエコロジカルな場が必要です。この場は現在、地球全体にひろがっていますが、おそらくもうすでに十分とは言えなくなっているでしょう。まだ今日ではそうだとは言い切れなくとも、明日は必ず、自然の環境がもう人間の手にする暴力的手段を無効にするほどの力を持ちえない、というようになるでしょう。人間が住めなくなるまでには至らないにしても。

ジャーナリストたちは福音書中の問題の状況とはずいぶんちがうと思いながら、ある状況を機械的に黙示録的だとみなしていますが、それは彼らが福音書をいぜんとして神の暴力という見方で読みつづけているからです。

われわれの状況は、福音書がこの世のために予測しているもの、みずから「ポスト・キリスト教の」と名のっているこの世のために予測しているものと、じつに正確に一致しています。それなのに、供犠的な読みにばかり必死にしがみついているために、このことがわかりません。供犠的な読みは、テクストのなかに示されている暴力が、とても神によるものとは思われないのに、神によるものと公言するのを認めています。だからこそ無神論者たちは、キリスト教徒よりもはるかに猛烈に、この供犠的な定義を恒久化しようと努めているのです。

L　毎度のことながら、供犠的な定義こそが、暴力の解明を妨げているのです。

G　その暴力ならもうわれわれには解明されていますよ。供犠的な読みがこの場合に恒久化するもの、それはこれまで以上の自由に活用できる知識――なぜならそれはすでに現代の歴史に書きこまれているし、これからもますます書きこまれていくからですが――そうした自由に活用できる知識の拒否です。

O　要するに今日では、キリスト教的な黙示録的な歴史観をまともに受けとることよりむずかしくないことはありません。むずかしいのは、じつに感動的なテクストを、それがまるで実在せぬものでもあるかのようにみなすこと、また至る所で集中的に見られるおどろくべき集束に目をつぶっていることです。そしてそれをいまでもなお見えなくしているのは、供犠的な読みだけです。この読みは今日われわれの他のすべての読みを支配してはいますが、もう細い一本の糸によってそれらをあやつっているだけです。

G　ルナンが信じたように、「神の国」は「ユートピア的」であると信ずることは、傲慢でふくれあがり不死身だと信じこんでいた世界でなら、まだ無理もなかったでしょう。しかし今日よく言われるように、非復讐という福音書の原則は「マゾヒズム的なもの」にすぎないなどという発言は、われわれの持つ過剰な破壊力がすでにわれわれに押しつけている強制、今後ますます押しつけてくるはずの強制を、深く考えていない人々のものです。

O　あなたのお話をうかがっていると、私にはどうしても、科学と技術を発明するためには福音書の型のある種の根本的な非神聖化が不可欠であったと考えたくなります。自然のすべての要素を、「自然の」法則に従っているものと断定するためには、まず神々を追いはらうことが必要でした。

G　そのとおりです。それは本質的に筋の通ったことですし、それを強調するのは結構なことです。

われわれが分け入ったばかりの世界では、福音書のいろいろなテーマの、そして特に「神の国」と『黙示録』のテーマの連節は、つまりあの聖書解釈の歴史が一度も解いたことのない有名な謎は、もう何の問題にもなりません。しかしルードルフ・ブルトマンのような人々は、一度もこのことに気がつきませんでした。彼にとっては、福音書を「非神話化すること」は、供犠的な解釈ではもう受けとめられなくなったもの、そしてまだ非供犠的な読みを与えられないものを、あっさりと切りすてることだったのです。そこでブルトマンはいつも読者に『黙示録』のテーマは忘れてしまうようにすすめていました。ブルトマンの言うところでは、それはもうわれわれの精神状態とはまったく無関係な、ユダヤの古い迷信だというのです。ブルトマンは『黙示録』のなかにいつも神の復讐を見ていたのですが、そんなものは実際には、福音書のなかには、ぜんぜん出てきません。(75)

福音書のテクストをいちばん深く読んでそれを理解できるようになったのは、われわれが初めてです。こうした理解力は明らかに、供犠的な読みを解体したおかげであり、また現代史のたいへん奇妙な危機のおかげです。現代史では一連のできごとが、一斉に起こって、それがわれわれのあいだに、福音書そのものが「神の国」の最初の告知の歴史的条件として示している状況を、世界中にひろがった形で示しています。この状況は、供犠的な読みの仲介によってひろがり、地球上のあらゆる人々に心構えとして役だったあと、最後にわれわれの上に立ち戻ってきます。

O　あなたがわれわれのあいだに黙示録的な恐怖をもたらしている、と言う人があるかもしれませんが……。

G　黙示録的な恐怖については、いまでは毎日の新聞ほどそれをよく教えてくれるものはありません。私は世界の終末が来たなどと言っているのではありません。そのまるっきり逆です。私の分析から引き出されたものには、すべてどこか肯定的な面があります。現状からは少しも、人間がきのうまでは十六世紀の人文主義者たちが描いたままの姿であったのに、とつぜん、それまで実際に持っていた純真さを失ってしまった、などということは認められません。事実人間はまったく変化していませんが、それが現状を危険なものにしています。解明されたものに、新しいところは何もありません。それはいつでも人間のうちにあった暴力なのですから。一方この暴力には衝動的なところがまるでありません。その証拠に暴力は、どんなときでも全面的にわれわれの手にゆだねられています。しかし、少なくともこれまでのところ、われわれは暴力に頼るという誘惑に負けてはいません。

『黙示録』のテーマのなかで問題となるのはこのことであって、それ以外のことではないということを最終的になっとくしうるためには、世界の情勢が福音書の予告と一致するのでなければなりません。われわれの討論のなかでは、個人的な洞察の鋭さは問題になりません。われわれが重圧を感じているのは、歴史的な所与の総体です。世界の情勢と福音書の予告のいろいろな点での一致は、きわめて顕著なものなので、われわれが供犠などをとりあげて反論を試みても、そうした障害はどんどん突きくずされて、ついには一致点のほうに打ち負かされてしまうでしょう。

われわれが客観的に見て黙示録的な状況に置かれているとは言っても、それは「世界の終末を説いている」ことには少しもなりません。それは人間が初めて、ほんとうに人間の運命の支配者になった、という意味なのです。地球全体がまたもや暴力に直面しています。最も原始的な人間集団の状況に似通った状況に置かれています。ただしいまの人間は、そのことに「十分に気がついて」はいますが。そしてわれわれはもう、この暴力をわれわれからそらしてしまえるような、供犠による方策も、宗教上の誤解さえも、持ちあわせていません。われわれは良心と責任との、先人たちがまだ一度も到達したことのない段階に、到

達しているのです。(76)

今日われわれをおびえさせるのは、われわれをさし招く新しい道ではありません。カフカ的にあらゆる道からそれてしまうことです。それは現代のいかなる思想も結局は到達する認識のニヒリズムです。それはいまでも見つかるかもしれない新しい道の方角にだけは、いっさい目を向けまいとする、唐突な、いわれのない拒否です。

われわれの持つ文化の面からすると、私はどう見ても血迷っているということになるでしょう。しかしちょっと足を止めて、この文化の実態を考えていただきたいものです。それは民族学、神話学、精神分析学などを生み出してきました。こうした文化そのものが周期的に、「黙示録的な」危機にみまわれています。最近の危機はもう三十年以上もまえからつづいています。それは確かに最も重大な、最も憂慮すべき危機です。なぜならそこでは最も「きびしい」科学的要素が、ふしぎなことに、最もグロテスクな迷信と伝統的な宗教という要素にまじりあっているのですから。

他の惑星から知的な観察者たちがやってきて、地球人の生き方を注視するありさまを想像してみましょう。彼らは本ものの軍隊がいろいろな社会現象の研究や、個人や集団のほんのちょっとした反応の解釈などに、没頭しているのを目にするでしょう。地球の知識人たちが百年まえから、オイディプスとかディオニュソスなどに縁のあるギリシア古代史に、並外れな重要性を付与していることに気づくでしょう。そうした人間に捧げられた労作の膨大な総量や、十六世紀以来初めはギリシアに、次いで原始社会全体に向けられた宗教的とも言うべき敬意の重みを測ってみるでしょう。(77)そうしたもの全体と、ユダヤ・キリスト教的なものに対する関心、つまりあらゆるものを破壊しつくす理論が正式な形で示されているテクストに対する関心が絶え間なく低下しつづけていることを比較してみることでしょう。この理論は十中八九まやかしのいつわりの理論ではあっても、一方では明確に述べられていますから、したがって、われわれを取り囲んでいる錯乱に比べると必然的にはっきりとした意味を持つことになります。ところでこの同じテクストが、ほかならぬわれわれ自身の宗教でもあるのです。よかれあしかれこのテクストは、これまで支配的でしたし、いまでもわれわれを未知へいざなう動きを支配しています。自らを観察し理解しようと心がけている社会なら、ギリシアの神殿やボロロ〔レヴィ＝ストロースの調査したインディヤン〕の神殿のかげに陣をはっているあの大軍から少なくとも小編成の一個大隊ぐらいを抜き出して、ユダヤ・キリスト教のほうで、そう思われているほどすべてのことが完成され、解決され、けりがついてしまっているのかどうかを、調べに行くことができるだろう、と考えるかたがあるかもしれません。

そんなことは問題ではありません。われわれの思考の根底に、もう暴力の、そして暴力の実態の、実質的な追放などはないのだとしても、これからはおそらくユダヤ・キリスト教的なもの全体の大がかりな知的追放が起こるでしょう。つまり、なかでも特に、ほんとうにきまじめなあらゆる宗教的文化的問題の、大がかりな知的追放が起こるでしょう。こうした追放は、理解が深まり危険が高まるにつれて、また歴史と技術の分野での暴力が解明されるにつれて、ますます組織的なものになっていくでしょう。

永久に厄介払いしたと思いこんでいた福音が、ひじょうに恐ろしい社会状況のなかでわれわれのほうに戻ってくることがあるとしても、それは福音書のテクストが悪いからではありません。われわれがそう望んだのですし、われわれがそうした社会状況を念入りにつくりあげたのです。われわれの住居がわれわれに荒れたまま残されることを望んだのは、われわれなのです。だからそれは荒れたまま残されたのです。〔原注、ルカ、一三の三五参照〕

第四章　ヘラクレイトスの「ロゴス」とヨハネの「ロゴス」

A　哲学における「ロゴス」

O　私はいつも「みことば」〔ヨハネ福音書冒頭〕という言い方で、つまりギリシア語の「ロゴス」でキリストをさすのをふしぎに思っていました。哲学はそれを、つまり『ヨハネによる福音書』を、ギリシア思想からの借用と見てきました。この考え方は、あなたがいま述べられた考え方に痛撃を与えるおそれはないでしょうか?

G　「ロゴス」という語が哲学の重要な用語となるのは、ヘラクレイトスからです。「ロゴス」はいわゆる言語という意味を超えて、哲学の議論の対象をさえも示しています。こうした議論が完結しうるものだとすれば、それは「ロゴス」に一致することになるでしょう。つまり神の原則に、合理的で論理的な原則に、この世の成立の基礎である原則に、一致することになるでしょう。

「ロゴス」という語はまた『ヨハネによる福音書』のものです。そして何よりもまずこのことのために、この福音書は長いあいだ、四つの福音書のうちで最もギリシア的なものとされてきました。この語はキリストを救い主として、また神の創造の仕事に、神自身に、緊密に結ばれた者として示しています。

キリスト教は、初期の数世紀のあいだは、ギリシア思想に大きな不信をいだいていました。キリスト教を哲学的に解釈するという考え方は、少しずつ認められていったにすぎません。何世紀ものあいだ、キリスト教思想の本質的な務めは、聖書についての、聖書の解釈についてのものに限られるということを疑う者はありませんでした。しかし中世に、哲学とキリスト教思想の活動形態の比率は、少しずつ哲学に有利な方に逆転していきました。あらゆる面でのギリシア礼賛、ギリシアの知恵の貪欲な研究にともなって、「キリスト像」はゆっくりと下降し始めました。歴史的に見れば事実人々は、哲学のほうに目を向けるにつれて、聖書から徐々に目をそらすようになっていきました。

「キリスト教哲学」の出現によって、二つの「ロゴス」の接近が実現します。両者は類縁どうしだという考え方が、ますます明らかになるようにみえます。たしかにまだギリシア的「ロゴス」が優位を占めるというほどではありませんが、人々はすでにこうした逆転への道を歩んでいます。当時ギリシアの哲学者は、ヨハネの思想の先駆者とみなされ、少しはユダヤの預言者なみに見られていました。ヘレニズム文化のなかにも、もう一つの預言者の系統が認められるように思います。近代のある神学者は「キリスト教哲学」の二つの「ロゴス」の関係を、次のように定義しています。（ハイデガーの『形而上学入門』に引用されている）

真理が人間の形をした神という形で現実に姿をあらわしたことによって、ギリシアの哲学者たちが存在するすべてのものに対する「ロゴス」の支配を哲学的に認識していたということが、正式に確認された。この正式な確認は、ギリシア哲学の古典性の基礎となっている。(78)

近代の合理主義は、ギリシア思想がキリスト教的啓示に従属していることに、激しく抗議しています。近代の合理主義によれば、「ロゴス」の発見がギリシア人のもので、キリスト教のものでないことは、年代的にも証明されます。『ヨハネによる福音書』の「ロゴス」とヨハネの思想とは、ギリシア人の独創的な考え方のつまらない引き写しにすぎないということになりそうです。新約聖書も光輝あるギリシアからの古めかしい借り物ということになりかねません。

この合理主義は、二つの「ロゴス」の本質的な類縁性を問題にしていません。問題はすべて先陣争いに還元されています。合理主義者は、キリスト教がまちがった主張によって逆転させたのかもしれないものを、もとどおりにするのだと主張します。正しい学識とは、最初のものを独創と認めることなのですから。要するにキリスト教思想の信奉者にとっては、ギリシアの哲学者たちは、神学者だと気づいていない神学者なのです。逆に「ポスト・キリスト教の人間」と自称する者にとっては、特にキリスト教の「ロゴス」という考え方は、哲学からのいいかげんな真似ごとを覆い隠す厚かましいごまかしです。

西欧の思想家で、二つの「ロゴス」を「区別して」考えようとした者は、昔から今までひとりもいませんでした。キリスト教徒と反キリスト教主義者は、本質的な問題では一致しています。両者はともに、「ロゴス」という語はいつも同じ記号内容《シニフィエ》を覆い隠しているはずだということに確信を持っているのです。

B　ハイデガーの二つの「ロゴス」

O　マーチン・ハイデガーは千年来のこうした伝統と絶縁しようとしました。二つのロゴスは唯一で同一のものだという考え方は、初めて力強く拒否されました。

G 『ヨハネによる福音書』の「ロゴス」についてハイデガーは、近代性を考究する他の巨匠たちとは、単に副次的な点でちがっているだけです。彼は『ヨハネによる福音書』の「ロゴス」のなかに、聖書の特徴と言ってもよい神の独裁的性格の表現を見いだそうと、やっきになっています。

なぜなら「ロゴス」とは、旧約聖書のギリシア語訳（七十人訳）では、ことば《パロル》に与えられた名称で、ここでは、「パロル」は、明確に命令とか戒律とかの意味に hoi deka logoi の意味にとられているからである。それは神の十の戒律（十戒）である。このようにロゴスとは Kēryx, Angelos つまり戒律や命令を伝える伝令であり、使者である。(79)

ここには、旧約聖書についての最も近代的な考え方が、『ヨハネによる福音書』の「ロゴス」に移しかえられているのが見うけられます。神と人間との関係が、またしても「主人」と「奴隷」というヘーゲル的な図式を生み出しています。ヘーゲルには「とらわれない」と主張している人々でさえ、この考え方にはおとなしく従っています。マルクスにも、ニーチェにも、フロイトにも、それは見うけられます。それは聖書など一行も読んだことのない人々でさえ、文字どおり目をつぶって受け入れています。こうした考え方は、旧約聖書だけについてみても、もうすでにまちがいです。今日ではそれを、いま読んだ引用の文体の断固たる口調だけをたよりにして、新約聖書にまで拡大していますが、ヘーゲルはそんなことはけっしてしようとはしなかったでしょう。

つまりハイデガーは、新約聖書を、旧約聖書のヘーゲル的解釈、強化され単純化された解釈、と同一視しようとしているだけなのです。

これに反して、ハイデガーの興味ある点は、ギリシア語の「ロゴス」の定義です。ハイデガーの本質的な貢献は、「ロゴス」という用語のなかに「拾いあげる」「集める」という観念のあることを示してそれを強調することなどではありません。ハイデガーはそれよりもはるかに重要なことを言っています。それは「ロゴス」によって集められたいろいろな実体は「対立しあう」ものだということ、また「ロゴスがそれらの実体を集めるのには暴力によらないとはかぎらない」、ということです。ハイデガーは、ギリシア語の「ロゴス」が暴力と強く結びついていることを、認めています。(80)

ギリシア語の「ロゴス」と『ヨハネによる福音書』の「ロゴス」を分けて考えたいと思えば、ハイデガーの引き出した特徴に注目しなければなりません。ハイデガーの狙いもまたそこにあるわけです。その狙いは正当であり、たいへん重要であるように私には思われます。ハイデガーはヘラクレイトス的な「ロゴス」を正確に定義しています。分身どうしのあいだがらを維持し、両者が危害を与えあわないようにするあの暴力——神聖な暴力——として定義しています。ハイデガーはそれによって、ギリシア哲学の方面で成功する手だてを自分に与えています。しかしその代わり、『ヨハネによる福音書』の「ロゴス」の現実性には気づいていません。ハイデガーがなかなかうまくいかないのは、暴力をそれがほんとうに姿を見せるギリシア哲学の「ロゴス」のなかばかりか、『ヨハネによる福音書』の「ロゴス」のなかにも暴力をみちびき入れ、それによって後者を不必要に専横で残酷な神の表現にしたいとの意図があるからです。

ハイデガーは明らかに、ギリシアの「ロゴス」の暴力と、彼が『ヨハネによる福音書』の「ロゴス」のものと認める暴力とのあいだに、「差異」があると思っています。前者には自由な人間の暴力を、後者には奴隷の耐え忍ぶ暴力を、認めています。ユダヤの「十戒」は内在化された暴力にほかなりません。ハイデガーはいまや、ヤハウェを近東諸国の暴君とする一切の伝統に忠実であるばかりか、こうした傾向を最後までつきつめていくニーチェの思想にも、つまりユダヤ・キリスト教全体を奴隷的思想の表現だ、奴隷のための表現だ、と定義するニーチェの思想にも忠実だということになります。

暴力に包まれた形での差異、それは特に、供犠的な考え方による錯覚です。ハイデガーは、暴力による支配はすべて奴隷制度に終わる——なぜなら邪魔になるモデル《モデル・オブスタクル》の作用は、人間どうしの具体的な関係を支配すると同様に思想を支配するのだから——ということに気づいていません。ハイデガーは二つの「ロゴス」を差異化しようとします。しかしいずれの「ロゴス」にも暴力を与えることによって、差異化の手だてを自分から取り除いてしまいます！

つまりハイデガーは二つの「ロゴス」の古来の同化を、ヨーロッパの哲学が始まって以来の同化を、そしてまたこの哲学に最良の定義を与えうるような同化を——というのはそれはキリスト教のテクストの掩蔽を成しとげ、供犠的な読みの効果を高めるからですが——そうした同化を分離することに成功していません。

ハイデガーとその先行者たちとの唯一の差異は、それまで二つの「ロゴス」のあいだにあった相互的な寛容が敵対関係に置き換えられた、ということだけです。分身どうしの争いはヨーロッパの思想の中心に定着してしまいました。二つの「ロゴス」とは、ハイデガーの解釈では、まさしく分身どうしです。差異化の努力はなされていますし、すでにそれはなされてしまっていると思っている人もあります。ところが実際には、両者はますます非差異化の度を高めています。この事態に手を加えようとすると、事態はますます悪化してしまいます。

これが西欧の現在の知的状況を哲学的に解釈したものです。ハイデガーは、もう自分がその状況を反映しているとは思っていないだけに、なおのことその状況をよく反映しています。西欧の哲学を二つの「ロゴス」の同化によって定義するならば、ハイデガーはまだ疑いもなくこうした伝統のなかにはいっているのですが、ほんとうは彼は哲学から「結論を引き出す」ことはできません。なぜなら彼はヘラクレイトスの「ロゴス」と、『ヨハネによる福音書』の「ロゴス」との真の差異を示すことができないのですから。

ハイデガーについても事情は近代の他の大思想家たちと同じです。ハイデガーの思想は、いいかげんなものでも、根拠のないものでもありません。望みどおりの分離《セパラシヨン》には成功していませんが、決定的な発見の下準備をし、絶えず問題にしていた西欧の形而上学のあの終息を実際に予告もしています。

ハイデガーは、ヘラクレイトスの「ロゴス」が、暴力的でないとは言えないやり方で対立概念をまとめて抑制していると断言するときに、いったい何を言おうとしているのでしょうか？　ハイデガーはまた、それと知らずに、身代わりの犠牲者や、それによって生ずる神聖なものを問題にしています。神聖なものの暴力は、分身どうしのそれ以上の暴力行為に対する抑止力となっている、というわけです。ハイデガーによれば、ヘラクレイトスの「ロゴス」は、人類の文化が暴力的な全員一致にもとづくものであるかぎり、またそうでありつづけるかぎり、人類のあらゆる文化の「ロゴス」である、ということになります。

ハイデガーを、身代わりの犠牲者という観点から検討すると、ドイツ語とギリシア語のこの鍵ことばの解釈の背後では、そして特に「存在」についての省察の背後では、いつでも結局は神聖なものが問題となっているということがわかるでしょう。ハイデガーは神聖なものに向かって遡り、哲学用語の点から見て、神聖なものの多義性についてのある基礎的な原理を見いだします。だからこそハイデガーの哲学が特に拠り所としているのは、ソクラテス以前の哲学であり、なかでもヘラクレイトスの哲学、つまり神聖なものの最も近くにとどまっている哲学なのです。

この神聖なものとの関係は、ハイデガーのテクストを、哲学の言語のなかで「わかりにくい」がまた魅力的なものにしています。われわれのこうした見方で、もう一度ハイデガーのテクストを読みなおしてみれば、このテクストに数多く見られる「パラドクス」がいつでも神聖なものについてのパラドクスである、ということがおわかりになるでしょう。ハイデガーを補足し、その哲学を明快きわまるものとするためには、哲学の知識を持って読むのではなくて、民族学の知識を持って読まなければなりません。もちろん民族学ならどんな民族学でもよいというわけではありません。われわれがその概要を示してきたような民族学であることが必要です。身代わりの犠牲者のメカニズムを認める民族学、神聖なものの多義性のうちに、レヴィ＝ブリュルやレヴィ＝ストロースが望んでいるような一切を混ぜあわせる考え方を認めるのではなく、人間の思考の根源的な母体を認め、また継続的な差異化によってわれわれの文化の諸制度ばかりかあらゆる思考形態までが徐々に形成されていくるつぼを認める民族学であることが必要です。

ハイデガーは哲学に閉じこもり、哲学を神聖なものの最後の究極の隠れ場としているために、一定の限界を、つまりまさしく哲学の限界を越えることができません。ハイデガーを理解するためには、ハイデガーよりまえのソクラテス以前の哲学者たちを読むのと同じように、身代わりの犠牲者についての根本的に文化人類学的な見方で読まなければならない、ということを知っていなければなりません。

O　哲学は、ハイデガーとともに、またその後継者たちとともに、ソクラテス以前の哲学者たちのところまで遡ることはありません。なぜならそこまで遡ると哲学は宗教的なものを見いだして、哲学そのものを捨てることになるからです。そこであなたの民族学的な面での努力が始まるわけですが、このように見てくると、あなたの努力が哲学の分野を越えてしまう理由がよくわかります。

G　結局は、供犠的なキリスト教――いつもキリスト教のテクストと混同されている――を唯一の同一の敵としている近代のすべての思想家たちと同じように、ハイデガーは実際に決定的な断絶の準備をととのえ、絶えずそれを予告していますが、この断絶についても、ハイデガーの仕事は極度の抵抗の要素となっています。ハイデガーはうまいぐあいに完成されていくものを、自分自身が完成しているつもりになっていますが、それは彼の哲学の精神とはまったく別な精神に属するものです。実際には、あらゆる点から見て最高のもの、歴史を説明できる唯一のものとしてキリスト教のテクストを解明すること——キリスト教は、キリスト教排除の過程のうちでさえ、すでにひそかに歴史を支配していますが——それ以外に真の完成はありません。

ギリシアの「ロゴス」とキリスト教の「ロゴス」とのあいだには、現実に本質的な差異がありますが、その差異は必然的に暴力の面にあらわれます。われわれの発言はとるに足りないことばかりかもしれませんが、また一方、『ヨハネの福音書』の「ロゴス」は、ハイデガーがそれを「十戒」を通じて解釈し、気の荒い主人からおどされてその命令を伝えるだけの役目を与えられた一種のしもべとみなすときに思い描くようなものではまったくないのかもしれません。われわれは旧約聖書全体が身代わりの犠牲者への転移を解体すること、徐々に神聖な暴力から離れていくことを証明しました。ですから旧約聖書は、暴力的な神聖なものにいつまでも依存しているどころか、そこから遠ざかっていきますが、その最も原初的な個所ではまだかなりな結びつきが残っているので、まったくの眉つばものの話とも思われない暴力的な神聖さが、非難の対象となることもありうるわけです。そしてヘーゲルの非難はまさにこうしたものへの非難です。

われわれの目にヤハウェのひどい暴力とみえるものは、実際には、分身どうしの暴力的な相互関係を明らかにしようとする旧約聖書全体の努力のあとなのです。まえにも言ったように、福音書のなかでは、この過程は最後の段階に達します。この段階は必然的に純然たる神の不在に一致すると考えるならば、それは、われわれにとって暴力以外に神はありえないと単純素朴に認めることになります。『ヨハネによる福音書』は、神とは愛であると断言していますし、共観福音書は、神がかたきどうしの兄弟を同じように好意的にあつかっていることを明らかにしています。福音書の神にとっては、暴力から発して再び暴力にもどるようなたぐいのものは、存在しないのです。憎しみのあまり、兄弟殺しにおとなしく手を貸してくれるように神に求めたりするのは、もってのほかです。

神の子は、父である神と人間たちとの仲立ちの役目を、りっぱに演じていますが、それは専横な暴君の命令を伝える役目ではありません。神の子には、きらびやかに着飾りトランペットに先導される軍使のようなところは、何もありません。そんな描写は、うそにきまっているので、こっけいです。豪華な外見を好み威光をひけらかす者は、ユダヤの預言者にはいません。そうしたものはむしろギリシア人とか、その精神的な後継者たちのうちに、演劇愛好者たちのうちに、劇場のトランペットの愛好者などのうちに、見いだされるものです。ユダヤ人のなかには劇場は見あたりません。

L　人々はたしかにこの福音書の傍観者的な態度を、父である神に向かって非難しています。ちょうど聖書に出てくるヤハウェに向かって、その反対の態度を非難するのと同じように。人間は何か一つ気に入らないことがあると、それだけで別なものを求めるものです。逆の場合もあります。カエルはどなたも御存知のように絶対に自分たちの王に満足しません。

G　しかし超越的な神の側からすればじつにつまらぬ問題であるはずのこの非暴力も、それを地上に降ろせば、そして人間がそれを他人のなかでの行動のモデルとするならば、がらりと様相を変えます。

父である神が、神の子の述べるとおりのものであれば、神の子の「ことば」、つまりわれわれが引用した「ことば」は、まさに父である神の「ことば」となります。なぜならその「ことば」が定義するのは、父である神の存在そのものなのですから。そしてまたこの「ことば」は、単なる表象ではないのですから。それはわれわれを行動に誘い、それも父である神の行動と同じ行動をすることによって父である神に似たものとなるように誘うのですから。父である神の「ことば」は、父である神と一致しています。それは人間に父である神を真似ることができるように、それがどんなものであるかを教えます。「だが私は言う、あなたたちは敵を愛し、迫害する人のために祈れ。こうすれば天にまします父の子となる。」〔マタイ、五の四四―四五〕

イエスは人間たちに父である神の「ことば」を伝えるのですから、たしかに父である神と人間たちの仲介者です。悪意のあるヤハウェのすべての命令よりもそれは高圧的な命令だという説も、なるほど一理あります。なぜなら人間はまだ一度もその命令を実行できたことがないのですから。そしてこれからもイエスのうちに、ハイデガーが見ているような伝達者を、その場かぎりの代弁者を、独裁的な官僚的な機構における単なる伝導ベルトを、認めることができないでしょうから。

イエスが単なる伝達者ではないという証拠に、イエスはまわりの人間たちから好意的には迎えられなかったのに、終始父である神の「ことば」に忠実に従って行動しています。

神の子と父である神の関係は、ハイデガーが言うような恐怖による従属ではありえません。それは差異化されることのない愛の関係です。

C 『ヨハネによる福音書』の「ロゴス」の犠牲の定義

O 私はここで二つの見方をしてみたいと思います。まず第一にあなたは、これまで哲学や精神分析学が、父である神の宗教と神の子の宗教との差異に基礎を置くことができると考えてきたあらゆる問題から、全面的に遠ざかっています。第二は、私には基本的と思われる問題です。つまり、父である神と神の子とのあいだに差異はないと断定を下せば、両者を分身どうしの関係に落としこむおそれはないでしょうか？

G 愛は暴力と同じように差異を無くしてしまいます。構造的な読み方をする人は、そのどちらにも目を止めません。その根本的な両立不可能性などには、なおさら目を止めないでしょう。この両立不可能性こそ、われわれが明確にしようと努めているものですが、私としては、これについてはまず、この問題にけりをつけることになった証明を全面的に参照していただかねばなりませんし、そしてまた小さな子どもにでもわかることがなぜ賢明な人、有能な人にわからないのかについて、新約聖書のことばを参照していただかねばなりません。

こうしたことがすべて真実であるとするならば、「ロゴス」の定義もそこに拠り所を求めるべきです。やたらに人目を避けるというのではなく、ギリシアの「ロゴス」と『ヨハネによる福音書』の「ロゴス」との差異は、暴力とは絶対に縁の切れない思想をひねくりまわす複雑怪奇な人間に対してのみ、隠されるべきです。

こうした差異が昔から哲学畑の人々から見落とされ、ハイデガーからも見落とされているのは、この差異が実際には見つけにくいものだからなのではありません。『ヨハネによる福音書』のプロローグがこの差異を「忘れた」とか、そこに拠り所を求めるのを怠った、などということはありえません。『ヨハネによる福音書』の「ロゴス」の「特殊性」は、このプロローグのテクストのなかでは、きわめて明らかなもの、むしろきわだったものであるはずですが、今日までだれもそのことに気がつきませんでした。文化の「ロゴス」における暴力の役割が理解できなかったからです。身代わりの犠牲者の秘密は、「ロゴス」の定義そのものから取り出されるはずです。隠されているものはすべて、あの数行のなかにすでに明らかにされているのに、われわれがまだこうした啓示を意識的に受け入れることができないでいるにちがいありません。

一度身代わりの犠牲者のメカニズムが見きわめられると、『ヨハネによる福音書』の「ロゴス」の絶対的な特異性が明らかになります。福音書の「ロゴス」とヘラクレイトスの「ロゴス」の差異は、もういかなる問題を生み出すこともありません。ハイデガーの言うところによれば、「一つの世界〔キリスト教のこと〕」がこれらすべてをヘラクレイトス〔ロゴスのこと〕から引き離す」ことになりますが〔『形而上学入門』第四章三参照〕、この哲学者が想像している世界は、けっしてそんなことはしていません。

何の分析も必要ありません。この際立った差異に目を止めるということは、もう子どものお遊びのようなものです。福音書の見方のなかでは子どもだけが本質的なものの単純さを見ている、人間の理解力を超える暴力と平和との差異を見ている、という意味での子どものお遊びのようなものです。

ロゴスはあらゆるものの生命であったし

生命は人々の光であった。
光は闇のなかで輝いている
そして闇は光を捉えることができなかった。
〔ヨハネ、一の四―五〕

ロゴスは世にあった
世はロゴスによって創られたが
世はそれを知らなかった。
ロゴスは自分の家に来たが
身内の者たちは受け入れなかった。
〔ヨハネ、一の一〇―一一〕

『ヨハネによる福音書』の「ロゴス」は、まさに暴力とは無縁な「ロゴス」です。したがってそれはいつも排除される「ロゴス」、けっしてそこにはない「ロゴス」、人類のいろいろな文化のなかで直接手をくだして何かを決定するということの絶対にない「ロゴス」です。人類のいろいろな文化はヘラクレイトスの「ロゴス」にもとづいています。つまり排除する「ロゴス」に、そして暴力が認識されないうちしか基礎づくりの役目を果たさない暴力の「ロゴス」に、もとづいています。『ヨハネによる福音書』の「ロゴス」とは、排除されることによって暴力の実態を明らかにする「ロゴス」です、問題はもちろんまず第一に受難ですが、それはひろく一般に認められているという形での受難です。そしてこのことは、「ロゴス」に対する認識不足のあらわれであり、人間の手による、人類の基本的な所与としての「ロゴス」の排除のあらわれです。

重要なことが言い落とされている、などと言うことはできません。重要なことが数行のあいだに三度くりかえされています。「ロゴス」はこの世にやって来ましたが、この世の人々が「ロゴス」を認めなかったのです。「身内の者たちが受け入れなかった」のです。人々は「ロゴス」をまったく理解しなかったのです。こうしたことばがこの世にあるようになってから二千年も、人々は間断なくそれに注釈をほどこしてきました。しかしだれでもそのすべてを読むことができるのに、いつでも重要なものが欠けていると思ってしまうのです。そしてそれこそ『ヨハネによる福音書』の「ロゴス」の定義のうちの排除の役割です。

要するにこうしたことばが教えてくれるのは、こうしたことばが生み出す注釈の盲目ぶりです。聖書解釈や哲学は、キリスト教のものであろうと反キリスト教のものであろうと、いつでも『ヨハネによる福音書』のプロローグを対象にしてきましたし、いまでも対象にしています。それはその文字どおりの意味を確かめさせようとしたのです。それはあいも変わらぬ認識不足であり、誤解でさえあります。福音書のなかには、重要な節で、それ自体が基礎づくりの犠牲者の解明の手がかりになっていないような節はありません。受難のテクストをはじめ、節自体が解明そのものでないような節はありません。

人類のあらゆる文化のなかに、人間精神の機能のなかに、いつでもわれわれに真の「ロゴス」を見誤らせてきた何ものかがあるのです。それは要するに、「ロゴス」は唯一のもので、それをギリシア人だとかユダヤ人だとかに帰することはあまり意味がない――なぜなら、いつでも同じ暴力がまず宗教の形で生み出され、それから哲学や美学や心理学などの議論に細分化されていったのですから――ということを考えればわかることです。

それぞれの議論が等価値のものであることを理解するためには、そのいずれもが身代わりの犠牲者に対する転移をもとにもどしはしない、そのいずれもが人間の町の基礎づくりのメカニズムを明らかにしてはくれない、ということを確認すれば十分です。したがってこうした議論の内部では、あらゆる断絶は付随的なものです。連続性のほうが優位に立ち、それがいつも妨げとなって、キリスト教の注釈者たちでさえ、『ヨハネによる福音書』の「ロゴス」の絶対的な特異性を認めること、特異性が完全に明らかになるときでさえそれを認めること、ができませんでした。

『ヨハネによる福音書』の「ロゴス」を自分のものにしようとする努力は、必然的に、神話的な哲学的な「ロゴス」への影響となってあらわれます。あらゆる西欧の思想の根底にある誤りが、この世の唯一の真理を明らかに示しているというわけです。『ヨハネによる福音書』の「ロゴス」は、思想家たちから不当にもギリシアの「ロゴス」と同一視されていますが、それはギリシアの「ロゴス」のもとでは生きのびることはできませんし、自分のものとなりえない世界からは、いつでも追いはらわれてしまいます。こうした過程はキリスト教の供犠的な読みと一体をなすものです。この「誤り」は、ユダヤ人たちがヤハウェを永遠に「寺院」から出さないでおくことができると思いこんでいた誤りや、預言者たちのことばに耳を傾けなかった誤りと、同じものです。いまだに同じ「誤り」がくりかえされていますが、それは「選ばれた民」のうぬぼれです。彼らは他の民族のあやまち――今度こそは自分たちが契約の後継者となろうとするあやまち、傲慢なために自分たちも同じあやまちをおかしていることに気づかぬあやまち――には十分に気づいているつもりなのです。

真の「ロゴス」とのちがいは、気づかれぬままどこかに行ってしまいました。なぜなら真の「ロゴス」が見失われるということは、排除している最中に、受け入れているという錯覚に陥るのと同じことなのですから。人々はキリスト教の町のなかで、キリスト教の「ロゴス」に、初めての場所を分かち、これまでに一度も持ったことのない住む土地を与えることを考えるのです。しかし人々は神話の「ロゴス」については、閉鎖的な考え方をします。

ハイデガーは初めて、キリスト教思想とポスト・キリスト教思想全体のなかで、ギリシアの「ロゴス」から『ヨハネによる福音書』の「ロゴス」への置き換えの、厳正な結果を引き出します。排除された「ロゴス」は、実際には見いだせません。西欧には、キリスト教思想というレッテルがはられているときでさえ、ギリシア思想以外の思想はなかった、というハイデガーの断言は正当です。西欧思想のなかで特に「キリスト教の」思想だけを切り離して考えることはできない、とハイデガーは言っています。キリスト教は思想の序列のなかで、固有の実在性を持っていません。ギリシアの「ロゴス」の連続性は、けっして中断されていません。中世に人々が再び考え始めるとき、人々はギリシア的に考え始めたのです。したがって西欧の哲学の歴史は、キリスト教のことなどこれっぽかりも顧慮する必要を感じませんでした。事実ハイデガーはこの歴史を、キリスト教にはひと言も触れずに書いています。ハイデガーは、西欧思想にいまだに充満している疑似キリスト教の残滓を残らず取り除く究極の態度を最後まで持ちつづけ、それにもとづいて、ギリシアの「ロゴス」がすべてであり、キリスト教の「ロゴス」は何ものでもないことを示して、二つの「ロゴス」の分離に成功しました。ハイデガーはそれ以降徹底した排除を、ある意味ではこれまでにも徹底していた排除を、法的に確認したことになります。なぜなら排除は、キリスト教の供犠の定義にもとづいて、すでに徹底的に行なわれていたことなのですから。

ハイデガーは、ユダヤ教徒とキリスト教徒によってかき立てられた敵意に目がくらんでいたとはいえ、真の思想家として個人的な感情をおさえ、大規模な解明の作業に加わりました。ハイデガーが、『ヨハネによる福音書』の「ロゴス」の来歴を、ギリシア人のうちよりもむしろユダヤ人のうちに求めているのは、たとえその捉え方がゆがんだ形をとることになったとしても、理由のあることです。ハイデガーはその来歴を、『第二イザヤの書』ですでにきわめて重要な役割を演じているあの「神のことば」だとしているのですから。これはまた聖書の最良の解釈学者たちによって、次第にとりあげられることが多くなってきている解釈でもあります。たとえばW・オールブライトの多くの著述、特に最も広く世に知られている『石の時代からキリスト教まで』を参照していただきたいものです。(81)

現代でも同じように、ハイデガーにつづいて、西欧の言語中心的傾向《ロゴサントリスム》と呼ばれているものを告発する人人は——といってもその価値を逆転させて告発する人々は——すべて、真の「ロゴス」の解明など考えてもみずに、仕事に精を出しています。彼らは真の「ロゴス」も彼らの批判のうちに含めうると思いこんでいるのです。彼らには彼らが「ロゴス」の批判のうちに包みこまれていることが、わかっていないのです。

O そのような二つの「ロゴス」の区別は、基本的な問題です。あなたがおっしゃっていることは、要するに、宗教的な、哲学的な、そしてまたポスト哲学的なあらゆる形態が、あらゆる種類の差異化を倍加させ、そのためにそのような唯一の基本的な区別が隠蔽され、ごまかされ、あるいははっきりと否定さえされているということですね。あなたがなさっていることは、その逆です。あなたは独特な区別——つまり存在しない暴力の「ロゴス」と存在する愛の「ロゴス」との絶対的な区別——を再び見いだすために人間が重要視している差異がすべて無意味なものであることを証明しようと努めていらっしゃるのです。

G この解明は、キリスト教のなかから、聖書に与えられた供犠的な読みによって、つまり暴力の「ロゴス」の立ち戻りによって、もう一度排除される「ロゴス」そのものの解明です。「ロゴス」はそれでもやはり解明されつつありますが、再度おおい隠されることについては、またしても寛大にかまえていて、大はばな解明を少し先にのばしています。

愛の「ロゴス」は、されるがままであり、いつも暴力の「ロゴス」によって排除されていますが、その排除の実態はますます解明されつつありますし、同時にまた暴力の「ロゴス」を、真の「ロゴス」を排除することによってのみ存在するもの、真の「ロゴス」に寄生するという形で存在するものとして、解明しつつあります。

D 「初めに……」

O 「初めにみことば（ロゴス）があった……」という冒頭の文を語らずに、『ヨハネによる福音書』のプロローグを離れるわけにはいかないと思います。この文はもちろん『創世の書』、つまり聖書全体の最初の文を思い起こさせます。「初めに、神は天と地をつくられた。」

G 『創世の書』との類似は、それにつづく詩句のなかでも、創造とか光とか闇などのテーマ——もちろん同じように『創世の書』に出てくるテーマ——と同じように引きつづき見うけられると考えている注釈者もあります(82)。

われわれの分析に照らしてみると、こうした表現上の類似は、重要な意味を持っていることがわかります。『ヨハネによる福音書』のプロローグは、身代わりの「ロゴス」という見方からすると、つまりわれわれが自分のものにしようと努めている見方からすると、聖書全体がここから「再び始まる」ところにあたります。

伝統的な聖書解釈学は、中世を通じて、各福音書そのものから、またパウロの手紙からの引用例に誘導されて、旧約聖書を新約聖書に照らして読む努力をしました。この解釈学によって得られた結果は限られたものでした。こうしたタイプの解釈は、非合理なもの神秘的なものとして、最終的に見捨てられてしまいました。中世の解釈学者たちは、旧約聖書の偉大な人物のうちに、どの程度までキリスト自身の予示と前兆を見てよいのかがわからなかったのです。彼らは一つの直観を正当化することができませんでしたし、それは後には合理主義的な近代的な研究によって、まったくのたわごととして捨てられてしまいましたが、実際は、たとえ不完全なものであったにしても、近代批評がこれまでわれわれに提示してきたすべてのものを超えています。現代ではわずか数名の著述家が、たとえばポール・クローデルとかリュバク神父などが、以上のようなタイプの解釈学はあらゆる解釈学のなかで最も豊かなもの、最も力強いものであるという予感を持っていました。しかし彼らもまたその直観を科学的に正当化するには至りませんでした。[83]この宗教的直観の科学的な正当化は、『ヨハネによる福音書』のプロローグの暗示する次のような考え方——聖書全体を新約聖書に照らして明らかにし、真のキリスト研究に照らして読みなおすためには、真理の「みことば」(ロゴス)のうちに、人間の手によって常に排除されてきた身代わりの犠牲者という知恵を認めねばならないという考え方——と一致します。こうした認識が得られないかぎり、旧約聖書と新約聖書を統一する客観的な関係を合理的に理解することは、いつまでたってもできません。

『創世の書』の創世の物語と『ヨハネによる福音書』のプロローグとの関係をとことんまで理解するためには、いうまでもなく聖書の最初の大きな神話であるアダムとエバの楽園追放の神話を考究しなければなりません。この神話は、神話にはいつでも聖書に関するものの「抑圧的な」本質が認められると思っている近代思想の、お気に入りの神話です。そしてそのおかげでわれわれは、何世紀もまえから、まさに非神秘化の理論の大洪水——何度もむしかえされた平凡な、事実ノアの方舟の人々にとって四十日の長雨がおそらくそうであったほどにも平凡な、むしかえしの多い理論の大洪水——という恩恵に浴しているわけです。

われわれは、われわれこそアダムとエバの神話を「非神秘化する」最初の者だと思いこんで、至る所で大声で自慢しています。ところがこの神話の特質が何であるかはわかっていません。それはこの神話が神と人間の関係を排除という表現で提示しているからです。『ヨハネによる福音書』のプロローグと、まったく同じように。だれも気づいてはいないが本質的な唯一の差異は——何度くりかえしても十分ということはありません——「アダムとエバの神話では、文化の基礎を確実なものとするために、またしても神が策を弄して人間を排除している」のに、『ヨハネによる福音書』では、人間が神を排除している」ということです。

『創世の書』の神話は、ほかには類例のない神話です。この神話はすでに、旧約聖書が身代わりの犠牲者を「問題にしている」ことを証明しています。なぜならこの神話は、人間と神の関係のなかで、排除を前景に押し出しているからです。それはレヴィ＝ストロースが言うような「徹底的な消去」です。要するにそこにはすでにいくらか構造主義的なものがありますが、構造主義と同じように、そしてまた他のすべての神話につづいて、この神話は、排除の「真の方向」について、方向と意味づけとの二重の意味で、みずからを欺きつづけています。『ヨハネによる福音書』のプロローグは、この方向を逆転させますが、至る所で神話に「光」をあてようとすれば、それ以上のことも、それ以下のことも必要ありません。こうした行き方のなかには、旧約聖書の福音書的解釈のすべてが要約されていますし、それはまた、われわれの基礎的な文化人類学のすべてでもあります。この文化人類学は、『ヨハネによる福音書』のプロローグの最初の文を——この文が他の文の、つまり聖書全体の第一行の、くりかえしであり翻訳であるという点に限って——明らかにしているにすぎません。一つの例外を除いて同じことがくりかえされていますが、その例外が主要なのです。なぜならその例外が、排除された「ロゴス」を暴力の神に置き換えているのですから。いつでもどこでも聖書の解釈では、そればかりが問題になっています。そして置き換えの結果は、それが最終的に明らかになる段階でも、まだ測り知ることができません。

パスカルは、聖書を修正することは許されるが、それには聖書の助けだけを借りなければならない、とどこかで書いています。われわれが『創世の書』を、旧約聖書全体を、そしてまた人間の文化全体を、『ヨハネによる福音書』のプロローグのあの数行に照らして読みなおすときにやっていることは、まさにそうしたことなのです。それは聖書の示唆にもとづく壮大な作業、つまり常に真理に向かって進む人類全体の壮大な作業です。その真理は『創世の書』の第一行からの一見何の意味もない再録のなかに、そしてまたそこに付加された「軽度の」修正のなかに、要約され、濃縮されています。今日では人類は不条理なもの、無意味なものに運命づけられていると言って、文化の崩壊を嘆く声がしきりですが、いまわれわれが問題にしている時代には、それどころか人類全体が、いかなる近代的な批判にもびくともしない意味を持ついろいろなすばらしい再発見を目ざして結集しています。

O　これまでの分析では、歴史的に見たキリスト教に対するあなたの態度は、それとはちがうように私には思われます。あなたは受難と贖罪との供犠的な読みには、きっぱりと反対の態度をとっておられます。しかしあなたは、何人かの批判者があなたの以前の著作のなかで予感したような、人間中心的な読みに到達するどころか、神の超越性を、キリスト教の偉大な主流派の人々が認めてきたような形で、つまり父である神には神の子の仲立ちがなければ近づくことはできないというような形で、再び見いだそうとしています。

誤解のもとは——たしかにそれは誤解です、なぜならあなたのここでのすべての発言は、すでに一九七三年十一月の《エスプリ》誌の討論にその概略が示されていたのですから——それは身代わりの犠牲者にまさに集中している考え方の非神秘化の力があまりにもおどろくべき力だからです。そうした考え方「もまた」キリスト教的であること、それはむしろ必然的に根本的にキリスト教的であること、別な言い方をすれば、すべての徹底した非神秘化理論がこれからはキリスト教的なものとして姿をあらわすだろうということ、そうしたことは、まだだれもそれを受け入れる心構えができていません。教義の変更を絶対に認めぬ厳正なキリスト教徒も、革命の意図を持つ無神論者も、進歩主義のキリスト教徒も、保守的な合理主義者も、だれひとりそんな心構えはできていません、近代思想のさまざまな典型的な対立はすべて崩れさっていくのですが、この事態を進んで受け入れようとする人はひとりもいません。

E　愛と認識

O　じつはこの問題は、われわれを、あなたが討論の初めに聖書についておっしゃっていたことに連れ戻すことになります。愛はほんとうに、神秘的な迷妄をさますはたらきをします。なぜなら愛は犠牲者たちをもう一度人間として扱うのですから。

G　キリスト教的な意味での愛とギリシア人の「エロス」とのあいだには、たしかに根本的な対立があり、アンデルス・ニーグレンはそこに目を止めようとしました――アガペという用語は、新約聖書のなかでは必ずしもキリスト教的な愛の観念をあらわすものではないとしても(84)。愛とは、あらゆる合理性の放棄、無知への委譲の象徴であるどころか、神のようなものであり、また同時にあらゆる真の知恵の基礎でもあります。新約聖書には愛の真の認識論があり、『ヨハネの第一の手紙』はその原則を明らかに示しています。

兄弟を愛する者は光のなかにとどまり、
つまずきにあう機会はないが、
兄弟を憎む者は闇のなかにいて
闇のなかを歩み、
闇に目をくらまされているから、
自分がどこに行くのかも知らない。
〔ヨハネの第一の手紙、二の一〇—一一〕

これらのことばは、討論のあいだ、ずっとわれわれについてきています。ヨハネの語る愛の問題には、分身どうしの憎悪による迷妄が欠けています。文化の意味の基礎である犠牲の過程を、それだけが明らかにすることができるのに。単に「知的な」ばかりの過程は、いかなる過程でも、真の認識に到達することはできません。なぜなら知恵の高みから敵どうしの兄弟をながめている者の超然とした態度は、結局は迷妄にほかならないのですから。人間の知恵はどんなものでも、それが敵どうしの兄弟という決定的な試練に立ち向かったことがないうちは、迷妄にほかなりません。そしておそらく人間の知恵は、そうした試練に立ち向かうこともなく、傲慢な虚栄心のうちに安住しつづけるでしょうが、そのためにそれはさらに不毛なものとなっていくでしょう。

愛だけが真に問題を解明します。なぜなら愛は、いまでもわれわれの世界でのこうした解明につきものの報復とか復讐とかの精神とは、無縁なものなのですから。そしてまた愛は、こうした解明に分類上の限界を定めて、まさにそれを分身というものに対抗する自分の武器とするのですから。キリストの完全無欠な愛だけが、暴力をともなわずに、完全無欠な解明を——われわれすべての人間が、福音書で予見されているとおりの感情的な対立や分裂をのりこえて、それを求めて苦闘をつづけている解明を——なしとげることができます。だからこそわれわれはますます、この福音書のテクストそのものに、こうしたさまざまな分裂の責任を押しつけようとしたくなるのです。われわれはもう、福音書のテクストに対抗するのでなければ、お互いに理解しあえないほどになっています。そして福音書のテクストは、やがて、すばらしく解明力に富んだある種の象徴体系として、われわれ人類の身代わりのヤギになりそうな気配です。人類は福音書のテクストから真理を生み出すために、初めて全地球的な協力態勢をとって結集しています。そしてその真理を否定するのに熱中しているというわけです。

この否定の意欲は、すでに引用したニーチェの著作のなかに、新約聖書の提示する愛の認識論をはっきりと拒否するあの『反キリスト者』のなかに、一種独特な慧眼と盲目ぶりとで発揮されています。

> 愛は、人間が物事を、およそそうで「ない」ように見る状態である。幻惑する力がそこでは頂点に達し、甘やかす力、「変容させる」力も同様である。愛において人は、普通のとき以上に耐え忍び、すべてを許す。(85)

L　ニーチェは少なくともこの引用のなかでは、自分自身と一致しています。「十字架にかけられた人に逆らってディオニュソスを」選ぶこと、ギリシア神話のなかに集団による暴力という暗部を見ないこと、それは明らかに、ヨハネの手紙によって提示された認識論を拒否することです。

G　キリストが旧約聖書解読の鍵をもたらすという考え方は、各福音書そのものの至る所にあります。それはヨハネによって提示された解釈のなかだけではありません。それは復活のあとのいくつかの場面にも、意味深い形であらわれています。あふれるばかりの真理がすでに支配的であるように思われる場面、キリストの受難を通じて人間にゆだねられた解釈能力がすでに支配的であると思われる場面、にもあります。

エンマウス村へ行く弟子たちの物語は、この過程を明らかにしてくれます〔ルカ、二四の一三以下参照〕。キリストの死後まもなく、二人の弟子がエルサレムを去ってエンマウス村へ向かいます。他の弟子たち同様、二人は気もくじけ力を落としています。二人は、イエスが与えてくれた大きな希望を捨ててしまっています。エルサレムに背を向けて、イエスが死んだ場所から遠ざかっているということは、二人が希望を捨てたことをあらわしています。イエスを中心に集まっていたすべての人々にとって、イエスの死は最終的な瓦解でした。みんながちりぢりばらばらに立ち去っていきます。

ところがこの二人にイエスが近づいてきて、いっしょに歩いていくのです。二人はイエスがいることに気づきません。なぜなら、「彼らの目はさえぎられてイエスを認めることができなかった」からです。そしてイエスは、二人の口からひどい失望のことばを聞いたあと、次のように叫びます。

「ああ、愚かな人たち。預言者たちの告げたことがすべてすぐには信じられない頭のにぶい人たち。キリストはこれらの苦難に耐えて栄光にはいることが必要だったのではないか。」そして、モーセをはじめすべての預言者をとりあげて、聖書全体のなかで自分にかかわりのあることを説き明かされた。〔ルカ、二四の二五―二七〕

キリストを認めることをさえぎられた目とは、キリストについてまちがった考えをいだいている人々の目です。しかしそうした人々が永遠に死んだものだと思っているキリストは、まえと同じようにそうした人々のそばにいて、同じ道を歩いているのです。彼らがキリストによって象徴されるすべてのものから遠ざかっていく道だと思いこんでいる道を歩いているのです。そしてキリストは道を歩きながら、彼らがそれまで一度も気づかなかった教訓を聖書から引き出すことを、彼らがそれと知らぬまに教えるのです。彼らがイエスとその立場とを、供犠と世俗と虚偽との形で信じているうちには理解できなかったことが、いまや永遠にイエスから隔てられたと思いこんだために、理解できるようになります。もう何もかもだめになったと思われるときに、キリストは音もなくわれわれのそばにやってきます。初めはそれがキリストだとはわかりません。弟子たちは、遠ざかっていく見知らぬ男を引き止めようとします。

「私たちとともにお泊まりください。夕べが近づき、日ははや暮れようとしていますから」と彼らは言った。イエスは泊まろうとして家にはいられた。彼らと食卓につかれたとき、イエスはパンを取って祝福し、裂いて彼らに渡された。彼らの目が開かれ、彼らはそれがイエスだと悟った……がイエスは彼らの前から姿を消してしまっていた。そこで二人は話しあった、「道々お話しになっているときも聖書を説明してくださったときも、私たちの心は私たちのなかで燃えさかってはいなかったか。」〔ルカ、二四の二九―三二〕

キリスト教の世界では、一切が常に終わりからの読みなおし、先立つ考え方の誤りを明らかにしてくれる終わりを考え合わせながらの読みなおしです。キリスト教の文化であれ、ポスト・キリスト教の文化であれ、西欧の文化はすべて、誤って供犠的なものだと思いこんでいるこのキリストから、ますます遠ざかることを考えています。キリストと永遠に縁を切る努力をしています。しかし西欧文化がまったく別なものを目ざして進んでいると思いこんでいるそのときに、キリストはずっとまえからそのそばにいて、聖書を説き明かしているのです。

近代思想のあらゆる重要な理論、あらゆる思想形態が、人文科学の分野でも、政治の世界でも、さまざまな犠牲の過程を対象にし、これらの過程を告発しています。これらの告発はいつでも確かに部分的であり、互いに対立し、そのいずれもが「おのれの」犠牲者を振りかざして、相手の犠牲者に対抗しています。キリスト教のテクストに目を光らせるこれらの告発は、歴史的なキリスト教と同じ供犠的な考え方で、テクストを読んでいます。そしてそうした告発自体が供犠から派生したものです。しかし全体的に見れば、それらの告発が、犠牲の過程を文化の基礎づくりの過程として十分に把握し、その解明の準備をしていることは明らかです。したがってそれが、打倒しようと思っているものの解明を目ざして作業を進めている──そうとは知らずに──ことも明らかです。

スキャンダルを引き起こすようなものだけが値打ちがあるのだ、スキャンダルを引き起こすような考え方をしなければならない、と言われることがあります。それは要するに、数えきれないほどむしかえされてきた古めかしいスキャンダル、サド流の、ニーチェ流のひどくつまらぬスキャンダル、もうほとんど再生されることもなくなったロマン主義的な古びた狂気などとは別物で、センセイショナルなものに飢えていると言われる近代人をふるえあがらせるほどのものです。要するにそれは、二十世紀末を目ざしての、まったく新しい見事なスキャンダルです。しかしそうしたスキャンダルも、なかなかうまくはいかないでしょう。それはうけあってもいいのです。なぜなら、人々はできるだけそうしたスキャンダルを回避するように手はずを整えるものなのですから。

文化人類学の大規模な作業は、またこのことを思い起こしていただかなければなりませんが、ユダヤ・キリスト教の主張に反対して、全面的に組織化されています。文化人類学者たちの狙いは、いつもそうしたテクストの供犠的解釈──部分的にはごまかしがあっても──だったのですから、それはある点では正しいわけです。しかし、もしも彼らの努力が完遂されるそのときに、同じユダヤ・キリスト教の主張をはっきりと、また思いがけなく、一挙に確認することになるとすれば、それは類例のないたいへんな皮肉だということになるでしょう。

そこで近代思想は、『第二イザヤの書』の砂漠のあの無数のざわめき、あのすべての奴隷たちを、思い起こさせることになるでしょう。もちろん奴隷たちは、いまではりっぱなブルドーザーを使っていますが、なぜ自分たちがこんなにやっきになって山を削り谷を埋めているのか知ってもいません。彼らは、あの偉大な王が意気揚々と道路をお通りになると聞けば、すぐにも仕度を始めるのです。

私のこの暗示的な話のもとになっているテクストを、欽定英訳聖書から引用しておきます。

荒れ野で叫ぶ声が聞こえる。「主の道をととのえよ。われらの神のために、荒れ地にまっすぐな大道を通せ。すべての谷を高くし、すべての山と丘を低くせよ。曲がった道はまっすぐに、凹凸のある土地は平らにせよ。そうすれば主の栄光が明らかにされ、すべての人はともにそれを見るであろう、なぜなら主の口がそう話されたのだから。」

その声は「叫べ」と言った。彼は答えた、「何と叫ぶのでしょうか。」「人はすべて草であり、そのすぐれたものはすべて野の花のようだ。

（……）

草は枯れ、花はしおれる。だが、神のみことばは、とわに残ろう。」〔イザヤの書、四〇の三—八〕

第三編　個人対個人の心理学

トロイラス——なんだって値うちはこっちがつけるんです。
ヘクター——いや、ものの値うちは個人の欲望だけで
決まるのではない、それ自身尊ぶべきものがあるから
尊い価値を有するのであって、値うちをつけるものの
勝手にはならない。たとえば神を祭る儀式を
神以上に値うちありとするのは偶像崇拝というもの、
それ自身尊敬にあたいする値うちのないものを
熱に浮かれて目がくらみ、むやみに尊敬し
あがめたてまつるのは、盲目の欲望にすぎぬ。

ウィリアム・シェイクスピア
『トロイラスとクレシダ』第二幕第二場
（小田島雄志訳）

第一章　模倣性の欲望

A　横取りの模倣と模倣性の欲望

G　これまでわれわれは直接読者に興味を起こさせるようなことを、ひと言も言ってきませんでした。「欲望」という語も、ほとんど口にしませんでした。ただ動物の生命の欲求と必要に付加される模倣性の干渉だけを話題にしてきました。

L　欲望という語は、現代の世界でそれに結びついているえも言われぬ暗示的意味《コノタシヨン》のために、あなたを当惑させるだけでした。しかし私はあなたの欲望という語の定義は、これもまた無意識の模倣《ミメティスム》の、動物の生命の、本能の組成との干渉に、根拠を置いているように思います。

G　そうです。人間の欲望からは、精神分析がいまだにそれに与えている、そして科学的な処理をすべて禁じている、あまりにも絶対的な特殊性を除去しなければなりません。動物ではすでに、模倣性の干渉は欲求と必要に付加されていますが、それはけっして人間の場合と同じ程度なのではありません。欲望はたしかに、模倣の閾を越えて初めてあらわれる人間固有の現象の一部です。

O　文化人類学全体について真実であるものは、必然的に、欲望についても真実です。あなたは欲望から絶対的な特殊性を除去しますが、あなたはまた、動物行動学者や行動主義心理学者とともに、人間を他の動物と同じような動物と見ることも拒否しています。人間の欲望には相対的な特殊性がある、というわけです。

G　と言ってもそれは、ヘーゲルやフロイトにも、またわれわれの周囲や内部にも見うけられる欲望と比較しうるような欲望が、人間化の閾を越えると同時にあらわれるという意味ではありません。欲望がわれわれの理解しうる意味でのみ、つまりわれわれの意味でのみ存在するためには、模倣性の干渉がもう、直接、本能と動物的欲望を対象にするばかりでなく、人間化の過程で根本的に変わってしまった領域――ことばをかえれば模倣性の干渉と無数の象徴的な鋳直しの行為の蓄積によって根本的に変わってしまった領域――をも対象にしなければなりません。いわゆる正規の心理学はすべて、つまりいわゆる精神的な面でわれわれを人間としているものはすべて、模倣性を持った組織破壊と再構成というきわめて歩みの遅い、しかし結局は途方もなく大がかりな作業に依存しているにちがいありません。そしてこの再構成は、ますます複雑化するレベルでなされています。模倣しあう者どうしの厳密なシンメトリーは、もともと不毛で破壊的な対立関係が極度に高まると――もっともこの対立関係は、恐怖に支えられた連帯精神にこの極度の高まりを再生してみせる儀礼によって、実りの多いものとなっていますが――ヒト属のうちに、他人を「もうひとりの自分」と見る能力と、内面の二重性を相関させる能力、つまり反省力、良心などを徐々に生み出していくにちがいありません。そう考えるのは、われわれの仮説からして当然の成行きです。

O　これまで言ってきたことだけでは、われわれが欲望と呼ぶものの位置づけには、まだ十分ではありません。しっかりした基盤を持つ宗教集団では、よく言われることですが、個々の人間の欲求や必要を、いろいろな方向に発散させています。こうして模倣性の干渉の非自制的な作用を防止しています。もちろん私は、われわれが欲望と呼んでいる現象が原始社会には存在しないなどと言うつもりはありません。用語の定義というものは、いずれにしても、厳密な分類をしようと思うと、あまりにも漠然としていてうまくいかないものです。でもやはり私は、欲望というあいまいなものが、近代社会で見うけられるように発酵し増殖するためには、いろいろな禁忌と差別との緩和を、宗教集団のなかでは一般には起こることがない緩和を、必要とするはずだと断言することができます。

B　模倣性の欲望と近代社会

G　欲望の周囲には、闘争や敵対や破壊に関する暗示的意味《コノタション》が豊富にあり、それによって、どうしてこの語が、こんなものが、近代社会で異常なほどもてはやされているのか、またはいないのかがよくわかります。ある者にとっては、欲望の増殖は、彼らの嘆きの的である文化の破壊に、「自然発生的な」諸階級の平均化に、いちばん大切な価値の崩壊に、かかわっています。われわれの社会では、欲望を敵視する者に対して常にそれを愛好する者がいて、両陣営は秩序と無秩序の名において、反動と進歩の名において、未来と過去の名において、互いに相手を断罪しています。

　これこそまさに、極度に複雑化した事態の簡略なヴィジョンです。欲望の「敵視派」がいつも想像しているのとは逆に、われわれの社会は大はばに「非差異状態」を吸収しうることが明らかになりつつあります。ほかの社会でなら模倣性の対立を激化させて、致命的な毒として作用したはずのものが、われわれの社会では、たしかにかなり恐ろしい激動をもたらしはするものの、これまでのところでは、そうしたものは一過性のものであることが明らかになっています。近代社会はそうした激動から立ち直ったばかりか、そこから新しい力のようなものまで引き出しました。近代社会はそれによって、より一段と「近代的な」、一段と広大な基盤に立って新たな開花期をむかえることができるでしょう。その基盤はまた、これまで近代社会の軌道外にとどまっていたいろいろな文化的要素や民衆を、吸収し同化することを可能にするでしょう。

O　われわれの社会を、芸術や政治や思想などの点で、また特に科学と技術との点で、これまでになく精力的な創造性に富んだものにするものはすべて、つまりこの社会に類例のないその自負、えも言われぬ優越感をまずもたらしたもの、そしてのちにはますます増大する苦悩をもたらしたものはすべて、疑いもなく、模倣性の欲望の「解放」に根拠を置いています。

G　ずいぶん長い年月が経過しましたが、「反動家たち」のペシミズムが正当だと確認されたことは一度もありません。しかし革命家たちの「オプティミズム」もまた正当だと確認されたことはありません。彼らが最終的に完全に解放される欲望から期待するヒューマニズムの開花は、けっしてその確実さが確認されることはありません。あるときは彼らの解放は、競合しあっていつも不安をかき立てるさまざまな方向に進路を求めます。またあるときは、それは不毛な闘争に、正体不明な無政府状態に、絶えず増大する苦悩に、終わるほかはなくなります。そしてそれは当然のことです。

現代人はいつでも、自分たちの不安や失望は、宗教上のタブーや、文化に関する禁忌や、さらに昨今では法組織の合法的な防止策などが、欲望に対立させている束縛に由来するものだと想像しています。こうした邪魔物さえ取り除けば、欲望は開花するであろう、欲望のすばらしい純真さが、ついに実を結ぶであろう、と彼らは考えています。

そういうことは絶対にありません。伝統的な社会が、欲望による汚染を防止するため巧みに配置した外的な障害を、欲望が除去するにつれて、模倣性の干渉がもたらす構造的な障害は、つまりただちに敵対物に変わるモデルという生きた障害は、きわめて有利な形で、ある場合には不利な形で、弱まった禁忌に置き換えられてしまいます。こうした活気のない、受動的な、寛大な、そしてだれにとっても同じ障害、したがってほんとうに人に恥をかかせたり傷を与えたりすることのけっしてない障害、宗教上の禁忌がすべての人にそれを対立させていたような障害の代わりに、人々はますます、能動的な、動きの多い、猛烈な障害、要するに敵対物に変わるモデルという障害に立ち向かうようになります。それは個々の人間に真っ向から対立しようとする障害、そしてそれを成功させようと見事に身構えた障害です。

要するに人間は、自分たちの欲望のユートピアを実現しようと思えば思うほど、自分たちの解放のイデオロギーにしがみつき、現実には競争社会の完成に精を出し、そのまんなかで息苦しい思いをしているのです。しかし人間は自分たちの誤りに気づくどころか、まえよりもひどく誤りの度を深め、禁忌という外的な障害と、模倣する者どうしの内的な障害とを、徹底的に混ぜ合わせてしまいます。人間はユピテルから与えられた無能な王、つまり一本の棒杭、に不満だったカエルに似ています。うるさく鳴いて神々を悩ませたために願いを聞いてもらえた、つまり新王としてカエルを食べるツルを与えられた、カエルに似ています。人間をこらしめる最良の方法は、いつも、人間が要求するものを与えてやることです。

最後の禁忌が消滅する瞬間にも、無数の知識人が、まるでそれがますます悩みの種になってでもいるかのように、その話をしつづけます。あるいはまた知識人は、禁忌の神話を、至る所にいて何でも知っている「力」の神話に置き換えてしまいます。それは模倣性の策略という新しい神話解釈にほかなりません。

L　あなたはまたしても、自分で自分を、憎むべき反動家にみなされるように仕向けています。

G　それはまったく不当な扱いというものでしょう。私はだれにも拘束されることのない欲望の解放を口やかましく要求するのは、ばかげたことだと思っているのです。しかしもう一度くりかえして言っておきますが、できもしない拘束への逆もどりは、なおいっそうばかげていると思っているのです。いろいろな形態の文化が解体されるようになると、それを人為的に再構成しようとする努力は、必ずきわめて血なまぐさい悪業に行きついてしまうのですから。

私は空疎なことばだけで満足することは拒否すべきだと思います。フロイトとその精神分析学説が提示する身代わりのヤギつまり父親やおきてはすべて拒否しなければなりません。マルクスが提示する身代わりのヤギつまりブルジョワや資本家なども拒否しなければなりません。ニーチェが提示する身代わりのヤギつまり奴隷の道徳や他者へのルサンティマンなども拒否しなければなりません。マルクス、ニーチェ、フロイトを前面に据えた近代主義もいまや古典的となって、いろいろな身代わりのヤギばかりを見せてくれますが、それらは結局は同じようなものです。たとえこうした思想家たちが個別的に見ると、全面的な解明を遅らせているようではあっても、一まとめにして見ると、それはやはり解明の実現を目ざして、たとえば至る所にいる犠牲者を通じての解明の実現を目ざして、準備を進めているだけのことです。そして犠牲者は、これもまた御用ずみの道をたどっている供犠の方式のために、ますます解明が後まわしにされています。なぜなら供犠の方式はますます透けて見えるようになり、ますます効果がうすれ、そのために直接的な政治学的社会学的な帰結の面では、ますます恐るべきものになっているのですから。つまり人間は、供犠の方式の効果を回復するために、常に無実の犠牲者を倍加させるよう、国の敵、階級の敵を皆殺しにするよう、あらゆる種類の「抑圧」の責任を問われた宗教や家族の残存物は暴力的に消滅させるよう、要するに唯一の真の「解放者」として殺人と狂気を賞賛するよう、いつも誘導されているのですから。

近代思想全体がふしぎな違反行為によってねじ曲げられています。違反を避けようとするまさにそのときに、違反に落ちこんでしまうのです。ラカンの場合は、欲望は法的基盤を持っています。今日では、最も大胆な者も、欲望が不可避的に引き起こす争いに対して禁忌が持つ防止機能の本質を認めていません。現実には彼らも、「反動家」とみなされるのが心配なのでしょう。ここ百年来われわれを支配している考え方のうちで、絶対に忘れてはならないものは、純真だ従順だとみなされることを恐れる考え方です。何ものからも解放されて、最も反抗的に動きまわりたいという欲望です。そしてそれは、ちょっとくすぐりさえすれば、近代の思想家たちにほとんど何でもかまわずにしゃべらせることができるような欲望です。

C　模倣の危険性と欲望の力学

O　欲望は、準備段階の儀礼、特に祭りや通過儀礼の試練が象徴するものとは、うまが合いません。欲望もまた、模倣性の非差異化の過程として定義されうるもので、犠牲者による再統一のメカニズム、つまり儀礼が再生するメカニズムに通じる闘争の崩壊に似ています。しかし欲望の過程は、儀礼の産物の特徴である集団的興奮状態に到達することは、絶対にありません。つまり欲望の過程が最後に自発的な排除に行きつくことは、絶対にありません。

G　欲望は、原始社会の特徴である恐ろしいが急に消えてしまう流行性の激発もなければ、そうした危機とは別種の、暴力による儀礼によって維持される浄化作用を持つ平和もない世界に属しています。欲望は流行性であるよりは、むしろ慢性です。それは原始社会で生まれたままの模倣の危険性と同じような状態ではなくて、似ていながらひじょうにちがったあるもの——われわれの世界の基礎づくりの暴力が長いあいだに弱まっていくことと関係のあるもの——と同じような状態です。われわれはきのうその理由を描き出そうと努めたわけです。つまりユダヤ・キリスト教のテクストは、教会がそれについて与えている供犠的な読みによって、ゆっくりとしたおだやかな秩序破壊という効果を生み出しています。したがって欲望の力学とは、個々の人間の場合でも歴史の場合でも、「減速された」模倣の危険性の力学だ、ということになります。

欲望とは、人間関係に、もう犠牲者による解決が得られなくなったとき、したがってこの解決をもたらしうるほんとうに全員一致の一つの極への集中作用が起こらなくなったときに、やってくるものです。この人間関係には、それでもやはり模倣性はあります。そしてわれわれは、個人的な兆候という「深く隠れている」形態、ときには人を欺く形態のもとに、供犠の危険性の力強い様式を見いだそうとしています。こんどの場合は犠牲者や供犠などによる解決はありませんから、強迫観念と呼ばれるものに通じる様式を見いだそうとしています。

欲望とは模倣の危険性そのものです。エロティシズムから職業上の野心や知的な野心に至るまでの、いわゆる「プライヴェットな」すべての問題での、他者との鋭い模倣性の敵対です。この危機は人によってじつにさまざまな高さで安定します。しかしこの危機にはいつでも、浄化の作用と排除の作用が欠けています。

O　欲望とは要するに、浄化の能力が完全に使い果たされた社会で——浄化の能力を再生させうる唯一のメカニズムの機能が低下していく社会で——ますます花開くようになります。特に近代的な創意工夫がなされなくとも、欲望は近代生活のなかで花開きます。あるいはむしろ近代的なものとして花開きます。

そして言うまでもなくわれわれは、この近代的なものに照らして、あらゆる種類の現象を、おそらくまだ完全に欲望に依存しているわけではない現象までも、欲望という表現を借りて読みなおしているのです。

あなたは欲望をアプリオリに、ほとんど演繹に近い形で提示しています。一つの世界、つまりわれわれの世界——そこでは文化のメカニズムが、一時的にブレーキをかけられているユダヤ・キリスト教のゆっくりとした、しかし容赦のない秩序破壊にさらされている——があるのですから、模倣の危険性は、対人関係において、個々の人間によって潜在的な形で、体験されているにちがいありません。要するにあなたは、欲望を叙述するまえにそれを定義するという思い切ったことをなさっています。あなたはあまりにも体系的で思弁的だとして攻撃されるでしょう。そうした非難を避けるどころか、それを認め、進んでそれを受けるようなことばかりなさっているのですから。それは定義というものの持つ力が明らかになるようにとの配慮からです。そしてそれとともに、欲望のすべての変身、すべての精神病理学的な兆候を、この定義そのものから生まれ、またいつものように模倣性の干渉の力学だけから生まれる連続的な過程の継起的瞬間として生み出す能力もあわせて、明らかにしようとの配慮からです。

G　私はこう考えています。つまりほとんど演繹的なやり方で定義から手をつければ、自分の方法にも見解にも確信を持ったことのない精神病理学が大ざっぱに取り出したすべての大きな兆候が、どのようにして、またどのような理由で、互いに結ばれあい、重なりあい、もつれあっているかが、わかるだろう、それもだんだん重要度の高いものが、はっきりとした形でわかってくるだろう、と考えています。

もちろん現段階では、全体的な証明は、まだ私の大きな気がかりのままにとどまっています。その証明を強固なものとするために、私はあなたがおっしゃったようなやり方で欲望と取り組んでいるわけです。その仮説をまっ先に立てたのは、たしかに逆説的なアプローチかもしれません。なぜなら仮説が十分に役にたつのは、対象が原始社会の場合だけですから。そしていまは、仮説はゆっくりと後退しながらを、あらゆることを決定しています。

L　精神病理学がこれまでほんとうの意味でつかみえなかったもの、理解できなかったものを、あなたが模倣という網で一ぺんに手元に集めることができるならば、人間科学のすべての領域で、あなたの仮説はその妥当性を示したことになるでしょう。

G　最初の模倣性の干渉によって起こる認識不足に固有な論理があることをお見せしなければなりません。それは感情の激化、悪化という論理です。この論理は欲望を支配するのみならず、われわれの世界の欲望の心理学的な詩的な精神分析的な解釈までも支配しています。この論理はまた個人や共同体を、この欲望のますます病理学的な形態へと押しやります。そして、これらの形態そのものが新しい解釈なのです。

D　修業の模倣と敵対の模倣

G　いつもと同じように、初期の無意識の模倣《ミメティスム》と呼ばれるものに遡って考えねばなりません。この無意識の模倣には争いがつきものです。したがってそれは恐ろしいものですが、必要不可欠なものでもあります。文化全体について事実であるものは、個々の人間についても事実です。だれでも、文化的な行動を身についたものにするためには、自分の属する文化に正しく組み込まれるためには、高度の無意識の模倣なしですませることは不可能です。

L　われわれが修業とか教育とか指導とか呼ぶものは、すべて無意識の模倣に根拠を置いています。

O　われわれはすでにそのことを動物について指摘しました。そしてそれが人間についても同じように事実だということを、われわれは知っています。その証拠に、言語の修得を例にとれば、生まれつき耳の聞こえない者は、母国語のある種の音を再現できるようになるのに、たいへんな苦労が必要です。

G　指導するものが何もなければ、模倣の傾向は、人間のあらゆる行為に、無差別に作用するでしょう。子どもは獲得と無縁な行為、つまり真似してもだいじょうぶな行為と、獲得に等しい行為、つまり真似が敵対を引き起こす行為との必然的な区別がわかりません。しかし、少しよく考えてみれば、一方において、「真似してもだいじょうぶな」行為と、そうではない行為とのあいだには、いかなる客観的な区別も、いかなる普遍的な体系もありえない、ということに気づきます。

もしお望みなら、先生と弟子とのたいへん単純な例をとってみましょう。先生は弟子の数が増えれば喜びます。自分がモデルとみなされるのを喜びます。しかし真似があまりにもうまくて、真似する者が先生を追い越す恐れがでてくると、先生はわざと態度を変え、疑い深く、嫉妬深く、つっけんどんになりはじめます。先生はできるだけ弟子をほめないようにし、やる気をなくさせようとします。

弟子のほうにいけないところがあるとすれば、それはいちばんいい弟子であるということだけです。弟子はモデルを賞賛し尊敬します。事実、そうでなければ、モデルとして選んだ意味がありません。したがってどうしても弟子のほうは、「後に下がる」ことができず、「遠くから」ながめればわかるはずのものが、わからないということになります。モデルの動きにあらわれている敵対の兆候が目にはいりません。モデルのほうが、この盲目ぶりを助長するように仕向けるので、ますますむずかしいことになります。モデルはそのつっけんどんな態度のほんとうの理由を、できるだけ隠そうとします。

もちろんこれは、モデルである先生と先生の全体的な教養が、弟子に対して真似するようにはっきりとすすめているときに、真似する弟子のほうにはね返ってくる、錯綜した真似の「二重拘束《ダブルバインド》」の一例にすぎません。

古代の社会では、禁忌の交差とそれによって決まるいろいろな区分とが、自動的に、文化の担い手たちどうしで自由に使いこなせるものを分割していました。いくつかの文化は、もしもそれが可能なら、個人の選択を完全に消去し、それとともに模倣による集束の機会も敵対の機会も消去してしまうだろう、という印象を与えます。

現代の社会では、逆の状況がますます優位を占めつつあります。ある者には禁じられているのに、ある者には許されているタブーなどはもうありませんし、それぱかりか、共同生活のために必ず個々の人間に課される成人儀礼もありません。近代教育では、子どもに、真似をするとほめられたりはげまされたりすることもあるが、逆にがっかりするようなことを言われることもある、またその結果は真似のモデルだけを考えても、対象だけを考えても予見はできない、と教える代わりに、欲望の自然な自発性を賞賛することによって、あらゆる問題を解決しようと考えています。これはまさに神話的な考え方です。

ある種の図式主義を前にして、ここで引き下がってはいけません。まず状況を全体的な視野のもとに提示しなくてはなりません。欲望の「自由」に対するあらゆる障害を除去するという形で、近代社会はこの全体的な視野を具体化しています。つまりますます多くの個々の人間を、たいへん幼い子どものときから、模倣性の「二重拘束」にいちばん好都合な状況に置いています。だれも何も教えてくれないのですから、いったい子どもにはどうして、自分の対応のすべてが、二つの相反する義務、そして共に厳しい義務、客観的に一方を選ぶことのできない、そしてどこでもまったく問題になっていない義務、にもとづくなどということがわかるでしょうか。だれも何も言ってくれないという証拠に、今日でもまだ問題が、心理学や教育学の最高度の要請のレベルでさえも、形にあらわされないままにとどまっています。

もとのままの強い意味での模倣性の「二重拘束」があるためには、他人からくる二重の命令——私を真似せよ（モデルの立場から）、真似するな（敵対者の立場から）——を正しく解釈することのできない主体がなければなりません。

E　グレゴリ・ベイトスン

L　あなたはグレゴリ・ベイトスンが展開した精神分裂病の理論から借用した「二重拘束《ダブルバインド》」という表現をよくお使いになります。もちろん、あなたの仮説はコミュニケイション理論の枠内に組み込まれうるものだ、という意味ではありません。

G　ベイトスンは精神分裂病を、矛盾する二重のメッセージ——二人の両親のうちのひとり、ベイトスンの例ではたいていは母親が、子どもの教育にあたって絶えず発する二重のメッセージ——と結びつけています。たとえばある母親たちは、全身的な愛と献身のことばを口にし、演説口調で次から次に注文をつけます。しかしそうした母親たちは明らかに、子どもがその注文に応ずるたびごとに、無意識で、子どもを遠ざけるようなことをします。彼女らは見るからにひどく冷たい女になります。それはおそらく子どもが母親に、ひとりの男を思い起こさせるからです。自分をかまってくれない父親を思い起こさせるからです。あるいはまったく別な理由によるのかもしれませんが。絶えずこうした矛盾した作用に、つまり熱意と冷淡にかわるがわるさらされている子どもは、言語に対する信頼をすっかりなくしてしまうにちがいありません。そしてついにはあらゆる言語のメッセージに対して身を閉ざしてしまうように、あるいは他のいろいろな精神分裂病的な反応を示すように、なるかもしれません。(86)

文化の諸科学にとって、インフォメイション理論、特にベイトスンの「二重拘束」の理論は、多くの興味ある原理を示しているように私には思われます。その第一は、インフォメイションの秩序は無秩序にもとづいていて、いつでも無秩序にもどる可能性がある、というものです。インフォメイション理論は、無秩序に立場を与えています。そしてそれは、レヴィ＝ストロースの構造主義も、現代の言語学重視のうちのそれに由来する部分も、なしえなかったことです。エドガル・モランはフランスで、巧みにこの理論の優越性を指摘しました。

第二の、より興味のある点は、この理論のなかで、フィードバックの原則が演ずる役割です。古典的な決定論のように直線的なばかりではなく、サイバネティクスの連鎖はぐるぐる回っています。事件aが事件bを始動させ、事件bはおそらく他のいろいろな事件を始動させます。しかしそのうちの最後のものは、aにまたもどってきて、それに作用を及ぼします。サイバネティクスの連鎖はひと回りして、もとのところにもどってきます。フィードバックは、偏差がすべてそれに先立つ偏差と逆方向に生じ、その結果いつでも体系の均衡を保つように先立つ偏差を修正するのだとすれば、ネガティヴなものです。ところがそれとは逆に、偏差が同方向に生じ、絶えず増大しつづけるならば、フィードバックはポジティヴなものになり、そのとき体系は「制御不能《ランナウエイ》」、速度超過に陥って回路が完全に遮断されるか、こわれるかしてしまいます。

こうした考え方は、人間の社会の儀礼による均衡にとっても、明らかに興味のあることで、模倣の危険性というのは、一種の「制御不能」にほかなりません。

グレゴリ・ベイトスンは、儀礼を論じた『ナヴェン』と名付けられた著書のなかで、たしかにサイバネティクス的な速度超過という用語を使っていますが、ベイトスンが述べているのは、私が模倣の危険性と呼んでいるものであるように私には思われます。ベイトスンは競争の原理や「分身」どうしの対立に気づき、それを「シンメトリカルな分離発生」と定義しています。[87] 彼はこうした傾向が、最終的に高まると、とつぜん中断し逆転することに注目していますが、私の考えではこうした解決の際にまさに犠牲の原理が演ずる役割には、彼は注目していません。模倣の過程に照らして『ナヴェン』を分析すれば、犠牲の原理はわけなく引き出されるように思います。

したがってわれわれの考えでは、グレゴリ・ベイトスンの影響、特に強迫観念の理論の影響を受けた研究者たちが、もちろんいつも「インフォメイション・セオリー」にもとづいて、人間のコミュニケイションの一種の「実用化」を、つまり『人間のコミュニケイションの実用主義』を完成しようと思ったとき、すぐに犠牲者排除のメカニズムに思い至ったのは、たいへん意味深いことです。[88]

この研究者たちは、たいへん小さなグループ、おもに核家族しか考察していません。彼らの考えでは、これらの体系が非機能的な傾向を示すと、いつでもすぐに、失われた均衡を回復しようとする無意識の努力が見うけられます。そしてこのグループのひとりの人間が犠牲に供され、この犠牲者に対して一種の共同戦線がはられるのです。このひとりの犠牲者は精神的な動揺を示しますが、それはグループ全体にとって貴重なものです。なぜなら犠牲者の動揺が、グループの正常な機能を妨げたすべてのものの結果だとみなされるからです。こうした見方は、グループの「健全な」メンバーたち全員に共通するもので、それにもとづいて別なタイプの均衡が生まれます。それはおそらく一時的なものでしょうが、とにかくそれで機能の均衡が保たれるのです。

この本の著者たちは、彼らの仕事の延長が文学の方面にまで及んでいることを認めています。つまり彼らは特に供犠的な作品、エドワード・オールビーの『ヴァージニア・ウルフなんかこわくない』の、たいへん興味深い注釈に没頭しています。しかし彼らは、彼らの研究がその中核となるべきだと思われるすばらしい宗教的文化的状況には、まったく触れていません。

O　あなたはパロウ・アルトウ〔スタンフォード大学所在地〕のグループの研究の肯定的な面だけを見ているはずはありません。あなたの論文との根本的な不一致も、いろいろあります。この研究者のグループは、象徴性と言語にもとづく文化のコミュニケイションのすべての体系に及ぼす、犠牲のメカニズムの作用の実態と、そのまさしく基礎づくりとしての性格を認めていません。

G　彼らがそれを発見できないのは、彼らの研究が単に近代社会の内部での、極度に小さなグループに限られているからではありません。ベイトスンの「二重拘束」の概念と「コミュニケイション・セオリー」の所与全体が、その発見を不可能にしているのです。

L　コミュニケイションの概念はせますぎます。この概念は欲望についての精神分析学的な着想――ある種の不合理な要素といまだに縁が切れていない着想――については、かなりな優越を示しています。犠牲のメカニズムには、動物の行動だけから考えたのでは、やはり到達できません、たとえ現代の動物行動学の見方をどれほど拡大してみても。

G　そうした見方は、すべて必要なものばかりですが、それらすべてが不十分なものであり、また互いに両立しないままとどまっています。それらを両立させ、そのすべての寄与をいろいろな制限に悩むことなく役だてうる唯一の方法が、模倣の理論です。これだけが動物と人間の両方のレベルで同時に機能しうるものです。したがってまたこれだけが人間界と動物界のすべての形而上的断絶と、すべての不当な混乱とを消去しうるものです。なぜなら無意識の模倣は、それぞれまったく別な制度を持つ両界のどちらでも、機能するはずですから。またそれは、言語に無縁ではなく、言語に先行しあらゆる面で言語を乗り越えるものなのですから、すでに述べたように、「二重拘束《ダブルバインド》」の原理を無意識の横取りの模倣全体に普遍化することができますし、同時にまたフィードバックの原則と「制御不能《ランナウェイ》」の脅威とを、個人対個人のすべての関係に導き入れることができます。

この普遍化は、人々が同時にまた、潜在的ではあるがあまりにも破壊的なその効果に、いかに対抗したらよいかわからないうちは、その追求が禁じられています。人々がもはやためらうことなくこうした明かな不可能に立ち向かうときから、犠牲のメカニズムに至る道が開けます。エントロピーとネグエントロピーという用語で問題を叙述することは、説明のためにいつも科学から隠喩を借用したがる近代精神にとっては、たいへん誘惑的なことです。しかしそれは問題を明示するもう一つのやり方であるにすぎません。文化の「ネグエントロピー」の秘密は、犠牲のメカニズムとそこから生ずる宗教的な至上命令です……。

F 対象による敵対から形而上的欲望へ

G 欲望というこんがらかった難問を解きほぐすためには、一切は対象を求めての敵対から始まる、ということを認める必要がありますし、認めればそれで十分です。対象は、争って手に入れようとするものとなり、こうして両方の側に渇望が生じ、高まります。

L　マルクス主義者たちは、そうしたタイプの競争の激化を生み出したのは資本主義だと、さかんに警告しています。彼らは、あなたがマルクスによって最終的に解決ずみである問題をとりあげている、と言っています。同じようにフロイトの後継者たちも、あなたがフロイトによって最終的に解決ずみである問題をとりあげている、と言っています。

G　その理屈でいくと、資本主義の真の樹立者も、エディプス・コンプレクスの真の樹立者も、サルである、ということになります。資本主義のやっていることはすべて、というよりはむしろ資本主義の開花を可能にしている自由社会とは、模倣という現象のいっそう自由な行使を保証するということ、またそうした現象の経済的技術的活動への移行を保証するということなのです。古代社会が模倣性の敵対に対置している拘束は、この移行の段階で、いろいろと複雑な宗教的な理由によって、消えていきます。

対象の価値は、いつでも、それを入手するときに出会う抵抗に比例して増大します。そしてまたモデルの価値も、それと同じようにして増大します。一方は他方がなければ立ち行きません。たとえモデルが初めは特に威信を持っていなくとも、またたとえ主体が、やがて威信という語によっておおわれるはずのものと、初めはまったく無縁であるとしても――威信と言っても、しょせんそれは幻影や魔術にすぎませんが――そうしたものはすべて敵対そのものから生まれることになります。

最初の真似は機械的な性格を持っていますが、それなのに主体は、主体をモデルに対置させる敵対が自動的な性格を持つことを見誤るような傾きがあります。主体はこうした対立に不安を感じ、それにありもしない意味を与えようとします。まずこうした傾向に、あらゆる種類の科学的であろうとする説明を、フロイトの説明も含めて、結びつけて考える必要があります。敵対の三角関係は、フロイトがそう思いこんでいたように何かの秘密を隠しているなどというものではなく、そこには模倣性の性格が隠されているにすぎません。

欲望の対象とは、もちろん、禁じられている対象のことで、それはフロイトが考えるような、「おきて」によって禁じられたものではなく、自分がそれを欲しているため、われわれにそれはだれもが欲するものだと示す者によって禁じられたものです。おきてによらない敵対の禁忌のみが、ほんとうに外傷を、心理的な外傷を与える可能性があります。そこには静的形態とは別なものがあります。体系の各要素は互いに作用を及ぼしあいます。モデルの威信、それに対する抵抗、対象の価値、対象がかきたてる欲望の強さ、そうしたものすべてが、ポジティヴなフィードバックの過程で絶えず強化されつづけます。フロイトが「アンビヴァレンツ」と呼ぶものの全体の悪、フロイトが完全に認めはしたものの理解するには至らなかった悪性の原動力が、ここで初めて説明可能になります[(89)]。

おきてによる禁忌は、すべての人間またはある範囲内の人間を対象にします。それはわれわれが個人として「下位にある」ということを、一般的な規則として暗示するものではありません。これに反して模倣性の敵対の禁忌は、禁忌を自分に反するものとして解釈しようとする特定の個人のみを対象とします。

個人としては不当な扱いを受け、ひどい迫害を受けたことが確かでも、主体のほうは必ず、モデルには自分に対して対象を拒否する十分な理由があるのではないか、と思います。自分自身のうちのますます重要さをます部分が、このモデルを真似しつづけます。こうしてモデルの味方になります。そのためには自分を対象としたと思われる敵意をこめた扱いも正当化し、ふしぎなことに自分に加えられた罰までもおそらく正当化してしまいます。

一度こうした悪循環に陥ると、主体は急速に自分を根本的に不十分なものとみなすようになります。モデルはその不十分さをはっきりと見抜いたのだろう、それならモデルの自分に対する態度も当然だ、とみなすようになります。主体が後生大事に自分のものだと決めこんでいるこの対象に、モデルがしっかり結びついて自己充足と全知とをわがものとしているようにみえ、主体は自分もそれを手に入れたいと夢見るわけです。対象はこれまでになく強く求められます。モデルがそれに近づくことを頑強に妨げているのですから、この対象を手に入れさえすれば、他者の充実と自分の空虚とのあいだ、つまり自己充足と不足とのあいだに、差異が生み出されるにちがいありません。

現実の何ものにも一致することのないこうした変貌は、一方において、変貌した対象を、最も現実的なものにみえるようにします。こうした変貌をわれわれは、存在論的とか形而上的と名づけることができます。模倣による敵対の、理解されなかったメカニズムが、こうした存在論的または形而上的な次元を、以前には単なる欲求とか必要でしかなかったものに与えた時に初めて、欲望という語を使うように決めることができます。われわれはここでは、どうしても哲学上の用語を使わざるをえません。哲学と、暴力の原初的神聖化との関係は、「形而上的な」欲望と、暴力の神々を生み出す模倣性の狂気との関係に等しいのです。だからこそ近代のエロティシズムとその文学は、一定の激しさを越えて、神聖なものを示す語彙にまで遡ろうとするのです。叙情的なすぐれた隠喩は例外なく、暴力をそなえた神聖なものに、直接間接に依存していますが、文学批評家はすかさずこのことを確認しています。彼らに興味のあるのは、模倣の発生ではなく、あのいろいろな隠喩がそれに与える、いつもよみがえる「身ぶるい」なのです。

私の場合は正反対で、形而上的な欲望の概念に、形而上的に心をひかれることはまったくありません。形而上的な欲望を理解するためには、いまわれわれが話していることと、社会的に規制されたある種の敵対、つまり決闘だとか、スポーツの試合などでの名誉や名声などのような、根底においてひじょうに近い概念によって演じられる役割との、類似性を見る必要がありますし、見ればそれで十分です。こうした概念を生み出すのが敵対です。こうした概念には明確な現実性はありませんが、こうした概念のために敵対が起こるという事実が、こうした概念を、いかなる現実的なものよりも現実的に見せています。犠牲のメカニズムによってまだ落着いて安定している世界のなかで、これらの概念が、はっきりと有限性を与えられている枠から、いつもの儀礼の枠から、少しでもはみ出せば、それはあらゆる限界から、あらゆる客観的な制限から脱け出してしまいます。その時こそ、原初の世界では、一切が模倣性の狂気に、いのちがけの闘争に、落ちこんでしまうのです。そしてここでもまた犠牲のメカニズムが見られるようになるでしょう。われわれの世界では、人間は「限りない」欲望に、私が存在論的なあるいは形而上的な欲望と名づけるすべてのものに、到達します。

「形而上的な」闘、あるいはこう言ったほうがよければ「いわゆる」欲望への通路、それは非現実への入口です。それはまた精神病理学の闘ともなりうるものです。しかし特に強調しなければならないのは、それが他のものとつながりがあるということ、つまり社会の承認ずみの用語で定義しさえすれば完全に正規のものとみなされる一切のもの、危険なものへの趣向、無限なものへの渇望、詩的精神へのあこがれ、狂的な愛情などと同じものだということです。

O　あなたはいつも、敵対者との戦いで絶対に勝つことのない主体の話をなさっています。それとは逆の結果が生ずる可能性もあります。もしも主体がうまくその対象を手に入れたら、どういうことが起こりますか？

G　勝利によって主体の運命が何か変わるためには、所有が満足、歓喜、喜悦などについて実際にもたらしうるものと、敵対についての認識不足から生まれたますます形而上的な傾向を深める渇望との偏差が「ひろがらぬうちに」勝利が生み出される必要があります。

偏差があまり大きいと、対象を手に入れてもそれはひどい期待はずれなものになるでしょうから、主体は、そのことに直接関わりのある対象はもとよりモデルにも、その重みをになわせようとするでしょう。しかしそのままの形での欲望にも、この欲望の模倣性の性格にも、重みをになわせることはまずないでしょう。対象とモデルとは横柄にしりぞけられますが、主体はまた、それほど簡単に欺かれることのないような、新しいモデルと新しい対象の探索を始めます。このことは次の一つのことしか意味しえません。つまりいまや欲望が渇望するのは、乗り越えることができない抵抗だ、ということです。

要するに勝利とは、最悪の事態への加速度的進展にすぎません。最悪の事態というのっぴきならぬ状態の追求は、ますます専門化され巧妙化され、ついにはそれ自体がのっぴきならぬ状態の追求をしているのかどうかさえも理解できないまでに至ります。

O　うまくいこうがいくまいが、結局、主体はいずれにしても、のっぴきならぬ状態に向かっていきます。欲望自体が行き止まりなのだと結論を出すかわりに、主体はいつでも欲望にとって好都合な結論を出す方法を、欲望に最後のチャンスを与えるような方法を、見いだします。主体はすでに手に入れた対象を、過去のものとなった欲望を、前日のアイドルを、非難する心構え、新しいアイドル新しい対象があらわれた瞬間に非難する心構えをいつでも持っています。それは欲望の過程であると同様に、流行の過程でもあります。流行の主体は、いつでも一切を捨てる、まずそれ自体を捨てる、心構えを持っています。それは流行を捨てないため、欲望に未来を維持してやるためです。

すべての障害に打ち勝っていないうちは、一つの可能性が残されています。それはたしかにますます少なくなっていきますが、けっしてゼロになることはありません。なぜなら、至る所で探し求められていた宝は、結局は最後の城壁のかげで、最後の竜に守られて、われわれを待っているのですから。

G　欲望にも論理があって、それは賭けの論理です。運が向いてこないと、ある段階から、あわれな勝負師は賭けを捨てられなくなり、ますます多くの額を、ますます少なくなる確率で賭けるようになります。主体はいつでも最後には、とても乗り越えることのできない障害を見いだすでしょう。それはおそらく世間の人々の広範な無関心という障害です。そして主体はこの無関心にぶつかってくだけてしまうでしょう。

O　結局われわれはいつも、賭けといえばたった一つしかないみたいに、パスカルの賭けを話題にします。パスカル自身がその気晴らしの理論で認めていることは、あなたがいまおっしゃっているようなことです。欲望もまた一つの賭けです。人間が絶対に勝つことのできない賭けです。神に賭けるということは、欲望の神とは「別な神」に賭けることです。

第二章　対象のない欲望

A　分身と個人対個人の関係

O　多くの読者にとって、あなたの理論を理解することは、むずかしいだろうと思います。それは多くの読者が、主体とモデルとの差異は、最初のある時期――それはおそらく現実の時期、発生の時期ですが、たいていは理論上の学問上のものとされている時期――にしか存在しない、ということに目を止めないからです。

G　無意識の模倣《ミメティスム》とは、事実、人間関係のなかでの伝染です。それを免れる者は、原則としてひとりもいません。もしモデルが、主体に指し示す対象に対して、熱意を倍加させるとすれば、それはモデル自身が、この伝染に身をゆだねたということです。要するにモデルが、弟子を介して、弟子自身の欲望を真似ているのです。弟子が自分のモデルに対してモデルとして役だつとすれば、モデルは、逆に自分の弟子の弟子になります。要するに人間たちのなかには、あるいはより正確に言えば人間たちの欲望のなかには、ほんとうの差異はありません。入れかわったり、位置が変わったり、中心がずれたりする差異という表現で考えることも、十分とは言えません。よく言われる差異とは、相互関係のいつも一部に恣意的なものを含む断絶にすぎません。なぜならそうした差異は犠牲のメカニズムと模倣による敵対に根をおろしているからですし、また一切を純粋な相互関係に立ち戻らせる暴力の影響下に消滅するものなのですから。だれもが、敵対関係のなかでは、あらゆる立場を次々に、それから同時に占めますが、そうするともう、はっきりとした立場の区別などできなくなります。

ある瞬間に、暴力行為の当事者たちの一方が感じ行なうことはすべて、遅かれ早かれ必ず相手にも見いだされます。結局、最後に何が起こるかというと、この動きがますます速くなり、だれかについて何かを言えば、すぐにだれについてもそれを言わなければならなくなってしまいます。もう当事者たちをそれぞれ差異化することはできなくなります。私が「分身」の関係と名づけるものは、こうしたものです。

L　あなたよりまえにこの用語を使ったすべての人々とちがって、あなたの分身たちは、現実の個々の人間であり、暴力の相互関係に支配されていますが、分身たちは、両方ともこの相互関係を理解していません。しかしそれは、われわれがすでに話した積極的な真似の段階ばかりか、肉体的な暴力の段階でも、ますます際立ったもの、完全なものになっていきます。「分身」という用語は、伝統的には、別な意味で使われています。弱い反映とか、鏡のなかの映像とか、要するに幻影の意味で使われています。それはたとえば、ホフマンのようなロマン派の作家たちの意味です。そして精神医学、精神分析学は、ある種の病人について、分身の幻覚と名づけているものを認めるとき、結局いぜんとしてそうした意味に忠実なのです。

G　私は幻覚的な分身の見かけの神秘性は、いま私が話している現実の分身に還元できると考えています。問題は、いつものように、たいへん簡単なことがらです。暴力とは完全な模倣の関係、したがって完全に相互的な関係です。だれでも他人の暴力を真似しますし、相手に「利息をつけて」、それを返します。こうした関係ほど月並みなものはありません。特にそれが肉体的な暴力という形をとるときは。また、もちろん、われわれが第三者としてとどまっているかぎりは。そしてまた、そうした関係をただの見物人として見ていられるかぎりは。この関係を理解するためには、見たところいかに微妙な関係であっても、人形芝居の舞台とその上で力いっぱいなぐりあいをしている憲兵たちのことを思い浮かべれば十分です。

それらがただの見世物であるかぎり、分身たちは、コミックなものであれトラジックなものであれ、舞台のあらゆる動きの基礎になっています。

ひとたび模倣の関係のシンメトリーがほんとうにきちんとした形をとると、人々はそれを厄介払いしたいと思うようになります。ことばを換えれば、暴力の相互関係の影響下に、一切のモデルは反モデルに姿を変えます。それからあとは、似ているかわりに、異なっていることが問題になります。しかし相互関係は、あらゆる人々が同じようにそれと縁を切ろうと努めているのですから、いつまでもつづくわけです。事実、それは同じ欲望ではあっても、モデルの超越性を、「もう信じてはいません」。

O　われわれはそうしたことを現代生活のきわめて大きなひろがりのなかにも、またほんの小さな片隅にも、何度でも見いだします。たとえば流行は、差異の噂で持ち切りになるとき初めて、知的な生活面で完全な勝利を収めます。偶然の結果ではありません。だれもが同じようなやり方でひととちがった様子をしたいと思います。そしてまもなくみんなが同時に同じ様子をする結果になったことを認めるのですから、流行が終わるのは、それが始まるのと同じように、これまた流行にかかわる問題です。だからこそ、だれもが流行には反対して、さかんに流行しているものを捨て、だれにも真似のできないようなものを真似しようとします。でも、みんなと同じようにそうするのです。いろいろな流行のリーダーたちがもてはやされる期間は、どんどん短くなっていますし、そのあと彼らは知的生活全体の本質を目のかたきにしますが、それもまた流行がエスカレイションの原則にもとづいて機能しているからです。そしてだれもが流行のメカニズムをどんどん見抜くようになると、そのときから流行はリズムを速め、見捨てられるのも、もう仮定の問題ではなくなります。流行自体がとうとう流行遅れになってしまうのです。オート・クーチュールは、この領域では、哲学よりも進んでいます。オート・クーチュールは、最初に、流行などはもう存在しないということを知ったのです。私の友人のひとりのえらいクーチュリエが、私にそう言っていました。

G　古代作家ばかりでなく、現代作家の場合でも、ほんとうにえらくなると、分身たちにすべての基礎を置くようになります。同一性、画一性のなかにいつでも一切を落ちこませるものは、逆説的ながら、他と異なろうとする欲望です。

プルーストを例にとれば、われわれはチャップリン的なおどけたしぐさのうちに、欲望についての基礎的な誤解を示すテクストを見つけることができます。そしてそれは、プルーストが話者自身を皮切りに、登場人物全員のうちに機能させているような、きわめて叙情的な欲望と同じものです。こうしたかなめのテクストほど重要なテクストはありません。こうしたテクストは、いつでも同じ構造が問題になるのだということ、別な言い方をすれば、欲望はそれが思いこませようとしているほど興味深いものではないということを、はっきりと教えてくれます。こうしたテクストの思いがけない効果は、数限りなくあるというものではなく、それどころか、いつでも同じものですし、いつでも予見もできるし、計算もできるのです。またそれは、いつも欲望そのものだけを――いつもその固有の作用に執着していながら、いつでもそれ自体に反するはたらきをしている欲望そのものだけを――不意にとらえます。いかなる策略も、欲望が探求するものをけっして与えてはくれませんが、欲望はけっして策略を放棄することはありません。たとえ吸収や同化の意欲が他人との差異をかち取るなどということは絶対にありえないとしても、差異の意欲が——結局は同じことになりますが——同一性や相互関係を払いのけるということも絶対にありません。それは、バルベックの保養地での、ブルジョワたちの「堤防の散策」が証明していることです。

そうした人々はだれも（……）自分たちは人のことなど気にしていないと思わせるため、相手を見ていないようなふりをしていた。でもぶつかるおそれのないように、並んで歩いている人や向こうからやってくる人を、それとなく見てはいるのだった。そして自分の気持ちとは裏腹に、ぶつかったりさわったりしてしまうのだった。なぜなら彼らは両方ともお互いに、同じように心のなかでは相手のことを気にせずにはいられなかったのだから。見たところ同じように相手を無視するふうをよそおってはいたものの。(90)

L　「分身」についての見方をどこまでも強く主張すると、あらゆる精神医学、精神分析学で認められている、分身の体験は重病人の場合にはしっかりしたものではない、それはいかなる現実とも一致しない、という考え方を批判する結果になりますが。

G　分身の幻覚というものはありません。そうだとみなされているものは、互いに避けあおうとしている二人の個人の、「不可解な」ぶつかりです。またそれは、こうしたぶつかりの絶え間のないくりかえしです。

分身たちとは要するに、模倣の関係の相互性以外のものではけっしてありません。主体は差異だけを渇望しますし、相互性を認めることは拒否しますから、差異のほうが策略——だれにでも見つかり、だれもがすぐにそれを使うことによってさらに巧みに相互性をおとしめるような策略——のおかげで勝利を収めます。いつまでも否定されている相互性は、したがって主体に「つきまとおう」とします。これがつまり大作家プルーストが何の苦もなく認めているのに、ほとんどの人が、少なくとも自分自身に関係があるというだけで、うまくしりぞけてしまう、実体をそなえたまことの亡霊です。相互性が他人に関わるものであるかぎり、ほとんどの人が、洞察力の点でだれかをうらやんだりすることはまったくありません。この現実の洞察力さえ、いつも彼らを欺いていて、ほかの人がみんな動きがとれないでいるのに、巧みに窮地を脱することができるのは自分たちだけだ、と思いこませます。

幻覚的なものは分身ではありません。幻覚的なものは差異です。狂っているとみなすべきものは差異です。分身たちを幻覚的に読むということは、欲望の奥の手なのです。欲望はこうして、模倣性の当事者たちの同一性のうちに、模倣性の欲望自体の最終的な挫折を――あるいはむしろ嘆かわしい成功を――認めまいとします。狂人が分身を認めるのは、狂人が真実のあまりにも近くにいるからです。自分は正常だと思っている人々も、差異の神話のまっただなかでそうした役割を果たすことはありえます。それは差異が事実だからではなくて、彼らが、相互性を一段と目だつものにする模倣作用を加速し強化することによって、模倣の過程を、その虚構が明らかになるほどまで押し進めてはいないからです。差異の位置がますます急速に交換されると、過程のただなかではもうはっきりと区別できる瞬間はなくなります。さきほども話したように、だれもがすべての位置を、同時に占め、そして差異は奇怪な悪夢のような形で増殖したうえで、消滅し始めます。

病人は医者に、差異を捨てて同一性をとりあげるのは愚かしいことだと認めてくれと頼みます。病人は学問に対して、怪物や分身を記録するように求めます。文化の神話的な差異の、異分子による妨害とかそれにつづく廃止などとしてではなく、差異の織物以外のものではありえない、別な言い方をすればテクスト、あるいはおそらく今日言われているようなテクストの相関性の重視以外のものではありえないある体験のただなかの補足的な差異として、記録するように求めます。

欲望とは要するに、欲望の固有の主体に、主体が認めがたいと判断する知識をまっさきに取得させるものです。主体は分身たちを、差異を生み出すそのもくろみに同化させることはできません。その論理に同化させることもできません。主体はそれ自体を、その分身たちとともに、「理性」の外に追いはらうように強いられています。要するに欲望を捨てるよりもむしろ、主体は欲望におのれの体験と理性とを、犠牲として捧げようとします。主体は医者に、狂気との診断を下すことによって、またこのことに公的な性格を与えることによって、この供犠を神聖化するように求めます。

L　医学はいつも求めに応じてきました。医学は分身のうちに、詩人たちとともに、鏡の幻覚的な作用、あるいはおそらく、奇妙な「古風な」レミニセンス以外のものは、けっして見ませんでした。フロイト自身がこうした考え方にひっかかっています。だれもが同じように、分身を無意味なものとして排除しています。しかしそれは病気の症状という点から見れば、たいへん重大なものです。

G　要するに精神病理学の見方は、欲望そのものの見方であって、医者はそれにさからわないように気をつけています。自分は狂っていると最初に宣言する、あるいはわれわれにわからせるように振舞うのは病人です。病人は何が問題なのか、よく知っているにちがいありません。現代の哲学の見方と同じように、精神病理学の見方も、差異にもとづいています。そして「分身たち」の同一性を認めようとしません。こうした点では一切がロマン主義的な個人主義——いろいろ皮相な批判が加えられたにもかかわらず、これまでになくさかんな——の遺産に根拠を置いています。

O　あなたは「欲望は取得させる」とか、「欲望は拒否する」とかおっしゃっています。あなたはそれが欲望を三位一体の一つに数えることになるのだとはお考えになりませんか？

G　そうは思いません。欲望があらゆる人間にとって同一のものだとすれば、同一の欲望しかないのだとすれば、欲望を構造の真の「主体」としない理由はなくなります。そのうえこの主体は模倣に還元されます。私は「欲望する主体」と言うのを避けていますが、それは主体の心理にまた落ちこんでいくという印象を与えないためです。

敵が掘った崩れやすい罠に落ちこむ昆虫のように――砂の粒はそれにすがりつくと、それにつれて足もとから崩れていきます――欲望は差異をあてにして「斜面を登ろうとします」が、その努力そのもののために差異はかき消され、欲望はまたいつものように分身へと落ちこんでいきます。

欲望という企ての模倣的性格は、ますますきわだっていきます。そしてやがて、何も見るまいと固く決意している人々にも、その存在が認められるほど目だつようになります。そこで彼らは、はったりで口を開きます。来歴のわからない、いかなるものとも理解可能な関係を持たない、特に分身とは当然のことながら関係を持たない一つの現象が問題でもあるかのように。

L　事実、病気の症状の悪化をたどって先へ進めば進むほど、欲望はますますそれ自体の滑稽な模倣《カリカチュア》となり、われわれに対決を迫るいろいろな現象はますます透明となり、そうした現象の知識によって、道程全体を再考することは、ますます容易になります。

G　要するに欲望自体が、それ自体の進展に責任があるのです。欲望がそれ自体の滑稽な模倣に向かって進むのです。あるいは、こう言ったほうがよければ、あらゆる症状の悪化に向かって進むのです。なぜなら、いつでも「無意識」を頭に置いているフロイトの考えとはまるで逆に、欲望はいかなる精神医学よりもそれ自体のことをわきまえているのですから。欲望はむしろますます事情に通じるようになります。なぜなら欲望は各段階で自分の身に起こることを観察し、得られた知識を集めた結果、症状の悪化を決定的なものとするのですから。欲望はいつでも、それがそれ自体から取得する知識を、それ自体の目的に利用します。欲望は要するに事実を、それ自体の虚構に役だてるのです。そしてそれに身をゆだねるすべてのものを破壊するため、また主要な構成要素である「二重拘束《ダブルバインド》」に好都合なように個人や共同体のすべてを動員するため、そしてまた二重拘束を決定的なものとする袋小路のなかにさらに奥深くはいりこんでいくため、ますます武装を強化します。

光をもたらす魔王という考えは、精神分析学全体よりもはるかに先へ進んでいます。欲望は光をもたらす者ですが、その光は欲望がそれ自体の暗さに役だてる光です。このまさしく光をもたらす魔王という性格が、近代の文化のすべての偉大な創作活動のなかでの、つまり美術や文学のなかでの、欲望の役割を説き明かしてくれます。

O　この討論の初めに検討したことですが、模倣性の敵対者たちは一つの対象を手に入れようとして争い、この対象の価値は、それに対する敵対者たちの渇望の度が高まるにつれて増大します。争いが激しくなればなるほど、争いの対象は二人の敵対者の目には重要なものになっていきます。見物人の目から見れば、もう争いの対象などは消えてなくなってしまいます。初めに敵対によって対象自体に与えられた価値は、増大しつづけるばかりでなく、対象から離れて、敵という邪魔者——どちらの側から見ても——の上に固定されてしまいます。両者とも、抵抗しがたい暴力の体現者になろうとして、相手の邪魔をします。両者になぜ戦うのかときけば、両者は威信というような考え方を引き合いに出すでしょう。いずれの側にとっても、相手に奪われるおそれのある威信を自分が獲得すること、魔力の持ち主となることが、つまりポリネシアの「マナ」のような、ギリシアの「キュードス」〔人間を動かす栄誉〕[91]のような、戦う者たちのなかに暴力という形でひろまっているものを手に入れることが、問題なのです。

G　威信のため名誉のために戦うということは、文字どおり、何でもないもののために戦うということです。具体的な対象が何もない場合には、威信という何でもないものが、敵対する者ばかりか、あらゆる人々の目に、すべてであるように見えるにちがいありません。つまり敵対者たちは、暴力的に追放されることによって和解する以前に――もしもいつか和解することがあるとすれば――一つのヴィジョンを分け持っていることになります。そしてそれは形而上的な暴力というヴィジョンです。

こうした言い方が有効なのは、ホメロス的な英雄どうしの決闘か、犠牲者をむさぼり食って神聖な暴力をわがものにしようとするあのいろいろな儀礼についてだけです。暴力行為の相互的な交換、暴力行為のエスカレイションなどは、いまでもわれわれが関心を持っている欲望による人間関係のなかに見うけられます。精神医学において交代の形であらわれる症候が理解可能なものとなるのは、ただこの交換との関連によってです。

B　交代の症候

G　もともと分身どうしの競争で成り立っている世界には、中立的な人間関係はありません。支配する者とされる者しかありません。動物的な力にも、外部の決定因にも根拠を置かない人間関係という意味は、けっして固定化されえません。この意味は、観察者が無意味と思うかもしれない人間関係のなかで、何度も、いつでも揺れ動いています。主体が敵対者を支配しているとき、または支配していると思っているとき、いつでも主体はそれ自体を知覚領域の中心であると思いこんでいますが、敵対者のほうが優勢になると、その領域は逆に敵対者のまわりにひろがるようにみえます。相手が勝つ機会がますます多くなり、期間もますます長くなります。要するに「抑うつ」がますます「上きげん」を押しのけようとします。

二人の敵対者は、彼らを分けへだてたり結び合わせたりする暴力の動きに従って、かわるがわる、一切がその前に集束してひざまずく唯一の神となるかと思えば、またこの同じ神――相手側に、つまり欲望の敵対者でありモデルでもある相手側に、奇妙にも移り変わった神――の足もとで黙ってふるえているひよわな生き物になるときもあります。

相手との関係はシーソーに似ています。一方が下がっていれば、もう一方は上がっていて、その関係は交互的です。精神科医は、なぜ交互的なのか、その理由がわかっていません。彼らの目には、どうしても片方しか見えないのですから。病人をまた奈落へ降りていかせるのには、相手のほうが自分で頂上まで登っていかなければなりません。逆の場合も同様です。

O　しかし精神科医たちは、あなたにこう言うでしょう。相手がいるならば自分たちはその存在に気がつくだろう、と。つまり彼らは二人の重症の躁うつ病患者が、あなたのおっしゃるように、相互に相手の原因になりあっているなどということには、まったく気づいていません。

G　精神医学は病人を一種の単子《モナド》と見ています。心理学者は、他人との関係の重要さを主張するときでさえ、そうした関係の基礎づくりに役だつ性格を十分に評価していません。たしかに他人の役割は、空想的なものになることもありますが、いつでもそうだったとはかぎりませんし、空想的ではあっても、主体が確認する激しい抗議のなかで、絶えず決定的な要素としてとどまっています。たとえば気質の変化とは、とりかわされる暴力への主体の反応にほかならず、また、有利になったり不利になったりするようにみえる戦いの急激な動きへの、主体の反応にほかなりません。暴力が行き交うとき、病人の目にはそれだけが現実のものと映るのですが、われわれの目にははいりません。というのは、一切が、ますます感知できなくなりつつあるいろいろな記号にもとづいて演じられているからです。

L　精神医学は病人たちに対しては、十分に精神錯乱に陥りたいと思っていますが、健全な人たちに対しては、同様に、十分健全でありたいと思っています。健全な人たちに、彼らと病人とのあいだにはほんのわずかな程度の差異しかない、おそらく、人間関係のなかで演じられる、特に伝統的な安定剤がなくなってしまった近代社会で演じられるすべてのものについて、感受性が鈍くなっただけのこと、知性が低下しただけのことだ、などと言って、彼らを不安に落とし入れてはいけないのです。

G　お互いに観察しあうのに好都合な、比較的余裕のある状況のもとで、猛烈な競争ブームが起こり、価値あるものへの前進の苦闘が演じられている環境のなかで、つまり、もちろん実業界のなかで、いやむしろ、いつも他人のことを話題にしながら、自分自身を見つめることはけっしてしない知的社会のなかで、何が起こっているかを検討しなければなりません。

そうした環境のなかでは、循環気質が、いろいろな記号を自らの糧としています。そうした記号は、その解釈が異常に発散してしまうことはあるにしても、少しも空虚なもの無意味なものではありません。仕事の上での将来性とか名声とかが、そうした記号によって左右される人々は、どうしてもそれに取りつかれています。ここで問題になるのは、他覚的なと言っていい一つの執念です。そしてまたそれと結びついている気質の交代です。敵対者の悲しみを喜ばないこと、その喜びを悲しまないことは困難です。

私を高めてくれるものはすべて、私の競争者たちを動揺させ、彼らを高めるものは、私を動揺させます。個人の地位がまえもって定められていない社会、階級制度が消滅した社会では、人々はいつでも自分の運命を切り開く努力をしています。ひとに「自分の考えを押しつける」、群れのなかで「自分をきわだたせる」、つまり「出世する」努力をしています。

われわれ人間の社会は、まえにも申しあげたように、組織の取りかえしのつかない憤激を、つまりサイバネティクスで言う「制御不能《ランナウェイ》」を恐れる必要もなしに、多くの領域で、模倣性の欲望を解き放つことのできる唯一の社会です。われわれがこのような、いつも社会的に受け入れられる限界のなかで——個人的にはそうではありませんが——競争を押し進める前代未聞の能力を獲得したために、近代社会のすばらしい「実現化」が可能になりましたし、われわれは近代社会の創造性豊かな天分などにも恵まれているのです。こうしたものすべての代価が社会の極度の悪化だとはかぎらないでしょう。そうではなくて、代価はむしろ、いわゆるノイローゼの大衆化、世俗化です。そしてそれは常に競争による緊張の強化に、またこうした緊張の「形而上学」に結びついているように私には思われます。

「躁うつ病患者」は、明らかに、異常な形而上的野心に取りつかれています。しかしこの形而上的野心もまた、取りたてて区別されるようなものではありません。個人によってちがいはありますが、それはまず、われわれがいま話題にしていた差異の消滅の、そしてまたそれにともなう模倣性の欲望解放の、逆説的な結果です。あらゆる要素は互いに関連しあっています。

個人がその生まれのおかげで、あるいは何かほかの事情で——その安定性が必ずいいかげんなものにもとづいている——占めた地位が、もう決定的な要素とはならないような社会では、競争心はしずまるどころか、これまで以上に燃え上がります。一切が、どうしても「確実」ではありえない比較に左右されます。なぜなら、いかなる基準もそのままの状態にはとどまらないのですから。躁うつ病患者は、人間相互の根本的な依存関係と、それにもとづく不確実性とに、特に鋭い意識を持っています。この患者は、自分のまわりのすべてが「イマージュ」と「イミタション」と「アドミラシヨン」(imago と imitare は同じ語根)

だとみなしていますから、強く他人からのアドミラションを欲します。つまりあらゆる模倣性の欲望が自分に集中することを欲します。そして悲劇的な緊張感をもって、当然のことながら不安定な生き方——結果的にはこれも模倣的性格ということになりますが——をします。歓迎とか拒否の、好評とか軽蔑の、ほんのわずかなしるしでも、患者は絶望の闇に沈んだり、人間ばなれのした陶酔に陥ったりします。ある時はピラミッドの頂上にいるように思います。このピラミッドは患者の世界全体を占める存在であるピラミッドです。またある時は、逆にこのピラミッドがさかさまになり、患者はやはりその頂上にいるために、世界全体から押しつぶされて、最も屈辱的な状態に置かれます。

そんな状態になるのは、おそらく、からだの器官にある種の変調が起こるからでしょうが、その秘密はわかっていません。しかしだからと言って、躁うつ病が特に現代社会の人間関係の面で無意味なものであることはありません。躁うつ病患者は、いろいろな意味で対人関係に関わりうるものをすべて極端に拡大しますが、それは「理由」のないことです。しかしそれはまた、まったくの誤りでもありません。なぜならそうした人間関係の模倣性の、したがって伝染性の性格、つまり「雪だるま」式に大きくなる特質は、頭のなかで考えられただけのものではまったくないのですから。こうした患者にとっては、適度ということがありません。知覚構造がどんどん破壊されていく世界では、したがって制御不可能に陥った模倣性の動揺によってそれ自体が脅かされている世界では、適度ということは、たしかにどんどん少なくなっていきます。

O　完全に精神病的な症候が、からだの器官という要素の影響と関わりのある可能性は、十分にあります。しかしそれがあなたの擁護される見方にとってぐあいの悪いことは、まったくないように思われます。こうしたからだの器官の要素がないときには、模倣性の憤激の過程がある閾を越えないということは、認めることができます。またこうした要素を、ある種の化学製品の力を借りて、一時的に無効にすることもできます。

ある人々は、ひどい精神病患者の比率は、どんな社会でもほとんど変わりがない、と考えています。そして問題のからだの器官の要素は、こうした事実の証明になるでしょう。こうした要素を、あなたのおっしゃることに何のさしさわりもない形で、考えることができます。こうした要素が、模倣性の症状悪化に対するいろいろな防御器官——これまたからだの器官——のはたらきを、弱めたり停止したりすることも、考えられます。

G　模倣という状況が、われわれが述べているような精神病理学的形態をそなえたある種の告白に特有な過敏さに対して、少しも本質的な役割を演じないなどと、どうして考えられるでしょうか。それは最も含みの少ない、最もむき出しな、最も任意的な形で、他人の判断にきわめて直接的に依存している作用、あるいは性向、なのですから。私はここでは、大衆に直接触れている人々、大衆の好意によって生きている人々、たとえば政治家、著述家、劇作家、小説家などを頭に置いて考えています。

必然的に集団の反応に注意をはらう人は、この領域では確実なものは何もないということを、経験によって知っています。とつぜん、予想もしなかった変動の起こることがあるのです。演劇人は初日の「不入り」が翌日には大入りに変わるありさまを目にすることがあります。その逆のこともあります。そしてこうした変化を確実な原因に結びつけることはできません。躁うつ病的な傾向と、日常生活でたいていのことを模倣性の伝染をたよりにしていいかげんに決めている人の感情とを、どうやって客観的に区別できるでしょうか。

欲望は、要するに、個人の内部での、そして構造が崩れつつある社会の内部での、身代わりのヤギと神神との類縁性について、あまりにもよく知っています。ニーチェとドストエフスキーによって判断すれば、こうした問題で個人の直観がある閾を越えたところでは、どこにでも精神病の脅威があるのではないかと考えてみることができるでしょう。ニーチェが狂気に陥って均衡を失いつつあることを理解するためには、われわれがいま言ったことに照らして『この人を見よ《エッケ・ホモ》』を読めば十分です。

O　ニーチェのこの作品のなかで、近づく狂気のしるしをたどりうるとすれば、ドストエフスキーのうちには、それとは逆に、この作家が狂気の脅威を乗り越えて最初の真に天才の作品を生み出す瞬間を確かめることができます。この作品は模倣性の欲望とそのパラドクスを、単に反映するのではもうなく、それを最初に明らかにする作品です。つまり『地下生活者の手記』です。

気分の動揺は、われわれの社会では、だれもそれを近づけて比べてみようとしないあらゆる種類の文化現象の背後に、姿をのぞかせています。たとえば、愛情や仕事で必ず成功する方法といった無数の実用書を思い浮かべてください。それはいつでも対人関係での策略を教えているのです。その唯一の秘訣、最上の奥の手は、いやというほどくりかえされている、うまくいくためにはすでにうまくいっているという印象を与えるだけで十分だ、というものです。

読者にとって、この種のはげましぐらいがっかりさせられるものはありません。何事によらずそれを待ちうけている場合には、与えられ受け入れられた印象に左右されるということは、まえからあまりにもわかりきっていることです。そしてまた次のような二つの印象が争いの原因になるということも、あまりにもわかりきっていることです。一方が他方に、争いのもとになっているものはすでに手に入れていると証明しようとしますが、実際にはそれはいつも相手から奪い取らなければならないもの、自分のほうが優勢だということをだれの目にも確実に明らかにするものなのです。

G　循環気質は、統計的には、われわれの世界で数がふえているように思われます。そしてそれとわれわれの世界とのあいだには特殊な親近性があるように思えてなりません。十八世紀の終わりから文学と思想の世界には、偉大な才能の持ち主で精神病になった者が点々と並んでいますが、それを確かめると心を打たれずにはいません。彼らはわれわれのあいだで起こることについて、本質的なことを言っています。当時の人々はふつうはそうしたことを避けて言いません。後世のわれわれは、それとは逆に、そうしたことをきわだたせます。それを思想体系にまとめあげます。つまり供犠のための代用物にまとめあげます。その主要な要素はもちろん、当時の人々がせっかく彼らに語りかけた天分ある人々を認めなかった無能ぶりに対する極度の怒りです。

要するに躁うつ病患者の内部では、神聖なものの対立しあう二つの面が内在化され、かわるがわる際限なく再生されています。ニーチェがまさに狂気にとらわれようとするとき、ディオニュソスとイエス・キリストのあいだに長いことあった大きな対立が消えるとき、暗示しているのは、このことだと私は思います。ニーチェはディオニュソスとキリストを「対立」させるかわりに、両者を「並立」させています。ニーチェは研究途上でどうしても確認できなかったもの、知のレベルで自分のものにすることができなかったもの、つまり神と身代わりの犠牲者との一体化を、狂気のなかで実現しました。自分が神になろうとして、犠牲になりました。身代わりの犠牲者の運命を味わいました。

原始社会の多くは、狂気と神聖なものとのこうした関係を、はっきりと認めています。狂者のうちに神の暴力の二つの面を見て、そのけっか、狂者を、そこから離れていたほうがいい不浄、汚染のもととして扱うと同時に、恵みを与えてくれるかもしれぬもの、敬うべきものとしても扱っています。

『悲劇の誕生』とギリシアの宗教についての著作のなかでは、ニーチェは、そのすべての面に見られた直観にもかかわらず、ディオニュソス的な「狂気」の真の意味がどうしてもわかりませんでした。ギリシア人ならだれでもこの本を読めば、著者がまもなく狂気に陥ることを予測できたでしょう。だれもニーチェのようにディオニュソスに身を捧げながら、どんな儀礼にも加わらず、ディオニュソス的な「狂気」の際限のない興奮にも身をさらさずにいることはできません。

　われわれの学問がいまだにこの最も謙虚な宗教的直観に匹敵することができないのは、どうしてなのでしょうか？

C　対象の消滅と精神病の構造

O　あなたのお話のなかで強い印象をうけたのは、対象がもう問題になっていないことです。すべては、だれもが他人のモデルであり弟子であるという、模倣性の敵対者どうしの関係に還元されています。この対象の消滅は、欲望がそれ自体の滑稽な模倣《カリカチュア》になる傾向、それ自体がそれ自体の真実を主張する傾向、に含まれているように私は思います。つまり対象よりは、模倣のためのモデルのほうが優勢なのです。欲望は最初から、対象に向けられた本能の組成と重なりあっています。精神病の段階では、もう対象はまったくなくなります。あるのはただ模倣性の「二重拘束《ダブルバインド》」と、邪魔になるモデル《モデル・オブスタクル》という強迫観念です。狂気は、動物に最も無縁なものが人間の内部で極度にかり立てられるという点で、きわめて人間的なものです。それはまたきわめて強い無意識の模倣《ミメティスム》の一種でもあるので、本能の組成に取って代わることもあります。

G　フロイトはその狂気と死へかり立てる原動力に注目はしましたが、それを説明するために死の本能を考え出さなければならなくなりました。彼にはもう、本能が一つ増えようが減ろうが、どうでもよかったのです。この問題にはあとでまたもどることにしましょう。欲望は、それを「理性」に引きもどすための、あるいは理性を生み出すための犠牲のメカニズムがなければ、それ自体で狂気と死へ向かって進んでいきます。模倣性の欲望だけで、あらゆる場合に十分であり、われわれは模倣の欲望のおかげで、エドガル・モランのすぐれた表現「狂える知恵あるヒト《ホモサピエンスデメンス》」(92)〔モランの用語はサピエンスデメンス〕を見いだします。狂気と理性との神秘的なきずなが具体的に示されるのです。

したがって主体は、模倣性の欲望自体の論理を、多くの犠牲をはらって引き出します。欲望自体が徐々に対象から離れて、モデルに結びつきます。症状の悪化とは、こうした動きにほかなりません。なぜなら正常にふるまうということは、模倣性の欲望を避けることではなくて――だれもそれを避けることはありません――対象が何も目にはいらなくなるほどそれに負けてしまわないということ、モデルだけに心を配るということなのですから。理性的であり機能的であるということは、対象がいろいろあるということ、そのまわりで熱心に動きまわっているということです。狂気であるということは、欲望のモデルの完全なとりこになってしまうこと、したがって欲望の性向を完全に実現すること、欲望と動物の生活を相関的に区別するものを徹底的につきつめて考えること、モデルが自分に非好意的であるとき、暴力を加えるときにかぎって、すっかり魅了されてしまうことです。

あなたがた御自身では、精神科医として、私がいま述べたような精神病の見方を、どうごらんになりますか?

L　われわれは語彙の面で弱体です。なぜならわれわれは、ある文化、ある「秩序」、ある時代、いずれも必然的に供犠のあとにくるもののなかで機能している――それ以外の方法がないために――のですから。われわれが話をするとき、あるいはむしろわれわれがどこにいるときでも、基礎づくりの供犠はいつでもすでにそこにあります。

われわれが弱体なことは、昔あったすべてのものを――つまり供犠以前の時代に属するすべてのものを――非文化、無秩序などの軽蔑のことば否定のことばで示さざるをえないという事実で証明されます。

O　その供犠以前の時代は、「構造の破壊された」時代ではまったくありませんし、われわれが知っているある種の文化構造の崩壊とも一致しません。まして構造の不在などではありません。それどころかいままでは、文化以前の供犠以前の「無秩序」にも固有の、きちんとした形の構造があり、それが逆説的ながら絶対的な「対称《シンメトリー》」にもとづいている、ということがわかっています。

無秩序と暴力の母体であるこの模倣性の対称は、恒久的な不均衡の衝動に刺激されながら、身代わりの犠牲者のメカニズムによって安定を見いだしています。これが文化のゼロ時、構造のゼロ度の段階です。この差異化のメカニズムから生まれる文化は、非対称と差異にもとづく構造を持つようになります。また逆説的な解釈になりますが、この非対称とこの差異が、われわれが文化の秩序と呼ぶものを構成しているのです。

このように、「秩序」は「無秩序」から生まれます。しかしわれわれはいままでは、それぞれが構造をそなえたものであり、一方を、他の一方の構造の崩れたものとみなすことは問題にならない、ということを知っています。つまり一定の構造が、これまでは知られていなかったあるメカニズムの作用によって、身代わりの犠牲者のメカニズムによって、他の構造に変化する構造化が行なわれるのです。

L　われわれがいま「秩序」と「無秩序」について述べたことは、論理と混乱とにも適用されます。「混乱」は対称の形で構造化され、したがって非差異状態として組織化されています。論理のほうは非対称的なものとして、差異として構造化されています。

これまでの討論に照らして、「意識」は差異化から生まれることがわかります。しかしわれわれはまた、「無意識」も根は同じだと見ています。両方とも、供犧以降の文化の空間＝時間に属していて、差異のなかで構造化されています。両方とも言語として構造化されています。

このことは、供犧以前の時代、が対称の、非差異の暴力の、非連節の叫びの時代であるだけに、なおのこと明らかです。

したがって精神病を無差別に、「意識の構造崩壊《デストリユクチユラシヨン》」であるとか、「無意識の発現《エメルジヤンス》」であるなどと定義しようとすると、二重の誤りをおかすことになるでしょう。

事実、意識の構造が崩壊しているとしたら、精神病と呼ばれる無秩序なものの構造は、どんなものになっているでしょうか？　この問いに正しく答えられる人は、ひとりもいないでしょう。

精神病がもし「無意識の発現」であるとすれば、まずアンリ・エにならって、意識の崩壊《デイソリユシヨン》が、論理的に、無意識のこの発現を可能にするために介入するはずだということを、認めなければなりません。それにますますわからないことは、このいまでは文化の秩序のなかで構造化されているのがわかっている無意識が、意識とまったく同じように、それが発現され表現されると、たちまち理解できないものになる、ということです。ところが、精神病をそのように説明しようと主張する人々は、口を開けばすぐに、無意識が言語と同じように構造化されていると言いたがるのです。

O　いったい一方では精神病の構造を、他方では精神病的な構造を、そしてまた両者の関係を、どのように理解したらよいでしょうか？　というのも、両者の関係はいつでも一定であるとは考えられないからです……。

われわれはすでに予感していましたが、精神病は、無意識の異常な激発としては理解されえません。この解釈のなかには、形而上的なロマン的な匂いがあります。つまりさまざまな実体が望遠鏡の筒のように重なりあい、亡霊どもが壁掛けのうしろから立ちあらわれます……。

哲学という代用物に引きまわされずに、精神病の構造を、対称の構造、分身の構造、供犠以前の非差異状態の模倣生成《ミメトゴニー》への回帰だと考えれば、次のようなことがわかります。

(1) どのようにして精神病の構造は、精神病的な構造、つまり前者を一つの可能な解決策と「見」、別なことばで言えば再差異化の可能性と「見」ている精神病的な構造によって、徐々に構築されるのか。

(2) なぜ精神病患者の時間は、もう「他の人々」の時間ではないのか。またしたがって、なぜ精神病患者は、まったく「よその」世界で生きるのか。

(3) なぜ「正常」と言われる人々は、精神病の構造を、知覚構造の喪失《デストリュクチュラション》と見るのか。実際には、唯一の差異、正常な人々が受け入れることも考えることさえもできない唯一の差異は、正常な人々の文化の基礎である差異、つまり彼らの「理性」にすぎないのに。それはまた供犠以前の秩序と文化の秩序との差異、対称と非差異化にもとづく構造と、非対称と差異化にもとづく構造との、質的な差異にすぎないのに。

精神科医たちは、自分たちが理解はできないまでも近くで目にしている一つの現実のこうした面を、守りつづけています。精神病を、つまり狂気を、彼らの文化の構造を見失ったもの、その外へ失墜したものと考えつづけています。

精神分析学者たちも、精神病構成の力学である本質的な問題に目を止めています。しかし彼らは彼らの哲学的概念にとらわれているので、無意識をやむをえず三位一体の一つに数えたり、いろいろな機能的なメカニズムを、本質的な因果律で物化したりしています。

精神科医に反対する人々も、「狂気」には固有の真実があると見ています。彼らは狂気を理性の滑稽《カリカチ》な模倣《ユア》だと思っています。カリカチュアがモデルの本質を明らかにしてくれるような段階では、それはある意味でそのとおりです。しかし明らかに彼らは、精神病の構造を理解していませんし、理性も理解していません。精神病は理性によって手術できるようなものではありません。彼らは精神病は無力なものと見、文化の抑圧的な秩序を弱めることによって、その力を再生させようと考えます。したがって精神科医に反対する人たちが見ているものは、M・ド・ラ・パリスが見たようなものです。つまり「理性」と「狂気」の、分身の構造と差異の構造の、両立不可能性です。しかし彼らには、なぜこれらの構造が両立できないのかを説明することも、明示することもできません。そこで彼らは単純化の態度、「政治的な」態度をとる、つまり断固としてどちらかを選ぶのですが、自分でも自分が何をやっているのかわからないのです！

精神科医に反対する人たちはまた、年代順が文化の時間に対して仕掛ける罠に落ちます。彼らは、分身の構造を持つ狂気が、差異の構造を持つ理性に「先行する」と想像しています。彼らは精神分析学者たちと同じ錯覚の犠牲になって、狂気を一種の「退行」と見ています。つまり狂気を理性より「遅れた」ものと判断しています。

実際には、われわれにわかっている最も本質的なことは、まさにこの文化のゼロ時、供犠の時期、基礎づくりの供犠の時期です。

このゼロ時は、文化の秩序の構造と非差異の暴力の無秩序の構造との両者を、それぞれ他方の影響によって変化させながら、同時に両者を絶対的に根本的に分離するものです。そこで、この二つの構造が、スフィンクスがオイディプスに出した二人の姉妹の謎〔答は昼と夜〕のような形で、相互に相手を生み出すのだとすれば、一方が他方に先行するとか遅れるとか考えることがまったくの迷妄であることは確かです。

L　そこでわれわれはいろいろな神話から、精神病の神話も含めて、うまく脱出することができます。あなたの考えからいろいろな「施術用のメカニズム」――それによって精神的な構造が、次に精神病の構造が構成されるメカニズム――が引き出されるのがわかります。いかなる瞬間にも神話的な力を三位一体の一つに数えたり、帽子からウサギを出してみせたりする必要はありません。

われわれには、無意識の模倣《ミメティスム》の激化と進行性の模倣生成《ミメトゴニー》が、どのようにして他人との「分身関係」にまで至るのかがわかります。ここで言う他人とは、ニーチェとヴァーグナーやヘルダーリンとシラーなどのいくつかの明らかな二人組のケースではひとりですが、われわれの病院の精神病のように、多数者あるいは複数者である可能性もあります。

その結果、単純な基礎的な施術用のメカニズムによって、人間は無秩序と同様に秩序を、非差異化された構造と同様に差異の構造を、つまり「理性」と「狂気」を生み出します。それは人間の条件をきわめて例外的な、きわめて不安定なものにしています。

O　精神病的な構造とは、模倣生成がひどくなったときの、異常気質的倒錯が映画的に加速されたときの、分身関係です。

精神病の構造、つまり錯乱とは、この分身関係の主役のどちらかが、一つには自分が浸っている文化の秩序に自分を固く結びつけようとして、また一つには自分を理解できないまでも自分の考えを表現してみようとして組立てる神話的な物語です。

L　神聖不可侵の「自我分裂」というのは、第二段階の誤りです。それはつまり精神分析学者が、患者の神話的な話を、神話的に読んだものです。患者は精神分析学者に、分身関係のことを話します。この関係はどう見ても明らかに現実のものなのですが、錯乱状態の患者がそうしたものとして認めているということはありえません。つまり分身関係は、二重になったものとか、幻覚などとして、神話的に表現されます。精神分析学者はこの神話を字義どおりに読み、「自我分裂」という疑似科学的なラベルをはってそれを公式化することにより、一段とそれを神話化します。そのため「自我分裂」は持続され、そのうえ悪化することになります。

O　模倣の命題が、心理学や精神病理学に与えた貢献は、これらのものを生み出すメカニズムの面での、両者間の絶対的な連続性を証明したことであるように思われます。またそれと同時に、両者間の連続性という、いろいろな解決のうちでも最も根本的な解決である構造上のあのゼロ時、あるいはゼロ度、の段階を認めたことであるように思われます。

模倣《ミメシス》という普遍的なメカニズムの助けを借りてわれわれは、動物から人間へ、子どもから大人へと進み、徒弟修業や文化などを説明したりします。差異と「理性」の構造を明らかにします。通時態を生み出し、それを明確に言いあらわします。この同じメカニズムによって、暴力や、無秩序や、非差異状態の構造や、「狂気」などを説明します。

「狂気」と「理性」のあいだ、暴力と平和のあいだ、非差異と文化のあいだには、模倣生成《ミメトゴニー》のメカニズムの「強さの段階」があるだけです。したがって両者とも、その基礎をつくるメカニズムの面では、絶対的な連続性のうちにあります。

ところがあなたは、根源的な倒錯は、模倣生成《ミメトゴニー》の強さが、供犠の危機が、最高度に達したときに始動する、とはっきり言っています。身代わりの犠牲者のメカニズムは、一つの構造から他の構造への移行を可能にします。また両者の絶対的な非連続性を、両者の基礎づくりのメカニズムの絶対的な連続性を弱めることなしに、明示します。

L　そしてこのサイクルは、インド人たちがしっかりと見てとったように、連続します。暴力から平和へ、あるいは平和から暴力への移行は、同一のメカニズムによって可能になります。「理性」から「狂気」へ、あるいは「狂気」から「理性」への移行が可能になります。二つの構造は根本的に異質なものであるのに、そのあいだで、あらゆる段階が可能で、そこには神経症の段階も含まれています。こうしたことが明らかになってみると、それを前にしたわれわれ精神科医の関心が、どれほどのものであるか、わからないはずはありません。ようやくいまでは、あの狂人たち、われわれ同胞のなかのよそ者たちを、理解することが可能になったのです。いまでは、人間は精神病になったり治ったりすることがありうる、いつまでも病気が重くなっていくこともあるが、ときどき重くなることもありうるということを、合理的に説明することができるようになったのです。こうしたことは、人間が、硬直した、神格化された、そのうえ初めから決めつけられていた精神病的構造の神話にすがっていたあいだは、説明のできなかったことです。

いまではわれわれには、神経症的構造が進んでいくうちに、どのような形で精神病的な時期がありうるのか、がわかっています。「理性」の構成と崩壊のメカニズムが明らかにされているのです。

これからもわれわれは、古めかしい神話的な習慣とは縁を切って、明らかにされた事実——ときにはあまりにも単純すぎて目にも止まらぬような——に照らして精神病理学を深く考えていくために、絶えず警戒と努力をつづけていかなければなりません。

D　催眠と憑依

G　対象の消滅と分身関係が、精神病的構造の特徴だ、とあなたは言っています。私もその見解には賛成です。

しかし同じように対象がないのに、だれも精神病だとは言わないケースもあります。私は特に催眠と憑依の状態を考えて言っています。こうした問題は、どうごらんになりますか？

O　その問題についてはずいぶん考えたのですが、はっきり言って、満足な決定的な答を出すところまでは行っていません。

まず私は次のことは認めることができると思っています。つまり、精神病的な構造とは分身たちの構造であり、したがってそれは供犠以前の「時期」、模倣の「危険性」がある時期に、非差異状態のなかで対称的に構造化された無秩序の「時期」に属しています。別な言い方をすれば、精神病の場合には、また少なくともその精神病的な発現のレベルでは、主体は他者との「差異」に気づいていません。この差異がなくなって初めて他者は分身となり主体は狂人となります。

催眠と憑依は、これに反して、供犠以降の「時期」に、つまり非対称の構造、差異の構造に、位置しています。催眠状態の主体は、自分と催眠術師との「差異」から、けっして目を放しません。憑依状態の主体も、自分と自分にとりついている神との「差異」から、けっして目を放しません。

したがって一方の精神病と、他方の催眠と憑依とのあいだには、基礎的な構造的な区別があることになります。

そのために、最初に一つの注目しておくべきことがある、と私は思っています。つまり心理学的な面で次のことを、模倣性の過程、模倣生成《ミメトゴニー》の過程は意識の状態に変化をもたらすということを、確認しなければなりません。さしあたっては、供犠の危機が最高度に達すると、参加者たちの意識の状態は「構造崩壊」を起こすはずだ、ということだけでも強調しておきましょう。いつもとまったく同じ意識のままで身代わりの犠牲者を殺すということは、私には考えられないことのように思われます。このことはまた、儀礼のねらいが意識の状態を変えて全員一致の暴力を生み出そうとするものだ、ということによっても確認できます。それにこうした考え方は、犠牲者の殺害によって万事はまるくおさまり、分身関係は解消され、意識、正常な意識が確立され、文化の基礎が築かれる、あるいは再び築かれる、という限りでは、われわれの主張を強化するものでもあります。犠牲者はその死によって、「差異」を確立し、犠牲者を殺した人間たちを精神病的な構造から救い出し、こうして彼らの意識を再構成するのです。

G　しかし観察者たちはみんな、憑依状態の礼拝のときに、意識の状態に重要な変化が起こると報告していますが……。

O　たしかにそのとおりです。しかし、やはり次のように見なくてはなりません。

——一方では、憑依者たちはけっして精神病的ではない、ということ。

——また一方、憑依という現象は、いつでも、催眠による忘我の状態と関係の深いものであったし、またこのことは意味のないものではありえないということ。

したがって私は、儀礼化された憑依の状態を、断固として供犠以降の「時期」に、差異の構造のうちに、置かなければならないと考えています。ところが、この憑依の状態には、意識の状態の変化——その変化が模倣のメカニズムから生まれるのが明らかな――がつきものです。

――一方では、主体は、踊りや響きのよい単調な際限なくくりかえされるリズムによって、憑依に向けて準備されます。もちろん、催眠による忘我の状態が、それを誘導するのでしょう。でもふしぎな気がするのは、音楽や身振りの「同じもののくりかえし」が、意識の状態を変えるということです。

――また一方では、憑依状態の人に、そのモデルの完全な真似の起こることがあり、これは儀礼化された憑依の特徴です。そのモデルは神であり原型であり、文化的なものであることも、ある場合には生きているモデルであることもあります。たとえばあのアフリカの植民地の兵隊がフランスの将校たちのなかから選ぶあこがれの的のような場合もあります。

したがってこの段階では、次のようなことが認められます。つまり一方では横取りの模倣、闘争性の模倣《ミメシス》生成《メトゴニー》が激化し、他方では平和的な模倣――けっして何かに妨げられることのないモデルの「外見」を目ざし、いかなる模倣生成を生み出すこともない平和的な模倣――が激化し、この両方が、意識の状態を変えうる、ということが認められます。このことは、われわれ精神科医であり心理学者でもある者にとっては、重要なことのように思われます。つまり、あなたが明らかにされる模倣のメカニズムは、実験による確認や観察が容易ですし、またそれは、心理的な、あるいは心身相関的な器官の機構を変えることも可能だからです。(たとえ人々がこうした器官の概念を維持しようと思っても。)

G　あなたは儀礼化された憑依を問題にしています。しかしまったく別な種類の憑依もあります。たとえば悪魔払いを仕事にしている人々のような……。

O　たしかにそうです。そしてこの種の憑依の最も代表的なものの一つは、ルーダンの悪魔に憑かれた女たちで、これはオルダス・ハクスリーが見事に小説化しています。(93) 私としては、儀礼化された憑依、つまり憑依による礼拝と、いわゆる「悪魔憑き」とは、ひじょうにちがった二つの現象だと考えています。いまのところ、こうした問題に深く立入ることはできませんので、ただ次のことだけを特に言っておきたいと思います。

――憑依による礼拝の場合には、憑かれたようにみえる男たち、あるいは女たちが、前に進み出るのがよく見うけられるということ。そうした主体は、すぐに礼拝をつかさどる僧侶たちから認められ、ヒステリー状態にはいったものとみなされます。私はこのことを、友人のシャルル・ピドゥー博士から教えられました。博士は憑依の問題を、数年間、現地調査によって研究しており、この問題については彼の上に出る者はありません。(94)

――「悪魔憑き」の場合は、そして特にルーダンの悪魔憑きの女たちの場合は、よくこれはヒステリーだと診断されてきましたし、それはおそらく正しい診断でしょう。もっとも私は、ヒステリーということばはうさんくさい、と思っているのですが。

G　あなたはヒステリーということばを、どういう意味でお使いになっていますか？

O　ヒステリーという用語は、名誉を傷つけられています。それは、もう何も意味しなくなるほど、あらゆる意味に使われ、お役にたってきました。儀礼のときの憑依の現象は、よく「集団ヒステリー」だと言われますが、そんな言い方では何もわからないと私は思います。

われわれの文化のなかで「悪魔憑き」と呼ばれる「病理学的な」憑依の場合は、私も問題はヒステリー現象であるような気がします。この場合は、ヒステリーは、精神病への、そしてまた儀礼のときの憑依への途中の段階にあるわけで、

――ヒステリーは、憑かれた主体と憑いているものとの差異から絶対に目を放さないという点で、儀礼

のときの憑依と共通性があります。事実、ルーダンのヒステリーの女性たちは、自分たちとユルバン・グランディエとの差異から、絶対に目を放しませんでした。——それとはちがって、いまわれわれが話題にしているヒステリーは、模倣のためのモデルに対する敵対の自覚という点で、精神病と共通性があります。モデルは事実、敵として、汚いものとして、暴行をはたらく攻撃者として感じ取られています。

たとえば悪魔払いが悪魔を追い払うことができないときに、どのようにして攻撃とか敵対とかの意味が誇張されて、精神病の形態に進みうるのか、あるいはユルバン・グランディエのケースのように、他人を犠牲にすることによって、供犠による解決という形態をとりうるのか、ここではそれを見ることができると私は考えます。またおそらくここでは、どのようにして、ヒステリーの構造が、たとえば文化に関するいろいろな理由で以上のような両極端のいずれにも進むことができないときに、器官や手足などを身代りに立て、それを排除したり犠牲にしたりする(転換現象)ことによって解決しようと試みうるのか、それを理解することができるでしょう。

要するに、ヒステリーと取り組んだすべての学者が、ヒステリー性神経症の基本的な治療法として、なぜあれほどカタルシス療法を主張したのか、その理由はわけなくわかります。

G　ヒステリーは、たいへん長いあいだ、催眠と結びつけて考えられていました。あなた自身も、この問題をずいぶん研究されました。催眠と、いまあなたが話されたこととの関係を、どのようにごらんになっていますか?

O　催眠とヒステリーと憑依とを結ぶ、密接で同時にどこか神秘的な関係は、数世紀来こうした現象に取り組んできた学者で、それに注目しなかった者はひとりもありません。(95)

しかし私にはその注目が、これまでのところ、いつでも、一方では、意識の状態の変化と、睡眠と半睡眠状態との関係に向けられ、また一方では、こうした状態の一つ一つに急激に起こる危機的な派手な現象に向けられていたように思われます。

私には、あなたが心理学にあてた新しい照明のおかげで、ようやく、そうした神経生理学的な現象がすべて、個人対個人の心理的過程や激しい模倣性の過程に比べれば、付随的なものであるということを、実感することができるように思います。

私には催眠は、個人対個人の心理的メカニズムの滑稽な模倣《カリカチュア》であるように思われます。どんなカリカチュアとも同じように、催眠はモデルのいくつかの本質的な特徴を明らかにしてくれます。

事実、催眠を誘発するときには、あなたが媒介者と呼ぶもの、つまりモデルが、主体の面前にいます。そして主体に向かって、モデルに対する意図を、モデルにしてもらいたいと思っていることを、ずばり言ってのけます。その「欲望」を直接、断固として、あいまいな言い方でなく、相手に示します。モデルによる欲望のこうした断固とした表示を、ベルネームは「暗示」と呼んでいます。

その結果、もしも主体がこの欲望に順応すれば、主体はただひたすら平和な模倣《ミメシス》に、いかなる敵対もない模倣《ミメシス》に、はいっていきます。なぜなら、

――モデルが主体を招き寄せて、自分の欲望をコピーさせるのですから。

――またこの欲望は、モデルに属する対象を目ざすことは、けっしてないのですから。この欲望は、たいていは、月並みなあたりまえな行為、つまり眠りを目ざしています。そしてベルネームは、暗示が眠りを目ざすとき、主体は眠りに陥るということを、よく見とどけていました!

こんなわけで、催眠は私には、最も近似的に、「模倣性の欲望の沈殿物」と定義されうるもののように

思われます。ここで私は「沈殿」ということばを、化学的な意味で使っています。生理学的なものの場合には、個人対個人の過程が、明らかにそんなふうに沈殿します。私の考えでは、催眠が模倣性の欲望の沈殿物の具体的なケース、実験的なケースであることを、証明しなければなりません。またこの現象が生理学的な変化を引き起こすこと（脳電図）、精神生理学的な変化をも引き起こすこと（意識の状態）を証明しなければなりません。この変化のあらわれは、模倣の過程が現実のものであることを、いわば実験的に証明していますが。

私がいま催眠について述べたことが、私には、主体について考えを進める以前に、あなたの見解とヘーゲルの見解との本質的な差異を明らかにしてくれるように思われます。事実、ヘーゲルにとっては、問題は他者の欲望「の」欲望です。問題は再認の欲望です。このヘーゲル的欲望が特殊なケースにすぎないということは、ここで容易にわかります。私ならさしずめ、あなたが他者の欲望「に則した」欲望と定義しておられる個人対個人の模倣性の欲望の「悪化」——医学的な意味での——と言うところでしょう。催眠が、あなたの見解を実験的に確認するものであることは、明らかです。

それに、ヘーゲルが感知していた「悪化」も、これとそれほど遠く隔たっているわけではありません。ピエール・ジャネは、『神経症と固定観念』の第十二章に、「夢遊病の作用と指示の必要」という題をつけています[96]。指示の必要とは、つまり他者の欲望に則しての欲望であり、一つの主体が催眠状態にはいる能力であり、必然性でさえもあります。これに反して夢遊病者の情念は、個人対個人の関係、つまり催眠をかける者とかけられる者との関係、のなかに徐々にすべりこもうとする敵対の動きです。事実、ジャネは、催眠による忘我の状態から遠ざかれば遠ざかるほど、両者の立場はますます逆転の傾向を示すということを、よく見とどけていました。敵対を引き起こす模倣が、またしてもあらゆる構造を蝕みます。邪魔《モデル・オ》になるモデル《プスタクル》の作用が定着します。主体の欲望が、モデルの「示された欲望」から、つまり私がぜひ「許された欲望」と呼びたいものから、モデルの意図をとりはずして、モデル自体のほうへ向かって進みます。自分の「持っているもの」のほうへ進みます。そしてやがて持つことが存在論的に確かめられると、自分の「在り方」のほうへ進みます。「ルサンティマン」がジャネの「夢遊病者の情念」と同時にあらわれ、そこで学者たちのなかには、主体が催眠をかけるものに憑かれるのだ、と言う者もあるくらいです！

G　催眠現象は、十九世紀末から二十世紀初頭にかけて、どこでも議論の中心でした。

O　そのとおりです。そしていまでは私には、あなたの理論がシャルコ、ベルネーム、ジャネ、フロイトを和解させることができるように思われるのです。

シャルコは、催眠がヒステリー患者特有の、したがって例外的な病理学的現象だ、と言っていました。ベルネームは、それとは逆に、正常な一般的な過程が問題なのだ、催眠などはない、あるのはただ暗示だけだ、と主張しました。フロイトは最後に、催眠を病理学的で、神経症的で、一般的な現象と見ました。つまりフロイトは、このようにして、二人の先人のそれぞれの見方から半分ずつをもらって、自分の見方にまとめあげたのです。(97)

事実、私には、この四人のうちのひとりひとりが、作用中の模倣性の欲望に目を止めていたように思われます。しかしまたそれを、その作用の進展の異なる時点で、感知していたように思われます。

G　あなたの言う「沈殿物」の意味が、いまだんだんわかるようになってきました。事実、模倣性の欲望の現象はすべて、滑稽《カリカチュア》な模倣の形態をとっています。このことはまた同じように、催眠がどうして治療にまったく何の役にもたたないのか、いつも同じことのやり直しばかりやっているのか、の証拠にもなるでしょう。

O　たしかにそうですが、催眠による治療の結果については、あなたほど悲観的になる必要はありません。アンリ・フォールが見事に証明したように、催眠が大人よりは子どもの治療の面で絶大な効果をあげる、ということがわかってきているからです。こうした現象は、子どもが生まれつき、よい意味での模倣の、平和的な模倣の、邪魔にはならないようなモデルの選び方についての、特別な能力をそなえている、ということによって説明できるように思われます。あなたがやがて「罪の誘惑《スカンダロン》」について言われることも〔第三編第五章E参照〕、すべて同じ見方に立っているものと私は考えています。[98]

大人は、つまり、くりかえして言っておきますが、動揺している主体は、その欲望が一定していない主体は、もう何をモデルにしたらよいかわからなくなっている主体は、特権的な媒介者との、つまりいわばある種のテクニックによる間接的な方法で、モデルとして迫ってくる催眠術師との結びつきを利用するかもしれないのです。すぐに最良の結果がもたらされることもあるでしょうが、最悪の不幸が起こるかもしれません。

G　あなたの言う催眠術のテクニックというのは、たいていは、主体にすばらしい対象を決めさせて、その注意をこの対象に集中させる、ということですね。

O　そのとおりです。そのうえそれは、事態を特に明らかにしてくれるものでもあるように思われます。事実、学者はだれでも、特にピエール・ジャネは、催眠には「意識の領域の縮小」がつきものだということ、暗示は注意深い主体にしか効果を及ぼさないということを、十分に見とどけています。

われわれはこうした問題について、「幻惑」とか「まなざしの拘束力」などの用語が、多くの学者の著作にあらわれるのに気がついています。このことは私にも、モデルが主体に及ぼす影響力を、つよく思い起こさせてくれるように思われます。催眠のテクニックはどんなものでも、モデルに対する主体の定着の条件、つまり主体の欲望が他者の欲望を見習うことができるような条件を、できるだけ忠実に再生する試み以外のことは、何もしていません。

だからこそ催眠はまた、舞台の上でも実際に起こるのです。それは明確な実験的な方法で、模倣の作用を公衆に示してくれます。たとえばシェイクスピアの演劇は、より入念に仕組まれた状況を通じて、模倣の実演を公衆に示してくれます。

さらに、神聖なものについてのパラドクスは、そのすべてが催眠のなかに見いだされます。催眠は、舞台の上で、滑稽《カリカチュア》な模倣そのものを演じて客を笑わせることもありますが、悪い人間の手にかかるとひじょうに危険なものにもなりうるものですし、またあるいは医学に利用されて、ひじょうに都合のよいもの、治療に役だつものともなりえます。

G　あなたが演劇について、特にシェイクスピアについておっしゃったことは、御推察どおり、私にはたいへん興味のある問題です。

O　ほんとうにそうだと思います。あなたはシェイクスピアの演劇のなかで、ほかのどんな演劇でも同じでしょうが、模倣の作用が、また模倣性の欲望の跳梁のありさまが、あますところなく、どんなふうに表現されているか、わけなく教えてくださるでしょう。

特に、舞台ではしょっちゅう見られる一つの現象、そして催眠にとても近い現象があります。つまり愛の現象です。愛情が進むと、それにつれて意識の領域はせまくなり、その結果、主体の注意はすべて欲望の対象に集中されます。演劇が始まるのは、まさにそこからです。対象が姿をあらわすところからです。ここではもう幻惑はモデルに定着していません。欲望の対象に定着しています。三角関係が透かしの状態であらわれ、敵対者どうしが姿を見せ、演劇は模倣性の欲望の変形され象徴化された表現として生まれます。それは憑依や催眠などのような自然発生的な滑稽な表現を上回る表現です。

このようないろいろな類縁関係は、強調しておかなければなりません。それに私には、ある種の文化のなかには、演劇と憑依の中間の形態があらわれ、いろいろな現象の連続性をきわだたせているように思われます。たとえば若い男が若い女にほれこんだとしますと、ひとはすぐに彼は彼女に取り憑かれた、などと言うのです(99)……。

愛の情念においては、念を押しておきますが、意識の領域が唯一の対象にせばめられ、ほかのものはもう目にはいらなくなってしまいます……。催眠状態の者には、催眠術師が示す光って見えるものしかもう目にはいらなくなってしまうのと同じように。そのうえ催眠術師は相手にこう言います、「あなたにはもう私の声しか聞こえません」。そして事実……模倣性の欲望は相対性を失って、モデルを絶対化するようになります。そして自由の限度もまた……。

G　直接あなたに関係のある、治療という面でうかがいたいのですが、いろいろな学者が生涯の初期には催眠の研究をしていながら——もちろん特にフロイトが——次の時期には、ほかの道にそれていったのは、どうしてでしょう？

O　まえにも申しあげたように、もし催眠が、滑稽な模倣《カリカチュア》、つまり模倣性の欲望の最も単純で同時に最も力強い表現であるとするならば、また、したがって、もし催眠による関係が、個人対個人の関係のあらゆる可能性を潜在的に含んでいるとすれば、そしてまたもし問題は模倣のあらゆる潜在性の例外的な濃縮であるとするならば、催眠が心理学的な精神病理学的な直観のほとんどすべての根源になりうるものだということは明らかですし、この現象を研究する者がだれでもこの現象のいくつかの様相に目を止めて、他を犠牲にしてでもそれを研究に生かしていくであろうということは、確実なことです。

こうしてフロイトは、催眠状態のもとで無意識の過程は明るみに出されうる、ということを発見しました。フロイトは無意識の研究に没頭し、精神分析を編み出しました。ところがフロイトの理論の内部にも、「転移」の演ずる基本的な役割のあることがわかっています。この「転移」は言うまでもなく、メスマーやピュイセギュールから、ごく最近のいかさま治療師に至るまでの、催眠術師の神秘的な力と変わるところはありません。彼らが言っていたこの「神秘的な力」や「転移」は、模倣や模倣性の欲望と同じものです。

シュルツは、催眠状態の個人はいくつかの生理学的変化を経験する、と言っています。つまり体重や体温が変わるのです。そしてこれはやがて自律訓練法に応用されるものです。ベルネームは、催眠状態の個人は暗示にいっそう敏感になるので、病気の症状を和らげたり消滅させたりすることができる、と言っています。シャルコは、催眠状態のもとの個人は昔の深い心の傷を再び生きる、したがって記憶が激しくよみがえる、と言っています。しかしジャネは、催眠状態の個人を一つの計算機としてプログラム化することもできる、つまりずっとあとになってからやらなければならないようなある行為を、催眠状態のもとで命令することができる、そしてその命令は無意識のままとどまって、やがて意識のレベルに再現される、と言っています。

催眠はこのように時間の問題を導入します。なぜなら催眠中の者は時間から「抜け出し」てしまいますから。その証拠に催眠中には時間の記憶がありません。あるのは空白状態の記憶喪失です。ジャネは夢遊病を非記憶作用の行動と定義していました。以上のすべてのことから、私が心にとどめておくべき最も本質的な結論だと確信することは、フロイトもジャネも無意識の概念を催眠から引き出しているということ、したがって模倣性の個人対個人の関係から引き出しているということです。

そこで私は、催眠を起点とする二つの研究上の方向がある、と思っています。

――その一つは、シャーマニズムの、心身相関の方向、外科的な医学的な方向です……。そしてそれは、あなたの理論を治療のメカニズムに応用することでもあります。

――もう一つの方向は、個人対個人の心理学の、催眠そのものへの、暗示への、憑依への、そしてまた時間と記憶喪失への、つまりあらゆる記憶の過程への応用です。事実、記憶という時間のくりかえしの巨大な機構によって、模倣の説明は大はばに拡大されるにちがいありません。

われわれはこの問題で、一つのきわめて大がかりなデッサンをこしらえているわけですが、それはどう見ても大急ぎで図式的に描かれたものですから、これからもいろいろな論文や臨床例によって、解釈を深めていかなければなりません。

G 一方であなたは、催眠を心理学的、精神病理学的な過程の中心に置いていますが、これは興味のあることだし、実り豊かな結果が期待されます。

O 催眠と憑依の現象は、模倣と神聖なものの仮説を説明する典型的なものだ、と私は思っています。なかでも特に、あなたがいつも明らかにして見せる暴力、神聖なもの、模倣、欲望などのパラドクスを説明するものだと思っています。こうしたパラドクサルな側面は、心理学的な、社会心理学的な同一の動きが逆の結果、正反対の結果を生む原因になっていますが、神話の知恵から見落とされたことはありません。あなたはきのうも私の注意を、アイソポスがことばについて言ったことに、引きつけました。

二つの相反する潜在性のどちらを選ぶかは、いつでも問題になることですが、この問題は、個人対個人の面で、心理学的な、精神病理学的なあらゆる問題を生み出します。哲学の面では、この選択は自由の問題と同一ですが、このことはまた別な話になりますので……。

第三章　模倣と性衝動

A　「マゾヒズム」と呼ばれるもの

L　形而上的な欲望、つまり本来の意味での欲望についてのあなたの定義の仕方は、精神医学が病的と見ていた次元、病気の症状だとしていた次元を、すぐに思い起こさせます。たとえばあなたは、失敗の直接的な研究はけっしてない、と教えています。あまりにも容易に乗り越えられる障害の向こうには、失望が待ちうけているということを、主体は経験によって知っています。そこで主体は、乗り越えられない障害、打ち倒せない敵、捉えられない対象を求めます。欲望は、これまで以上に、成功を狙うわけです。しかし主体が手にするのは容易に手にはいる成功ばかりで、ニーチェが言うように、失敗の原因ばかりが、主体の関心を引きます。

G　前後の状況に目を止めない観察者にとっては、こうした研究はどうしても、失敗の行動と呼ばれるものと合致してしまいます。「マゾヒズム」というレッテルには、初めは欲望の結果——必然的な結果なのかもしれないが、それ自体としては研究されたことのないただの結果——を直接狙ったものが含まれています。だから、そうしたものは捨てなければなりません。

きわめて透明な現象をいたずらに暗くしているマゾヒズムというレッテルを、捨てなければなりません。マゾヒズムを問題にすれば――私自身も昔は問題にしましたが――精神科医の到来以前に、欲望が欲望そのものについて自らに問い答えを出すことに目をつぶることになります。仮説はただ一つしかないのに、欲望は不幸にしてそれを拒否します。大した理由もないのに頑強に拒否します。この仮説こそが模倣の仮説で、きわめて簡単な、きわめて真実性のある仮説なのに。われわれの前には常に敵対者や邪魔者があらわれますが、それはわれわれが他人の欲望を真似するからです。欲望はこの何でもない平凡な真理、各段階で欲望を導いてそれ自体の愚かさを認めさせ、勝負を捨てさせるような真理を拒否するのですから、もしも欲望がほんとうにこの真理をとりあげるなら、欲望について、これまでのような非論理的な解釈ではなく、ますます精妙化した解釈がなされるようになるにちがいありません。

欲望は、なぜモデルが邪魔者に変容するのかはわかりませんが、この変容がよく起こるということは見抜いています。いつでもまったく同じように見うけられる現象は考慮に入れなければなりませんが、考慮に値する唯一のものを考慮に入れようとはせずに、欲望は自分に残された唯一の逃げ道に、まっしぐらにとびこんでいきます。理屈だけは完璧だがまちがいである推論によって、欲望は、先にも言ったとおり、いちばん低い確率を当てにします。これまでの失敗の結果を、思いつくかぎりの欲望に広くあてはめてみようとはせずに、欲望は、過去の経験だけを頼りにして自分にできることだけをしようと心に決めます。つまり、いちばん取りつきやすいことだけしよう、いちばん扱いにくくない敵だけを相手にしよう、生活を安楽に快適にしてくれることなら何でもしよう、このごろよく言われるように「うまくいく」ようにしてくれるものなら何でもしよう、と心に決めます。そこで欲望は、だれにも取り憑かれることのない相手だけを選べば、骨折るかいもあるだろう、と心に決めます。われわれの欲望が対象を選ぶとき、われわれを導く値打ちを持つ者は、不敗を誇る敵対者、不屈の敵だけであるのに。

模倣性の欲望はモデルを邪魔者に変容させますが、そのあと結局、邪魔者をモデルに変容させます。欲望はわれとわが身を観察していますから、この変容の控えを覚えこみます。そして知ったばかりのものだけを使わねばならぬのを嫌って、いつか使えるときがきたらそのときだけそれを使うことにします。初めはたしかに、過去のいろいろな欲望の不可避の、しかしまた不測の結果にすぎなかったものを、未来のすべての欲望の予備的な条件とします。

それからあと、欲望はいつも駈け出し、ひどくとがった暗礁に、難攻不落の防御施設にぶつかって傷つきます。どうして観察者たちは、自分たちが「マゾヒズム」と呼ぶものの存在を信じないでいられるでしょうか？　ところがそれを信ずるのは誤りです。欲望は未知の快楽、めざましい勝利に強くあこがれます。だからこそ、そうした快楽や勝利を、ありきたりの体験や、自分でどうにでもなる関係のうちに求めようとはしません。欲望は、ひとから侮辱を受けながら、耐えられないほどの軽蔑を浴びせられながら、ますますモデルの絶対的な優越性のしるしを読みとっていくでしょう。欲望がその力不足のためにどうしてもはいりこめない、幸運な自己充足のしるしであるモデルの。

O　私の受けとり方にまちがいがなければ、主体が失敗に落ちこみ、われながら情けないと思うようになると、それにつれて、主体をとりまく世界は謎めいていきます。欲望は、外見を信用してはならない、ということをよく心得ています。欲望はますます記号と指標の世界に生きるようになります。失敗はそれ自体が求められることはありませんが、それがまったく別なもの、つまりもちろん他者の成功、を意味するかぎりでは、求められます。そして私にはこの他者だけが興味の対象です。なぜなら私にはそれをモデルにすることができるのですから。他者の流派に入れてもらって、いつも私の手からすり抜けていた成功の秘密を、いつかは手に入れることができるのですから。他者はこの成功の秘密を持っているにちがいありません。なぜなら他者は巧みに私を失敗させ、私を無に帰し、その変わることのない姿に触れさせて、私のふがいなさを明らかにするのですから。

ゆっくりと砂漠を横断しているとき急に動物があらわれると、それが不愉快な危険な動物でも、のどの渇いた旅行者を喜ばせます。それは水のある所は遠くはない、というしるしですから。おそらく旅人は、まもなくのどをうるおすことができるでしょう。

この不幸な旅人は蛇に嚙まれたり虫に刺されたりすることを喜んでいるのだと結論したり、旅人の「死のマゾヒズム」はわれわれ自身のような常人には理解できない喜びをそこから引き出すと結論したりすることは、ばかげているでしょう。

ところがマゾヒズムの信者は、そういう結論を出すのです。そして、模倣の仮説に照らせば容易に解釈できる行動に、物事をわからなくしてしまうあのレッテルをはりつけるのです。

B　芝居がかった「サド＝マゾヒズム」

L　あなたがいま模倣性の欲望の疑似マゾヒズム的構造について言われたことのすべては、はるかに派手な、芝居がかってさえいるマゾヒズム——もちろんそれがマゾヒズム理論の端緒になりました——の存在によって打ち消されるように思われます。私はここで、ザッハー・マゾッホの意味でのマゾヒスト的演出のことを、思い浮かべています。こうした意味でのマゾヒストたちは、セックスの相手にあらゆる種類の虐待や屈辱を、たとえば鞭打ちを与えてくれるように求めます。これは性的快楽に至るための演出です。

G　明らかな矛盾があります。このことを理解するのには、すでにわれわれが認めたこと――つまり欲望は精神医学とまったく同じように、しかし精神医学よりもずっと以前に、自分に起こったことを、正しく解釈はできないにしても、観察はしているということ――を認める必要があり、また認めればそれで十分です。彼の誤った結論は、その後の欲望の解釈の基礎になりますが。欲望は、フロイトの意味での無意識であるどころか、またほんとうにわれわれの夢にだけあらわれるものであるどころか、単に観察するばかりではなくその観察の意味を絶えず考察しています。「欲望とは常にまず欲望についての考察です。」こうした考察にもとづいて、欲望はみずからを決定し、ときには、それ自体の構造を変えます。欲望は策略家で、あえて言うならば、自分自身について知り得たものに従ってやり方を変えます。こうした変化がつぎつぎに起こると、いつでも症状は悪化の道をたどります。なぜなら、先立つ欲望によって得られた知恵は、すでに申しあげたように、いつでも新しい欲望の役にたっているのですから。欲望は、出だしの所からまちがっていますし、基礎づくりの「二重拘束《ダブル・バインド》」を認めることもできないしまつですから、それどころか、自分をよりよく知るうえでも何も得ることはありません。こうした種類の知恵が広まれば広まるほど、深まれば深まるほど、主体はそれ自身の不幸を生み出す可能性が高くなり、基礎的な矛盾の結果をますます遠くへ押し進めることになり、二重拘束をますます強いものにしていきます。

欲望はいつでも、精神医学が先例にならって落ちこむ罠のなかで、先回りをしてきました。この学問は罠に落ちることを義務にしています。つまりこの学問にとって罠に落ちるということは、きわめて正確で慎重な記述をするということ、「問題をいたずらにむずかしくする」ことのないような記述をすること、またどんなものでも欲望そのものとは別な意味で解釈することのないように心がける記述をすることです。精神医学は、欲望を押し進める暗々裡の思考を理解していません。精神医学は、欲望のうちに認めるべきものを、つまり最も新しい観察からいつも決められる策略、同一の秩序のなかにあらわれる同一の所与に応じて、いつも同一の決定をする策略を認めていません。精神医学はこの策略の力強い流れに目を止めずに、明らかに差異化されているいろいろな症状を見て、ただの平面上にいろいろな対象がずらりと並んでいるだけだと思っています。

思考が誤りに屈服すると、欲望はその誤りをすべて取り入れて、その彷徨の原則にしてしまいます。だれもがこの彷徨をいぶかしく思っていますが、これまでのところ、その最初の原動力の思いがけない単純さを、ほんとうに認めた者はひとりもいません。この原動力を捉えれば、そのときからすぐに疑うことはできなくなります。過程の連続性、一貫性は、レトリックの効果でも、でっちあげの結果でもありえません。われわれはこれから、ふつうは静的な決まりきった叙述にすぎないすべての症状が、この過程と難なく同化しながら、相互の接触によって活気づき生気を取りもどすありさまを見ることにしましょう。だれでも、いわゆるマゾヒストのエロティシズムの、いちじるしく芝居がかった性格を認めます。問題は一種の演出です。主体はその性生活のなかで、自分にある種の快楽を与えてくれるようなある形の関係が、くりかえし生み出されるように努めます。こうした形の関係を、主体は知っているか、知っていると思っています。それは暴力と迫害の関係です。その関係は必ずしも性の快楽には結びついていません。どうしてそうなのでしょうか？

このことを理解するためには、本能とまさしくマゾヒズム的な衝動との不透明さを捨てなければなりません。そしてわれわれがこれまで示してきた推論にもどらねばなりません。そうすれば、その透明な効果によって、レッテルの与えるかんちがいを、まちがいなく、捨てざるをえなくなるでしょう。だれもがわれわれのまわりで、まるで自分に関係のあること、だれの目にも明らかなこと、またその明らかなことを完全に覆い隠す一つの概念が問題でもあるかのようにくりかえしている「マゾヒズム」ということばそのもの、耳になじんだシラブル、の与えるかんちがいを捨てざるをえなくなるでしょう。

いわゆるマゾヒストの主体がくりかえし生み出そうと思うものは、主体がその模倣のためのモデルに対していだいているつもりの、または現実にいだいている、劣等感や軽蔑や迫害による人間関係です。したがって問題の主体は、モデルが敵対者として特にこの主体の関心を引くような段階にまで達していること、この敵対者の妨害や暴行がすでに前景に出てきている段階にまで達していることが必要です。妨害や暴行は、念を押しておきますが、そのままの形ではなく、このモデルを真似る者に予告されている、あるいは予告されているようにみえる形での妨害と暴行です。この真似る者があこがれるのは、苦悩や屈従ではなくて、ほとんど神に近い至上の力です。モデルの残酷さによってその近似性が暗示されるような至上の力です。

芝居がかったマゾヒズムが構造のなかに導き入れる唯一の差異は、それまで本能的な対象に固定されたままだった性の快楽そのものにもとづいています。だからこそわれわれはまだ、そうしたマゾヒズムはとりあげなかったのです。いまや性の快楽は対象から部分的に、あるいは完全に離れて、敵対者《モデル・リヴァル》であるモデルが主体に加える、あるいは加えるとみなされる虐待のほうを選びます。

この動きそのものには、理解できないところは何もありません。もしも対象の価値が、モデルが主体に向ける抵抗で測られるとすれば、また対象を手に入れるための敵対の努力で測られるとすれば、だれでも、欲望にはますます暴力そのものの価値を高める傾向がある、と考えます。暴力を神のように盲目的に崇拝し、結局は暴力を、対象とともに、あるいはさらに先へ進んだ段階では、最愛の迫害者となるモデルそのものとともに味わうあらゆる快楽の、不可欠の香辛料にする傾向がある、と考えます。模倣による敵対の構造が一度性的な要因に影響しはじめると、それが途中の適当なところで止まることはなくなります。そしてエロティックな快楽は、うまいぐあいに対象から完全に離れて、ただ敵対者だけに結びついてしまいます。

われわれが、マゾヒズムが模倣という構造に従属しているのが理解できないのは、またマゾヒズムが他とは切り離された現象、つまり多かれ少なかれ他の「衝動」とは無関係なある「衝動」の結果だと考えるのは、われわれが、解読の必要な現象面全体のまったく性的な様相に、あまりにも多くの重要性を与えているからです。快楽に達するためには、主体はその欲望の完全な構造、主体そのものが読みとっているような構造を、くりかえし生み出す必要があります。主体はもう敵対者の現実の、あるいは推定上の暴力なしですますことはできません。なぜなら暴力は、この構造の不可欠な部分になっているのですから。われわれの読みで完全に理解できるようになるこの事実は、われわれ以前の観察者をひじょうにおどろかせましたから、彼らはこの事実を他のすべてのことから切り離してしまいました。彼らはこの事実を、前後の状況からあまりにもきわだたせ、浮き上がらせたので、とうとう理解できなくなってしまいました。

よく考えてみると、初期の科学的な観察は、ほとんど不可避的に、この種の誤りをおかしていました。初めから邪魔者《オブスタクル》を研究対象にし、ほかのことはぜんぶ忘れていたために、まさしく性的な要素がこの邪魔者を強調し、したがって観察者はもうこの邪魔者しか目に止めなくなり、それを欲望と快楽との根源的な「対象」と取るに至っています。

O　マゾヒズムが「お芝居」であると称することは、マゾヒズムが多かれ少なかれ現実的な行為や状況を「真似ている」ということです。あの「いわゆる」マゾヒズム、つまり二次的マゾヒズムは、したがって、第二段階での模倣だということになります。それは最も暴力的なモデルとの、つまり最も乗り越えがたい邪魔者との関係の劇的な再現です。この動きは、暴力のさまざまな偶像を集団の手で仕上げるときに起こることに、たいへんよく似ています……。

L　特殊な本質を暗示しているようなタイプのマゾヒズムのレッテルは、残らず捨ててしまわなくてはなりません。われわれが取り組むのは、絶対に、模倣の過程のいろいろな瞬間以外のものではありません。

G　「いちばん差異化が進んでいる」ように見える現象、たとえばあの「いわゆるマゾヒズム」から本質的なものを引き出そうと努力している古典的な精神医学の傾向は、逆転させる必要があります。フロイトが「芝居がかったマゾヒズム」を、精神生活の本質的な様相に忍びこんでいるような一次的マゾヒズムと対比するために、「二次的」なものとして示したとき、フロイトの狙いはほかの多くの場合と同じように正しかったのですが、彼はこの狙いを最後まで押し進めることができませんでした。彼は一次的と明言した過程をさすために、マゾヒズムという不透明な用語をいつまでも使わねばなりませんでした。彼はマゾヒズムという概念そのものについて、説得力のある、またそれを完全に「脱＝構築」する根本的な批判を与えることができませんでした。

フロイトが一次的マゾヒズムと名づけるものは、闘争性の模倣が、最も手ごわい敵対者のうちに最もすばらしい成功のモデルを見たときから、闘争性の模倣と同じものになります。くりかえして言っておきましょう。敵対者の敗北によって味わった失望と、自分が対象を手に入れてからはだれも自分と張りあおうとする者がないのを見て、主体はもう近寄りがたい邪魔者のうちにしか希望を持ちません。自分を失敗から引き出してくれるかもしれない者の足跡を、もう自分をいつも失敗させるような者のなかにしか求めません。

O　欲望はそのときからすぐに、欲しくてたまらない対象を取り巻いて守っている暴力に、ますます結びつくようになります。

二次的マゾヒズムとは、こうした現象の芝居がかった再現――そのうしろに性の快楽を引きずっている――にほかなりません。主体は敵対者であるモデル《モデル・リヴァル》に、勝利者の役割を演じさせ、そのそばで自分自身の失敗を飽きることなく演じつづけます。主体が自分に向けられることを望んでいる暴力は、いつでも、自分が欲しいものの存在を保証してくれます。

G　人が相手にするのは一つのモデルであるという証拠、いつでも問題はモデルに似るということ、モデルのようになるということである証拠に、一次的マゾヒズムからは、まったく同じようにもう一つの芝居がかった形態、構造的な面ではまったく平行な形態であるサディズムが、姿をあらわします。

主体は、モデルとの関係によってつくりあげる舞台で、自分の役割、犠牲者の役割を演ずるでしょう。そしてそれが、いわゆる二次的マゾヒズムです。主体はまた迫害者であるモデルの役割を演ずることもあります。そしてそれがサディズムと呼ばれるものです。そこで主体はもうモデルの欲望を真似るのではなくて、モデルそのものを、それからさき選択の主要な基準となるものとして真似るのです。つまり、主体がまだ対象として狙う可能性のあるものすべてに激しく反対するものとして、真似るのです。

われわれのこれまでの議論によって暗示されることは、欲望のモデルが、模倣の過程の達成につれて、ますます存在論的モデルに変わっていく、ということです。対象の価値が高まれば高まるほど、この対象は卓越した在り方に、結局はモデルそのものの卓越性に、結びついていくように思われます。主体はモデルにぐんぐん魅了されていく傾向を持っています。要するに、欲望には対象を見捨てる傾向、モデルそのものに執着する傾向があります。性欲は——これももう一度言っておきましょう——こうした漂流の仲間入りをするかもしれません。なぜなら性欲は、ほんとうにそれ自体を刺激するために、「理想の」モデルとの関係の、現実的あるいは空想的な雰囲気づくりを求めることもできれば、迫害者の役割を演じているモデルのふりをすることもできるのですから。

われわれがここで話していることのすべて、古めかしいやり方なら分割し細分化しないではいられないようなものすべてに、厳密な連続性があることを、ここでもまた主張しなければなりません。モデルが欲望に逆らう抵抗に、欲望が執着すればするほど、そのこと自体によってこの抵抗はますます激化します。二つの主体が模倣しあいながら相互に投げ返す暴力へと、ますます変わっていきます。そうした複数の主体が暴力によって敵対するようになるのは、強いほうの暴力が、それまではいつも相手に従属していると思われていたのに、それからは、主体として欠けていた充実した存在感と一体化するからです。

O　マゾヒズムやサディズムと呼ばれるものによって、われわれには、事態がまさにそうしたものであることが確認されます。問題はやはりモデルを、それが暴力を体現するものとして真似することなのです。真似は、見せかけやまやかしにまで至ると、観察者の目を免れることはできませんが、それ以外のときはその目を免れているわけですから、人々は真似が欲望の全体的な特徴ではないということを確信するために、サディズムやマゾヒズムのような特別な用語に頼ることになります。

G　欲望のメタフィジックな生成と、欲望のマゾヒズム的な生成とは、唯一同一のものです。なぜならメタフィジックとは暴力のメタフィジックなのですから。それは古めかしい神聖なものの代用物ですが、いわゆる宗教的なものにまで至ることは、けっしてありません。ただ偉大な著作家たちの隠喩——それが宗教的なものを、それにあまり注意を引きつけることなく、想起させる限りでは効果的な――の場合には別です。

モデルの役割を演ずる性愛の相手から手ひどい扱いを受ける、あるいは逆に相手のほうを手ひどく扱う、つまりこのモデルの手から受けるように思われる虐待を相手に受けさせる、こうしたことはいつでも模倣によって神になろうと努めることです。したがってまたそれは、モデルがまず示したあの対象、いぜんとして過程全体の当然の出発点である対象よりも、ますますモデルそのものに狙いをつけてそれを手に入れようとすることです。事実、対象が明示されていなければ、モデルはけっして邪魔者に変わることも迫害者に変わることもないでしょう。観察者たちの多くはこの構造を、単に、模倣の干渉の作用が性欲そのものの形をとる段階から、マゾヒズム的な、あるいはサディズム的なものになると見ています。つまり敵対者が不在になると、それから快楽の度合いは低下し、あるいは不可能になります。快楽は、加えられる暴力を前にして、「おどろいて」足を止めますが、この暴力を対象とみなす無意識の模倣《ミメティスム》の結果、暴力を避けずにそれを選びます。

この過程を理解するためには、マゾヒズムやサディズムについての既定の概念を、すべて打ちこわしてしまうことが必要です。多かれ少なかれ芝居がかっている無意識の模倣は、特にマゾヒズム的あるいはサディズム的なリビドーの衝動に役だつ二次的な何ものかなどではありません。その逆です。無意識の模倣が原動力なのであって、いわゆる性的な衝動は、そのあとにつながれて引っぱられているのです。モデルと邪魔者の作用は、観察者の注意を引いてマゾヒズムやサディズムのレッテルを口にさせるに十分なほど、性欲に影響を及ぼすこともありえますが、影響を及ぼさないこともあります。この作用は、残念ながら、観察者を過程全体の完全な連続性に対し、耳も目もきかない状態に落とし入れるような効果しか持っていません。

C　同性愛

G　模倣の干渉が性欲に影響することがありうるということを認めるなら、精神医学による誤ったレッテルに対するわれわれの批判は、マゾヒズムとサディズムの段階でとめておくわけにはいきません。主体がモデルの暴力、あるいはこの暴力の見せかけ、を抜きにしては性的快楽が得られないなら、また性の分野で動物から受けついだ本能の組成が模倣作用によって曲げられうるとするなら、われわれは、こうした干渉がなおいっそう決定的な効果を持ちえないものかどうか、少なくとも同性愛の何らかの形態を生み出しえないものかどうか、考えてみる必要があります。

この方途の主要な部分はすでに探索されています。われわれが話題にしていることは、じつはもうすでに、少なくともそのほとんどは、同性愛のことです。なぜなら敵対者《モデル・リヴァル》であるモデルは、性の分野では、対象が異性であるために「同一の」性に属する個人であるのがふつうなのですから。したがって性的な敵対はすべて、構造的に同性愛的なものです。われわれが同性愛と呼ぶものは、ここでは、模倣作用の効果、つまり主体のあらゆる注意と熱意を、敵対者としてのモデル、モデルとしての敵対者という「二重拘束《ダブル・バインド》」の責任者である個人に集中する模倣作用の効果への、性欲の完全な従属のことです。

同性愛の発生をより明らかにするためには、ここで動物行動学によって観察された、好奇心をそそる一つの事実を思い起こすべきです。ある種のサルでは、一匹の雄ザルがライバルに負けたと思うと、それまで張りあっていた雌をあきらめ、勝利者に対して「同性愛的な申し出」をする立場に身を置く、と言われています。人間の置かれた状況のなかでも、つまり動物から人間への移行を保証する、ますます強まる無意識の模倣《ミメティスム》の状況のなかでも、この現象は注目されています。この現象は疑いもなく、私がいま提示したような同性愛の発生を暗示しています。動物に「ほんとうの意味での」同性愛がないとすれば、それは動物では無意識の模倣が、性欲をライバルのほうへ恒久的に曲げてしまうほど強くはないからです。しかし無意識の模倣は、模倣による敵対が最高度に高まった段階ではもう、この曲がりぐあいがそろそろ感じられる程度に強くなっています(100)。

もし私の考え方が正しければ、動物に見られるかすかな芽生えと、いわゆる同性愛とをつなぐものは、儀礼のさまざまな形態のうちに見いだされるはずです。そして事実、儀礼化された同性愛はかなりよく見うけられる現象です。この種の同性愛は、模倣の危険性が最高度に高まった段階に位置していて、宗教の儀礼の埒外の、同性愛などには目もくれないようにみえる文化のなかに見つかります。

もう一度、念を押しておきますが、要するに同性愛は、強い敵対関係の状況のもとにあらわれるのです。動物の現象と、儀礼化された同性愛と、現代の同性愛とを比較してみれば、無意識の模倣《ミメティスム》が性衝動を導くのであって、その逆ではない、ということは必ず指摘できます！

この儀礼化された同性愛と、儀礼化された人食いの風習とを比較してみる必要があると私は考えています。儀礼化された人食いの風習は、ふだんは人食いの風習がないようないくつかの文化圏で、同じように実際に見うけられます。いろいろな場合に、本能的な欲望は、食欲であれ性欲であれ、みんなが奪いあう対象から離れていくように、そしてわれわれからそれを奪っていく人あるいは人々に、集中されるように私には思われます。それはまた、模倣のためのモデルのほうへ曲がっていく、欲望の同じ傾向です。人食いの習慣の場合には、初めは栄養ということが問題であるはずです。食物の場合には、モデルによって引き起こされる執念は次第に高まって、それがモデルのうちに何か食べておいしいものを見ようとする抑えがたい傾向となってあらわれます。性衝動の場合は、同じ執念がモデルのうちに交尾のできる対象を見ようとする抑えがたい傾向となってあらわれます。

L　三つの現象、つまり動物に見られる同性愛のかすかな芽生え、儀礼化された同性愛、儀礼とは関係のなくなった同性愛を比べてみると、類似点と相異点とは、唯一同一の過程の継続的な段階を暗示する一つの秩序に従っています。「厳密な意味での」同性愛のこうした発生は、われわれが全面的な分析によって、その後、動物から人間への移行についていだいた考えと、いろいろな点で一致しています。したがって、ここで結論として引き出される完全な連続性によって、われわれはまたわれわれの全体的な仮説を確認できることになります。

O　あなたの証明を支持するために、私が最近観察することができた、ある青年の例を報告したいと思います。この青年はきわめてブルジョワ的な形で若い女性と婚約していましたが、自分よりも年上の男性を愛するようになってしまいました。彼自身の告白によれば、その男性を初めはモデルとして、次には先生として、そして結局は恋人として考えるに至った、ということです。恋人である相手の男性自身も、それは「ただの同性愛者」でしたが、のちに私にこう話しました。自分は彼、つまり私の患者に、初めは少しも心をひかれてはいなかった。彼に関心をいだいたのは、ただ彼に婚約者がいたからで、ある晩、食事をしたときに、三角関係が生じたからなのだそうです。私の患者がその男性である恋人に嫉妬をいだいて、自分の婚約者を捨ててしまうと、青年に対するこの男性の関心は、すっかりさめてしまいました。この態度の急変の理由を私からきかれて、彼はこう言いました。「同性愛というのは、相手と同じようなものになりたいということなのですよ。」

G　敵対によって同性愛が発生する利点の一つは、敵対がどちらの性にもまったく対称的にあらわれるということです。別な言い方をすれば、性的敵対はどんなものでも、その対象が異性であるかぎりは、つまりそれが動物の生活から受け継がれた本能の組成の命ずる対象であるかぎりは、男性の場合でも女性の場合でも、同性愛の構造を持ちます。

ここで消えてしまうのが、男性女性の性の差異というあまりにも絶対化されてきた概念です。それは、たとえばフロイトに、男性にも女性にも見られる同性愛的行動の明らかな対称を誤認させることになりました。こうした両性の差異が、すべてごちゃごちゃになり、そして消えていくのは、今日ますます顕著になりつつある傾向ですが、それをすべて説明しようとしてフロイトは、男性女性の本能の差異や、異性に対する、また特別な場合には同性に対する性的衝動を、過大視することになったわけです。これもまた男性女性の差異を絶対化してきた概念に引きずられたものです。

雑然と積み上げられたフロイトの思想全体の神話的性格は、日に日に明らかになりつつあります。フロイトを修正するためには、用語を変える、たとえば衝動 pulsion をドイツ語の Trieb からの翻訳である本能 instinct に置きかえる、ぐらいのことでは足りません。

消えてしまうのは、男性どうしの同性愛、女性どうしの同性愛に差異があるという誤った見方ばかりではありません。同性愛のエロティシズム、異性愛のエロティシズムに差異があるという誤った見方も、消えてしまいます。

同性愛は必然的に、模倣性の欲望の「進んだ」段階に一致しますが、この同じ段階に、異性愛――男性女性の相手が互いに対象であると同時にモデルでありライバルであるような――も一致します。異性の対象がライバルに変貌するときに生まれる効果は、ライバルが対象に変貌するときの効果とたいへんよく似ています。こうした平行関係にもとづいてプルーストは、同性愛の体験も異性愛の用語で書き写すことができる、どちらの欲望の真実にももとることなく書き写すことができる、と主張しています。プルースト嫌い、あるいは逆にプルースト好きのために、同性愛を一種の本質的なものとみなす人々がありますが、それよりもプルーストの言い分のほうがもっともです。

D　潜在性と模倣による敵対

G　要するに模倣性の欲望は、ますます多くの非差異状態を生み出しているわけですが、この過程のすべての様態をたどる必要はありません。そのことなら大作家たちが、私のできる以上にそれをとりあげています。彼らは、こうした問題で性の次元は、基本的なものであるどころか、こうした無意識の模倣《ミメティスム》——差異をいっそう強く求めるものであるだけに、ますます差異を消滅させる無意識の模倣——に従属しているということに気づいている唯一の人々です。ナルシシズムの理論とは逆に、欲望は自分に似ているものはけっして求めません。それが求めるものはいつでも、どう見ても自分とはちがうと思うものです。そしてもしも同性愛は、逆に同じ性を求めるものだとしても、それは模倣性の欲望の特徴をあますところなくよくあらわしている逆説的な結果——つまり欲望は、ちがうものを求めれば求めるほど、同じものに行き当たってしまうという逆説的な結果——の他の一例にすぎません。

O　あなたの分析のすべては、フロイトも記述し分析した現象を対象にしています。フロイトによれば、顕在的な同性愛と並んで「潜在的な」同性愛、ときにはきわめて「抑圧された」同性愛があり、それは「マゾヒズム」や「病的な嫉妬」と親近性を持っています。たとえばドストエフスキーをとりあげてフロイトが書いた臨床記録は、そうしたものです。フロイトは「潜在的な」つまり彼のいわゆる「抑圧された同性愛」を、「恋愛におけるライバルへの過剰な愛情」と表現するものに結びつけています。(102)

G　ドストエフスキーの例はユニークなものではありませんが、われわれにはいろいろな理由でひじょうに重要です。さしあたりわれわれに関係のある唯一のことは、ドストエフスキーがフロイトの患者ではなかったということです。フロイトはドストエフスキーを資料によって知っているのですが、そういう資料ならわれわれも、小説、手紙など彼自身の書いたすべてのもの、彼の気質、生涯のできごとなど彼について書かれたすべてのもの、またその他のものを、何でも自由に使うことができます。つまりわれわれはフロイトと同じ立場にいますし、また臨床上の患者との関係という例の特権、私のような部外者には近づくこともできない特権について、ひとからとやかく言われるおそれもありません。

フロイトに意味もない議論を吹っ掛けようというのではまったくありません。むしろその逆です。フロイトの観察の特質には、まず敬意をはらわなければなりません。病的な嫉妬、マゾヒズム、恋愛におけるライバルへの過剰な愛情などの観察は、いずれもすばらしいものです。そうしたものを一まとめにすれば、ドストエフスキーの哲学について長々と論じた三百もの論文にも匹敵します。それは印象主義的な叙述の面で、まったくすばらしいものです。ここで皮肉な言い方をひかえる理由はありません。あえて言うならば、その叙述は文学的でさえあります！　ドストエフスキーに関するいろいろなものの構造（芸術作品を「まったくの虚構」としか見ない人々には気の毒ながら、文学作品と実生活とに共通している構造）を叙述するときにフロイトがよりどころにしたこれらの考え方をくわしく見てみると、そうした考え方はすべて結局は同じ事を言っているのだということに気がつきます。そのすべてを同一の模倣の過程に還元することができます。しかしフロイト自身は、考え方を三つに分けるのがまったく無駄なことであるのに気がついていません。フロイトは少しずつちがう三つのものがあるように言っています。そしてここでもまたわれわれは、この見誤られたちがいを批判しなければなりません。フロイトが物事の真の根源に、あらゆるものを動かす唯一の原則に、つまり言うまでもなく模倣の原則に到達することができなかったのは、明らかにこの点を見誤っていたからです。

嫉妬とは何を意味するでしょう、どうしてそれを病的な、と呼ぶのでしょう？　病的なものや嫉妬を生み出すのは、くりかえしです。主体が恋に陥ると、そのたびに第三者も、つまりライバルも、舞台に姿をあらわします。ライバルはたいていは主体をいらだたせ、主体は絶えずライバルを呪います。しかしまたライバルは、やはりあのふしぎな愛情、つまり多くの兆候から明らかなように、「ライバルに対する過剰な愛情を」吹きこむのです。

マゾヒズム、病的な嫉妬、潜在的な同性愛がいつでも同時にあらわれるとすると、この三つの現象が唯一同一の原因に還元されるのではないかと考えてみることは、科学的な方法を守りつづけるならば当然のことです。

主体は自分の関心が性的な対象に向かっているとき、自分をひどいめにあわせ、自分よりいつも運のいいライバル、そしてたいていは最後に美しい女性を連れて姿を消してしまうライバルを前にして、どうやって難局を切り抜け、ライバルに対して思いきった態度をとりつづけられるでしょうか？

考えうる唯一の答えは、三角関係の構造に最後にはいりこんだ者、つまりほんとうの意味での「第三者」は、ふつう考えられているような者ではない、ということです。たとえ主体が、対象への欲望はライバルがあらわれる以前からのものだと、偉い神様たちに誓っても、つまりたとえ時間的な前後関係という点から自分のほうに理由があるように見せようとしても、主体を信じてはいけません。真の第三者は主体自身なのです。そして主体がいつも三角関係の形で欲望をいだくのは、主体の欲望が、それに先立つ欲望と一致しているコピーだからなのです。

主体がある女性を他の女性よりも強く欲するのは、その女性がみんなからちやほやされているからです。そうしたみんなからのほめことばは、この方面でのよりすぐれたエクスパート、つまり性愛にかけてはだれにもひけをとらないと見られている男、たとえばいわゆる「女にもてる男」から言われたときには、なおさら女心をくすぐるものになるでしょうし、性的な対象はそのために、主体の目に一段ときわだったものに映るでしょう。

ここでフロイトの言っているマゾヒズムとは、複雑にからみあった状況のなかに首を突っ込んでみたい、自分の性生活に次々に挫折を持ちこんでみたいという、おさえがたい傾向のことです。別にそう望みもせず、自分の挫折に向かって努力していることに気づきもせずに、いつまでも性生活で挫折をつづけるためには、何が必要でしょうか？　ほんとうに効果のある唯一の秘訣は、私の提案する秘訣です。その秘訣とは、女性を誘惑するとはどういうことなのかと考えるときに、誘惑に成功した男たちと並べて、女性側の成功をも合わせて考えるということ、つまり私が「模倣」ということばで示している基準に合わせて判断するということです。札つきのドン・ファンたちは、ライバルとしては、どう見てもいちばん恐ろしいライバルで、これから誘惑をしようとする者のたくさんのまちがったやり方を訂正させます。誘惑をしようとする者は、たしかにそうした訂正のすべてを、自分のものにするためにやるのです。その行動のメカニズムを説明するのに、私にもよくわからぬマゾヒズムの衝動などを援用する必要はありません。

ライバルのアンビヴァレントな態度を説明するのにも、潜在的な、あるいは抑圧された同性愛などを援用する必要はありません。ライバルは、主体がまともな異性愛で対象に向けるはずの関心を、ほとんど自分のほうに向けさせます。この関心はどうしても「アンビヴァレント」になります。なぜなら邪魔者によって起こされた怒りには、ドン・ファンの手並みに対するような賞賛や敬意さえ入りまじっているのですから。

マゾヒズムや病的な嫉妬と同じように、潜在的な同性愛は特別な実体として在るわけではありません。潜在についての理論は、主体の肉体のどこかにひそんで主体の「抵抗」が崩れて明るみに出る日を待っている、内在的な同性愛の力を想定させます。

O　フロイトが互いに関係のあることは認めながら、統一のあることに気づかなかったいくつかの現象、つまりマゾヒズムと、病的な嫉妬と、このいわゆる潜在的な同性愛つまり性愛のライバルへの過剰な愛情について、あなたの立場を定義する最良の方法は、おそらく、フロイトが批評を試みた作品、逆にフロイトを批評することになった作品、つまりドストエフスキーの作品に、フロイト以上に直接的に頼ることです。

G　過剰な愛情についてのフロイトの観察がきわめて注目すべきものであるのは、この「過剰な愛情」が、もちろんそれと「反対のもの」と入りまじって、きわめて華やかに展開される作品を、フロイトが明らかに読んではいなかった、ということです。フロイトは、彼にもわれわれ自身にも深く関わる問題でとりわけ典型的な作品である『永遠の夫』を一度も引用していません。この作品について何か暗示的なことを言いうるとすれば、それは、フロイトの言うドストエフスキーがその証拠であるあの例外的な知性――抑圧された同性愛に照らしてみなければ明らかにできない状況に対するあの例外的な知性――ということだけでしょう。ここで問題の個所を引用しますが、それは単にこうした理由によるだけではなく、それがドストエフスキーについてのフロイトの論文の本質を再現するからでもあります。ドイツ語の原文で読みますが、それは『暴力と神聖なもの』のなかでも言ったように、フロイトの考えはフランス語の翻訳で引用されると、どうしても歪曲されてしまう、と言うフランス人たちがいるからです。

強度の両性愛的素質は、ノイローゼの一つの条件となる。あるいはノイローゼを悪化させるものの一つとなる。ドストエフスキーには、たしかにこうした素質があったように思われる。それは彼の人生に対して男どうしの友情の価値が取りうる形態に（つまり潜在的な同性愛に）、また恋敵に対する彼の異様にやさしい態度に、そしてまた彼のいくつかの短編小説の多くの例が示しているように、抑圧された同性愛と考えなければ説明がつかないような状況に対する理解の深さにあらわれている。[103]

『永遠の夫』のなかでドストエフスキーは、事実かなり異常な知性の持ち主であることを示しています。私はまえにも『ロマン的な虚偽とロマネスクな真実』〔邦訳『欲望の現象学』〕のなかで、この作品をとりあげました。今日またそれをとりあげるのは、この作品が模倣の関係の基本的な構造と、それがくりかえされるメカニズムとを、特に明らかにしてくれるからです。これはフロイト自身もまったく解明できなかったものですし、またフロイトの潜在的な同性愛と異常なエディプス・コンプレクスによるドストエフスキーの解読を、この文学作品から引き出される暗黙の命題、つまり私の考えでは私がいま発表している命題と一致するような命題よりも劣ったものにしてしまいます。

ここでまた『ロマン的な虚偽……』のなかに引用したこの小説のレジュメを引用するのをお許しください。

ヴェリチャーニノフは金持ちのひとり者でドン・ファンだが、中年になってそろそろくたびれていや気がさしかけていた。数日まえからひとりの奇妙な、だが親しみの持てる男、うさんくさいが、ひょうきんなところもある男が、あらわれたと思うとすぐに姿を消すのに気づいて、それが気になってしかたがなかった。男の正体はまもなくわかった。パヴェル・パヴロヴィッチ・トルソツキーといってその女房はヴェリチャーニノフのもとの愛人だったが、つい先ごろ亡くなったのだった。パヴェル・パヴロヴィッチはくにを出て、セント・ペテルスブルクに、亡くなった女房の恋人たちに会いに来たのだった。その恋人たちのうちのひとりが死ぬと、パヴェル・・パヴロヴィッチは、ちゃんと喪服を着て、葬列についていった。生き残りのヴェリチャーニノフは、パヴェル・パヴロヴィッチから変なぐあいに目をつけられ、そのしつこさにうんざりする。だまされていた夫は、昔のことについて、じつに妙な話をする。真夜中に自分のライバルを訪れ、相手の健康を祝して飲み、口にキスをし、父親がだれかわからない不幸な娘を引き合いに出して、巧妙に相手を悩ます。(……)

女房は亡くなり、その恋人はまだ生きている。対象はもういなくなっているわけだが、ヴェリチャーニノフというライバルであるモデルは、あいかわらず抵抗しがたい魅力を発揮しつづけている。このライバルであるモデルは完全な語り手だ。なぜなら彼は行為の中心人物なのに、行為にはわずかしか加わっていないのだから。彼はできてしまったことを話すのだが、うまく説明できるとはかぎらないので、それだけその話しぶりは慎重になる。そして細かい点で大切なことを抜かしはしないかと気を使う。

パヴェル・パヴロヴィッチは、もう一度結婚しようと思っている。初めの女房の恋人にすっかり参っているこの男は、またしても彼の家を訪れる。こんど決めた女に何かプレゼントをしたいのだが、選ぶのに知恵を貸してくれと頼む。女の家まで一緒に行ってくれるように頼む。ヴェリチャーニノフはいやだと言うが、ききいれないでなおもしつこく頼みこみ、とうとう相手にうんと言わせる。

二人の「友だち」は、若い女の家でたいへんなもてなしを受ける。ヴェリチャーニノフはよくしゃべり、ピアノを弾く。彼の社交的な如才なさは、すばらしい効果を生む。家じゅうの者がきそって彼のまわりに集まる。パヴェル・パヴロヴィッチがもう自分のフィアンセのつもりでいる若い女も例外ではない。求婚者のほうは馬鹿にされた形で、努めて魅力的にふるまおうとするが、だめだ。だれもまともに相手にしてくれない。彼はこの新たな悲運を前にして、苦悩と欲望とに身をふるわせる。(……)それから数年たってヴェリチャーニノフは、またパヴェル・パヴロヴィッチに、駅でばったり会う。この永遠の夫は、ひとりではなかった。かわいい女が、つまり彼の女房がいっしょだった。そして若い元気のいいひとりの軍人もいっしょだった。[104](……)

ドストエフスキーの叙述では、主体が自分自身に明確にモデルを与えているというわけではありませんし、モデルもまた主体に明確に対象を示しているわけでもありません。示された対象がモデルから与えられる価値を維持しつづけるためには、モデルがひきつづきその対象を求めることによって、ますますその価値を高めていくのでなければなりません。トルソツキーは何とかしてヴェリチャーニノフを自分の婚約者のうちに引っぱっていこうとしますが、それは彼女がヴェリチャーニノフに心を奪われるようにするためではなくて、ヴェリチャーニノフのほうが彼女を手に入れたくなって、それによって自分の婚約者の選択が正しかったことを確認するため、いわば批准のためです。トルソツキーはヴェリチャーニノフを引っぱっていくことに成功しましたから、ヴェリチャーニノフを「ドン・ファンの」栄誉で飾ることになります。トルソツキーは自分もそうした栄誉にあやかりたいとは思っていますが、相次ぐ失敗のために、その栄誉はますますライバルのうちに逃げていってしまうというわけです。

このいきさつには、たしかに同性愛のにおいがただよっています。ドストエフスキー自身もそれをきわだたせています。何しろトルソツキーに、ライバルの口にキスをさせているのですから。しかしわれわれは、そこに何かしら神話的なすっきりとしないものが潜んでいることに目をくらまされて、それが模倣による敵対の最も原初的な形態、理解可能な唯一の形態であることを見失うべきではありません。

L　トルソツキーの夢は明らかに、ヴェリチャーニノフと性的関係を持つことではありません。彼の夢は相手にはっきりとした形で復讐してやりたい、自分の婚約者を、彼女に夢中になった相手、彼女を神格化しようとしている相手から、奪い返してやりたいということです。熱烈な愛情は愛の神に由来するものであるために、恋人は女性を神格化するものですが、結局トルソツキーは、こうして神格化された対象を手に入れることによって、自分が神格化されることを望んでいるわけです。

G　事実、性的衝動とライバル意識とを比べたら、ライバル意識のほうが上です。そしてこの主体は模倣によるライバル意識のうちにあって自分のために戦っているのだと思っていますが、実際にはそう思えば思うほど相手に従属していきます。欲望については、相手のライバルだけが威力を持っています。ライバルだけが、自分で対象を欲することによって、この対象に、どうしても手に入れたいものという刻印を押すことができます。したがって主体はこうしたライバルに、主体と対象とをとりもつ能動的な役割、文字どおり「仲介者」としての役割を、演じさせることになります。人間である主体は、極端な場合には、何を望んだらよいのかわからなくなっています。自分ひとりでは自分の欲望を見定めることも、その強さを維持しつづけることもできなくなっています。だからこそ主体は、模倣性の欲望というパラドクスに身をゆだねるのです。

トルソツキーの行動を検討してみると、なぜ「病的な嫉妬」や、いわゆる潜在的な同性愛や、「マゾヒズム」と言われているものなどが、いつでも「いっしょに」姿をあらわすのかが、すぐにわかります。

マゾヒストと言われる人は、すでに一度戦いに敗れたことがあるような将軍に似ています。敗れたことをひどく恥じて、それからは敗北のつぐないをするための戦いでなければもう加わりたくはないと思っているような将軍に似ています。そこで将軍はその後の作戦では、まったく同じ状況、あるいはいっそう不利な状況を再現させようとするでしょう。将軍にとって問題は、また負けるかもしれないなどという心配ではなくて、ほんとうに勝つ値打ちのある唯一の戦い、つまり自分が負けたことのある戦いで勝利を収めることです。そこで将軍は何としてでも、もう一度相手を見つけて、以前の敗北の状況を再現しようとします。将軍の執念の的である勝利は、もうこうした敗北の枠のなかでしか、いわば敗北の延長のなかでしか考えられません。そこで最初の敗北につづくものは、おそらく勝利ではないということになります。勝利どころか、いつも負けてばかりいることになりますから、皮相な観察をする者は、将軍の執念のほんとうの目的は敗北である、などと結論を下すかもしれません。

　こうした賭け、つまり模倣性の執念にほかならない賭けを、愛情によるライバル意識の領域に置きかえてみると、賭ける者がその生き方において、嫉妬の度を、「マゾヒズム」の度を深めやすい状況を、くりかえそうとしていることがはっきりとわかります。そのためには、いちばん恐ろしいライバルに、魅了されていればいいのです。そうしたときには必然的に、まさに性的な関心がライバルのほうへ移るのに好都合ないろいろな状況が、一つにまとまります。あらゆる兆候を、それをまとめた場合に想定しうるような統一形態にするためには、フロイトのようにいわゆる性衝動にアクセントを置くのではなくて、ライバル意識による無意識の模倣《ミメティスム》にアクセントを置かなければなりません。こうした無意識の模倣だけが、こうしたまとめ方を理解可能なものにすることができます。なぜなら無意識の模倣が激しくなればそれだけで、それと同時に、実際には分離不可能な「いろいろな兆候」、偽りの多様性をそなえた兆候があらわれるからです。その多様性をまともに受けとるようでは、すべてを唯一の根源に、つまり模倣によるライバル意識に還元することはできません。

ライバル意識が異性を対象にしているかぎりは、ほんとうの同性愛というものはありません。それはわかりきったことです。そこに「潜在的なもの」があると言えるでしょうか？　フロイトは潜在ということを性急に口にしました。そのために誤った洞察が生まれ、ほんのつまらぬ嫉妬を見ても同性愛だと言い立てるしまつです。精神分析好きな人々の言うところでは、ライバルどうしは、いつでもみんな「ほんとうは」相手と寝たいと思っている、女性を手に入れようとして互いに争っているようなそぶりをみせるかもしれないが、その女性と寝たいと思っているわけではまったくない、というわけです。

性的なライバル意識は、それ自体とは別なものの仮面にほかならない、というわけです。ライバル意識はもう現実の現象としては存在しなくなります。もちろんそんなばかげたことはありません。ばかげているどころではありません。もしもライバル意識の実態を認めず、その模倣的性格をも認めないならば、このライバル意識と、実際には何もわかっていないのにひじょうによくわかっているつもりの同性愛との、ほんとうの関係を、わざわざわからなくしているようなものです。

ライバル意識はときに性欲自体をうまくすりかえて、それをライバルという一つの極に集中させたりしますが、そのためには、ライバル意識は性的なものであろうとそうでないものであろうと、現実のものでなければなりませんし、強度の、執念深いものでなければなりません。こうしたすりかえは実際に起こることも、起こらないこともあります。それが起こるとすれば、早熟な年齢で起こるはずです。ドストエフスキーには、明らかにそれは起こっていません。ドストエフスキーが自分のライバルたちと寝ることを妨げているのは、彼が自認していない抑圧された同性愛ではありません。ドストエフスキーの性欲は、いつもはっきりと女性に向けられています。

L　あなたは、うかつにも御自身が潜在的な同性愛者で、それを抑えている、それに抵抗している、なんとかその埋め合わせをしようとしている、と非難されかねないようなことをおっしゃっているのですが、それにはお気づきですか？

G　われわれはいまや迷信からはすっかり脱却しています！

ライバル意識を、隠れた同性愛——ライバル意識をその影として生み出すような同性愛——に従属させてはいけません。そうではなくて逆に、同性愛をライバル意識——同性愛を生み出す「可能性はある」もののの、ドストエフスキーのように同性愛がひじょうにしつこい形をとる場合でさえたいていは生み出されることがないようなライバル意識——に従属させなければなりません。

フロイトの誤りは、いつものことながら、性欲を——ライバルの執念が、それがどんなに強くても、うまくすりかえられるとはかぎらないような性欲を——ある過程の原動力、基礎ととっている点です。

性的なライバル意識と同性愛とのあいだに密接な関係があるとはいっても、それはすべての性的なライバル意識が潜在的な同性愛に依存している、という意味ではまったくありません。潜在というものは私には、神話的な概念のように思われます。でも潜在というものが、いつでも同性愛を目の敵にしてきた風潮の崩れつつある社会では、観察者にとって魅力的であるということはわかります。もしも同性のライバルに対する性的なライバル意識が、自動的に潜在的な同性愛を含むのだとすれば、どうして異性のライバルに嫉妬する同性愛者についての潜在的な異性愛をとりあげないのでしょうか？

それが問題にならないのは、潜在というテーマが結局は一種の精神のテロリズムに結びついているからです。潜在というテーマは、「潜在という考え方」が最も「スキャンダラス」な性欲の説明に、また崩れつつある禁忌の体系と正反対な性欲の説明に、好都合である限りで関心を呼ぶのです。「潜在という考え方」は、迷信を打破したいという至る所で高まっている抑えがたい欲望に、いつでも鎮静の機会を——あまり頭をわずらわさせずに——与えてくれます。

それはたしかにテロリズムです。なぜなら問題のこの潜在が呼び起こされると、その瞬間から、ほんのちょっと反論しただけでも——反論が出るのはもっともです——あなた自身が潜在的なものの領域内に自動的に押しこまれてしまうのですから。

信者たちはいつも、愚かな人々の迷信を打破しなければならない、裏切者をへこましてやらなければならない、不信心者をやっつけなければならないという確信をいだいていますが、それは結局は犠牲者たちを迫害することになる危険な確信です。全面的な迷信打破を説く強力な指導者を中心とする信者たちの結合は、こうした危険な確信によって、強固にされています。

フロベールが『ブヴァールとペキュシェ』を書いたころには、残念ながら潜在という考え方は、もてはやされてはいませんでした。もてはやされていたらフロベールはきっと、小説中の二人の好人物を、この果てしのない、そしておそらく何の役にもたたぬ潜在の研究にふけらせたことでしょう。作家フロベールは「男根のシンボル」について深い洞察を示していますが——もちろんそれは初めのところだけだということをお忘れなく——彼の洞察は、迷信打破という野菜が、根絶やしできぬ雑草みたいに、農園じゅうにひろがるのを阻止することはありませんでした。われわれはいつも何かをとことんまでつきとめようという気持ちが十分でないのを遺憾に思っています。潜在という考え方についても、まったく同様です。しかし『ブヴァールとペキュシェ』の象徴するものは、ほとんど古びていません。私が問題にしている一節を読んでみましょう。固有名詞がなかったら、いったいだれがこれを百年まえのテクストだと思うでしょう！

（……）塔も、ピラミッドも、ろうそくも、道標も、木々さえも、男根を意味していた。そしてブヴァールとペキュシェにとっては、あらゆるものが男根になってしまった。彼らは馬車の梶棒や、ひじかけいすの脚や、倉庫のかんぬきや、薬屋の乳棒などを採集した。だれかそれを見にくる人があると、彼らはこう聞いた。

——これ、何に似てると思いますか？

それからそっと秘密を打ち明け、相手がうへえとかきゃっとか言うと、気の毒そうに肩をすくめるのだった。(105)

L　精神科や精神分析の方面ではいつでも伝統的に、そしてフロイトにあっては特に、同性愛は「堕落」とみなされています。こうした堕落そのものの原因が、同性愛的衝動であると、つまり特殊な生まれつきなのだと、思われているようです。

G　くりかえして言いますが、同性愛とは、たいていは、模倣によるライバル意識の「色情化」です。こうしたライバル意識の対象、必ずしも性的なものとはかぎらない対象、に向けられた欲望は、ライバルそのものへ移行します。ライバルは必ずしも同性とはかぎりませんから——なぜなら対象が必ずしも性的なものとはかぎらないので——ライバルのこうした「色情化」は、異性愛として生まれる可能性がありま す。

私の考えでは、いま話題になっている同性愛の型と異性愛の型とのあいだには、構造的に何の差異もありません。プルーストがジードの意見に反対して、ジードが公準化した同性愛の「差異」を拒否したのはもっともです。

生まれつきの本能という理論は、無力であるばかりではなく、精神科医が本質的な諸問題を区別して考える傾向を助長します。一つの観察が紹介されて、それが同じ原因の別な結果、または観察ずみの現象に少し変更を加えた見方だということを認める能力のある人がいないばかりに、新味があると思われるようなときには、いつでもそうした傾向を助長します。

私はもちろん厳密に生物学的な意味での同性愛は存在しない、などと言っているのではありません。私はこの点について意見を述べる手だては何も持っていません。私はただ、われわれの心を捉える症例についてフロイトが潜在的な同性愛を公準として示したのは、特にドストエフスキーの症例についてそうしたのは、ドストエフスキー自身が認めている模倣によるライバル意識という見方がフロイトに欠けていたからだ、ということを言っているのです。

私が模倣という仮説はきわめて興味深いものだと言っているのは、それが、フロイトの理論で単に補足的な公準とされているもの、つまり肉体に根ざした特殊な本能、という考え方をまったく無用なものにしてしまうからです。そしてこの仮説は、ある型の同性愛を、少なくともわれわれがいま展開中の過程に、完全に同化させるものであることはまちがいありません。この過程は、また言わせていただきますが、それがきわめて多種多様な現象を総合して、わかりやすいものにするおどろくべき適応力を持つことを明らかにします。フロイトはその本能説を公準化することによって何もうるところがなかったばかりか、模倣説による問題解決の衝撃的な明快さを、隠して見えなくしています。

E　心理学におけるプラトン的観念の終末

G　フロイトの時代にはあらゆるものを性に結びつけることは避けられなかった、ということを私は証明できるように思っています。フロイトのこの考え方は、きわめてわかりやすいものです。なぜならそれは差異化の原理——観察の結果当然そこに行きつくはずの——をもたらしてくれるからです。ある種の精神上の差異化が、まだあまり差異化されていないものに、むしろあらゆる非差異化の源に、つまり模倣に、根ざしている可能性があると考えることは、昔からいぜんとしてむずかしい問題です。

O　結局、われわれが精神医学の分類についてしていることは、すでに制度上の分類、民族学上の分類についてしたこととたいへんよく似ています……。われわれはいつでも次のことを明らかにしておくべきです。人間の精神は差異を求め、それを不法に実体化します。それは、人間の精神には、われわれがうまくそこに還元できるような過程の様式が絶対に考えられないからではなくて、そうしたことがよりむずかしいものであり、また、逆説的ながら、共時的な構造主義的見方が幅をきかせていた時代を越えて初めて完全に可能になるものだからです。

G　あなたの説はもっともだと思います。というのは構造主義とは本来、別々な共時的な瞬間を確立することではなくて、そうした瞬間を「変形させる」ことなのですから。そしていろいろな構造を模倣による変形と考えることに慣れると、いくつかの断片的な真の通時態が見え始め、そうした断片によって、あらゆる構造の発生や生成について仮説を立てることが可能になるでしょうから……。

L　フロイトは同性愛と偏執狂との、つまり被害妄想とか復権妄想とかの、構造上の連続性あるいは同一性を強く主張しました。あなたのお考えでは、これをどうごらんになりますか?

G　私は絶え間のない生成流転のうちにも、絶対に唯一同一の構造しかない、と思っています。迫害を加える者は常に、敵対者《モデル・リヴァル》であるモデルです。転移によって——「供犠によって」——ありとあらゆる置き換えが起こりうることは、だれでもよく知っています。したがってだれもが、いつでも、われわれがすでに話したこと、これから話すことがすべて「すぐにわかるところにいる」のは明らかです。私には臨床面を論ずる資格はありませんし、いかなる分類の試みにも原則的に反感をいだいています。私としては、いろいろな病気を別々に切り離して考えることは、本来、そうした病気を、連続した過程——そうした病気がその各段階にすぎないような過程——から勝手に抜き出すことになる、と思っています。もちろん、だからと言って、病人は一定の状態にとどまりつづけることはありえない、と言うつもりはありません。

偏執狂患者が同性愛的性格のなかに敵対の構造を感知するのは——われわれ自身もそれを感知しているのと同じように——まぎれもない事実です。ただし、たいていは、偏執狂患者は自分の身にいわば外部から偶然に訪れるこの「同性愛」には、責任を感じませんし、責任を取ろうともしません。注目しなければならないのは、偏執狂においては対象が消滅し、敵対関係が純粋な状態で存続するということです。

欲望はそれが極度に高まった段階では、次第にわれわれに理解しがたいものになっていきますが、それは欲望自体がまえの段階の結果から、つまり出発点と化した結果から出発するときに、まえの段階を忘れる傾向があるからです。一度こうした過程の模倣性のばねをつかむと、もうわれわれは正しい道をたどっていることに疑いを持つことができなくなります。つまりすべての段階を論理的に連続するものとして再構成することができるようになるばかりか、最終段階がわれわれによくわからないようにみえるのは、あまりにもわかりやすいからにすぎないということにも、すぐに気がつくようになります。狂気のなかにはもうモデルしかなくなります。欲望による、このモデルの戯画的な真似しかなくなります。誇大妄想狂的な同一視、迫害などしかなくなります。狂気をわかりにくくしているのは、われわれです。われわれが、このあまりにも明らかに模倣性の欲望を排除することによって、またわれわれの欲望のなかの、まったく同じもののよりやわらいだ形を明らかにしてくれる欲望を排除することによって、狂気をわかりにくいものにしているのです。

おそらくここにもまた、狂気のありようと狂気を排除する理性のありようとの相関関係があります。狂者はある閾を越えると、自分をひどいめにあわせているものに、自分でもがまんがしきれなくなり、もう何も知りたいと思わなくなり、自分で自分をしめ出すような手はずをととのえます。そのようにして自分自身の精神を、ふつうの人間よりもはるかに荒っぽいやり方で切り離してしまいます。自分の心を閉じて、いろいろな過程を一切理解しようとせず、ますますそうした過程の犠牲者になっていきます。

O　われわれがあなたの説を十分に理解したとすれば、欲望が対象から離れて、邪魔なものとしてのモデルに結びつくという言い方は、本質的なことを意味しています。あなたが述べあるいは指摘なさった現象はすべて、この唯一の原則に還元され、またほとんどアプリオリに導き出されます。こうしたことがわかっていないために、われわれは至る所に、自律的な輝かしい集団の、集団とは無縁な兆候とか症候群を目にするのです。現実には、模倣の過程以外のものは絶対にありません。この過程はそれ自体の正しい方向をたどっていますが、個々の人間によりまたその時々により、ある程度進んだ段階で動きが止まる可能性が常にあります。

要するに分身どうしのあいだに客観的に差異を認めうるものが何もなくなると、精神病が起こりますが、精神病者自身の目にはこの客観的に認めうる何ものかが、自分とその分身とのあいだを目まぐるしく揺れ動くものの総体と映るのです。

G　集団全体を巻きこむ危機に際しては、またその危機が極度に高まって犠牲のメカニズムを始動させるに至ったときには、模倣の経過は、明るい所で進展する代わりに、われわれの世界では、個人対個人の関係を、隠れて見えないやり方で、また次のような形で——つまり少なくとも長いあいだにはかなりな恒久性を持ち、集団の各構成員が、初めは「性格」しばらく後には「兆候」と呼ばれるようになったものを十分に差異化され個人化された特徴として意識するようになる、といった形で——支配します。

いまでは供犠の危機は加速されて、さまざまな性格についての心理学の全面的な消滅を引き起こしています。精神病理学的兆候という概念への移行は、こうした加速の結果と読むべきです。フロイトの用語を注意して見ると、この移行が完全には行なわれていないことに気がつきます。たとえば「病的な嫉妬」とか、「神経症的羨望」とか、「羨望神経症」などの表現に、それがよくあらわれています。こうした表現の「中継的」性格に御注意願います。現時点では、こんどは兆候という概念が同じ道をたどって、ますます風化の度を高め、その実質を失いつつあります。

これと並んで「気ちがい」の実質的な概念も精神病の概念と似た考え方に変わりつつあります。この考え方がより明確だというわけではありませんが、それは気のちがった人間そのものをあらわすというよりは、その変容のありさまをあらわすものです。精神病の現象はいまのところ神経症の現象とは切り離されていますが、今後は精神病理学の目標は両者を連節させること、妄想さえも内包するような、妄想さえも理性と同じように理解可能なものとするような、独特な行き方を採用することになるでしょう。

O　もしも欲望とその精神病理学を、あなたが開発された模倣の発生という見方で解読できるとすれば、またわれわれがそうしたレベルで、原始的な社会、だがまた固有の様態に従って展開される社会、そしてそれからは犠牲のメカニズムの段階的な減少とこのメカニズムから生まれる防御との段階的な減少によって決定される社会、の背後に公準として定めておいた過程と平行する過程を認めるならば、われわれは精神病理学的症状の進展と精神医学のそれについての考え方の進展が、われわれの文化全体を決定する非神聖化の段階を、どのような形でひじょうに正確にたどっているのか、が理解できるでしょう。精神病理学の危機は、そして今日では精神医学の危機は、あらゆる種類の供犠の制度の危機と同じなのです。

G　この方法は精神病理学についても、民族学の場合と同じように有効であることが明らかにされるはずです。問題は昔の分類、たとえば植物学や動物学の「属」や「種」のような分類を、削除するのではなくて、「脱＝構築する」ことです。フロイトの精神分析はこうした進展の一段階であったことを証明することができます。「至高の存在」あるいは「神聖なもの」の減少の速度が早まると、その治療効果もますます低下します。精神医学についても、治療効果については、はるかに進んだ風化の段階にあり、反精神医学のようなものまでが生まれているほどです。

本能や衝動、呪物化された性的なもの、「性格」や「症状」などが重要視されることがありますが、そうしたものはいつでも、われわれが脱＝構築しようと努めている誤った要素であり、消えてなくなるある種のプラトン的な観念です。

第四章　精神分析的神話学

A　フロイトのプラトン哲学とエディプス・コンプレクスの原型への依存

O　われわれはフロイトがエディプス・コンプレクスと名づけるものに注目しなければなりません。事実、フロイトがエディプス・コンプレクスを思いついたのは、何よりもまず、あなたが述べてこられた典型的な状況つまり女性とその愛人とライバルとの三角形の敵対を理解するためであったことは疑いありません。すでに引用されたドストエフスキーの場合は、なかでも典型的な例です。フロイトはこの作家の作品中にまたその生涯に常に見いだされる三角関係――つまりライバルが病的な敵意の対象になると同時に特異な愛情《sonderbare Zärtlichkeit》の対象になる三角関係――を、すぐにエディプス・コンプレクスに帰しています。

L　そこでフロイトは、絶えずくりかえされるこうした三角関係のすべてを証明するために、また多くのライバルたちに見られるこうしたアンビヴァレンスのすべてを説明するために、エディプス・コンプレクスを考え出しました。このまさにフロイト的な解釈でのコンプレクスの考え方によれば、こうした三角関係は家族内の三角関係の再生ということになるでしょう。愛される女性はいつでも母親の代わりであり、ライバルはいつでも父親の代わりである、ということになるでしょう。アンビヴァレンスは、父親が主体にライバルとしてまた父親として吹きこむ複雑な感情と一致するでしょう。

さてこんどは模倣性の欲望とエディプス・コンプレクスとの関係を検討しなければなりません。模倣性の欲望とエディプス・コンプレクスは常に一致しうるものでしょうか、それともときどき一致しうるものなのでしょうか？　両者はそもそも両立しうるものなのでしょうか？

G　そうした質問には、明らかにそれはちがう、と答えねばならないと思います。模倣性の欲望とエディプス・コンプレクスは、二つの主要な理由で両立不可能です。その一つは、フロイトの考えでは、母という対象への欲望は内在的なものだ、ということです。この欲望は基本的なもので、それ自体が何かほかのものにもとづいているということは、特にほかの欲望にもとづいているということは、考えられません。母に対するこうした欲望の内在性は、これまた内在的なナルシシズムの要素と合体し、それがフロイトにとっては人間の欲望についての「人間的なもの」つまり特殊な差異の定義となっています。

人間は二つの根元的な性的対象を持つ、と言われる。つまり自分自身と自分を養ってくれる女性とである……。(106)

「自分を養ってくれる女性」に対する欲望が根源的な、自然な、自然発生的なものだとするなら、それはほかの何ものかに由来するものでも、ほかの何ものかの引き写しでもありえません。もう一つは、フロイトの考えでは、父親とは息子にとってはもともと同一視のモデルだ、ということです。エディプス・コンプレクスが問題となったあとではもちろんのこと、そのまえでさえもそうです。しかしこの同一視のモデルは、けっして欲望のモデルではありません。フロイトは、父親との同一視は欲望の同一視でもありうる、とはけっして考えていません。フロイトは欲望の同一視を思考の対象にしたことは一度もありません。母親に対する欲望は父親との同一視とは無関係に増大する、と彼は明言しています。父親はまずライバルとして、おきての体現者として、あらわれます。[107]

模倣の欲望は、フロイトのどこにも出てきません。エディプス・コンプレクスを論ずるときでさえ、彼はそれには触れません。しかしこの二つの概念が明らかに相いれないものであることは、苦もなくわかります。エディプス・コンプレクスとは、私の見方では、フロイトが三角形の敵対を説明するにあたって、まさに欲望にかかわる真似、敵対にかかわる真似のおどろくべき可能性を見いだすことができなかったために、自分で編み出したものなのです。

L　しかしあなたは父親が模倣のためのモデルとして役だつ可能性を否定なさるのですか？

G　絶対にそんなことはありません。私はその可能性を否定しないばかりか、それは正常な現象だと、つまりフロイトがエディプス・コンプレクスとは無縁な父親との同一視を正常と考えている意味で正常な現象だと思っています。父親が息子のモデルとして役だつのは正常ですが、父親が息子のために性欲のモデルとなるということは正常ではありません。真似が敵対を引き起こすような領域でモデルとなるということは正常ではありません。別な言い方をすれば、父親は家族の基準から考えると見習いのモデルではありますが、欲望のモデルではありません。

L　つまりあなたのお考えでは、家族とは、すべての社会制度と同じように、少なくとも原則的には、敵対という点では、またそれが病的な不幸をもたらすようなときには、いつでも、防御的に作用するのですね。子どもにモデルを与えたり、ある種の敵対を防止する禁忌、そしてそれ以上の敵対を緩和する禁忌、を与えたりすることによって、家族は、家族がまだ機能を発揮しているときのようには真似や敵対が誘導されることも抑止されることもない世界のために、子どもに準備をさせ力をつけてやるのでしょう。

G　家族は私の考えでは、それがフロイトの欲望の病理学で演じているような必然的な役割を演ずることはありません。欲望の病理学は、原則的には家族にかかわりのあるものではありません。それは模倣性のものです。と言っても、もちろん、家族と病理学とのかかわりはありえない、という意味ではありません。かかわりのあることもあります。それがばかりかわれわれの世界ではよくそういうことが起こっています。家族というものは、それが病理学的なものになればなるほど、正常に機能しているときの形態から遠ざかりきます。そして家族内部のいろいろな人間関係が、まるで家族以外の人間関係のようなものに変わっていきます。そうした関係の特徴は、ある場合には全面的な無関心であり、またある場合には病的な関心を示すタイプを取ります。模倣の欲望がさかんな動きを見せているところではどこでも、家族の内部でも外部でも見られる病的な関心というタイプを取ります。

L　エディプス・コンプレクスでは、フロイトが説明したいと思うものを、どうしても説明できませんが、だとするとその場合、この考えの後世における異常なまでの成功は、どう説明したらよいのでしょうか？　後世の人々にとっては、どんな形の敵対でもエディプス・コンプレクスによって説明するということが、十五世紀の大学でのアリストテレス哲学と同じように、あたりまえのことになっているのですから。模倣の原則のすぐれた効果がわかったいまでは、つまりフロイトが自分のエディプス・コンプレクスに結びつけようとしてじつはうまくいかなかったものを何でもうまくやってみせるはるかに簡単でわかりやすく効果的な方法がわかったいまでは、エディプス・コンプレクスがなぜこんなに流行しているのかは、あなたが避けては通れない問題です。

G　まず次のことを思い出さなければなりません。つまりフロイトは、自分でも言っているように、彼以前には偉大な著作家たちに独占されていた現象に、初めて組織的に手をつけたのです。フロイトは多くのことを観察しただけでなく、そうしたことにともかく最初の「術語」を与え、それが事実上われわれがこれまでに持った唯一の術語となっているのです。したがってフロイトのいろいろな考え方が、適切ではないものまでも含めて、人間の精神に異常なまでの影響力を持っているということは、おどろくにあたりません。しかし私は、エディプス・コンプレクスとナルシシズムというこの精神分析理論の二つの柱の成功には、より根本的な理由があると思っています。ずっとまえからわれわれの考え方の特徴になっている習慣や概念に結びついた、そしてまた、もう一度言っておきますが、「脱=構築」したほうがいい習慣や概念に結びついた、より根本的な理由があると思っています。要するに問題は、私がためらうことなくフロイトのプラトン哲学——ただしきわめて特殊な——と名づけるものにもとづいて、これまでに民族学や精神病理学などの疑似科学的分類によって始められていたのと同じ作業をすることです。それはあなたがたが先ほど話していた問題です。私は、われわれがエディプス・コンプレクスのおかげで、この作業を多少は先へ押し進めることができるだろう、と思っています。

フロイトがそのエディプス・コンプレクスを編み出したのは、子どもたちを対象にした観察からではありません。これは常に念頭に置かなければならないことです。彼はそれを病人たちとか、あるいはたとえばドストエフスキーの作品のような有名な作品などのなかで観察した三角関係から編み出しました。科学的な頭の持ち主ならだれでも、こうした三角関係の頻出とその偏執的な性格には、統一的な説明を加えたくなるでしょう。私はもちろんそうした人間関係を重視する点では、フロイトと同じ意見です。そしてまた、いま問題の焦点となっているコンプレクスをフロイト自身が編み出してから、三角関係がそれを待ちうけていたかのようにふえていったのだとも思っていません。この点ではドゥルーズやガタリと同じ意見です。われわれの世界の三角関係はフロイトそのものの真似にすぎない、とも思っていません。(108)フロイトはどうしてエディプス・コンプレクスを思いついたのか、それを理解するためには、もう一度彼の思考のあとをたどってみる必要があります。彼がそうした三角形を前にしたときに考えたことを、再構成してみる必要があります。そうした状況を前にしてこの研究者が最初に考えたこと、ほとんど本能的に示した反応は、どこかに原型としての三角形があるにちがいない、そしてほかの三角形はその原型の複製であるにちがいない、ということでした。

一度こうした場に巻きこまれると——それは人間の思考の大きな場なのでそこに巻きこまれるのはやむをえないと言ってよいでしょう——家族内部の三角形に到達しないということは、まずありえません。近代の唯物論の領域では、原型としての三角形を世界の外部に、つまりどこかの永遠の王国に、いろいろな思想を理解できるどこかの王国に置くということは、問題外のことなのですから、このプラトン哲学的な観念は、世界の内部に下降させる必要があります。プラトン哲学的な観念を放棄するわけにはいきませんが、われわれはそれを人間関係の内部に固定するわけです。家族内部の三角形が原型としての三角形の役割を果たしうる唯一の候補であるということは、こうした条件のもとで明らかなのです。

ある三角形がこの役割を演じうるためには、少なくとも外見上は三角形に基礎づくりの力を行使させてくれるはずの、安定性と普遍性と年代的な先行性とが備わっていなければなりませんし、またこの三角形を後代のあらゆる三角関係のモデルとするような特徴がすべてそこに見いだされるのでなければなりません。そのために必要な属性を備えているのは、家族内部の三角形だけです。少なくとも原則的には、個人の実生活でこの三角形から始まらないようなものはありません。それだけが、フロイトがそれに演じさせようとする役割にふさわしい法的な実在性と社会学的な重みを持っています。

家族内部の三角形だけがフロイトの問題となり、三角形に関するかぎり、それに代わりうるものは何も考えられません。この三角形は、フロイトがそれに演じさせようとする役割そのものを演ずるために、そこに、つまり人間生活のはずれのところに置かれたもののようにみえます。その後、エディプス・コンプレクスという命題は、近代精神が論じられる場合にいろいろな形で計り知れぬ栄誉を受けているわけですが、それはおどろくにあたりません。

ところがその影響力は、まったく空しいものです。エディプス・コンプレクスという図式は、その創案者がそれに振り当てた機能を絶対に果たすことはできません。つまり病人たちの性愛関係の、あるいは文学作品の——喜劇であれ悲劇であれ演劇的なものであれ小説的なものであれ——筋立ての構造である、あらゆる三角関係の形態を生み出す機能を、絶対に果たすことはできません。

B　三角形をいかにして再現するか？

G　この原型という概念を深く考えてみると、フロイトについても事情はプラトンと同じはずだということに気づきます。本質から外見への移行、あるいは家族内部の原型から実在の対象への、つまり三角関係の敵対への移行は、模倣の仲立ち、真似の仲立ちによって初めて可能となる、ということに気づきます。

くりかえして言っておきますが、子どものエディプス・コンプレクスから大人の性愛上の敵対への移行のためには、三角関係に陥った者が何らかの形で自分と家族との関係の原型的な三角関係を真似る必要があります。

つまりわれわれは模倣で結ばれている人間関係のすぐ近くにいながら、また同時にひじょうに遠い所にもいるのです。この近似性と遠隔性を十分に理解するためには、精神分析学者たちに次のような質問をしてみることが必要です。つまりこうです。偏執的な敵対の習慣を持つ病人たちがいて、彼らはそういう習慣を持たずにはいられないようにみえるが、彼らは日常生活で、また特に性愛にかかわることで、両親との体験を再現するのに、どんな振舞いをするのか？　家族内部の三角関係をコピーするにあたって、どんなことをするのか？　いずれにしてもそれは一種の真似にほかならないのだから、必要な結果に到達するために、何を真似るべきなのか？　またフロイトの言うわれわれがまず父親に対して感ずるのと同じ嫉妬を起こさせるようなライバルを、われわれ自身に与えるために、何を真似るべきなのか？　いかなる方法によって人は常にこうしたタイプの状況を再創造することができるのか？

おそらく、それこそ無意識の秘密だ、という答えが私に返ってくるでしょう。しかし精神分析学者たちはこの無意識のスペシャリストであるわけですから、彼らは自分たちの患者が頼りにしているいろいろな処置について一つの考えを持っているはずです。そうでないとすれば、彼らの知識は彼らのすべての主張から、かけ離れたものになってしまいます。私がいまとりあげているタイプの状況は、結局よくある状況であって、これ以上に月並みな状況は何も想像することができません。いろいろな状況の可能性は無限にあるわけではなく、また病理学的敵対という見方を好む者はそうした可能性を再現するために、いろいろな秘訣を知っているでしょうし、そうした秘訣がすべていつまでも秘密のままであるはずはありません。精神分析はこの問題に対して何を言いうるでしょうか？

絶対に何も言うことはできません。フロイトはいつものように率直にそれを認めています。『快感原則のかなた』のなかでフロイトは、人間を苦しめるもの、ますますひどく苦しめるもののくりかえしは、「快感原則」では解決することのできない問題を提起する、ということを認めています。このふしぎな問題を解決するために、彼はさらに一つの本能、もう一つの本能を公準として提起しなければなりませんでした。そしてそれは現代のフランスの精神分析でもひじょうに重要視されている、有名な死の衝動です。

問題は単にこのくりかえしが、なぜ「快感原則」からは解決のできない問題を提起するのかという「理由」だけではなく、その問題が提起される「様態」です。エディプス・コンプレクスに支配されている人間関係を検討すると、さきほどと同じように、こうした人間関係が法という外的な要因のみによって互いに結ばれていることが確認できます。母親に対する欲望は、父親との同一視とは無関係に拡大していきます。唯一の干渉は、敵対を生み出す真似にもとづくのではなくて、母親が父親の妻であり法的に父親に属しているという事実から起こる、ほとんど偶然の敵対にもとづいています。

父親はそのままで法、つまり欲望とは何の関係もない障害の体現者なのですから、どうして欲望のモデルとして役だつでしょうか？　父親は障害とはなりますが、重要な点にかぎっては、つまりライバル意識を引き起こす欲望という点では、モデルとなったためしはありません。

「同一視」やエディプス・コンプレクスや「超自我」などについてのフロイトのテクストを検討すれば――私はそれを『暴力と神聖なもの』で検討しましたが――だれでも、フロイトが明文化したものはすべて、彼の原則では邪魔な者やモデルが結局は父親と一致する、などということはまったく認められないという意外な結果を、いろいろな形で表現したものだ、ということに気がつきます。真の原則は模倣にもとづくものであり、それ以外にはありえませんが、このことに気づくためには、模倣《ミメシス》の非闘争的な哲学的ないろいろな定義を避ける必要があります。フロイトは一生のあいだこのふしぎな問題のまわりをぐるぐるまわっていましたが、そのあまりにもわかりきった単純さを見抜くことができなかった、と言ってよいでしょう。だからこそ意外な結果のすべての概念的な表現は、神話学的――この語のすべての意味で――神話学的なのです。事実、常に至る所に見いだされる模倣《ミメシス》が人間の闘争の基本的なメカニズムであることをいつになっても認めることができないために、神話学的な結晶作用のうち、誤ってそれこそ差異を明確にするものだ、とされてしまわなかったものはありません。模倣は常に至る所にあります。なぜならそれはいかなる表象よりもまえに、つまり動物たちの横取り行為のレベルで、すでに存在するのですから。しかしだからと言って、模倣が一方において、ひじょうに高度化したものであることを否定するつもりはありませんし、模倣の作用のなかに最も洗練された形の表象が含まれていることを否定するつもりもありません。

L　実際問題として、エディプス・コンプレクスに支配される人間関係を再現するのには、どうしたらよいのでしょうか？　フロイトが母親の代わりと見る女性と、そのそばにいる、フロイトが父親の代わりと見る男性、つまりわれわれの頭にこびりついて離れぬライバルとを同時に見いだすのには、どうしたらよいのでしょうか？

G　その本質的な問題の解決法は、一つしかありえません。そしてそれはわれわれの解決法です。模倣説による解決法です。敵対の三角関係を生み出す方法は一つだけですが、その方法にはまちがいがありません。それは先行の欲望を真似ること、つまり明らかに他の者の欲望の対象となっている女性だけを愛することです。いつでもモデルを介して欲望を示すこと、それはライバルを介して欲望を示すことであり、ライバルの支配をうけることであり、つまりフロイトが観察したタイプの「アンビヴァレンス」を確実にかき立てることです！　そしてまた同時にそれによって、フロイトの命名による「死の本能」のなかに入れたままにしておかなければならなかったものが、残らず説明されます。

したがって、模倣による再現の問題の唯一の解決法は、模倣の欲望そのものです。つまり結局は、われわれの言う横取りの模倣《ミメーシス》であり、それはエディプス・コンプレクスとは、何の関係もありません。そしてまたそれは、動物にもすでに見いだされるぐらいですから、特に人間だけのものではけっしてありません。

しかしわれわれは、原型としてのエディプス・コンプレクスが、この唯一の解決法とは「相いれない」ものであることを見たばかりなのですから、エディプス・コンプレクスを捨てなければ、この唯一の効果的な方法に頼ることはできません。不可欠な「ライバル」をすぐ手に入れるためには、「モデル」の欲望を真似することが必要です。真似は完全に自動的なメカニズムによって行なわれますが、模倣の仕事にかかりきりの主体には、そのメカニズムがやがて始動するだろうというようには見えません。また実際にもそのメカニズムは、けっして始動しません。メカニズムは何が始まるときでも、始まるまえからすでにちゃんとそこにあるのですから。それはまさに、主体が既成の欲望に寄生しているからですし、また主体が三角形の第三項であって、原型という概念が唯我論的に暗々裡に思いこんでいるように——もちろんまちがって——第一の頂点ではないからです。

くりかえしの問題は、エディプス・コンプレクスとは定義の上からも両立不可能な模倣の欲望との関連で、初めて解決できます。模倣の欲望は、精神分析が考えている父との敵対の原理よりもはるかに強力な、またあらゆる点でより納得のいく敵対と闘争の原理を、現代に——過去の時代にではなく——提示しているだけに、エディプス・コンプレクスとは、ますます両立しません。いまや模倣の欲望は、いろいろな症状の反復ばかりではなく、そうした症状の激化——精神分析の図式ではこれもまたまったく理解できないことですが――についても、見事に説明してくれます。

われわれはあるときは模倣の欲望によるライバル意識を編み出して、エディプス・コンプレクスの誤った仮説と縁を切ったかと思えば、またあるときはエディプス・コンプレクスの考え方を守って、症状の反復という解決不可能な問題にまたぶつかったりしています。エディプス・コンプレクスのもたらす人間関係には活力がありません。フロイトも、ほかのだれも、こうした人間関係が互いに反応しあってポジティヴな「フィードバック」を起こすとか、主体をライバルどうしのますます悲惨な、抵抗しがたい、わずらわしい袋小路に引きこむなどとは考えることができないだろうと思います。こうした袋小路があるためには、ライバルが慎重に選ばれていること、その抵抗しがたい力、つまり模倣性の魅力をも考慮して選ばれていることが必要です。

一般に信じられ認められているのとは逆に、ライバル《モデル》であるモデル《リヴァル》のこの役割には、父としての役割は何一つありません。エディプス・コンプレクスとは例のおきまりの神話学の遅すぎた解釈にほかならないこと、またそれは、現代では、解明されたと思われているが実際はそうではないある社会の基本的な力となっていることなどを認めるのをためらってはいけません。なぜならエディプス・コンプレクスは、崩壊しつつあるいろいろな制度に――これはまたいかなる供犠の危機の場合とも同じことですが――この崩壊そのものによって引き起こされた模倣に関するいろいろなむずかしい問題を投げかけているのですから。

近代の西欧の家族制度が、いやむしろそれ以前の族長制度が、いわゆる難問題の根源にあるとしても、それは、そうした難問題が、人類の文化的な制度の大部分と比べて、一般に主張されているほど抑圧的で拘束的であるどころか、すでに多分にそうではなくなっているという限りにおいて、そしてまたそうした難問題は、現代の状況の特徴である常に重大化している非差異状態の直接の先行問題でもあるという限りにおいて、そうなのです。

これまでいつもまるのみにされてきた解釈、そしてまた現代では独断的解釈という形——つまりそれ自体があらゆる独断的解釈の終着点だと思いこんでいるだけにいかなる真の批判精神についてもますます暴虐な態度をとる独断的解釈という形——で強固なものとなってしまった解釈においては、すべてが原因と結果との単純な逆転に還元されうるとはかぎりませんが、この逆転は現実に存在します。そしてわれわれはまさにこの点で、事態を理解するためには模倣《ミメシス》や真似《イミタシヨン》という一般的な問題に立ち戻らなければならない、と痛感するのです。

C 模倣と表象

G フロイトの考え方においてもわれわれの模倣の図式の考え方においても、エディプス・コンプレクスを持つ主体は、きまってあるモデルに目をすえます。このモデルは欲望の対象ではありませんから、無意識のただなかでの再現のメカニズムを明確にするための、主体のすべての努力は、常に印刷による再現の隠喩に帰されることになります。それはまさしく押印、母型、刻印、銘刻、マジック・ノートなどの歴史にほかなりません。そうしたものは「エクリチュール」の熱狂的な信者たちを狂喜させるものですし、またたしかに記号や表象に問題が隠されていることを予想させるものですが、そうした問題が必要不可欠なものであることを意味するものではまったくありません。疑問点を解決し、プラトンの「メタフィジック」からほんとうに抜け出すためには、模倣《ミメシス》についてのプラトンの考え方を毛嫌いして顔をそむけてはいけません。それどころか、毛嫌いするものを直視しなければいけません。

フロイトに欠けているものは、プラトンにも欠けています。欠けているのはたとえば、欲望そのもののような、したがってまた真の「無意識的なもの」のような、模倣性のものに対する理解です——ただしそれは、おそらくあまりにも曖昧なこの語をそのまま使用するのに何かの利益があると仮定したうえでのことです。非表象的な模倣性のものは、思いのままに三角形のライバル意識を引き起こす十分な力を持っています。また模倣性のものだけがそうした力を持っています。なぜなら模倣性のものは、最初の欲望を対象にするものだからですし、われわれもそれにならって、最初の欲望という必然的にライバル的な横取り行為にもとづいて行動することになるでしょうから。

主体はたしかにモデルに目をすえますが、このモデルは三角形ではありません。それは幾何学的な図形ではありません。それはもう母でも父でもなく、いかなる「家族集団」でもなく、真似する者が自分にそれを「表象する」必要もなければ、表象することもできないような欲望です。

フロイトは再現《ル・プロデュクシヨン》の問題を解決することができません。なぜなら彼は模倣の欲望を発見していないのですから。主体が思いのままにできるのは、主体そのものだけです。三角形の頂点の一つだけです。それは他の二つのものより上位にあるわけではありません。もしも主体がほんとうに対象のうちに自分の母を求め、ライバルのうちに自分の父を求めるのだとすれば、欲望とライバル感情という同一構造のうちにいつでも父や母の代用物をいっしょに置くなどということは、いったいどんな奇跡が起こればうまくいくのでしょうか？

フロイトの重大な誤りに気づくためには、ドストエフスキーもその作品のなかで三角形の再現の問題を解決した、ということを確かめれば十分です。そしてまたドストエフスキーがわれわれに見せようとしているのも、こうした解決なのです。カラマーゾフ家の父親はたしかにその二人の息子にとって模倣のモデルですが、それはまさにこの父親に父親らしいところがもう何もなくなってしまっているからなのです。もしも真似する者が模倣による干渉を、自分の気持ちに逆らってライバルのほうに有利に解釈せざるをえなくなるのだとすれば、次のことはすぐにわかります。まず主体は、いちばん手に入れたい対象といちばんすばらしいモデルを、いつも自分には手の届かぬものとみなすことによって、もう「病的な嫉妬」「マゾヒズム」「潜在的な同性愛」などの状況のもとでしか欲することができなくなるということ。そしてまたこの同じ主体が、こうした「症状」のすべてを含む構造を、それがこわれそうになると、すぐに再現するということ。

O　事実、こんなこともわかります。つまり主体がたまたま成果をあげると、主体の手中にある対象は、もう得意げなライバルの印象的な欲望によって価値を高められるということはなくなるわけですから、すぐに完全に価値を低下させられてしまいます。そこで主体は気の毒にも、ほんとうに神のようなモデルを、すぐに探し始めます。つまりまえほどやすやすと対象を奪われたりすることのないようなモデルを、探し始めます。

G　ドストエフスキーの段階では、対象とモデルとは両方とも必要なものですが、相互的な価値は持っていません。主体が欲するのは、要するに、女性でもなければライバルでもありません。ある意味では、まさに両者の一組を欲するのです。この一組だけが、主体の夢見る自立を実現するようにみえます。自立とは、この一組のある種の至福のナルシシズム、「二人だけのナルシシズム」であって、つまり主体はそこから自分は除け者にされていると感じているわけです。同じような例は、ラシーヌの『フェードル』にもあります。この悲劇では、女主人公フェードルの欲望は、愛するイポリットに別な愛人がいて、この若い二人が互いに相手を欲しているらしい、とわかったときに激しく然え上がります。それはまたもちろんルソーの『新エロイーズ』のテーマでもあります。

そこでわれわれは、初期のドストエフスキーの無数の作品のなかで、主体が愛する女性を積極的にライバルに結びつけようとしていることを、容易に理解できます。主体は自分の愛人とライバルとの一組を認めることによって、自分に第三者としてのちょっとした立場が、両者の天国のような楽しい親密さのうちにつくり出されるだろう、と期待するのです。

ドストエフスキーのこのテーマは、模倣による敵対から生まれた状況のとりとめのない性格を解明してくれます。主体はライバルに徹底的に勝つことは望んでいません。主体はまたライバルのほうが自分に徹底的に勝つことも望んでいません。実際には、最初の場合つまり主体が勝った場合は対象はうまいぐあいに自分のものになりますが、対象の価値はすっかり低下してしまいます。第二の場合つまりライバルが勝った場合は対象は限りない価値を獲得しますが、永遠に手の届かない所に追いやられてしまいます。

三角関係とは、苦しいものであるとはいえ、いかなる意味のいかなる決定的なものよりも苦しいものではありません。だからこそ三角関係は、たとえ偶然にこわれるようなことがあっても、いまやモデルのものであるというよりはいつでももうライバルのものとなっている欲望を真似ることによって、永続される、あるいは再現される傾向があります。一連の問題を、モデルという点から、そしてまた真似という点からも、ひっくるめて考えることが必要なのです。

ライバル意識は耐えがたいものですが、ライバル意識の不在はなおさら耐えがたいものです。ライバル意識が不在であれば主体は虚無と直面することになります。だからこそこの主体は何とかしてライバル意識を維持しようと努め、それがこわれればまたつくりなおそうとするのです。そこにはたいていは、同じような狙いを持つ相手との、漠然とした共犯関係がつきまとっています。

O　それこそまちがいなく「アンビヴァレンス」です。現実の「分身」どうしのアンビヴァレンスです。

G　精神分析の異端者たちがすべてプラトン哲学の異端者であるのは、フロイトがいぜんとしてプラトン哲学者そのものであるからです。ユングの場合も、こうしたライバル意識の完全な放逐が、精神分析ではどうしても説明できませんし、そこにあるのはもう、プロティノスの哲学と同じように、ただ原型に対する一種の神秘的な凝視でしかありません。メラニー・クラインの場合は、逆に一切が闘争ですが、闘争は実際にはもう存在しません。なぜならその闘争は母親との最初の人間関係に対する熱狂的な概念に全面的に凝結され原型化されているからです。ドゥルーズとガタリの場合には、それはもうエディプス・コンプレクスのテクストそれ自体でさえありません。それは精神分析理論のテクストです。それは、それを対象とする広範な偽装行為によって、ライバル意識の三角関係を倍増する力があると想定されているフロイトのエディプス・コンプレクスのテクストです。

プラトン哲学のすべての問題は、精神分析のなかにもまたあらわれてきます。ダイナミックな過程を原型のシステムのなかに閉じこめることは不可能なので、フロイトは構造主義のように――つまりまさしく通時的なメカニズムをまったく理解できないため共時的な「断絶」を倍加してしまう構造主義のように――やむをえず本質的なものを倍加しています。

フロイトはあの先人たちが本質的とみなしたものを、たとえばマゾヒズムやサディズムや「嫉妬」や「羨望」さえをも、守りつづけているばかりか、自分が創出したばかりのもの、たとえばエディプス・コンプレクスなどまで絶えず二つに分けて考えることを余儀なくされています。それは地上の動揺する現実に、自分の精神分析的な天空の不変の恒久性を適用するためでしたが、その努力は実らずに終わってしまいました。

D　エディプス・コンプレクスの二重の発生

L　この点では、正常なエディプス・コンプレクスと異常なエディプス・コンプレクスとの差異ほど興味深いものはありません。フロイトの観察は模倣の過程と深くかかわっているがエディプス・コンプレクスの理論ではこうした観察を絶対に説明できない、ということがいちばんよくわかるのは、この点であるように思われます。

G　すでに見てきたように、フロイトは、モデルがライバルになるときにきまって引き起こす矛盾した感情を、アンビヴァレンスと名づけています。彼はこのアンビヴァレンスのマイナスの面つまり敵意を、父親との敵対に結びつけています。またプラスの面つまり賞賛を彼のいわゆる「正常な愛」つまり息子が自分の父親に感ずる愛に結びつけています。

この「正常な愛」は、それだけでいわゆる「正常な」あるいは通常のアンビヴァレンスの十分な説明になっているように、フロイトには思われます。しかしまたフロイトが言うように、「異常な」あるいは通常ではないアンビヴァレンスがあって、それは矛盾しあういろいろな感情を、つまり憎悪も敬意も同じように、はるかに遠い所へ押しやってしまいます。そしてフロイトはこうした異常なアンビヴァレンスを、彼が異常なエディプス・コンプレクスとみなすものの一つのヴァリヤントに結びつけています。

フロイトの言うところでは、この異常なアンビヴァレンスは、子どもがエディプス・コンプレクスを体験する時期に、ライバルとしての、そしてまた「正常な愛をそれを起こさせてくれたばかりの父に」いだいている「よい息子」としての、すでに複雑《コンプレクス》な感情を、父に対して十分に感じなかったことに起因しています。エディプス・コンプレクスを体験する時期の子どもの、いわゆるエディプス・コンプレクスのいわゆる正常な感情には、父親に対する受動的な同性愛的欲望が、つまり同性愛の対象として父親から求められたいという欲求が加わるであろう、というわけです！　重大化するライバル感情のうちでフロイトの心を捉えるものは、明らかに、ライバルに魅了されていく気持ちの高まりです。この高まる気持ちは、すでに見てきたように、無意識の模倣《ミメティスム》そのものから生まれることが可能ですし、生まれるにちがいありません。しかしフロイトは、それに気づかなかったために、どうしても当面の問題は新しい要素であると、まさに同性愛的要素であると、つまりアンビヴァレンスのより「正常な」より「通常な」形態のなかではまだ何の手がかりも見いだせなかった別個の同性愛が当面の問題であると考えてしまいます。いつものようにフロイトは、もちろん同性愛を神格化しようとします。同性愛を肉体に由来する一種の本質的なものとしようとします。なぜならフロイトとしては、そうしたものを何もかも彼のエディプス・コンプレクスの原型のなかに閉じこめる必要があるのですから。そしてまたライバルのほうは、それはいつでも父親ですが、どうしてもそんなつくり話はまったくばかげていると――はっきり申しあげて――思うでしょうから。特に、すぐ前に置かれているのに残り全体の考え方ほどばかげてはいない、あの「正常な愛……」とのつながりで考えた場合には、どうしてもそう思わざるをえないでしょうから。この問題では、父親殺しと、近親相姦と、母親に向けられたリビドーを、つまりいずれも多かれ少なかれしかるべき形をとっていると思われるものを、忘れずに考えあわせなければなりません。

L　息子のそうした同性愛的欲望は、子どもそのものを対象にした観察にもとづくものではまったくない、ということを想起すべきです。フロイトを非難するわけにはいかないかもしれません。なぜなら一切は「無意識」のなかで起こっている、とみなされているのですから。

G　無意識は、精神分析のなかでは、そのがっちりした背でも受けとめるのはたいへんです。もしもこの欲望が父親殺しや近親相姦の欲望とだけ並置されているのであれば、われわれも進んでフロイトの言い分を認めるでしょう。というのは、それならこの欲望は、エディプス・コンプレクスの発生の怪奇的な状況に、かなりうまく合致するでしょうから。しかし、もしもこの欲望が、父親に対する息子の単純な「愛情」――二十世紀への転回点のヴィーンの小市民階級におけるたしかに「正常な」愛情――と入れかわってくれるなら、それこそ私が喜んで賞賛するものです。

L　この欲望はあの麦わらのようなものです。おとなしすぎてどんな重荷でものせるラクダの背を、結局それは圧しつぶしてしまうでしょう。

G　それはエディプス・コンプレクスを持つヒツジの五番めの足です。供犠に用いられるこの動物は、いわゆる正常なアンビヴァレンスの場合には四本の足が必要ですが、ドストエフスキーのような「病人たち」の場合には、アンビヴァレンスの補足を正当化するために、五本の足を必要とします。フロイトは唯一無二の過程を説明するのに、二つの解釈に頼っています。そして彼自身はその統一的な性格を予感しています。なぜなら彼はその発生の母型を、それがますます目に見えて不可思議なものになっていく場合でさえ、放棄しようとはしないのですから。

O　要するに、だれでも模倣による敵対の過程を一度見逃してしまうと、どうしても原型という見方にまた落ちこんでしまいますし、一度この見方にとらわれてしまうと、どうしてもエディプス・コンプレクスのようなものを考え出さなければならなくなります。模倣による「フィードバック」は、アンビヴァレンスの悪化を理解可能なものとするためにあるのではありませんから、アンビヴァレンスのなかにはまずできあいの同性愛しか見ることはできませんし、この同性愛は、家族という原型によって説明されることになった現象全体の一部なのですから、これまたどうしてもこの原型のなかに入れなくてはなりません。そこで同性愛は初めから父親に結びつけられることになります。なぜなら、あらゆる敵対は不可避的に父親に結びつけられているのですから。フロイトが自分の前提から、一つにはその観察の厳密さによって、また一つにはその限界によって、どうしていろいろなものをあのように説明しなければならなくなったかは、たいへんよくわかります。

G　フロイトの思考体系は、いろいろな現象を解釈したいという意欲によって正当化されないようなものは一つもありませんが、われわれのほうは、そうした現象を模倣という原則だけをたよりにして解釈することに成功しています。つまりフロイトは、「ライバルへの一段とつのる愛情」ばかりか、「この同じライバルに対する一段とつのる敵意」についてもまた、解釈の努力をしようとします。エディプス・コンプレクスの図式におけるアンビヴァレンスの二面は、互いに反応しあうことも刺激しあうこともありえませんから、フロイトは自分自身のちょっとした歴史を複雑化しなければならず、また受け身の同性愛の欲望が、父親によって去勢されるという息子の恐怖を倍加させると想像せざるをえませんでした。模倣による悪化した敵対のすべての結果がそこにありますが、フロイトはその結果を彼の二つのエディプス・コンプレクスのなかに閉じこめるため、とても信じられないような物語を考え出さなければなりませんでした。しかしうまくそれを考え出せたとは、けっして言えません。たとえ新しいニュアンスをつかむために第三、第四のエディプス・コンプレクスを編み出したとしても、彼はすべてのニュアンスをつかむことは、けっしてできなかったでしょう。なぜなら彼は過程を過程として考えることができなかったのですから。それには彼のプラトン哲学が邪魔になるのです。そして二つのエディプス・コンプレクスの発生と、模倣による「フィードバック」のシステムとの関係は、イセエビの不器用な足と、サルや人間の腕や手の自由自在な動きや器用さとの関係に等しいのです。関節はいくら多くても、それは一匹の甲殻類にすぎないでしょう。

フロイトは、体系的な固定化された地点からでは、彼がアンビヴァレンスと名づけるものを、特に常に増大するアンビヴァレンスを、まともに考えることはできない、ということに気づいていません。マイナスの面（つまり敵意）とプラスの面（つまり敬意）が単に共存できるだけでなく、拡大することが可能であるためには、対立が無意識の模倣《ミメティスム》で栄養補給され、無意識の模倣が代わりに対立をかき立てるということが必要です。過去のいかなる刻印も、エディプス・コンプレクスのいかなる母型も、こうした過程を説明できることはけっしてないでしょう。

E　なぜ両性愛なのか？

G　観察者がライバル意識の強さを見逃すと、どうしても同性愛を、それ自体が不透明で見通しのきかないものだと思いこんでしまいます。フロイトの後継者たちは、同性愛が不透明なものだなどとは、けっして認めないでしょう。彼らはときには、フロイトの思想のうちいまや邪魔になってきたものを、片っぱしからそっとカーペットの下にすべりこませてしまうでしょうし、またときには実際に自分たちの考えを過信して、ほんとうとは思えないようなものに、それがほんとうとは思えないものであるだけになおさら執念深くとりつくようになるでしょう。後継者たちはそうした態度をほんとうの信念の「試金石」、異端と正統の分岐点と考えるでしょう。この段階では、いかなる論議も不可能です。つまりフロイトの思想は、あまりにも神聖化されてしまったため、その展開の過程を再構成することなどは、禁物になっています。

ところが模倣という原則から始めれば、展開の過程を再構成するのはわけのないことです。この再構成によって一つのフロイト像が明らかにされますが、それは精神分析に敬意をいだくわれわれが習慣的にいだいているフロイト像よりも、柔軟でためらいがちなものです。エディプス・コンプレクスの起源を公式化あるいは再公式化したテクストを検討すれば気がつくことですが、ある種の考えは、フロイトが自分自身の分析を再読したときに、その確実さ厳密さの行き過ぎを前にして——もっともそれは彼にとって免れがたいものでしたが——感じた不満感だけにもとづいている、ということも考えられないではありません。

O　いくらかの修正のなかには、またいくらかの微妙な差異のなかには、フロイトがとらわれている概念性の様態そのものによって必然的に断ち切られた連続性を、観察の過程で復原しようとしている努力が認められます。

G　フロイトが人間の基本的な両性愛と名づけるものは、たいていは同性愛が論じられた「後に」テクストのなかにはいりこんできます。ちょうど同性愛のあまりにも断定的な唐突な出現を修正しようとするかのように。また異性愛と同性愛とのあまりにもはっきりとした分け方を和らげようとするかのように。

両性愛という考え方は、結局は、異性愛と同性愛とのあまりにも決定的な断絶を和らげるためのものです。そしてフロイトがこの断絶を和らげようとするのは、彼が「生」全体の根本的な両性愛について天才的な直観を受けたからではありません。それは彼があまりにも有能な観察者であるために、ライバル意識の過程の単一性に敏感であらざるをえないからですし、エディプス・コンプレクスの図式が、というよりはむしろ正常なものと異常なものとに二分された図式が、この連続性の正しさを認めるのには的確ではないことを、ひそかに嘆かざるをえないからです。

たとえ潜在的な形ではあっても、連続した過程のただなかに同性愛が唐突に割りこんできたら、それが精神にいかなる不満を与えるかを、フロイトはよく心得ています。彼は自分の思想の根本原則を、つまりエディプス・コンプレクスの図式そのものを、また汎性欲説を、再検討しようとは思いませんし、またできもしないので、本能のレベルではあまりにも明らかな差異を、両性愛の提示《アンラーゲ》に頼って、少しかき乱そうとするのです。つまり二つのエディプス・コンプレクスのあまりにも断定的な区別を修正するために、同時に異性愛でもあり同性愛でもある本能を考え出したわけです。レヴィ＝ストロースの考えはいつでも「連続量から不連続量への移行」であり、ベルクソヌの考えはいつでもその逆ですが、そのいずれともちがってフロイトは、二つの型の考え方を両立させようと努めています。なぜならフロイトには一方が必要であれば、「また」他方も必要なのですから。フロイトには共時的な堅実さも必要ですし、通時的な活力も必要なのです。構造も構造の生成過程も両方必要なのです。

フロイトはうまくそれを手に入れることができません。模倣《ミメシス》とそれを動かす中心、つまり身代わりの犠牲者のメカニズムを考えないでは、だれもそれを手に入れることはできません。両性愛について論ずるということは、むしろ明確にすることこそ重要であるものを、つまりライバル意識の結果という、差異化を生み出すはずのないものを、非差異化の形で解消することです。模倣によるライバル意識という魚をもう一度水のなかで溺れさせせることです。

だからこそ両性愛の援用は、フロイトの信者たちのなかでは、潜在的な同性愛――両性愛がいつでもそれを「追い越す」と主張している同性愛――の援用と同じように儀礼化されています。両性愛はいつでも、この最初に援用されるものの「後に」来ます。ちょうど予言者テイレシアスがオイディプスの後に来て、オイディプスの誤りを正し、独自の精神分析にもとづいて彼に彼の事実を教えるのと同じように。われわれの世界のどんな性的なライバル意識を見ても、常に同じ解釈が成り立ち、解釈の仕方の順序も一定です。まず物事を深く観察するブヴァールがいて、潜在的な同性愛の診断を下すと、そのすぐあとにさらに深く観察するペキュシェがあらわれて、基本的な両性愛を援用するわけです。

《ヌーヴェル・オプセルヴァトゥール》誌の連載漫画「欲求不満人種」〔一九七三年から数年連載〕のクレール・ブルテシェルのコミックな力は、この種の一連の漫画の絶対に変わらぬ性格にわれわれが注意を引かれるということにかかっています。欲求不満とはそれ自体が精神分析的な思考であって、この思考がわれわれにいつでも同じ円を描かせるのです。その円はわれわれを絶対的な自己同一性のなかに――古い時代の社会的本能から生み出された儀礼を統一し穏和化する力など持たぬ自己同一性のなかに――閉じこめてしまいます。

精神分析の究極の分析能力が、現にわれわれが書きつつあるようなものと、まったく異なりうるものだなどと思ってはいけません。分析能力の内容は変化していません。内容を浮上させるのは知的な操作です。フロイトの思考は流動的で活動的であり、絶えず多方面に探索の目を向けていましたが、一方今日では、精神分析の問題は滑稽などうどうめぐりに陥っていて、その挫折は明らかです。

L　フロイトの言う「両性愛」に対する批判には、性的差異を強調する時代遅れの戦いのようなところはまったくありません。このことはおそらく確認しておく必要があるでしょう。こうした批判がどういう考えでなされているのか、読者はおわかりになるだろう、と私は思います。

G　私もそう願っています。同じ人々がときには両性愛で悦に入り、またときには性的差異で悦に入っているのですから。

O　したがってフロイトに関しては、あなたの態度は微妙です。あなたはフロイトのうちに第一級の観察者を見ていますが、彼の仕事のうちには、記憶にとどめるにあたいするような概念化された「結論」は、けっして認めません。あなたはさきほどまで、模倣の原則に従って、エディプス・コンプレクスの真の「脱＝構築」に取り組んできました。こんなことは、以前には、あなたは一度もなさっていません。したがってエディプス・コンプレクスという命題のほんとうに興味ある点は、あなたが実行する分析法が、一方ではこの命題のために精神分析が保持したいと願っている形態のもとで、この命題を廃棄可能なものにしてしまい、また同時に一方ではこの命題のために、この命題が反映しまた部分的に明らかにさえする——とは言ってもいつも不完全な形で、そしてまたフロイトの思想全体の根本的な偏見によってゆがめられた形で明らかにする——模倣の過程のいくつかの局面のなかから、相対的な正当性を見いだすことができるようにする、ということです。たしかにあなたはフロイトの汎性欲説や本能理論を最初に批判したわけではありませんが、サルトルやメルロー＝ポンティのような、いわゆる実存主義の思想家たちの見方とはたいへんちがった見方で、批判をしています。

G　いわゆる実存主義的批評のなかには、十年間の構造主義全盛期以上の多くの興味のある直観が認められます。というのは、おそらく、われわれが最近まで甘受してきたいろいろな抵抗しがたい流行のなかでは、逆説的ながらあまりにも多くのものが、そうした直観によって決定されてきたのですから。そうして決定されたものも、いまではほとんど解体されています。おそらく、やがて、物事をより正しく見る人々があらわれ、この時期の、つまりあらゆる問題を「フェルディナン・ド・ソシュールの再発見」と構造主義革命暦第一年からスタートさせるようなことをしない時期の、知的な歴史を書くでしょう。

F　ナルシシズム、フロイトの欲望

O　フロイトにはまだほかに、模倣の過程との関係の研究を必要とする概念があります。それはナルシシズムです。欲望のいくつかの側面はエディプス・コンプレクスの問題からは外れていますが、それは明らかなはずです。なぜならフロイトがそれを見落としたわけではないのですから。たしかにフロイトの概念は、そのすべてに模倣の原則の光をあてて読むべきでしょうが、われわれにはその時間がありません。でもナルシシズムを避けて通ることはできません。あなたが無意識の模倣《ミメティスム》と結びつけているいくつかの問題を、フロイトは明らかにナルシシズムに結びつけているのですから。

ナルシシズムは、主体が自分自身を対象とするときに起こる、とフロイトは書いています。そして主体は、ある点までは、いつでも自分を対象にしているものです。つまりどんな人間にも、萌芽的な基本的なナルシシズムがあるものです。

だからこそフロイトは、すでにわれわれが引用した文章のなかで、人間は二つの生来の性の対象を持っている、その一つは自分自身で、他の一つは子どものころ自分のめんどうをみてくれた女性だ、と断言しているのです。

したがって欲望には二つの極があり、一つは母親を対象にするもので、他の一つは「私が私自身を対象にする」ものです。

G　われわれの言う「個人対個人の心理学」とフロイトの精神分析の根本的な差異は、この二つの極がフロイトにあっては、いつでもいっしょにあらわれていながら、相対的な自立を保っている、ということです。そして二つの極のどちらか一方が他の極を支配しなければならないのです。模倣の過程にあっては、主体は自分自身のために、また自分がこれこそまさに「自我」であると言いたいものに都合がいいように、邪魔者であるモデル《モデル・オブスタクル》に密着して服従し、ますます相手の奴隷になっていきます。つまり模倣という考え方のなかに二つの極があるとしても、それはフロイトのように反比例の関係ではありえません。要するに模倣の過程にあっては、「ナルシシズム」と相手への服従は、同時に強烈になります。ナルシシズムに陥れば陥るほど、昔流に言うなら「エゴイスト」になればなるほど、人間は病的なまでに「対象化」され、つまり「愛他的」になっていきます。私はここでただ、われわれの人類学と心理学の基礎となる模倣のパラドクスを、もう一度定義しているにすぎません。

ナルシシズムはフロイトにあっては、対象の選択と両立しないわけではありませんが、ナルシシズムがあればあるほど、対象の選択は弱まります。一方ではナルシシズムは、この選択の方向を、主体と「似ている」個人のほうに向けようとします。要するにナルシシズムの傾向の強い人間は、「実際には」自分自身に的をしぼることになります。フロイトの言う強度のナルシシズムの、また弱められた対象選択の、最良の例は女性です。というよりはむしろ、フロイトが「最も単純に女性的」とみなしたような、ある種の女性です。(109)

フロイトはこの事実から二つのタイプの欲望を区別します。一つは自分以外のものを対象とする、おもに男性の欲望であり、性的対象の過大評価をともない、自我に対しては「リビドーの減衰」が想定されます。他の一つは自分自身を対象とする、おもに女性の欲望であり、付随的に自分以外の対象をいろいろ受け入れますが、その対象を過大評価することはありません。なぜならリビドーは、じつは相手に注がれるのではなく、自分自身に注がれるのですから。したがって自分自身はリビドーのすべてのエネルギーを回収することになり、何らの「減衰」もこうむりません。

フロイトはさらに次のように言っています。これはなかなか重要なことです。つまり女性のこうしたナルシシズムは、たいていは、美しい女性に見うけられる、と。彼はまたこう断言します。思春期には、男性タイプの特徴である幼児型のナルシシズムが一部放棄されるかわりに、一種の再昂進が起こり、同時に女性性器官の「潜伏期間」も終わりを告げる、と。

フロイトは何度もくりかえし、こうした女性たちは美しいと言っていますが、またこうも言っています。こうした女性たちは男性に一種独特な魅惑を与える。それは単に審美的な理由によるばかりではなくて、また「興味深い心理学的状況」によるものでもある、と。このあとにつづくフロイトの発言はきわめて特異なものなので、全文を読んでみましょう。あとに私のフランス語訳を添えます。

〔ジラールの訳は不十分なのでフロイトの原文による〕

つまり自分のナルシシズムを大はばに放棄して自分以外のものを愛そうとしている人々にとっては、ほかの人のナルシシズムが大きな魅力となることは容易に確かめられる。子どものかわいらしさは、大部分、そのナルシシズムに、その自己充足に、その近づきにくさにもとづく。人間に対して無関心なようにみえるある種の動物、たとえばネコ科の動物や他の大型の肉食獣などの魅力についても同様である。文学においても、極悪人や滑稽な気むずかし屋《フモリスト》は、自我を矮小化するものは何であれすかさず遠ざけてしまう徹底したナルシシズムのために、いやでもわれわれの関心を引く。それはあたかも幸福な精神状態の保持、つまり彼らは守りつづけているがわれわれ自身は放棄してしまった固く身を守るリビドー態勢が、われわれに羨望の念を起こさせるのでもあるかのようである。ナルシシズムにとらわれている女性の大きな魅力には、しかしこれとは反対の面もないではない。女性に愛されている男の不満の多くは、また女性の愛に対する疑いは、そしてまた女性というものの謎に対する嘆きは、その原因が、対象選択の型の不一致にある。(110)

この一節は注目にあたいします。その明快な内容は、模倣という考え方からすれば、まともに受けとるわけにはいきませんが、このテクストはそれだけに、なおのこと暗示的にはなっています。そこにはフロイトが語りながら同時に語っていないあるものが隠されていますし、また示されてもいます。そしてそれはフロイト自身の模倣性の欲望なのです。ですからこのテクストは、第二段階の「精神分析」の下位に置く必要があります。第二段階の「精神分析」は、お望みとあれば、「模倣理論を加味した精神分析」と言ってもよいでしょう。それはまた概念としてのナルシシズムの不十分さを明らかにするばかりか、フロイトが自分自身の欲望について部分的に気づいていないことからくるこうした不十分さの理由をも明らかにするものです。

フロイトは客観的に見て現実性のある女性のタイプを、むしろきわめて典型的な女性を、いわゆる「永遠に女性的なもの」〔ゲーテ『ファウスト』末尾参照〕を描いているつもりなのです。この女性は美しく、冷たく、身を任せる必要もありません。固く身を守るリビドー態勢をとっています。男性の気を引こうとし、ちゃんとそれに成功もしますが、それは美しさによってであるよりは、むしろ男性から見ればひどく気になる、そして気持ちをそそられる無関心によってなのです。

フロイトはどんなときでも、当面の問題は本質的なものではなくて「策略」であるかもしれない、自分もそれにだまされているのかもしれない、などとは思ってもみません。この策略はたいへんクラシックな名まえを持っています。それはコケットリーという名まえです。モリエールの『人間嫌い』では、女主人公のセリメーヌは、コケットリーの策略的な性格をよく知っています。彼女は貞女ぶったアルシノエに、私も美しくなくなってしまったら貞女に変わるかもしれませんわ、と冷やかに言い放ちます。貞女ぶることもまた一つの策略です。そしてまた、人間嫌いは貞女ぶりにひどく似ていますが、この人間嫌いとそっくりそのままなのが、ある種の知的な貞女ぶりで、ニーチェならそれをフランス語でルサンティマンと言いあらわすでしょう。つまりそれは敗者の「防御」の策略です。欲望をうまく引き寄せ資本として蓄積することができないために、欲望を嫌悪するような言い方をする人々の防御の策略です。

　コケティッシュな女性は、欲望については、フロイト以上によく知っています。欲望が欲望を引き寄せるということも、ちゃんと知っています。ですからひとから欲望の対象にされるためには、自分は自分自身を欲望の対象にしているのだということを、ひとによくわからせる必要があります。まさにフロイトも、こうしてナルシシズムの欲望を、自分による自分に対する欲望と定義しているのです。ナルシシズムにとらわれている女性がひとの欲望をかき立てるとすれば、それは彼女が、欲望の対象は自分自身だと主張することによって、また自分自身の外にはけっして出ない循環的な欲望をフロイトに提示することによって、模倣しようとする他の人々に、抵抗しがたい誘惑となっている、ということになります。フロイトは罠にはまっていながら、客観的な叙述をしているつもりでいます。彼がコケティッシュな女性の自己充足、幸福な精神状態、固く身を守るリビドー態勢と呼ぶものは、じつは、ライバル《モデル》であるモデル《リヴァル》を、われわれが昨日描き出したように、形而上学的に変形したものなのです。

　コケティッシュな女性がひとから欲望の対象にされるように努めるのは、自分のコケットリーの栄養補給のためにも、コケティッシュな女性としての行動のためにも、男性の欲望を自分に向けさせることが必要だからです。言いようによっては、コケティッシュな女性には、彼女を欲する男性と同様に、自己充足はないということにもなりますが、彼女の策略が成功すれば、彼女には自己充足をよそおうことは許されます。そして彼女のほうでもそのためには、彼に、彼女自身がそっくりそれを真似することができるような欲望を与えるわけです。彼女に向けられた欲望が彼女にとって何よりも大切なのは、それが自己充足に必要な栄養を補給してくれるからです。自己充足は、だれからも礼賛されなくなれば、崩壊してしまうでしょう。要するに、コケットリーの罠に捕えられた礼賛者が、なるほど自己陶酔だと思う相手の欲望を真似るのと同様に、コケットリーの炎は、それが光り輝くためには、他者の欲望によって燃料を補給されることが必要なのです。

コケティッシュな女性に引きつけられる欲望の数が多ければ、それだけ彼女の刺激性は高まり、模倣性の誘惑もそれだけ強度を増します。だからこそモリエールは、セリメーヌをサロンの花形にし、そのまわりに礼賛者たちをひしめかせたのです。これはまさしくコケットリーのヴェルサイユです。

欲望が形而上的なものになると、その時からそれはもう欲望の邪魔をするものだけを変貌させるようになります。つまり欲望は邪魔なもののなかに自己充足を——欲望自体の不充足の相対物にほかならぬ自己充足を——認めるのです。欲望はきわめて屈辱的な、悲痛な、不愉快な体験となります。そこでどんな主体もそんなものから免れたいと願う、ということが考えられます。そしてそのいちばんいい方法は、そんなものは他者に押しつけてしまうということです。私を他者から外らせ、私自体に私を向かわせ、私自体について私を安心させるのには、この他者が私自体を欲望の対象にしているのを目にするのが、また私と同じ動機で入手できないでいる幸福な自己充足を私にゆだねているのを目にするのが何よりです。

欲望——単に性的なものばかりではなく——の策略とは、他の人に自己充足をちらつかせること、それでうまく他の人にそう思いこませることができれば私にも少しはあると思えるような自己充足を、ちらつかせることです。もともと客観的な基準の欠落している世界では、欲望は完全に無意識の模倣《ミメティスム》にゆだねられています。そしてだれにとっても問題は、利用されていないミメティスム、固定化を求めているミメティスム、そしていつでも他のいろいろな欲望との関連で固定化されるはずのミメティスムを、自分に有利なように作用させることです。したがって問題は、まったくおどろくべきナルシシズムをよそおうということになります。つまりだれにとっても同じことですが、自分がいだいている欲望をほかの人たちに提示して、その人たちすべてにこの魅力的な欲望を何とかして真似させる、ということになります。

　ここでは「あらゆるレッテル」、特にわれわれ自身もやむをえず援用しているレッテル、たとえばコケットリーなどというレッテルを、警戒しなければいけません。私がいま話したことを、ただ一つの領域に、つまり性欲という領域に、もちろんただ一つの性つまり女性にも、限定しないように注意しなければいけません。また同じように策略という用語も警戒しなければいけません。この用語は過度の明快さとともに、仮面とほんとうの顔との分離、ますます正当性のうすれていく分離をも含んでいるのですから。何を問題にするときでも、分身どうしのこうした戦い、つまり模倣行為とそのまぼろしのようなものの開花のときの互助と協力でもある戦い、との関連で考えなければいけません。

　模倣の原則に照らして考えるならば、たとえ心理学の言語がすべて無力だとしても、われわれはいまや、『ナルシシズム入門』で言及されている現象についての、フロイトの批判の明らかな不十分さを理解するのに十分な言語を持っています。フロイトはぜひとも、(1)「自分以外のものを対象とする欲望」、リビドーを弱める欲望、リビドーの一部つまりナルシシズムの一部を捨てた「真に男性である」男性たちのうちにしか存在しない欲望と、(2)「ナルシシズムの欲望」つまり本質的に自分自身に向けられた欲望、対象を持つことはできるがそれを自分のリビドーを豊かにするためだけに使う欲望、との差異を守り抜こうとします。後者の欲望は男性たちから欲望の対象にされることばかり願い、男性たちは彼ら自身の豊かなリビドーを、この衰退を拒否するリビドーの宝庫の戸口に置くことになります。

フロイトは、自分以外のものを対象とする欲望は、ナルシシズムにとらわれている女性に好んで向かおうとする、と言っています。しかしもっと先のほうまで目を向けるべきでしょう。そしてフロイトが「自分以外のものを対象とする」と言っているものの「本質」をそこに見るべきでしょう。フロイトは、「彼自身にナルシシズムにとらわれているようにみえるもの」から受ける魅惑が、自分以外のものを対象とする欲望の奇妙なしかしどちらかといえば二次的な特殊性であるどころか、じつはそれがこの欲望のすべてであること、を認めようとしません。

事実、自分以外のものを対象とする欲望が、初めから減衰し、ますます減衰していく欲望であるとすれば、この欲望が何よりもまず切望するものは、ナルシシズムにとらわれているものが保っている豊かさ、守りつづけることができるようにみえる豊かさです。この欲望のあこがれの的は、自分以外のものを欲する必要がないということ、貧しくはならないということなのです。自分以外のものを対象とする欲望は、ナルシシズムの豊かさにあこがれるのです。そしてそれ以外のものにはけっしてあこがれません。

O　要するに自分以外のものを対象にする欲望には、ナルシシズムが欠けています。ほかに何の欠けるものがありうるでしょう。なぜならこの欲望が減衰したのは、まさに、そのナルシシズムの一部を、自分以外のものとして欲したためなのですから。どうしても、ナルシシズムこそ、まさしくこの欲望の対象なのだ、あるいは少なくとも人間がこうした欲望の対象を心に思い描く描き方なのだ、と思わざるをえません。なぜなら人間には、欲望の対象を過大評価する傾向、つまりその対象にありもしない豊かさを付与する傾向、があるからです。結局フロイトには、リビドー的な豊かさとリビドー的なものしかありませんから、フロイトの言語はいつでも彼を裏切ってしまいます。そして彼の隠喩の論理を最後までたどってさえみれば、いつでも、自分以外のものを対象にするものと、自分自身を対象にするものとの差異が解消してしまうのがわかります。

G　自分以外のものを対象とする欲望は、ナルシシズムにとらわれているリビドーを欲します。なぜならそれは、ほかの場合と同じように模倣の欲望なのですから。自分以外のものを対象とする欲望は、自分自身を欲しているようにみえるこのリビドーの欲望を、そっくりそのまま真似します。欲するという意味はまさにそういう意味です。自分以外のものを対象とする欲望は、結局は、自分自身を対象とする欲望と、同じことをしているのです。そして後者もまた、巧みに自分自身をそれとなく自分のモデルにしてしまったあとでは、ほかのだれとも同じことをします。ナルシシズムにとらわれている者は、自分が自分に向ける欲望を栄養源としますが、この栄養源はすぐに当てにならないことがわかります。ナルシシズムにとらわれている者は、自分自身を対象にしていますから、他者の欲望は価値が低下し、この人間はナルシシズムにとらわれている者から身を引くことになります。

こうした二つの欲望が、ほかならぬこうした分身どうしの形という一つの極に最終的に集中するのは、結局は、欲望どうしの巧妙な動きにのみよるものであって、両者の本質的な差異によるものではありません。そしてまたこのことは、いまでは、性愛や処世や職業上の成功を狙ったどんなハンドブックでも、われわれに教えていることです。それは教化された猫かぶりの世界です……。こうしたハンドブックは、欲望の作用のことなら、フロイトよりもはるかによく心得ています。なにもそれを書いた人たちがフロイトより頭がいいからというわけではなくて、フロイト以来、事態が無意識の模倣《ミメティスム》の方向に進展し、このミメティスムがますます鎖を解かれ明らかにされてきたからです。そしてまたそのためにこそこうした事態は、まことに「手あかにまみれた」ものになりました。つまり策略による偽装自体も、何と通俗的なものになってしまったことでしょうか！　偽装を奨める人々自身がもうそんなものを信じていません。なぜなら彼らはそれを宣伝の道具にしているのですから。偽装はいまや市場で最安値で売られています。男性という男性に、彼らの多くの「問題」の「解決法」として推奨されています。

フロイト自身がそのテクストのなかでどんな位置を占めているかを検討しなければなりません。そうすればわれわれがこれまで暗示的に言ってきたことが、その位置によって確認されるでしょう。その手がかりは少なくはありません。

フロイトは明らかに自分を真剣な人間、道徳意識にかけては英雄、至上命令を厳守する人間、つまり精神の高揚によって自分のナルシシズムの一部を放棄してしまい、そのためにかえってコケティッシュな女性たちに多くの魅力を——もっとも彼はそれを理不尽な魅力だとは言っていますが——感ずる人間のうちに数えています。精神分析の創始者、疑惑についての近代の大師匠ともなれば、それほど理不尽な行動に軽々しく移行するはずはまずないように私には思われます。そこにはとどまるに値する何ものかがあるのですから。次の文はなお一段と奇妙なものです。それはだいたいこんな意味です。何ごとでもそうだが、あたかもわれわれが羨望を感じているかのように、起こる……。問題は「かのように」です。なぜ「かのように」なのでしょうか、なぜフロイトは、「われわれはこの自己充足に、この固く身を守るリビドー態勢に羨望を感ずる」と簡単に言わなかったのでしょうか〔五八五ページ参照〕。フロイトはこのことを否定はしませんが、このことがまったくの事実であることを望んでもいません。フロイトはナルシシズムの多少なりとも「意図的な」放棄という神話に固執しようとしています。アメリカの精神分析界で強引にかちとられているあの有名な「衝動の成熟」にやや類似した、また要するにサルトルの有名な参加にも、あのいつでも不幸への失墜に終わる自由の仮定にも類似した、本質的に倫理的な決意にもとづく意図的な放棄という神話に固執しようとしているのです。

L　フロイトは幼児ナルシシズムの放棄がまったく意図的に行なわれるとは、けっして明言しません。そう言い切ることは、たしかに言いすぎになるかもしれません。

G　フロイトが、最も頭の冴えたときに、自分の書いたテクストを読んだとしたら、どんな反応を起こしただろう、と想像してみることにしましょう。たしかに彼はナルシシズムの放棄が意図的なものであるとは言っていません。しかし彼が使っていることばはすべて、そもそも放棄ということばさえもが、意図的なものであることを暗示しています。

では、われわれ学者や大の大人が、美しいコケティッシュな女性の「無垢のナルシシズム」を前にしたときに感じざるをえないあの理不尽な魅力、あの羨望とも言うべきものに、精神分析的な人間関係のもとで、いったいいかなる規準を与えるべきなのでしょうか？

フロイトは羨望ということばを口にしながら、それをわれわれに示すのに、正真正銘の事実ではないような言い方をするのですが、それは他者のいわゆる無垢のナルシシズムを、欲望の真の失われた対象だと認めたくはないからです。フロイトは物事をいかにもおもしろい好奇的なものとして、「興味深い心理学的状況」として、提示しますが、それ以上のことはしません。彼は事情に明るいアマチュアとして楽しんでいるだけで、体系の基本的ないろいろな考え方、たとえば自分自身を対象とする欲望と自分以外のものを対象とする欲望との区別について再考をうながされうるようなものには、まったく目を止めません。とるに足らぬ奇妙なものばかりに目を止めて、われわれにそれを指摘します。善良な学者として、いやむしろリビドーのトゥーリストとして、ほかに移るまえに少し眺めていってくれと、われわれを招き寄せます。精神分析のブルーガイドがあるとすれば、おそらくそれを一つ星あるいはせいぜい二つ星の観光名所、ついでがあればいいがわざわざ行くにはおよばない程度の観光名所にするところでしょう。

O　フロイトは事情を半分ぐらい明らかにしながら、彼にはたしかに現実のものと思われている無垢のナルシシズム——なぜなら彼はそれを欲しているし、また欲しないではいられないのですから——の魅力に逆らって、いつも身を守っています。自分以外のものを対象にする欲望の対象過大評価と彼が呼ぶものが、無垢のナルシシズムというレッテルで描き出されているものにほかならないことに、フロイトは気がついていません。

G　フロイトはコケティッシュな女性のみせかけに魅了されたあまり、モリエールやマリヴォーでさえ認めることができた「たわむれ」を認めることができませんでした。フロイトはみせかけにすぎないものを本物だと思ったのです。欲望の主体から見ると、無垢のナルシシズムの行なう選択は、フロイトも相手を頭に置いて言っているように、理不尽であるどころか、有無を言わさぬものです。なぜなら欲望にいつでも欠けているのは「ナルシシズム」であって、他の何ものでもないのですから。しかしフロイトには、そこのところがわかっていません。幸福な自立的生活や、固く身を守るリビドー態勢などを、つまりフロイトがナルシシズムのレッテルで示したものすべてを、進んで放棄した者はひとりもいません。われわれは、彼の考え方と真似というわれわれの考え方とが対立するときに、模倣という邪魔者であるモデル《モデル・オブスタクル》から、何かおぼろげなものが、ナルシシズムのレッテルを貼られたもののなかに浮かんでくるのを、容易に認めることができます。そんなときに、形而上的なまぼろしが、ますますひどくフロイトに魅了されつつある欲望のために——というのは欲望は絶えずフロイトに立ち戻ってはフロイトにぶつかってけがをしているのですから——いつものように姿をあらわします。邪魔者であるモデルという意味を与えられて。

フロイトのテクストのあいまいさ、フロイトのためらい、特に例の「あたかも……かのように」という表現が、精神分析のかんじんかなめの決定的な問題点について用いられていることがわかったときから、われわれはもうこうした些細な虚偽を取り除きさえすればいいということになります。そうすればフロイトが二種類の欲望、二つの別々な極、自分自身を対象にするものと自分以外のものを対象にするもの——つまりエディプス・コンプレクス——を想定したところには、ほんとうは唯一同一の模倣の欲望しかないのだということが、はっきりとわかるようになります。じつはフロイトもこの方向に目を向けてはいたのですが、この論理をとことんまで追求するには至りませんでした。というのは彼はいつまでも自分自身の模倣による変貌を信じつづけていたのですから。フロイトはコケティッシュな女性の弄する小細工の背後にある、彼自身の欲望とまったく同一の欲望——二次的な理由、しかし精神に関する重大な所写を定義するさいには当然考慮されるはずの理由で、せいぜい少しばかり方向がずれているだけの欲望——を見抜くことができなかったのです。

このことがわかってしまうと、フロイトのテクストはひとりでに簡単になっていきます。ナルシシズムの定義と、自分以外のものを対象とする欲望の定義とは、いつでも互いに相手の定義のなかに含まれているのです。ナルシシズムとは、自分以外のものを対象とする欲望によって実際に欲望の対象にされるものですし、自分以外のものを対象とする欲望とは、ナルシシズムがそれを欲することはないにしても、他から欲望の対象とされることがなければ、まさにそのことによって、大金持ちのナルシシズムに比べて自分がひどく「貧しくなった」と感ずるようなものなのです。

ほかから見ての無垢なナルシシズムとは、あこがれの的の人々が生きているようにみえるえも言われぬ天国であって、そしてまたそのためにこそだれもがそうした人々にあこがれるのです。そうした人々は何の障害もなければ何の不足もないような印象を与えます。何の不足もないという印象は、またわれわれを必要ともしていないという印象と変わるところはありません……。彼らの生き方が充実していることは確実です。彼らには自分たち以外のものを欲する必要がありませんが、磁石のようにあらゆる欲望を引きつけます。少なくともフロイトと同じような「義務感」を持つあらゆる男性に、少しはあこがれをいだかせます。実際には、欲望がフロイトの眼力をひどく狂わせたにちがいありません。なぜなら彼は、コケティッシュな女性が「女性性器官の思春期の成熟」後にたんのうするように思われる「自己充足」を、まったく現実のものと思っているのですから。この自己充足は現世的なものではありません。それは神聖なものの最後のきらめきです。

ほかから見ての無垢なナルシシズムがあるなどと思うのは、特に、欲望の幻覚です。フロイトは明らかにこの幻覚に陥っています。彼はナルシシズムの発見を、何か化学の原理の発見のようなものだと思っています。ナルシシズムという頭のもとにできあがる異質なものの集団は、明らかに、この問題の神話的な性格を示しています。一方の端では、コケットリーという小鳥用鏡罠だけが問題になり、他方の端では、ナルシシズムが生物学的な深みに沈んでいくようにみえます。ナルシシズムは個体とまじりあって一つになります。個体そのものを自分のほうに取りこむことによって。またあえて言うならば、個体そのものと一体になることによって。一次的ナルシシズムと言われるものは、いかなる生命にも本能的に必要なものを求めるようにさせ、また同じように本能的に有害なものを避けるようにさせるもののことです。要するにフロイトは、形而上的な欲望のきらびやかな色彩にだまされて、それを基本的な生命力と混同しています。アマルガム本来のふしぎな性格には注意しなければいけません。というのは、それは、それがフロイトのうちで進行しつつあるような事態のもとでは、ただのアマルガムにすぎないのですから。

自分以外のものを対象とする欲望は、絶対的な、こわすことのできないもの、周囲のあらゆるものに強力にはたらきかけるそうしたものにあこがれる性格を持つゆえに、無垢のナルシシズムにあこがれるのです。だからこそフロイトにあっては、ナルシシズムはリビドーそのものなのであり、それはまたエネルギーや力などとも同じものなのです。それはポリネシアの「マナ」とまったく同じように作用します。無垢のナルシシズムとは、リビドーの最大量の蓄積、それも安定した形での蓄積です。満杯の貯蔵庫です。ポリネシアの世界で、あらゆるものが首長の、強い男のまわりに引き寄せられるのは、首長がほかのだれよりも多くの「マナ」を持っているからです。そして初めからひとより多くの「マナ」を持つ者は、ますます多くの「マナ」を持つようになるでしょう。なぜならあらゆるものが、この者に集束するのですから。あまり強くない「マナ」も、この者の「マナ」のもとに集まってきて、この者をさらに肥大させ、自分は絶えずやせ細っていきます。

L　フロイトのナルシシズムのリビドーの体系はまた、資本主義のように作用する傾向がある、と言うこともできますね。資本が大きければ大きいほど、有利な多角的な運用が容易ですし、蓄積資本の実質的なリスクも少なくなります。自分以外のものを対象とする貧しい欲望は、無垢のナルシシズムのまわりに群って、ますます貧しくなっていきます。要するにだれでも、お金のたくさんある人にしか、お金を貸そうとはしません。そしてお金がお金を追いかけるように、欲望はいつも欲望を追いかけるということになります……。

G　経済と財政の隠喩は、神聖なもののいろいろな大きなテーマと同じように、ここではうまく作用していますが、結論を出すのに、そうしたものを優先させてはいけません。それはリビドー的なものや神聖なものでさえも優先させてはいけないのと同じことです。そうしたものすべての背後の、至る所で、同一の模倣作用が、それこそが、優先権を持っているのです。模倣作用をそれが十分に解明されていない形でしか、または身代わりの犠牲者に由来する儀礼のメカニズムのなかにわずかに固定されて残っているような形でしか、われわれに教えることができないようなあらゆる文化の内容とは別な所で、優先権を持っているのです。そしていつも、その固定されて残っているものによって模倣作用は可能なのですが、そのためにかえってわれわれは、それが本来きわめて変わりやすいものであり、現実に固定されているものなどありはしないということに、少し目がきかなくなっています。フロイトの見方と、今日われわれが可能にした見方とにちがいがあるのは、何もわれわれのほうが洞察力がすぐれているからではなくて、フロイトの著作が書き終えられたあとの五十年間に、フロイト説を根絶する作業がより徹底して行なわれたからです。

われわれはフロイトに敬意をいだいていますが、だからと言って、ナルシシズムという不自然な人工的な性格、要するにあの疑似的な発見のまったく空想的な性格、が見きわめられたからには、そのテクストを正面切って検討し、彼自身の欲望を通じて解読されるものを徹底的に批判してみようとする気持ちには、何の変わりもありません。

ナルシシズムについての試論全体の教化的雰囲気には、特に注意をはらわねばなりません。無垢のナルシシズムは、あらゆる点から見て、対他的欲望よりも小児的でエゴイストで背徳的で下級のものであるように示されていますが、対他的欲望はその無垢のナルシシズムの足もとで卑屈に身を屈しています。ところがこの対他的欲望は、ほんとうに男らしい男の欲望です。この男は子どものころの空想を捨てて、おそらくきびしいが高貴でもある道——家族や文化にかかわる大きな仕事を実現する道——に身を投じます。

それは、もちろん自分自身もいくらかは昇華させながら、精神分析を創出する対他的欲望でもあります。フロイトは性的な面での敵対のエロティスムが、彼の場合にははっきりと女性に向けられていることを、ここで明らかにしています。女性は邪魔者のように、ライバルのように、みえるのです。したがってフロイトのテクストには、反女性的な性格があらわれています。もちろんそれは、はっきりと否定されてはいますが。

信頼できる筋からの話によると、フロイトはかなり早くから、妻との一切の性的交渉を断ってしまっていました。『ナルシシズム入門』には、あるタイプの女性が彼に及ぼす魅惑についての、率直な告白が含まれています。このテクストを読むと、私はどうしても映画「嘆きの天使」の、あごひげの老教授の血迷った無意識、つまりクローズアップされたマルレーネ・ディートリッヒの、黒い靴下をぴったりはいた長い足を、思い起こさざるをえません……。

『ナルシシズム入門』の時期は、ヘレーネ・ドイッチュやルー・アンドレアス＝ザロメのような活発なお弟子さんたちがいた時期で、彼女らがまだゼミに出席していなかったころには、フロイトは彼女らに甘いささやきに近い手紙を書いていました。精神分析にとっておそらく幸いなことに、こうした女性たちはこの「学問」に、きわめて強い関心を寄せていました。(11)

O　ナルシシズムというのは要するにロマンティックな偶像の、究極的な変貌の姿なのですね。ロマン的な偶像はそれ自体が、唯我論的な神話とみられているナルキッソスの神話への無批判な依存のうちに、その神話的な性格をあらわしています。実際には、鏡に映った姿は、ニュンフェのエコーの物語と同様に、そのなかに模倣のモデルと分身どうしの争いを隠していますが。

G　ナルシシズムについてのフロイトのテクストに魅力があり、観察が鋭く、そこから一種の若々しさが発散するのは、そこに他の時代への信頼と、女性の持つ差異への素朴と言っていいほどの信仰が残っているからです。しかしこの試論には、熱烈なピューリタニズムとかたく結びついたより暗い側面もあります。ナルシシズムが絶えず非難されているのは、模倣の対象である邪魔になるモデル《モデル・オブスタクル》によって常にルサンティマンが吹きこまれるためです。フロイトの著作のなかよりも、明らかにわれわれ自身の知的世界のなかで、はるかに重要な役割を演ずるルサンティマンのためです。

「非神秘化」として示されるものすべてが、近代のインテリゲンチアにどれほど熱烈な、人を夢中にさせる使命感を与えたかをよく考えてみると、模倣という見方をする場合、この現象の説明に何が必要であるかが、ここで自然にわかってきます。いま問題にしている欲望は、邪魔になるモデルがわれわれをチェックするかぎりそれを対象とするような、またモデル自身のまわりに、フロイトが無垢のナルシシズムによるものとしたあの幸福な自己充足という形而上的なぼかしをかけるかぎり、そうしたモデルを対象とするような、欲望です。

形而上的な欲望は、それが欲するものについて、またそのものの無法な近づきがたさについて、強い無念さを味わいます。自分が幻想の犠牲になっているのを思い知るような時は、まもなくやってきます。しかしそこで問題になるのは、知的な認識でしょう。つまり抽象的な幻滅感でしょう。欲望の策略が、つまりあらゆるみせかけの、あるいはほんとうの無関心が、形而上的な欲望を狙って張りつづけるいろいろな罠からそれを解き放つだけでは十分ではないと思われるような幻滅感でしょう。

他者の自己充足がいつわりのみせかけにすぎない、つまり存在する権利もないものにすぎないことを自分自身が十分になっとくするために、欲望は他者自身にもこのことをなっとくさせ、失望させ、非神秘化してしまおうと、つまり他者には自分自身の自己充足を信ずる何の理由もないのだということを確信させようと、ますます夢中になるでしょう。他者が社会と人間とにまったく信頼を失ってしまっていないとすれば、それは他者が、まずもちろん自分自身を含めて、あらゆるものの空虚と幻滅を認識するだけの鋭さを、またはそれだけの知識を、持っていないからです。他者は神秘に包まれています。そしてその神秘のベールは、はがさなければなりません。

L　現代の文学や理論を概観すれば、ものを考える人々が、自分たちが非神秘化しようとしている人人、つまりあらゆる価値を定める供犠のメカニズムがまだ完全に変調をきたしてはいないと思いこんでいるような人々にいつもとらわれている、ということが明らかになるはずです。

G　こうした非神秘化の企てを包括的に形容する、つまりそれ自体を「よい」ものとか「悪い」ものとか見ることは、不可能です。供犠による最終的な方策を片っぱしから蝕み、非神秘化の企てから外れたものをすべて分身どうしの渦に巻きこんでしまうものは、模倣の欲望そのものです。模倣の欲望が高まれば高まるほど、それはそれ自体が享受するのをやめてしまっている、供犠に対する認識不足にますます魅了されていきます。だからこそいちばん不安定にみえるすべてのもの、分身の構造を免れている、あるいは免れているようにみえるすべてのものは、模倣の欲望の内部にあのルサンティマンを引き起こすのです。欲望そのものの分析が最終段階で依存する非神秘化のいらだちを引き起こすのです。

L　それはつまり、「うまくいった精神分析」の終了のときに生まれるものです。患者と精神分析医とは別れるときに、互いに同じ程度の幻滅を味わいます。転移はもうなくなります。忘恩は「精神分析終了」の最良のしるしです……。

G　欲望は過去の存在論的な幻想、実質的な幻想を捨てることは捨てるのですが、それほど完全に捨てるわけではないので、いぜんとして幻想につきまとわれています。いまでもそうした幻想を守りつづけているものがあるかもしれないという考えは、欲望には、耐えがたいものに思われます。「明らかにしよう」あるいは「神秘のベールをはがそう」とする欲望は、昔の幻想がもうどこにもないという確信を持とう、無いものはだれにでも同じように無いようにしよう、と努めます。非神秘化の欲望の狙いであるこの不幸の平等は、ある種の革命運動の——その非神秘化の欲望がまったく同時代的なものである革命運動の——無差別な集中化の帰結に似ています。

O　その段階で主体は、供犠のメカニズムに対する理解が進んだことによって苦しみますが、その理解はまだ十分とは言えず、供犠の制度のなかでいまだに手つかずのままのすべてのものが——またまさにそのために、いつも自然と一体化しているように、高度の生命力を与えられているように、基本的な生物学的過程に根をおろしたままであるようにみえるすべてのものが——主体のうちにかき立てる「欲望」を、主体に直視させるには至りません。

G　自分以外のものを対象とする欲望が、好んで無垢のナルシシズムの持ち主を選ぶということは、フロイトの目にも不相応にみえるのですが、このことを考えれば考えるほど、私の目には、フロイトにこの選択を余儀なくそのようなものとして提示させ、またそこから二次的な妙なものを生み出させている理由が、ますます明らかになります。これまで何度も言ったようにフロイトにとって、「ほんとうの」対象選択には、常にどこか「母親的」なものがあります。なぜなら最初の対象は母親または、結局は同じことですが、プフレゲンデ・ワイプつまり最初に子どものめんどうを見た女性なのですから。ところで無垢のナルシシズムの持ち主より母親的でないもの、めんどう見のよくないものがあるでしょうか、どう見てもそんなものはありません。コケティッシュな女性には、ひとのめんどうを見る気持ちなどはありません。みんなをばかにしていますが、とりわけ自分のそばで奴隷的にふるまい、その欲望のために大げさなほめ方をするような男をばかにします。

エディプス・コンプレクスの欲求とここで明らかにされる欲望とのあいだには、絶対的な矛盾があります。ナルシシズムについての試論にうかがわれる欲望は、母親的なもの乳母的なものを求めるどころか、蜃気楼のように当てにならないものを目ざしています。それは不満を解消するかわりに、まるで不満をかき立てるようなものです。それはいかなる満足も、愛する人とのいかなる交際をも、次第に不可能にしていく欲望であり、分裂と崩壊と死へ向かっていく欲望です。

フロイトはこの矛盾にうすうす気づいていただろうと思われるふしがあります。たしかに、対象選択のできる男たちは、同じように対象選択のできる、つまり献身のできる人間の方へ向かうでしょう。そうだったとすれば、エディプス・コンプレクスに支配されているいろいろな人間関係のうち最良のもののなかで、万事がいちばんうまくいくということになるでしょう。なぜなら母親的なものと献身とは、ともに似合いのあいだがらなのですから。しかしいまや一つのふしぎな小さなデモンが姿をあらわします。このデモンは、フロイトと彼があらゆる分かれ道に配したオイディプスの国テハイの警察が指し示す方向とは逆の方向へ、男たちを押しやります。フロイトはきわめてすぐれた観察者ですから、この不一致に気がつかないはずはありませんし、またきわめて誠実ですから、その観察をわれわれに伝えてくれないはずはありません。たしかにここではインコングルエンツ、つまり辞書によれば「相合しないもの」が問題となっています。フロイトが直面した状況には必ずしもふさわしくない——ことばをかえれば精神分析の理論とは一致しない——ものが問題となっています。つまりナルシシズムのテクストのなかには、いつも観察者たちの明敏さにゆだねられた形のインコングルエンツがあります。いつものことながら、ご承知のようにどんな理論のなかにも——分野の如何を問わず——その理論にふさわしくない用語でなければ定義できないようなものがあって、批評はそれに向かって努力を集中しなければなりません。いずれ有能な批評が、新理論に先立つ理論のインコングルエンツを、同化することに成功するでしょう。そしてその新理論のなかでは、批評は、批評としては消滅してしまい、さらに有効ないろいろな原則の型どおりの適用にほかならなくなってしまうでしょう。

模倣という考え方にもとづいて精神分析の理論を批判する場合に、できることはまさにこのことだ、と私は思います。模倣の原則に照らして考えるならば、コケティッシュな女性から受ける誘惑は、もうインコングルエンツではありません。それは一般的な規準の月並みな適用例です。模倣の理論に照らして考えるならば、一方にエディプス・コンプレクスにもとづく対他的欲望を置き、他方にナルシシズムへの退行現象を置いて両者を大はばに区別するフロイトの考え方が体をなしていないことは、わけなく確かめられます。大はばな区別を立てる考え方は、賞賛にあたいする欲望とそうでない欲望を分離しようとするフロイトの、また精神分析では批判できない犠牲のメカニズムを作用させようとするフロイトの、きわめて強い傾向に根ざしています。精神分析は犠牲のメカニズムを批判できません。なぜなら精神分析は、それを取り入れる立場にあるからですし、またそれは、犠牲のメカニズムがいぜんとしてあらゆる神話の基礎であるという意味で、いぜんとして基礎的なものなのですから。

O　もしもわれわれが真に科学的な制度のもとで、つまり人間科学のなかで、生きているのであったら、根本的な批判は喜んで受け入れられるでしょう。そうした批判が受け入れられず、また精神分析が基本的な原理の再検討をすべて一種の供犠と判断しているのは、われわれがいまでも内部に神聖なものの残滓をいっぱいつめこんでいるからです。

G　だからこそフロイトの神話学の中心である、ギリシア神話への、つまりまことの神話への回帰、最高度の暴力の神話への回帰には、何かおどろくべき要素が伴っているのです。精神分析は、近代のすべての疑似科学と同じように、全力でユダヤ・キリスト教に対抗することによって、神聖なものに戦いを挑んでいるように思っています。そしてこの戦いはまったく見当ちがいのものというわけでもありません。ユダヤ・キリスト教の伝統的な解釈による供犠の諸原理は、こうした戦いのいくつかの様相を正当とみなしています。しかし神聖なものについての完全に自由な考え方はユダヤ・キリスト教のテクストからの決定的な離脱のうちにしかありえないとする信仰には、重大な認識不足のメカニズムがあります。

実際には、フロイトが神話への無批判な回帰を余儀なくされた理由は、本質的には、いつも人間が、神話的なもの、つまり模倣のメカニズムを見きわめられないもの、のまっただなかに置かれてきた理由と異なりません。

フロイトの思想は一つの理論、一つの完成された作品というよりはむしろ、われわれが翻弄されている認識不足にいくつかの突破口を開けてくれるものなのです。その突破口は、それが近代精神に不安を与えるものであるだけに、一段と荒っぽい神話的な手段ですぐにふさがれてしまいますが。したがって、フロイトが徹底的な脱＝構築と、神話への極度に古風な退行現象とを並置するのを見ても、おどろくにはあたりません。二つのことがらを一つに結びつけるのは、「無気味なもの」についての試論のようなテクストのなかでは、特に目立っています。たとえばこの試論のなかでフロイトが「分身」について何を書いているか、それを時間をかけて念入りに読む必要があるでしょう。この試論にはところどころに真の直観が見うけられます。フロイトは分身の問題と反復の問題とが結びついていることを確認し、そのうえこのことについて、おそらくニーチェの「永遠回帰」を暗示しているのです。何と適切な暗示ではありませんか。しかしこうしたこともすべて、彼が周囲の至る所、話題にするあらゆるものに分身の構造を認める力がもともとなかったために、不可能のなかに閉じこめられたままになっています。ランクにつづいてフロイトは、分身を過ぎ去った神話の時代に結びついた現象であり、また彼が一次的ナルシシズムと呼ぶものに結びついた現象である、と言っています。彼は主として分身を一つのイメージ、一つの幻影と見ています。現実の他者や模倣にもとづく敵対者とは見ていません[112]。彼は神話の考え方の束縛を免れていません。そしてこのことから、あなたがたもさきほど指摘されていたように、ナルキッソスの神話を彼がどう読んだかが、はっきりとわかります。

G　欲望の隠喩

G　「無垢のナルシシズム」のいろいろな隠喩を検討してみると、そのすべてが同じ方向を目ざしている、矮小化された自意識、潜在中のつまり顕在化する以前の自意識——結局それは同じことですが——の方向を目ざしている、ということがわかります。

フロイトは無垢のナルシシズムの魅力と呼ぶものを——そのぴりっとした味、人の心をかき立てる味、挑発性、刺激性を——満足しきっている子どもの魅力、つやつやした野獣の魅力にたとえています。彼はまたそれを極悪人と滑稽な気むずかし屋《フモリスト》〔五八五ページ参照〕にもたとえています。そういう人々のうちに彼は、特別な装甲をほどこした自我を持つ個人を見ています。

こうした隠喩はその対象を非人間化する、ということを確認しておかなければならないと私は思います。初めはまず対象を女性化します（フロイトの考えによると軽蔑的な意味での女性化）。それから小児化し、動物化します。そしてそれを排他的な暴力に、つまり犯罪という暴力、冷笑という暴力に巻きこんでいきます。

こうした隠喩は特にフロイト的なものではありません。たとえそれが独創的なものだとしても、文学的に見て「すぐれている」とは言えないでしょう。独創的なものではないことも、すぐにわかります。こうした隠喩は、欲望について書いているあらゆる大作家の、欲望の対象の描写のうちに、欲望が対象を変貌させる過程のうちに、フロイト自身が「過大評価」と呼んでいる——自分のテクストがこの現象の好例であることに気づかずに——もののうちに、見いだされます。フロイトはたとえそれに気づいたとしても、自分がナルシシズムと名づけたものについて、客観的な事実としてそんな過大評価をしているなどということは、十分にはなっとくできなかったでしょう。

O　私はまたそうした隠喩が文学の専門の領域だとも思っていません。それは普遍的なもののようにみえますし、おそらくひじょうに広範な言語や文化のなかに見いだされうるはずです。たとえば、かつてベイルートの上品な海水浴場で使われていた、アラビア語のこんな表現があります。若い美青年が自分のたくましさを誇示しながら防波堤の上を歩きまわっています。自分に向けられた視線などは気にしていないようすです。この青年の行動を描写するのに、「あいつはトラ斑をつけてる最中さ!」と言われたものです。この表現はフロイトの隠喩の一つの新しいヴァリヤントです。

G　まったくそのとおりです。問題の隠喩は気まぐれで言われたものでもなければ、それを使った人人の才能によるものでもありません。そうした隠喩はアフリカの王様の象徴体系のなかにも、中世の紋章学のなかにも、また一般的な形としては、昔の神聖なものをあらわすすべての言語のなかにも、見いだされます。

隠喩のおかげで、主体がその欲望の対象を考えるときの矛盾した形態がよくわかります。ナルシシズムとは幸福な自己充足です。したがってそれは自意識です。なぜなら、この意識がなければ、自己充足は自分の気持ちを味わうことができないでしょうし、また自分が幸福であることを認めることもできないでしょうから。また同時に私は、フロイトが自意識を具体的に記述するため、たしかに生きてはいるが自意識を欠いているもの、つまり野獣や小さな子どもを例にあげているという事実のうちに、そのような幸福な自意識はどこにもありはしないという証拠を見てもいます。

でもあなたのレバノンの人々の表現は、私にプルーストのあるテクストを思い起こさせます。それはレバノンの表現を大はばに拡大したものにほかなりません。このテクストをいっしょに少し読んでみたいと思います。そしてナルシシズムについてのテクストにあるフロイトのすべての隠喩がそこにも見いだされることを、お目にかけたいと思います。その隠喩は、これまた近づきがたい自己充足として示された欲望の対象をめぐって、巧みに配置されています。プルーストとフロイトの、テクストのまさしく文学的な要素のうちには、差異はありません。しかし、差異が一つあるとすれば、それはプルーストのほうが、自分は自分の欲望について語っているのであって他の何について語っているのでもない、ということを十分に知っている、ということです。プルーストは自分のやっているのは科学であるなどとは考えません。要するにフロイトよりも科学的なことを言わなければならないなどという幻想を、プルーストはこの問題についていだいてはいないのですから、それはもちろんのことです。フロイトはすべての欲望を、自分以外のものを対象とする欲望と自分自身を対象とする欲望というまちがったカテゴリーに分類しようとしましたが、プルーストはすべての欲望を模倣という考え方でみごとに統一してわれわれに示しています。プルーストは欲望はただ一つしかなく、あらゆる人間にとって同じものであるということを知っています。たとえそれが別々なものを対象としたり、本来の形よりも激しくはないいろいろな形をとることがあっても、そうなのだ、ということを知っています。

このテクストを選んだのは、ほんのわずかなスペイスなのに、そこにも私の求めているものがすべて見つかるからです。でもこれは例外的な場合ではまったくありません。これは『失われた時を求めて』のなかの、欲望についての基本的なテクストですが、プルーストがわれわれに示しているものからは何十何百という例を引き出すことができるでしょう。

（……）五、六人の少女が歩いてくるのが見えた。バルベックで見なれた人たちとは姿形がまるでちがっていて、どこからかふいに舞い降りて注意深く浜辺を歩きまわっているカモメの群れ——遅れたものは羽をばたつかせて先のものに追いつく——といったふうだった。行く先は鳥の考えでははっきりきまっていても、鳥が目もくれないようにみえる海水浴客たちにはよくわからないようにみえる、そんなカモメの群れといったふうだった。(113)

ごらんのように、最初の例は動物の隠喩で、プルーストはしだいにこの隠喩を展開しながら、その機能を説明してくれます。カモメの動きは海水浴客たちにはわからないようにみえます。カモメのほうも海水浴客たちには目もくれないようにみえます。望ましいものとそれを望む者とのあいだに、何のコミュニケイションも成り立っていません。

「少女たち」のグループは、あたりの大勢の人々とは同類ではないような印象を、語り手プルーストに与えます。と言っても大勢の人々がこの「小さなグループ」を除け者にしているのではなくて、小さなグループのほうが大勢の人々を除け者にしているのです。この叙述全体の狙いは、おどろくべき自足充足の幻影を生み出すことにあります。

（……）彼女らの互いに見かわす満ち足りて生き生きとしたまなざし、うちとけた仲間どうしの元気いっぱいなまなざし。女ともだちを見つければ関心を示し、ただの通行人にはぶしつけな無関心。その目の輝きは絶えず変わり、そのつどひとりひとりの少女がきわだってみえる。それにまたみんなでできるだけ仲よくして、ほかの人たちとは離れて「自分たちだけのグループ」でいつもいっしょに散歩しようとする気持ち。そうしたものが、彼女らがゆっくり歩いていくとき、彼女らひとりひとりの別々のからだに、目には見えないが調和のとれたつながり、いわば一様なあたたかな影といったようなもの、一様な雰囲気といったようなものを吹きこんでいくのだった。そして彼女ら全体はどこをとってもまったく同質なものになってしまうのだった。だから大勢の人々のなかを彼女らの列がゆっくりと通り抜けていくとき、彼女ら全体は、あたりの人々とは別なものになってしまうのだった。〔プレヤード叢書七九三ページ〕

この「小さなグループ」の閉鎖性――その「形而上的閉塞性」とでも言いたくなるような――は、きわめて現実的なものであるらしく、しだいに目に見えるような形をとります。それが有形化される傾向を持つのは、ちょうどいまでも宗教性の強い文化のなかに見られる禁忌の系統のようなものです。この「少女たち」はたいへん若いという印象と同時に、力強く敏捷で抜けめがないという印象も与えます。少女たちの目は、「思いやりがなく、かたくなで、からかい好き」とも描かれています。彼女らは語り手にとって、不可解なために魅惑的である邪魔ものであり、このことばは絶えずくりかえして使われています。逆に彼女らには邪魔なものなどありません。邪魔なものがあらわれても、何でもやすやすと跳びこえてしまいます。彼女らが通ると、何でも彼女らに道をあけます。

防波堤に沿って明るい彗星のように進んでいった少女たちは、自分たちはあたりの大勢の人々とは別な種類の人間だ、彼らが苦しんでいても連帯感を覚えるはずのない人間だ、と心のなかでは考えていたのかもしれないが、そうだとしても彼女らは、その大勢の人々が目にはいらないようなようすだった。そして車がひとりでに動き出してしまったらそれが歩行者を避けて通ることなど期待してはならないのと同じように、立ち止まった人々にむりやり道をあけさせるのだった。またもしも、彼女らが目もくれないどこかの老人、寄りつこうともしない老人が、心配したり怒ったりしているようなしぐさで、しかし大急ぎでおかしなかっこうで逃げだしたりすると、せいぜい笑いながら満足げに顔を見合わせるのだった。彼女らは自分たちのグループに関係のないものには、軽蔑のそぶりさえも見せなかった。本気で軽蔑していればそれで十分だったのだ。しかしいったん邪魔なものが目に止まると、彼女らはそれをおもしろそうにぱっと、あるいは足をそろえてぴょんと、跳びこえてしまうのだった(……)〔同、七九一ページ〕

精神分析はここに性的な象徴が認められると強調するでしょう。そしてまたここでは、マゾヒズムが、つまりまったく情け容赦のない他者、「本気で」軽蔑している他者の足もとに、たしかにいつでももぐりこもうとする欲望のマゾヒズムが問題なのだ、と言うでしょう。しかしもうこの段階では、排除そのもののレベルでしか作用しない模倣作用の内部の構造の絶対的な単一性は、精神分析ではとらえられないでしょう。欲望の主体は、自分が排除された者の位置にいることを常に認めています。主体が犠牲者の立場をとっているわけですが、それは暴力を拒否したからでもなければ、旧約聖書や特に新約聖書のなかで言われているような意味でそうなのでもなく、「主体が犠牲者となることを望んでいるから」なのです。精神分析は、この排除されているのではまったくない欲望、排除する人たちといっしょになって「小さなグループ」にもぐりこんでいながら、そのグループから「自分だけ離れて」いる欲望、の意味がわからないために、ここで、マゾヒズムが問題なのだ、などと言うのでしょう。

フロイトのナルシシズムの場合と同じように、「小さなグループ」は、絶対的な意識と、矮小化された意識と、むしろ意識の不在とを、同時に体現しています。少女たちの動物的なイメージと、「スポーツ好きな」「反知性的な」側面とを、合わせて考えなければなりません。「スポーツ好きな」「反知性的な」側面は、語り手プルーストに、彼自身が、少女たちが明らかにつきあうのはごめんだと思っている「いけ好かない部類」の人間、無気力で虚弱で知的な部類の人間であるということを思い知らせています。

　ひとり残らずこんなに美しい遊び仲間が集まったのは、おそらく人生の偶然だけによるものではあるまい。おそらくこの少女たち（その態度を見ただけで、自由奔放な、移り気な、思いやりのない性質がわかる）、何ごとによらず滑稽なもの醜いものにはきわめて敏感だが、知的なものや精神的なものの魅力に対する感受性の欠けた少女たちは、同じ年ごろの仲間たちが自然に集まって、そのなかで考え深く感受性も鋭いために内気だったり、遠慮したり、ぎごちなかったりする者、つまり彼女らが「いけ好かない」と呼ぶ者には、きまって反発を感ずるようになり、そういう仲間たちを遠ざけてしまったのだろう（……）〔同、七九〇ページ〕

　この一節でもまた、先の引用にすでに見うけられる特徴が、つまり少女たちのまったく情け容赦のない軽蔑好きの傾向が確かめられます。彼女らは自分たち以外のものをいつもばかにしています。少女たちのこうした傾向によってわれわれには、フロイトが滑稽な気むずかし屋《フモリスト》にもおどろくべきナルシシズムがある〔五八五ページ参照〕としている理由が理解できます。フロイトが考えている滑稽は、観客がお金を払って聞きにいくあざけりのような、そしてこの観客からは除け者あつかいされるような、職業的な滑稽です。実際には逆な効果が生まれます。滑稽な気むずかし屋が、「小さなグループ」のように行動したとしても、目の前の観客を笑わせることはできないでしょう。「小さなグループ」には、語り手であるプルーストにとって、笑いの種になるようなところが何もありません。「小さなグループ」は見ている者を魅了したり、おびえさせたりしますが、たしかに笑いの対象になるようなものではありません。ひとを笑わせるためには、多くの犠牲をはらって笑わせなければなりません。そしてたしかにプルーストの言っていることは、もっともです。ちょうどボードレールが笑いについて言っていることがもっともであるのと同じように。[114] いま問題になっているような笑いを共にするためには、つまり笑い手の側に身を置くためには、笑い手の暴力に仲間入りしなければなりません。笑い手の暴力を受けるようではだめです。ひとを笑わせるためには、犠牲者の立場にいなければなりません。あるいは進んで犠牲者の立場に身を置かなければなりません……。

O　つまりそれこそ、われわれがいままたプルーストのテクストのなかにも見つけたばかりの、無垢の疑似ナルシシズムの、もう一つの隠喩です。でもあなたは、「極悪人」のほうも見つかる〔五八五ページ参照〕、とはおっしゃらないでしょうね？

G　見つかるとまでは言い切れませんが、プルーストはまた、この「少女たち」が犯罪行為に対しても逆らいがたい傾向を示しているようなことは言っています。この傾向は、おそらくまだ想像の段階にあるのですが、少女たちの魅力の必要不可欠な一部ともなっています。彼女らは犯罪者ではありませんが、敏捷でずる賢い動物に守るべきおきてなどがないように、彼女らにもおきてはありません。そして彼女らはそういう動物に似ています。テクストをよく見てください。彼女らの服装もすでに「ジーパン」や、いまふうのわざと崩したスタイルになっています。

（……）この少女の両親は、かなりいい暮らしをしているにちがいない。自分たちはバルベックの海水浴客などより、また子どもの服装に気を使うより、ずっと上のほうを見ているのだ、という自負を持っているにちがいない。だから自分たちの子どもが、下層階級の人でも地味すぎると思うような身なりで堤防の上を歩きまわっていても、そんなことにはいっこうおかまいなしなのだろう。（……）いずれにしても、この少女たちがお行儀のよい子どもたちだろうという想像は、どう考えても浮かんでこなかった。彼女らが笑いながら顔を見合わせるしぐさ、ほほにつやのない少女の食い入るようなまなざし、などをひと目見ただけで、私は彼女らがお行儀のよい子どもたちではないことがわかってしまったのだった。それに私は祖母から、いつも細心すぎるほどのしつけを受けていたから、してはいけないことはすべて、別々に分けては考えられないものだ、と思わざるをえなかったし、また年寄りを敬わないような少女たちも、八十歳の老人の上を跳びこえることなどより魅惑的な楽しみとなると、すぐにおじ気づいてしまうだろう、と思わざるをえなかった。〔同、七九二―七九三ページ〕

欲望には本質的な矛盾が潜んでいるという何よりの証拠に、少女たちのひとりが、プルーストの存在に気づいたらしく、彼の目から見ると、すぐにあの威力、ほかの少女たちが、プルーストに目もくれないために、みんな持ちつづけているあの威力を、少しばかりなくしてしまいます。しかし語り手プルーストはすぐに、このいちばん近づきやすい少女と知りあいになれるだろう、この少女がいちばん近づきにくい少女たちとの、つまりほんとうに心をひかれる少女たちだけとの――もちろん近づきになってしまえば心をひかれることもなくなってしまうはずの――仲立ちをしてくれるだろう、などと考えます。

そして同じように、この褐色の髪の少女が私を見つめているのを見て、私がうれしく思わずにいられただろうか。（まずこの少女とつきあうことになれば、そのほうが早道だろうという希望が持てたから。）なぜならこの少女が、お年寄りの上を跳びこえたあの思いやりのない少女や、「うんざりね、このおじいちゃん」、とひどいことを言った少女を、それから次々にぜんぶの少女たちを――その少女たちから引き離すことのできない一員だという栄誉をこの少女は持っていた――私に紹介してくれるはずだから。〔同、七九五ページ〕

いまここに、つまりこの描写が終わるころにあらわれたのは、宗教のテーマです。つまり物語的審美的な隠喩の仲介によって行なわれる、邪魔者であるモデル《モデル・オブスタクル》の神聖化です。皮相な読み方をする者には、この隠喩はどうでもいい問題と見られるかもしれませんが。実際には取りちがえはありえません。なぜならプルーストは、いつもと同じように、何か書くときには必ず、それを書く理由を説明するのですから。そして彼はこのあとの数行で、この節全体の本質的な意味を要約しているのですから。欲望がかき立てられるのは、欲望の主体と欲望の対象とがどうしても両立しないようにみえるからです。ここで言う欲望の対象とは、もちろん念を押すまでもなく、単なる対象ではなく、邪魔者であるモデルそのものです。プルースト流の同性愛には正確な意味での対象はありません。その対象はいつでもモデルであり、このモデルがモデルに選ばれるのは、それが手の届かない所にあるからです。つまり、それがモデルとなるまえには邪魔者でありライバルであるからです。ほとんど宗教的な超越性を持っているからです。もちろんその超越性は、それが姿を隠しつづけているあいだだけほんもののようにみえるのですが。

しかしいつか私がこの少女たちのだれかと仲よしになれるかもしれないという推測、またその未知のまなざしがときにはふと私に注がれて私をおどろかせたあの目、それとは知らずに、壁に陽が当たったときのような効果を私に及ぼしたあの目が、いつかはふしぎな錬金術によって、その言うに言われぬ小さな動きのうちに、私がここにいるという考えを、私の人柄に対するいくらかの親しみを、はいりこませるかもしれないという推測、私自身がいつか彼女らのなかに、海岸沿いに進んでいった彼女らの列のなかに、仲間入りするかもしれないという推測――私にはこうした推測は、それ自体のうちに、解決不可能な矛盾を含んでいるようにみえた。どこかのアッティカふうの小壁《フリーズ》とか、行列を描いたフレスコ画などの前でそれをながめている私が、女性たちのその神聖な行列のなかに、彼女らから気に入られて、仲間に入れてもらえると仮定した場合と同じような、解決不可能な矛盾を含んでいるよう

にみえた。〔同、七九五ページ〕

したがってわれわれはプルーストのうちにも、ナルシシズムについてのテクストのあらゆる隠喩を、あるいはそのヴァリヤントを、つまり子どもや、動物や、犯罪者や、滑稽な気むずかし屋《フモリスト》などを、見いだしたことになります。こうした隠喩の説明は、フロイトの場合よりもはるかに詳しいだけではありません。プルーストはまた自己充足——彼の欲望は「小さなグループ」を自己充足の栄光で包んでいます——が絶対に現実のものではない、ということを知っています。このことはいくらくりかえしても十分ということはありません。この自己充足は、十代の半ばに無垢のナルシシズムを志向するどのような退行現象とも無関係です。プルーストは、この時期にこのような少女たちの「性器官」に起こるはずのことについて、フロイトのように得々と語る〔五九六ページ参照〕ことはありません。いったんプルーストが少女たちと知り合いになると、彼女らの超越性や自己充足は架空のものであることが明らかになります。アルベルティーヌに対する欲望は、彼女が不実な女であることが明らかになるにつれて目覚め、語り手プルーストの「病的な嫉妬」の弦を、もう本気で顔色を変えることなどのない、ほとんど機械的な反射作用によって、ふるわせます。

O　『失われた時を求めて』にとって幸いなことに、プルーストは現実のナルシシズムに関する精神分析の論文に汚染されてはいませんでした。もしもプルーストがナルシシズムの現実性を信じていたとしたら、彼は欲望によって引き起こされたいろいろな空想にいつまでも翻弄されていたでしょうし、欲望をあれほど力強く描写することはできなかったでしょう。私の感じでは、『ナルシシズム入門』のような、まだ低い段階で、身動きがとれなくなっていたでしょう。

G　たしかにプルーストの「知」の卓越性は認めねばなりませんが、それは文学批評の現代ふうの気取った文体について「逆説を弄し」たり、その値打ちを釣り上げたりするためではありません。それはプルーストがそうした人間であって、それ以外のものではないからです。プルーストは欲望の分析にかけては、フロイトよりも先へ進んでいます。たとえばプルーストは、リビドーの衰退にほかならぬ、自分以外のものを対象とする欲望のかたわらに、絶対的な他性よりはむしろ「同一性」へ向けられた自分自身を対象とする欲望、ナルシシズムにとらわれている主体そのものにいちばんよく似たものを狙う自分自身を対象とする欲望、を想定するといった誤りは、けっして犯していません。プルーストは絶対的な「差異」から起こる欲望以外の欲望はないということ、また主体にはいつも絶対的にこの「差異」に相当する欠落があること、を十分に知っています。

そしておそらく、この少女たちと私とには、いかなる共通な習性もなかったために——いかなる共通な考え方もなかったのと同じように——私と彼女らとの結びつきは、そして私が彼女らに気に入られるということは、私にとっていっそうむずかしかったはずだった。しかしまたおそらく、こうしたいろいろな差異のおかげで、つまりこの少女たちの性質や行動の構成には私の知っている、あるいは持っている要素は何一つはいっていないとの意識のおかげで、私の内部には、満ち足りた気持ちのあとすぐに、生への渇きが——焼けつくような大地の乾きに似た渇きが——起こったのだった。それまで一滴の水も受けなかったために、私の魂が、より完全な湿潤のなかから、それだけに激しく、むさぼるように吸収しようとする生への渇きが、起こったのだった。〔同、七九四—七九五ページ〕

O　フロイト流の古典的な考え方によれば、この場合の欲望は明らかにナルシシズムの欲望だ、ということになるでしょう。なぜならそれは同性愛的な欲望なのですから。同性愛の場合は、われわれが一昨日言ったように、誘惑はいつも潜在的な相手が与える絶対的な他性の外見に向けられています。そしてこの外見は、もちろんこの相手が、対象というよりはむしろライバルであるモデル《モデル・リヴァル》の位置にあるという事実にもとづいています。あなたがおっしゃったように、ライバル関係から生まれる異性愛の場合にも、それは同じことです。だからプルーストがその登場人物の性を平気で置き換えているのは、理由のあることなのです。プルーストがわれわれに示す叙述の型をよく考えてみると、彼が小説を書いていたころならまだ非難の対象ともなりえた細部の非現実性が、その後大はばに弱まってきたこと、あるいはむしろまったく消滅してしまったことに気がつきます。そしてそれは、この小説と現代のわれわれとを隔てる歳月のうちに、男性の行動と女性の行動の差異が常に縮小しつづけてきたからです。このことはまた特に、あらゆるものが模倣の欲望という、差異を生み出すはずのない論理にますます一致していく、ということを意味しています。しかしだからと言って、もちろん分身どうしがこうした非差異化を知らないでいること、万一の場合には自分たちが絶対的な「差異」であると思いこむことがないなどということは、まったくありません……。プルーストの叙述は、ナルシシズムの神話的な性格を示しているのです。

G　一方、その神話的な性格のおかげで、ナルシシズムという用語は他の多くの精神分析上の概念と同様に、至る所ではばをきかせていて、日常の通俗的な物事のなかにも、すぐにとびこんできます。私の考えでは、ヴィーンの大家フロイトがわれわれに残したはずのいろいろな概念、そのすべてが同じように天才的である概念を、愚かな人間どもがねじ曲げ、単純化しているという非難は、当たっていません。ナルシシズムということばがわれわれの周囲で使われているのを見ると、その使われ方は——特にアメリカでそうなのですが——それがまさに、結局は抹殺することの不可能なこのテクスト、つまり『ナルシシズム入門』のなかで、フロイト自身が考えている形での使われ方であることに気がつきます。

L　ナルシシズムに対する非難は、いつでもそうしたものです。だれもが思いのままにそうした非難を浴びせています。そしてその結果、精神分析による診断のすばらしい効果を、われわれが他人の無関心によって味わわされる欲求不満に、つまりおそらくこの同じ無関心によって一つの極に集中される欲望に、吹きこむことになります。ナルシシズムには、他者のナルシシズムしかありません。私は無垢のナルシシズムである、とほんとうに考えている者はひとりもいません。たしかにそう言っている人、あるいはそうほのめかしている人は、たくさんいますが、それは模倣の作用の一部です。つまりわれわれの世界の個人対個人の関係を特徴づけるあの常に変わらぬ策略の、そしてまたわれわれ自身が少しばかりだまされているときでなければけっしてその要求を引き受けることのない策略の、一部なのです。でも私は、この領域では、頭でも狂ったのならともかく、われわれはけっして完全にだまされることはないと考えています……。

G　われわれはよく他人の「ナルシシズム」を非難します。特にわれわれの欲望の対象の「ナルシシズム」を非難しますが、それはわれわれ自身を安心させるためですし、またそうした他人の無関心を、われわれが彼らに見せつける冷淡さ、あるいはおそらく無条件の冷淡さ――それは粗雑な段階の精神分析が必ずとりあげるひどい恐怖心にほかなりませんが――と関連づけるためではなくて、そうした他人が悩んでいるはずの虚弱さと言ってもいいようなもの、またおそらく彼らの特徴である自分自身への過剰な病的な集中、そしてまたわれわれよりもむしろ彼らがかかっている病気、彼らのほうこそわれわれを求めてくるべきであるときに、その病気のためあまりにも自我がいとしくて、そこから出ることができなくなってしまうような一種の病気、などと関連づけるためです。いまの時代に、ナルシシズムにとらわれている欲望の対象を非難することは、フロイトの時代に、女性のエゴイズムやコケットリーを非難するのと同じことです。フロイトがわれわれのヴォキャブラリーを変えたとしても、それは彼がこの領域にまったく新しい何物かを導入したからではありません。それは逆の理由によります。フロイトは欲望自体によって起こされた古びた考え方を、若返らせることで満足しました。そしてその考え方を、それ以前にはだれも気がつかなかったことを言ったり見たりしているという印象を少なくとも数年間は人々に与えながら、文化の流通に投入することで満足しました。

われわれが先に欲望としての非神秘化の意欲について述べたことは、プルーストの言う欲望には適用されません。と言うよりはむしろプルーストの言う欲望は、同じ欲望の一つの類型を、もう一つの逆の型を、明らかにしています。ここで語り手プルーストを魅了しているのは、供犠についての認識不足とは無縁ではない彼の愛着がモデルに与える安定したタイプなどではありません。その逆です。つまり語り手は、欲望をそそられる少女たちを、自分自身よりも徹底的に非神秘化しています。また少女たちに、彼自身が敬うことをやめていないすべての価値に対する無礼な冷笑的な態度をとらせています。そしてまた手なれた落ち着きはらったしぐさで、ありとあらゆる暴力を見事に使いこなさせています。特に次のことを理解する必要があります。欲望は差異以外のものにあこがれをいだくことはありません。欲望を魅了するのはいつでも差異です。欲望はいろいろな方向に、自分自身の前方にも後方にも、差異を見いだします。過去に結びつくもののなかにも、あらゆる差異が模倣によって崩壊していく過程で自分よりも低い所にいるようにみえるもののなかにも、差異を見いだします。そしてまた「低い所にあるもの」、「非差異的なもの」にこのように魅了されていくことこそ——もちろんこうしたシンボルの相対的な性格はおわかりのことと思いますが——あらゆる面での進化を全面的に支配しているのです。

O　ここで大切なことは、人間のいろいろな立場が相関的でしかありえないのに、そしてまた結局は、言うまでもないことながら、邪魔なものの無意識の模倣《ミメティイスム》との相関関係でしかありえないのに、フロイトがそうした人間の立場を物化《もの》し固定化しているのを確認しておく、ということです。われわれが今日、『ナルシシズム入門』が提示したあの自分だけのナルシシズムを誤りとみなすのは、われわれの周囲のミメティスムの激化そのものが、ある種のことがらを明らかにしているからです。

自我を矮小化するものは、結局は、この自我でありたいという欲望そのものです。このナルシシズムの欲望は、けっしてわれわれが考えているようなものではありません。それはわれわれが他者の上に、われわれが隷従する他者の上に輝いているのを見るようなたぐいのものです。自我に対するこのようなフェティシズム、あるいは行きづまりがあまりにも明らかな個人主義の肯定に置きかえられた「差異」に対する現代のフェティシズムは、非差異状態をますますふやし、具体的な差異をますますへらして、われわれの歴史を不可避的な帰結にまで至らせるのに必要なものです。

G　これまで比較してきたフロイトとプルーストのテクストを、もう一度だけふりかえってみると、フロイトに対するプルーストの優越は、プルーストが自分の欲望をより明確に認識していたためであることがわかります。しかしその認識にも、それが模倣による欲望そのものの高まりから完全に切り離すことができるものではないという限りにおいて、またベレポックのヴィーンふうの衣ずれと第一次世界大戦の雰囲気とのあいだに暗い方面に転換したすべてのものからも完全に切り離すことができるものではないという限りにおいて、どこかあいまいなところがあります。

第五章　つまずきのかなた

A　プルーストの転換

G　プルーストの作品で、フロイトのナルシシズム論に合致し、ある意味でそれを有名にしたのは、決定的な小説である『失われた時を求めて』ではなくて、その下書である『ジャン・サントゥイユ』です。プルーストは、この作品では自分の欲望の真実が描き切れていないということをよく知っていたので、それが出版にあたいするものとはけっして考えませんでした[115]。

『ジャン・サントゥイユ』がつまらない作品だというのは、『失われた時を求めて』と比較してのことで、文学作品全体のなかで比較してみれば、少しもそうではありません。事実それは、フロイトがその著作のなかで示している例から考えて彼の日々の糧であった文学作品のあるものよりは、すぐれた作品です。主人公のジャン・サントゥイユを調べてみれば、彼の言う「私」が、フロイトのいわゆる「無垢のナルシシズム」に似ていることにお気づきになるでしょう。この登場人物を詳細に検討すれば、『失われた時を求めて』と比べて、彼が明らかにいつでも偽りの人間、おそらくまだそうとはみえませんが、きわめて「誠実に」描かれているだけになおさらひどい偽りの人間であることが、すぐに確かめられるでしょう。

ジャン・サントゥイユは自分自身に、また彼が他者に与える効果に、限りない関心をいだいています。そしていつもきわめてすぐれた効果をあげています……。ただし彼の社交界での成功を見て嫉妬のあまり青くなるような、いくらかの気どり屋、気むずかし屋を除けば。彼は欲望を体験します——それは彼のような才能のある若者なら体験せずにすませたいと思うようなものではありません——しかし彼の欲望は、彼自身を中心とする、彼に魅了されたグループから、一歩も離れません。彼が恋に落ちた娘は、彼と同じ境遇にいて、同じように洗練された趣味と、同じように理想主義的なあこがれの持ち主です。

ジャンは最も貴族的な階層と交際しますが、彼はスノッブがきらいですから、それはスノビズムからではありません。同じような考え方、同じような知的な審美的な好みなどを持つ人々に自然に引かれるからです。要するに彼はそうした人々とあまりにもよく似ているので、ひとりでにうまが合ってしまうのです。

『ジャン・サントゥイユ』では、明らかにこの小説の中心に、フロイト流のナルシシズム、特に芸術家プルーストのナルシシズムの法則に従って作用する「自我」が姿を見せます。個人主義的な「自我」が、あらゆる精神的な詩的な豊かさの真の源泉として示されます。つまりこの「自我」が、あらゆるものを変容させるのです。あらゆるものに、実際には「自我」から発し「自我」に属しているにすぎないはかない美を伝えることによって、あらゆるものを変容させるのです。

『ジャン・サントゥイユ』は、現実に適用されたナルシシズム理論のようなものですが、そのことはおどろくにはあたりません。この小説は、プルーストがこれを書いた二十世紀初頭になお支配的であった美学に完全に合致しているのですから。それは最も通俗的な意味でのロマン主義的、象徴主義的美学であり、外的世界に対する「自我」の優越をうたいあげ、「自我」をあらゆる詩の源泉とし基礎とする美学です。詩人が外在の人物や事物に引かれるのは、寛大さからくるある種の誤りであり、実際には、すべては詩人の「自我」の――つまり唯一の「真の存在」であり、賞賛にあたいする唯一の神聖なものの――事物を変容させる力に依存しているはずで、詩人は外界に幻滅を覚えると、あらゆる失望をいやしてくれる「自我」に立ち戻るというわけです。

フロイトが「芸術家気質」と名づけたものを描いているつもりで使っている、多くはあまり独創的とは言えないことばのうちにも、こうした支配的な美学が認められます。多くの同時代の人々と同様にフロイトは、多くの芸術家たち、しかも必ずしも最高とは言いがたい芸術家たちが、十九世紀の初頭以来彼ら自身と彼らの「気質」についてくりかえしてきたことを、おそらく信用しすぎています。フロイトはこうした「芸術家気質」のナルシシズム的欲求とでも呼びうるものを、まともに受けとりすぎています。それが正当な欲求だと考えています。つまりあの無垢のナルシシズムの放棄という有名な事実の高みから、それに否定的な含みを与えるだけで満足しているのです。くりかえして言っておきましょう。フロイトは、ナルシシズム的欲求が、邪魔者であるモデル《モデル・オブスタクル》から受ける魅惑を隠すために模倣性の欲望が用いる策略に属するものだなどとは、まったく疑ってもみません。無限の豊かさを持ち、さらに絶えず豊かになっていくある「自我」のなかに「芸術家気質」が現実に存在すると主張することは、この「自我」を望むように他者を招きよせることです。他者に、この「自我」が他者を欲することができないほど自己充足している、何ものも必要としない「見事な全体」つまりフロイト流のナルシシズムの「自己充足性」の体現だという確信をあまりにも強くいだいている、ということを暗示することによって、他者を招きよせることです。

L　われわれはすでに、フロイトが真に偉大な文学作品に対しては、気楽な気持ちではいられなかったことを見てきました。たとえばドストエフスキーについての研究のなかほどで、彼は当の作家に背を向け、後半をシュテファン・ツヴァイクのある物語にあてています。フロイトがいちばん関心を寄せている点でも、いや特にその点で、後者は『永遠の夫』にはとても及ばないような気がするのですが。[116]

G　プルーストの二つの小説を『ナルシシズム入門』と比較すると、二つの小説のうちのつまらないほう、つまり『ジャン・サントゥイユ』が、なぜ天才的な作品よりもフロイトの意にかなうはずなのかがよくわかります。精神分析学者フロイトはそこに、「芸術家気質」と「ナルシシズム的欲望」について、初期のプルーストがまだフロイトと共有していた俗説を、見いだしたはずです。後期のプルースト、つまり『失われた時を求めて』のプルーストは、それとは逆に、欲望の性質についてのいくらかの純理論的な意見表明のときにしか、そうした俗説に忠実ではありません。まさしく小説的な題材から切り離された、欲望についての理論的な考察は、他の作家と同じようにこの作家においても、厳密な意味での文学的実践――もちろん純粋に想像力によってなされるものとみなされてはいますが、独自に、想像力に依存することをやめてしまっており、われわれが「個人対個人の心理学」と呼ぶものに一致している文学的実践――のレベルにまで達してはいません。

『ジャン・サントゥイユ』のきわめて厳密な手きびしい分析は、『失われた時を求めて』のなかですでに行なわれているので、われわれがする必要のないものです。たとえばジャン・サントゥイユの「芸術家気質」は、『失われた時を求めて』の登場人物ルグランダンのなかに、風にひるがえるラヴァリエールふうの大きな蝶ネクタイだとか、自然や理想についての月並みな文句だとか、わがもの顔の孤独愛、いくらかのはにかみさえともなった孤独愛などとなって見うけられます。実際にはルグランダンはまったくひどい俗物主義にとりつかれており、周囲の貴族たちから「受け入れ」られないと考えては絶えず苦しみにさいなまれ、つまらない田舎貴族のごきげんをとりむすぶため、どんな卑屈さや屈辱も辞しません。[117]

マルセル・プルーストはきわめて意識的に、『ジャン・サントゥイユ』を書いていたころの語り口で、ルグランダンに語らせているように思います。おそらく、だからこそ、『ジャン・サントゥイユ』が出版されたときに、多くの批評家が、『失われた時を求めて』のプルーストよりも、はるかに「健康的で」「自然で」「自分にすなおな」彼を、うれしいおどろきをもって迎え、拍手を送ったのです。そうした彼には、だれもが、あるいはほとんどの者が、同化できたでしょうから。

二つの作品を比較研究すればすぐにわかることですが、『ジャン・サントゥイユ』のなかで主人公のありのままの姿として示されているすべての態度、主人公の「ナルシシズム的」主観性の正確な表現は、『失われた時を求めて』のなかでは、恋愛や社交の欲望の「策略」という形で書きこまれる傾向にあります。『ジャン・サントゥイユ』のつまらなさは、この作品が、プルーストが人間として作家としてそれとなくほかの人々に与えようとしていた自分自身の面影の反映でもあることに由来しています。『失われた時を求めて』は、逆にその面影の仮面をはぎ、そのような策略がどういうわけで、またどのようにして、行なわれたのかの分析に専念しています。

『ジャン・サントゥイユ』から『失われた時を求めて』のあいだに、自分自身と自分の欲望に対するプルーストの見方に、一つの革命が起こったにちがいありません。プルーストがこの大がかりな小説の最終巻「見いだされた時」で語るのは、このような革命のことであり、彼はそこで、二つの作品の差異から得られたジャンルについての体験を描き出そうとしています。そして事実そのような体験によって彼は、それまでは持っていなかった能力、『失われた時を求めて』を書く能力を獲得したのです。

O　『ロマン的な虚偽とロマネスクな真実』のなかであなたは、プルーストが彼の先行者であるほかの偉大な小説家たち以上に、模倣性の欲望をあばき出すあらゆる作品の基本的な前提条件を——つまり彼が『失われた時を求めて』の語り手に特有なものと考えているような、また何通かの手紙のなかでも、より直接的に自伝的なテクストのなかでも、自分に特有なものと考えているようなタイプの体験を――明確なものにしていると断言しています。あなたはこうした体験がこの作品の結論のなかに、一般的な規則として書きこまれている、とおっしゃいました。主人公は作家自身の過去における盲目、自分自身の模倣性の欲望に対する盲目を反映しており、生涯の終わりに――多くの場合それは死を迎える時にあたりますが――自分が以前はどれほどこの欲望の空しさに気づいていなかったかを認識します。要するに彼は、もう一つの『ジャン・サントゥイユ』ではなくて『失われた時を求めて』を書くことが可能になるような体験をするのです。あなたは、このような象徴はいつでも宗教的改心の象徴だ、と明言しています[118]。あなたの著作の分析を高く評価した人々でさえ、こうした認識には大いに批判を加えました。彼らはそこに、一種の罪深い弱さ、宗教的感傷主義に落ちこむおそれのある傾向、つまりあなたが非難しておられる迷妄そのものにまた陥る傾向を見てとったのです。

G 『失われた時を求めて』の、欲望の領域における否定しがたい卓越性、われわれに欲望の生きた体験を伝え、その体験にともなう苦悩を伝える能力が、この作品と『ジャン・サントゥイユ』とを比較したときに何の苦もなく見分けられる構造上の変化にもとづいているのだということは、証明できるように思います。

たとえばこの二つの作品には劇場の場面があって、それは表面的には調子も文体もまた内容さえもまったく異なっているようにみえますが、それにもかかわらずそこには、注意深く検討すればすぐに明らかになるいくつかの対応関係があります。こうした対応関係に照らしてみれば、二つの作品のあいだに起こっている大きな変化の性質も明らかになります。この大きな変化は、どちらの小説においても語り手の位置に結びついている欲望そのものの構造の位置、と関係があります。

私が考えている二つの場面では、関心の真の中心は舞台の場面ではなく、どちらの小説でも、最も魅惑的な、貴族階級の人々、パリの国際的な社交界の最上流の人々のいるボックス席です。

『ジャン・サントゥイユ』では主人公自身が、そこだけがすべての人々の注目の的になっているボックス席にいて、いちばん華やかなすべての人々からお世辞や追従まで言われます。ポルトガルの前王は彼のネクタイをなおしてやるほどの親切をすすんで見せます。その俗っぽさそのものによってこの場面は、現代の広告を思わせます。これこれの化粧品をお使いください、そうすればあなたは、あらゆる所に、おさえきれないほどの熱狂を巻き起こすでしょう。男女の崇拝者の群れがあなたをめがけて殺到するでしょう。そのうえまったくうまいことには、主人公の敵たち、つまり『ジャン・サントゥイユ』のなかで『失われた時を求めて』のヴェルデュラン夫妻に相当する連中が、一階席の雑然とした大勢の観客にまじって、ずっと遠くのほうから、このすばらしい眺めに悔しさで胸も張りさけるばかりの気持ちをいだきながら、主人公の得意げなようすを見守っているのです。

『失われた時を求めて』では、語り手のほうが観客のなかにはいりこんで、貴族階級の人々のボックス席でくりひろげられる、彼の目には超現実的とも思える光景を、むさぼるように見つめています。この作品には、私がいま要約した『ジャン・サントゥイユ』の場面に相当する場面は、どこにも出てきません。自分で自分を養い、いわばくりかえし自分が自分を食べて生きているために、まったく「消耗」することのない欲望、フロイトの無垢のナルシシズムの定義にぴったり一致する欲望の、あの完全に円環的な構成は、どこにも見あたりません。

いやむしろそうしたものは、ちゃんと見つかります。ただしそれが特に欲望の幻となっているという限りにおいて。フロイトの語る幸福な自律性、リビドーの堅固な位置は、ここでもまた、邪魔者《モデル・オプスタク》であるモデル《ル》の形而上的な超越性のことであり、ボックス席の閉鎖性、円環性がその象徴的な表示になっています。そして『失われた時を求めて』の卓越した芸術は、そうしたものすべてを、邪魔者であるモデルに、つまり他者に、欲望によって変容された他者にのみ、結びつけています。そうしたものはすべて、バルベックの場面では「小さなグループ」にふり向けられており、劇場の場面では、一時的にサン゠ジェルマン通りの貴族たちのものになっています――その貴族たちが、まだ語り手を「受け入れる」ことを拒み、語り手にとってあいかわらず魅惑的な邪魔者である段階では。語り手がうまくゲルマント家に招待され、この邪魔者が語り手にとってもう邪魔者ではなくなると、そのとたんに欲望は消えてなくなってしまいます[119]。

　問題をわかりやすくするために、私はここでやや極端な例を選び、それを単純化して示しています。しかしそのために、二つの小説の構造的な変化の性質は、むしろよくわかるようになっていると思います。語り手の欲望は、ときにはジャン・サントゥイユのような輝かしい状況にうまく身を置くとしても、それは根本的には消えていく立場を占めています。それは他人や社会から迫害されるからではなくて、いちばん手に負えない邪魔者、つまり軽蔑やありふれた無関心に、自己充足という幻、その征服に全力を傾けている幻を投影することにより、そうしたことのすべてをそれ自体で入念に準備するからなのです。

　初期のプルーストは、そのような自己充足がどこかに存在し、まもなくそれをつかみ取ることができると考えていました。彼は絶えずその征服の瞬間を夢み、それがすでに有効なものでもあるかのように想像していました。欲望が、とらぬ狸の皮算用をしていたのです！

B　犠牲と精神療法

G　後期のプルーストは、「対自的」ナルシシズムなど存在しないということ、欲望を十分に表現するためには、それをゲルマント家のボックス席の外で、そこにはいることができない状態で表現しなければならないということを知っています。欲望は、欲望が状況を支配していると、われわれに信じさせようとはしないでしょう。欲望は、欲望が支配されている状況にのみ、関心をいだきます。くりかえして言っておきますが、ここでは客観的な一つの状況が問題なのではなく、状況の型が、つまり欲望がいつもそのなかに自らを位置づけようと努力する状況の型が問題なのです。

もちろん、私が抽象的に述べていることの正確さを認識するということ、つまりほかの場合にもそれを適用するということは、きわめて容易なことです。これに反して、われわれがどのような場合に少しばかりジャン・サントゥイユのような気持ちをいだくのか、それを見定めること、ほかの人々のだけではなくわれわれ自身のうらみがましい気持ちの秘密を解き明かすこと、秘密を解き明かそうとするわれわれの情念が包み隠しているものを見定めることは、はるかに困難なことです。

そのようなレベルにまで達するのは、ひじょうに部分的で限られた形であっても、並たいていのことではありません。そしてそれはたしかに、大作家のみに許されることではありません。それは作家よりもむしろ作家以外の人々によく起こる、という印象さえ私は持っています。私はけっして文学作品を盲目的に崇拝しているわけではありません。ただ、こうした体験をする人は、世間なみの行き方から考えるとまれであるにちがいない、と言っているだけです。あるいは作家が意外によくそうした体験をしているとしても、おそらくその体験はふつうはあまり遅すぎて、いわゆる文学的なプランには利用できないだろう、と言っているだけです。またこの体験は、文学という高度な形式に生かされるかわりに、人々を単に文学作品からそらしてしまう場合もあります。それは、一般に欲望がわれわれにこうむらせる苦しみに結びついていますが、どんなにひどい苦しみを味わったにしても、それだけでは、こうした体験ができるとは保証できません。

L　そうした体験が現実に存在し、それが宗教的体験といつも呼ばれてきたものに似ているということを考えると、現代人の多くは怒りを覚えます。そこには何かしら許しがたいもの、言うまでもなくユダヤ・キリスト教に対する昔からの普遍的と言ってもよいほどの敵意に結びついた何ものかがあります。

G　私にもそうした敵意が理解できます。問題の体験が厚かましい粉飾の対象になる可能性があるばかりではなく、私が述べたばかりの構造的変化の原理がきわめて多様な状況のもとにあらわれて、じつにいろいろなレベルに位置する可能性もあるからです。近代的な意識を、あらゆる形態のイニシエイションや回心に対抗させるものは、合法的な暴力と非合法的な暴力との、いまでは福音書的な意味で「偽善的」とされている一切の区別の否定です。この否定は、それ自体としては正当で賞賛すべきものですが、供犠的であることに変わりはありません。なぜなら歴史が考慮されていないのですから。いまでは供犠の行為が犠牲に供されているのです。つまり身代わりの犠牲者の役割を果たしているのは文化全体、特にわれわれの文化である歴史的キリスト教です。われわれはわれわれを生み出した暴力との一切の共犯関係を洗い落とそうとしていますが、その努力自体が共犯関係を永続化してしまいます。「もし祖先たちの時代に生きていたなら、芸術家や哲学者の血を流すために、彼らと手を組むことはなかったろう」というのは、われわれのだれもが言うせりふです。

供犠はいまや恒常化しています。その廃止を目ざす動きのなかで、また追放し圧迫し迫害しつづけるものに対するあらゆる人々の激しい怒りのなかで、特につまずきがそうした人々の身辺で「ユダヤ・キリスト教の名において」恒常化している場合の激しい怒りのなかで、恒常化しています。ユダヤ・キリスト教の啓示の力強さは現実のものとなっています。ただし多くは、それ自体が最後の彷徨である憎悪志向、暴力志向の形で現実のものとなっています。その証拠にこの力強さは、ユダヤ・キリスト教のテクスト、旧約・新約聖書を理解していません。そのテクストをあらゆる人々の記憶から完全に抹消しようとつとめ、このごろでは、それがほとんど既成の事実になったと考えて喜んでいます。

実際、単に知的であるだけの行き方では、つまり哲学的なタイプの体験では、ひとりの人間が、模倣の欲望と犠牲の情念に対してほんのわずかな勝利を得ることさえ絶対にできないでしょう。個々の人間にそうした勝利の印象を与えるかもしれない置きかえとか、すりかえの現象が、生まれるにすぎないでしょう。ほんの少しでも進歩がなされるためには、内的体験において犠牲についての認識不足に打ち勝たねばなりませんし、その勝利が——このことばが死語に終わらぬためにも——われわれの個人対個人の関係の認識不足にもとづくもの、したがっていわゆる「自我」とか「人格」とか「気質」などの認識不足にもとづくものを、残らず突き崩してしまうか、少なくともぐらつかせるのでなければなりません。偉大な作品は、だからまれです。偉大な作品、少なくとも文学と「人間科学」のすべての偉大な作品は、隠れた血縁関係にありますが、それらの作品が受け入れられるためには、原則として時間がかかります。その時間は、偉大な作品の創作のモメントを支配する神話的なさまざまな要素が、忘れさられるのに必要な時間です。もっとも、結局のところ偉大な作品は、そうした要素をまったく理解していないようにみえますし、そしてまたその作品と時代を共にする人々も、そうした要素を、文句のつけようがない大家たちの昔からの誤り、つまり彼らの時代の「決定的な知識」に対する貴重な勝利と考えていましたが。そして、そうした「決定的な知識」も、たちまち消えてなくなってはしまったのですが。

つまりそうした体験は、内容がどれほど限定的なものであっても、いつでも大きな宗教的体験のような形をとるでしょうし、その宗教的体験も、その枠となっている宗教が何であれ、結局はどれもこれも似たようなものであることがわかります。そうした体験は、原始的な宗教制度の供犠の枠のなかに含まれることもあり、その場合にはイニシエイションと呼ばれています。問題はいつでも模倣の欲望からの、そしてその絶え間のない危機からの脱出であり、分身どうしの暴力の回避、主観的な差異にもとづく根拠のない怒りの回避です。そしてそれは神とのある種の同化と特に神のとりなしとを通じて、規律のある世界へ――この段階でもなお、ある形態の供犠の暴力を含むとはいえ、常に最小限の暴力によって定義されるような世界へ――到達するためなのです。

東洋のいろいろなすぐれた宗教にも、このような体験は見いだされますが、それは個々の人間を世俗の社会や周期的に人間を襲う暴力から完全に遠ざけて、一切の世俗的な仕事の絶対的な放棄、つまり一種の生きたままの死の状態にはいりこませるものです。

O　私の理解が正しいとすれば、模倣の欲望と犠牲のメカニズムの真の認識は、われわれの時代では、われわれひとりひとりのうちに構造化されているもの、あるいはこの同じ欲望や同じメカニズムの変化に応じて常に自己を再構造化しようと努めるものに、少なくともゆさぶりをかけることなしにはありえないということになります。つまりわれわれがこの話し合いの最初から口にしてきた知識は――「科学的な」という形容詞をそのために放棄するわけではありませんが――宗教上の「回心」といつも呼ばれてきたものと似かよった体験によるのでなければ、真に到達可能なものとはならないということになります。

G　そのことはおそらく、それほど奇妙なことではありません。自然は知識の進歩に対して、人間はど妨害をすることはありませんが、そうした自然の領域でも、決定的な変化があったと言い切る人々のうちには常に、一つの精神世界から他の精神世界への移行が見うけられます。そしてそれは後にそれを観察する者が、その性質と必然性を理解できずに、きまって、「神秘的な」と形容してしまう要素なのです。実におどろくべきことは、われわれの生きている世界のなかで、そしてまた旧約・新約聖書のテクストがあらゆる文化的秩序の根本的なメカニズムを明らかにしているという事実そのものによって、転換の過程が、先行するすべての宗教上の回心の過程にその形態や象徴のいくつかの要素で類似しながらも、初めは自然についての、後には文化についての知識の面で、ますますラディカルな結果を引き起こさざるをえないということです。

O　近代の知識の獲得に大いに貢献したどんな人々にとっても、そうした知識の獲得は、ほとんどの場合にきわめて宗教的な性格を持っていました。それは、あるいは反宗教的な、と言ってもよいのです。われわれは結局それが同じ意味になることを知っています。なにしろわれわれは供犠をまったく誤解しているのですから。

要するにわれわれの社会での、すべてのほんとうに豊かな体験、つまりあらゆる領域、自然科学、文学、人間科学などのすべての偉大な発見は、いつでもあらゆる急激な変化につきものの形態、つまり宗教的な回心という形をとるでしょう。なぜならそうした体験や発見は、常に模倣の欲望と、それがわれわれに押しつける錯覚からの、ある種の解放を前提としているからです。

G　そこにはパラドクスが見うけられます。つまり福音書による革命にいつのまにか支配されているこの世界のなかで、あなたの言う体験は、この革命がおどろくほど具体的な性格を持っているため、また革命による非神聖化が進み、革命が人間の文化の最奥のメカニズムに向けて道を切り開いてくれるために、宗教的回心というはるか昔の過程をまたもう一度再現しながらも、初めて神をまったく引き合いに出さずになされているのです。こうした神への準拠は、具体的な結果が——プルーストの場合には文学上の、他の場合には非文学上の結果が——十分にあって、形成途上の知の超越性以外の超越性などはいずれもこの知の真実性にとってよけいなもの、あるいはむしろ邪魔なものと思われるだけに、なおのこと不必要にさえみえるのかもしれません。

L あなたが示唆されたことは、要するに、供犠を求める神々と、供犠を求めないキリスト教の神、まだ全人類に知られているわけではなくただキリストだけが教えてくれたあの父なる神とのあいだに、絶対的な断絶があるにしても、人間の側から見れば、供犠を求めるいろいろな宗教と、人類全体の志向である暴力の全面的な放棄とには、ある種の連続性があることを、どうしても認めないわけにはいかないということですね。

G 唯一の真の神と、暴力をともなうすべての神々、つまり福音書によって、それのみによって、徹底的に神秘性をはぎ取られた神々とのあいだには、絶対的な隔たりがあります。しかしそのことが、人間がまず動物の状態から脱け出し、それからまさに未曾有の可能性にまで自らを高めていくのに——その可能性はたしかに極度の危険をともなっていまや人類の前に立ちあらわれていますが——役にたってきたいろいろな手段を、暴力的な宗教の内部に、それでいていつもすでに平和を志向していた宗教の内部に認めようとするときに、われわれの邪魔になるはずはありません。

こうしたそれぞれの段階で、そして特にわれわれのようなきわめて進んだ段階では、暴力以外の手段の選択も、非暴力の神への到達の拒否という選択もありうるでしょう。しかしたとえ暴力を選んだとしても、結局はそれはどうでもよいことです。人間はいつでも、望んでいる場合もいない場合も、同じ方向に進んでいきます。すべてが同じ目的に向かって集束していくのです。

このように、暴力の「ロゴス」とヨハネによる福音書の「ロゴス」のあいだに、人間の利益になるような相関的な連続性が存在することは、たしかに一つの謎、それも小さいとはいえない謎です。この連続性は、両方の「ロゴス」の完全な断絶と矛盾するどころか、じつは共犯関係のこうした完全な欠如によって初めて可能になっています。

C 『快感原則のかなた』と構造主義的精神分析

L　死の本能を問題にするまえに、忘れないうちに、あなたの考え方とジャック・ラカンの考え方との関係についてお聞きしたいのですが。

G　あなたがたは二人とも、精神病に関するいろいろな考察のなかで、主要な問題はすでに論じているように思います。「無意識は一つの言語として構造化されている」というラカンの定義を、われわれは受け入れることができると私は思っています。そうした無意識は、レヴィ＝ストロース的な構造化が存在するという意味で存在しています。われわれが言語のなかに閉じこめられているということは事実ですが、そうしたことはすべて、最初に考えられたほど本質的なことではないでしょう。

構造主義がけっして考えつくことがないのは、差異をもたらすものと、差異化不可能のシンメトリーとの――分身どうしの関係での、つまりあなたの言う構造のゼロ度での――相互依存です。もちろんそうした事がらを、犠牲のメカニズムを使わずに連節することは不可能です。フロイトが自分以外のものを対象とする欲望と自分自身を対象とする欲望を切り離しているのは、こういうわけで構造化のメカニズムを引き出すことがもうできなくなっていたからです。それはラカンの場合でも同じように不可能です。同じようなあまりにも絶対的な切り離しが、エディプス・コンプレクスの再解釈による象徴的な構造化と、ナルシシズムの再解釈によるいわゆる二重の関係、つまり鏡像段階とのあいだで行なわれています。二つの事がらの相互の依存関係を想定できなかったために、それはたとえばレヴィ＝ストロースの場合では、体系の絶対的に静的な性格となって、つまり時の次元のまったくの欠落となってあらわれていますし、またそれは精神病を記号体系からの単なる「除外」とする定義のうちにも明らかにされています。(120)

　精神病の場合には、記号の次元は、それがあらゆるものを安定化するものであるかぎり、ますます必要のないものになるとしても、それは記号の次元がますます、模倣による敵対のかなめにまでなっていくからだ、ということをわれわれ自身は知っています。したがってこの記号の次元を、精神病の場合にはそんなものは存在しない、などというふうに扱うわけにはいきません。ラカン流の定義は事実を、それも明白な事実を、まったく説明不可能なものにしてしまいます。一世紀以上まえから、文化とその記号の次元に関する偉大な直観は、しばしば自分自身が精神病になってしまうか、それにおびやかされている者によってなされてきました。精神病を単なる安定装置の欠如とする説では、なぜこのようなことが起こりうるのか理解できません。実際には精神病者とは、人間がそれまで一度も思考の対象とすることができなかったものを対象とする試みにかけては、最も進んだ者なのです。なぜなら彼はその「形而上的な傲慢《ヒュブリス》」によって、自分自身がそうした安定装置になろうとしたのですから。そして精神病者が、こうした安定装置が分身である他者に体現されているとみなすのは、自分がその試みに成功するはずはないのに、どうしてもそれをあきらめきれないからです。ヘルダーリンは詩神がシラーに宿るのを見、ニーチェはヴァーグナーのうちにディオニュソスの「真の」化身を見ずにはいられません。われわれのあいだでくりひろげられる知的な戦いをよく調べてみれば、問題はいつも同じであることが容易にわかるでしょう。特にラカンの学説においては、問題はたしかに、他の人々は記号の次元に到達することができない、「記号」に関するラカン流のパラドクスの精妙さを十分に評価することができない、ということを見てとることにかかっています。

要するにラカン流のまごうかたなき知のイニシエイションがあり、どんなイニシエイションでもそうであるように、それもまた知のヒエラルヒーをつくりあげています。身代わりの犠牲者の発見は知のイニシエイションなどではありません。われわれがそれを発見したというわけでもありません。それは再発見以外のものではけっしてありません。発見しても何のてがらにもなりません。歴史がわれわれのために発見の役目を引き受けているのですから。

O　ラカンもまた自分以外のものを対象にする欲望と自分自身を対象にする欲望を区別していますが、それは分身どうしの争いや特殊な人間どうしの結合を説明するためです。ラカンはこのシンメトリーをフロイト以上に正確に見ていますが、精神分析全体と構造主義に関して、そうしたものすべてから導かれる決定的な結論を引き出してはいません。

ラカンは、そうしたシンメトリーを相互的な無意識の模倣《ミメティスム》に帰するかわりに、彼が「想像による捕獲」と呼んでいるもの――「鏡像段階」と定義される彼の公準にもとづく――をそこに見いだしています。

G　そうした鏡や想像力の比喩的描写は、フロイトの学説そのものと同じように、水鏡のなかに自分の姿を見、自分自身の姿に魅入られてしまったナルキッソスの神話に――それ以前に自分自身の声に魅入られたエコーの挿話と同じように――もとづいています。われわれはそうしたテーマをどう考えねばならないかを知っています。いつでもいろいろな隠喩が分身をおおい隠しています。それらに説明可能な価値を与えながらも、人間は神話の意味に固執しています。

ラカンは、ここでまた精神分析学派全体に共通する誤りに陥ります。あの「想像による捕獲」だとか、あるいはまたあの欲望だとかの誤りに。つまり文化の差異のシステムに組みこまれていないため「差異」の欲望とはならずに、「自我」と同一な何ものか、自我に一致する何ものか、自我のイメージのような何ものかを対象とする欲望の誤りに。こうした誤り全体と、プルーストのテクスト、あらゆる欲望を描き出し、ひたすら「自分自身を対象とする」欲望でさえ、極度の「差異」への渇望として描いているテクストを、突きあわせてみる必要があります。

すぐれた文学作品はすべて、個人の場合でも集団の場合でも、秩序が保たれているときにも混乱に陥ったときにも、暴力と闘争の役割をここでもまたみくびろうとする考え方が虚偽であることを訴えています。

精神分析学派のすぐれたテクストの一つは、『快感原則のかなた』です。このテクストから、言語と記号次元への進入という説を支持して、幼い子どもの描写を借りてきましょう。この子どもは糸に結びつけた糸巻きを隠したり出したりして遊んでいます。フロイトはこの糸巻きが、いたりいなかったりする母親の象徴だと言っていますが、ラカンはそこに最初の意味づけの行為、子どもによる記号表現《シニフィヤン》の学習を読み取ろうとしています。

ある注のなかには、鏡のなかの自分を相手に「いない／いる」の遊びをしている子どものことが出ています。そしてそこには、ラカンの二つの主要な論文を暗示するのに必要なすべてのものが、数行で示されています。

『快感原則のかなた』は、私の目にはほんとうに、フロイトの主要なテクストの一つであるように思われます。このテクストが私をおどろかせるのは、「いない／いる」が模倣と供犠の見方で紹介されていることです。この見方はくだいて説明するだけの値打ちがあります。フロイトは子どもが糸巻きを遠くの方に投げ捨てるのは、真の供犠的な放逐行為だとしています。その動機は、母親に対する復讐の衝動です。なぜなら母親はときどきいなくなるのですから。

物を向こうへほうり投げて見えなくしてしまうことは、毎日の生活のなかでの母親に対する抑圧された復讐衝動の充足と見てよいだろう。というのは母親は子どものところから離れて、いなくなっているからである。(121)

フロイトの説によると、子どもは遊んでいるあいだに、いちばん不愉快な体験を残らず舞台にのせ、そうすることでそれを愉快な体験に変えます。なぜなら、そうすれば自分がうまく支配者になれるのですから。フロイトはすでに、自分の観察した例では、母親が被験者から離れていっても、被験者はまったく動揺を見せないということに注目しました。

フロイトはそれが特異な例ではないと断言しています。ほかの子どもたちも、現実の対象である個々の人間の代わりに物を遠くにほうり投げることで、自分の敵意の換気をすることができる、と彼は書いています。

ほかの子どもたちについても、彼らが人間の代わりに何か物を遠くにほうり投げることによって同じような激しい敵意を表現することができるのを、われわれは知っている。(……)

（……）子どもたちが、毎日の生活で強い印象を受けたものを、遊びのときにぜんぶくりかえし、そうすることによってその印象の強さをやわらげ、いわばそうした状況を支配するのが見うけられる。だがほかの点では、子どもたちの遊びはすべて、子どもの現在を支配している願望、つまり大人になりたい、大人のようにふるまいたい、という願望の影響下にある。〔フィッシャー版全集第十三巻一四―一五ページ〕

子どもたちが必ず再現するいちばん苦しい場面には、フロイトによれば、外科手術という特別に恐ろしい体験が出てきます。このお芝居には、喜びの要素も含まれます。なぜなら子どもは、自分に不愉快な体験をさせた者の代わりの者、それを演ずる者に復讐できるように、遊び仲間に役を割りふるからです。「（……）そしてこの代わりの者に対して復讐する」〔同、一五ページ〕からです。

要するにここでフロイトが一種の明暗法を使って、個人のレベルで、提示しているのは、儀礼行為の問題のすべてなのです。このことは、同じ節のなかで、大人の場合の演劇という真似をする芸術、たとえば悲劇では観客にひどく痛ましいことまでも容赦なく示し、それを喜びの源泉にしてしまう芸術、に言及していることからも確かめられます。つまりわれわれはアリストテレス流の「カタルシス」と、儀礼以降のその排出作用に立ち戻ったことになります。

われわれはまた次の注意をつけ加えよう。つまり大人の、芸術としての遊びや模倣は、子どものやることとはちがって、見る人をあてこんでおり、たとえば悲劇の場合のように、観客に胸の痛む思いをさせているのに、それが高度の楽しみと受けとられうる。〔同、一五ページ〕

これはじつにおどろくべき一ページです。なぜならそこに見られるのは、言語と記号体系の出現に直結していながら、構造主義が問題にするように純粋に知的な遊戯などではなく、「復讐」への渇望――文化の観点からすれば「代わりの者」つまり供犠用の代用物によって解消されるために「創造的」ともなる復讐への渇望――なのですから。そして、そうしたことがすべて、エディプス・コンプレクスではカヴァーしきれないようなスケールで起こっているのです。

フロイトのテクストのこの数ページの、真似や真似とみなされるものに関係のあるすべてのことを、詳細に観察しなければならないでしょう。それは、フロイトのなかにあらわれているように思われるある種の戸惑いにもかかわらず、またこのテーマをもみ消そうとする傾向、現代の構造主義がどこまでもごまかそうとしている傾向にもかかわらず、かなり注目すべき内容を持っています。

フロイトは「いない／いる」の遊びが、大人がやっている遊びを真似してくりかえしているだけだということを、理解しているように思われます。母親が子どもの「オーオーオーオー」が「いない」の意味だとすぐにわかるのも、母親がそれまで子どものモデルであったからです。要するにこの遊び――フランス語圏では必ず「クークー・ム・ヴォワラ」〔いないいないばあ〕ということばをともなう――を教えたのは母親なのです。フロイトはなお、それが完全に子どもが考え出したものであっても、外部からのヒントによるものであっても、「遊びの情緒の面から評価すると」、どちらでもよいことだとも言っています。

> この遊びを情緒の面から評価すると、子どもがそれを自分で考え出したのか、ほかからの刺激によって自分のものにしたのかは、もちろんどちらでもよいことである。〔同、一三ページ〕

記号の形成の過程が真似《イミタシヨン》に依存しているということは、われわれにとって明らかに、少なからぬ重要性を持っています。フロイトの描いたほとんど儀礼と言ってもよいほどの操作の全段階で、真似が置き換えと手を組んで重要な役割を演じていることは、きわめて容易に確かめられます。置き換えは一次的なものではなく二次的なものです。なぜなら置き換えとはもともと、抑えがたい力で次から次へと対象を変えていく犠牲のあらゆる処置、激しい衝動のすべてに固有な置き換えの真似にほかならないのですから……。つまりフロイトは、犠牲のメカニズムを自由に使いこなしているとは言えないにしても、それにきわめて近い所にいるのです。このテクストのなかで、復讐と置き換えの処置に相似性があることを認めるならば、きわめて近い所にいることになるのです。

フロイトはこのテクストの内容のすべてにわたって、真似の重要性を十分に理解していたので、被験者に対する明白な考察がすっかり欠落しているのを弁明する必要があると判断しています。「いない／いる」遊びの動機として真似という特殊な本能を受け入れるのはよけいなことだ、と彼は書いています。

> ともあれ以上のような考察から、遊びの動機として特別の模倣衝動を仮定するのはよけいなことだ、ということが明らかになる。〔同、一五ページ〕

ここでは「特別の」という語が強調されていて、フロイトも真似の役割をまったく否定しているわけではありません。もしフロイトが一段と考察を深めていたならば、子どもの力だけで「考え出した」可能性などは、いつまでも支持できるものではないということがわかっていたでしょう。つまり子どもはときには、すでに大人によって記号化された行為を真似するのですし、またときには暴力と復讐の精神が、現実には復讐のできないときに代わりのものを持ちこむという形で、記号化をほのめかすのです。フロイトはこの二つの形態の真似を十分に見分けることが、どうしてもできませんでした。人間の真似の芸術、特にあらゆるもののなかで最も復讐の要素の強い悲劇に言及した次の文章のなかには、そこにもまた明らかに二つの形態の真似が共存しています。そうした芸術は、子どもの「模倣」とよく似た大人の「模倣」として、示されています。「われわれはまた次の注意をつけ加えよう。つまり大人の、芸術としての遊びや模倣は、子どものやることとはちがって、見る人をあてこんでおり（……）」〔同、一五ページ〕

構造主義による解釈のおかげで、フロイトの常に差異の体系を目ざしていたいくつかの直感が浮き彫りにされてきましたし、そのこと自体は興味ある問題ですが、そうした利点は、はるかに本質的なものを犠牲にしてえられたものです。そうした本質的なものは、フロイトの最良のテクストのなかでさえ、完全に形を成すに至ってはいませんが、それは言うまでもなく模倣作用であり、真似のうちの最も基本的な形態から始まって、分身のパラドクスや身代わりの犠牲者にまで至るものです。フロイトのこうした本質的なものを目ざす傾向のすべては、われわれがいま読んでいるテクストのなかでも、またすでに読んだテクスト、たとえばエディプス・コンプレクスの二重の起源や『ナルシシズム入門』のなかでも、構造主義の読解によって発展させられなかったばかりか、完全に黙殺され、削除され、骨抜きにされ、差異や構造の体系に全能の力を与えるために、「犠牲にされて」きました。

実際には、フロイト以降に、フロイトを乗り越えて、二つの道が提示されていると考えることができます。一つは「差異」という神聖なものを守りつづけようとし、それを言語のレベルでしか守りとおせなくなってしまう道であり、他の一つは、フロイトのなかにあるそうした差異をひそかに揺り動かして突き崩すものに執着しようとする道です。前者はまた、精神分析の枠内でも定義されうるものですし、最も輝かしい読解では、フロイトの言語学的な差異にかかわるすべてのものを強調します。さらに前者は、言語を

「ことば遊び」のレベルで神聖化し、多くの点で、モリエールからマリヴォーへの移行にややる類似したものになっています。

　二ばんめの道は、横取りの模倣《ミメシス》つまり真似《イミタシヨン》の持つ闘争的な性格を明らかにすることによって初めて先に進むことができる道で、この闘争的な性格をどこまでも押し進めれば、エディプス・コンプレクスやナルシシズムといったフロイトの大がかりな神話は、まちがいなく吹き飛ばされてしまいます。したがってこの道は、精神分析の枠内では定義しきれません。結局この道は、フロイトに頼ってもいけないし、また同じように他の近代の懐疑的な先生がたに頼ってもいけない道だ、ということになります。こうした先生がたはみな、たしかに身代わりの犠牲者や福音書の解明に目を向けて進んでいますが、その進み方はいわば後ろ向きで、常に目的のほうに背を向けながら進んでいるのです。そしてそれは、われわれのあいだに生まれつつあるものの完璧な象徴である、ソポクレスのオイディプスに少し似ています。それは、彼が市民たちが非難する信じがたい罪の張本人だということを実際に明らかにしたからではなく、原因と責任の探索に、だれが基礎づくりの殺害の罪を犯したのかを決める調査に、みずから進んで乗り出したからです。

O　二ばんめの道は、分身や身代わりの犠牲者や模倣作用などに全般的にかかわるあらゆる問題と取り組む道です。この道は、構造主義が途中で投げ出したり、ごまかしたりしてきた問題を実際に解決する道です。十数年にわたって知識人たちを幻惑してきた、差異という錯綜したクモの巣や、目まぐるしいアクロバットは、特に、本質的な問題に何一つ答えられない現状を糊塗する役目を果たしてきました。

　おそらくこうした遊戯に、人々はうんざりし始めています。科学的思考のすぐれた法則が再確認され、有効性、方法の短縮、単純化などの大原則が再確認されて初めて価値を認めてもらえる理論のためにも、ぜひそう思いたいものです。

G　おそらくこの二つの道を、一ばんめの道から始めて順にたどる必要があります。二ばんめの道だけが真に豊かなのだということを理解するためにも。後者は前者の有効な成果を取りこんで自分のものとすることはできますが、逆の順序ではそうはいきません。

いろいろなことを、つまりいざという場合を、ということはつまりいつものように供犠の場合を考慮に入れるなら、この二つの道についても事情は次のような場合と同じだと言っておきましょう。儀礼のいけにえとして何を選ぶかによって、行き止まりの道にはいりこんでしまう人々もあれば、逆に未来に富んだ道を選ぶ人々もあるのと同じだ、と言っておきましょう。それは才能の問題というよりは、運の問題です。ある種族は供犠用に動物を選び、それに雌ウシや雌ヒツジがあてられるようになりましたし、アイヌ人はクマを選びました。雌ウシや雌ヒツジを犠牲にしても、われわれはそれに見合うものを確保できるような気がします。われわれはこの選択から、よけいな労力をはらわずに、かなりな、ありあまるほどの利益を引き出しています。ところがクマ使いは、クマに細かい芸を仕込んでちゃんとしたお客に見てもらい、自分も利益をうるまでには、どれほどの忍耐と技術を必要とするでしょうか？　そしてそれだけの苦労をしてもクマからは、ただの何でもない家畜が、いちばん頭の鈍い農夫にもたらす利益の四分の一もうることはできないでしょう。

O　あなたのすべての読解がそれぞれ互いに関連を保ち、それらがあらゆる分野で同じように有効であることを示すためには、『今日のトーテム信仰』のオジブウェー族とティコピア族の神話〔一五六ページ以降参照〕の読解に見られるレヴィ＝ストロースの誤りと、「いない／いる」遊びの読解に見られるラカンの誤りの平行関係を強調しなければなりません。レヴィ＝ストロースが、「徹底的な消去」や、「消去されたもの」の「消極的な暗示的意味《コノタション》」のうちに、人間の思考の「無垢な概念」しか見ていないのと同様に、構造主義は、精神分析においては、「いない／いる」遊びをとりあげるときにその純粋に論理的な側面を強調し、フロイトがそうしたものすべてに復讐の精神と供犠によるカタルシスを混ぜ合わせていることを——彼が最後までその思考を押し進めなかったにしても——見ようとはしません。ここでもまたフロイトは新しい方向を切り開いているのですが、構造主義はその方向を一時的に閉ざしています。しかし閉ざしたこと自体も無益ではありません。それは本質的な冒険的な試みへの再着手に新たな活力を与える共時的な分析の一つのタイプの完成でもあるのですから。

D　死の本能と近代文化

O　これまでのあなたの分析から、私は次のことを確認しています。まず、あなたの理論では、フロイトとは逆に、欲望は快楽から完全に切り離されており、ある意味では逆に快楽が欲望に引っぱられています。そして第二にあなたは、被験者の物語のなかにすでにはいりこんでいる精神分析的な意味でのいろいろな「コンプレクス」の再生のメカニズムを明らかにすることに成功しています。また同様に、そうした「コンプレクス」や状況群が、どのようなメカニズムでくりかえされ、重症化するかを説明しています。したがって第三に、私の理解が正しいとすれば、あなたは有名な「死の本能」を「脱＝構築する」ことができるはずです。

G　事実われわれはいまや『快感原則のかなた』のなかで最も興味深い問題、つまりくりかえしの問題をとりあげなければなりません。フロイトは二つのタイプのくりかえしを区別していますが、そのうちの片方はわれわれがもう論じたもので、フロイトにもそれは説明可能なように思われたものです。なぜならこのタイプは、結局不愉快な体験の統御を可能にする「いない／いる」遊び、儀礼としての遊びのメカニズムに帰せられるからです。この最初のグループは外傷性の神経症を含んでいて、それはフロイト的な痕跡の型にもとづいて理解されるもの、また一回ごとにインキがうすくなって前よりはっきりと出なくなるスタンプなどから理解されるものです。外傷性の神経症の場合には、このように痕跡が前よりはっきりしなくなるにつれて、精神的な外傷を与える体験を統御する能力が増大します。

くりかえしの二ばんめのグループについては、フロイトは率直に、いまのところ精神分析のなかには、それを説明できるものは何もないと告白しています。このタイプのくりかえしは苦しみばかりをもたらしますし、「正常な」人々にさえも起こっている可能性があります。なぜなら「正常な」人々は、見破られるような兆候は何もあらわさないものですし、もともと受け身の犠牲者のような姿勢を示すものなのですから。このタイプのくりかえしに対して、フロイトは死の本能という神話を発明するわけです。それは生きている肉体が完全な原初の状態、生命がない状態へ回帰しようとする傾向にもとづいています。フロイトが、悪化し死へ向かうくりかえしの、解決不可能な問題を導き出すやり方よりも、意味深いものはありません。被験者は、精神分析学者の望むとおりのことはできません。つまり現在の体験のうちに、幼児期の断片を、別な言い方をすれば自分自身のオイディプス・コンプレクスの根源を認めること、そしてそのことからこの精神分析学者の結論は正しいと納得することはできません。被験者は、そうした体験をくりかえし、こんどは精神分析学者自身といっしょになって何とかしてそれを再演しようとします。精神分析が効果を発揮するどころか、「転移による神経症」ばかりが生まれてしまうことになります。

精神分析はまったくわけのわからぬものになってしまいます。そのような嘆かわしい失敗はどういう人に起こるのでしょうか？　結果から判断すれば、それはだれにでも起こりえます。フロイトは数行で模倣の欲望の効果を描き出していますが、彼には自分の原則というものがないために、もちろんその効果を模倣の欲望に結びつけてはいません。しかしそのために人々は、最近われわれが展開した力学を認めないわけにはいかなくなります。フロイトはここでも持ち前の率直さで、その力学が完全に精神分析からはずれているということを認めてはいますが。

精神分析が神経症患者の転移現象によって明らかにすることは、神経症ではない人々の生活にも同じように見うけられる。そうした人々の場合は、それが彼らのたどる運命であるような、つまり彼らの体験の特徴は何かにとりつかれていることであるような、印象を与える。そして精神分析は、初めから、そうした運命は大部分が自ら選び取られたものであると、つまり幼児期の初期の影響によって決定されているものであるとみなしてきた。そのさいにあらわれる強迫観念は、神経症患者の反復強迫観念と異なるところはない。ただしこれらの正常な人々は、症状となってしまうような神経症的な葛藤はけっして示さない。こういうわけで、あらゆる人間関係が同じ結果に終わるような人々がいる。それはたとえば、ひとのめんどうを見てやりながら、しばらくたつとだれからも憎まれ見捨てられてしまう世話好きな人々である。彼らはほかの点ではさまざまであるが、きまって忘恩の苦汁を飲みつくすように思われる。また、どれほど友情を示してもいつでも友人から裏切られてしまう人もいる。そしてまた、〈一生のうちにたびたび他の人を自分にとっても一般の社会にとっても偉大な権威として祭りあげるが、しばらくたつとその権威をみずから打ち倒し、別な権威に乗り換えることをくりかえす人もいる〉。さらにまた、女性との愛人関係がいつも同じ段階を通って同じ結末に至るような、恋する男たちもいる。このいわゆる「同一のものの永遠回帰」は、少しもふしぎではない。なぜならこうした場合には、同一の人間の能動的な行動が問題であり、その人間の本性の同一の性格が見いだされるからである。その性格は、同じような体験のくりかえしとしてしかあらわれざるをえない。自分では影響を与えることができないで万事受動的にふるまうのに、同じ運命のくりかえしを常に体験するような人の場合には、われわれはより強い印象を受ける[122]。

フロイトはこのような無力の告白に対して、死の本能によって答えようとします。その率直さにわれわれは感嘆し感激して、言うべきことばも知りません。こうしたことが何から何までおどろくほどわれわれの問題とぴったり一致しているということを、特にいま〈……〉で強調した個所を読むときに、どうして疑うことができるでしょうか。その個所は模倣の過程のすぐそばまで近づいていますから、われわれの問題に一致することもありえます。ただしそれが完全に理解されるまでには至りませんが。フロイトが記述したすべての現象は、われわれが引用した個所以外のものも含めて、この〈……〉で強調した個所で定義されている過程に還元されます。つまり模倣による敵対関係の過程と、初めは偶像視され後には憎むべき迫害者に変えられてしまう邪魔になるモデル《モデル・オブスタクル》の過程とに、還元されます。また同様に注意しなければならないことは、そしてこれはより本質的なことなのですが、エディプス・コンプレックスによってそうした現象を説明することはできません。ただしそうした現象は、フロイトがエディプス・コンプレックスに帰している現象ときわめて類似はしています。そしてフロイトがここでエディプス・コンプレックスを持ち出していないからこそ、フロイトはわれわれの言語にきわめて近いのです。フロイトは、この種のくりかえしを生じさせる原因を患者の幼児期のなかで見きわめることはできないと、はっきりと認めています。そこには精神分析が認めてきた兆候に似ているものも、似ていないものも何一つ存在しません。

もしフロイトが、彼がエディプス・コンプレックスに帰している現象と、ここで言及している現象との両方を説明できるような唯一の原理をものにしたなら、疑いもなくそれを採用するでしょう。現象面ではまったく区別できないいろいろな所与を、二つの矛盾するやり方で説明しなければならない——そんな状態に置かれているかぎり、満足のいくはずはありません。フロイト自身、そのころ彼に「死の本能」の仮説を立てさせた疑似科学的な変幻きわまりないものを、思弁的と形容しています。

模倣の欲望の仮説は、フロイト自身が指摘していた難問を、わけなく解決します。われわれはエディプス・コンプレクスの二重の起源を論じたときに、そこからはいかなる再生もくりかえしも考えられない、ということを明らかにしました。そのことだけでも、エディプス・コンプレクスの仮説を失格させるのに十分でしょう。『快感原則のかなた』のなかで区別されている二つのタイプのくりかえしを検討すれば、このテクストが初めから終わりまで、エディプス・コンプレクスに対するこのような資格剝奪の視点で書かれていることに気がつきます。フロイトはまったく名目的に、エディプス・コンプレクスがいぜんとして機能していくつかの事がらを説明するような領域を残してはいますが。フロイトはもちろん、われわれが展開しようとしている可能性に、正面から取り組んでいるわけではまったくありません。フロイトにはそんなことはできません。なぜなら彼は、模倣による敵対の原則を見きわめるに至ってはいないのですから。しかし『快感原則のかなた』のなかでは、彼は自分の説を、含みのある批判、彼の意味づけをすべて模倣の仮説に照らしてとりあげるような批判に、従属させています。

模倣の原則には、すでに強調した利点のほかに、くりかえしを理解可能なものにする、さらには必然的なものにするという利点もあります。この原則は、こうしたくりかえしの型と、その絶え間なく悪化して狂気や死に至ることもある傾向を再生させます。狂気と死、それは模倣作用を見きわめることのできない観察者から見ると一つの終末であり、どうしても生の直接の目標のように見えます。フロイトは死の本能の仮説を立てることによって、ここでもまた、自分の作業の全段階で、つまり模倣の過程の全段階で行なったことをもう一度行なうのです。彼は「くりかえしの強制」が、それが儀礼ないしは疑似＝儀礼の性格を持たなくなるといつでも死へと向かうことを認識する目は持っていましたが、彼の目は、全体を統一できるような、例外なくすべての現象になっとくのいく説明を保証できるような原則を見きわめるには至りませんでした。

死の本能の与える解決が空想的なものでしかない証拠に、それはエディプス・コンプレクス同様、『永遠の夫』の文体におけるくりかえしの原動力として役だつことはありません。すでに生じたあるシチュエイションのくりかえしは、「真似《イミタション》」によって起こるはずです。フロイトがエディプス・コンプレクスの場合に想像したようにシチュエイション全体の真似ではないにしても、少なくともこのシチュエイションのなかのある要素、つまり他人の欲望や邪魔者《モデル・オブスタクル》であるモデルの真似によって起こるはずです。

先ほど述べたことを、ここでもう一度言っておかなければなりません。[123] エディプス・コンプレクスの三角関係をモデルにして三角関係を「再現する」ことができないのと同様、「死の本能」のようなもののもとに、この同じ三角関係やまったく別な不幸なシチュエイションを再現することはできません。死の本能が現実に存在するとしても、この本能もまた必然的に、くりかえされる場面のある一つの要素を真似るという道を選ぶことになるでしょう。もちろん病人に窓から身を投げたり、走ってくる自動車に跳びこんだりするよう直接申し出るというなら話は別ですが、実際にはそんなことはありえませんから、死の本能はエディプス・コンプレクス同様、間接的に、こうした模倣を介してのみ、機能しうるのです。模倣はこの死の本能に到達する以前に、テクストの至る所にあらわれていますが、これを最後に疑似科学的な変幻きわまりないもののうちに消え去ってしまいます。

エディプス・コンプレクスと死の本能のいずれの場合でも、非プラトン的なやり方で模倣と真似を考慮に入れさえすれば、すべての難問は解決され、フロイトの公準はすべて無用なものになってしまいます。

　ですから、失礼ながら、もう一度模倣によるくりかえしのメカニズムを復習しておきましょう。主体は欲望の対象を自分で決めることができないときには、他人の欲望をよりどころにします。そして自動的に、モデルの欲望を、自分の欲望と対抗して邪魔をする欲望に変容させます。主体は敵対関係のこうした自動的な性格を認識してはいませんから、真似をする者のほうが、自分の欲望が邪魔され拒否され拒絶されるというまさにそのことのために、ますます自分の欲望を刺激するということになります。どのような形にせよ、彼は自分の欲望にますます多くの暴力を組みこんでいくことになるでしょう。そうした傾向がわかれば、欲望が究極的には死に向かうこと、他人の、邪魔者であるモデル《モデル・オブスタクル》の死に、そして主体自身の死に向かうことも理解されるでしょう。

　こうした模倣の欲望の動きは、単に患者のうちに、つまり模倣の過程が進行しすぎて正常に「機能する」ことができなくなった人々だけに認められるのではなくて、フロイトも言っているように、いわゆる「正常な」人々にも認められます。

L　模倣の対象である邪魔な者に自分を譲り渡すことは、死体を求めて墓のあいだを探しまわるようなものです。それは、自分で死に身をゆだねることです。

G　こうした傾向は、現代文化の重要な局面に、フロイトの時代よりも目だった形で生じています。それはたとえば核開発競争のうちに、特に顕著に具体的にあらわれています。「タナトクラシー」という題の注目すべきエッセーのなかでミシェル・セルは、近代の科学的な技術的な企てが死に的をしぼっていることを示しました。すべてが死のために、死をめぐって、構成されているというわけです。(124)すべてのものが死へと集束していきます。フロイトの思想のように、またフロイトと同じようにそこに本能のようなものを認めうると信じている動物行動学者の思想のように、そうした集束の傾向に注目している思想もまた、死へと集束していきます。あるいはまたおそらく、宇宙の進化全体を特徴的にあらわすあの有名なエントロピーへの傾向も例外ではないでしょう。

もしもわれわれ人類の上にのしかかっている脅威が、ある本能から生まれたものであり、人類の歴史のありとあらゆる災難が、非情な科学の法則に特有な一様相にすぎないのだとすれば、われわれを運び去る動きに身をまかせるほかに道はないということになります。相手はわれわれの思いどおりにはならない運命なのですから。

そしてさらにまた別な本能を想定するならば、フロイトと同じように、他のすべての本能から独立し、そのすべてを支配する本能を想定するならば、模倣の欲望のダイナミズムが「ずっと前から」狂気と死を志向していることを無視することになります。

フロイトは、ナルシシズム論で使用した隠喩、思い出してください、彼自身の欲望を明らかにしてくれる隠喩、欲望の対象を小児化し動物化し罪深いものにする隠喩が、欲望を死へ導く道をすでにかなり進んでいる、ということに気づいていません。[125] フロイトの言う無垢のナルシシズムを持つように思われる対象を特に好むことは、模倣の対象である邪魔な者を、それが実際はわれわれを苦しみと失敗へと導くものであるのに、最も生き生きとしたものと取りちがえることです。無垢のナルシシズムへのこうした特別な愛は、フロイトがほかのところでマゾヒズムと呼び、ここでは死の本能と呼んでいるものと同じものです。フロイトはそれがどこでも同じものだということに気づいていません。疑似無垢ナルシシズムが、自分以外のものを対象とする不幸な欲望に向ける誘惑は、快感原則によっても、死の本能によっても、同じように解釈できます。フロイトとその欲望から見ると、美しくコケティッシュな女性は、いちばん生命力にあふれているとき、より多くの快楽を求めるときに、光り輝いてみえます。ところが彼女がもたらすものは、いつでもその逆のものです。したがって、自分以外のものを対象とする欲望の行きつく先は、フロイト自身のことばによれば、きまって「リビドーの減衰」であり、つまり生命力の減退です。

フロイトは統一すべきものを分離しています。なぜなら彼は、快感原則と死の原則が、唯一同一の原因の、つまり模倣の欲望の二つの別々な結果、よく理解されていない結果であることを認識していないのですから。模倣の欲望は、いちばん通りやすくいちばん生命力にあふれた道を選んでいるつもりなのですが、その実ますます障害と不毛と死の方向に進みつつあります。かたく閉じられたもの、たたいてもけっして開くことのない扉だけが、欲望の関心を引きます。だからこそ欲望は、もうだれも開けてくれる者がいない扉をたたいたり、ものすごく厚い壁を扉と思いこんだりすることにもなります。

われわれが読んできたフロイトとプルーストのテクストを、現代の文化と文学の全体の動向にあてはめてみる必要があります。特に隠喩の領域では、それらのテクストは、その全体的意味を疑いえない一つの軌道の上に記されています。その軌道は、模倣の対象である邪魔な者から受ける、次第に高まる強迫観念に、つまり「硬化」に一致しています。「幸福な自己充足」、つまり神のようなものは、結局はわれわれの存在形態といちばんかけ離れた存在形態のなかに逃げこもうとする傾向があります。最終的には無機物のなかに、石とか金属などのようなきわめてかたいものの透過不可能な実質のなかに、逃げこもうとします。欲望は結局、サイエンス・フィクションの扱う空間の空虚な冷たさに行きつきます。今日天文学者が問題にしているあのブラック・ホール、恐ろしいほどの密度を持ち、ますます巨大化する射程のなかにはいりこむすべてのものを引きつけ、それによってその吸引力が絶え間なく増大しつづけるあのブラック・ホールに行きつきます。

O　それはまた「無垢のナルシシズム」の誘惑か、あるいはポリネシアの「マナ」の誘惑、ただしますます非人間的な形態をとる誘惑です。

G　それはさらにまた、ジャン＝マリ・ドムナックが『未開人とコンピューター』のなかで告発している文化的なむだ話であり、それは次第に「常軌を逸し」ていき、常軌を逸しながらますます憂鬱に、陰鬱になりつつあります。[126] そうした一派の人々はみな、預言者エレミアが描いている場所、偶像崇拝の欲望が彼のまわりに出現させる場所へとわれわれを導く柩車の後についているのです。以下が、模倣の欲望とその結果の、預言者による定義です。

主はこう言われる、
人を頼りとし、
肉を自分の腕とし、
その心を主から遠ざける者は呪われよ。
彼は荒地のあざみのように、
よいものがきても、それを見ず、
荒野の焼けた土地に、
人気のない塩地に住んでいる。
〔エレミアの書一七の五—六〕

E　罪《スカンダロン》の誘惑

O　われわれはここでまた旧約・新約聖書をとりあげるわけですから、あなたにとっても欲望と心理の面から聖書と取り組むべき時なのではないでしょうか？　いままでの聖書にあてられた討論では、文化人類学の面での聖書の、問題解明の能力について話しあってきました。たぶんそうした解明能力は、われわれがさきほどまで討論してきた分野でも発揮されるでしょうが、それはそのとおりだとしても、物事をさらに具体的にすること、あなた自身が話してきた事がらに対応する観念、概念、過程などを指摘することは、可能なはずです。今日では、福音書を魔術的な原始的な思考の地下牢に追いやることについては、まずほとんどの人が賛成しています。聖書はいわゆる野生の思考についての、ひところの思いあがった風潮に対する現在の反動の恩恵を受けていない唯一のテクストだと言えます。そうした風潮が偏向と不正に属するものであることは、だれの目にも明らかです。しかし心理学のような近代的な領域にわれわれの知識よりもすぐれた知識の光をあてることを、福音書のテクストに求めるならば、それは逆の誤りに陥る危険につながらないでしょうか？

G　私はその挑戦的な御質問にお答えすることができると思いますし、われわれが最近扱ってきた領域でも、福音書がほかのどんな個所とも同じように卓越性を発揮することを証明できると思います。個人対個人の心理学が福音書にもないではないことを示すには、聖書解釈学者たちがこれまでほとんど問題にしなかった罪《スカンダロン》の誘惑ということばを考察すればよいでしょう。

ギリシア語のスカンダロン Skandalon は、ふつう、つまずき、障害、つまずきの石、道にしかけられた罠などと訳されています。この語とその派生語である skandalidzo（つまずきを引き起こす）は、「私はびっこをひく」という意味の skadzo からきています。

福音書には、そのすべてが直接つまずきの概念を中心にしているような一群のテクストがあり、ほかにも明らかにその概念とかかわりのある個所があります。見たところそれぞれあまりにも異質で統一がないように思われるすべての用法を拾い集めてみると、スカンダロンとは模倣による敵対の邪魔者のことであり、またそれは、弟子の企ての邪魔をして、弟子にとって病的な魅惑の尽きることのない源となるようなモデルのことである、と結論しないわけにはいきません。

福音書ではスカンダロンはけっして物質的な対象ではなく、常に他の人間であり、他人に引き渡されているものとしての自分自身でもあります。もしも翻訳家がスカンダロンということばを、たいていは自分たちによりわかりやすいことばに置き換えようと全力をあげる、というようなことがなかったら、つまずきとは常に、模倣の欲望が空しい野心と筋の通らぬルサンティマンとからわれわれの足もとにかき立てる執拗な邪魔者であることが、よりよくわかるはずです。スカンダロンとは特に、ただそこに置かれた邪魔者、どかせばそれですむ邪魔者ではなくて、邪魔者であるかぎりは対象を魅惑し、魅惑するかぎりは邪魔者でありつづけるようなモデルの誘惑なのです。

スカンダロンとは、自分がかき立てた邪魔者にますますひどくつきまとわれ、自分のまわりに邪魔者をふやしていく欲望そのものなのです。したがってそれは、キリスト教的な意味での愛の対極であるはずです。

兄弟を愛する者は光のなかにとどまり、その身に何のスカンダロンもありません。兄弟を憎む者は闇のなかにいて闇のなかを歩み、闇に目をくらまされて自分がどこに行くのかも知りません。〔ヨハネの第一の手紙、二の一〇―一一〕

子どものころは模倣の介入に対して特に無防備です。すぐに相手を信じて真似したがる気持ちは、いつでも大人の欲望に向けられていて、モデルを魅惑的な邪魔者に変容させる危険をはらんでいます。したがって子どものころは、大人から受ける印象を無邪気に受け入れるだけにつまずきやすく、しかもその影響は長くつづきます。子どものころに仰々しい保護が必要なのは、つまずきが、それに陥りやすくてそこから脱け出すのがむずかしい過程であることを示しています。子どもをつまずかせる大人はその子どもを、モデルの、そして模倣の対象である邪魔者の、ますます小さくなる輪のなかに永久に閉じこめてしまう危険を犯しています。邪魔者とは閉じこめることであり、「受け入れ」の開放性に対立するものです。

また私の「名」のために（……）子どもを受け入れる人は、私を受け入れる人である。しかし私を信ずるこの小さな者をひとりでもつまずかせたら、その人はロバがまわす石うすを首にかけて海の深みに沈められるほうがよい。つまずきを起こさせるこの世にのろいあれ！　つまずきが起こるのは避けられないとしても、つまずきを起こさせる人に呪いあれ！

もし手や足が罪をつくる機会となるなら切って捨てよ。片手片足で「命」にはいるほうが、両手両足がそろったまま永遠の火に投げこまれるよりもよい。もし目が罪を犯す機会となるなら、えぐって捨てよ。片目で「命」にはいるほうが、両目そろっていて火の地獄に投げこまれるよりもよい。〔マタイ、一八の五―九〕

ロバがまわす石うすの隠喩に注目してください！　この部分には最良の精神分析があります。そしてフロイトにあるつまずかせるものとつまずかされるもの、つまり個々の人間の存在の根源をつまずきそのものに求める考え方、あらゆる意識の出現の条件は親殺しと近親相姦の欲望であるとする、ばかげた神話的な説などはありません。

私がいま引用したテクストの後半部は、激しいことばで訴えるヒューマニズムの威厳にみちた怒りによって有名な個所です。ある者はこの怒りは、「肉に対する罪」にほかならぬ罪に陥らぬため、自分で手や足を切り捨てることをすすめているのだ、とまで考えています。

こうしたすべてのテクストの解読の鍵は、これまでフロイトの言う去勢とか、スカンダロンのような概念の真の内容を少しも明らかにすることのない、もったいぶったがらくたの山のうちに求められてきました。テクストが明確に示しているのは、われわれの肉体の完全さなどは、つまずきが起こしうる荒廃に比べれば取るに足りないものだということであり、われわれが絶えず確認してきたのもまたそのことなのです。

地獄とサタンがつまずきと結びついているということからも、つまずきが模倣の過程全体と一致することが確実になります。サタンはこの世の長、この世のあらゆる秩序の原理であるだけでなく、あらゆる無秩序の、つまりつまずきそのものの原理でもあります。サタンはいつでも、模倣の意味、福音書的な意味での邪魔者として、われわれの行くてをはばみます。

このことについては、シモン＝ペテロがキリストから初めて受難の近いことを知らされてつまずきの反応を見せたときの、構造的な位置以上に意味深いものはありません。

するとペテロはイエスを引き寄せて、「主よ、神の御恵みでそんなことが起こりませんように！ いやいや、そんなことがあなたに起こることはありません！」とたしなめた。しかしイエスはふり向き、ペテロに言われた、「私のうしろにさがれ、サタンよ！ あなたは私の邪魔になる。あなたの考えは神の考えではなく、人間の考えだ」。〔マタイ、一六の二二―二三〕

ギリシア語では skandalon ei emou（私のスカンダロンでおまえはある）と書かれ、ラテン語訳聖書では scandalum es mihi（私にとっておまえはスカンダロンである）と書かれています。この部分では、邪魔者の物的実在は、完全に模倣の意味に同化されています。神の考えよりは人間の考えを持つすべての人間にとって、受難はたしかにつまずき以外のものではありえません。だからこそキリストは四つの福音書のなかで、弟子たちにあらかじめ教えておくことが必要だと考え、何度も何度もそれを教えますが、効果はまったくあがっていません。「私がこれを話したのは、あなたがたをつまずかせないためである。」〔ヨハネ、一六の一〕

イエス自身がペテロによってつまずかされる危険があるのは、ペテロがつまずきの状態にあるからです。つまずきとは、つまずかせる者にとっても、つまずかされる者にとっても、同じように不幸な関係です。つまずきは常に二重であり、つまずかせる者とつまずかされる者の区別は常に消えていく傾向にあります。周囲につまずきをふりまくのは、つまずかされた者なのです。だからこそキリストは、「つまずかせる人に呪いあれ」と言ったのです。なぜならその人の責任はかぎりなくひろがっていく可能性がありますから。

受難の前にイエスが弟子たちに及ぼしていた影響力には、何かしら偶像崇拝やつまずきを感じさせるものがあります。彼らが問題の本質をけっして理解することができないのは、まさにそのためです。彼らはなおもイエスに、偉大な師、「人間の指導者」、あるいは「考え方を教える者」などの世間的な威信を与えています。

弟子たちはイエスを不死身な者、つまりこのうえなく強い力を持つ師と見ています。そして彼らがイエスに従うのは、この不死身の力にあやかるため、強い力という意味で自らを神格化するためです。したがって彼らがつまずかされるのは、避けられないことです。そのことは、少しあとでイエスが自分を待ちうける死と、自分が仲間たちに引き起こすはずのつまずきを二度めに知らせるときに、よくわかります。ペテロはもう一度叫びます。「たとえみんながあなたのためにつまずいても、私はけっしてつまずきません」〔マタイ、二六の三三〕。するとキリストはペテロに、あなたは三度、私を知らないと言うだろう、と予告します〔同上、二六の三四参照〕。それは世論が向きをかえて、イエスに敵対する形で高まるとき、ペテロがそれに負けてしまう、模倣と暴力の新たな伝染の予告です。自分がつまずくはずはないと考えることは、荒々しい力を持つ神の自己充足が自分にもあるとうぬぼれることであり、その後の失墜に身をさらすことでもあります。

キリストのことばのなかでペテロがサタンと呼ばれていることから、ここでもまた、サタンが模倣の対象である邪魔《モデル・オブスタクル》になるモデルと同じものであることが確かめられます。サタンの伝統的な比喩的描写は、いずれも、模倣作用のほとんど神話化されていないヴィジョンと一致しています。福音書の、われわれがいま引用したタイプのテクストでは、サタンは模倣の原則と同一視され、完全に「脱＝構築」されてしまっています。また別のタイプのテクストでは、サタンがひとりの人間のような役割を演じつづけてはいますが、前のタイプとまったく同じ所与が挿入されています。後者は荒れ野での「試み」の場合です。あたりのようすは神話的ですが、サタンはここでは要するに、模倣の対象であるモデルという邪魔者《オブスタクル・モデル》として姿をあらわしています。それはあらゆる現世的な支配の暴力の原則であり、また偶像崇拝の暴力の原則でもあります。なぜならサタンはただ神だけに向けられるはずの崇拝を、自分の方に向けさせようとしているのですから。

悪魔はまたイエスをひじょうに高い山に連れていき、この世のすべての国々と、その栄華を見せて言った。「おまえがひれ伏して私を拝むなら、これをみなおまえに与えよう。」するとイエスは言われた、「サタンよ、しりぞけ。『あなたの神である主を拝み、ただ主にだけ仕えよ』と書かれている。」〔マタイ、四の八―一〇〕

O　福音書はギリシア語で書かれていますが、スカンダロンという語の来歴は、旧約聖書のなかに求めなければなりません。ギリシア人たちのなかに求めるべきではありません。同じことが「ロゴス」ということばや、福音書のすべての重要な概念についても言えます。スカンダロンは七十人訳ギリシア語旧約聖書のなかで初めて、障害、罠、つまずきの石などの同じものを意味するヘブライ語から翻訳されました[127]。

G　旧約聖書のなかではこのことばは、たとえば軍隊の通過を妨げるための障害、つまり物質的な邪魔物という意味で使われています〔ユディトの書、五の一参照〕。『レビの書』のたいへん興味深い一節では、ユダヤ人に、ヘブライ語でのスカンダロンにあたるものを盲人の足もとに置くことを禁じています。

耳の聞こえない口のきけない人を呪うな。目の見えない人の前につまずく物を置くな。神を恐れよ。私は主である。〔レビの書、一九の一四〕

この個所は隣人についてのおきて、共同体の親密さを維持するための一連のおきてのなかほどに、「隣りの人を自分と同じように愛さなければならない」〔レビの書、一九の一八〕のすぐ前に、置かれています。

プレヤード叢書のなかの旧約聖書の注には、耳の聞こえない口のきけない人、目の見えない人の一節は、信者たちに「隣人の身体の障害を悪用しないよう」に命じているのだという暗示的な記述があります。エルサレム版聖書の注も同様に、耳の聞こえない口のきけない人についてのおきてを次のように説明しています。「彼は自分のほうからは、呪い返すことができない。」つまりこうした人は報復ができないのです(128)。でもふしぎなことに、この二つのおきての前後のおきてはすべて、報復を引き起こし際限のない復讐の火ぶたを切らせる可能性のあるものを未然に防ぐことを目的としています。

民のあいだに、人の悪口を言いふらしてはならない。隣人の血にかかわる訴訟をしてはならない。私は主である。心のなかで兄弟を憎んではならない。同じ国の人をいさめなければならない。そうすれば罪の責任を問われることはない。復讐をしてはならない。民の子らに恨みをいだいてはならない。隣りの人を自分と同じように愛さなければならない。〔レビの書、一九の一六―一八〕

このテクストのテーマは要するに、報復もできれば共同体に暴力をひろめることもできる人々に対する暴力です。報復のできない人々、特にからだの不自由な、これまで見てきたように、はけ口を求める暴力に狙われやすい人々に対する暴力だけを問題にしているのではありません。このテクストのテーマは、ギリシアのファルマコス〔九八ページ参照〕に類似するすべてのものの拒否、そのほか「人間を使う」身代わりのヤギの儀礼の拒否です。報復の可能な者に対する暴力を禁ずれば、報復のできない、そのため身代わりの犠牲者にされる危険性の高い人々に対する暴力を、これまで以上に確実にすることになります。この二つのタイプの暴力の関係、そのつながり方を見定め、それを両方とも同時に拒否するのが、まさに旧約聖書の精神です。しかしそれを両方とも拒否するということは、すでに共同体が超人間的なものへの道程にさしかかったということであり、とどのつまりは、あれもいけないこれもいけない式の、きびしさ一点ばりの一切の規則を、あのすばらしい「隣りの人を自分と同じように愛さなければならない」に置き換えることなのです。そしてこの一節は事実、こうした解決によってしめくくられています。われわれはここでもまた、オジブウェー族とティコピア族の神話と同じ場にいるわけですが、からだの不自由な者の扱いには、おどろくべき差異があります(129)！

つまずきの石は、からだの不自由な者と身代わりの犠牲者とに、どこかで結びついています。また特に旧約聖書のつまずきとは、偶像崇拝のことです。つまり邪魔なものを神格化し、それを何かの物質で、何かかたいもので有形化した神聖な身代わりの犠牲者のことです。偶像崇拝とはまさにつまずきの石であり、常にヘブライ人たちに仕掛けられていた罠です。それだけがヘブライ人たちを、ヤハウェが勧める道からそらせるものです。

説明はできるにしても、おどろくほど逆説的にみえるのは、人間を邪魔なものから、邪魔なものの神格化から解放しようとする神もまた、邪魔なものをまきちらす者、信仰のあつい人々の足もとの落とし穴をふやす者なのです。神が引き起こすつまずきは、供犠の礼拝の拒否に結びついています。

(……)
あなたがたの燔祭は私の気にいらない。
あなたがたのいけにえもうれしくはない。
それゆえ主はこう言われる。
「ここに、私はこの民に、
つまずきの石を置こう、

父も子もともにそれにつまずき、
隣人も友人も滅びよう。」〔エレミアの書、六の二〇―二一〕

この部分には、近代のヒューマニズムの善良な使徒たちを感動させ、神聖視されているすべての「神父たち」のうちの最も情け容赦のない者から絶えず悩まされているユダヤ教――そう断言している人がありますーーの不幸に同情する正しい心の持ち主を感動させるだけのものがあります。

聖書における神は変わることのない岩、けっしてなくなることのない隠れ場ですが、それと同時に、偶像崇拝にしがみついている者にとっては、彼らの支えであり共同体の一時的な安定を保証する祭壇から偶像を奪い取る邪魔者でもあります。神は、したがって、二つの国の内部の危機の責を負う者ということになります。預言者たちの目には、この二つの国の対称的な騒乱は、差異を生み出すもとであり、古い秩序に真の連帯を置き換えるわけでもありませんから、これらの国の退廃の、そして次には崩壊の、真の原因だということになります。それは外敵以上の力を持っています。外敵の役割は、結局は、だれもが他人に対して邪魔者であることによって、次第にばらばらになってきていた集団の、内部の崩壊の総仕上げをすることにとどまっていますから。

主は聖域であり、
イスラエルの二つの家を打ちこわす
つまずきの石であり、岩である。
エルサレムに住む人々の、
落とし穴であり、罠である。

多くの者がそこに落ち、
打ち倒され、打ち砕かれ、
罠にかかって捕われの身となろう。〔イザヤの書、八の一四—一五〕

多くの個所で、人間にせよ神にせよ魅惑的な邪魔者は、一種の粉砕機のように作用します。それはまさにこなごなに打ち砕く機械であり、ヤハウェの監督のもとに機能するとみなされてはいますが、どう見てもいずれは模倣の干渉作用が起こり、個人対個人の関係が作用することになります。

預言者の考えでは、潜在的な敵対者どうしを引き離しておく律法と、その律法を侵蝕したあと、それがなくなったことによってますます闘争的になる模倣の欲望とは、けっして完全に区別されていません。預言者の考えは、模倣の作用を次第に明らかにしてはいきますが、過程全体に神を引き入れる傾向があり、また神のうちにまず律法を定める者、次には時間をかけて人間からその律法を奪い取り、より高度な道徳を提示して人間を誘惑しようとする者、を見る傾向があります。人間はその誘惑に負けてしまいます。人人間にはそのより高度な道徳が理解できません。そしてこの同じ神がいつでも、「人々に人々の悪意を注いで」〔エレミアの書一四の一六〕、つまり人間を相互的な暴力へと突き放して、人間を罰するのです。

近代の考えは、律法の本質的に自動性を欠く防御者的性格を認識することができませんし、律法と模倣の対象である邪魔者とは絶えず混同されていますから、旧約聖書についても、模倣作用と、そのために起こる暴力のエスカレイションの厳密な意味での人間的な性格の認識不足が、ある段階までつづいてきました。

欲望についての近代の考えは、ヘーゲルからフロイトまで、ハイデガーからサルトルまで、そしてライヒ、ラカン、マルクーゼなどのすべての新フロイト学説に至るまで——もちろんそれらがきわめて多種多様な精神病理学であることは、彼らの厳密な分類をも含めて無視はできませんが——秩序や無秩序の単に模倣のみによる発生、スカンダロンについての新約聖書の考え方のとおりの発生に対しては、例外なくまさしく「旧約聖書的な」性格を示しています。暴力に支えられた偶像崇拝の遺物は、律法や違反行為や言語などの概念のなかにも、またヤハウェが「復讐の心をいだいている」という、これまで一度も完全に見捨てられたことのない考えのなかにも、いつでも見てとれます。だからこそ、近代のあらゆる考えは、そのヒステリックな反有神論にもかかわらず、何とかして福音書を供犠的に読もうとしています。別な言い方をすれば新約聖書をいつでも旧約聖書のように読もうとしています。神聖化された「差異」を徹底的に脱＝構築することは、いつでもどこでも、同じように不可能なわけです。

　信者の足もとに魅惑的な邪魔物を置くような神はもちろんいませんが、そうした役割を神に代わって行なう「律法」もまたありません。現代の文化を魅了しているにせの知識人は、そういう「律法」があると考えているようですが。われわれが読んだ『レビの書』のテクストは、母ヤギの乳に子ヤギを入れて食べるなどという教え〔脱出の書、二三の一九他参照〕よりもはるかに重要ですが、だれもこのテクストをまったく話題にしていません。なぜでしょうか？　それはこのテクストが、律法が人間にとって邪魔物や誘惑であるどころか、まず邪魔物を遠ざけ、堕落の機会を避けさせようとするものだということを、明示しているからです。

　互いに邪魔者になるのは父と息子であり、隣人や友人どうしです。旧約聖書はこの事実に近づいていますが、それを完全に明確にはしていません。ほんとうにそれをつかんでいるわけでもありません。したがって旧約聖書の神には、供犠的な考え方にもとづくキリスト教の神と同じように、暴力をともなう神聖化が残っています。神の命ずる身代わりの犠牲者に帰されたままの暴力、したがって福音書の教えを身をもって体験する「世代」にはまだ全面的に降りかかってはいない暴力があります。

人間どうしの柵が消えるにしたがって、模倣にもとづく敵対関係がふえ、人間は互いにあのつまずきの石、旧約聖書がヤハウェ自身によって各人の足もとに置かれたとしているあのつまずきの石となります。同じように近代の考えは、ますます滑稽なことに、この石を「律法」と同一視しています。実際には「律法」は、どんどん弱まりつづけているのですが。福音書を体系的に解釈できるようになるということは、神や「律法」の命ずる身代わりの犠牲者を完全に廃止することであり、過程の最終段階まで進むことであり、また固定化され制度化された柵がますます少なくなる世界では人間どうしがお互いの魅惑的な邪魔者になり、お互いにつまずきあう機会がますます多くなるのを認めることでもあります。

つまずきのために人々は何と不幸になることでしょう！　たしかにつまずきはやむをえぬものですが、それが人間によって起こるとは、人間は何と不幸なものでしょう！　人間は「暴力の国」を、苦難にも危険にもあわずに「神の国」に変えるための必要な行動をとろうとしないのですから、どうしてもつまずきは避けることはできません。それは不可避的な歴史上の一つの過程ですが、神とは何の関係もありません。つまずきはいつでも人間によって起こります。分身の過程であり、またわれわれがここ数日来話してきた模倣の欲望が引き起こすあらゆる災難の過程である、循環する過程の形をとって、他の人間たちにだけ起こります。

まさしく宗教的な解釈のなかに見うけられる供犠についての誤りと、「キリスト教」を回避しようと思っているいろいろな思想の誤りには、よく似たところがあります。後者は供犠的な読み自体をテクストだと取りちがえていて、そこから別な形の身代わりの犠牲者をつくり出すのだということを口実に、そう思っているわけです。くりかえして言っておきますが、これでは身代わりの犠牲者を際限なくつくり出していく、ということになります。両者の類似点を十分に理解しようと思えば、オリゲネスから現代までのピューリタニズムの傾向――つまずきのこうした考え方、われわれの見るところではその及ぶ範囲がきわめて広範な考え方について、単に性的な解釈を与えようとする傾向――に注目する必要があります。こうした性欲を一つの極とする集中作用は、まさに精神分析の汎性欲説に対応するものですが、汎性欲説は結局は、もう一度言わせてもらえば、われわれがとりあげているのと同じ邪魔者をあまりにも性的な見方からのみ解釈し、それを盲目的に信じているにすぎません。

L　あなたがいまお話しになっていることを確認するためには、われわれが編集しようとしている著作の第二版に、補遺として、初版についてなされるはずの、あなたに対する非難――邪魔ものとか、つまずきといった聖書の概念には、男根や去勢の意味が隠されているのに、あなたにはそれがわからないのだという非難――の書評を付け加えなければならないでしょう。書評家たちは、そうした非難によって、自分たちのすぐれた洞察力についても、神聖にして侵すべからざる精神分析の比類のない開拓者の権威についても、同じように安心感をいだくでしょうから。

G　必ずそうしていただきたいと思います……。結局、つまずきの石が完全に神話学から解放されるためには、福音書を待たなければなりません。邪魔ものの概念の歴史的進展をたどることは、聖書が供犠の神話から解放され福音書による解放に至るまでの、計り知れぬ努力のあとをたどることです。新約聖書のスカンダロンの意味が理解できないとすれば、それはその概念自体のためではなくて――それにはあいまいなところはまったくありません――われわれ自身の考え方が、福音書の考え方はそうではないのに、いまでも神話的、供犠的なままにとどまっているからです。われわれの考え方がいつものことながらあまり進んではいないので、福音書が提出する完全に模倣的で構造的な概念を理解することができないというわけです。われわれはきわめて力強い思想のばね仕掛けを、きわめてひよわな思考の力を借りて分解しているつもりですが、それはどこか、ダイヤモンドをそれよりかたくないもので切ろうと努力している人のようにみえます。

見よ、私はシオンに
あかしとなる一つの石を置く。
角のある、大事な、土台の石を置く。
信ずる者はゆらぐまい。
私は公平をものさしに、
正義をはかりにしよう。

〔イザヤの書、二八の一六―一七〕

O　伝統的なキリスト教の考え方は、常に哲学からの影響が強すぎて、本来の福音書的な論理に到達することができず、そのため旧約聖書から新約聖書への移行は、「精神化」とか「観念化」と定義されています。われわれはまさにこのスカンダロンの場合に、こうした移行が別な形で定義されなければならないことに気づくのです。

旧約聖書から新約聖書への移行では、邪魔ものを非物質化して一種の形而上的な幻影にすることが問題なのではありません。それではまったく逆です。旧約聖書では邪魔ものは、あまりにも物的《もの》であると同時に形而上的な性格を保持していますが、福音書では、形而上的な魅惑の持ち主である他者であり、また模倣を誘発するモデルであり、ライバルです。

G　だからこそ、その概念がかなりな影響力を持っているのです。一方では、その概念は完全に旧約聖書に根ざしていて、そのためにわれわれは魅惑的なものの介入の根本的な構造を忘れることを禁じられているわけですが、この構造は欲望についての近代の考え方には一切あらわれず、また明らかにそうした考え方の挫折の本質的な理由となっています。他方では、スカンダロンについての福音書の概念は、旧約聖書の概念のなかに残っている「物的《もの》な」、「物化《もの》された」側面も、神聖化された側面も、完全に除去してしまいます。つまり福音書は、すべての対称的な暗礁を、ギリシアから現代までの哲学思想が絶えずそこに陥っていた邪魔ものを――経験主義や実証主義にせよ、あらゆるものを主観化し観念化し非現実化する傾向にせよ――避けて通っているのです。

福音書は、誤った極端な考え方や、分身の影響力を過大視することから生じたいつわりの対立のうちに、キリストを求めてはならない、と教えています。問題が解明されれば、解明されるときがくれば、めざましい効果が生まれるはずです。

> だから、ある人が、「彼は荒れ野にいる」と言っても、出ていってはならない。「彼は隠れている」と言っても信じてはならない。人の子の来るのは、まさに稲妻が東から西へとひらめきわたるのに似ている。死体があれば、そこにハゲタカが集まるだろう。〔マタイ、二四の二六―二八〕

つまずきを単なる表象とみなす近代の受けとり方においても、つまずきのもとになるものは、けっして包括的に定義されることはありえません。そのうちでも欲望と怒りとは、模倣による介入の作用以外には原因が考えられない「フィードバック」によって、互いに強度を高めあっています。つまずきのもとになるものは、それが人間に真似するように示された抵抗しがたい例、そして真似することのできない例、つまりモデルであると同時にアンティモデルとなるのでなければ、つまずきのもとにはならないでしょう。

要するにつまずきのもとになるものは、ニーチェのルサンティマンのような概念が内包しうる、模倣作用に一致するあらゆるものを内包しています。しかしスカンダロンは強調すべき個所を強調しています。モデル／弟子の関係、「個人対個人の」心理学などは強調していますが、ニーチェがさらに「力への意志」のような「よい」欲望と「ルサンティマン」のような「悪い」欲望を区別するにあたって──これは供犠や犠牲を生み出す区別ですが──必要だとしたような個人の心理学は強調していません。[130]

つまずきから起こる怒りは、常に、罪のある者と罪のない者とを差異化し、責任の所在を明らかにし、卑劣な行為を徹底的に究明し、相応の罰を与えようとする熱に浮かされたような激しい欲望です。つまずいた者は問題を明るみに出そうとします。彼の内部にはつまずきを解明し、それをさらし台にかけようとする燃えるような熱意があります。こうした貪欲で病的な好奇心という本質的な要素は、もちろんこれまで述べてきた、秘密を明らかにしようとする熱意と結びついています。秘密解明の呼び水となるのは常につまずきであり、そうした秘密の解明はつまずきに終止符を打つどころか、つまずきを至る所に伝播し普遍化します。現代の文化全体が、いまではもうそれ以外の何ものでもありません。秘密の解明には何かのつまずきが必要ですし、秘密解明の行為は、つまずきと戦っていると称しながら、実はそれを強化しています。熱意が激しくなればなるほど、敵対者どうしの差異はなくなっていきます。

要するにそれは模倣の危険性の過程そのものですが、この過程は未曽有のパラドクスにまで押し進められています。つまずきとは事実、暴力そのものであり、暴力についての暴力的な知識です。それはときには、かつてないほど血なまぐさい、だれの目にも明らかな形態をとります。たとえば大規模な迫害が起こることもあれば、世界の全大陸がきわめて奇怪な圧制のもとに置かれることもあります。しかしそれはまた、巧妙な隠蔽された形態をとることもあり、そうした形態はわれわれの目前に、非暴力の言語、あらゆる不幸な人々への心づかいの言語となってあらわれます。

福音書のテクストを調べてみると、スカンダロンの言及がない個所でも、問題となっているのは個人対個人の、同じタイプの関係であることに気がつきます。これ以上何を付け加えることも何を削除することもできないほど完璧なテクストのなかで告発されているのは、常につまずきの作用と、互いに相手の迷妄を覚醒しようとする作用です。

裁かれたくないなら、ひとを裁いてはいけない。ひとを裁けば、それと同じように自分も裁かれ、ひとを許れば、それと同じはかりで自分も許られる。なぜあなたは兄弟の目のなかのわらくずに目を止めて、自分の目のなかの梁に気がつかないのか。自分の目のなかに梁があるのに、なぜ兄弟に向かって、「待ってくれ、おまえの目のわらくずを取らせてくれ」などと言うのか。偽善者よ、まず自分の目から梁を取り除くことだ。そうすれば、はっきり見えるようになって、兄弟の目からも、わらくずを取ることができるだろう。〔マタイ、七の一―五〕

わらくずとは、軽率な判断のことです。それによって自分の兄弟が他人に対して罪を犯すことになるのです。他人の偽善を告発することで巧みに窮地を脱したと考えるのは、それだけでもういつでも偽善です。

わらくずを見つけるほどよくきく目に梁を入れたのは偶然ではありません。批判する者が鋭い目の持ち主であるのは事実です。わらくずはまさしくこの兄弟の目のなかにあり、「私」はそれを非難しています。「私」には、「私」自身のする非難が、非難すべき行為の構造的特徴の再生――この鋭い目も自分自身に向けられたときには無力ですが、この無力さが目だつような形での再生――だということがわかっていません。こうしたらせんのそれぞれのレベルで、判断を下す者は、他人に対して下した判断を、自分は免れると思いこんでいます。自分より下位のあらゆるレベルで実に見事に確かめられる円環性のかげにかくまってくれるある「論理のタイプ」や「メタ言語」のなかで、自分はいつでも、越えることのできないある「認識論の断層」の向こう側にいる、と信じています。

福音書の隠喩のなかでは、わらくず／梁のシリーズは開いたままです。判断の円環性を断ち切るものは何もありません。キリスト自身が語る場、まったく罪のない、暴力とは無縁な犠牲者が語る場、つまりキリストのみが占めうる場のほかには、事実の語られる場はありません。

『ローマ人への手紙』のなかには、分身どうしのシンメトリーのもう一つの表現が出てきます。つまり他の人に復讐をしようとするのですが一度も成功したためしのない判断が示されています。それはわらくずと梁の完全な注釈になっています。

したがって、ひとを裁く者よ、何者であれ、あなたには弁解の余地がない。他人を裁くことにより、あなたは自分に罪を宣告する。他人を裁くあなた自身が同じことを行なっているからである。〔ローマ人への手紙、二の一〕

これまで述べてきたことに照らしてみれば、キリストが弟子たちになぜスカンダロンに、キリスト自身が彼らのために設けているのかもしれないスカンダロンに、用心するように教えているのかがわかります。キリストは人間から供犠にたよろうとする最後の支えの杖を取りあげます。人々はキリストが取りあげたものの代わりに、キリスト自身を指導者や立法者にしようとしますが、キリストはそのたびに身をかわします。キリストはつまずきを抑える形の神話や儀礼を根絶やしにしますが、それは無駄な努力だったようにみえます。なぜなら彼はついに十字架という許しがたいつまずきのなかに深く沈んでしまうのですから。
信者をつまずかせるもの、信者ではない者から見ればただのばかげたことだと思われるものは、十字架が勝利の象徴になりうるということです。信者ではない者には、それがどうして勝利なのか理解ができません。もう一度だけ、「人殺しのぶどう小作人たちのたとえ」と、このたとえのための解説〔ルカ、二〇参照〕とを、全体的に考えなおしてみると、そこにもつまずきがあらわれていて、重要な位置を占めていることがわかるはずです。

これもまた基礎づくりの殺害の解明であるこのたとえにつづいて、キリストはこの解明を行なった者として、また人間の文化の秩序全体をくつがえし、そのあと明らかにそれとわかる形で基礎づくりの犠牲者の位置を占める者として、みずからすすんで自分の立場を明らかにしますが、聖書の解釈学者たちには、その理由がわかりません。『ルカによる福音書』のなかでは、多くの人にとってすでに度外れとも、よけいなものとも見られているこの最初の付け足しの個所に、さらに歓迎されそうもないつまずき、また多くの者が単なる「ことばの汚染」か換喩の汚染の結果だと称しているつまずきが、加わります。それは別な言い方をすれば、いしずえの「石」の象徴であり、つまずきの「石」の呼び水ともなるようなものなのですが、両者を比較しても結局は要領をえません。以下が問題の個所です。

（……）イエスは彼らを見つめて、言われた、「それでは、
『家づくりたちの捨てた石、
それがいしずえの石になった』
と書いてあるのは、どんな意味か。この石の上に落ちる者はだれでもからだが砕け、この石が人の上に落ちれば、その人は押しつぶされてしまうだろう。」〔ルカ、二〇の一七―一八〕

注釈者のなかには、毎度のことながら、福音書の教えを誤解させるような意地の悪い表現、特に最も好意にあふれたものと考えられているルカのテクストのなかの意地の悪い表現を嘆く者がいます。彼らは、そのひとをおびやかすような文が、ほんとうに必要があってテクストのなかにはいっているわけではなく、ただ同音異義語の組み合わせの効果を狙って無意識に使われているだけだと考えて、自分をなぐさめています。

ほんとうは、ここには、ことばの問題とは別なものがあるのです。ここまでたどりついてそれがわからないとすると、われわれの目や耳は、まさに見れども見えず、聞けども聞こえずだということになります。つまずきこそは、ついに明らかにされた基礎づくりの犠牲者であり、それはまたキリストがこうした解明のために演じている役割です。キリストが引用している詩篇がわれわれに伝える内容はまさにそのことです。人間の文化という建造物全体が、家づくりたちの捨てた石であるかなめの石の上に建っています。そしてまさにキリストがこの石の、目に見えるようになった姿なのです。だからこそ救世主ではない犠牲者はいませんし、だれか犠牲者を助けにいくとすれば、必ず救世主を助けにいくことになります。人間が愚かで不信仰なのは、この場合にはたしかに、基礎づくりの犠牲者キリストが基礎的な人類学で演じている役割を認識することができないからです。

いしずえの石とつまずきの石の組み合わせが偶然ではないという証拠、それはもちろんまず旧約聖書全体がそうなのです。証拠はすでにそこに示されているわけですが、あまり明瞭な形、特にあまり合理的な形で示されてはいません。こうした組み合わせが再びあらわれるのは、新約聖書のなかのテクスト、『ペテロの第一の手紙』です。

それは信じるあなたがたには名誉であるが、信じない人々には「家づくりたちの捨てた石」である。この石が角のいしずえの大事な石になった。それはまたつまずきの石、「人を打ち倒す」岩である。彼らがつまずくのは、「みことば」を信じないからだが、彼らはそう定められてもいたのである。〔ペテロの第一の手紙、二の七―八〕

十字架は至高のつまずきです。それは単に神の尊厳が最も卑しい刑罰に屈したという意味でそうなのではありません。事実、それに類似のことは、ほとんどの宗教のなかに見られるのですから。そうではなくてそれは福音書が、あらゆる世俗的な威光の、あらゆる神聖化の、あらゆる文化的な意義の持つ基礎づくりのメカニズムを解明するものだという、より根本的な意味でそうなのです。福音書が行なうことは、それ以前のすべての宗教が行なってきたことと、だいたい同じことです。だからこそ、現代の思想家たちはみな、そこにいかなる差異も認めていません。実はこうした表面的な類似のなかにも、それまでにまったく知られていない別な作用がくりひろげられているのです。あらゆる暴力の神々は、この作用によって信用を落とされ脱＝構築されてしまいます。なぜならこの作用は、暴力をみじんも持たない真の神を明らかにするからです。福音書が世にあらわれてからこの方、すべての人々がこの謎にいどんで挫折してきました。いまでもあいかわらず挫折しつづけています。ですから、こうした真の神が明らかにされたことによって現状はますます明白になっていくにもかかわらず、昔から絶えず生み出されてきたもの、これからも引きつづき生み出されていくはずのものを、特に福音書のテクストがとりあげているからには、それは意味もないおどしや、わけもない意地の悪さではありません。福音書の教えに最初に耳を傾けた人々にとっても、現代のわれわれにとっても、家づくりたちの捨てた石は、絶えざるつまずきの石です。われわれは教えられていることをわかろうとせず、そのためいちばん恐ろしい運命を自分のためにつくりあげることになります。そしてそのことには、われわれ自身以外にだれも責任はありません。

キリストがこのように人をつまずかせる役割を演ずるのは、福音書のテクストの知的な理解に没頭し、つまずかされた者として反応する人々に対してです。キリストのこの役割を説明することは可能ですが、それは逆説的な役割です。というのはキリストは、模倣による敵対関係や干渉には、手がかりとなるようなものはほんの少しも示していないのですから。イエスには横取りの欲望はありません。したがって、ほんとうにイエスに心を寄せるものはだれでも、どんなに小さな邪魔物にも絶対にぶつかることはないはずです。イエスから与えられるくびきは簡単なものですし、負わされる荷は軽いものです。分身どうしの悪質な対立にまきこまれる危険もありません。

福音書も新約聖書も、自発性の道徳を説いてはいません。人間は真似《イミタシヨン》を拒否すべきだと主張してもいません。ほんとうに子どもが真似るように真似るならば、魅惑的な敵対者に変わるおそれのない唯一のモデルを、つまりイエスを、真似るようにすすめているのです。


主のなかにとどまると主張する者は、自分も主が歩まれたように歩まなければならない。〔ヨハネの第一の手紙、二の六〕

暴力的な真似《イミタシヨン》にとらわれた人々は常に閉鎖的な傾向を持っていますが、それと対称的なのが、いかなる邪魔物にも出会うおそれのない非暴力的な真似をする信者たちです。これまで見てきたように、模倣の欲望の犠牲者とは、かたく閉じられた扉ばかりをたたいてまわり、見つかるものが何もない所ばかり探しているような人々のことです。執拗きわまる反発にあいながら「絶対的な存在」を求める者は、常にその賭けに敗れますが、それと対称的なのが一見不毛にみえる「王道」です。実はそれだけが実りのある、まちがいなく楽にたどれる道です。なぜならひじょうに現実的な妨害がわれわれを待ちうけているとしても、形而上的な欲望から起こる邪魔物に比べれば、そんなものは無に等しいのですから。

求めよ、そうすれば与えられるだろう。探せ、そうすれば見つかるだろう。たたけ、そうすれば開くだろう。だれでも、求める者は受け、探す者は見つけ、たたく者は開けてもらえるからである。〔マタイ、七の七―八〕

キリストに従うということは、模倣の欲望を断念することであり、したがって次のような結果に到達することです。福音書のテクストを注意深く調べれば、至る所に、信者が恐れる邪魔物のテーマ、そして、最後の瞬間に、つまり信者が突き当たったと思う瞬間に取り除かれる邪魔物のテーマのあるのが明らかになるはずです。最もおどろくべき例は、「復活」の朝の女たちの例です。彼女たちは死体と防腐用の香油と墓のことしか念頭にありません。彼女たちは、墓を閉ざしている石のこと、言うまでもなくイエスの死体にほかならぬ自分たちの努力の目標にたどりつくのを妨げるはずの石のことを思って心を痛めます。邪魔物のうしろにあるのは死体だけです。邪魔物はすべて、いろいろな墓です。着いてみると、彼女たちが期待していたものは、もうそこにはありません。邪魔物もなければ死体もありません。

さて、安息日が終わったので、マグダラのマリヤとヤコブの母マリヤとサロメは、イエスのからだに油を塗りに行こうと思い、香油を買い求めた。そして週の初めの日、朝早く、日の昇るころ、墓まで出かけていった。彼女たちは、「墓の入口から石をころがしてどけてくれる人がいるでしょうか」と話しあっていた。ところが、見ると石はもうころがしてあった。それはひじょうに大きな石だった。〔マルコ、一六の一―四〕

結びとして……

L　疑義をさしはさむ余地のない正しい判断、とあなたが言うとき、あなたは例の、「どういう立場で言っているのですか？」という、論争にはつきものの、たしかにきまりきった質問を予期しておられるはずです。なぜなら言語の内部には、何らかの絶対的な真理が見いだされるような特権的な場はまったくない、ということを証明するのが、われわれの問題なのですから。

G　そういう場がないということには、まったく賛成です。まさにそうであるからこそ、絶対的に真理であると自任する個々の人間の「発言《パロル》」は、これまでにも見てきたように、必ず仲間はずれにされている犠牲者の立場での発言だ、ということになります。こういう発言がわれわれのあいだで見うけられることは、人間の力で説明のできることではありません。

レトリックの形態が問題なのではない証拠に、こうしたパロルは二千年のあいだ、きわめて広範に使われていながら、いぜんとして認識不足のままにとどまっています。今日こうした認識不足が打破されつつあるとすれば、それはわれわれがとりあげてきたいろいろな主要な歴史的理由によるものですし、「また同時に」人間全体を考察していることによるものです。

この討論の初めのほうの純粋に民族学的な部分では、基礎づくりの犠牲者は、人間科学に共通な最初の仮説のようなものにすぎませんでした。そこで私は、「どういう立場で言っているのですか？」という質問には、「そんなことは私には何もわかりませんし、それほど重要なことでもありません。あなたの出された結果と私の結果とを比べてみましょう」と答えてきました。残念ながら、「どういう立場で言っているのですか？」という質問をする人たちは、具体的な結果にはほとんど関心を持ちません。テクストについては大いに弁じますが、テクストに大はばに語らせることはけっしてありません。われわれの仮説ほどの有効な仮説を持てば、「どういう立場で言っているのですか？」などという質問に答えるよりも、別な問題を手がけなければならないのです。ある仮説がどんな立場をとっているのかは、わかるものではありませんし、そんなことは、少しも重要ではありません。

福音書の解明のさいには、状況はいささか異なります。私には、この仮説を思いついたのは私が最初だ、などとはもう信じられません。それは再＝発見なのだと考えるべきでしょう。それは歴史の過程に含まれていますし、そこには人類学や欲望の問題を体系化しようとした先人たちの努力も含まれています。私には、あらゆるものが結局は福音書のテクストそのものの支配下にあること、その支配は、福音書のテクストとそのあとにつづく模倣の危険性の必然の結果であった不可避的な、そしていまなお供犠的な、読みを越えた段階にまで及んでいることが、よくわかります。

基礎づくりの犠牲者というわれわれ自身の認識は、それに先立つ認識、つまり福音書のテクストがもたらす唯一の本質的な認識によってまさに決定的なものになっています。ひじょうに重要な面のいくつかをわれわれが見落としているということは考えられますが、それもいずれは解明されることになるでしょう。真理の認識は、いかなる場合でも、いまなお福音書のテクストに依存しています。そして現在の認識が、この福音書のテクストに対する特権的な関係の上に、あるいはまた特に注目にあたいする一つの読解力の上に、いつまでも居すわっている必要はありません。福音書のテクストを正しく読むことは、このテクストによって間接的に始動させられた歴史が介在するために、また供犠にもとづくキリスト教が徐々に解体されつつあるためもあって、ますます必要になってきています。われわれは、われわれ自身が生み出した状況の圧力のもとに、どうしても供犠的な読みの誤りを訂正しなければならなくなっています。われわれは福音書のテクストの暴力についての告知を真に受けることを拒否しましたが、このテクストの真意は、いまや途方もない暴力の形をとって、きわめて必然的な帰結として、われわれの目の前にあらわれてくる可能性も生じてきました。事実、この途方もない暴力は、この世で初めてまったく人間の手によるものとして、つまりもう神によるものではなくなって、姿をあらわしてきました。そこからすぐにも取り返しのつかない結果が、神話から脱け出した人間のために生まれるということはないにしても。

旧約・新約聖書についての基礎的な人類学の所与は、いまではすべてだれにでも利用できるようになっています。いまではもう、福音書にせよ、民族学にせよ、歴史にせよ、あらゆるテクストを互いにつきあわせさえすればよいのです。最終的なほんの一押しで、一切は非供犠的な方向に傾きます。この一押しは、十九世紀と二十世紀のすべての批判的な考え方の延長線上にあります。ただ、だれかが、最後にこの一押しをすることが必要でした。

われわれはこれまでにとりあげたすべての人々と同じ歴史の道を歩いています。その証拠にわれわれは彼らを、彼らと同じ論争好きの精神で、気軽な不公平な態度で、扱っています。彼ら自身も先人たちに対してそうした態度をとってきたことは、だれの目にも明らかなのですから。彼らと同じようにわれわれも、現在の支配的な考え方を拒否して、それに取って代わろうとする、世俗的な野心に動かされています。われわれの唯一の有利な点は、歴史の唯一同一の躍動に乗って——次第に加速され、ますます真理に近づきつつある躍動に乗って——彼らよりも少しばかり前進しているということです。

O　「どういう立場で言っているのですか？」という質問に対するあなたの答は、いつでもそういう質問をする人々に、満足を与えることはできません。あなたの答は、構造主義とその追随者が受けいれることのできない歴史の概念にもとづいています。彼らはそこに何らかのヘーゲル的思考への、ひそかな後退以外のものを見ることは絶対にないでしょう。

G　私もそれがかなり心配です。しかし、だからといって、歴史のそうした概念のために、われわれがわれわれの仮説とその科学的な性格について論じてきたことを、変える必要はありません。この仮説は科学的性格を持っています。それは、それが体験的な直観あるいは現象学的な直観によって直接近づきうるようなものではないからです。人間科学のいろいろな方法論をいまなお支配している哲学的精神にとっては、仮説の概念そのものが想像もつかないものです。あらゆるものが、所与に対する無媒介的な支配、所与との直接的な接触、という観念的なもの――それはおそらく現代のわれわれが「存在の形而上学」と呼ぶものの一つの様相ですが――そうした観念的なもの、に依存したままになっています。ある学問の領域が真に科学的なものとなるのは、それが直接的な支配というこの観念的なものを捨てたときからですし、またそれが所与を十分な距離を置いて考察し、所与をほんとうに体系化できる原則は直接的な直観では到達不可能なのではないかと疑問をいだくときから、初めてそうなるのです。

科学的な精神とは要するに、一種の抜け目のない「謙譲の精神」であって、それは所与から遠ざかることによって、あまり近くにいたときには見つけられなかったものを、遠くで探す方法をとります。哲学的な精神にとっては、このように所与から遠ざかることは、一瞬のうちに捉えるという、つまり無媒介的な把握という、考えうる唯一の知を放棄することです。遠ざかれば正確ではなくなり、実際に誤りも生ずるというわけですが、それが逆に科学の場合には、確認を可能にする唯一の方法でもあります。仮説が所与から遠ざかって、一定の距離を保つようになると、それまでは不可能だった比較検討が可能になります。そしてこの仮説が適切であるか適切でないかは、この比較検討だけがわれわれに教えうることです。

L　レヴィ＝ストロースはその『野生の思考』のなかで、科学的な考え方について熱心に考察を行なっていますが、そこでは仮説という概念は何の役割も演じていません。これはおもしろいことです。科学的な考え方とは技術者の考え方であると定義されているのです(131)。実際には、真の科学的な考え方とは、いろいろな仮説を立てる純粋に学問研究の考え方です。そうした仮説から、いくつかの応用が可能になります。技術者が機能を果たすのは、この応用の面以外ではけっしてありません。

G　ミシェル・フーコーの『言葉と物』のなかにある、人間科学に対する批判は、「経験的で先験的な二重の」概念にもとづいています(132)。それは、人間は知の対象であり、同時に主体である、と言うのと同じことだというわけです。それは人間科学のいろいろな方法論に対する哲学的な批判です。それは昔からある、目はそれ自体を見ることができない、という論法でもあります。

こういう論法を科学は気にしません。この論法は、たしかに人間科学で実現されたことは一度もないが考えられないものではまったくないある可能性、つまりダーウィンの命題が仮説的であるという意味での仮説的な知の可能性、をまったく考慮していません。

満足すべき仮説が見いだされうるということを、あるいはむしろそうした仮説が存在するということを、前もって確認することはたしかにできません。われわれが調査に乗り出すのは、宗教と民族学についての所与が体系化可能なもの「のようにみえる」からです。「所与が効果的に体系化されるまでは」、体系化が可能であることを確認できる者はひとりもいません。

科学的な精神とは、可能性のあるものにはあくまでも期待を持つことですが、この精神が人間科学のなかにいまでも欠けていることがあります。その証拠に、私の仮説を教えられたときに、「これでうまく説明ができるのだろうか?」と思わない人はひとりもいません。あるいはほとんどいません。私に向かって理論的な、ドグマティックな反論をする人もあります。知的な人々もその多くはいぜんとして、「存在の形而上学」に支配されているのです。

O　しかし私があなたの推論を理解しているとすれば、そうした形而上学はぐらついているにちがいありません。そしてあなたの仮説は明文化されうるものとなる、いやもうすでにそうなっている、にちがいありません。哲学が強力であるかぎりは、仮説の考え方はすべて、想像もつかないもののままにとどまります。人間科学が科学の段階にまで近づくためには、人間科学も仮説となる必要がありますが、いろいろなドグマティックな方法論が妄想をまきちらしているかぎりは、それは仮説とはなりえません。

G　そうした方法論の効力についての妄想が消滅する時は、形而上学や哲学の妄想が消滅する時と一致します。私は前にもお話したとおり、哲学がその資力を使い果たしてしまったという考えを、まともに受けとめています。事実、この問題が起こったのは——それが一つの問題であるとすれば——もうだいぶ前のことです。哲学の危機は、あらゆる文化の差異の危機と一致していますが、その結果はだいぶ遅れてあらわれます。そして、哲学は終末を迎えたというようなことをいつも言っている哲学者たちは、また同時に、いったん哲学の外に踏み出してしまえば考えることができなくなる、ということを断言していることになります。私は逆に、哲学の終末は結局、人間の領域での科学的な考え方の可能性につながるものだと思いますし、また同時に、たいへん奇妙に聞こえるかもしれませんが、宗教的なものの回帰につながるものだとも思っています。つまりキリスト教のテクストの回帰——外在的な科学によるのではなく、そのテクスト自体が現代のわれわれの世界に生じつつあるような科学であるという事実によって、新しい光を当てられたキリスト教のテクストの回帰――につながるものだと思っています。

キリスト教のテクストはこうした科学であるだけではありません。それはまた、テクストそのものの誤った読み――つまり科学はこのテクストによって予見される、テクストに由来する「差異」のすべての結果をも含めて予見されると見る可能性のある読み――のために、固有の遅れの作用をともなう科学でもあります。身代わりの犠牲者の仮説を、他のすべての仮説と同じような科学的な仮説として提示すること、そしてまた同時に、この仮説の出現がテクストに支配された歴史の事実であると断言することには、何の矛盾もありません。これまで同じテクストを読んだ無数の人々によっていつも逆の形で認められてきたとはいえ、テクストにはこの仮説そのものが根源的な形で、まったく疑問の余地のない形であらわれているのですから。

L　あなたは最も不合理な形而上学のなかに迷いこんでいる、とひとから言われるのはまちがいありません。そこであなたはこうお答えになると思います。この仮説全体が、まず、宗教的な民族学のテクストばかりか、近代西欧社会のテクストをも理解可能なものにする方法であり、また特にこの世に「迫害のテクスト」があらわれた理由や、そこから派生する問題を説明可能なものにする方法であるなどと……。

G　いまやあらゆるものがこの仮説とそれを明らかに示しているテクストに従属しています。なぜならこの仮説とテクストの光に当てれば、あらゆるものが読解可能なものになるからです。

世のなかには、自分たちが現代思想のいくつかのタブーを破らざるをえなくなっているのがわからない人もいます。彼らは、研究においてはあらゆるものが結果に従属しなければならない、ということもわかっていません。ある程度の知によって命じられた方法論の原則を、その後の進歩の妨げになってはならないものを、彼らはイデオロギー化してしまうのです。

エピゴーネンたちは、自分たちが自分たちの支持する動向の後衛に位置しているだけになおのこと、方法論から生まれる現代のいろいろなタブーを、好んで強調しています。彼らはこの動向をおびやかすものは、彼らがまだ十分に脱け出せないでいる過去への後退だとしか考えることができません。彼らは時代をあまりにも絶対的な目で見ているので、時代を解釈するさいに、新しい道が開かれていてもそれに気がつきません。その道は彼らがあまりにも排他的な態度で守りつづけてきたものそのものによって開かれたのかもしれないし、またその道は、彼ら自身の計画では決定的に排除することになっているものをすべて、急に理論の領域に引き戻すことになるかもしれないのですが、彼らはこういう道が開かれていても目にはいらないのです。たとえばしばらくのあいだ、少なくともフランスでは、進歩のいかなる見方も、時間のいかなるディメンションも、構造主義の主張する共時性によって、人間科学からは多かれ少なかれ除去されたように考えられていました。明日になれば、そういうことを言う人は、ひとりもいなくなるでしょう。

約二百年まえから、力強い考え方といえば、批判的な考え方や破壊的な考え方でしかなくなっています。そうしたいろいろな考え方は、ある種の戦いを遂行しているように私には思われます。ただしそれは徹底的なものではありません。そしてそれは神話的な方向とは逆の道をたどっています。それをわれわれの分野でまっさきに、きわめて本質的な形で証拠だててくれるのは、いまでもやはり、われわれが「迫害のテクスト」と呼んでいるものです。(133) したがってこうした考え方は、旧約・新約聖書のテクストがわれわれの世界に及ぼす支配と、別途に扱うわけにはいきません。こうした考え方はすべて、基礎づくりのメカニズムの解明を目ざしていますし、このテクストにすでに明示されているものに、それと知らずに合流し、それを議論の余地のないものにしようとする傾向を持っています。それにそうしたことはすべて、模倣の欲望と供犠の衝動との解釈を通じてなされています。こうした考え方はすべて、私的な迫害の形態を告発しています。他の、よくわからないまま、いつまでもつづいている、あるいはむしろ悪化している形態のほうは犠牲にして、告発しています。

政治学や社会学の議論のなかでも、精神錯乱や精神病の患者の私的な話のなかでも、判断の脱＝構築は、犠牲者全員よりはむしろ何人かの犠牲者を人目にさらすこと――それも一方的に復讐の念に燃えて人目にさらすこと――と別途には考えられません。犠牲者全員を人目にさらすような犠牲の原則は、かげに隠されたままになっています。

一見きわめて陽気な好意的な話でも、できるだけ無意味なことを言おうとする話でさえも、われわれの話は、もともと論争的な性質を持っているというのが特徴です。そこにはいつでも犠牲者がいます。だれもが互いにいたわりあうための絶望的な努力をつづけながら、隣人に向かって刃をとがらすのです。たとえそれがいつかくるかもしれないユートピア的な未来のことであっても、人間がけがれのない土地に孤独に、あるいは生まれ変わった人々といっしょに住むのであっても、どこかで人間は隣人に向かって刃をとがらすのです。こういうわけで供犠そのものが、奇妙ではあるがすじの通ったパラドクスによって、分身どうしの争いの中心になります。だれもがそれに身をゆだねていると言って他人を非難します。だれもが供犠のときに、不幸を永久に追いはらってくれるような、最終的な供犠によってけりをつけ、復讐をとげようとします。「律法と預言者はヨハネの時までで、その時から神の国が告げられ、人々はみな力に訴えてもそこにはいろうとする。」〔ルカ、一六の一六〕

人間が全員一致による全員参加の供犠という考えを捨てようとしないために、どうしてもこういう事態が起こらざるをえなかったのです。しかしこうしたいろいろな考え方はすべて、その否定の作業を完全に果たしました。そしてそれに先立つ供犠の形態を細かくきざんで食べつくしてしまいましたから、いままではもう食べるものが何も残っていません。もう互いに相手を殺しあう以外に手がなくなって、こうした考え方の犠牲になったものと同様に死に絶えてしまいました。それはまるで、動物に寄生して動物を倒し、食糧がなくなって動物の遺骸のなかで死に絶える、寄生虫のようなものです。

こうした形の挫折も、また挫折の起こり方も、例のおどろくべき円環性――この世では、判断はまちがいなく、判断する者に敵対することになるという判断の円環性――のなかにあっては、もう見過ごされるということはありません。「人間よ、ひとを裁くな。裁くおまえが同じことをやっているのだから。」われわれはいま、大がかりな実例を一つ、目のあたりにしています。きわめて勇気のある知識人たちだけが、その大きさがどれほどのものであるかに気がつき始めています。(134) 多数の知識人のグループが、あらゆる世代の人々が、圧制的で暴虐な社会形態に対する同時代人たちの共犯性、多くは現実のものである共犯性を、告発することに献身してきました。ところが、いまや彼ら自身が、人間の残虐な歴史がこれまでに生み出したいちばん恐ろしい圧制、いちばんひどい暴虐の共犯者であることを、認めざるをえない立場に置かれているのです。

このようなありさまを見ると、批判的な考え方とは、自分を正当化しようとする企て以外のものではけっしてない、そんな企ては人間を対立させるだけだから捨てなければならない、と結論を下したい気持ちになってきます。われわれは普遍的なものは避けて、ある種の知的地域性のうちに逃げこむことを望んでいます。批判的な考え方までも捨ててしまいたいような気持ちです。

L 現代的なものの挫折は、引きつづき懐疑主義の形をとって、いつ終わるのか、どこで終わるのかもわからないほど、のびひろがっていきます。

G さまざまな死をもたらす科学の方程式以外には、信ずるにあたいする言語はないし、また一方パロルも、それ自体の無意味さを認めて禁欲的なまでに、普遍的なものを拒否している、とわれわれに言う人があります。われわれがこの目で確かめている信じられないようないろいろな結びつきについても、また人類全体をただ一つの社会に統一しようという、次第に効果のあらわれつつある動きについても、決定的なことは何も、適切なことさえ何も言えないでしょう。そうした努力も、何の利益にもならないでしょう。無限に大きな体系、無限に小さな体系の前には頭を下げざるをえないでしょう。なぜならそれらの体系の力……爆発の力は、すでに証明されているのですから。しかしそこには、人間の尺度に合ういかなる思考のはいりこむ場所も、すべての文化の死滅という前例のない歴史的状況の謎と正面から取り組むような考察のはいりこむ場所も、ないでしょう。

人間が一瞬のうちにあらゆるものを無に帰する手段を手に入れているときに、人間の運命は無意味であり虚無であるなどと言ってみても、人類の環境の未来を、いまでは自分の欲望と「死の本能」以外に案内者を持たないような個々の人間にゆだねても、そんなことでは安心はできません。それは科学と近代のいろいろなイデオロギーが、それがわれわれに与えてくれた力を制御できなくなっていることを、雄弁に物語っています。

そしてこうした絶対的な懐疑主義、つまり知識に対するニヒリズムは、それ以前のドグマティックな解釈とまったく同じドグマティックな形で、しばしば姿をあらわしています。人々はいまではあらゆる確信、あらゆる権威を拒否していますが、その口調はこれまでよりも確信と権威に満ちています。

現代の社会では、人々はある一つのピューリタニズムを捨てると、必ずもう一つのピューリタニズムに落ちこんでしまいます。それは人間に性欲を禁じようとするようなものではなく、それ以上に必要なもの、つまり正しい判断を禁じようとするものです。人間はパンのみで、性欲のみで、生きてはいません。現代の考え方は極度に去勢されています。なぜならそれは記号内容《シニフィエ》の去勢なのですから。そうしたうえでだれもが隣人を見張っていて、何であれ信仰上の現行犯を取りおさえようとしています。われわれは先人たちのピューリタニズムと戦ってきましたが、そのあげくさらにたちの悪いピューリタニズムに、つまり身のまわりの触れるものをすべて殺す意味づけ《シニフィカシヨン》のピューリタニズムに、落ちこんでしまいました。それはあらゆるテクストをひからびさせ、至る所で信じられないようなもののただなかに陰鬱きわまる倦怠をまき散らしています。一見おだやかで、おうようであるようにみえますが、そのまわりに砂漠をひろげていきます。

O　しかし正しい判断との再会は、過去の虚偽の基盤にもとづいてなされるようなことは、ありえません。われわれが吸収してきた批判精神は、そうした虚偽の基盤とは対照的なものです。そのうえ二十世紀の歴史的な破局、つまりいろいろなイデオロギーの挫折、大規模な皆殺し、原子力に対する全面的な恐怖のみにもとづいた現在の平和などは、なおのこと対照的です。こうしたものはすべて、ルソーやマルクスの幻想ばかりか、同様な分野でこれからも生み出されるはずのものを、ことごとく永久に老化させてしまいます。

G　絶対不敗、難攻不落の正しい判断を見いだすこと、それもわれわれの生きている恐ろしい世界から生ずるさまざまな要求に対しても、最も厳密な研究に課されている要求に対しても、たとえばいかなる自民族中心主義も、人間中心主義でさえも一切認めないといった要求などに対しても、いいかげんな態度をとらずに正しい判断を見いだすことは、このうえなく重要なことです。

こうしたさまざまな要求にかなう考え方とは、どんな考え方でしょうか？　それは十九世紀の巨匠たち、ヘーゲル、マルクス、ニーチェ、フロイトなどから派生した考え方ではないでしょう。そしてまた、いまでも生き残っている、キリスト教によりどころを求めるひよわな考え方に探求の目を向けたりしてもいけません。こうした考え方は、キリスト教を直接供犠に結びつける解釈のなかにも見うけられますし、供犠を捨てたつもりでいながら実際にはまえよりもいっそうそれに依存している「進歩的な」解釈のなかにも見うけられます。なぜならこの解釈は、キリスト教のテクストの大部分を、よくわかりもしない理想のために犠牲にしたりしているのですから。ところが皮肉なことに、理想に到達できるのは、このテクストだけなのです。供犠にもとづくキリスト教解釈は、いまでも神の怒りをふりかざしていますが、それも次第に滑稽なものになりつつあります。一方キリスト教の「分身」であるキリスト教進歩派は、「安全」第一の口実のもとに、最強の切り札を手にしながらそれを使わず、黙示録的な重大な局面を完全に隠蔽していますし……。なかには旧約・新約聖書をしかばねとみなして、その腐敗を遅らせるために、構造化されたフロイト-マルクス思想のクロロホルムを大量に注入している人々もいますが、そうした人々のことは、何も言わないほうがよいでしょう……。

われわれは、われわれが生きている時代の要求を受けとめる努力をしています。人間中心説の拒否という点では、先人たちよりも前進しています。なにしろわれわれの文化人類学は、動物の生活に根拠を置いているのですから。

そしてそれは十九世紀と二十世紀のあらゆる批判的な考え方の延長線上にあり、また批判的な考え方が近代の偶像破壊を押し進めた以上にそれを押し進めることによって、われわれはもうこんどは、他の様式といまなお対置されるような犠牲の原則の何らかの様式に到達したのではなくて、この原則そのものの認識に、つまり真に中心的であり普遍的である唯一の原則に到達したのです。基礎づくりの犠牲者という命題は、十九世紀のいろいろなすぐれた無神論的な考え方の論理的な帰結です。この命題は暴力をともなった神聖なものを、完全に脱＝構築してしまいます。そしてまた哲学や精神分析の、それに代わるものも、同じように脱＝構築してしまいます。

そして同じ勢に乗じて、そのとき旧約・新約聖書のテクストが再び姿をあらわします。このテクストは基礎づくりの犠牲者が解明されないうちは、他のすべてのテクストとますます似たようなものになりつつあったものです。それが急にまったく別な形で姿をあらわすのです。それはまさに、基礎づくりの犠牲者の解明がまずこのテクストのなかで実際に行なわれたからですし、われわれもまたそれを認めることも消化吸収することも――一方においてこのテクスト自体がそれを予告していたようには――できないでいたからです。

国境を超えたテクストの相関性を重視することに賛同を宣言している人々がいますが、もしも彼らが自分たちがよりどころにしている原則にどこまでも従って、自分たちの分析に民族学や宗教や迫害などのテクストを組みこんだならば、同じ結果に到達するはずです。たしかにそのときになれば彼らにも、あらゆるものが、身代わりの犠牲者との関連で体系化されるということがわかるはずです。しかしまた、それまでは一度も見きわめることのできなかった新奇な特異な差異が、犠牲の原則についての認識不足の反映であるようなテクスト、つまりすべての神話のテクストまたは神話に由来するテクストと、この認識不足そのものを解明するただ一つの旧約・新約聖書とのあいだに、まちがいなく浮かび出てくる、ということがわかるはずです。

もちろんこうした解明と、旧約・新約聖書全体に結局は生気を与えている反供犠的な原動力を、切り離して考えることはできません。われわれは聖書のなかに、いつも供犠の緩和を目ざし、次にはその完全な消滅を目ざす一連の段階を認めることができました。したがって、偉大な聖書研究家イブン・マイムーンが、少なくとも青年時代に、すでに供犠の問題を捉えて知識の光をあてているのも当然のことです。つまり供犠は永久不変の制度でもなければ、ほんとうに神が望んでいる制度でもなくて、人間の弱さのために必要となった一時的な支えなのです。人間がいつかは捨ててしまわなければならない不完全な手段なのです。(135)

これはすばらしい論文です。そしてそれは特にユダヤ教が、中世のユダヤ教も近代のユダヤ教も、いつでも守りつづけてきた非供犠的なインスピレイションの証拠となるものにほかなりません。私はここで、エマニュエル・レヴィナスやアンドレ・ヌエルのような、ユダヤ的なインスピレイションを持つ解釈学者がたびたび引用し、彼らがいつも「よく知られている」と考えているタルムードについて話さないわけにはいきません。このユダヤの習慣律によれば、被告はだれでも、裁判官たちが全員一致で不利な判断を下したならば、すぐに釈放されることになっています。全員が一致して罪を鳴らすということは、それだけでもううさんくさい、というわけです！　それは被告が無実であることを暗示している、というわけです。(136)

この習慣律はもっとよく知られていいはずのものです。われわれの人文科学と、そして何よりもまず民族学は、模倣の暗示作用の持つ伝染の、供犠志向の、神話化の力に対して、もう少し敏感であることが必要です……。

私は私の主要なテーマに再び立ち戻って、次のことを確認します。つまりわれわれの分析から考えると、単に旧約聖書だけではなく人類のあらゆる宗教が、動物の状態と現在の危機的状況の中心問題をつなぐ——つまりわれわれ人類の最終的な消滅、あるいは意識や自由の、すっぽりと神話に包まれているわれわれには想像もつかないようないろいろな形態への到達などをつなぐ——各段階の様相を示しているのです。われわれを包んでいる神話、それはいまや非神秘化という神話です。われわれは非神秘化の作業を自分たちだけのやり方でうまくやりとげるつもりでいますが、秘密を解き明かすべき他者がいなくなってしまえば、また愚かな自慢話や虚栄心が、仮面をかなぐり捨てた暴力への恐怖に席をゆずることになれば、われわれはこの非神秘化の作業によって、ただちにまっすぐに死へと引きずりこまれてしまうのです。

したがって人類の考え方には、過去のいろいろな体験と現在の体験とをつなぐ連続性がある、ということになります。事実、重大な危機にあたっては、共同体の外へ暴力を追いはらうことがいつでも問題でしたが、昔の宗教やヒューマニズムにあっては、この暴力追放は必ず暴力のほうを尊重する形で、つまり犠牲者を損な立場に追いこんで、またいかなる人間社会でもはみ出した人間を犠牲にする形で、初めて起りえたのでした。今日ではこれとひじょうによく似ていて、ひじょうにちがっているものが問題になっています。問題はあいかわらず暴力を拒否し、人間を和解させることなのですが、こんどの場合にはいかなる暴力にもたよらず、「はみ出した人間」もいない形で和解させることなのです。ですから、あらゆる宗教に連続性があるとは言っても、人間の立場から考えてみると、いままでは決定的に崩壊した「ロゴス」、つまり供犠を求める暴力の「ロゴス」と、いつも犠牲に供されてきた「ロゴス」、われわれに降りかかってくるその重みが日を追って強くなりつつある「ロゴス」とのあいだに、いかなる形の連絡も、両立性も、親密な関係もないという場合も、十分にありうることです。

それこそ実にすばらしいことだと私には思われます。一方では完全に断ち切れていながら、他方では連続していて、それがわれわれを過去の人類の総体と融和させてくれるのです。また特に現在とも、われわれ自身の文化とも――しばらくまえ人々がそれに向けていた偶像崇拝にも値せず、今日それに浴びせている悪罵にも値しないわれわれ自身の文化とも――融和させてくれるのです。われわれの文化の歴史についての最も根本的な考え方が、結局はただ一つの寛容な、ただ一つの好意に満ちた考え方であるということ、西欧の知的な人間たち、文化に甘やかされたあの子どもたちが、一世紀以上もまえから行なってきた、あの愚かしい政策、大地を焦土と化すような政策とはまったく無縁な考え方であるということは、おどろくべきことではないでしょうか？　私はそこに善意の極致を見、またある意味で、ユーモアの極致を見ています。

伝統的なキリスト教思想家たちは、キリスト教とそれ以外のすべてのものとの断絶だけは認めていましたが、その実態を証明する手段を持っていませんでした。反キリスト教思想家たちは、両者の連続性だけは認めていましたが、その真の本質がわかってはいませんでした。現代人のなかではポール・リクールだけが、両方とも必然的なものであることを、特に『悪の象徴体系』の見事な労作のなかで、執拗に支持し、証明しようとしていることに、私は気づいています。

旧約・新約聖書を非供犠的に読み、身代わりの犠牲者という見方をするならば、現在の黙示録的な重大な局面を自覚的に受け止めたからといって、「世界の終末」だとヒステリックにふるえあがるにはおよびません。聖書のこうした読みは、現代の危機とはわれわれが理由もなく科学上の単なる計算まちがいからはいりこんでしまった不条理な袋小路ではないのだということを、わからせてくれます。こうした読みは、人類の新しい状況に時代遅れの意味づけをするものでも、また人類が意味づけを行なうのをできるだけ阻止するようなものでもありません。そうではなくて、いろいろな逃げ道を断つものなのです。われわれはたいへん奇妙な宿命的な役柄を、みずからつくりあげたわけですが、それは人間の文化がいつもどんなものであったかを、そしてまた同時に、いまわれわれに開かれている唯一の道、だれひとり排除することもなく暴力にはもう一切たよることもないような唯一の和解の道を、だれにもわかるようにするためなのです。

非供犠的な読みの光をあてても、現実の危機はやはり恐るべきものですが、その危機は未来のディメンション、つまりほんとうに人間的な方向を獲得しています。新しい人間性が懐胎されています。それはわれわれの瀕死のユートピアの夢であったような人間性と、似てもいればちがってもいます。人類が何によって苦しんでいるのか、人類を自由にするためには何が必要なのか、われわれはそれをまったく理解していませんでしたし、これからもまだ長いこと十分には理解できないでしょう。われわれが互いに責めあっても、われわれの過去を呪っても、何の役にもたたないということを、われわれはすでに見てとっています。

O　ここで私がおどろくのは、双子のような対立する過激な態度が拒否されていることです。模倣作用と基礎づくりの犠牲者との説が、どんな場合でもいつでもそこに行きつく、双子のような対立する過激な態度が拒否されていることです。私がおどろいているのは、おそらくこの説が、これだけが根本的に革命的な説であって、われわれをあらゆる誤った対立から——現代の考え方が縁を切れずにいる対立から——解放してくれるものだからです。たとえばこの説はわれわれを、欲望の面で、あのふしぎな恐怖から、あのまったくいまわしい神聖化から解放してくれます。ピューリタン的な各世紀を支配してきたあの神聖化から、そしてそのあとに、十九世紀末以来まずシュールレアリズムの、そして現在では無数のエピゴーネンによって引きのばされているある種のフロイト思想の幸運な神聖化を支配してきたあのいまわしい神聖化から、解放してくれます。

G　特に見ておかなければならないのは、「秘訣」はないということです。「ファルマコン」つまり毒にも薬にもなるものは、マルクス主義のようなものは、あるいは精神分析のようなものさえも、もうありません。またわれわれが必要としているのも秘訣ではありませんし、安心でもありません。われわれが必要としているのは向こう見ずな人間を避けることです。「何の意味もない騒ぎや興奮」がどれほど大きな部分を占めていても、公衆や個人の苦しみ、精神病者たちの悩み、政治的な争いなどには、正しい判断がないわけではありません。そうした苦しみ、悩み、争いなどが、裁き手への——この世での福音書のおきての、有無を言わさぬ機能を思い起こさせるような裁き手への——批判の、あの皮肉な急変に、常時身をさらしているからにすぎないのだとしても。われわれ全員がその犠牲者であり、また供犠の執行者であるようなあの裁きを愛することを学ばなければいけません。人間の理解力を越えている平和は、「裁きと批判」のあの情念のかなた——残念ながらわれわれにはそれを最後まで生き抜いたためしはありませんが、「絶対的な存在」の全体とそれを混同することが次第に少なくなっているあの情念のかなた——にしか生まれることはありえません。

私は事実とは空しいことばではないと、あるいはこのごろ言われているような単なる「効果」でもないと思っています。われわれを狂気や死からそらせうるものはすべて、いまでは、この事実と固く結ばれていると思っています。しかし私には、こうした問題をどのようにお話ししたらいいのか、わかりません。テクストと制度だけは、接近が可能なもののように、私には思われます。そして両者の比較検討はあらゆる点で事態を明らかにしてくれるもののように思われます。私にとっても倫理上、宗教上の重大な局面があることを、私は苦もなく認めることができますが、それは私の考えの結果であって、外部から研究を支配している下心のようなものがあるわけではありません。もしも私が、いくつかの読みによって理解した明白な事実を、うまくお伝えすることができたなら、私にとって当然の結果である結論は、私の周囲にも必然的な重みをもってひろがっていくでしょう。

文学や民族学の批評は、文学や文化のテクストを十分に把握していると思いこんでいますが、私は両者をつきあわせてみて、そうした批評がまったくの空虚とは言えないまでも、不十分なものであることに気がつき、もう一度やりなおすことから始めました。それは旧約・新約聖書に到達する以前のことでした。それまで私は一度も聖書のテクストが、自然界の美しさと同じように、たとえば風景のなかの木々のように、あるいは遠方の山々のように、受け身の形で眺められるべきものだとは、考えてもみませんでした。私は、正しい判断とは人生と同じものだ、という期待をいつも持っていました。現代の思想は、われわれを死者の谷に引きずっていきます。現代の思想がその骸骨を一体一体目録に記載している死者の谷に引きずっていきます。われわれはひとり残らずこの死者の谷にはいりこんでいきますが、聖書のテクストを一部だけではなく例外なくそのすべてを比較検討して、正しい判断をよみがえらせうるかどうかは、まったくわれわれ自身の問題です。「精神の健全さ」の問題はどんな問題でも、より広範な問題に、つまり至る所で挫折した、または挫折のおそれのある正しい判断の問題に――しかし再生のためひたすら「息」が吹いてくるのを待っている正しい判断の問題に――従属しているように思われます。死者の谷でのエゼキエルの体験を徐々に思い起こしていただくのに欠けているものは、いまでは、この息吹きだけです。

主の手が私の上にあり、主の霊によって私は導かれ、骨で埋めつくされた谷のまんなかに置かれた。主は私に骨のなかをあちこち歩きまわらせた。谷の地面にはおびただしい骨があり、からからに乾ききっていた。主は私に言われた。「人の子よ、この骨は生き返るだろうか」と。私は、「主よ、あなたはそれを御存知です」と答えた。主はまた私に言われた、「これらの骨に預言せよ。『乾ききった骨よ、主のことばを聞け。主は骨にこう言っておられる。いま私はおまえたちのうちに息を入れ、おまえたちは生き返るだろう。おまえたちのからだに神経を通し、肉を盛りあがらせ、皮膚を張り、息を与えよう。そうすればおまえたちは生き返り、私が主であることをさとるだろう』と。」　私は命じられたとおりに預言した。すると預言しているうちに何か物音がした。骨と骨とがかすかな音を立てながら、互いにつながったのだ。見ていると、死者は神経でおおわれ、肉が盛りあがり、その上に皮膚が張られていった。しかしそのなかに息はなかった。そこで主は私に言われた。「息に預言せよ。人の子よ。預言せよ。息に向かって言え、『主はこう言われる。息よ、四方から吹いてこい。この死者たちに吹きつけて、彼らを生き返らせよ』と。」私が命じられたとおりに預言すると、息は死者たちのうちにやってきた。そして彼らは生き返り、自分の足で立ちあがった。それは大きな、はかり知れぬほど大きな集団だった。

〔エゼキエルの書三七の一―一〇〕

原注

フロイト全集の原書の巻数、ページ数は、S・フィッシャー・フェルラーク版（訳書のそれは日本教文社フロイト選集改訂版）による。

第Ⅰ編

1 フランス語訳 *la Religion des primitifs*, 119-121. 一般的な理論が役にたたないことについては、ジョルジュ・デュメジルによる、ミルチャ・エリアーデの *Traité d'histoire des religions* への序文、原書五―九ページ〔訳書、せりか書房「エリアーデ著作集」第一巻冒頭〕参照。同様の観察は、クロード・レヴィ＝ストロースの著作にも豊富に見うけられる。

2 *Les Lois de l'imitation.*

3 ポトラッチは「アメリカ北西部の〔インディヤンの〕贈与交換のシステム」。マルセル・モース『社会学と人類学』原書一九四―二二七〔訳書、弘文堂、第一巻二八七―三二八〕ページ。

4 『暴力と聖なるもの』原書二七―四七〔訳書、法政大学出版局、一九―四四〕ページ。

5 同、原書八六―一〇一〔訳書九二―一〇九〕ページ。

6 分身の関係については、本書第三編第二章A参照。

7 *Mimesis* のなかの「印刷術」原書二三一―二五〇ページ。プラトンにおける模倣《ミメシス》の整復しがたい不統一については、ジャック・デリダ *La Dissémination*, Seuil, 1972 の《la Double Séance》の注8（原書二一一―二一三ページ）を読む必要がある。

8 Thomas Rymer, 《Against Othello》 in *Four Centuries of Shakespearian Criticism*, 461-469. セルバンテスについては Cesareo Bandera, *Mimesis conflictiva* 参照。

9 クロード・レヴィ＝ストロース『裸のヒト』原書五五九―六二一ページ。

10 Pierre Manent, *Contrepoint* 14, 1974, 169.「ひとたび殺害が行なわれれば、暴力行為がまたすぐに始まらないという理由はまったくない。人間は、共同の世界についての認識がなければ、平和を認識することはできない。ルネ・ジラールの理論は、殺害のあとに、人間を人間自身にゆだねている。ただ彼は一つのことを見落としている。人間は人間の外部に何ものか――その高い位、その超越性によって人間の服従を求める権利のある何ものか、人間の欲望を招きよせる威厳のある何ものか――が存在する場合のほかには、平和を認識することはできない。」この引用は、基礎づくりの殺害についての誤解を要約するものである。基礎づくりの殺害は、一つの観念と考えられているが、そのあとにつづくあらゆる文化のために共同の世界を構成することができるまさに唯一のメカニズムだとは、また「そうした文化の服従を求める」ものとみなされる「超越」を構成することができるまさに唯一のメカニズムだとは、考えられていない。

11 『レビの書』第一六章五―一〇。
12 クロード・レヴィ＝ストロース『裸のヒト』原書六〇〇―六一〇ページ。
13 本書第一編第四章参照。
14 『宗教生活の原初形態』原書四九―五八〔訳書、岩波文庫、上巻一二八―一五五〕ページ。
15 原書一五〇―一六六、四一九―四二五〔訳書、法政大学出版局、一六六―一八二、四八八―四九五〕
16 *The Golden Bough.* ニューヨーク、マクミラン出版社一巻本、原書六六二―六六四〔訳書、岩波文庫『金枝篇』第四巻一七五―一七九〕ページ。
17 Luc de Heusch, *Essais sur le symbolisme de l'inceste royal en Afrique*, 61-62.
18 クロード・レヴィ＝ストロース『裸のヒト』原書六〇〇―六一〇ページ。
19 *Mimesis.*
20 フロイト全集第十六巻、原書一九五〔訳書、第八巻二二八―二二九〕ページ。〔むしろ原書一九六、訳書二三〇が該当するように思われる〕
21 Evans-Pritchard, 《The Divine Kingship of the Shilluk of the Nilotic Sudan》, *Social Anthropology and other Essays*, 205.
22 原書一七〇―一七九、三八九―三九四〔訳書、法政大学出版局、一八七―一九八、四五三―四五九〕ページ。
23 N. G. Munro, *Ainu Greed and Cult*; Carleton S. Coon, *The Hunting People*, 340-344.
24 Alfred Métraux, 《l'Anthropophagie rituelle des Tupinamba》, *Religions et magies indiennes d'Amérique du Sud*, 45-78. 『暴力と聖なるもの』原書三七九―三八八〔訳書、法政大学出版局、四四二―四五三〕ページ。
25 狩りと人間化については Serge Moscovici, *la Société contre nature* 参照。
26 原書三九〔訳書、番町書房、上巻一〇〇―一〇一〕ページ。
27 フロイト全集第九巻『トーテムとタブー』原書五―二五〔訳書、第六巻一四一―一六八〕ページ。

28 レヴィ＝ストロースは、食物や品物の交換と同じように女性の交換もあることを確認しているが、そうした「対象」を、すぐに近代的な意味での便宜に同化させている。いつものように彼は、社会制度の発生における宗教的なものの役割を、無視するか過小評価している。『親族の基本構造』原書四〇—五一〔訳書、番町書房、上巻一〇一—一一五〕ページ。

29 A. M. Hocart, *Kings and Councillors*, 262 sq.

30 本書第一編第四章A参照。

31 マルセル・モース『社会学と人類学』原書一五二〔訳書弘文堂、第一巻二二七〕ページ以下。

32 Francis Huxley, *Affable Savages*, 242.

33 本書第二編第一章C2参照。

34 ここでとりあげたさまざまな主題の最近の展望については、エドガル・モランの生気あふれる著書『失われた範列』の「人間的自然」の項、ならびに『人間の単一性』に集められた諸論文参照。この二つの著作では、書誌的な指示が得られる。

35 《Tools and Human Evolution》, *Culture and the Evolution of Man*, 13-19.

36 《Ecology and the Protohominids》, *Culture and the Evolution of Man*, 29.

37 Weston La Barre, *the Human Animal*, 104.

38 エドガル・モラン『失われた範列』原書二一三〔訳書、法政大学出版局、二五一〕ページ以下。

39 原書一九四〔訳書、みすず書房『偶然と必然』一八〇〕ページ。

40 Konrad Lorenz, *Das sogennante Böse: Zur Naturgeschichte der Aggression*, chap. XI.

41 原書三四、五八—五九〔訳書、岩波書店、二三、四六—四七〕ページ。

42 原書二七—三七〔訳書、みすず書房、三四—四五〕ページ。『今日のトーテム信仰』のなかでは、神話の分析は、「トーテム信仰」の概念に対する信用を突き崩そうとするこの著作の主要な意図に比べると、従属的な位置にある。しかしこの神話の分析が、レヴィ＝ストロースの方法の典型的なものであることには、変わりはない。その証拠に、『神話研究』のなかにも、つまり特に私が自分自身の分析に援用しようとしているもののなかにも、それとひじょうによく似たものが見いだされるのである。レヴィ＝ストロース自身がオジブウェーとティコピアのこの二つの神話との比較を行なっており、どちらの場合にも同じ結論に達している。（『生のものと煮たもの』原書五八—六三ページ）

43 原書二三〇ページ。

44 『生のものと煮たもの』原書六〇—六一ページ。

45 本書第一編第二章E参照。

46 Theodor Koch-Grünberg, *Zwei Jahren unter den Indiamen*…, 292-293.

47 Clarence Maloney, *The Evil Eye, passim.*

48 『生のものと煮たもの』原書六一ページ。

49 Johannes Nohl, *The Black Death*; Philip Ziegler, *The Black Death*, 96-109; Michael Dols, *The Black Death in the Middle East*; Ernest Wickersheimer, 「十四世紀前半、レプラ患者とユダヤ人に向けられた毒物使用の告発。そのペスト流行との関連」『第四回医学史国際学会報告書』原書七六―八三ページ。

50 『リトレ・フランス語大辞典』émissaire〔身代わりの〕の項。

51 原注16の原書六二四、フランス語訳『身代わりのヤギ』原書一〔訳書、岩波文庫『金枝編』第四巻一一五〕ページ。

52 「日本の天皇制の神話的・演劇的構造」*Esprit*, février 1973, 315-342.

第二編

53 原書一九―二二、八六、四七五―四七六、四九二―四九五〔訳書、みすず書房、上巻五―一五、九一―九二、下巻五五二―五五三、五七二―五七五〕ページ。言うまでもなくマックス・ヴェーバーの主張と、ニーチェの『反キリスト者』その他における主張とを比較する必要がある。

54 原書五四―七二ページ。追放以前の預言者たちによる、供犠の礼拝に対する批判は、ほとんどすべての聖書解釈学者から軽視されている。この学者たちが宗教あるいは反宗教の、ユダヤ教あるいはキリスト教の、新教あるいは旧教の、どちらの影響下にあろうと、そうである。彼らは、預言者たちが、自分たちが異端と判断した「文化に関する諸説統合主義」にのみ反対していること、預言者たちの主要な目的がエルサレムへの礼拝の集中であること、を証明しようとしている。実際にはテクストの数はあまりにも多く、その内容はあまりにも明らかであって、疑いをさしはさむ余地はまったくない。たとえば、『イザヤの書』一の一一―一六、『エレミアの書』六の二〇、『ホゼアの書』五の六、六の六、九の一一―一三、『アモスの書』五の二一―二五、『ミカヤの書』六の七―八、参照。

供犠に反対して、これらの預言者たちは、歴史上の議論を援用する。彼らは彼らの堕落した時代の供犠の過剰さと、ヤハウェとその民のあいだがらが理想的であった時代、家畜がいないために供犠などのありえなかった砂漠での生活の時代を対比させる(『アモスの書』五の二五、『ホゼアの書』二の一六―一七、九の一〇、『エレミアの書』二の二―三)。したがって彼らが拒否するのは、供犠の原則そのものである。そしてこの拒否の奥深い理由は、動物の供犠と人間の子どもの供犠の対比のうちにあらわれている。たとえば預言者ミカヤは、供犠の激増の背後に、結局は、相互的な暴力と模倣の欲望との、いつもながらの輪に輪をかけた激化を認めている。

──「私は何を持ってヤハウェの前に進み出ようか、
高い所におられる神の前にひれ伏そうか？
燔祭と当歳の子ウシを持って
進み出ようか？
神は何千頭もの雄ヒツジや
ほとばしる油の注ぎを喜ばれるだろうか？
大きな罪のむくいに長男を、自分の腹から生まれた者を、
差し出さなければならないのだろうか？」
──「教えたはずだ、人よ、何がよいかは、
ヤハウェがおまえに何をお望みかは。
ただひたすら正しいことを行なうのだ。
やさしく愛することだ。
つつましく、おまえの神とともに歩むことだ。」〔ミカヤの書 六の六―八〕

預言者は、血なまぐさい供犠の、輪に輪をかけた奇怪な脅迫的な激化に、おきての本質と隣人愛を対立させている。『エゼキエルの書』も供犠的なものであるが、それは当時は明らかに、供犠が儀式としての、考古学的なものとしての、価値以上のものはもう持っていなかったからである。模倣の危険性は、広い意味ではいまでもなお「供犠的なもの」であるが、それはもう厳密な意味では、儀礼の血なまぐさい供犠という意味では、供犠的なものではない。

55 《Der Erstgeborene Satans und der Vater des Teufels》, *Apophoreta*, 70-84.

56 本書第一編第二章F参照。

57 P. Wendland, 《Jesus als Saturnalien-König》, *Hermes* XXXIII, 175-179.

58 Frazer, *le Bouc émissaire*, 366.

59 *The Acts of the Apostles*, 68 (Anchor Bible).

60 *Ephesians*, I, 170-183 (Anchor Bible).

61 Jean Daniélou, *Origène*, 265.

62 *The Quest of the Historical Jesus*, 330-403 et passim.

63 原書六九〔訳書、法政大学出版局、六九〕ページ。

64 *Eros et Agape.*〔訳書、新教出版社『アガペーとエロース』〕

65 原書五五〔訳書、理想社版全集、第十三巻一八五〕ページ。

66 『文化の神学』原書六六〔訳書、白水社版著作集、第四巻三一五―三一六〕ページ。

67 聖書の『詩篇』その他の巻に見られる集団の暴力については、近刊予定の Raymund Schwager, *Jesus, der Sohn Gottes als Sündenbock der Welt* のすぐれた分析を参照する必要がある。

68 教父たちのある種の著作のなかでは、供犠的な読みへの抵抗が確認される。たとえば次の例はグレゴワール・ド・ナズィアンスの典型的な一節である。

アブラハムが燔祭に出したイサクを受けようとなさらず、人間のこの供犠を雄ヒツジで置き換えられた「父である神」にとって、なぜ「ひとり子」の血が快いのであろうか？ 「父である神」が供犠を受け入れるのは、それを強く求めているからでも、何かの必要を感じているからでもなくて、神の企てを実現するためであるのは明らかではないか？ 人間は神の人間性によって聖化されることが必要だったし、神自身がその力によって暴力をほしいままにする者に打ち勝ってわれわれを解放すること、われわれをその「子」によって自分のほうへ招きよせることが必要だった……。その他のことについては、沈黙によって敬意をあらわしたい。

オリヴィエ・クレマンによる引用。《Dionysos et le ressuscité》, *Évangile et révolution*, 93. Texte dans *Patrologiae Graecae* XXXVI, Oratio XLV, 22, 654.

ヴァカンとマンジュノの『カトリック神学辞典』の「供犠」の項目によれば、福音書のテクストは供犠については、「……たいへん控えめである。つまりそこでは供犠という語は口に出して言われてはいない。」しかしこの項目の筆者は、キリストによる「全面的な自己犠牲」の信仰を、供犠と結論している。この全面的な自己犠牲こそまさに、非供犠的な意味に解釈しなければならないものである。あるいはもしどうしてもそれを「供犠」という語で言いあらわしたいならば、あらゆる供犠についてこの語を捨てる覚悟が必要だろう。ただし受難は除いて。それは明らかに不可能だから。

69 ガリマール版原書一三一〔訳書、新潮社版全集、第八巻一三四〕ページ。

70 『ギリシアの泉』原書五七―六四〔訳書、春秋社版著作集、第一巻二四一―二四九〕ページ。その他の作品にも各所に見うけられる。

71 われわれの考察の狙いは、犠牲の解明の場としての福音書のテクストに対する根本的な盲目ぶり、さらには記号論の方法やその他のあらゆる聖書解釈の方法に共通する盲目ぶり、の解放である。ルイ・マランの『受難の記号論』の第二部「裏切者の記号論」（原書九七—一九九ページ）は、こうした見方からすると、特に重要なものである。この考察はまた、ニューヨーク州立大学バファロー校のジェラール・ビュシェとの対談からも影響を受けている。この考察の目標は主要なものに限られているため、直接とりあげた著作の実相ばかりか、同じ方法あるいは類似の方法に依拠する他のいろいろな試論の実相もまた、暗に無視する結果になっている。われわれは、それらの様相を見落としているのではないことを強調しておく。われわれは、これらの方法によって生み出された厳密な考察と全体的な処理との結果に、またこれらの方法をいつもきわめて独自に使いこなしている研究者たちの注目すべき直観に、常に注意をはらっている。

　われわれのこのことばは、『受難の記号論』ばかりか、クロード・シャブロルとルイ・マランの『福音書物語』についても、有効である。また *Analyse structurale et exégèse biblique* のいろいろな試論のなかには、特にロラン・バルトの《la Lutte avec l'ange》, 27-39 と、ジャン・スタロビンスキーの《le Démoniaque de Gérasa》, 63-94 との二つの研究には、注目すべき点が多い。（R・G・）

72 Vladimir Propp, *Morphologie du conte populaire russe.*

73 Joseph Klausner, *Jesus of Nazareth.*

74 この問題の技術的な、政治的な、社会学的な考察は、きわめて豊富であるが、哲学的な宗教的な解釈はほとんどない。暗示的な言及は数えきれないほどなされているが、それもふつうは月並みな詠嘆調にとどまっている。ハンナ・アーレントの諸著作、またカルル・ヤスパースの『原子爆弾と人類の未来』も読む必要がある。特にミシェル・セルの *la Traduction* pp. 73-104 参照。

75 *Foi et Compréhension*, 特に《Histoire et eschatologie dans le Nouveau Testament》, 112-127 の試論参照。同じ問題について——ただし、しばしばまったく異なる精神で論じられている——*Herméneutique et Eschatologie*, éd. par Enrico Castelli にまとめられた試論参照。また Joseph Pieper, *la Fin des temps* 参照。

76 これらのすべてのテーマについては、ジャン＝マリ・ドムナックの *le Retour du tragique* の考察を読む必要がある。

77 Jean Brun, *le Retour de Dionysos*.

78 マーチン・ハイデガー『形而上学入門』原書一三五〔訳書、理想社版選集、第九巻一六一〕ページ。

79 同、一四二〔同、一七二〕ページ。

80 同、一二八—一四四〔同一五三—一七四〕ページ。同、『エッセーと講演』「ロゴス」原書二四九—二七八〔訳書、同、第三三巻『ロゴス・モイラ・アレーテイア』五—四三〕ページ。

81 *From the Stone Age to Christianity*, 371.

82 Raymond Brown, *the Gospel According to John*, I, 4 (Anchor Bible).

83 Henri de Lubac, *Exégèse médiévale*; Paul Claudel, *Introduction au livre de Ruth*, 19-121. また次の注目すべき試論参照。Erich Auerbach,《Figura》, *Scenes of European Literature*, 11-76.

84 *Eros et Agape*.〔訳書、原注64参照〕

85 原書三五〔訳書、理想社版全集、第十三巻一六七〕ページ。

第三編

86 Gregory Bateson,《Toward a Theory of Schizophrenia》, dans *Steps to an Ecology of Mind*, 201-227. またこの著作の他の項目、特に《Minimal Requirements for a Theory of Schizophrenia》, 244-270 や《Double Bind, 1969》, 271-278 を参照。

87 *Naven*, 175-197.

88 Paul Watzlavick *et al.*, *Pragmatics of Human Communication*, 73-230.

Anthony Wilden はコミュニケイション理論とフランスの構造主義学派の、特にジャック・ラカンの、業績との相互批判と協調という興味ある企てに熱中している。その試論のほとんどは *System and Structure* にまとめられている。

89 だからこそレヴィ＝ストロースがこれまで次のことを、つまり文化人類学においては、欲望は科学的な手続による考慮の対象とはなりえなかったと断言してきたのは、当然のことである。

90 『失われた時を求めて』の「花咲く乙女たちのかげに」原書、プレヤード叢書、第一巻七八八―七八九〔訳書、新潮社版、第二巻三五一〕ページ。

91 Émile Benveniste, *le Vocabulaire des institutions indo-européennes*, II, 57-69.『暴力と聖なるもの』原書二一二―二一五〔訳書、法政大学出版局、二三八―二四三〕ページ。

92 『失われた範列』原書一〇九―一二七〔訳書、法政大学出版局、一二三―一四七〕ページ。

93 *The Devils of Loudun*.

94 Charles Pidoux の数多い業績のうち特に次のものを参照。*les États de possession rituelle chez les mélano-africains*, l'Évolution psychiatrique, 1955, 11, 271-283.

95 Henri F. Ellenberger の名著 *The Discovery of the Unconscious*, New York: Basic Books, 1970 を参照すれば得るところ大であろう。Dominique Barrucand の興味深い研究 *Histoire de l'hypnose en France*, P.U.F., 1967 についても同様。

96 Pierre Janet, *Névroses et Idées fixes*, 427-429.

97 この点については、次のすぐれた研究を参照。Claude M. Prévost, *Janet, Freud et la Psychologie clinique*, Payot, 1973.

98 この点についての Henri Faure の初期の業績は次の著作のなかに要約されている。*Cure de sommeil collective et psychothérapie de groupe*, Masson, 1958. その後数多くの研究が、彼の指導のもとにボヌヴァル青少年精神医学研究所でつづけられているが、これらの業績は未公刊。

99 I. M. Lewis, *Ecstatic Religion*, 73-75. Michel Leiris, *la Possession et ses aspects théâtraux chez les Éthiopiens de Gondar*. また、愛の情念と催眠状態の関係については、『集団心理学と自我の分析』の第八章、フロイト全集第十三巻、原書一二二―一二八〔訳書、第四巻一四一―一四九〕ページを読む必要がある。催眠についてのフロイトの初期の著作は、「スタンダード・エディション」第一巻にまとめられている。

100 R. A. Hinde, 《la Ritualisation et la communication sociale chez les singes Rhésus》, *le Comportement rituel chez l'homme et l'animal*, 69. Konrad Lorenz, *On Aggression*, 130-131.

101 Mircea Eliade, *Rites and Symbols of Initiation*, 68-72.

102 「ドストエフスキーと父親殺し」フロイト全集第十四巻、原書三九七―四一八〔訳書、第七巻三二九―三七四〕ページ。

103 フロイト全集第十四巻、原書四〇七―四〇八〔訳書、第七巻三五五〕ページ。

104 『ロマン的なうそとロマネスクな真実』原書五〇―五二〔訳書、法政大学出版局『欲望の現象学』四九―五一〕ページ。

105 原書、プレヤード叢書、第二巻八一〇〔訳書、筑摩書房版全集、第五巻一〇一〕ページ。

106 フロイト全集第十巻、原書一五四〔訳書、第五巻一九四〕ページ。

107 フロイト全集第十三巻『集団心理学と自我の分析』原書七三―一六一〔訳書、第四巻八三―一八八〕ページ。同『自我とエス』原書二三七―二八九〔訳書、第四巻二四一―三〇二〕ページ。『暴力と聖なるもの』原書二三五―二六四〔訳書、法政大学出版局、二六七―三〇三〕ページ。

108 *L'Anti-Œdipe*; R. Girard, 《Système du délire》.

109 フロイト全集第十巻、原書一五五〔訳書、第五巻一九五〕ページ。

110 同、原書一五五―一五六〔訳書、同、一九六〕ページ。

111 ジークムント・フロイトとルー・アンドレアス＝ザロメの『往復書簡』。Paul Roazen, *Brother Animal, The Story of Freud and Tausk* は、フロイトのグループの中心の個々の人間どうしの関係の、より完全な探究に道を開くものである。マルト・ロベールの *la Révolution psychanalytique* のなかには、これらの関係についての多くの暗示的な言及がある。ナルシシズムについては *Narcisses, Nouvelle revue de psychanalyse* 13 のなかの André Green, Guy Rosolato, Hubert Dami-

sch その他の人々の研究に、無数のおどろくべき直観が見うけられる。ただし、そうした研究がカヴァーする領域をきまって制限するある範囲内で。というのは、われわれがいま批判しつつあるようなナルシシズムが残されているからである。また次の著作を参照のこと。François Roustang, *Un destin si funeste*.

112 フロイト全集第十二巻。

113 『失われた時を求めて』の「花咲く乙女たちのかげに」原書、プレヤード叢書、第一巻七八八―七九五〔訳書、新潮社版、第二巻三五〇―三五七〕ページ。

114 R. Girard, *Perilous Balance: A Comic Hypothesis.* ボードレールの考えのなかにある「供犠の解明」の原理については、Pierre Pachet, *le Premier Venu* 参照。

115 ガリマール出版社、一九五二年刊、全三巻〔訳書、河出書房「世界文学全集」第十四巻〕。

116 フロイト全集第十四巻、原書四一五―四一八〔訳書、第七巻三六九―三七四〕ページ。

117 『失われた時を求めて』の「スワン家のほうへ」原書、プレヤード叢書、第一巻六七―六八、一一九―一二三〔訳書、新潮社版、第一巻七二―七四、一二六―一四〇〕ページ。

118 『ロマン的なうそとロマネスクな真実』原書二八九―三一二〔訳書、法政大学出版局『欲望の現象学』三二一―三四九〕ページ。

119 『ジャン・サントゥイユ』原書、ガリマール出版社、第三巻六六―七三〔訳書、河出書房「世界文学全集」第十四巻三一三―三一七〕ページ。『失われた時を求めて』原書、プレヤード叢書、第二巻三七―四四〔訳書、新潮社版、第三巻三二―三八〕ページ。

120 ジャック・ラカン『エクリ』〔訳書、弘文堂〕。

121 フロイト全集第十三巻、原書一四〔訳書、第四巻一五〕ページ。

122 *Essais de psychanalyse*, 26-27. フロイト全集第十三巻、原書二〇―二一〔訳書、第四巻二三―二四〕ページ。

123 本書第三編第四章B参照。

124 ミシェル・セル *la Traduction*, 73-104.

125 本書第三編第四章G参照。

126 特に《le Requiem structuraliste》, 75-89 を参照。

127 Francisco Zorell, *Lexicon Graecum Novi Testamenti*, 1206-1207.

128 旧約聖書、プレヤード叢書、第一巻三四八ページ。エルサレム版聖書、一二五ページ。

129 本書第一編第四章参照。

130 R. Girard,《Superman in the Underground》, *M.L.N.*, December 1976, 1169-1185.

131 『野生の思考』原書二五―三五〔訳書、みすず書房、二一―三〇〕ページ。

132 原書三二九―三三三〔訳書、新潮社版、三三八―三四二〕ページ。

133 本書第一編第五章B参照。

134 アンドレ・グリュックスマン *les Maîtres Penseurs;* ベルナール＝アンリ・レヴィ *la Barbarie à visage humain.*

135 *The Guide for the Perplexed,* XXXII, 322-327.

136 さらにおどろくべきものは、これは特に言っておかなければならないが、「タルムードの金言」で、同じようにエマニュエル・レヴィナスが *Difficile Liberté,* 119 に引用している、「救世主は、ほんとうのことが最初にそれを口にした者の名を隠さずにくりかえされると、その日にやってくるだろう」というものである。

訳者あとがき

本書は René Girard, *Des choses cachées depuis la fondation du monde*, Paris, Bernard Grasset, 1978 の全訳である。〔なお、この本は昨年五月から文庫版としても刊行されている。〕 邦訳題名『世の初めから隠されていること』は、日本聖書協会訳〔『マタイによる福音書』第一三章三五〕によった。

ルネ・ジラールは一九二三年、南フランスのアヴィニョンの生まれ。パリの古文書学院、アメリカのインディヤナ大学で学業を修め、同大学をはじめジョンズ・ホプキンズ大学、ニューヨーク州立大学などを経て、一九八一年からスタンフォード大学のフランス語学・文学・文明の教授。主著、『暴力と聖なるもの』(一九七二)。討論参加者のジャン゠ミシェル・ウグルリヤンは、一九四〇年生まれ。南カリフォルニヤ大学教授。精神科医。著書、『欲望という名の模倣者』(一九八二)。もうひとりの討論参加者ギ・ルフォールも精神科医。エネ゠ル゠シャトー精神療法センター医長。

この本が一九七八年にフランスで刊行されて好評を博したとき、日本ではジラールの著書は、わずかに『ロマン的なうそとロマネスクな真実』(一九六一) だけが翻訳刊行 (一九七一) されているにすぎなかった。『ロマン的な……』はプルーストやドストエフスキーに多くページをさいていて、日本でも注目はされたもののそれは文学畑の人々からの注目に限られていた、と私などは思っていた。しかしそこで、プルーストやドストエフスキーの読解に使われた模倣理論と三角形欲望理論は、文学畑の人々ばかりでなく、社会学の研究者たちからもかなり注目されていたことを、あとになって、つまり『世の初めから……』の翻訳を進めているうちに、知った。

翻訳という作業は多くの時間と労力を必要とする。『世の初めから……』は、ごらんのように討論形式の本であり、個々の文章構造は明快で、最初は訳しやすいように思えたが、討論者どうしのあいだに、私などには察知しがたい共通理解があるように思われ、またそれゆえにときとして論理に飛躍があるようにも思われ、日本語化にあたっては、予想以上に頭を悩ました。そしていつのまにか数年が経過してしまった。しかしこのあいだにジラールは日本でも、図書関係の新聞や、文学・思想関係の雑誌などで、相次いで紹介され論述されるようになり、評価も次第に高まってきた。一昨年の十一月には主著『暴力と聖なるもの』が翻訳出版されたし、昨年初頭一月十七日付の日本読書新聞には、「今年はジラール理論検証の年となるに違いない」などとの発言まで載るようになった。いわばこちらがゆっくりかまえているあいだに、ジラールのほうが向こうから近づいてきた、というのが私の感想である。また昨年六月には『ドストエフスキー』も翻訳出版された。いまではジラールは日本でもかなり知られた名まえだと言ってよいだろう。そしてそれはまた、私がなまじ解説めいたことを書くよりも、気がつくかぎり集めておいた資料のリストを示すほうが読者にとって有益であろう、と考える理由の一つでもある。

しかしそのまえに、この翻訳を引きうけたいきさつについて、少しばかり触れておきたい。法政大学出版局の稲義人氏から翻訳をすすめられて初めて通読したとき、第一編の模倣理論もさることながら、第二編の文化人類学的考察と第三編の精神分析的考察に、個人的な理由で特に興味をひかれた。日ごろルソーに関心をいだいていながら、現代から見たルソーという重要な問題になかなか踏みこめないでいた私にとって、これはルソーのこうした見方と関わりあう一つのきっかけになりうるのではないか、という期待が持てた。かつてレヴィ＝ストロースはルソーを民族学の創始者と呼びはしなかったろうか？　ルソーのルソー自身との対話『ルソーはジャン＝ジャックをこう思う』は、いまではフランス文学における精神分析の好材料と見られてはいないだろうか？　この翻訳を引きうけることは、たとえそこにルソーの名が出てくるのはわずか一度だけであるにしても、レヴィ＝ストロースを読み、フロイトを読むきっかけになるであろう、というのが、現代思想にうとかった私があえてこの翻訳を引きうけることにしたときの、自分なりの理由づけであった。

しかし残念ながら、この期待は果たされていない。レヴィ＝ストロースやフロイトを通読するということは、翻訳の作業とはなかなか両立しない。翻訳にあたって必要な個所を「拾い読み」するぐらいが関の山で、レヴィ＝ストロースやフロイトの通読は、今後の宿題として残ってしまった。レヴィ＝ストロースやフロイトばかりではない。もしもジラールのこの本を十分に理解しようとするなら、ニーチェとハイデガーを読んでいなければならず、ドストエフスキーにもプルーストにも、そしてデリダにも目を通していなければならないだろう。しかしこれらの思想家、作家の著作についても、残念ながら、事情はあらかた同じと言うほかはない。しかし「拾い読み」にもせよこの数年は、この翻訳作業のおかげで、「けっして退屈することのない」数年であった、ということは言いそえておいてもよいだろう。

さて前置きはこれぐらいにして、資料のリストに移る。ただし日本での資料に限る。ジラールの著作のリストについては、『暴力と聖なるもの』の訳者あとがきを参照されたい。なお、くわしくはGrasset社『ルネ・ジラールと悪の問題』（法政大学出版局から翻訳刊行予定）の巻末参照。著書、論文、研究書、研究論文のリストは十数ページにわたり、とてもここには紹介しきれない。

一九六九年十月、リュシヤン・ゴルドマン『小説社会学』（原書、一九六四年刊、訳書、合同出版、川俣晃自訳）
冒頭の「小説社会学の諸問題への序説」のなかで、ルカーチと並んでジラールが高く評価されている。

一九七一年十月、ルネ・ジラール『ロマン的なうそとロマネスクな真実』（原書、一九六一年刊、訳書、法政大学出版局、古田幸男訳、邦訳題名『欲望の現象学』）

一九七八年五月二十二日、紹介「ルネ・ジラールの新著刊行」（読売新聞「海外の文化」）ジラールの新著とは、

『世の初めから隠されていること』をさす。この記事はミシェル・セルの書評をかねたエッセー「ルネ・ジラールを御存知ですか?」(《ヌーヴェル・オプセルヴァトゥール》誌、一九七八年四月十七日号)によっている。
同年五月、ルネ・ジラール『「異邦人」の再審のために』(《ユリイカ》西永良成訳・解説)
同年十一月、「ルネ・ジラールは語る」(《みすず》)
一九八〇年十一月、作田啓一「ロマン主義を超えて」1 群衆(岩波書店『叢書・文化の現在』第十一巻)
一九八一年七月、ルネ・ジラール「レヴィ=ストロースにおける差異化・非差異化と現代批評理論」(《現代思想》佐伯泰樹訳)
同年十月、作田啓一『個人主義の運命』(岩波新書) 特に、序章「文学と社会学のあいだ」、第一章「ジラールの文芸批評」
同年十一月、ルネ・ジラール「暴力と表象——神話テクストにおける」(上)(《現代思想》大原えりか・永井均訳、(下)は十二月号)
今村仁司「人類学と社会哲学」(《現代思想》)
一九八二年二月、古田幸男「バタイユとジラール」(《現代思想》)
同年七月、石木隆治、紹介「ルネ・ジラールの新刊」(《ふらんす》) 新刊とは『身代わりのヤギ』をさす。冒頭に、「今日のフランスで最も脚光を浴びている思想家は、もうジャック・デリダではなく、ましてベルナール=アンリ・レヴィなどではない、それは現在アメリカで教職に就いているルネ・ジラールであると断言しても、おそらく反対する人は少ないだろう」という文章がある。
同年八月、今村仁司「ジラール——スケープゴートの論理」(《現代思想》)
同年十一月、ルネ・ジラール『暴力と聖なるもの』(原書、一九七二年刊、訳書、法政大学出版局、古田幸男訳)

同年十二月六日、今村仁司「文化に内在する暴力の根源性」（週刊読書人）
一九八三年一月一日、山崎カヲル、書評「ルネ・ジラール『暴力と聖なるもの』」（図書新聞）
同年一月十四日、書評「ルネ・ジラール『暴力と聖なるもの』」（《週刊朝日》）
同年一月十七日、松本真一郎「海外文学総括82(4)フランス」（日本読書新聞）「今年はジラール理論検証の年となるに違いない」との発言がある。
同年二月、山口昌男「スケープゴートの詩学へ」（《中央公論》）
同年三月、青木保、書評「ルネ・ジラール『暴力と聖なるもの』」（《中央公論》）
同年五月、絓秀実、書評「ルネ・ジラール『暴力と聖なるもの』」（《海》）
同年六月、ルネ・ジラール『ドストエフスキー』（原書、一九六三年刊、訳書、法政大学出版局、鈴木晶訳）
西永良成「暴力的人間と人間的暴力――深沢七郎の世界」（《中央公論》）
石井直志、紹介「R・ジラールをめぐって」（《ふらんす》）
同年八月二十六日、江川卓、書評「ルネ・ジラール『ドストエフスキー』」（《朝日ジャーナル》）
同年八月、竹内芳郎、書評「暴力考――ルネ・ジラール『暴力と聖なるもの』――」（《思想》）
同年九月十九日、富岡幸一郎、書評「ルネ・ジラール『ドストエフスキー』」（日本読書新聞）
同年十月、西部邁、山口昌男「対談、知のルビコンを越えて」（《中央公論》）

このほか多かれ少なかれジラールに言及したり引用したりしている論文、解説、紹介など数編が手もとにあるが省略する。

この資料リスト中の論文や紹介や書評は、いずれもジラールへの同感・敬服・賞賛などにみちているが、一九八三年八月の竹内芳郎の書評——対象を厳密に『暴力と聖なるもの』だけに限定する、とのことわりがある——だけは例外的にジラールを批判的に見ている。十ページあまりの書評のうち、古今東西の事例を引いて、ジラールの論拠は薄弱であると主張する反論には迫力があり、説得力がある。ジラールの著書を好評をもって迎えたフランスにおいてもいろいろな反論が出ているようだし、またそれはしごく当然のことで、ほかならぬ『世の初めから……』の討論のなかにも、その何件かは引き合いに出されている。日本でも竹内氏の反論をきっかけにして、これからいろいろな反論が出ることのほうが、むしろ正常だろう。法政大学出版局からは引きつづきジラールの著書『ダブル・ビズニス・バウンドへ』や『身代わりのヤギ』が翻訳出版されるが、こうした機運から見ると、ジラールの本格的な「検証」は、これから始まると言ってもよいのではないか。そしてそれは、これまであまり問題としてとりあげられていない聖書解釈について、特にそうであるような気がする。反対意見が出てこそ「検証」の意味も深まるというものだろう。

私自身も、ジラールの見解にはおおむね賛同し、その新しい視野のもとでの聖書解釈などには、むしろ感銘をうけながら読んだものだが、どうもいまひとつ得心のいかぬことがある。まずジラールの現代社会の情勢分析を、この本のなかから拾い出してみよう。

科学は、われわれにはますます、近代の人間が自分でも気づかずに自分自身に仕掛けた一種の罠とみえるようになってきました。人類にはこれからは、いついかなる時にも人類を絶滅させうるほど強大な武力の（……）絶えざる脅威が重くのしかかってきます。〔二二七ページ〕

核兵器のみが今日では世界平和を維持しているのです。彼らは眉一つ動かさずに、こうした暴力のみが「平

和を守る」、と言ってのけるのです。〔四一四ページ〕

こうした、「核戦争が人類を滅亡の危機にさらすだろうという完全に自覚的な懸念」〔四一六ページ〕がますます重くわれわれにのしかかってきているということ、またかろうじて平和を支えているのは暴力にほかならないということは、だれにも否定できない事実である。いまや「イエスの殺害ぐらいでは、人間を和解させることはできない」〔三四八ページ〕事態に、人類が追いこまれていることも事実だろう。こうした事態からの脱出の手段は残されているのか、人類を破滅と滅亡から救う手はあるのか。

ジラールは以上のような現状認識に至るまでに、ひたすらキリスト教の、特に福音書の教えを説きつづけている。そしてその教えは、別に目新しい教えでは少しもない。それは要するに、「敵を愛し、迫害する者のために祈れ」〔マタイ、五の四四〕ということである。〔三〇〇ページ参照〕

暴力の放棄、決定的な放棄、下心のない放棄が、人類そのものの存続の、そしてまたわれわれひとりひとりの存続の、必要不可欠な条件として、われわれに課されることになるでしょう。〔三三八ページ〕

暴力とは常にそれ自体を正当な報復だと認めているものです。したがって捨てなければならないのは、報復の権利であり、また多くの場合に正当防衛とみなされるものなのです。暴力が模倣性のものであり、まただれも最初の暴力行為は自分の責任ではないと思っているのですから、望ましい結果に到達するためには、残された可能性はただ一つ、無条件の暴力放棄あるのみです。〔三二四ページ〕

無条件の暴力放棄——まことに言うは易く行なうは難しとはこのことであろう。ジラールは論を進めるにしたがって、次第に預言者的、あるいはあえて言うならば「教祖的」性格を深めていく。「殺さないために自分のいのちを投げ出すこと、そうすることによって殺しと死との悪循環から抜け出すために自分のいのちを投げ出すことを、ためらってはいけません。(……)進んで自分のいのちを捨てる者は、代わりに永遠のいのちを得ることになります。なぜならそうした者だけが、人を殺さず、愛というものを知りつくしたことになるのですから。」〔三四九―三五〇ページ〕

この少しあとで討論参加者のギ・ルフォールから、「それは神と人間を隔てる一切の柵を実際にとりはらってしまうこと、人類をもう一度神にすることなのではないでしょうか(……)?」〔三五一ページ〕との質問が出るのも、もっともである。しかしジラールは、本気で人類を神に近づけようとしているらしい。「実際には、人間のうちでキリストだけが、こうした愛を最後まで守って生きたのです。したがってこの地上で、自分の愛を守り抜いて神に一致した者は、キリストをおいてほかにありません。」〔三五一ページ〕

ジラールは、「人間の理解を超える」平和を〔三三一ページ〕、そのことを十分承知のうえで人間に説いているように思われる。たしかに、「すべての人間が自分たちの敵を愛するとすれば、もう敵はいなくなる」〔三四四ページ〕であろう。しかしイエスの教え以来、二千年にわたってそれは不可能であった。いやむしろキリスト教の名において争いが起こり、暴力が行使され、戦争にまで発展した例をわれわれは数多く知っている。

ジラールも言うように、旧約聖書の記述によれば、カインは罪のない弟のアベルを殺し、結果的に世に安定がもたらされた。しかし現代ではもう二つの大きな勢力が本気で争うことになれば、あるいは何かのほんの小さな偶然で争うことになったにしても、「模倣性の暴力」「報復のメカニズム」が加速度的に作用して、勝った側にも「安定」どころか存続の見込みさえないだろう。人類はすでに『黙示録』を上回る暴力を手に入れてしまっている。たしかにいまわれわれは、「人間の理解を超える」平和を求めなければならない段階にまで達してしまっているだろ

う。不可能を可能にする努力をあえてしなければ人類に未来はないであろう。しかしそのことが十分にわかってい
ながら、ジラールの預言者的発言は、その熱烈な雄弁にもかかわらず、私にはいぜんとして何か物足りなく感じら
れてならないのである。言うは易く行なうは難しという気がしてならないのである。

かつてルソーもマルクスも、それぞれの立場で人間の理想の社会を求めようとしたであろう。たとえ実現の望み
は少なくとも、理想は高く掲げられるべきものであろうし、それはそれとして結構なことである。ルソーも『社会
契約論』のなかで、民主主義の原理を説きながら、真の民主制とは神々からなる人民にふさわしいものだ、という
意味のことさえ言っている〔第三編第四章参照〕。人類を本気で神に近づけようとするジラールの預言者的な発想もまた、実
現を前提としない一つの理想にすぎないのではないか。「ルソーやマルクスの幻想」〔六九六ページ〕とともに、この点に関
してはジラールの期待もまた一つの幻想とみてはあまりにもペシミスティックにすぎるであろうか。

残念ながら私には、正面切って聖書を解釈する資格も、社会主義を論ずる能力もない、ましてジラールの理想案
に代わる現実的な名案などを持ちあわせているはずもない。ただジラールの試みているような現状分析、現状認識
が少しでも多くの人々に広まり自覚されれば、危機はいくらかは先へ延ばされるであろうとは考えないでもない。

ある者はこのあこがれの毒卵をいくつも地中に埋め、ある者はそれを海中に沈め、またある者はそれを大空に
まき散らし、倦まずたゆまず働きつづけるアリ塚の上方に、いつ果てるともなく死の星を循環させています。
古代の超自然的な噴出はすべて科学的に整理され、その性質のいかなる小部分も、暴力という事実によって再
投資されていないものはありません。〔四一三ページ〕

毒卵、死の星、古代の超自然的な噴出、つまり核爆弾、軍事衛星、石油資源、こうしたものを絶えず蓄積しなが

ら、倦まずたゆまず働きつづけているアリ、つまり人類は、ジラールの目には、ひとり残らず「死者の谷」に迷いこんで死者さながら倒れ伏しているもののように映るらしい。しかし聖書を、特に新約聖書を、福音書を、正しく解釈し、正しい判断を持てば、再生の息吹きが死者を、人類を、再生させるだろう、という強い人間復活への期待、キリスト者らしい人間性への信頼には、その限りでは共感を覚えざるをえない。その言辞がいささか文学的に過ぎ、雄弁に過ぎるような懸念があるにしても。〔七〇四—七〇五ページ『エゼキエルの書』引用参照〕

次に凡例的なことをいくらか記しておく。

一、旧約・新約聖書からの引用については、講談社版のフェデリコ・バルバロ訳と、日本聖書刊行会の新改訳版を参照したが、必要に応じて、たとえば本書の題名がそうであるように、従来の日本聖書協会訳からも訳語・訳文を採用した。異文のある場合は、もちろん、ジラールの使用したエルサレム版聖書のテクストを優先させた。ジラールは新約聖書については、ときに新教・旧教統一訳聖書にもとづいていくらかの変更を行なったとことわっているが、一部の例を除いて多くは字句の相異にすぎない。

一、本書のなかの聖書引用個所の指示は、ほとんどが著者自身のものだが、明らかな誤りは訂正し、また指示のないものについては、できるだけ補足に努めた。

一、読者の便宜を考えれば、固有名詞の訳注は多いに越したことはないであろうが、時間上の制約と、また本書を読まれるほどのかたがたには、それはさほど必要ではないであろうとの勝手な理由でとりやめにした。ただし本書中の固有名詞は、少数の例外を除いて、岩波書店『西洋人名辞典』(増補版)、『ギリシア・ローマ神話辞典』、弘文堂『精神医学事典』、三省堂『人名辞典』、ぎょうせい出版『文化人類学事典』、平凡社『世界大百科事典』などで、また文化人類学、精神分析学関係の著書・訳書の巻末索引で、そしてまた各国版の Books in print

ラルース社の各辞典など基本的なもので、ほぼ検索できたことを付記しておく。

一、ルネ・ジラール『暴力と聖なるもの』（法政大学出版局、古田幸男訳）の訳者あとがきと詳細な訳注は、本書の理解にも大いに役だつ。古田氏の御了解を得てここに付記する。

一、原文の《 》とイタリックと大文字とは、訳文では「 」で示した。ごくまれに傍点を使用した。ラテン語使用のためのイタリックや、他者などの用語など、特に「 」の必要を認めないものには、「 」を使っていない。

一、鍵ことばの訳語について。

1 横取りの模倣（mimésis d'appropriation）さきの資料リストの論文のなかで西永良成氏は「占有のミメーシス」という訳語を使っておられる。propre なものにする、つまり自分だけのものにするという意味を、ロ語的に「横取りの」とした。

2 無意識の模倣（mimétisme）これまで動物の擬態としてのみ知られてきた語。新しい意味は三省堂の『クラウン仏和辞典』の改刷版に載っている。ラルース社の『フランス語大辞典』にも載っている。なお、『クラウン仏和辞典』には、これまでの辞典にはなかった新しい意味や表現について、教えられることが多かった。

3 基礎づくりの（fondateur, fondatrice）基礎（fondation）の形容詞化。これまで、創始的、創設的、始祖的、創世……などといろいろに訳されてきた。形容詞として項目見出しに採用しているのは、手もとの仏和辞典では『クラウン仏和辞典』だけで、ラルース社の『フランス語大辞典』にも採用されていない。現在刊行中の同社『大百科辞典』には載っている。基礎づくりのという形容詞は、日本語としては熟していないかもしれないが、リンチ、殺害、犠牲者などと結びつくとき、このほうがわかりやすいのではないか。この訳語は私のくふうである。

4 sacrificiel 供犠（sacrifice）の形容詞化。「供犠的な」と「的」を使って訳すのはいとも簡単だが、それでは意味がとりにくい場合には、内容を汲んで、「供犠のための」「供犠への」「供犠という」「供犠までの」「供犠による」「供犠のさいの」「供犠を通じての」「供犠説をとる」「供犠についての」「供犠を求める」「供犠に用いられる」「供犠にもとづく」「供犠志向の」などと使い分けた。

最後に、この翻訳にあたって現在私のいる学際的環境が、教官諸氏から院生学生諸君までを含めて大いに助けになったということを付記しておかねばなるまい。次のかたがたには、質疑応答、資料の調査・提供などの点で特にお世話になった。遠藤龍二、矢内光一(現在は横浜国大)、関一敏、伊藤利行、矢橋透、佐藤誠の諸氏である。これらのかたがたの協力がなければ翻訳の作業は挫折したであろうと思われるほど恩恵をうけたということを明記しておく。また、きわめて早い時期にルネ・ジラールに注目していた法政大学出版局の稲義人氏の炯眼に敬服するとともに、小生に翻訳の機会を与えられたことに深く感謝し、一方、遅々とした小生の作業を忍耐強く見守ってくれた同出版局の藤田信行氏とも、作業終了の喜びを分かちあいたい。

S59(84)2・20

小池健男

参 考 文 献

Albright William Foxwell, *From Stone Age to Christianity,* New York : Doubleday, 1957.
Arendt Hannah, *The Origins of Totalitarianism,* New York : Harcourt, 1966.
— *On Violence,* New York : Harcourt, 1970.
Auerbach Eric, *Scenes of European Literature,* New York : Meridian Books, 1959.
Balandier Georges, *Anthropologie politique,* Presses universitaires de France, 1967.
— *Sens et Puissance,* Presses universitaires de France, 1971.
Bandera Cesareo, *Mimesis conflictiva,* Madrid, Gredos, 1975.
Barth Karl, *Das Wort Gottes und die Theologie,* Munich : Kaiser, 1925.
Barth Markus, *Ephesians,* Anchor Bible, New York : Doubleday, 1974. 2 vol.
Barthes Roland, « La lutte avec l'ange », *Analyse structurale et exégèse biblique,* Neuchâtel : Delachaux et Niestlé, 1971. 27-39.
Bartholomew Jr., George A., et Joseph Birdsell, « Ecology and the Protohominids », *Culture and the Evolution of Man,* New York : Oxford University Press, 1962. 20-37.
Bateson Gregory, *Steps to an Ecology of the Mind,* New York : Ballantine Books, 1972.
— *Naven,* Stanford University Press, 1972.
Benveniste Émile, *Le Vocabulaire des institutions indo-européennes,* Minuit, 1969. 2 vol.
Bernheim Henri, *Hypnotisme et suggestion,* Doin, 1910.
Brown Raymond, *The Gospel according to John, Anchor Bible,* New York : Doubleday, 1966-1970. 2 vol.
Brun Jean, *Le Retour de Dionysos,* Desclée, 1969.
Bultmann Rudolf, *Foi et Compréhension,* Seuil, 1969.
— *Primitive Christianity,* New York : Meridian Books, 1956.
Burkert Walter, *Homo Necans : Interpretationen altgriechischen Opferriten und Mythen,* Berlin, New York : De Gruyter, 1972.
Caillois Roger, *L'Homme et le Sacré,* Gallimard, 1950.

— *Les Jeux et les Hommes,* Gallimard, 1958.
— *La Dissymétrie,* Gallimard, 1973.
Camus Albert, *La Chute,* Gallimard, 1956.
Caplow Theodore, *Two against One, Coalitions in Triads,* Englewood Cliffs, New Jersey : Prentice-Hall, 1968.
Castelli Enrico, éd. *Herméneutique et eschatologie,* Aubier, 1971.
Chabrol Claude et Louis Marin, *Le Récit évangélique,* Aubier, 1974.
Charcot J.-M., *Leçons du Mardi à la Salpêtrière,* Progrès médical, 1892.
Claudel Paul, « Du sens figuré de l'Écriture », *Introduction au livre de Ruth,* Gallimard, 1952. 19-121.
Clément Olivier, « Dionysos et le ressuscité », *Évangile et Révolution,* Centurion, 1968.
Coon Carleton S., *The Hunting People,* Boston : Little, Brown, 1971.
Cullmann Oscar, *Christologie du Nouveau Testament,* Neuchâtel : Delachaux et Niestlé, 1968.
Dahl N. A., « Der Erstgeborene Satans und der Vater des Teufels », *Apophoreta* (Maenchen Festschrift), Berlin : Töpelmann, 1964. 70-84.
Damisch Hubert, « D'un Narcisse à l'autre », *Nouvelle revue de psychanalyse 13,* Gallimard, 1976. 109-146.
Daniélou Jean, *Origène,* Table ronde, 1948.
Darwin Charles, *The Origin of Species,* Sixth Edition, London : John Murray, 1888.
— *The Expression of the Emotions in Man and Animals,* The University of Chicago Press, 1965.
Deleuze Gilles et Félix Guattari, *L'Anti-Œdipe,* Minuit, 1972.
Derrida Jacques, *La Dissémination,* Seuil, 1972.
Dodd C. H., *The Interpretation of the Fourth Gospel,* London : Cambridge University Press, 1953.
Dols Michael W., *The Black Death in the Middle East,* Princeton University Press, 1977.
Domenach Jean-Marie, *Le Retour du tragique,* Seuil, 1967.
— *Le Sauvage et l'Ordinateur,* Seuil, 1976.
Dostoïevski Fiodor, *L'Eternel Mari,* dans *l'Adolescent,* Gallimard, Bibliothèque de la Pléiade, 1956. 949-1097. Trad. fr. par Boris de Schloezer.
Douglas Mary, *Purity and Danger,* Baltimore : Penguin Books, 1970.
Durkheim Émile, *Les Formes élémentaires de la vie religieuse,* Presses Universitaires de France, 1968.
Eliade Mircea, *Rites and Symbols of Initiation,* New York : Harper, 1965.
— *Traité d'histoire des religions,* Payot, 1970.
Evans-Pritchard E. E., *Social Anthropology and Other Essays,* New York : Free Press, 1964.
— *Theories of Primitive Religion,* New York : Oxford Press, 1965. Trad. fr. *La Religion des primitifs,* Payot, n.d.
Faure Henri, *Hallucinations et Réalité perceptive,* P.U.F., 1969.
— *Les Appartenances du délirant,* P.U.F., 1966.
Firth Raymond, *We, the Tikopia,* Boston : Beacon Press, 1936.
— *Tikopia Ritual and Belief,* Boston : Beacon Press, 1967.

Flaubert Gustave, *Œuvres,* Gallimard, Bibliothèque de la Pléiade, 1952. 2 vol.
Foucault Michel, *Les Mots et les Choses,* Gallimard, 1966.
Frazer James George, *The Golden Bough,* London : Macmillan, 1911-1915. 12 vol. La pagination dans les notes est celle de *The Golden Bough,* one vol. edition, New York : Macmillan, 1963.
— *Le Bouc émissaire,* Traduit par Pierre Sayn. Paul Geuthner, 1925. (Traduction de certains chapitres de *The Golden Bough*).
— *Folklore in the Old Testament,* New York : Hart, 1975.
Freud Sigmund, *Gesammelte Werke,* London : Imago, 1940-1952, 17 vol.
— *The Standard Edition of the Complete Psychological Works,* ed. et trad. par James Strachey, London : Hogarth, 1953-1966, 24 vol.
— *Essais de psychanalyse,* Trad. par S. Jankélévitch. Payot, 1963.
Freud Sigmund et Lou Andreas-Salomé, *Briefwechsel,* Frankfurt : Fischer, 1966.
Girard René, *Mensonge romantique et vérité romanesque,* Grasset, 1961.
— *La Violence et le sacré,* Grasset, 1972.
— *Critique dans un souterrain,* Lausanne : L'Age d'homme, 1976.
— « Myth and Ritual in a Midsummer Night's Dream », *The Harry F. Camp Memorial Lecture,* Stanford University, 1972.
— « Perilous Balance : a Comic Hypothesis », *MLN,* 1972, 811-826.
— « Vers une définition systématique du sacré », *Liberté,* Montréal, 1973, 58-74.
— « Discussion avec René Girard », *Esprit* 429 : novembre 1973, 528-563.
— « The Plague in Literature and Myth », *Texas Studies XV* (5), 1974, 833-850.
— « Les Malédictions contre les Pharisiens et l'interprétation évangélique », *Bulletin du centre protestant d'études,* Genève, 1975.
— « Differentiation and Undifferentiation in Lévi-Strauss and Current Critical Theory », *Contemporary Literature XVII,* 1976, 404-429.
— « Superman in the Underground : Strategies of Madness — Nietzsche, Wagner and Dostoevsky », *MLN,* 1976, 1161-1185.
Glucksmann André, *Les Maîtres Penseurs,* Grasset, 1977.
Green André, « Un, autre, neutre : valeurs narcissiques du même », *Nouvelle revue de psychanalyse 13,* Gallimard, 1976, 37-79.
Grégoire de Naziance, Oratio XLV, « In Sanctum Pascha », *Patrologiae Graecae* XXXVI, éd. par J. P. Migne, Garnier, 1886.
Hastings James, *Encyclopaedia of Religion and Ethics,* New York : Scribner's.
Heidegger Martin, *Essais et Conférences,* Gallimard, 1958.
— *Introduction à la métaphysique,* Gallimard, 1958.
Heusch Luc de, *Essai sur le symbolisme de l'inceste royal en Afrique,* Bruxelles : Université libre, 1958.
Hinde R. A., « La ritualisation et la communication sociale chez les singes Rhésus », *Le Comportement rituel chez l'homme et l'animal,* éd. par Julian Huxley, Gallimard, 1971. 63-75.
Hocart A. M., *Kings and Councillors,* University of Chicago Press, 1970.
Huxley Aldous, *The Devils of Loudun,* New York : Harper, 1952.

Huxley Francis, *Affable Savages,* New York : Capricorn, 1966.
Huxley Julian, éd., *Le Comportement rituel chez l'homme et l'animal,* Gallimard, 1971.
Janet Pierre, *Névroses et Idées fixes,* Alcan, 1898, 2 vol.
Jaspers Karl, *La Bombe atomique et l'Avenir de l'homme,* Buchet Chastel, 1963.
Kermode Frank, ed., *Four Centuries of Shakespearean Criticism,* New York : Avon, 1965.
Klausner Joseph, *Jesus of Nazareth,* Traduit de l'hébreu par Herbert Dandy, Boston : Beacon Press, 1964.
Koch-Grünberg Theodor, *Zwei Jahren unter den Indianen : Reisen in Nordwest-Brasilien 1903-1905,* Berlin : Ernst Wasmuch, 1910.
Kourilsky Raoul, André Soulairac et Pierre Grapin, *Adaptation et Agressivité,* Presses universitaires de France, 1965.
Kraüpl Taylor F. et J.-H. Rey., « The Scapegoat Motif in society and its Manifestations in a Therapeutic Group », *International Journal of Psychoanalysis* XXXIV, 1953, 253-264.
La Barre Weston, *The Human Animal,* University of Chicago Press, 1954.
Lacan Jacques, *Écrits,* Seuil, 1966.
Lacoue-Labarthe Philippe, « Typographie », *Mimésis des articulations,* Aubier-Flammarion, 1975, 167-270.
Laplanche J. et J.-B. Pontalis, *Vocabulaire de la psychanalyse,* Presses universitaires de France, 1967.
Van der Leeuw G., *La Religion dans son essence et ses manifestations,* Payot, 1970.
Leiris Michel, *La Possession et ses aspects théâtraux chez les Éthiopiens de Gondar,* (L'Homme : Cahiers d'ethnologie, de géographie et de linguistique), Plon, 1958.
Leroi-Gourhan André, *Le Geste et la Parole,* Albin-Michel, 1964. 2 vol.
Lévi-Strauss Claude, *Les Structures élémentaires de la parenté,* Presses universitaires de France, 1949.
— *Le Totémisme aujourd'hui,* Presses universitaires de France, 1962.
— *La Pensée sauvage,* Plon, 1962.
— *Le Cru et le Cuit,* Plon, 1964.
— *L'Homme nu,* Plon, 1971.
Levinas Emmanuel, *Difficile Liberté,* Albin-Michel, 1963.
— *Quatre Lectures talmudiques,* Minuit, 1968.
Lévy Bernard-Henri, *La Barbarie à visage humain,* Grasset, 1977.
Lewis I. M., *Ecstatic Religion,* Baltimore : Penguin Books, 1971.
Lorenz Konrad, *Das sogenannte Böse : zur Naturgeschichte der Aggression,* Vienne : Borotha-Schoeler, 1963. Trad. anglaise : *On Aggression,* New York : Bantam Books, 1967.
Lubac Henri de, *Exégèse médiévale : les quatre sens de l'Écriture,* Aubier, 1959-1964, 4 vol.
Maïmonide Moïse, *The Guide for the Perplexed,* New York : Dover, 1956.
Maloney Clarence, ed., *The Evil Eye.* New York : Columbia University Press, 1976.

Manent Pierre, « R. Girard, *La Violence et le sacré* », *Contrepoint 14*, 1974, 157-170.
Marin Louis, *Sémiotique de la passion*, Aubier, 1971.
Mauss Marcel, *Sociologie et anthropologie*, Presses universitaires de France, 1968.
Métraux Alfred, *Religions et magies indiennes d'Amérique du Sud*, Gallimard, 1967.
Monod Jacques, *Le Hasard et la Nécessité*, Seuil, 1970.
Montagu M. F. Ashley, ed., *Culture and the Evolution of Man*, New York : Oxford University Press, 1962.
— *Man and Aggression*, New York : Oxford University Press, 1973.
Morin Edgar, *Le Paradigme perdu : La nature humaine*, Seuil, 1973.
— et Massimo Piatelli-Palmarini éd., *L'Unité de l'homme*, (Centre Royaumont pour une science de l'homme), Seuil, 1974.
Moscovici Serge, *La Société contre nature*, Union générale d'éditions, 1972.
— *Hommes domestiques et hommes sauvages*, Union générale d'éditions, 1974.
Müller Jean-Claude, « La Royauté divine chez les Rukuba », *l'Homme* janvier-mars 1975, 5-25.
Munck Johannes, *The Acts of the Apostles, The Anchor Bible*, New York : Doubleday, 1967.
Munro N. G., *Ainu Creed and Cult*, New York : Columbia University Press, 1963.
Narcisses, Nouvelle revue de psychanalyse 13, Gallimard, 1976.
Neher André, *L'Existence juive*, Seuil, 1962.
Nietzsche Friedrich, *L'Antéchrist*, Union générale d'éditions, 1974.
— *Œuvres philosophiques complètes*, Gallimard, 1974-1977, vol. I et vol. VIII.
Nohl Johannes, *The Black Death*, London : Allen and Unwing, 1926.
Nygren Ander, *Eros et Agape*, Aubier, 1958, 3 vol.
Otto Rudolf, *Le Sacré*, Payot, 1968.
Oughourlian Jean-Michel, *La Personne du toxicomane*, Toulouse : Privat, 1974.
Pachet Pierre, *Le Premier Venu, essai sur la politique baudelairienne*, Denoël, 1976.
Pieper Joseph, *La Fin des temps*, Desclée, 1953.
Propp Vladimir, *Morphologie du conte populaire russe*, Seuil 1965
Proust Marcel, *Jean Santeuil*, Gallimard, 1952. 3 vol.
— *A la recherche du temps perdu*, Gallimard, Bibliothèque de la Pléiade, 1954, 3 vol.
Ricœur Paul, *La Philosophie de la volonté :* t. 2, *La Symbolique du mal*, Aubier, 1976.
— *De l'Interprétation : Essai sur Freud*, Seuil, 1965.
— *Le Conflit des interprétations*, Seuil, 1969.
— *La Métaphore vive*, Seuil, 1976.
Roazen Paul, *Brother Animal : The Study of Freud and Tausk*, New York : Random House, 1969.

Robert Marthe, *La Révolution psychanalytique,* Payot, 1964, 2 vol.
Rosolato Guy, « Le Narcissisme », *Nouvelle revue de psychanalyse 13,* Gallimard, 1976, 7-36.
Roustang François, *Un destin si funeste,* Minuit, 1977.
Rymer Thomas, *A Short View of Tragedy,* London : R. Baldwin, 1693.
Schwager Raymund, *Glaube, der diè Welt verwandelt,* Mayence : Matthias-Grünewald, 1976.
Schweitzer Albert, *The Quest of the Historical Jesus,* New York : Macmillan, 1961. Trad. anglaise de *Von Reimarus zu Wrede.*
Serres Michel, *La Traduction* (Hermès III), Minuit, 1974.
Shoham Shlomo, « Points of no Return : some Situational Aspects of Violence », *The Emotional Stress of War, Violence and Peace,* Pittsburgh : Stanwix House, 1972.
Sow I., *Psychiatrie dynamique africaine,* Payot, 1977.
Spicq C., *L'Épître aux Hébreux,* Gabalda, 1952. Vol. I : Introduction.
Starobinski Jean, « Le Démoniaque de Gerasa : Analyse littéraire de Marc 5. 1-20 », *Analyse structurale et exégèse biblique,* Neuchâtel : Delachaux et Niestlé, 1971, 63-94.
Tarde Gabriel, *Les Lois de l'imitation,* Alcan, 1895.
Tiger Lionel, *Men in Groups,* New York : Random House, 1969.
Tiger Lionel et Robert Fox, *The Imperial Animal,* New York : Holt, Rinehart and Winston, 1971.
Tillich Paul, *Theology of Culture,* New York : Oxford Press, 1964.
Vacant A. et E. Mangenot, *Dictionnaire de théologie catholique,* Letouzey, 1935-1972.
Walsh Maurice N., ed., *War and the Human Race,* Amsterdam : Elsevier, 1971.
Washburn Sherwood L., « Tools and Human Evolution », *Culture and the Evolution of Man,* ed. par Ashley Montagu, New York : Oxford University Press, 1962. 13-19.
Watzlavick Paul, Janet Beavin, Don Jackson, *Pragmatics of Human Communication,* New York : Norton, 1967. Trad. franç. *Une logique de la communication,* Seuil, 1972.
Weber Max, *Le Judaïsme antique,* Plon, 1970.
Weil Simone, *La Source grecque,* Gallimard, 1953.
Wendland P., « Jesus als Saturnalien-König », *Hermes* XXXII (1898), 175-179.
Wickersheimer Ernest, « Les Accusations d'empoisonnement portées pendant la première moitié du XIVe siècle contre les lépreux et les juifs : leur relation avec les épidémies de la peste », *Comptes rendus du quatrième congrès international d'histoire de la médecine,* éd. par Tricot-Royer et Laignel-Lavastine, Anvers, 1927, 76-83.
Wilden Anthony, *System and Structure,* London : Tavistock, 1972.
Yamaguchi Masao, « La Structure mythico-théâtrale de la royauté japonaise », *Esprit,* février 1973, 315-342.
Ziegler Philip, *The Black Death,* New York : John Day, 1965.

聖書関係文献

The Anchor Bible, ed. par W. F. Albright et D. N. Freedman, New York : Doubleday, 59 vol. à paraître.
La Bible : L'Ancien Testament, éd. par Edouard Dhorme *et alia,* Gallimard, Bibliothèque de la Pléiade, 1956-1959, 2 vol.
The Holy Bible, commonly known as the King James Version, New York : American Bible Society, n.d.
Nouveau Testament, Traduction œcuménique de la Bible, Cerf, 1972.
Novum Testamentum Graece et Latine, ed. par Eberhard Nestle, Ewin Nestle et Kurt Aland, Stuttgart : Würtembergische Bibelanstalt, 1964.
La Sainte Bible traduite en français sous la direction de l'École Biblique de Jérusalem, Cerf, 1956.
Peake's Commentary on the Bible, ed. par Matthew Black et H. H. Rowley, London : Thomas Nelson, 1962.
Zorell Francisco, *Lexicon Graecum Novi Testamenti,* Lethielleux, 1961.

聖書からの引用は原則としてエルサレム版聖書による。ただし新約聖書については，新教・旧教統一訳にもとづいていくらかの変更を行なった。省略記号はエルサレム版聖書による。

《叢書・ウニベルシタス　134》
世の初めから隠されていること

1984年 3 月30日　　初版第 1 刷発行
2022年 5 月19日　新装版第 2 刷発行

ルネ・ジラール
小池健男 訳
発行所　一般財団法人　法政大学出版局
〒102-0071 東京都千代田区富士見 2-17-1
電話03(5214)5540／振替00160-6-95814
製版・印刷：三和印刷／製本：誠製本
© 1984

Printed in Japan

ISBN978-4-588-14003-7

著　者

ルネ・ジラール（René Girard）

1923年南フランスのアヴィニョンに生まれる．パリの古文書学院，アメリカのインディアナ大学で学業を修め，同大学をはじめジョンズ・ホプキンズ大学，ニューヨーク州立大学などを経て，1981年からスタンフォード大学のフランス語学・文学・文明の教授．2005年，アカデミー・フランセーズ会員に選出．2015年死去．独自の模倣理論・三角形的欲望理論・暴力理論をもとに，文学・社会学などの分野で注目すべき評論を行なう．本書のほかに『暴力と聖なるもの』，『欲望の現象学――ロマンティークの虚偽とロマネスクの真実』，『身代りの山羊』，『羨望の炎――シェイクスピアと欲望の劇場』（メディシス賞随筆部門を受賞），などが邦訳（法政大学出版局刊）されている．

訳　者

小池健男（こいけ　たけお）

1926－2012．東京教育大学仏文科卒業．18世紀フランス文学専攻．筑波大学教授を経て大妻女子大学教授．著書：『比較文学』（共著，有精堂）．訳書：ルソー『孤独な散歩者の夢想』（潮文庫），グレトゥイゼン『ジャン＝ジャック・ルソー』，ドゥギー，デュピュイ編『ジラールと悪の問題』（共訳），ジラール『このようなことが起こり始めたら…』『邪な人々の昔の道』，スタロバンスキー『病のうちなる治療薬』（共訳）（以上，法政大学出版局），ほか．